16	3	2	13
5	10	11	8
9	6	7	12
4	15	14	1

Baruch de Espinosa

ÉTICA

Edição bilíngue
Tradução, introdução e notas de Diogo Pires Aurélio

editora■34

EDITORA 34

Editora 34 Ltda.
Rua Hungria, 592 Jardim Europa CEP 01455-000
São Paulo - SP Brasil Tel/Fax (11) 3811-6777 www.editora34.com.br

Copyright © Editora 34 Ltda., 2024
Tradução, introdução e notas © Diogo Pires Aurélio, 2020/2024

A FOTOCÓPIA DE QUALQUER FOLHA DESTE LIVRO É ILEGAL E CONFIGURA UMA
APROPRIAÇÃO INDEVIDA DOS DIREITOS INTELECTUAIS E PATRIMONIAIS DO AUTOR.

A tradução de Diogo Pires Aurélio foi publicada originalmente
pela Relógio D'Água Editores, de Lisboa, em 2020,
tendo agora sido integralmente revista e corrigida para a presente edição.

Imagem da capa:
Detalhes das páginas 43 e 308 de Spinoza Opera II, im Auftrag der Heidelberger
Akademie der Wissenschaften herausgegeben von Carl Gebhardt,
Heidelberg, Carl Winters Universitaetsbuchhandlung, 1925

Capa, projeto gráfico e editoração eletrônica:
Franciosi & Malta Produção Gráfica

Revisão:
Edson Querubini, Beatriz de Freitas Moreira

1ª Edição - 2024

CIP - Brasil. Catalogação-na-Fonte
(Sindicato Nacional dos Editores de Livros, RJ, Brasil)

Espinosa, Baruch de, 1632-1677
E437e   Ética / Baruch de Espinosa; edição bilíngue;
tradução, introdução e notas de Diogo Pires Aurélio
— São Paulo: Editora 34, 2024 (1ª Edição).
640 p.

ISBN 978-65-5525-173-9

1. Filosofia. 2. Ética. 3. Ensaio holandês -
Século XVII. I. Spinoza, Benedictus de. II. Aurélio,
Diogo Pires. III. Título.

CDD - 170

SUMÁRIO

Abreviaturas.. 7

Introdução, *Diogo Pires Aurélio* 9

Bibliografia.. 88

ÉTICA

Parte I — De Deus.. 97
Parte II — Da Natureza e da Origem da Mente.............................. 189
Parte III — Da Origem e da Natureza dos Afetos............................ 295
Parte IV — Da Servidão Humana,
    ou das Forças dos Afetos.. 437
Parte V — Da Potência do Entendimento,
    ou da Liberdade Humana... 575

Agradecimentos.. 635
Sobre o autor 637
Sobre o tradutor.. 639

Abreviaturas

Obras de Espinosa

OP — *Opera Posthuma, quorum series post Praefationem exhibetur*, 1677

NS — *De Nagelate Schriften*, 1677

G — *Spinoza Opera* im Auftrag der heidelberger Akademie der Wissenschaften herausgegeben von Carl Gebhardt, 4 vols. Heidelberg: C. Winters Universitätsverlag, 1972 (1ª ed. 1925)

Et — *Ethica* (G II, pp. 41-308)

TTP — *Tractatus Theologico-Politicus*, 1670 (G III, pp. 1-267)

TP — *Tractatus Politicus* (G III, pp. 271-354)

TIE — *De Intellectus Emendatione* [*Tratado da Reforma do Entendimento*] (G II, pp. 3-40)

PPC — *Renati Des Cartes Principiorum Philosophiae Pars I, & II* [*Princípios da Filosofia de Descartes*], 1663 (G I, pp. 123-230)

CM — *Cogitata Metaphysica* [*Pensamentos Metafísicos*] (G I, pp. 231-82)

Ep — *Epistolae* (G IV, pp. 5-342)

KV — *Korte Verhandeling van God, de Mansch en de Zelefs Welstand* [*Breve Tratado*] (G I, pp. 407-525)

Outras

AT — *Oeuvres de Descartes* (Adam et Tannery, orgs.), 12 vols. Paris: Léopold Cerf, 1904-1910

Ética

Ax. — Axioma

Corol. — Corolário

Def. — Definição

Dem. — Demonstração

Esc. — Escólio

P. — Parte

Post. — Postulado

Pref. — Prefácio

Prop. — Proposição

Q. E. D. — *quod erat demonstrandum* (conforme pretendíamos demonstrar)

Notas

As notas que constam do original estão assinaladas com asterisco

Introdução

Diogo Pires Aurélio

> L'Etica *ha la fermezza di un tempio, in un paesaggio disabitato.*
>
> Giorgio Colli

1. A LETRA E O ESPÍRITO

São muitas as razões que fazem deste livro uma obra singular, a menor das quais não é, certamente, o seu título: *Ética demonstrada segundo a ordem geométrica*. Por que chamar-lhe *Ética*, se as questões do bem e do mal só aparecem na Parte IV, depois de as três primeiras especularem sobre ontologia, epistemologia, física e psicologia, e se, além disso, desde ainda antes da sua publicação, o livro foi sempre visto como um libelo ateísta, inspirado em Lucrécio e na forma como este encara "a natureza das coisas"? Por que dizer *ordem geométrica*, se, em bom rigor, e como já no século XIX se observou, a linguagem utilizada na obra não é propriamente formal, como a das matemáticas, e se a exposição se apresenta, pelo contrário, em palavras comuns, sujeitas, portanto, ao risco de ambiguidade? Por estranho que pareça, o autor não se detém em nenhuma destas questões, nem considera necessárias, ou mesmo adequadas, algumas palavras introdutórias para justificar as opções que tomou. Abre-se o livro e, de imediato, deparamos com uma sequência de definições, proposições e demonstrações, que se encadeiam umas nas outras na mais estreita obediência ao modelo copiado dos *Elementos* de Euclides.[1] Lá mais para diante, haverá momentos em que a escrita ganha um outro tom e uma outra espessura, indiciando uma mudança de rota, ou um sobressalto no raciocínio: são os apêndices, os prefácios das três úl-

---

[1] A bibliografia sobre a utilização do modelo euclidiano por Espinosa é imensa, não apenas por se tratar de um tópico desde o início obrigatório na discussão global do sistema, mas também pela diversidade de interpretações que têm sido formuladas quanto à sua justificação, relevância e significado. Para uma apreciação pormenorizada do problema e da sua história, cf. P. Steenbakkers (1994), cap. 5. Para aspectos mais específicos desta mesma questão, cf., a seguir, notas 26 e 27.

timas partes e, sobretudo, os escólios, onde os sentidos acodem à superfície do texto e a voz como que se altera, desmentindo a alegada frieza e a abstração do *mos geometricus*. Mas, logo a seguir, a teia sutil dos argumentos reaparece, alargando o seu raio a temas cada vez mais amplos, até se confundir no infinito que é a própria natureza a modificar-se incessantemente.

A singularidade da *Ética* surpreende. É mesmo raro ela ser mencionada sem o lugar-comum que insinua tratar-se de um livro difícil, se não mesmo escusadamente difícil. Bertrand Russell resume assim este sentimento: "O leitor não iniciado que abrir casualmente a *Ética*, o mais certo é enganar-se por completo quanto ao propósito de Espinosa. No primeiro livro[2] não encontra senão panteísmo; no segundo, psicologia antiquada, com um toque de materialismo; no terceiro, será tentado a ver em Espinosa um La Rochefoucauld pedante, que conserva o cinismo sem a perspicácia. Só no quarto e no quinto livros é que o propósito de Espinosa se torna óbvio. O leitor ocasional, porém, dificilmente será perseverante até chegar aí".[3] E não é só um problema de leitores não iniciados, ou ocasionais, como diz Russell. Mesmo entre os intérpretes mais conceituados da obra, é comum lamentar-se a forma como ela está escrita, vendo aí um desnecessário empecilho à sua compreensão. Para não recuarmos mais no tempo, Henri Bergson, por exemplo, realça "a formidável parafernália de teoremas, o emaranhado de definições, corolários e escólios, esta complicada maquinaria e este potencial de esmagamento, que fazem com que o principiante, em presença da *Ética*, seja tomado de admiração e terror, como diante de um couraçado do tipo Dreadnought".[4] No mesmo sentido, H. A. Wolfson (1934, vol. I, pp. 22-4) atribui

---

[2] Embora hoje seja comumente rejeitada, a designação das partes da *Ética* como se de livros se tratasse foi bastante comum até muito recentemente, podendo mesmo ver-se em autores tão relevantes para a interpretação de Espinosa como, por exemplo, Gilles Deleuze.

[3] Bertrand Russell (1910), "Spinoza", review of *Ethics* by Benedictus de Spinoza (W. H. White and A. H. Stirling, trans., 4ª ed.), *The Nation*, Londres, nº 8, 12/11/1910, p. 278 (texto disponibilizado *online* pela Bertrand Russell Society).

[4] Henri Bergson (1934), *La pensée et le mouvant: essais et conferences*, Paris, Félix Alcan, 5ª ed., p. 104. Note-se que Bergson, ainda no mesmo parágrafo, coloca este sentimento em contraste com o oposto, o qual, em sua opinião, também se experimentaria à leitura da *Ética*, evidenciando assim a perplexidade que durante muito tempo foi apanágio das leituras de Espinosa: "[...] je ne connais rien de plus instructif que le contraste entre la forme et le fond d'un livre comme l'*Éthique*: d'un côté ces choses énormes qui s'appellent la Substance, l'Attribut, le Mode, et le formidable attirail des théorèmes avec l'enchevêtrement des définitions, corollaires et scolies, et cette complication de machinerie et cette puissance d'écrasement qui font que le débutant, en présence de l'*Éthique*, est frappé d'admiration et

a "peculiaridade" do livro ao fato de este se apresentar "não como um meio de expressão, mas como um sistema de símbolos mnemônicos", de tal maneira que "a *Ética* pode ser comparada aos escritos rabínicos e talmúdicos em que Espinosa foi educado". Na esteira deste último, Curley (1988, p. xii) observa também que "as definições são tipicamente obscuras, os axiomas, muitas vezes, não são evidentes e, com frequência, nem as demonstrações são convincentes". Não muito antes, Negri (1981, p. 211) havia-se referido à "fatuidade do método geométrico [...], esse preço pago [por Espinosa] ao século". Mais recentemente, Nadler (2006, pp. x-xiii), embora secundando no essencial a ideia de Gueroult (1968, p. 15), para quem o método geométrico não se pode separar do conteúdo da obra, pois é "condição do conhecimento adequado" e confunde-se com "o desenvolvimento da doutrina", adverte que, perante a *Ética*, "o leitor moderno achará obscura a sua forma expositiva, estranho o seu léxico, extremamente complicados e até impenetráveis os seus temas" (p. x), constituindo a obra um "intimidante labirinto de proposições, demonstrações, escólios e outros elementos" (p. xiii). Inclusive George Steiner (2012), autor de um penetrante ensaio empenhado em mostrar que "no íntimo da filosofia se aloja a eterna tentação do poético" (p. 40), sempre que se refere a Espinosa, é para o colocar entre os raros — Kant, Husserl, Wittgenstein — que alegadamente "resistem com denodo" à "atração magnética do literário" (p. 61).

As explicações apresentadas para o suposto desajuste entre a letra e o espírito — ou, na versão mais positivista, "a forma e o conteúdo" — da *Ética* são principalmente duas. A primeira é a alegada "penúria de palavras" do autor, que só relativamente tarde aprendeu o latim (cf. Akkerman, 1989).

---

de terreur comme devant un cuirassé du type Dreadnought; de l'autre, quelque chose de subtil, de très léger et de presque aérien, qui fuit quand on s'en approche, mais qu'on ne peut regarder, même de loin, sans devenir incapable de s'attacher à quoi que ce soit du reste, même à ce qui passe pour capital, même à la distinction entre la Substance et l'Attribut, même à la dualité de la Pensée et de l'Étendue" ("[...] não conheço nada mais instrutivo que o contraste entre a forma e o fundo de um livro como a *Ética*: por um lado, estas coisas enormes que se chamam a Substância, o Atributo, o Modo, e a formidável parafernália de teoremas, o emaranhado de definições, corolários e escólios, esta complicada maquinaria e este potencial de esmagamento, que fazem com que o principiante, em presença da *Ética*, seja tomado de admiração e terror, como diante de um couraçado do tipo Dreadnought; por outro, qualquer coisa de sutil, de muito leve e de quase aéreo, que foge quando nos aproximamos dela, mas para a qual não se pode olhar, mesmo de longe, sem ficar incapaz de prestar atenção a seja o que for do resto, mesmo ao que é tido por primordial, mesmo à distinção entre a Substância e o Atributo, mesmo à dualidade do Pensamento e da Extensão").

Introdução

Formado no hebraico do Antigo Testamento que se ensinava em Ets Haim, escola da comunidade portuguesa em Amsterdã, Espinosa ignorava a riqueza do vocabulário e das locuções latinas, para já não falar do grego, e por isso não possuía um domínio dos recursos semânticos, nem das figuras de estilo, como o que tinham tido os humanistas e, já depois, alguns autores do Barroco. Numa palavra, Espinosa não era Erasmo, e a sua prosa está longe do virtuosismo retórico de, por exemplo, um Justo Lípsio.

A segunda explicação vai, de algum modo, no sentido oposto: longe de acusar limitações de estilo ou de vocabulário, a *Ética* seria, pelo contrário, uma espantosa demonstração de "agudeza de engenho", toda ela destinada a ocultar da maioria o verdadeiro conteúdo da obra e, em simultâneo, transmitir sinais bastantes para que a minoria dos iniciados o decifrassem. Estaríamos, assim, perante um sofisticado exercício de simulação e, presume-se, um apurado domínio da língua, "uma arte de escrever", para usar a célebre designação de Leo Strauss, através da qual Espinosa tentaria proteger-se dos preconceitos do vulgo e escapar a eventuais represálias por parte das autoridades. Wolfson (cit., vol. I, p. 55), por exemplo, considera que "não existe nenhuma conexão entre a substância da filosofia de Espinosa e a forma como ela está escrita. A escolha da forma geométrica euclidiana deve explicar-se a partir de outros pressupostos". E, sejam quais forem esses pressupostos, acrescenta Wolfson, uma coisa é certa: "por detrás da *Ética* que temos agora, demonstrada segundo a ordem geométrica, há uma *Ética* demonstrada segundo a ordem rabínica e escolástica" (p. 59). Curley (1988), por seu turno, faz-se eco da mesma suposição, numa obra que tem, significativamente, o título do capítulo I do livro de Wolfson — *Behind the Geometrical Method*. Reafirmando que "o estilo axiomático de apresentação usado por Espinosa não fornece, de fato, a clareza pretendida por Espinosa" (p. xi), Curley assegura que "é difícil escapar à intuição (*feeling*) de que existe algo que vale a pena tentar compreender [...]. E para ver o que esse algo pode ser, parece uma estratégia razoável penetrar mais além da superfície da *Ética* e desvendar o diálogo que Espinosa trava com os seus antecessores, um diálogo que a apresentação geométrica serve para esconder" (p. xi).

A ideia, extremamente difundida, de que a forma como a *Ética* se apresenta seria não só escusada, como até prejudicial ao seu entendimento, depara-se, no entanto, com objeções de diversa natureza. Na verdade, se, realmente, o latim de Espinosa e o método geométrico constituem obstáculos de tal maneira intransponíveis, será difícil adivinhar a que meios se pode recorrer para ter acesso ao aludido interior da *Ética* e, desse modo, validar a evidência da sua indiscutível grandeza. Dito de outro modo: a supor que o

modo geométrico de demonstração é um simples adereço, que oculta ou desfigura a verdadeira *Ética*, e que o latim do autor está aquém das alturas em que paira, sublime, o seu pensamento, de onde virá então o *feeling*, referido por Curley, que nos arranca ao torpor das demonstrações e permite saltar por cima da dita "penúria de palavras"? Se a sua "forma" se reduz a uma cabala ou pura "fatuidade", justificada apenas pelo maneirismo da época, e se os temas de que trata são de fato "impenetráveis", como se explica o fascínio que o livro, ao longo dos tempos, provocou em leitores tão diferentes e tão distantes da filosofia *stricto sensu*, como George Eliot, que o traduziu para o inglês, Balzac, que tentou, ainda que sem sucesso, traduzi-lo para o francês, Goethe, Novalis, Nietzsche, Coleridge, Melville, Pessoa, Borges, Somerset Maugham, Malamud, e tantos outros?

Recorde-se, por exemplo, os termos em que Goethe se refere a este livro: "Depois de ter procurado em vão no mundo inteiro [...] acabei por esbarrar na *Ética* deste grande homem. [...] Ainda me lembrava muito bem da calma e da clareza que me haviam inundado, quando outrora havia folheado as *Obras póstumas* deste homem notável. O efeito era ainda perfeitamente nítido, embora não me pudesse lembrar dos pormenores. Apressei-me, por isso, a regressar a essas obras, às quais eu devia tanto, e senti de novo em mim o mesmo sopro de paz".[5] O que é que origina esta "calma" e este "sopro de paz" evocados pelo autor do *Fausto*, senão precisamente a "forma" da *Ética*, isto é, a arquitetura do conjunto e de cada uma das suas partes, o ritmo e a cadência das frases, o vocabulário, a prosódia, os múltiplos reenvios, as expressões repetidas como que em *ritornello*, a linguagem, em suma? Aquilo que primeiro seduz Goethe e o toca profundamente não é, de fato, a sutileza dos argumentos, nem o engenho das definições, nas quais eventualmente se reconstroem conceitos antigos, dotando-os de significados novos: é o efeito — o *afeto*, como diria o próprio Espinosa — experimentado à leitura do texto, aquilo a que hoje chamaríamos a sua performatividade, efeito este que se desprende das palavras e atua quer sobre a mente, quer sobre o corpo. Não é o latim, a língua: é a linguagem, o eco em palavras de um ser a pulsar, um ser que é mente e corpo em simultâneo, razão e afeto, entendimento e imaginação, e que por isso mesmo deseja, pensa, age e comove-se, ora de alegria, ora de tristeza.[6]

---

[5] J. W. Goethe (1971), *Aus meinem Leben: Dichtung und Wahrheit*, Berliner Ausgabe, Bd. 13, p. 720.

[6] Sobre a questão da linguagem em Espinosa, cf. M. Lærke (2014); C. Hervet (2012);

A *Ética* é um livro difícil? Sem dúvida. Mas, não serão difíceis todas as grandes obras? E não acontecerá exatamente o mesmo com o tema principal da obra, a busca da felicidade, essa beatitude em que se banha a verdadeira sabedoria, conforme lembra Espinosa nas célebres palavras com que encerra o seu *opus magnum*: "tudo o que é sublime é tão difícil quanto raro"? A questão da dificuldade, quando não é gratuita, é sempre relativa ao que se espera de um livro, como Giorgio Colli, arguto leitor de Espinosa, se deu conta, ao observar que "a *Ética* requer leitores que não sejam preguiçosos, que sejam moderadamente dotados e, sobretudo, que tenham muito tempo à sua disposição. Se se lhe dispensar tudo isso, ela em troca oferece muito mais do que alguém pode razoavelmente esperar de um livro: revela o enigma desta nossa vida e o caminho para a felicidade, dois dons que ninguém pode desprezar".[7] Porém, a dificuldade da *Ética* não reside tanto no tempo e no esforço que exige, como na natureza do exercício que propõe. Evidentemente, trata-se de um livro de filosofia, um livro sobre as grandes questões de que as diversas escolas de pensamento sempre se ocuparam. Mas, em primeiro lugar, ela subverte completa e sistematicamente o modo como essas escolas concebem o mundo e a vida, as coisas e os acontecimentos; em segundo lugar, toma essa mesma subversão como um requisito indispensável para uma vida verdadeiramente feliz. Não é por acaso que Espinosa só começa a designá-la por *Ética* numa altura em que mais de metade da obra já circulava entre os amigos. Até então, tinha-lhe chamado simplesmente "a minha filosofia".[8] A partir desse momento, porém, dir-se-ia tomar consciência de que o foco essencial do seu trabalho, perceptível já no *Tratado da Reforma do Entendimento* (*TIE*), não era tanto elaborar um novo sistema, como, sobretudo, encontrar um caminho para aquilo a que os Antigos chamavam a sabedoria, isto é, para um domínio, tão amplo quanto possível, das causas da inquietação e do sofrimento: a *Ética* como "exercício espiritual", no sentido em que Pierre Hadot usa essa expressão popularizada no cristianismo por Santo Inácio de Loyola, mas que vinha já das filosofias antigas, as quais "não procuravam tanto apresentar uma teoria sistemática da reali-

---

L. Vinciguerra (2006); I. Kajanto (2005); H. Meschonnic (2002); O. Pombo (1990), "Comparative Lines between Leibniz's Theory of Language and Spinoza's Reflexion of Language Themes", *Studia Spinozana*, nº 6, pp. 147-77; F. Akkerman (1989 e 1980); C. H. do C. Silva (em especial, pp. 281-7).

[7] G. Colli (1983), *Per una enciclopedia di autori classici*, Milão, Adelphi, p. 53.

[8] Cf. Ep. 28 a Bouwmeester (junho de 1665), *AT*, IV, p. 163.

dade, mas ensinar aos seus discípulos um método para se orientarem tanto no pensamento como na vida".[9]

Na verdade, a teoria interessa a Espinosa, não tanto como especulação contemplativa das ideias, mas como atividade do pensamento integrada na relação de cada indivíduo com os outros e com o meio, ou seja, na vida prática. Logo no início da Parte II, essa delimitação do projeto é explicitamente registrada: "Passo agora a explicar aquelas coisas que deverão necessariamente seguir-se da essência de Deus [...]. Não, seguramente, todas, [...] mas só as que podem conduzir-nos, como que pela mão, ao conhecimento da mente humana e da sua suprema beatitude".[10] Espinosa não pretende, pois, escrever uma metafísica, uma psicologia, ou uma física, nem sequer uma antropologia, no sentido em que esses ramos da filosofia se constituem em conhecimento teórico sobre os homens e sobre as coisas. Também não quer escrever uma moral, pois a moral supõe valores universais, consubstanciados na ideia de um bem acima das circunstâncias de tempo e de lugar, e Espinosa sabe que tal é impossível, já porque não existem coisas boas ou más senão em relação a um determinado corpo, num determinado momento, já porque a mente não é algo diferente do corpo, que lhe pudesse dar ordens como os poderes soberanos fazem aos seus subordinados. O bem e o mal são noções sem nenhuma objetividade[11] e, por outro lado, a razão não possui nenhum domínio sobre as paixões. No entanto, os humanos creem que sim. Ignorando as causas das coisas que veem acontecer na natureza, imaginam que, por detrás de tudo quanto não foram eles próprios a fazer, está a vontade e o poder de um ou mais deuses. E como tudo o que fazem é com um objetivo, imaginam que esse deus, além de possuir em grau infinito as qualidades que eles mesmos possuem em grau limitado, é um deus "de rosto humano" (Mignini, 2019, p. xvii), que criou todo um mundo de coisas e

---

[9] P. Hadot (2001), *La philosophie comme manière de vivre*, Paris, Albin Michel, p. 148. Embora não se refira a Espinosa, a tese da "filosofia como modo de vida" e "exercício moral", que prevaleceu, segundo Hadot, na Antiguidade, poderia perfeitamente aplicar-se ao filósofo. Comentando V. Goldschmidt, para quem os diálogos de Platão "não visam a informar", Hadot (cit., p. 146) expõe assim a sua interpretação da filosofia antiga: "o que eu quis mostrar foi sobretudo que o que se considerava como pura teoria, como abstração, era prática, tanto no seu modo de exposição, como na sua finalidade". Veja-se também, de Pierre Hadot, *Exercices spirituels et philosophie antique* (Paris, Albin Michel, 2002) e *Qu'est-ce que la philosophie antique?* (Paris, Folio, 1995).

[10] Quase encerrando a Parte II, a observação reaparece no final do Esc. da Prop. 49, onde Espinosa mostra "quanto o conhecimento desta doutrina se aplica à vida prática".

[11] Cf. *TIE*, § 12 (p. 360): "O bem e o mal não se dizem senão em sentido relativo".

Introdução

as pôs à sua disposição, a fim de que eles o venerassem. A mente humana imagina-se, por isso, com direito a decidir sobre o uso a dar a essas mesmas coisas, a começar pelo próprio corpo, acreditando que pode livremente fazer ou não fazer o que lhe apetece, sujeita apenas aos limites físicos e aos castigos que os deuses, eventualmente, lhe poderão infligir, nesta ou numa outra vida: é a ilusão do livre-arbítrio, fundado na ilusão das causas finais, uma e outra tuteladas pela ilusão teológica (Deleuze, 1981, p. 31). Como, porém, não conhece o que pode acontecer no futuro, nem os desígnios dessa divindade que ele próprio efabulou, o homem vive a maior parte do tempo infeliz, vergado ao peso quer da culpa, quer do medo e da superstição, porque as regras que o norteiam estão fundadas em fantasias, individuais ou coletivas. Os deveres e costumes que daí se inferem — a moral, em suma — longe de ser uma via para a felicidade, são um indício da impotência que torna os homens escravos da *vox populi*, das convenções sociais e do poder político. É por isso que a *Ética* se destina, antes de mais, a denunciar as ideias inadequadas e as construções imaginárias que inibem no ser humano o desejo de se libertar da dominação e do medo. Proceder eticamente é, para Espinosa, conhecer de onde nasce esse medo que se sobrepõe ao desejo, essência do indivíduo, isto é, conhecer o que é realmente o ser humano, a sua mente, o seu corpo e as coisas que o rodeiam e afetam, não através de um saber meramente especulativo, mas de um saber prático, integrado, ele próprio, no processo de busca do que aumenta a felicidade e de rejeição do que provoca o sofrimento e a morte. A *Ética*, como diz Deleuze (p. 39), é uma "etologia do homem".

A dificuldade deste livro provém, em boa parte, do labirinto passional que habita o ser humano e se desdobra e cristaliza em mitos coletivos, ou seja, em cultura, ao ponto de se tornar insólito alguém apontar o vazio do qual esse labirinto está suspenso. Não é, de modo algum, uma questão de época. Ontem como hoje, proliferaram sempre representações enviesadas e preconceitos, que tanto podem ser reminiscências das narrativas religiosas denunciadas por Espinosa, como utopias redentoras em que a transcendência encarna sob a forma de um chefe, uma nação, um estado, que se sobrepõe a tudo e a todos. Daí a força intemporal da obra, a intensidade que nela se pressente, ao contrário do que faria crer o rótulo de frieza e abstração que se lhe colou, a pretexto do modelo de exposição a que recorre e da pretensão de analisar os afetos como se de linhas e triângulos se tratasse. A *Ética* é um texto cheio de tonalidades afetivas, um texto a várias vozes, polifônico, como lhe chamou P. Macherey (1998), onde se cruzam as mais diversas pulsões, não se resumindo, portanto, ao modelo científico do "saber sem

sujeito", o saber da totalidade que se diz a si própria. Nas suas páginas, desenrola-se como que uma dramaturgia: ora têm a palavra os adversários (*dirão eles que...*), ora responde o autor na primeira pessoa (*eu entendo; eu digo*), recorrendo a todas as armas, da argumentação à sátira, da explicação à ironia, dos exemplos do cotidiano à retórica demolidora, quando não agressiva.[12] E não é apenas nos escólios e apêndices, como se crê frequentemente. Se atentarmos nas proposições, demonstrações e corolários, percebemos que a sua neutralidade não anula de modo algum a veemência que se sente a latejar sob a superfície do texto. O próprio *mos geometricus*, longe de se reduzir a um cilício que obrigaria os enunciados à sobriedade e ao rigor da ciência, avança, pelo contrário, em crescendo retórico, no fim do qual o conhecimento se revela "o mais potente dos afetos", como efusivamente o saudou Nietzsche.[13] Acaso haverá uma fórmula tão enérgica e, ao mesmo tempo, tão radical de inverter os valores, como a Proposição 67, Parte IV: "Não há nada em que o homem livre menos pense do que na morte, e a sua sabedoria é uma meditação sobre a vida, não sobre a morte"?

A *Ética*, além do mais, é um momento em que a história das ideias retorna às suas origens. Talvez ninguém, desde o tempo em que a filosofia ainda era mais espanto que disciplina, tenha interrogado tão radicalmente como Espinosa "a natureza das coisas", esse nome com que Lucrécio designa o nexo de unidade e multiplicidade em que tudo se dá a ver e sentir. Espinosa não diverge apenas do pensamento que o precedeu; ele rasura por completo os pressupostos em que se encontra ancorada a cadeia de questões que a filosofia reformula e repete há milênios, raciocinando como se não houvesse princípio, nem fim, e houvesse apenas ser, uma infinidade de seres que transitoriamente se formam e se modificam uns aos outros, numa rede de interações recíprocas. Há ecos da sabedoria pré-socrática nas definições iniciais de cada uma das cinco partes do livro, uma sabedoria expressa em fragmentos, sem premissa, nem conclusão, que brilham como relâmpagos na noite. Puro exercício intelectual paredes-meias com a poesia, o fulgor dessas intuições antecipa já o final da Parte V, onde o terceiro gênero de conhecimento se irá desdobrar em exatidão e êxtase, ao mesmo tempo que o estoicismo do *amor fati* se eleva ao júbilo do *amor intellectualis Dei*. Não é apenas a intui-

---

[12] Cf. Deleuze (1968, p. 317): "os escólios são em geral positivos, ostensivos e agressivos. Dada a sua independência relativamente às proposições que eles reforçam, dir-se-ia que a *Ética* foi simultaneamente escrita duas vezes, em dois tons, num duplo registro".

[13] Carta a Overbeck, 30/7/1881, *in* Nietzsche (1931), *Lettres choisies*, 20/11/1868-21/12/1888, Paris, Gallimard.

ção, que há-de inspirar o primeiro romantismo na Alemanha, de contemplar o absoluto através da acumulação de fragmentos, necessariamente inacabados para serem verdadeiros.[14] Espinosa vê no absoluto a totalidade infinita, fora da qual não há nada e que, por isso mesmo, é razão imanente da infinidade de modificações que nela se dão e em cada uma das quais ela se dá enquanto ser singular. Compreender o absoluto é compreender a natureza de cada uma das coisas na sua singularidade e, em simultâneo, na totalidade que através dela se exprime e, nessa medida, a determina necessariamente. Daí, talvez, o duplo registro em que a *Ética* se declina: um registro impessoal, *sub specie aeternitatis*, que traduz a ordem e conexão segundo a qual as coisas são causadas e se influenciam reciprocamente, enquanto modos da substância única; e um registro subjetivo, no qual aflora um ser singular, determinado por uma infinidade de outros seres e, por isso mesmo, afetado, flutuando entre a alegria, a tristeza e toda a gama de sentimentos que daí se originam. De acordo com a tradição, este último registro dir-se-ia meramente estético, visto ser através dele que se manifesta e vibra na primeira pessoa a imaginação, o corpo, a sensibilidade, enquanto o primeiro se diria "matemático", por nele se manifestar a eternidade da essência e do agir da totalidade infinita. Para Espinosa, porém, eles são apenas uma e a mesma coisa, resultando a sua distinção unicamente da forma como se representam na imaginação. Quando muito, poder-se-ia falar de um registro híbrido, em que a matemática e a estética, ou, se quisermos, o apolínio e o dionisíaco, se misturam e confundem. Robert Misrahi (2005, p. 26) refere-se a esse registro como "o lirismo refletido e controlado de Espinosa". Mais efusiva, Maria Gabriela Llansol fala da *Ética* como sendo o "espetáculo em cena que a inteligência oferece à beleza".[15]

2. Gênese e estrutura

a) *Um perpétuo começo*

Tanto quanto permite supor a documentação de que dispomos, Espinosa começou a escrever a *Ética* em 1662, tinha então trinta anos. Em 1665,

---

[14] "O gênero poético romântico está ainda em devir: é da sua própria essência poder apenas devir eternamente e nunca se realizar." Fragmento 116, atribuído a Friedrich Schlegel, *in Athenaeum*, vol. I, 2 (1798), *apud* F. Lacoue-Labarthe e J.-L. Nancy (1978), *L'absolu littéraire: théorie de la littérature du romantisme alemand*, Paris, Seuil, p. 112.

[15] M. G. Llansol (2007), *Os cantores de leitura*, Lisboa, Assírio e Alvim, p. 256.

concluída já mais de metade, interrompeu-a para se ocupar do *Tratado Teológico-Político* (*TTP*),[16] que viria a ser publicado anonimamente em 1670. Nesse mesmo ano, retomou a *Ética*, dando-a por terminada em 1675, muito embora, por razões que têm a ver com a recepção hostil que conheceu o *TTP* e o clima político, religioso e cultural na Holanda, a obra só tenha vindo a lume postumamente, nos finais de 1677, em conjunto com a correspondência e outros textos que se encontravam ainda inéditos. Escassos meses depois, as autoridades proibiram a sua circulação, o que não impediu que o volume continuasse a vender-se clandestinamente e a suscitar a maior curiosidade entre os meios cultos, quer na Holanda, quer um pouco por toda a Europa.

Antes da *Ética*, Espinosa trabalhara já em três livros diferentes: o *Tratado da Reforma do Entendimento*, que ficou inacabado e integra as *OP*; os *Princípios da Filosofia de Descartes* (*PPC*), publicados em latim, em 1663, e, no ano seguinte, em holandês, com um apêndice intitulado *Pensamentos Metafísicos* (*CM*); e o *Breve Tratado* (*KV*), um original em holandês (*Korte Verhandeling*) que só viria a ser encontrado e publicado em 1862, por J. van Vloten, e cuja autenticidade suscitou dúvidas entretanto afastadas, sobretudo a partir da década de 80 do século XX, com a edição crítica do texto e os estudos realizados por Filippo Mignini.[17] Pela sua natureza, qualquer destas obras poderia ser lida como anteprojeto, mais ou menos remoto, da *Ética*, especialmente o *KV*, que Mignini considera ser de 1661, imediatamente

---

[16] Autores há que consideram o *TTP* a retomada de um projeto mais antigo. A. Domínguez (2000, p. 11), por exemplo, alude a dificuldades de natureza teórica experimentadas no desenvolvimento da *Ética*, ou a circunstâncias políticas, como justificação para o autor ter suspendido, em 1665, a redação da obra e sentir de novo o desejo de terminar o *TTP*, "cuyos materiales básicos tenia a mano desde que redactara en español su *Apología* contra su expulsión del judaísmo". Porém, a única fonte de tal informação é relativamente tardia: um opúsculo antiespinosano de Salomon van Til (1694), aonde certamente Bayle a foi beber para o verbete "Spinoza" do seu *Dictionnaire historique et critique* (1697). Do texto da referida *Apologia*, ignora-se o rastro. A identificação, várias vezes intentada, de alguns tópicos do *TTP* com passagens desse texto desconhecido, revela-se, por isso, um exercício de mera adivinhação. Tudo quanto se pode afirmar é que "se trata de uma pura hipótese, a aguardar confirmação posterior", conforme, prudentemente, escreve O. Proietti ("Introduzione al *Trattato Teologico-Politico*", *in* Spinoza, 2019, *Opere*, a cura e con un saggio introduttivo di Filippo Mignini, Milão, Mondadori, pp. 405-6).

[17] B. de Spinoza (1986), *Korte Verhandeling van God, de Mensch en deszelfs Welstand — Breve Trattato su Dio, l'Uomo e il suo Bene* (introduzione, traduzione e commento di F. Mignini), Roma, L'Aquila V. Japadre.; F. Mignini (1980), "Un documento trascurato della revisione spinoziana del *Breve Trattato*", *Cultura*, nº 18, pp. 223-73.

Introdução

anterior, portanto, ao início da redação do texto decisivo. Contudo, o primeiro documento que refere explicitamente aquele que viria a ser o *opus magnum* de Espinosa é uma carta que lhe dirige Simon de Vries, a 24 de fevereiro de 1663 (Ep. 8, *G* IV, pp. 38-41), dando conta das dificuldades sentidas por um grupo de estudiosos que se reúne regularmente em Amsterdã para ler e comentar os textos do autor, a quem ele se dirige com a devoção e estima de um discípulo. Quer pelas dificuldades mencionadas por de Vries, quer pela carta em que Espinosa lhe responde, não é difícil concluir que esse texto era uma primeira redação da Parte I da *Ética*, a qual, pelos vistos, já circulava entre os amigos.

Por que motivo interrompeu Espinosa a *Ética*, em 1665, passando a escrever sobre a *Escritura*, como ele próprio afirma em carta a Oldenburg (Ep. 30, *G* IV, p. 166), quando já ia na Proposição 80 da terceira e última Parte do plano, é questão para a qual não dispomos de uma resposta definitiva. Terão sido as razões de ordem circunstancial invocadas na referida carta, designadamente a cruzada dos teólogos contra a liberdade de expressão e contra o bom nome do próprio Espinosa? Ou foi apenas a necessidade de questionar teoricamente a via para a beatitude proposta pela religião, antes de apresentar a sua própria e assim encerrar a *Ética*? Sobre isso, não restam senão conjecturas, pese embora o episódio ser relevante para a interpretação, quer de um, quer do outro livro. No caso do *TTP*, o fato de ter sido iniciado quando uma boa parte da *Ética* já estava terminada reforça a ideia de que estamos diante de um texto profundamente enraizado na ontologia espinosana,[18] pondo em causa a tese de que se trataria apenas de um ajuste de contas com a Sinagoga. No caso da *Ética*, além da confirmação das diversas mudanças de plano e de estrutura por que passou a obra até chegar à divisão definitiva em cinco partes, não será decerto indiferente que, dos dez anos que àquela altura ainda faltavam para a conclusão da obra, os cinco primeiros tenham sido gastos com um texto com as características do *TTP*.

Na gênese da *Ética*, existe, pois, um conjunto de ideias que aparecem já nos textos anteriores, ou contemporâneos, e que neles vão sendo trabalhadas, corrigidas ou aprofundadas, o que deixa supor que, desde o início, tudo se encaminhava para um mesmo projeto, sucessivamente refeito até adquirir o grau de coerência, complexidade e virtuosismo que se lhe reconhece. A *Ética*, desse ponto de vista, é o que se costuma chamar o livro de uma vida. Infelizmente, a morte prematura impediria que o autor chegasse a ver o

---

[18] D. P. Aurélio (2005), "Introdução", *in* B. de Espinosa, *Tratado Teológico-Político* (tradução, introdução e notas de D. P. Aurélio), Lisboa, INCM, pp. 21-116.

livro publicado, conforme planeara algum tempo antes. É o próprio quem o diz, em carta a Oldenburg datada de 1675: "No momento em que recebi a tua carta de 22 de julho, parti para Amsterdã com o intuito de mandar para impressão o livro sobre o qual te tinha escrito. Enquanto eu tratava disso, espalhou-se por toda a parte o rumor de que estava no prelo um livro meu sobre Deus e de que eu tentava aí demonstrar que não há nenhum Deus, rumor esse a que a maioria dava crédito. [...] Quando me inteirei disto através de alguns homens dignos de confiança, os quais me disseram também que os teólogos intrigavam contra mim por todo o lado, decidi adiar a edição que preparava, até ver onde as coisas iam parar. [...]. Mas a situação parece piorar de dia para dia, e já não sei o que faça" (Ep. 68, *G* IV, p. 299). Um ano e meio depois, Espinosa morria, deixando inéditos o *Compêndio de Gramática Hebraica* e o *TP*, dois textos incompletos e redigidos, pelo menos o último, já depois da *Ética*, que seriam também incluídos na já mencionada edição em latim — *Opera Posthuma* — e na tradução em holandês — *De Nagelate Schriften* —, ambas publicadas nesse mesmo ano. Trata-se de escritos "na maior parte incompletos (*imperfecta*) e sem terem sido sequer revistos, corrigidos nem limados pelo próprio autor",[19] escreveu Jarig Jelles, presumível autor do Prefácio, num tom cauteloso, devido talvez ao que acontecera em 1675. "Foi", acrescenta Jelles, "tudo quanto se conseguiu coligir dos rascunhos e de algumas cópias guardadas por amigos e familiares."[20] Em todo o caso, a *Ética* não estaria, seguramente, entre os escritos que o prefaciador refere como incompletos, já porque Espinosa, como sabemos, a tinha dado por terminada, já por uma indicação do prefaciador ao apresentar a *Correspondência*: "Não se espante, leitor amigo, ao deparar nestas cartas com referências à *Ética*, então ainda inédita, tanto por parte de quem escreve as cartas, como de quem responde. É que esta, muitos anos antes, foi divulgada por várias pessoas a quem tinha sido dada a conhecer".[21] Es-

---

[19] J. Jelles, "Prefácio", p. 307, *in* L. M. de Abreu (1985), "Uma *Apologia* de Spinoza: o prefácio às *Obras póstumas*" (introdução, tradução e texto latino), Separata da *Revista da Universidade de Aveiro/Letras*, nº 2, pp. 293-329 + rep. original latino. Embora seja consensual a atribuição a Jarig Jelles do original holandês do prefácio, o mesmo não acontece quanto ao autor da tradução latina do mesmo, que consta das *OP*. Bayle atribui-a a Louis (Lodewijk) Meijer, hipótese que é acolhida ainda por F. Mignini. Gebhardt, no entanto, fora contra essa atribuição. Em ambos os casos as provas não parecem concludentes. Cf. L. M. de Abreu, cit., pp. 295-6.

[20] *Ibidem*, p. 308.

[21] *Ibidem*, p. 327.

tamos, portanto, em face de uma obra que se foi consolidando, por assim dizer, na clandestinidade, às escondidas das várias ortodoxias dominantes e a tatear por correspondência a opinião das elites. É, além disso, uma obra de que não chegou até nós nenhum autógrafo, pelo que as sucessivas edições críticas que se fizeram, a partir do século XIX, se baseiam na edição *princeps*, tanto no que toca à versão latina, como à tradução para o holandês, feita uma parte por P. Balling, entretanto falecido, e o restante por J. H. Glazemaker.[22]

Um tal conjunto de circunstâncias levanta, desde logo, a pergunta: sabendo nós que eram várias e, por certo, nem todas da mesma época as cópias manuscritas, parciais ou mesmo totais, em circulação, será que a versão da *Ética* que vem nas *OP* é a mesma que Espinosa, em julho de 1675, levara a Amsterdã com o intuito de a publicar? Perante a centena e meia de discrepâncias que a filologia, em finais do século XIX, já havia assinalado entre a versão latina e a holandesa, Gebhardt tem sérias reservas. O autor daquela que tem sido, até agora, a edição canônica sugere que os editores das *OP*, tomando embora por base o original de Espinosa, teriam utilizado duas versões distintas do mesmo, sobretudo no que toca às Partes I e II, aquelas em que se verificam mais divergências. Por esta razão, na edição crítica que Gebhardt publica em 1925, ao texto das *OP* são acrescentadas as variantes em holandês. Todavia, a investigação mais recente, levada a cabo, entre outros, por Fokke Akkerman, tem questionado os critérios utilizados e algumas das opções da conhecida edição crítica. Se, por um lado, Akkerman eleva para o dobro o número de variantes em relação àquelas de que Gebhardt se tinha dado conta, por outro, considera que "a maior parte das diferenças entre as *OP* e os *NS* parecem ter origem em liberdades do tradutor, ou numa

---

[22] Pieter Balling, amigo e correspondente de Espinosa, traduzira para o holandês os *PPC* e, presume-se, as duas primeiras partes da *Ética*, trabalho este que, após a sua morte, Glazemaker terá aproveitado para a preparação dos *NS*. Consta que o mesmo Jan Hendriksz Glazemaker, já antes, em 1670, teria traduzido para o holandês o *TTP*, embora Espinosa, certamente recordado da tempestade que se levantara após a publicação anônima do texto em latim, ao ser informado de que se preparava a sua edição em holandês, tenha pedido por carta a Jarig Jelles que impedisse tal projeto de ir adiante (*G* IV, Ep. 44, p. 227). Cf. J. I. Israel (2001), *Radical Enlightenment: Philosophy and the Making of Modernity, 1650-1750*, Oxford, Oxford University Press, pp. 278-9. Entre muitas outras, designadamente de obras de Descartes, Glazemaker é também o autor de uma tradução, publicada em 1652, da *Peregrinação*, de Fernão Mendes Pinto, a partir do francês, a qual, no entanto, é tida por "fortemente manipulada e abreviada". Cf. P. Couto (2012), *The Marvellous Travels of Fernando Mendez Pinto across the Low Lands: Translation, Appropriation and Reception*, Tese de Doutorado, Faculdade de Letras da Universidade de Lisboa.

interferência de pouca importância do editor" (1980, p. 101). Em resumo, a edição corresponde efetivamente ao manuscrito de Espinosa, com todas as gralhas que possam detectar-se no original latino ou incorreções que haja na tradução de Balling e Glazemaker. Nem outra conclusão, em boa verdade, seria razoável. Se tivermos em conta o breve intervalo que vai da morte de Espinosa, em fevereiro de 1677, até a edição das *OP*, em dezembro do mesmo ano, é forçoso assumir que estas já vinham sendo preparadas desde, pelo menos, 1675, e que o autor, enquanto permaneceu vivo, não ficou à margem do projeto em que tanto se empenhavam alguns dos seus amigos.[23] Só assim se compreende a coerência sem falhas da *Ética* e o *ostinato rigore* que da primeira à última página a percorre, não obstante as mudanças de plano que esse rigor e esse percurso, decerto, exigiram.

A *Ética*, conforme vem expressamente dito no subtítulo, divide-se em cinco partes, cada uma delas focada numa das tradicionais áreas disciplinares da filosofia: ontologia, epistemologia, psicologia, antropologia, ética. Por esse motivo, é frequente a obra ser vista como uma espécie de suma, ou tratado, e as suas partes apresentadas como se fossem livros distintos. Semelhante interpretação, contudo, ignora a sua estrutura unitária e o sistema de remissões através do qual as diversas partes se articulam entre si. Não é possível, de fato, entender cabalmente os conceitos e a sua integração no sistema sem ter em conta a sua ressonância, a totalidade das suas ocorrências e a forma como, ao ajustarem-se a sucessivos contextos, eles vão ampliando o seu significado ao longo da obra. Mais ainda, a consideração das partes como unidades totalmente autônomas ignora o alcance do título pelo qual o autor, a partir de certa altura, passou a referir-se à obra, deixando de lhe chamar "a minha filosofia", para a designar apenas por *Ética*. Na realidade, Espinosa pretende com esse título, como escreveu P. Macherey (1998a, p. 7), "vincar que o sentido do seu empreendimento filosófico se encontra não só no fato de dizer a verdade do mundo, mas no de encontrar os meios para mudar a vida, segundo uma perspectiva que coloca a teoria a serviço da prática". Nessa medida, a obra destina-se, antes de mais, a mostrar como se pode conduzir a vida humana à luz do conhecimento, única forma de o homem se organizar psiquicamente e libertar-se do medo, inclusive do medo da morte: "a morte é tanto menos nociva quanto maior é o conhecimento claro e distinto da mente" (Esc. da Prop. 38, P. V). Trata-se, em resumo, de uma proposta de itinerário, porventura sempre inacabado, para eliminar a inquie-

---

[23] Cf. P. di Vona (2011).

tação e atingir pelo conhecimento a tranquilidade da mente, a alegria suprema, ou beatitude, como o autor lhe chama.

As diferentes partes da *Ética* são estações obrigatórias nesse itinerário. Se o homem quer efetivamente ser livre e chegar à satisfação consigo mesmo (*acquiescentia in se ipso*) que vem do amor intelectual de Deus, tema da Parte V, é preciso antes aprender a distinguir entre o que o faz sofrer e o que verdadeiramente lhe é útil, tendo sobretudo em conta que não vive sozinho, mas em sociedade, e que precisa do auxílio dos outros ao mesmo tempo que compete com eles, tema da Parte IV. Para conhecer, por sua vez, a razão de ser do sofrimento e daquilo a que Espinosa chama a "servidão humana", tem de conhecer o funcionamento da vida afetiva, a lógica segundo a qual se encadeiam os efeitos da relação de cada um com o meio e com os seus semelhantes, assim como os mecanismos imaginários que se desencadeiam a partir de um tal comércio, tema da Parte III. Como, porém, os afetos são sempre uma representação mental, se bem que a maioria das vezes inadequada, que se origina dos efeitos do exterior sobre o corpo, é preciso conhecer a mente, assim como o corpo de que ela é a ideia, temas da Parte II. E como tanto a mente como o corpo são partes da natureza, é preciso, ainda antes, conhecer as regras gerais da constituição e do funcionamento dos seres, ou seja, a natureza das coisas, tema da Parte I.

Dizer que as partes são estações obrigatórias no itinerário para a beatitude não significa apenas que é impossível, sem passar por cada uma delas, atingir a finalidade que a todas é inerente, se bem que só se revele por inteiro na Parte V; significa também que elas constituem o estritamente necessário para tal, de entre toda uma gama de temas que se poderia desenvolver a partir da ontologia exposta na Parte I, como o autor adverte explicitamente nas já citadas linhas introdutórias da Parte II. Entre as cinco Partes não há, por conseguinte, mera justaposição, mas uma verdadeira imbricação e implicação, de tal maneira que cada uma já se encontra logicamente contida na que a antecede, sem deixar por isso de possuir a sua autonomia temática. Em boa verdade, a única das partes que corresponde diretamente ao título é a última. Todavia, sem as restantes, esta seria incompreensível, já porque (teoricamente) a sua dedução as pressupõe, já porque (praticamente) a libertação, que o mesmo é dizer, o "amor intelectual de Deus", que é a finalidade da *Ética*, não se atinge senão pela terapia que é o conhecimento. Manifestamente, as tentativas, como a de A. Negri,[24] de identificar ao longo da *Ética*

---

[24] Negri (1981, p. 107) sustenta, efetivamente, que "o esgotamento da temática do

momentos de ruptura que marcariam o progressivo abandono do emanatismo renascentista, alegadamente ainda visível nas Partes I e II, perdem totalmente de vista o verdadeiro alcance dessa rede de articulações sistemáticas que faz da obra um tecido sem costura.

Perante a arquitetura da *Ética*, poderá estranhar-se a ausência de um texto introdutório, a sublinhar a sua unidade e a prevenir contra o risco de interpretações fragmentárias. Há, realmente, prefácios nas Partes III, IV e V, há um pequeno parágrafo introdutório na Parte II, mas a *Ética* propriamente dita não traz nenhuma nota preambular, abrindo o texto abruptamente com as definições da Parte I. Talvez isto não seja ocasional, ou indiferente ao sistema. Em realidade, a questão do começo, a ideia de *arkhé*, que constitui, explícita ou implicitamente, o chão em que todo o pensamento ocidental assenta, está ausente em Espinosa. Hegel, é certo, pretendeu que a *Ética* e todo o pensamento do autor teriam por fundamento a primeira das definições, a da *causa sui*. Mas a *causa sui*, conforme explica Gueroult (1968, pp. 40-2), não pode ser um princípio absoluto, porquanto ela própria remete para a substância, de que é uma propriedade, e a substância é infinita.[25] A *Ética* não remete para nenhuma instância que lhe sirva de fundamento, quer este se entenda como alicerce do sistema, ou como destino em função do qual ele se organizaria. Não há, em resumo, nada que em Espinosa se assemelhe ao percurso cartesiano da dúvida até o *cogito*, e deste até a divina perfeição, que ontologicamente o antecede e justifica. De igual modo, também não se vislumbra na *Ética* algo de semelhante a um *telos*, seja na figura hegeliana de um fim da história, seja em qualquer utopia redentora. A transcendência, seja como gesto criador ou como ponto de fuga no horizonte, está radicalmente afastada. Diz-se, por isso, com uma certa frequência, que enquanto as *Meditações* de Descartes começam pelo sujeito e pela dúvida metódica, a *Ética*, tal como já acontecia com o *Breve Tratado*, começa diretamente por Deus.[26] E assim é, de fato. O problema é que entre

---

atributo" dá lugar, no interior da *Ética*, a uma refundação do sistema, que abandona o utopismo renascentista ainda patente das duas primeiras partes do livro para passar ao espinosismo propriamente dito. Cf. D. P. Aurélio (1998), pp. 114-7.

[25] Gueroult (1968), p. 41, escreve: "Se definimos Deus não pela sua essência, mas pela sua propriedade de se causar a si mesmo, arriscamo-nos a subordinar a sua essência à sua potência e a fazer desta um poder arbitrário, elevado acima de toda a necessidade natural e racional". Cf. igualmente Macherey (1979), pp. 20-31.

[26] Segundo uma história que circula há séculos, mas de que não existem provas, o próprio Espinosa teria comentado com Tschirnhaus, o qual, por sua vez, terá dito a Leibniz:

esse Deus por onde Espinosa começa e aquele a que Descartes chega, para finalmente fundar o edifício das *Meditações* e do conhecimento em geral, não existe nada em comum a não ser o nome. O Deus de Descartes é, afinal, o Deus de Abraão, se bem que traduzido em linguagem matemática, o Deus de Santo Anselmo, ou seja, um Deus que transcende a natureza de que foi criador e é senhor; o de Espinosa, pelo contrário, é imanente à mesma natureza, tanto no seu todo como em cada uma das suas partes. "Se existe", como observa S. Nadler (2006, p. 121), "um teísmo em Espinosa, é apenas nominal. Espinosa usa a palavra 'Deus' para referir a 'Natureza', mas unicamente porque as características fundamentais da Natureza, ou Substância — eternidade, necessidade, infinitude —, são as que tradicionalmente se atribuem a Deus."

Temos, assim, na Parte I da *Ética*, uma teologia que verdadeiramente não o é, tendo em conta a ontologia em que se declina, uma ontologia que, a partir dos elementos que entram na compreensão do tradicional conceito de Deus, chega à conclusão de que este não pode ser "Aquele que é", como o define o criacionismo, mas tão somente "aquilo que é", a natureza. Não quer dizer que o conceito de Deus seja adjacente ao sistema, uma espécie de biombo atrás do qual se esconderia, por antecipação, o cientismo naturalista do século XIX. Se o Deus da *Ética* não é a figura que os profetas julgaram ver ou ouvir — o Deus bíblico —, a natureza de que fala Espinosa também não se esgota num conjunto de leis enunciadas pela ciência, a menos que nos atenhamos às suas manifestações fenomênicas, mesmo se matematicamente organizadas. A natureza é Deus, e sendo Deus absolutamente infinito, por definição, não conhece limites, ou seja, é tudo o que é, uma vez que para além do absolutamente infinito é impossível ser, ou pensar, seja o que for. Imaginar o infinito e o finito — Deus e as criaturas — como se fossem coisas distintas e separadas, equivale a pensar que as coisas estariam aquém do infinito ou, o que é o mesmo, que o infinito estaria para além das coisas. É precisamente esse o equívoco que Espinosa aponta em Aristóteles, como em Descartes e em boa parte da filosofia. "Se não houvesse", diz o Estagirita (*Metafísica* E, 1, 10-18), "outra substância senão as que são constituídas pela natureza, a Física seria a ciência primeira. Mas se existe uma substância

---

"Vulgus philosoficum incipere a creaturis, Cartesium incepisse a mente, se incipere a Deo" ("O vulgar filósofo começa pelas criaturas, Descartes começou pela mente, ele começa por Deus"). Cf. E. Angelis (1964), p. 414. Há também outras versões, segundo as quais a observação teria sido feita por Espinosa diretamente a Leibniz, quando da visita que este lhe fez em Amsterdã (cf. F. Manzini, 2009, p. 211).

imóvel, a ciência desta substância deve ser anterior e deve ser a ciência primeira." A ideia de que se dá na natureza uma multiplicidade de substâncias leva a supor a existência, no exterior da natureza, de uma substância primeira, que seria distinta das coisas de que é a causa. Fruto da contaminação do entendimento pela imaginação, esta ideia torna impossível entender quer o absolutamente infinito, que é próprio da substância, quer o infinitamente divisível, que caracteriza os seus modos. Gueroult (1968, pp. 509-12) realça este aspecto nas páginas minuciosas que dedica à análise da chamada *Carta sobre o infinito*: "Os modos são percebidos pela imaginação como independentes uns dos outros, visto não estarem unidos senão pela e na substância, a qual a imaginação ignora. Por isso, inevitavelmente, ela concebe-os como *realmente separados*, quer dizer, como substâncias", quando, afinal, os modos são por natureza infinitamente divisíveis, enquanto a substância só pode conceber-se como infinita e indivisível. E um pouco mais adiante, o mesmo autor acrescenta: "Dizer que a infinita divisibilidade de qualquer modo envolve a absoluta indivisibilidade da substância, é dizer que esta substância é por inteiro em cada um dos modos. Tal conclusão é, de resto, evidente pelo próprio conceito de indivisibilidade, visto que, por natureza, o que é indivisível não pode ser senão por inteiro onde quer que seja, que o mesmo é dizer, igualmente 'na parte e no todo'. Por natureza, a substância é igualmente, quer dizer, inteiramente, na totalidade dos seus modos como é em cada um deles, em cada um deles como em cada uma das suas partes, e em cada uma destas partes como em cada uma das partes destas partes, etc., até o infinito". É por este motivo que não se pode conhecer os modos sem conhecer a substância, e *vice versa*. Espinosa já o tinha, aliás, referido no *TIE*, ao dizer que "não podemos compreender nada da natureza, se em simultâneo não desenvolvermos o conhecimento da causa primeira" (*G* II, nota, p. 34). E por maior que seja o apreço que tem pelos atomistas da Antiguidade, o seu pensamento, sob este aspecto, não poderia estar mais afastado: na medida em que o átomo só existe enquanto constitutivo de um corpo, para se conhecer uma única parte da natureza é preciso conhecê-la enquanto parte de um todo que a antecede e que lhe vai suceder. A questão é encontrar uma forma de conhecer verdadeiramente a natureza das coisas, e não apenas aquilo que delas nos afeta os sentidos e a imaginação, de modo a podermos orientar--nos face ao meio com o qual interagimos e, desse modo, tentarmos livrar--nos do que, porventura sem sabermos por que, nos faz infelizes.

À luz da concepção tradicional, a teologia da *Ética* é, pois, uma ateologia, o seu começo um não começo, e o seu final um não final, como até a ausência de apêndice na Parte V, ao contrário do que sucede nas anteriores,

parece indicar. Nenhum outro filósofo, a não ser, talvez, Wittgenstein, alguma vez levou tão longe esta experiência do pensamento que assenta unicamente na sua prática, da certeza que se certifica a si mesma. Conforme escreve lapidarmente Espinosa (*TIE*, § 30, p. 368), "para descobrir o melhor método de investigar a verdade, não é necessário outro método para investigar o melhor método de investigação da verdade". É por isso que a *Ética*, longe de ser um texto monolítico, onde as verdades se sucedessem linearmente, como se fossem pronunciadas por uma voz que emanasse diretamente da razão, é pelo contrário um texto em que as variações de timbre evidenciam o rigor do entendimento a vibrar com a realidade incontornável dos afetos. Desde a primeira página, Espinosa formula enunciados na primeira pessoa — eu entendo... eu digo... eu expliquei... —, como se de uma confissão e, ao mesmo tempo, de uma interpelação ao leitor se tratasse. As primeiras oito definições mantêm todas este mesmo tom, ora na primeira, ora numa terceira pessoa do singular que se percebe não ser a da voz impessoal da ciência, mas tão só a da chamada voz corrente: "diz-se...". Não são teses, como as que vêm nos tratados da Escolástica, nem se confundem com os postulados, que aparecerão mais adiante na *Ética*. São, por assim dizer, instrumentos de bordo, noções comuns em gérmen, que não requerem o assentimento a nenhum pressuposto anterior, além de, como assinala Cristofolini (1996, p. 12), "não estarem ligadas entre si de maneira a poderem constituir um corpo orgânico, nem serem exaustivas no que respeita à natureza da coisa definida". À medida que se progride na leitura é que elas se vão tornando mais claras e, sobretudo, mais abrangentes semanticamente. Por ora, o leitor é instado apenas a partilhar provisoriamente o modo de utilização de alguns conceitos, a fim de poder avaliar e participar no exercício de argumentação que vai seguir-se. Só passado este limiar emergirá a primeira pessoa do plural, ou a terceira, do singular ou do plural, que são as formas em que se faz ouvir, nas proposições e demonstrações, a voz impessoal e neutra da razão universal. Mas tanto o registro pessoal da primeira pessoa, como o impessoal da terceira, vão ambos manter-se associados numa espécie de "polifonia", como lhe chamou P. Macherey (1998), que se repercute em tons diversos por todo o livro. Não são vozes paralelas, nem se trata, repare-se, de processos de enunciação autônomos um do outro. Pelo contrário, o que se afirma nas proposições ecoa nos escólios; estes, por sua vez, irrompem a cada passo nas demonstrações, ora implicitamente, ora explicitamente.[27] E quanto mais

---

[27] Cf. C. P. Long (2001), "The Rethoric of the Geometrical Method: Spinoza's Double

se avança, maior é o número de ideias já formuladas que acodem a cada nova ideia que surge, formando com ela uma nova rede conceitual, que, por sua vez, inaugura um novo tema, o qual se desenvolve em crescendo ao longo de várias proposições, demonstrações e escólios. Depois, o texto retoma o fio lógico e a argumentação prossegue, até desaguar de novo na veemência de um apêndice ou, como acontece na Parte dedicada aos afetos, numa sequência de 48 definições, que, diferentemente das que vemos no início de cada uma das partes, se apresentam como uma espécie de recapitulação em forma de dicionário. Na sua labiríntica tessitura, o texto da *Ética* é todo ele uma sequência em que, progressivamente, os enunciados recuperam enunciados anteriores, cujo significado se vai apurando e alargando à medida que se associam a outros, em cada um dos contextos em que são citados, ao mesmo tempo que adquirem, a cada nova citação, uma nova intensidade, numa espiral de reenvios e ressonâncias que é ao mesmo tempo uma forma de perpétuo começo, que o mesmo é dizer, de não começo.

b) *Um modo de sentir a verdade*

A tão discutida questão do "método geométrico" tem a ver com esta arquitetura conceitual e discursiva adotada pelo autor. Pode haver diversas explicações para a preferência de Espinosa por um método de exposição que Descartes já dera por epistemologicamente ultrapassado (cf. Macherey, 1998a, p. 15, nota 1) e que, até hoje, continua a ser visto como uma espécie de bizarria, fruto, porventura, de um espírito tão sinuoso como a engrenagem barroca subjacente à obra. O que não se pode é considerá-la um artifício completamente estranho à essência da *Ética*. Há demasiados indícios que

---

Strategy", *Philosophy and Rhetoric*, vol. 34, n° 4, pp. 292-307. O autor sublinha a forma como o *mos geometricus* cumpre, nas primeiras 14 proposições da Parte I, uma função que é também retórica, ao mesmo tempo que a retórica dos escólios se junta à rigidez do *mos geometricus* na defesa do monismo que está no cerne do sistema: "Por detrás da objetividade do método geométrico, esconde-se um sofisticado aparato retórico. Optando por posições cartesianas, ele consegue minar sub-repticiamente todo o sistema cartesiano. A ordem das proposições, a linguagem utilizada e, sobretudo, o silêncio estratégico a respeito de certas palavras-chave, tais como 'essência', são instrumentos da crítica retórica de Espinosa" (p. 307). Em abono desta tese de Long, pode citar-se P. di Vona (2011, pp. 60-1), que chama a atenção para o fato de, na demonstração da Prop. 7, P. V, se citar entre parênteses a definição da razão que vem no Esc. 2, Prop. 40, P. II: "A definição da razão, tão importante para a filosofia de Espinosa, uma vez que da razão depende a necessidade de todas as coisas, encontra-se, pois, num escólio e não no início da Parte II, entre as outras definições desta parte da *Ética*".

Introdução

tornam pouco crível, se não mesmo insustentável, essa hipótese, por mais que ela continue a ser defendida.

O *ordo geometricus*, ou *mos geometricus*, como o autor também se lhe refere, integra o título da *Ética* e corresponde a uma opção não apenas amadurecida, como também já experimentada em, pelo menos, dois trabalhos do autor: o Apêndice I do *KV* e os *PPC*. Além disso, a questão do método em geral é objeto recorrente em toda a obra do autor, como se pode ver em diversas passagens do *TIE* e no cap. VII do *TTP*, à semelhança, aliás, do que acontece com outros autores do século XVII, como Descartes e Hobbes, para não recuarmos já a Zabarella e ao aristotelismo paduano.[28] Quanto ao método especificamente geométrico, podemos ver o que Ludovico Meyer escreve no prefácio aos *PPC*, um texto que se sabe ter sido acompanhado[29] e, seguramente, vigiado de perto por Espinosa, podendo por isso considerar-se

---

[28] As *Opera Logica* (Veneza, 1578) de Giacomo Zabarella, em particular a Parte III, *De Methodis*, conheceram enorme reputação e divulgação nas universidades da Holanda, sobretudo entre os protestantes arminianos (Armínio tinha viajado para Pádua, propositadamente, para seguir os cursos de Zabarella). Tal fato não terá sido, com certeza, alheio à insistência com que os autores citados, meio século depois, discutem o tema e lhe dedicam expressamente obras inteiras, como o *Discurso do Método* e as *Regras para a Direção do Espírito*, de Descartes, ou pelo menos textos importantes, como são, por exemplo, as *Respostas às Segundas Objeções*, do mesmo autor, ou as que mencionamos de Espinosa, ou ainda a *Epístola Dedicatória* do *De Cive*, de Hobbes. Sobre Zabarella e a questão do método, cf. J. H. Randall (1961), *The School of Padua and the Emergence of Modern Science*, Pádua, Antenore. Ainda sobre a mesma questão, mas de uma perspectiva que é crítica de Randall, cf. A. Coxito (1984), "Lógica e metodologia em Francisco de Cristo e seu contexto renascentista", Separata da revista *Biblos*, vol. LIX. São igualmente pertinentes a este respeito: C. Vasoli (1968), *La dialettica e la retorica dell'Umanesimo: "invenzione" e "metodo" nella cultura del XV e XVI secolo*, Milão, Feltrinelli; H. Mikkeli (2010), "Jacopo Zabarella (1533-1589), The Structure and Method of Scientific Knowledge", *in* P. R. Blum (org.), *Philosophers of the Renaissance*, Washington DC, The Catholic University of America Press, pp. 181-91.

[29] Cf. as duas cartas de Espinosa a Meyer, publicadas, a primeira, só em 1977, por A. K. Offenbergh, *Philosophia*, 7 (1), pp. 1-13, a segunda na edição de Gebhardt (*G* IV, pp. 72-3), cuja tradução é incluída em Espinosa (2015), *Princípios da Filosofia Cartesiana e Pensamentos Metafísicos* (H. Santiago e L. C. Oliva, trads.), Belo Horizonte, Autêntica, pp. 307-10. Cf. igualmente, na introdução a esta mesma obra (pp. 7-17), as observações de H. Santiago sobre a questão do método em Descartes e em Espinosa. Para uma discussão mais desenvolvida do mesma tema, cf. E. de Angelis (1964); F. Biasutti (1979), cap. V; E. Harris (1986), "Method and Metaphysics in Spinoza", *Studia Spinozana*, vol. 2, pp. 129-50; E. Curley (1986), "Spinoza's Geometric Method", *Studia Spinozana*, vol. 2, pp. 151-70; C. P. Long (cit.); L. Byrne (2004), "The Geometrical Method in Spinoza's *Ethics*", *Poetics Today*, vol. 28, nº 3, pp. 443-74.

fiel à sua opinião nesta matéria. Resumidamente, Meyer diz o seguinte: 1) Descartes assentou, pela primeira vez, a filosofia em bases sólidas, que foi buscar às matemáticas, mas não utilizou a ordem matemática mais comum, a dos *Elementos* de Euclides, "em que as proposições e as suas demonstrações se subordinam a definições, postulados e axiomas previamente dados"; 2) Descartes, com efeito, distinguira nas *Respostas às Segundas Objeções* dois processos de demonstração apodíctica, um "por *análise*, que mostra a verdadeira via pela qual uma coisa foi metodicamente descoberta", outro "*por síntese*, que se serve de uma longa série de definições, petições, axiomas, teoremas e problemas, a fim de, se lhe negarmos algum dos consequentes, fazer ver que ele está contido nos antecedentes, e assim arrancar o assentimento do leitor, por mais obstinado e renitente que possa ser"; 3) embora igualmente incontroversos, os dois métodos não são igualmente "cômodos para todos", tornando-se preferível "demonstrar à maneira mais familiar aos geômetras"; 4) como Espinosa já havia transposto para a ordem geométrica o texto dos *PPC*, a fim de ensinar a filosofia cartesiana a um discípulo, Meyer pediu-lhe autorização e encarregou-se da publicação da obra, com prefácio de sua própria autoria.[30]

Em boa verdade, a justificação dada por Descartes (*Réponses aux Secondes Objections*, *AT*, IX, pp. 156-7) era um pouco mais elaborada, assentando sobretudo no fato de a síntese, "embora no respeitante às coisas de que trata a Geometria possa utilmente ser posta depois da análise, não convém, todavia, igualmente bem às matérias que pertencem à Metafísica". E o motivo, acrescenta o autor, é que "as primeiras noções que são pressupostas para demonstrar as proposições geométricas, na medida em que vão ao encontro dos sentidos, são facilmente aceites por qualquer um [...]. Pelo contrário, no que toca às questões que pertencem à Metafísica, a principal dificuldade é conceber clara e distintamente as primeiras noções". Espinosa, como sabemos, diverge e opta pela síntese. A principal questão aqui presente não é, todavia, de natureza epistemológica, como se poderia deduzir do prefácio de Meyer. Por detrás da diferença entre os métodos de exposição, reside, efetivamente, uma diferença profunda de concepções ontológicas. Vendo bem, o essencial do método, em qualquer dos autores, é a ruptura com a Escolástica e a retórica humanista, mediante uma ancoragem da filosofia no modelo científico representado pelas matemáticas. Conforme sublinha De Angelis (cit., p. 56), "quando Descartes e os cartesianos falam de

---

[30] Cf. *PPC* (*G* I, pp. 610-4; trad. port., cit., pp. 33-41).

Introdução

ordem, entendem uma coisa bem diversa do que entendiam quer os Escolásticos, quer os Ramistas. Para estes, segundo a expressão de Descartes, o problema não era tanto o de inventar, como o de organizar o já conhecido. A ordem cartesiana (como a de Hobbes, como a de Espinosa, etc.) é a das causas, ordem esta que justifica, através de um nexo metafísico, a passagem a novos elementos e, deste modo, à invenção". No entanto, Espinosa faz questão de enfatizar, logo no título da obra, a diferença da *Ética* sob este ponto de vista. A ordem geométrica não é apenas o invólucro em que a obra se apresenta, ou o instrumento mais eficaz para ensinar o seu conteúdo, nem tampouco um processo destinado a organizar materiais previamente dados. A ordem é a própria disposição dos materiais/meios com que o entendimento produz novos conhecimentos. Se não se proceder ordenadamente, cai-se no erro, porque "a ordem e encadeamento das ideias é a mesma que a ordem e encadeamento das coisas". É necessário, portanto, para estar conforme à verdade, que a mente se ajuste à ordem pela qual as coisas são produzidas, isto é, que ela respeite o seu nexo causal, a começar pela ideia de Deus ou natureza, que é a causa sem a qual nada existe nem pode ser pensado. É aqui que se verifica a fratura que em definitivo separa Espinosa de Descartes.

Para o autor das *Meditações*, como para Aristóteles e a Escolástica, uma coisa é a ordem do ser, outra a do conhecer. O fato de Deus ser primeiro na ordem do ser não significa que o conhecimento da natureza deva começar por ele. Pelo contrário, a dificuldade que envolve a sua noção torna necessário que se comece pelas coisas mais próximas e, por isso, mais simples, para, a partir daí, se chegar por sucessivas eliminações da dúvida à ideia de uma causa em que tudo em última instância se fundamente. Para Espinosa, semelhante procedimento compromete decisivamente a percepção quer do infinito, quer do finito. Sem os nomear, mas dirigindo-se claramente aos cartesianos, a quem acusa de "não terem respeitado a ordem do filosofar", o Escólio da Prop. 10, P. II, identifica aquele que é verdadeiramente o erro de Descartes: "De fato, eles acreditaram que a natureza divina — a qual devia ser contemplada antes de tudo o mais, visto ser a primeira quer em termos de conhecimento, quer de natureza — era a última na ordem do conhecimento, e que as coisas a que se chama objetos dos sentidos estavam antes de todas as outras. Daí resultou que, quando contemplaram as coisas naturais, não houve nada em que menos pensassem que na natureza divina, e quando, depois, voltaram o ânimo para contemplar a natureza divina, não houve nada em que menos pudessem pensar que nas suas primeiras ficções, nas quais haviam baseado o conhecimento das coisas naturais". Semelhante contaminação do finito pelo infinito, e vice-versa, a que a imaginação induz, só se

corrige por uma atuação do pensamento de acordo com a sua natureza. Ora, o pensamento, tal como a extensão, por natureza não são senão atributos da substância única. Por conseguinte, tudo quanto se dá na mente — ideias, juízos, volições, imaginações, afetos, etc. —, assim como tudo quanto se dá na extensão — corpos, movimentos, colisões, atrações, repulsões, etc. —, são modificações ou modos da mesma substância, a qual é por definição causa de si mesma, que o mesmo é dizer, causa de tudo quanto nela se dá. Conhecer uma coisa implica, pois, conhecer a sua ideia, na medida em que ela e a sua ideia são ambas o mesmo, embora sob atributos diferentes. Não por acaso, a Parte II da *Ética*, sobre a natureza da mente, é a que trata também da física, antecipando a passagem quer à questão da vida afetiva, compreendida como fenômeno psicofísico (Parte III), quer à questão da passionalidade como limitação da liberdade e causa da infelicidade, ou "servidão humana" (Parte IV), quer, finalmente, aos meios de coordenar os afetos com vista à libertação e à felicidade (Parte V). Libertar-se, porém, da força dos afetos exige conhecê-los, o que não é possível sem primeiro identificar o seu lugar na cadeia causal que antecede cada um deles e nele prossegue a espiral afetiva que é a vida dos indivíduos e das sociedades.[31] Daí o ter de se começar por Deus. Não porque ele seja a causa remota e separada das coisas, como supõe o criacionismo, ou porque seja o princípio imanente que age no interior das coisas, sem se confundir com elas, como supõe o panteísmo, mas porque ele é tão só as próprias coisas na sua infinita e eterna produção e interação,[32] puro processo sem sujeito, nem finalidade. Cada coisa é um modo de Deus ser, e não se pode conhecê-la se, a par da identificação do seu lugar na cadeia causal em que os seres interagem, não a identificarmos igualmente como parte da natureza.

---

[31] Cf. o que Espinosa já havia exposto sobre o assunto em *TIE*, § 25 (*G* II, p. 12).

[32] Contra alguns intérpretes que, como E. Curley, distinguem os modos finitos, ou *natura naturata*, dos atributos que formam a essência divina, a qual se identificaria apenas com a *natura naturans*, Y. Melamed (2013) enfatiza, com toda a razão, este ponto ao longo de toda a Parte I do seu livro: "At several places in the *Ethics*, Spinoza speaks of God 'not insofar as he is infinite' (see, e.g., E4p4d). He apparently uses this roundabout because he feels uncomfortable describing God as finite or compelled. Yet Spinoza leaves no doubt that he takes finite modes to be God in some sense or respect" ("Em várias passagens da *Ética*, Espinosa fala de Deus 'não na medida em que é infinito" (veja-se, por ex., Dem. da Prop. 4, P. IV). Aparentemente, ele usa esta via tortuosa, porque se sente desconfortável em descrever Deus como finito ou determinado. No entanto, Espinosa não deixa dúvidas de que considera que, em algum sentido ou sob algum aspecto, os modos finitos são Deus" (p. 18).

Conhecer as coisas exige, pois, integrar cada uma das ideias pela ordem segundo a qual elas são produzidas e se encadeiam no entendimento. Esta, por sua vez, na medida em que é a ordem da natureza, é também a ordem por que se produzem as coisas de que elas são ideias. Sem a ordem da natureza, a ordem por que são produzidas as ideias e as coisas, não é possível conhecer clara e distintamente, caindo-se na ilusão e na superstição, contra as quais Espinosa insistentemente se insurge. No entanto, conforme se antecipava já no *TIE*, § 61 (*G* II, p. 375), "a mente, quando se ocupa de uma coisa fictícia e falsa por natureza, a fim de a examinar, entender e dela deduzir em boa ordem as coisas que devem deduzir-se, descobre facilmente a sua falsidade". É a ordem, por conseguinte, que, ao rastrear a cadeia causal e, desse modo, vincular necessariamente as ideias umas às outras, separa no entendimento o verdadeiro e o falso. Nesse sentido, como afirma F. Biasutti (cit., p. 229), "o aparato metodológico em virtude do qual a mente está em condições de aumentar a própria potência e, desse modo, os seus conhecimentos, e progredir na via da verdade, não constitui um organismo artificial ou uma operação exterior à coisa, mas um complexo de normas e de regras que agem em ligação íntima com os fatos e com as próprias coisas". Como é que se distingue, porém, o verdadeiro do falso, se o princípio da imanência inibe o recurso a um modelo, enquanto ideia que transcendesse a realidade dos fatos?

A resposta a esta pergunta surge em vários momentos da obra de Espinosa, num registro que, no essencial, se mantém até o fim inalterado. No *TIE*, § 30 (*G* II, p. 364), por exemplo, a questão é tratada com especial desenvolvimento, sublinhando Espinosa que, "para descobrir o melhor método de investigar a verdade, não é necessário outro método para investigar o melhor método de investigação da verdade", observação esta que se demonstra pelo absurdo da inversa: "para forjar o ferro é preciso um martelo e, para ter um martelo, é preciso fabricá-lo, para o que são precisos outro martelo e outros instrumentos, os quais, por sua vez, para os possuirmos, exigiriam outros instrumentos, e assim até o infinito; e, deste modo, poder-se-ia querer provar que os homens não têm nenhum poder de forjar o ferro". É esta dialética, ao arrepio da experiência e sustentada apenas no modo de funcionamento da razão, que Espinosa, abruptamente, suspende, invocando a evidência de que sempre se acompanha o conhecimento da verdade: "para saber, não é necessário saber que sei"; pelo contrário, "para saber que sei, é necessário, primeiramente, saber", visto que, "para ter a certeza da verdade, não é preciso nenhum outro sinal: basta ter a ideia verdadeira" (§ 34, *G* II, p. 367). O método analítico fica, assim, posto de lado: não se conhece investigando a partir dos efeitos para a causa, do finito para o infinito, ou seja, na

ordem inversa àquela pela qual as coisas são produzidas. Por essa via, o conhecimento nunca deixaria de ser um reflexo da realidade, uma sua imagem invertida, condicionada por critérios de validade que derivam da própria estrutura da mente e cuja única forma de escapar à dúvida consistiria em imaginar a natureza como resultado do arbítrio de uma vontade onisciente e onipotente, fruto da ignorância e da impotência dos homens. As ideias adequadas não são representações, "pinturas mudas numa tela" (Esc. da Prop. 49, P. II); pelo contrário, se elas explicam os objetos, é porque se afirmam idênticas a eles, seguindo necessariamente a mesma ordem, que é a ordem da natureza. O verdadeiro método é, pois, o método geométrico, isto é, a síntese, que procede segundo a ordem genética com que as coisas e as ideias se engendram umas às outras, da mesma forma que a geometria define as figuras pelo modo como elas se geram no espaço, umas a partir do movimento das outras. Já os Antigos diziam que "a verdadeira ciência procede da causa para os efeitos", conforme lembra Espinosa. Mas há uma diferença, acrescenta o autor da *Ética*: "tanto quanto sei, eles jamais conceberam a alma, como nós aqui, a agir segundo certas regras e como se fosse um autômato espiritual".[33]

De fato, a mente não é um espelho, onde as coisas se refletiriam como imagens mais ou menos nítidas. A mente, cada mente em particular, é um modo de um dos atributos da substância, o pensamento, cuja atividade se exprime pela sequência com que as ideias adequadas se produzem "automaticamente", segundo uma ordem que é a ordem da substância, ou seja, da produção das coisas. A mente é como um autômato, em primeiro lugar, porque procede necessariamente, enquanto expressão, ao nível do pensamento, da necessidade com que procede a totalidade absoluta; mas, além disso, ela é como um autômato porque a sua atuação é inteiramente objetiva, conforme observou Macherey (1979, p. 75), e não supõe, por conseguinte, "um sujeito autônomo que se tomaria a si próprio como fim da sua atividade", à maneira hegeliana. Entre a mente e as ideias, não existe nenhuma opacidade. A mente é a produção em si mesma das ideias, não um seu invólucro ou suporte. F. Gil registra isso mesmo: "o espírito adere ao conhecimento ao constituí-lo e reconstituí-lo. A atividade cognitiva é transparente a si, nada se interpõe entre ela e o sujeito".[34] Por essa razão, como escreve Espinosa,

---

[33] Aristóteles enuncia esta mesma definição de vários modos e em vários dos seus livros, designadamente na *Metafísica*, A, I, 981a28 ss., e em *Analíticos segundos*, 71b9-11. Espinosa, que cita apenas no geral — "os Antigos" —, menciona-a em *TIE* (G II, p. 384).

[34] F. Gil (2000), *La conviction*, Paris, Flammarion, p. 266.

Introdução

"ninguém que tenha uma ideia verdadeira ignora que ela envolve a suma certeza" (Esc. da Prop. 43, P. II).

Conhecer pelas causas, no sentido espinosano, é conhecer a necessidade e objetividade com que os modos do pensamento e da extensão se encadeiam, que o mesmo é dizer, com que se explica a essência da substância infinita: "Cada ideia de qualquer corpo ou coisa singular, existente em ato, envolve necessariamente a essência eterna e infinita de Deus" (Prop. 45, P. II). Ou seja, não podemos pensar verdadeiramente sem a ideia do todo como razão imanente de todas as ideias, a começar pela ideia de nós próprios. Ter uma ideia adequada é ter a ideia de Deus ou natureza enquanto modo do pensamento. É por isso que a ideia adequada se apresenta como imune ao ceticismo. O exercício da dúvida sobre uma verdade matemática, por exemplo, é pura fantasia, se não futilidade. Saber que a soma de 2 mais 3 é igual a 5 equivale a ter a certeza de que o sabemos: "Quem tem uma ideia verdadeira sabe, em simultâneo, que tem uma ideia verdadeira, e não pode duvidar da verdade da coisa" (P. 43, P. II). Nessa medida, como também afirma Espinosa (*TIE*, § 35, G II, p. 367), a certeza "não é senão a essência objetiva, isto é, o modo como sentimos a essência formal". Sentimos (inabalavelmente, como diria Wittgenstein) que estamos certos, não por qualquer capricho, mas porque a essência de cada uma das ideias adequadas — enquanto "conceitos do pensamento" — se apresenta num encadeamento necessário, fundado na ideia da substância que é causa de si. Gueroult (1974, p. 400) é peremptório a este respeito: "basta analisar este fato que é a intelecção para nele descobrir a sua necessidade de direito, sendo impossível que a ideia verdadeira não se revele como verdadeira". É certo, como sublinha F. Gil (cit., p. 261), que esta convicção "permanece um sentimento", e que o recurso a Deus "é em Espinosa a metáfora de um conhecimento fundado no seu princípio". Mas o conhecimento dá-se sempre no interior da totalidade, e não tem como sair desta para confirmá-lo. Na ideia adequada, como sustenta o mesmo Fernando Gil, o pensamento funda-se a si próprio, afirma-se de modo "soberano", ele é, poderíamos acrescentar, "causa de si" enquanto modo do atributo pensamento.

Compreende-se, assim, em que medida a Parte I da *Ética*, longe de ser um corpo estranho ao conjunto da obra, é, de fato, a sua primeira formulação. O que nela se diz é a ontologia que subjaz à epistemologia e à física da Parte II, à psicologia da Parte III, à antropologia da Parte IV e à ética da Parte V, onde, finalmente, o ser se enuncia a si próprio na sequência vertiginosa de proposições, a rasar permanentemente a fronteira entre a razão e o seu excesso, com que o livro termina. Como dissemos, em cada uma das partes

há ecos das restantes, uma vez que o seu encadeamento não é linear e há diversos itinerários ao longo dos quais a obra se pode percorrer, de tal maneira os temas se cruzam, aparecem e reaparecem em contextos, associações e intensidades diversos. Contudo, sob essa multiplicidade de teses e hipóteses que vão sendo esboçadas e mais ou menos desenvolvidas, há um fio condutor que se desenrola, um rio que subterraneamente dinamiza as diversas áreas do conhecimento e as leva a desaguar no oceano da substância. Entretanto, à superfície, *lógos* e *pathos* misturam-se, progridem juntos a um ritmo que oscila consoante as matérias que vão sendo tratadas. Se atendêssemos apenas à melodia das frases, à densidade e ao timbre discursivos, à velocidade a que se sucedem os argumentos, talvez se pudessem identificar vários andamentos, como se de uma peça musical se tratasse, desde o *adagio* da Parte I, ao *prestissimo* da V. Não é, longe disso, um retorno aos cantos órficos dos alvores da filosofia. Mas é, a vários títulos, uma recuperação do tom inaugural em que eles se abeiravam da natureza. Tão rara quanto *preclara*.

3. A ÉTICA E A MORAL

a) *No meio não está a virtude*

A *Ética* é um livro cujo objetivo é o inventariar das razões que tornam o ser humano infeliz e dos meios através dos quais se pode evitar essa aparente fatalidade. Logo no início da Parte II, já o dissemos, a obra concentra-se em definitivo na mente e na sua felicidade, pondo de lado outros desenvolvimentos que poderiam seguir-se da ontologia que se acabou de expor. No final, é certo, o movimento que até aí foi de explicação dará lugar à implicação, quando o ser humano se experimentar a si mesmo como uma das infinitas modificações mediante as quais a substância, objeto da Parte I, existe e se pensa. Mas, até lá, até ele tomar consciência dessa sua condição, como parte da totalidade que nele e na infinidade dos outros seres se explica, é necessário identificar primeiro os erros em que habitualmente ele se compraz, ao imaginar-se como centro do universo e com o poder de agir livremente, delírios esses que lhe acarretam desilusões, dissabores, infelicidade. Só na Parte V, já percorrido o itinerário mental que se esboça nas quatro partes anteriores, poderá ter lugar a experiência que Espinosa designa por "amor intelectual de Deus", que o mesmo é dizer, amor de si próprio no reencontro com os outros, a totalidade infinita.

A denúncia dos desvarios a que pode levar a imaginação, assim como da sua organização em sistema, ideológico ou religioso, já havia sido, em boa

parte, feita no *TTP*. Nessa altura, porém, o objetivo da denúncia era sobretudo político. Tratava-se aí de evidenciar as vantagens de uma forma de governo em que, por um lado, o fanatismo esteja impedido de condicionar as decisões do governo, por outro, o poder respeite a liberdade de pensamento. É certo que a piedade, ou moral, já aí se revelava da maior importância, como garantia da concórdia e da coesão social, ao constituir-se em fundamento da obediência, sem a qual a ordem e a defesa dos direitos comuns sucumbem às paixões e interesses individuais. Aqueles que não conseguem deduzir pela razão as vantagens da vida em sociedade, como acontece com a maioria — o "vulgo" —, podem, ainda assim, acatar as leis do estado e obedecer-lhes com base em princípios, ou mandamentos, inspirados apenas pela fé: não matar, não roubar, não mentir, etc. A moral, no entanto, supõe a existência de valores absolutos, e é dessa suposição, ou crença, que deriva a convicção do dever, da necessidade de os observar. Ora, à luz da simples razão, é impossível atribuir a qualquer ato um valor absoluto, classificá-lo como bom ou mau, independentemente daquilo que for o seu objetivo. Como afirma Wittgenstein (*Tractatus*, 6.41), "no mundo tudo é como é e tudo acontece como acontece; *nele não existe qualquer valor — e se existisse não tinha qualquer valor*".[35] Vem daí o caráter provisório, instrumental, ou estratégico, que Espinosa confere à moral no *TTP*: ela não se baseia em ideias adequadas, mas viabiliza objetivos sociais que a razão não só aprova, como reconhece serem impossíveis de alcançar na ausência de um núcleo mínimo de convicções que o comum dos cidadãos abrace, mesmo à revelia de um fundamento racional. Não há motivo, pois, para que o poder, por receio à desobediência, proíba quer a liberdade de crença, quer a liberdade de pensamento.

O objetivo da *Ética* é diferente, e não se atém à mera concórdia, se bem que esta seja indispensável à felicidade. Trata-se agora não só de preservar a sobrevivência do corpo coletivo face às pressões externas e pulsões internas que o ameaçam de desagregação, mas também de procurar a via pela qual o ser humano, individualmente, poderá atingir a tranquilidade que advém da satisfação consigo próprio. Fazer, porém, esse percurso, requer a constituição do indivíduo como ser *sui juris*, ou seja, requer a sua conversão de ser passivo, subordinado à pressão do que lhe vem do exterior, em ser que de-

---

[35] L. Wittgenstein (1995), *Tratado Lógico-Filosófico: Investigações Filosóficas* (trad. M. S. Lourenço), 2ª ed. revista, Lisboa, Fundação Calouste Gulbenkian. Com algumas modificações de pormenor, as citações do *Tractatus* que constam do presente texto remetem para a tradução de M. S. Lourenço.

termina, tanto quanto possível, o sentido dos seus atos. Enquanto a moral postula princípios absolutos e universais, fazendo tábua rasa das variações do desejo, essência do ser humano, aqui, o binômio lei transcendente/súdito obediente, que condena este último à obediência passiva — *lex est lex* — e, no limite, à servidão voluntária, se mais não for pela interiorização de modelos que o confirmam na posição de súdito, dá lugar à investigação da rede de relações em que o indivíduo está inserido e através da qual ele se constitui como sujeito intrinsecamente relacional, um "transindivíduo", para usarmos a designação de E. Balibar.[36] A *Ética* não é, portanto, um estudo do bem e do mal em abstrato. A *Ética* é um estudo da natureza e das condições efetivas de existência dos seres humanos, em particular das emoções e comoções que eles experimentam ao interagir uns com os outros e com o meio, de modo a prevenir os efeitos negativos dessas emoções, ou afetos, na sua condição de seres intrinsecamente livres. Conhecer a natureza e a origem das afecções — Parte III —, e bem assim a razão de ser da "servidão humana" — Parte IV —, é condição necessária para se lidar com os afetos, reduzir a tristeza e o sofrimento que eles ocasionam, e chegar a ter uma vida menos infeliz, porque menos sujeita às flutuações passionais, ou mesmo a experimentar o que Espinosa chama o "amor intelectual de Deus", a felicidade pelo conhecimento, aquilo a que Sêneca chamava de *vita beata* e os gregos de *eudaimonia* — Parte V. Em contrapartida, não conhecer, ignorar a razão das coisas, leva a que se interprete os acontecimentos como consequência de uma ordem transcendente, seja ela encarnada pelos deuses, pela lei moral ou pelo simples acaso, que arrastam consigo os fantasmas da culpa e do ressentimento, reduzindo o homem à impotência. "Basta não compreender", comenta Deleuze (1981, p. 36), "para moralizar." Daí a relevância de o livro ser e chamar-se *Ética*, rompendo assim com a tradição que durante séculos reservara as questões da *praxis* à Teologia e à Filosofia Moral, e reatando, em certa medida, com a Antiguidade, designadamente Aristóteles, de cuja *Ética a Nicômaco* abundam ressonâncias em Espinosa,[37] por maiores que sejam as diferenças, que este, aliás, faz questão de sublinhar.

Espinosa, de fato, partilha com Aristóteles a visão da ética como ciência prática, que estuda as condições e os meios para alcançar o bem que cada um deseja acima de tudo, a felicidade, e não um elenco de deveres a que

---

[36] E. Balibar (2002), *Spinoza, il transindividuale*, Milão, Edizioni Ghibli.

[37] Para um estudo comparativo entre a *Ética* de Espinosa e as de Aristóteles, cf. F. Manzini (2009), *Spinoza: une lecture d'Aristote*, Paris, PUF.

em abstrato cada um deveria obedecer. Partilha, além disso, a ideia de que a felicidade, contra os defensores da salvação pela renúncia e o sacrifício, é inalcançável na solidão dos desertos e sem um conjunto de bens essenciais à vida, e por isso realça a importância de se viver em comunidade. Partilha, finalmente, da ideia de que a felicidade, enquanto prática da virtude, ou da excelência, só se realiza verdadeiramente através do conhecimento, suprema manifestação da atividade do ser humano. Em um como em outro, o desejo de felicidade realiza-se, pois, mediante o exercício terapêutico de uma atividade que leva à harmonização do indivíduo com a sua natureza e, por essa via, à redução do sofrimento. Porém, as concepções ontológicas que cada um deles defende irão cavar um abismo entre as respectivas concepções éticas. Sem nos alongarmos aqui na comparação entre os dois sistemas, registre-se apenas que em Aristóteles a natureza é vista, holisticamente, como um sistema em que todas as coisas se conformam a uma finalidade que é sua causa e razão de ser, e que, por isso, as subordina umas às outras, enquanto em Espinosa a natureza é, pura e simplesmente, o processo através do qual as coisas se produzem necessariamente, à revelia, portanto, de qualquer modelo ou hierarquia. Se, no primeiro, a virtude corresponde à moderação entre o defeito e o excesso de afetividade,[38] no segundo, a virtude corresponde à potência, isto é, à capacidade de agir — "por virtude e potência entendo o mesmo" (Def. VIII, P. IV) — e, nessa medida, é nela que reside a "felicidade mesma e a suprema liberdade" (Esc. Prop. 49, P. II), razão pela qual não pode jamais ser excessiva. Se, finalmente, em Aristóteles a ética se subordinava à política,[39] ciência "maximamente arquitetônica", cabendo à cidade iniciar os indivíduos nas virtudes em que ela própria se fundamenta, de modo a fazer deles os melhores entre os melhores — *áristoi* —, em Espinosa a felicidade vai de mãos dadas com a liberdade, a qual não está enraizada em valores prévios, mas na vontade de sobrevivência de cada um, isto é, na natureza. Não admira, por isso, que Espinosa, apesar da coincidência dos títulos, de muitos dos temas e mesmo do respectivo tratamento na sua *Ética* e nas de Aristóteles, pareça não fazer distinção entre o Estagirita e a Escolástica aristotélico-tomista, contra a qual se insurge com frequência, sem se deter na especificidade da *Ética a Nicômaco*, a qual, como vimos, está mais próxima da *Ethica ordine geometrico* que de qualquer moral baseada na transcendência do dever.

---

[38] Aristóteles, *Ética a Nicômaco*, 1105b19-1106a1.

[39] *Ibidem*, 1094a27-1094b10.

Porém, a *Ética* não se afasta só da moral de cariz em última instância teológico; afasta-se também do humanismo e da sua ilusão de colocar o homem no centro do universo. A euforia própria da Renascença, que descobre no ser humano capacidades verdadeiramente demiúrgicas e que se repercute ainda na Modernidade (em Descartes, por exemplo)[40] é estranha a Espinosa, o qual, desse ponto de vista, permanece antimoderno. O ser humano é um simples modo da substância e, apesar da complexidade do seu corpo, como da sua mente, não sobrevive sem a multiplicidade de relações que o ligam aos outros e ao meio, numa dinâmica sem fim, que tanto pode, literalmente, deprimi-lo, reduzir-lhe a potência de corpo e alma e a alegria que desta lhe advém, como animá-lo, fazê-lo menos passivo e, por conseguinte, mais satisfeito consigo próprio e mais feliz. Em contrapartida, o antropocentrismo dos humanistas, ao imaginar o homem como centro do mundo, capaz de usar e transformar livremente os restantes seres da natureza, mais não faz que mimetizar o antropomorfismo dos que imaginam Deus como senhor onipotente que teria escolhido soberanamente, de entre todos os mundos possíveis, aquele que efetivamente criou e governa. O Apêndice da Parte I da *Ética* é todo ele uma crítica da desrazão, ou, para usarmos palavras que os contemporâneos de Espinosa entenderiam, uma sátira desse mundo ao contrário que é o antropocentrismo gerado pela concepção do homem como ser à parte, detentor de um império sobre o império da natureza — *imperium in imperio*. Só o saber da razão, enquanto ciência que se constrói a partir das noções comuns, as quais exprimem o que "está igualmente na parte e no todo" (Prop. 37-39, P. II) e por isso não são meras generalizações, mas universalizações, poderá evidenciar dedutivamente o caráter fantasmagórico dessas ideias e enquadrá-las na cadeia causal em que tanto elas, como os fenômenos que elas pretendem explicar, são realmente produzidos.

A ciência, todavia, não é um elixir. Por melhor que as ideias da razão expliquem os fenômenos, a exposição ao meio mantém-se e, com ela, mantêm-se as afecções e os afetos, a possibilidade do erro. Conforme observa Wittgenstein (*Tractatus*, 6.371-6.372), contrariando a "concepção moderna do mundo", que toma "as leis da natureza como algo de intocável" perante o qual se fica "como os Antigos ficavam diante de Deus e do destino", a verdade é que "a ideia dos Antigos era mais clara, uma vez que reconheciam um limite claro, enquanto que no novo sistema se tem que dar a aparência de estar tudo esclarecido". A verdade é que, na vida prática, a maioria das

---

[40] Cf. Descartes, *Discours de la Méthode*, Sixième Partie (*AT*, VI).

certezas com que lidamos não as conhecemos por inferência racional: não duvidamos da data em que nascemos, estamos certos de que um dia morreremos, de que a água apaga o fogo, etc., etc. Além disso, quando temos a certeza cientificamente comprovada de alguma coisa, não é por isso que alteramos o comportamento: o fumante não deixa o cigarro, apesar de a medicina e a estatística o prevenirem dos malefícios do tabaco; o conhecimento da astronomia, para utilizar o exemplo de Espinosa, não impede que o Sol se nos afigure como se estivesse a duas centenas de metros. Um afeto, em suma, não pode ser racionalmente eliminado. Quando muito, poderá ser afetivamente superado.

Isto explica também o motivo por que Espinosa rejeita a abordagem moral do agir humano. A essência atual do homem, como de qualquer outra coisa, reside no seu *conatus*, isto é, no seu esforço para perseverar na existência. Em conformidade, o homem procura naturalmente aquilo que reforça a sua capacidade de continuar a existir, ou seja, a sua potência, considerando-o bom, e evita o que a reduz ou estorva, considerando-o mau. Trata-se, obviamente, de um princípio universal, que se aplica a todos os seres. Mas como todos os seres estão permanentemente em mudança, e como o que favorece ou ameaça as suas condições de existência, isto é, o seu *ethos*, varia de um para o outro e, em cada um deles, de um momento para o outro, é impossível definir em abstrato aquilo que é bom ou mau para todos. Consequentemente, o bem e o mal "não indicam nada de positivo nas coisas, consideradas em si mesmas, nem são senão modos de pensar, ou noções que nós formamos em virtude de compararmos as coisas entre elas" (Pref. P. IV). Não quer dizer que estejamos inteiramente dependentes das afecções do meio. Se assim fosse, a ética seria sem utilidade, tal como o seria na hipótese contrária, ou seja, se a razão nos tornasse por completo imunes à passionalidade. Sabemos, no entanto, até por experiência, que ter ideias adequadas sobre nós mesmos e sobre o meio eleva o nosso potencial para enfrentar as ameaças. Não porque a razão domine as paixões — *leitmotiv* platônico que todas as morais incorporam, e que é sempre uma atualização, religiosa ou laica, da transcendência —, mas porque ter ideias adequadas gera mais ideias adequadas, e o prazer que inicialmente pode retirar-se dos resultados do conhecimento contamina o próprio ato de conhecer, transformando-se ele próprio em afeto e em satisfação com nós mesmos. É por essa razão que a *Ética*, na Parte III, vai mergulhar no oceano da afetividade, trazendo à tona o complexo emaranhado em que as infinitas variações da emoção se revelam ou escondem, associam ou repelem, aumentam ou reduzem a potência do corpo e da mente em simultâneo.

O tema da afetividade não constitui, propriamente, uma novidade em filosofia. Nem sequer a preocupação de Espinosa, evidenciada tanto na *Ética* como no *Tratado Político* (*TP*), de o tratar do ponto de vista da física e "como se fosse uma questão de linhas, de superfícies ou de corpos" (Pref. P. III) é particularmente original. Já na Antiguidade, conforme recorda F. De-Brabander (2007, p. 13), "a doutrina estoica do *hormé* faz a ligação entre a física e a ética, e define a moralidade estoica como profundamente naturalista no seu fundamento", razão pela qual "a via da virtude e da felicidade pode encontrar-se na própria natureza, e não é uma ordem transcendente imposta à natureza". Descartes, por sua vez, também faz questão de reivindicar que "o seu desígnio não foi explicar as paixões como orador, nem mesmo como filósofo moral, mas somente como físico".[41] E Hobbes, finalmente, classifica a ética, no quadro das ciências que encerra o cap. IX do *Leviathan*, como uma subdivisão da filosofia natural, ou ciência das consequências das paixões humanas, tema que o autor já tinha tratado de modo desenvolvido no cap. VI, à luz daquilo a que chama os dois tipos de movimentos animais: os involuntários, ou vitais, que derivam da sensação e incluem as reações que se dão no corpo, na sequência de estímulos externos; e os voluntários, que derivam da sensação residual (*decaying sense*), ou imaginação, onde se origina o "esforço" que Hobbes designa em inglês por *endeavour*, e em latim por *conatus*, e que se traduz num movimento ou de aproximação — o desejo — ou de afastamento — a aversão. Não fosse, aliás, a diferença que separa os dois autores, e o citado cap. VI do *Leviathan* poderia ler-se como uma antecipação, ainda que só embrionária, da "Definição dos Afetos" inserida por Espinosa na Parte III da *Ética*, de tal maneira a estrutura dos dois textos é semelhante.

b) *O bem supremo*

A verdadeira ruptura operada por Espinosa nesta matéria é consequência, uma vez mais, da sua ontologia. Primeiro, a unicidade da substância afasta liminarmente a ideia cartesiana do ser humano como união de duas substâncias distintas — a alma e o corpo — e como que em luta uma com a outra, cada uma querendo impor o seu arbítrio: a mente e o corpo são duas manifestações da mesma modificação da substância, e por isso os afetos não

---

[41] "Segunda resposta" ao editor de *Les Passions de l'Âme*, de 14 de agosto de 1649, *AT*, XI, p. 326.

se dão por efeito de uma sobre a outra, mas em ambas em simultâneo.[42] Segundo, ela afasta a ideia de uma neutralização da afetividade como modelo de vida humana: os homens não podem não ter afetos, na exata medida em que são parte da natureza e sofrem necessariamente a influência das outras partes. Por último, ela afasta a ideia da liberdade como vontade soberana, isto é, a possibilidade de uma qualquer ação humana brotar espontaneamente do nada, da ausência de determinações, como que solta da infinita cadeia causal em que tudo se dá necessariamente. Se Espinosa pode olhar para as paixões humanas como se fossem geometria no espaço, é precisamente porque elas são por inteiro um fenômeno da natureza, e todos os fenômenos naturais se explicam unicamente por outros fenômenos da natureza que são a sua causa, exatamente como as figuras geométricas se formam a partir de um certo e determinado movimento de outras mais simples — a reta pelo movimento linear de um ponto; a circunferência pelo movimento de uma reta com um extremo fixo e outro móvel; a esfera pelo movimento de rotação da circunferência sobre o seu eixo; etc. É verdade que a ideia de que a natureza é redutível a uma infinidade de nexos causais, passíveis de observar e manipular matematicamente, fora dada por adquirida, desde, pelo menos, Galileu. O psiquismo, porém, era visto como se fosse algo acima da natureza e que a vigiava, qual "império num império", como ironiza Espinosa. É por isso que Descartes, ao enfrentar a questão enquanto "físico", sem no entanto abandonar o modelo dualista e preservando assim o tradicional estatuto da alma, se enredará em ficções anatômicas — a glândula pineal — para tentar galgar o abismo, por definição intransponível, entre o corpo e a mente. Os afetos constituem a parte central da *Ética*, porque de fato representam o núcleo essencial do ser humano, aquele em que se decide a cada momento o seu quociente quer de liberdade, quer de servidão. Sujeito como está à coabitação com outros seres, é impossível que estes não o afetem, determinando assim uma parte significativa da sua existência, e que, consequentemente, ele não deseje possuir o que experimentou dar-lhe prazer, a que chama de bom, e afastar o que, pelo contrário, lhe causou pena ou dor, isto é, o que lhe provoca tristeza e a que chama de mau. Em si mesmas, entenda-se, as coisas não são boas nem más: a natureza é o que é. Ao classificarmos ora de bons, ora de maus os seus diversos modos, mais não fazemos que descrever a experiência e a relação que temos com cada um deles. Todavia, co-

---

[42] A conhecida obra de A. Damásio (2003) é toda ela uma tentativa de mostrar a sustentabilidade e a pertinência desta tese à luz da neurobiologia. Cf. especialmente o cap. 5, "Body, Brain and Mind".

mo a razão de ser dos fenômenos não se revela nessa experiência, tal descrição representa-se como prescrição, dando origem às ideias gerais do bem e do mal enquanto propriedades intrínsecas das coisas. Cremos desejar isto ou aquilo por ser bom,[43] quando, afinal, o que se passa é o contrário. Espinosa diz isso enfaticamente (Esc. Prop. 9, P. III): "nós não nos esforçamos por coisa alguma, não a queremos, não temos apetite dela, nem a desejamos, porque julgamos que ela é boa; pelo contrário, julgamos que uma coisa é boa, porque nos esforçamos por ela, porque a queremos, temos apetite dela e a desejamos". É assim que funcionam todos os seres. Só a natureza enquanto totalidade infinita, na medida em que é sem exterior, nem limite, e está fora do tempo, não conhece este jogo de afetação mútua que é próprio das suas modificações, os seres que existem num determinado espaço e num determinado tempo. A natureza, ou Deus, está para além do bem e do mal. Os homens, esses, provaram com Adão da "árvore do conhecimento do bem e do mal", foram expulsos do Paraíso e depararam-se com aquilo a que Baudrillard,[44] num outro contexto, chamaria o "deserto do real". Só então se aperceberam da sua verdadeira condição e experimentaram "mais medo da morte que desejo de viver" (Esc. Prop. 68, P. IV). Apesar disso, o esforço pela sobrevivência leva a que recorram a tudo quanto julgam que lhes convém e reforça a sua capacidade de agir e a consequente felicidade, quer se trate de simples coisas, animais, ou seres humanos. De acordo ainda com a apropriação que Espinosa faz da narrativa bíblica, "tendo o homem encontrado a mulher, a qual convinha inteiramente com a sua natureza, conheceu que nada se poderia dar na natureza que lhe pudesse ser mais útil do que ela" (*ibidem*).

Aparentemente, esta aplicação do "princípio da conveniência" é todo ela hobbesiana, por aquilo que implica de utilitarismo e de relativismo em matéria de valores, conforme observou E. Curley (1988, p. 120). Todavia, tanto na *Ética*, como nas restantes obras, Espinosa fala frequentemente de coisas que são boas e de coisas que são más, independentemente do sujeito

---

[43] Sobre a forma como essa ideia generalizada se reflete na filosofia, veja-se, por exemplo, Descartes (*Les Passions de l'Âme*, art. 56, *AT*, IX): "lorsqu'une chose nous est représentée comme bonne à notre égard, c'est-à-dire comme nous étant convenable, cela nous fait avoir pour elle de l'amour; et lorsqu'elle nous est représentée comme mauvaise ou nuisible, cela nous excite à la haine" ("quando uma coisa se nos representa como boa no que nos diz respeito, quer dizer, como sendo conveniente para nós, isso faz-nos ter amor por ela; e quando ela se nos representa como má e prejudicial, isso excita em nós o ódio").

[44] J. Baudrillard (1981), *Simulacres et simulation*, Paris, Galilée, p. 10.

Introdução

ou do contexto. E se, na Parte III, os afetos são realmente apresentados de uma forma objetiva e neutra, como se de figuras geométricas se tratasse, logo no início da Parte IV o autor propõe-se demonstrar "o que os afetos têm de bom ou de mau". Assim, por exemplo, sobre a alegria, Espinosa afirma que ela "não é diretamemte má, mas boa", enquanto em relação à tristeza se passa exatamente o contrário (Prop. 41, P. IV). Existe mesmo aquilo a que chama o "bem supremo daqueles que buscam a virtude" (Prop. 36, P. IV). Além disso, Espinosa (Esc. Prop. 18, P. IV) refere-se aos "preceitos da razão", sem omitir sequer (Dem. Prop. 17, P. IV) o tópico tradicional do conflito entre o bem que a razão aconselha e o mal a que as paixões impelem: vejo o melhor e aprovo, mas faço o pior. Como conciliar esta perspectiva, em que o bem e o mal surgem como se fossem propriedades intrínsecas das coisas, com a que domina as três primeiras partes da *Ética* e que os reduz a simples "modos de pensar", eliminando a hipótese de haver qualquer assimetria entre realidade e perfeição?

Espinosa responde a esta pergunta no texto com que se inicia a Parte IV. Reiterando tudo quanto afirmara anteriormente sobre a matéria, o autor observa que tais noções nascem do fato de nós compararmos as coisas entre si, sendo que "uma única e a mesma coisa pode ser ao mesmo tempo boa e má, ou até indiferente. Por exemplo, a música é boa para o melancólico, má para quem está de luto, e nem boa nem má para quem é surdo". Ao contrário, porém, do que seria a conclusão de um cético, ou relativista, Espinosa afirma que "tais vocábulos são de manter". E a razão que aponta para esta aparente contradição é a seguinte: "Dado, efetivamente, que nós desejamos formar uma ideia de homem para a qual olhemos como modelo da natureza humana, ser-nos-á útil manter esses mesmos vocábulos com o sentido que eu disse. Assim, por bem entenderei seguidamente o que sabemos com certeza ser um meio para nos aproximarmos cada vez mais do modelo de natureza humana que nos propomos".

Semelhante conclusão remete, obviamente, para o domínio da *praxis*. De fato, o bem não é aqui apresentado como algo de absoluto, mas tão só como um instrumento que o viajante que vai pela vida fora deve levar consigo. Faz lembrar os sete "mandamentos" enunciados no cap. XIV do *TTP*, como credo mínimo que todos devem abraçar e para o qual não se vislumbra nenhum fundamento ou razão a não ser a sua utilidade para a paz e a concórdia. Não é, porém, uma moral provisória, à maneira de Descartes. Se o homem é levado a fixar modelos de vida boa, é porque se trata, ainda aí, de um impulso inerente à sua natureza enquanto ser de desejo: "nós desejamos formar uma ideia de homem". Conforme sublinha P. Macherey (1997,

p. 22), "o juízo de valor indicado através da referência a um modelo deste gênero não tem, pelo menos de início, o estatuto de um conhecimento objetivo; pelo contrário, situa-se no prolongamento de um apetite humano, do qual é emanação". E esse apetite não é outra coisa, acrescenta ainda Macherey, senão a "tendência inata em cada um para escapar à servidão, estado de impotência este que limita ao mínimo as manifestações do *conatus* e faz a vida de tal maneira triste que ela se torna impossível". Não se trata, por conseguinte, de um valor que transcenda a ordem dos fatos, nem de um princípio concebível em abstrato. Todavia, também não se trata de puro arbítrio: a ideia do bem supremo procede necessariamente do impulso natural que leva todos os seres a evitarem tudo quanto seja obstáculo ao seu esforço para perseverar na existência — o *conatus* — e a procurarem o que o favorece e exponencia, chamando àquilo mal e a isto bem, ao mesmo tempo que adquirem hábitos em que se deposita, progressivamente depurada, a experiência do que lhes convém e do que os prejudica. Dito de outra forma, é o *conatus* que produz os valores.

Há nesta concepção reminiscências óbvias do estoicismo, visíveis em particular na semelhança do *conatus* com o grego *hormé*. Segundo Diógenes Laércio, Crisipo afirmava que "o primeiro impulso (*hormé*) de um animal é para a autopreservação, porquanto a natureza desde o início o enamora dele mesmo".[45] É a este enamoramento do animal por si próprio e, consequentemente, pela sua natureza, que os estoicos chamam *oikeíosis*, a coincidência de cada um consigo mesmo. Todo o universo sobrevive animado por um sopro inflamado (*pneuma*), que é fogo mas também é razão e medida (*lógos*), e que imprime na matéria inerte a tensão que gera e põe em movimento cada uma das coisas: o *lógos* é *spermatikós*. E da mesma forma que a natureza no seu todo é percorrida interiormente por este impulso que providencia para que tudo, no seu aparente caos, se harmonize, assim também o ser humano é habitado por um impulso que é razão e que lhe dita o que deve desejar e fazer para estar em harmonia com a sua essência. A ética e a

---

[45] Diógenes Laércio (1493), *Vitae et sententiae philosophorum* (trad. lat.), VII, 60, Veneza, Pellegrino Pasquali. Sobre a relação entre Espinosa e os estoicos, além do já citado DeBrabander, cf. J. Miller (2015), *Spinoza and the Stoics*, Cambridge, Cambridge University Press; A. Matheron (2011, pp. 651-63); J. Lagrée (1997), "Spinoza et le vocabulaire stoïcien dans le *Tractatus Theologico-Politicus*", *in* P. Totaro (org.), *Spinoziana. Ricerche di terminologia filosofica e critica testuale*, Florença, Leo S. Olschki, pp. 91-105; P. O. Kristeller (1984), "Stoic and Neo-Platonic Sources of Spinoza's *Ethics*", *History of European Ideas*, vol. 5, nº 1, pp. 1-15.

Introdução

física encontram-se, portanto, intimamente ligadas. É certo que na maioria dos homens a tensão racionalmente induzida é fraca, o que leva a erros de apreciação, ou seja, a escolhas que deixam o indivíduo à mercê do acaso, incapaz de agir em consonância com a sua essência e, por conseguinte, mergulhado na impotência, no ressentimento e na tristeza, em suma, na infelicidade: é a isto que os estoicos chamam paixão. No sábio, pelo contrário, impera a força da razão — o *lógos* é *hegemonikón* —, pelo que a sua virtude é *apathía*, ou impassibilidade, imagem visível do "motor imóvel", cuja imobilidade move o mundo, e do *lógos* no meio da universal desrazão.

Havendo, efetivamente, muito de estoico no pensamento de Espinosa, nem por isso as diferenças são menos visíveis. Em primeiro lugar, não existe no conceito de Deus que aparece na *Ética* nenhum vestígio de uma providência ou razão acrescentada à natureza: Deus é a própria natureza. Em contrapartida, existe a denúncia do mecanismo inconsciente que está na origem da efabulação de um "deus de rosto humano" e, inclusive, dessa metamorfose pagã da providência que é o fado, ou a fortuna. Em segundo lugar, e em consequência, também não há lugar no espinosismo para a analogia entre um *lógos*, que garantiria a ordem universal, e a razão do sábio, que supostamente garantiria a felicidade mediante o domínio absoluto da passionalidade. É o próprio Espinosa quem adverte, no Prefácio da Parte V, que não temos sobre os afetos "um império absoluto", insurgindo-se explicitamente contra os estoicos e contra Descartes, que "acreditaram que os afetos dependem absolutamente da nossa vontade". Longe, pois, de se conformar com a apatia estoica, o sábio espinosano põe os olhos no modelo que é o ser humano conduzido unicamente pela razão, mas sabe que ele é tão só um modelo a perseguir a vida inteira, sob o peso da passionalidade que é condição natural dos seres finitos. Desse ponto de vista, Espinosa é hobbesiano: o movimento que se desencadeia no corpo em contato com outros corpos — *endeavour*, ou *conatus* — prolonga-se indefinidamente, de acordo com aquilo que será a 1ª Lei de Newton, ou princípio da inércia, o que significa que as afecções deixam marcas indeléveis — os afetos — que não se apagam com o conhecimento e só se detêm quando contrariadas por outras mais potentes. O problema, tanto para Hobbes como para Espinosa, é saber como regular, em tais condições, a vida afetiva e combater a infelicidade a que o seu desregramento leva.

A resposta de Hobbes é que "a felicidade é um progresso contínuo do desejo, de um objeto para outro, não sendo a obtenção do primeiro outra coisa senão o caminho para o segundo", e que, por conseguinte, é "tendência geral de todos os homens um perpétuo e irreprimível desejo de poder e mais

poder, que somente cessa com a morte".[46] Dado, pois, que a natureza os arrasta fatalmente para uma luta sem tréguas uns contra os outros, seja por bens ou por reconhecimento, a única forma de suspender essa guerra é criar um mecanismo racional que desperte neles uma paixão contrária e mais forte que o desejo, a saber, o medo da morte que o estado inspira. O estado, esse temível leviatã, é a própria razão a operar com meios passionais, a felicidade induzida pelo medo.

Há nesta solução do problema uma contradição, segundo Espinosa. Primeiro, se fosse possível os homens obrigarem-se à vida em sociedade por um imperativo racional, neutralizando assim o desejo de riqueza e de poder que individualmente experimentam e os antagonismos daí resultantes, o estado seria inútil. Como se afirma no Escólio 2 da Prop. 31, P. IV, a cidade tem "o poder de prescrever uma regra comum de vida, de ditar leis e de as alicerçar, não na razão, que não pode reprimir os afetos [...], mas em ameaças". Segundo, uma felicidade sem liberdade, como a que alegadamente proporcionaria a hipotética renúncia a todo e qualquer direito subjetivo, equivaleria a um oxímoro, materializado num contraditório regozijo na repressão, a "servidão voluntária" de que falou La Boétie. Uma cidade assim, edificada sobre alicerces ditados em abstrato pela razão, não é apenas uma contradição, é também uma utopia, porquanto a natureza jamais prescreve. Em vez de tentar reprimi-la a todo o custo, o estado deve é aproximar dela as instituições, para que, através da livre associação com os outros, cada um possa organizar a sua vida psíquica — as suas ideias e os seus afetos — de modo a exponenciar maximamente os instantes de felicidade. Porque a guerra de todos contra todos não é insuperável. Longe de se esgotar numa insaciável ganância por mais riqueza, reconhecimento e poder, a vida afetiva desdobra-se igualmente em afetos como o amor e a atração, a comiseração e o apreço, a benevolência e a civilidade, mediante os quais o ser humano sente prazer em estar com os outros e percebe os benefícios que daí colhe, na medida em que isso o torna menos exposto ao perigo e menos dominado pelo medo, logo, mais potente e mais livre. "O verdadeiro fim da república" como se dizia no *TTP*, cap. XX (*G* III, p. 241, trad. cit., p. 381), "é, realmente, a liberdade."[47]

---

[46] T. Hobbes (1968), *Leviathan*, cap. XI, pp. 160-1 (C. B. Macpherson, org.), Londres, Penguin Books.

[47] Sobre a diferença entre Hobbes e Espinosa a este respeito, cf. E. Curley (1988), pp. 124-5; A. Matheron (1985), "La fonction théorique de la démocratie chez Spinoza et Hobbes", *Cahiers Spinoza*, nº 1, pp. 259-73.

Introdução

4. A SALVAÇÃO PELO CONHECIMENTO

a) Um "ébrio de Deus"?

A Parte V da *Ética* é uma imagem simétrica da Parte I.[48] Deus, enquanto natureza infinita, exprime-se, ou explica-se, primeiro, como infinidade de atributos que se exprimem, ou explicam, de infinitos modos. Agora, Deus *quatenus*, Deus enquanto modo, ou indivíduo singular, conhece-se intuitivamente a si mesmo como parte do todo, rejubilando com isso, e tanto mais quantos mais forem os modos que partilharem desse mesmo júbilo, ou beatitude: é a necessidade da causa de si a refletir-se como liberdade e amor intelectual de Deus.

O tom, há que reconhecer, é deveras grave, mesmo solene, fazendo-se eco dos livros sapienciais. Aqui ou ali, surgem palavras que não costumam escutar-se a não ser nas religiões do Livro: amor de Deus, salvação, eternidade, beatitude. Alguns enunciados fazem irresistivelmente lembrar o Talmude e os seus intérpretes mais conhecidos, como, por exemplo, Moisés Maimônides.[49] O próprio ritmo altera-se nesta Parte do livro, "que não é de todo a mais difícil, mas a mais rápida, de uma velocidade infinita", conforme assinalou Deleuze (1981, p. 171). As frases assumem um caráter frequentemente imponderável, como se pairassem suspensas numa outra dimensão, de onde se soltam quando menos se espera, quais fulgurações que exibem de modo transparente a natureza agindo em cada uma das partículas que a constituem. O método geométrico ainda prevalece, mas as figuras com que passou agora a operar dir-se-ia serem fractais, entrando-se numa geometria não euclidiana, a tal ponto os objetos convocados são alheios ao sentir comum.

---

[48] P. Macherey (1994, p. 29) sublinha que o título da Parte V é uma imagem em espelho do título da Parte IV ("Da liberdade humana ou da potência do entendimento" *versus* "Da servidão humana ou da potência dos afetos"). Julgamos que algo de semelhante ocorre entre a Parte V e a Parte I, não, evidentemente, do ponto de vista dos títulos, mas do ponto de vista da arquitetura global da obra.

[49] Falando, por exemplo, da profecia, Maimônides (*The Guide for the Perplexed*, II, 36, trad. M. Friedländer, Overland Park, Digireads, 2009, pp. 251-2) diz que ela "é o mais alto grau e a mais alta perfeição que o ser humano pode atingir", mas, para tal, é preciso que "o indivíduo tenha adquirido a ciência e a sabedoria, de modo a que a sua faculdade racional passe do estado de potência ao ato; a sua inteligência deve ser tão desenvolvida e perfeita quanto a inteligência humana pode ser; as suas paixões devem ser puras e equilibradas; e os seus desejos devem ter por objeto o conhecimento das leis escondidas e das causas que vigoram no universo; os seus pensamentos devem ocupar-se de coisas nobres e a sua atenção estar dirigida para o conhecimento de Deus e para a consideração das suas obras [...]".

Não admira, por isso, que muitos intérpretes — nem todos com o gênio de Novalis, que se referia a Espinosa como "ébrio de Deus" — tenham suspeitado de arroubos místicos mal disfarçados na obra do racionalista que mais se insurgiu contra a imaginação de profetas e teólogos. Nem é preciso recuar a Hegel, para quem a doutrina do autor holandês tem "Deus a mais", ao mesmo tempo que recusa aos seres finitos a realidade efetiva. Basta ler o que F. Pollock, um clássico da interpretação do espinosismo em finais do século XIX, diz sobre o autor: "há inquestionavelmente algo de um temperamento exaltado e místico nas suas expressões, e é muito possível que, se não fosse o seu treino científico na escola de Descartes, ele pudesse, de fato, ter sido um místico".[50] Três décadas mais tarde, já longe, portanto, da influência do romantismo alemão e de Schopenhauer, que afirmava que "a única pátria digna de gênios assim" eram "as margens do Ganges",[51] B. Russel, referindo-se à filosofia de Espinosa, advertia que "representá-la como uma filosofia da renúncia é esquecer toda a alegria mística que ela tenta produzir, e não compreender a reconciliação do indivíduo com o todo, que é o propósito de uma tão elaborada discussão".[52]

Perante uma tão recorrente suspeita, ou mesmo convicção, o veredito pronunciado por J. Bennett, já no século XX, de algum modo era previsível. Bennett dedica o último capítulo do seu famoso ensaio sobre a *Ética* àquilo a que chama as "três últimas doutrinas" — ciência intuitiva, eternidade da mente e amor intelectual de Deus —, não poupando nas palavras para desabonar a Parte V, da Prop. 23 até o fim: "absurdos", "profundo desastre", "lixo que faz com que outros escrevam lixo", etc. E a culminar toda esta sequência de imprecações, surge ainda, arrasador, o veredito: "A segunda parte da Parte V da *Ética* é despicienda. Após três séculos fracassados para obter daí algum fruto, já é tempo de admitir que esta parte da *Ética* não tem nada para nos ensinar e é, muito provavelmente, inútil".[53] O problema, contudo, é que as três teses que Bennett vitupera não podem isolar-se do resto, como se fossem uma espécie de mancha caída no melhor dos tecidos, de tal maneira o livro inteiro é contaminado por elas e, sem elas, ficaria reduzido

---

[50] F. Pollock (2005), *Spinoza: His Life and Philosophy*, Elibron Classics, Londres, Kegan Paul, p. 298 (texto da edição publicada em 1880).

[51] Citado à p. 139 de M. Hulin (1983), "Spinoza l'Oriental?", *Cahiers Spinoza*, nº 4, pp. 139-70.

[52] B. Russell, cit., p. 280.

[53] J. Bennett (1984), *A Study of Spinoza's Ethics*, Cambridge MA, Hackett, p. 372.

Introdução

a um barroquismo que, apesar de virtuoso, pareceria sempre artificial. Disso mesmo se apercebe F. Alquié, ao considerar a *Ética* "o mais completo, o mais vasto dos sistemas que a filosofia propôs no seu século",[54] o que todavia não impede que, também ele, a considere de uma "incompreensibilidade fundamental", visto que, "sem violar as regras de uma lógica puramente formal", a sistematização da obra leva a "conceitos efetivamente impensáveis". Como se explica um tal paradoxo? Vejamos. Fiel a uma perspectiva estritamente cartesiana, o autor d'*O racionalismo de Espinosa* questiona a possibilidade de alguém, compreendendo embora os referidos conceitos um por um e o respectivo encadeamento discursivo, chegar alguma vez a participar da experiência intelectual, para não dizer existencial, que está implícita na *Ética*. Dito de maneira um pouco abreviada, a leitura da obra não é garantia de mais felicidade, muito menos do "amor intelectual de Deus". É perante esta impossibilidade de alguém aceder ao que aparentemente a obra promete, que Alquié se interroga "se certos conceitos utilizados na *Ética* não serão constituídos por dois elementos que, sem serem logicamente contraditórios, permanecem incompatíveis para a consciência humana". E exemplifica: "Não será este o caso da noção de conhecimento do terceiro gênero, conhecimento ao mesmo tempo da Substância única e da particularidade do modo? A dificuldade de pensar Deus como Natureza e a Natureza como Deus é da mesma ordem".[55] Em consequência, Alquié não hesita em afirmar, primeiro, que o Deus de Espinosa, apesar da construção matemática que o dá a ver na *Ética*, permanece "em larga medida o que a tradição judaico-cristã chamava o 'Deus escondido'";[56] segundo, que o terceiro gênero de conhecimento corresponde apenas "a um programa, ou uma promessa, mas um programa não realizado e uma promessa não cumprida".[57]

Há em todas estas leituras da *Ética*, mais ou menos reticentes face à alegada duplicidade de uma obra que, sob as vestes lógico-matemáticas, esconderia inconfessados laivos de misticismo, em particular na Parte V, uma clara reminiscência do platonismo que convém esclarecer, porquanto ela oculta em boa medida a verdadeira crítica da razão levada a cabo por Espinosa. Na realidade, se tomarmos por modelo de ciência unicamente a metodologia galilaico-cartesiana, a *Ética* constitui uma heresia. Não por even-

---

[54] F. Alquié (1981), *Le rationalisme de Spinoza*, Paris, PUF, p. 354.

[55] *Ibidem*, pp. 14-5.

[56] *Ibidem*, p. 162.

[57] *Ibidem*, p. 236.

tuais excessos contemplativos, muito menos por menosprezo das matemáticas, mas tão só porque a obra decorre toda ela, e não só a Parte V, ao arrepio do dualismo Deus-natureza, uno-múltiplo, criador-criaturas, absoluto-realidade, sobre o qual o saber assentava na Idade Clássica. Matematizar o real, como proclama Descartes, significa enquadrar os dados da sensibilidade em modelos universalmente verificáveis, porquanto eles exprimem a estrutura da própria razão, ao mesmo tempo que remetem para a periferia do sistema, provisória ou definitivamente, tudo quanto não seja passível de matematização. O conhecido armistício entre ciência e teologia, firmado nos alvores da Modernidade, destina-se precisamente a permitir o desenvolvimento da investigação científica sem prejuízo dessa região, deixada incólume, que inclui as questões de Deus e da alma, da religião e da moral. Nestas, impera aquilo a que o cardeal de Cusa chamava a "douta ignorância", o saber acessível apenas ao próprio Deus, cuja face permanece oculta, inacessível ao homem, porque não há ciência, pelo menos ciência lógico-matemática, daquilo que, no real, excede os limites da lógica, sejam os fundamentos em que necessariamente assenta o mundo e a própria ciência, sejam os fatos que se supõe derivarem de um qualquer livre-arbítrio, de Deus ou dos homens, e que aos olhos destes se afiguram como contingentes. A pergunta que Alquié deixa na última página do seu livro, manifestamente retórica, está enraizada ainda nessa concepção: "como banir o mistério do Ser, como superar as contradições que a vida nos apresenta incessantemente?".[58]

De acordo com o paradigma dualista, não é possível responder senão como Alquié antecipadamente responde à questão por ele próprio formulada: a vida humana está cheia de contradições, mas há mais ser para além dela, um Ser que se estende até uma outra dimensão, onde certamente se explicam as contradições da vida, mesmo que essa explicação permaneça envolta em mistério. Como se pode ver, não estamos longe da teologia negativa. É devido à fidelidade a esse modelo que a tentativa de Descartes para investigar as paixões *en physicien* não poderia saldar-se senão por um livro insatisfatório como são *As Paixões da Alma*. De fato, a única forma de abordar a questão passa por uma recusa do dualismo, como Hobbes se dá conta, ao projetar um modelo de ciência política inspirado na geometria euclidiana e numa descrição inteiramente mecanicista da vida afetiva. É esse projeto que Espinosa irá radicalizar, reformulando-o no interior de uma ontologia monista e assumindo as consequências que dela inevitavelmente decorrem: por

---

[58] *Ibidem*, p. 354.

Introdução

um lado, se a realidade é só uma, o seu funcionamento não pode ser aleatório em nenhuma das suas regiões, o que inviabiliza a hipótese de haver movimentos voluntários distintos dos movimentos vitais, um resquício de dualismo ainda visível em Hobbes, por exemplo no já citado cap. VI do *Leviathan*; por outro lado, se a passionalidade se pode analisar em termos de física, porque obedece às leis da natureza, então a ideia de uma razão com poder para organizar, a partir do exterior, a vida afetiva e, desse modo, fundar a política é pura utopia. Desse ponto de vista, Espinosa tanto se opõe aos medievais como aos modernos: o ser humano faz integralmente parte da natureza e aplicam-se-lhe por inteiro as suas leis, da mesma forma que se aplicam a tudo quanto é vibração do eterno na duração, ou seja, a tudo quanto é modificação do infinitamente absoluto interagindo com a infinidade das outras modificações. É daí que provêm a estranheza e as suspeitas de misticismo que recaem sobre algumas das suas teses, designadamente a ciência intuitiva, ou conhecimento do terceiro gênero.

b) *As duas ciências*

A ideia de um saber intuitivo surge em Espinosa, não a partir de uma recusa da ciência galilaico-newtoniana, mas do reconhecimento dos seus limites. Ao ignorante, como a todos os que se deixam levar pelo que ouvem dizer, pela "experiência vaga", ou por meras superstições, é impossível acederem a um tal conhecimento: "O esforço ou desejo de conhecer as coisas pelo terceiro gênero de conhecimento não pode originar-se do primeiro, mas pode, certamente, originar-se do segundo gênero de conhecimento" (Prop. 28, P. V). A base em que assenta o conhecimento intuitivo é, por conseguinte, o conhecimento racional, que o mesmo é dizer, o conhecimento que procede pelo encadeamento rigoroso das causas a partir de princípios universais, e, de modo algum, a imaginação, sempre sujeita às variações dos sentidos. Que saber é exatamente esse, que mais parece um sucedâneo anacrônico da gnose teorizada por Plotino?

Antes de mais, convém notar que Espinosa, ao desdobrar o conhecimento científico em dedutivo e intuitivo, introduz uma novidade na epistemologia tutelada pelo paradigma galilaico-newtoniano. O habitual, com efeito, é identificar-se a intuição, o ver "claramente visto", com a certeza que acompanha todo o conhecimento acima da dúvida, por maioria de razão o conhecimento científico, que nega qualquer privilégio à autoridade. Por intuição (do latim *intueri*, contemplar), Descartes entende "um conceito de uma mente pura e atenta, tão fácil e distinto, que não deixa absolutamente nenhuma dúvida sobre aquilo que entendemos; ou, o que é o mesmo, um

conceito evidente de uma mente sã e atenta, que nasce só da luz da razão e que é mais certo que a dedução, porque é mais simples". E o filósofo dá exemplos: "cada um pode ver intuitivamente que existe, que pensa, que um triângulo é determinado só por três linhas e uma esfera só por uma superfície, e outras coisas assim". Por que recorrer então à dedução, interroga-se Descartes, se a marca da ciência é a intuição? Porque nós "temos um conhecimento certo da maior parte das coisas, embora elas não sejam evidentes em si mesmas, contanto que sejam deduzidas de princípios verdadeiros e já conhecidos, por um movimento contínuo e ininterrupto do pensamento que vai intuindo distintamente cada coisa". De alguma forma, o conhecimento dedutivo é uma intuição decomposta, uma intuição, por assim dizer, *in fieri*. Enquanto os primeiros princípios não podem ser conhecidos senão por intuição, resume Descartes, as conclusões "remotas" já não podem ser conhecidas senão por dedução.[59]

Todas estas considerações, desenvolvidas ao longo da III Regra, remetem para a metodologia, ou seja, para as estratégias de progressão e exposição da ciência, a que Espinosa, evidentemente, não é alheio. Também ele separa, de um lado, a dedução e a intuição, do outro, a percepção através das imagens originadas dos contatos do corpo com o exterior, mediante as quais sentimos, imaginamos, recordamos e interagimos com o meio. Uma primeira diferença, porém, deve desde já se sublinhar: enquanto para Descartes o entendimento é passivo, e nisso se distingue da vontade, que é por definição ativa,[60] para Espinosa ele é sempre, total ou parcialmente, atividade: *parcialmente*, quando a sua causa procede "segundo a ordem da natureza", isto é, segundo ideias que são imagens dos corpos exteriores — sensações, opiniões, experiência não fundada; *totalmente*, quando a mente conhece por si mesma, segundo a sua própria ordem, que o mesmo é dizer, quando produz e encadeia as ideias a partir daquilo a que Espinosa chama as noções comuns, as noções que a mente, por ser a ideia do corpo, percebe que tem em comum com a ideia do todo e com as ideias dos corpos que afetam o corpo de que ela é ideia.[61] Em segundo lugar, sempre que a mente produz ideias de modo

---

[59] *Regulae ad Directionem Ingenii*, III, *AT*, X, pp. 368-70.

[60] "Intellectio enim proprie mentis passio est, et volitio eius actio" ("A intelecção, a falar com propriedade, é de fato uma paixão da mente, enquanto a volição é uma sua ação"). Carta de Descartes a Regius, maio de 1641, *AT*, III, p. 372.

[61] Cf. Corol. da Prop. 38, P. II. Referimos aqui unicamente a gnoseologia espinosana tal como ela vem expressa na *Ética*. Para um estudo da evolução da mesma, cf. Alquié (cit., pp. 181-9), que acentua a relativa desvalorização do conhecimento dedutivo nos livros an-

autônomo, estas são por definição adequadas, porquanto uma ideia não é uma pintura que correspondesse a uma coisa exterior (há ideias adequadas de coisas inexistentes), mas uma representação que se insere como um elo na cadeia infinita que é a atividade da mente, o "autômato espiritual", como Espinosa lhe chama no *TIE*. Em terceiro e último lugar, não existe uma oposição absoluta entre as várias formas como a mente apreende o real, e boa parte do conhecimento que possuímos provém da experiência, apesar de esta ser fonte de múltiplas falsidades: sabemos que vamos morrer, sabemos quando nascemos, sabemos onde o sol vai se pôr amanhã, ou que dois mais dois são quatro, muito antes de nos iniciarem na biologia, na astronomia e na matemática. O que há são "modos de perceber" (*modus percipiendi*), como se lhe chama no *TIE*, ou "gêneros de conhecimento", como vem na *Ética*. Pelo "modo de perceber" discursivo, ou geométrico, a mente parte de uma noção comum, que, por essa sua origem, é adequada e se dá de igual modo em todos os seres humanos, sendo portanto universal, e extrai dela sucessivas conclusões, até chegar a uma conclusão final, que será verdadeira, se todas as anteriores tiverem sido deduzidas com rigor. É assim que opera a ciência, e não há margem para se duvidar das leis do universo por ela estipuladas.

A mente, contudo, prossegue ainda Espinosa, pode também perceber as coisas de modo intuitivo, *uno intuitu* ("de um só golpe de vista"), captando a sua singularidade e não apenas a generalidade com que as leis da física estipulam que elas têm de ser. Não se trata de um gênero de conhecimento que negue ou sequer subsuma a ciência construída em moldes matemático-dedutivos. Se assim fosse, aliás, não se lhe poderia chamar ciência, reduzindo-se a uma simples variação do subjetivismo que caracteriza o conhecimento do primeiro gênero. Ora, Espinosa reserva-lhe o nome de ciência intuitiva. Análogo ao primeiro, na medida em que percebe as coisas singulares, o terceiro gênero de conhecimento percebe-as, contudo, na sua essência e com uma certeza que o afasta do subjetivismo daquele; análogo também ao segundo, na medida em que se faz acompanhar de uma certeza à prova de qualquer dúvida e pressupõe o conhecimento das leis do universo estipuladas por este último (Prop. 28 e 38, P. V), toma-o, contudo, não como um fim, mas como um planalto, de onde se lança nessa espécie de voo picado em que penetra as essências singulares. Experiência do limite, lance derradeiro de um pensamento insatisfeito com as explicações da ciência "nor-

---

teriores, onde só o conhecimento intuitivo oferece uma garantia absoluta de verdade, porquanto a dedução poderá estar assente em ideias gerais, que são meras abstrações sem correspondência na realidade.

mal" e com o seu desenvolvimento sem norte, o qual se desdobra em tecnologia indiferente ao verdadeiramente útil, o saber intuitivo é também o sentido último da caminhada rumo à felicidade que se faz na *Ética*. Em certo sentido, a situação não é muito diferente daquela que Wittgenstein (*Tractatus*, 6.521) evoca, ao dizer que se descobre que o problema da vida está resolvido quando o problema se desvanece. Pergunta, em jeito de comentário, o filósofo: "Não será este o motivo pelo qual aqueles para quem, após uma longa dúvida, o sentido da vida se torna claro, não são capazes de dizer em que é que esse sentido consiste?". A ciência intuitiva, com toda a estranheza que os seus enunciados provocam, ao fazerem-se eco de algo que já não parece senão um rumorejar quase imperceptível na linguagem, tem muito desta certeza difícil de pôr em palavras mas que, não obstante, se dá no entendimento, nem que seja só como ideia movida pelo afeto, ainda a pulsar no limite do sentido e do sensível. Vejamos, sinteticamente, a forma como Espinosa a apresenta.

Na primeira vez que aparece na *Ética* (Esc. 2, Prop. 40, P. II), a noção dir-se-ia irrelevante. Espinosa refere apenas, depois de mencionar o primeiro e o segundo gênero de conhecimento, que há ainda um outro, ao qual chama de "ciência intuitiva", que "procede da ideia adequada da essência formal de certos atributos de Deus para o conhecimento adequado da essência das coisas". Todavia, em vez de clarificar esta fórmula algo enigmática, o autor remete a sua explicação para depois, acrescentando apenas um exemplo, supostamente elucidativo, dos três gêneros de conhecimento. É o célebre problema do quarto proporcional: dados três números, como se encontra um quarto que esteja para o terceiro como o segundo está para o primeiro? Os comerciantes sabem que é multiplicando o segundo pelo terceiro e dividindo o produto pelo primeiro, seja porque assim lhes ensinou o mestre (1º gênero), seja porque tal se infere de uma propriedade comum dos números proporcionais (2º gênero). Mas, se forem números muito simples, por exemplo 1, 2, 3, nada disso é necessário, uma vez que não há ninguém que não veja (*nemo non videt*), mesmo de relance, que é 6 o quarto proporcional (3º gênero). E termina assim, com esta simplicidade tão desarmante quanto intrigante, a primeira e, durante páginas e páginas ao longo da *Ética*, a única referência ao terceiro gênero de conhecimento. Só na Parte V, Prop. 25, ele voltará a surgir. Aí, porém, o contexto será completamente diferente.

c) *O sábio e os afetos*
Na Parte II, recorde-se, Espinosa expusera a natureza e o funcionamento da mente, em particular as diversas formas como ela percebe as coisas.

Decerto, o terceiro gênero de conhecimento comparecia já, mas, como vimos, de uma forma deliberadamente não aprofundada. Pelo contrário, na Parte V, ele será objeto de uma sequência de proposições, a começar na 25, constituindo o eixo em torno do qual se desenrola toda a argumentação, até praticamente o final do livro. Não se trata, por conseguinte, apenas de um "modo de perceber", mesmo sendo o mais elevado. Trata-se de um operador mediante o qual a razão se desdobra em "amor intelectual de Deus", levando à sua máxima intensidade aquilo a que Nietzsche irá chamar "o mais potente dos afetos". O caminho entretanto percorrido, no itinerário traçado pela *Ética*, já foi imenso. Analisou-se a complexidade da vida afetiva e, contra a narrativa tradicional do domínio da alma sobre o corpo e da razão sobre as afetos, concluiu-se que a alma, ou melhor, a mente, como Espinosa lhe chama, não é senão a ideia do corpo, pelo que tudo quanto acontece neste acontece naquela e que, por isso, conforme comenta Garrett,[62] um afeto "é também e ao mesmo tempo *ideia*, isto é, representação, de um estado do corpo do indivíduo e (indiretamente) dos corpos exteriores que contribuíram para produzir esse estado". Ora, a intensidade, a capacidade de motivação, que possui um afeto/ideia não depende tanto do seu valor de verdade como da sua carga afetiva. Por isso mesmo, ele pode persistir na mente, mesmo depois de sabermos que corresponde a uma ideia falsa e induz condutas lesivas do interesse de quem assim proceder. Conforme reza a frase de Ovídio citada por Espinosa (Esc. Prop. 17, P. IV), "vejo o melhor, e aprovo, mas faço o pior".

A razão, com efeito, vê claramente e deseja o que convém à natureza. De acordo com Espinosa (Esc. Prop. 18, P. IV), "como a razão não postula nada que seja contra a natureza, ela postula que cada um se ame a si mesmo, procure o que lhe é útil — aquilo que realmente é útil". Mas os "decretos" da razão, exatamente por serem racionais e universalmente válidos, são percebidos como distantes e não possuem a força daquilo que na imaginação se afigura como imediatamente presente. Embora sabendo que daí advêm consequências negativas, o que é presente prevalece, enquanto motivação, sobre o que é futuro, e o que é necessário sobre o que é possível. O único meio de atenuar a intensidade de um afeto que assim se apresenta é, pois, um outro afeto ainda mais intenso. Se este for um afeto passional, com origem em circunstâncias alheias à mente, os efeitos na vida do indivíduo serão

---

[62] D. Garrett (1996), "Spinoza's Ethical Theory", *in* D. Garrett (org.), *The Cambridge Companion to Spinoza*, Londres, Cambridge University Press, p. 275.

ainda mais gravosos, uma vez que se passa de um grau de perfeição maior para um menor, o que implicará tristeza e infelicidade. Se, pelo contrário, o afeto mais potente for um afeto racional, isto é, uma ideia adequada, a mente passará a um grau superior de perfeição e experimentará alegria e felicidade. Daí resulta, primeiro, que o aumento do conhecimento é aumento da potência, motivo pelo qual a mente deseja acima de tudo conhecer; segundo, que o remédio para contrariar — posto que eliminar seria contraditório num ser finito — os efeitos da passionalidade e o sofrimento que a sua desordem pode acarretar é ter ideias adequadas, aumentar o nosso conhecimento das coisas, a começar pela razão de ser dos afetos que nos fazem intranquilos e infelizes. Não é outro o sentido do desejo que experimentamos de "formar uma ideia de homem para a qual olhemos como modelo da natureza humana" (Pref. P. IV). É certo que as ideias de bem e de mal, como vimos, são relativas, e qualquer modelo de natureza humana é uma abstração que na realidade não corresponde a nenhum indivíduo em particular. Enquanto parte da natureza, exposto às determinações que advêm da infinidade das outras partes, o ser humano está condenado a ser vítima da potência de ideias inadequadas, ou afetos passionais, que o dominam e põem, literalmente, fora de si, reduzido a mero objeto em que operam forças de que ele, porventura, nem tem noção. É até contrário à sua natureza a razão exigir que não tenha senão ideias adequadas (Kisner, 2013, pp. 162-78), uma vez que ele sofre permanentemente impulsos exteriores enquanto parte da natureza, e esta só na sua totalidade é substância, causa cujo ser é ser causa, puro agir. Todavia, o desejo de abandonar a impotência, expresso no *conatus*, ou essência do homem, vale-se de todos os estratagemas, reais ou imaginários, que julga aumentarem a sua virtude, ou potência. É por isso que o recurso a um modelo de perfeição, assim como os conceitos de bem e de mal, dada a sua utilidade prática, devem ser mantidos (Pref. P. IV). Na verdade, eles estimulam a formação de ideias adequadas, ideias de que a mente é causa única e, por conseguinte, aumentam a sua potência, o seu ascendente na vida afetiva e a sua felicidade: quantas mais ideias adequadas tivermos, mais afetos positivos teremos, menos sujeitos estaremos à aleatoriedade passional, mais usufruiremos, como diz Espinosa, do "amor intelectual de Deus".

Antes, porém, de voltarmos ao terceiro gênero de conhecimento, que propicia e fomenta esse "amor intelectual", convirá atentar num outro aspecto da vida afetiva, que é a sua dimensão social. Na verdade, a salvação pelo conhecimento que é proposta por Espinosa não se confunde com o isolamento do sábio numa vida contemplativa, porquanto a via da salvação, sendo embora um percurso do ser humano em direção a si mesmo, só pode

ser percorrida por cada um em associação com os outros. E a razão para tal, longe de ser o dever, ou qualquer outro imperativo do gênero, é tão somente o interesse, a utilidade própria. Espinosa não receia o paradoxo: "Quando cada homem procura maximamente o que lhe é útil, então é que os homens são maximamente úteis uns aos outros" (Corol. 2, Prop. 35, P. IV). Escusado será dizer que, ao deixarem-se levar pela passionalidade, eles são, pelo contrário, os piores inimigos uns dos outros, como bem viu Thomas Hobbes. Ser conduzido pela passionalidade significa não ter ideias adequadas, divagar ao sabor dos efeitos que tem sobre a mente a sucessão dos acontecimentos, o *casus*, a que os Antigos chamavam a fortuna, e, por conseguinte, afastar-se do que é verdadeiramente útil. Em contrapartida, sempre que os homens agem conduzidos pela razão, "fazem necessariamente só o que é necessariamente bom para a natureza humana e, por conseguinte, para cada homem" (Dem. Prop. 35, P. IV). O drama da condição humana está em que, por um lado, é muito difícil, se não impossível, viver-se isolado, tais as vantagens que a sociedade garante, por outro, as ideias da imaginação possuem uma performatividade muito superior às da razão. O verdadeiro conhecimento do bem e do mal não pode contrariar nenhum afeto, a menos que ele próprio também seja um afeto (Prop. 14, P. IV), o que reduz a frequência dos comportamentos racionais — justiça, honestidade, solidariedade, etc. — necessários para uma vida em comum que atualizasse plenamente a máxima "o homem é um deus para o homem".

Nem eremita, nem habitante de uma qualquer cidade celeste, o destino do sábio espinosano é o destino que a todos reserva a cidade dos homens, ou seja, a política, enquanto constituição de um direito comum que favoreça as condições da liberdade individual no contexto de passionalidade que lastra a vida coletiva. Contrariamente ao que pretende uma interpretação bastante arraigada, o saber, segundo Espinosa, é impotente para suprimir a afetividade, à maneira estoica, e permitir a uma elite ficar imune à superstição e a outros delírios em que, mais ou menos distante e cinicamente, vê a plebe mergulhada, conforme o paradigma sociopolítico idealizado por Averróis, na Idade Média, e retomado, mais perto de nós, por autores como Pareto e Mosca. O sábio é aquele que, exatamente por conhecer o que são as coisas *sub specie aeternitatis*, sabe que não é senão um elo na cadeia infinita de modos da natureza, cuja existência depende da contínua interação que a cada instante modifica a potência de cada um deles. Decerto, o conhecimento dos afetos combate os seus efeitos negativos. Todavia, não retira jamais homem algum da cadeia de causalidade em que, ao mesmo tempo que pode agir, é objeto da atuação de toda uma série causal que, precisamente por ser infini-

ta, ele não pode perceber senão como incerta e contingente. Imaginar, pois, a ciência intuitiva como uma espécie de escada de Jacó, cujo último degrau daria acesso ao conhecimento absoluto, seria confundir a natureza dos modos com a natureza dos atributos da substância. Para se entender o realismo de que Espinosa dá mostras na sua análise da política, é preciso ter em conta a estreita relação que existe, na sua filosofia, entre contemplação e ação, teoria e prática, *diánoia*, ou *nóesis*, e *phrónesis*. É essa relação que faz com que a ética tenha necessariamente de passar pela política, de tal maneira a "medicina da mente" é impensável à margem do relacionamento com os outros, o qual, convém lembrar, se processa num horizonte que é racional e em simultâneo passional, a saber, o horizonte da natureza humana. Conforme ensina a experiência, o corpo precisa de mil e uma coisas que só a sociedade assegura, e "quem tem um corpo apto a muitas coisas tem uma mente que, considerada só em si mesma, é muito consciente de si, de Deus e das coisas" (Esc. Prop. 39, P. V). Além disso, o conhecimento é um bem cuja partilha não só não o reduz, como até o aumenta e, consequentemente, eleva a felicidade e o "amor intelectual de Deus", de que fala Espinosa: "Este amor a Deus não pode ser inquinado pelo afeto da inveja, nem pelo do ciúme; pelo contrário, ele é tanto mais favorecido quanto mais homens imaginarmos associados a Deus pelo mesmo vínculo de amor" (Prop. 20, P. V). Por isso mesmo, o sábio não constitui um tipo de homem estruturalmente diferente, mas um modelo a perseguir a vida inteira, através do conhecimento do segundo e do terceiro gêneros e da consequente regulação de uma afetividade que, em definitivo, é inalienável. Passar "de uma perfeição menor a uma maior", diz Espinosa (Pref. P. IV), não significa mudar "de uma essência, ou espécie, para uma outra". E por muito que Nietzsche, em dada altura, se tenha entusiasmado com a *Ética* e a sua denúncia do moralismo, não há em Espinosa nenhum vestígio do *Übermensch*, nenhuma forma de o homem superar a sua condição de "corda amarrada entre o animal e o super-homem — uma corda por cima de um abismo".[63]

d) *Ver de um só golpe de vista*

Que significa, afinal, a ciência intuitiva, ou terceiro gênero de conhecimento? A pergunta justifica-se, por vários motivos: primeiro, o tema, em si mesmo, aparece na história da filosofia contaminado por versões mais ou

---

[63] F. Nietzsche (1996), *Assim falava Zaratustra* (trad. P. O. de Castro), Lisboa, Círculo de Leitores, p. 15.

menos esotéricas e gnósticas; segundo, as explicações de Espinosa a este respeito afiguram-se, no mínimo, parcimoniosas; terceiro, as interpretações continuam, até hoje, a multiplicar-se e, como sempre, a divergir.[64] Dir-se-ia, portanto, não ser de todo inverossímil o já mencionado veredito de Bennett sobre a última metade da Parte V da *Ética*: "é inútil!". Acontece que, sem esse conjunto de proposições, a obra ficaria sem sentido, porquanto é aí que se desenvolvem e completam algumas das principais teses anteriormente afloradas, muito ao estilo de Espinosa, em particular o núcleo temático centrado na ciência intuitiva.

Diferentemente do que acontecia na Parte II, onde ela era objeto de apenas duas breves referências, aqui deparamos com uma sequência vertiginosa de proposições, em boa medida inusitadas, que convertem o final da *Ética* numa apoteose — conceitual e estética, metafísica e ética — da liberdade como tensão entre si e si mesmo, tendo por horizonte a *acquiescentia*, o autocomprazimento, ou beatitude. Deleuze (1981, p. 148, nota 4) fala de um "precipitado de demonstrações" e de "fulguração" a propósito desta última parte do livro, acrescentando mesmo, num texto posterior (1993, p. 187), que se trata de "uma terceira *Ética*", um "livro aéreo, de luz, que procede por relâmpagos", a juntar ao "livro-rio", que é a *Ética* das definições, axiomas, postulados, demonstrações e corolários, e ao livro "de fogo, subterrâneo", que é a *Ética* dos escólios. Há, de fato, neste conjunto de proposições uma intensidade e um ritmo que surpreendem num texto que até aí parecia submeter-se por inteiro às exigências da demonstração geométrica, que o mesmo é dizer, aos padrões do racionalismo. Compreende-se, por isso, a frequência com que se tem recorrido ao lugar-comum do misticismo para as interpretar, de modo a fugir ao veredito de Bennett. Porém, o misticismo, no caso em apreço, pouco mais seria que uma tentativa de salvar as páginas finais da *Ética*, não remetendo para um outro gênero de conhecimento, como quer o autor, mas para a ignorância que caracteriza, à luz do racionalismo, as múltiplas variações de *la noche oscura* de Juan de la Cruz. O misticismo supõe sempre o segredo, o mistério — a etimologia grega de *mystikós* é a mesma que a de *mystérion* — e implica uma dialética que vai da *purgação*, como diz o Carmelita, ao *abandono en el Otro*, passando pelo *alumbramento*.[65] Espinosa, porém, não fala senão de conhecimento, um co-

---

[64] Para uma análise crítica do debate a este respeito, cf. S. Soyarslan (2013).

[65] Sobre a "canção" *En una noche oscura*, cf. o comentário (*Declaración*) do próprio Juan de la Cruz: "Cuenta el alma en esta primera canción el modo y manera que tuvo en

nhecimento que, além de superior ao do segundo gênero (Esc. Prop. 36, P. V), é o único que ele designa pelo nome de ciência e que "procede da ideia adequada da essência formal de certos atributos de Deus para o conhecimento adequado da essência das coisas" (Esc. 2, Prop. 40, P. II).

Uma maneira, frequente em interpretações mais recentes, de exorcizar o fantasma do misticismo na *Ética* seria, aparentemente, tomar a ciência intuitiva apenas como um método diferente de conhecer as mesmas coisas que a razão conhece por via demonstrativa.[66] Através da dedução e do cálculo, diz-se, a razão também pode apreender tudo aquilo que a intuição alcança "de um só golpe de vista", inclusive as essências das coisas singulares, que a tradição reservou sempre ao conhecimento por via intuitiva. A não ser assim, argumenta um dos defensores desta interpretação, S. Nadler (2006, p. 183), "além das ideias mutiladas do primeiro gênero de conhecimento", tudo quanto a maior parte da humanidade poderia ter esperança de alcançar eram "noções comuns e um vago reconhecimento da necessidade de tudo na natureza". E é um fato que Espinosa dir-se-ia corroborar esta mesma linha de interpretação, quando exemplifica os três gêneros de conhecimento com os já mencionados três processos de conhecer a regra de três, tanto na *Ética*, como, já antes, no *TIE*. Ao ler, porém, o Esc. da Prop. 36, P. V, onde se enfatiza expressamente o quanto o terceiro gênero sobreleva (*polleat*) o segundo, é difícil crer que o autor se limitasse a reiterar o que já dissera Descartes, ao distinguir, nas *Regulae*, a indução e a dedução. Se assim fosse, a que se atribuiria, então, o vocabulário inusitado, o ritmo sincopado, os saltos na argumentação, os entimemas, sublinhados por Deleuze (1993, p. 185, nota 9), tudo aquilo que confere a este conjunto de proposições a aura surpreendente de uma abóbada a pairar entre céu e terra, entre as alturas do sublime e a exatidão do *mos geometricus*?

Interpretação bem diferente é a que apresenta S. Soyarslan (2013). Concordando que a intuição e a razão captam ambas adequadamente a essência que a coisa singular partilha com as outras da mesma espécie, o autor ressalva, no entanto, que a essência única, ou atual, de cada uma delas, aquilo

---

salir, según la afición, de si y de todas las cosas, muriendo de pura mortificación [...] para venir a vivir vida de amor dulce y sabrosa con Dios. Y dice que este salir de si y de todas las cosas fue una noche oscura, que aquí entiende por contemplación purgativa [...] la cual pasivamente causa en el alma la dicha negación de si misma y de todas las cosas". "La noche oscura", *in Obras de San Juan de la Cruz*, I, Burgos, Editorial Monte Carmelo, pp. 7-8 (<www.montecarmelo.com>).

[66] J. Gray (2015); S. Nadler (2006, pp. 173-85); Y. Yovel (1989, pp. 157-61).

a que Espinosa chama o *conatus* (Prop. 7, P. III), só pode ser verdadeiramente percebida pela ciência intuitiva. A razão universal conhece, por dedução a partir de noções comuns, a essência de Adão enquanto homem, mas não conhece a essência de Adão enquanto ser singular, com uma essência e uma história próprias, diferentes das de todos os outros homens. Não se trata, por conseguinte, de uma simples questão de método, trata-se também de uma questão de conteúdo, porquanto existe, segundo Soyarslan, um determinado tipo de objetos que a razão universal não atinge e que podem ser conhecidos por intuição.

Será possível dar-se, realmente, um tal conhecimento, ainda por cima "científico", como Espinosa pretende que é a intuição? Sempre se disse, desde, pelo menos, Aristóteles, não haver ciência senão do geral, e Espinosa (Prop. 30 e 31, P. II) aparentemente não se oporia, porquanto afirma que da duração, tanto do nosso corpo, como das coisas singulares que existem fora de nós, só pode ter-se um conhecimento "absolutamente inadequado". Na verdade, conhecer é conhecer pelas causas, e o singular (Prop. 28, P. I), não podendo começar a existir nem ser determinado a agir senão mediante uma cadeia causal que se prolonga indefinidamente, é inacessível à razão dedutiva naquilo que é a sua essência atual, isto é, o seu esforço para continuar na existência, ou *conatus*. É certo que temos a ideia do corpo próprio e as ideias de tudo quanto nele ocorre, mas essas, ou são ideias da imaginação, ambíguas e inadequadas, ou são ideias adequadas que exprimem apenas as leis gerais do aparecimento e funcionamento das coisas, isto é, a sua ordem e encadeamento. Ora, Espinosa afirma ser possível conhecer a essência atual das coisas singulares pelo conhecimento do terceiro gênero, ou ciência intuitiva. De que modo? Recuemos à Prop. 45, P. II: "Cada ideia de qualquer corpo ou coisa singular, existente em ato, envolve necessariamente a essência eterna e infinita de Deus". Quer dizer, portanto, que a ideia ou essência singular não se resume ao plano da duração, isto é, da relação das coisas umas com as outras num determinado tempo e lugar — a chamada causalidade "horizontal" —, em que todas as coisas advêm à existência, interagem e, depois, desaparecem, ou seja, têm uma história. Pelo contrário, ela envolve igualmente uma causalidade, por assim dizer, "vertical", na medida em que se segue necessariamente dos atributos de Deus ou natureza, que é sua causa imanente. Considerada assim, cada coisa singular não é senão uma das infinitas partículas da potência do todo, mediante cuja atividade — associação, tensão, repulsão — o todo se atualiza eternamente enquanto causa de si, que o mesmo é dizer, eterna produção de modificações, ser enquanto ato.

Esta última dimensão é impossível de deduzir racionalmente, na medida em que não procede de noções comuns. E, no entanto, temos um conhecimento certo de, pelo menos, algumas coisas singulares, a começar pelo nosso próprio corpo. Não só o conhecemos pelo que a anatomia diz sobre os corpos em geral, como, antes ainda, o conhecemos como algo de singular que a mente exprime e que se nos impõe com uma evidência inabalável. Sabemos que ele existe e sabemos que o sabemos, tornando assim a busca de uma caução no transcendente, à maneira de Descartes, não só inútil, como ilusória. Para Espinosa, a dúvida metódica, sendo embora necessária para se sair do primeiro gênero de conhecimento, é totalmente gratuita a partir do momento em que se atinge uma certeza: "Quem tem uma ideia verdadeira sabe, em simultâneo, que tem uma ideia verdadeira, e não pode duvidar da verdade da coisa" (Prop. 48, P. II). Conforme escreveu F. Gil, em comentário a esta mesma proposição, "verdade e convicção estão ligadas, não há convicção sem verdade e não há verdade sem convicção. [...] A certeza de conhecer (*scire*) epistemicamente a verdade provém da apropriação desta verdade, e a convicção é esta apropriação; ela reelabora, em termos de inteligibilidade, a *adesão pulsional* própria da convicção em geral [...] e da crença [...]. O operador da adesão reside agora nas práticas cognitivas — *o saber é obra do sujeito* — e já não na imaginação, que age na crença".[67] A este respeito, nunca será demais repetir que o terceiro gênero de conhecimento pressupõe o segundo, sob pena de se recair nas ficções produzidas pelo desejo a partir de ideias inadequadas, as quais tornam os homens escravos de senhores que eles próprios criam — a servidão voluntária. O segundo gênero, porém, ao apelar para o fundamento último dos seus axiomas, o qual, por definição, é incapaz de alcançar, dá azo à ficção de uma vontade que transcenderia a natureza e cuja perfeição caucionaria a certeza das ideias "claras e distintas". Em realidade, trata-se apenas de um retorno às ideias inadequadas do primeiro gênero de conhecimento, seja na versão teológica de Descartes, seja na versão utópica do cientismo, as quais Espinosa não pode senão rejeitar, além do mais porque a certeza, como vimos, é uma espécie de selo que acompanha na mente a ideia verdadeira, mesmo que não se demonstre. O conhecimento funda-se a si próprio, o verdadeiro é critério de si mesmo e do falso. Como diria Wittgenstein, "nunca ninguém me ensinou que as minhas mãos não desaparecem quando não estou a olhar para elas".[68] Há algo na ideia

---

[67] F. Gil, cit., p. 254 (grifos nossos).

[68] L. Wittgenstein (1998), *Über Gewissheit — Da Certeza*, 153, Lisboa, Edições 70.

Introdução

verdadeira que a impõe como convicção acima de qualquer questionamento — F. Gil (cit., p. 267) refere a convicção como "pensamento soberano" — e a traz à nossa presença com uma nitidez que torna absurdo o exercício da dúvida. Ela dá-se, literalmente, a ver. É esse, de resto, o significado do latim *tueri*, radical de *intuitus*. Não é sem motivo que a visão foi tantas vezes invocada como sinônimo de algo inerente à verdade do conhecimento, não em termos de inferência, mas de presentificação dos objetos. Recorde-se, uma vez mais, Wittgenstein: "Nós não aceitamos o resultado de uma prova porque ela resultou uma vez, ou porque resulta habitualmente. Nós vemos na prova a razão para dizer que isso *tem de* resultar".[69]

Que significa, então, conhecer a essência atual do corpo? Não é, seguramente, conhecê-lo enquanto existente na duração, isto é, sujeito à contingência da multiplicidade de causas exteriores que o influenciam e que, repercutindo-se na mente, o mantêm no registro da alienação, senão mesmo do patológico. Desse ponto de vista, o conhecimento será sempre inadequado, na medida em que em vez da essência do corpo ele exprime o efeito, as marcas do seu embate com outros corpos. Vimos, porém, que intrinsecamente as coisas são modificações necessárias da substância, melhor dizendo, elas são essencialmente substância a agir, sarça ardente onde se efetiva a potência infinita da natureza. É por isso que Espinosa (Prop. 24, P. V) afirma que "quanto mais entendemos as coisas singulares, mais entendemos Deus", ou seja, conhecer Deus é conhecer a infinidade das coisas. Ora, a natureza enquanto potência infinita não age no registro da contingência, mas da necessidade, não age na duração, mas *sub specie aeternitatis*. Conhecer a essência atual do corpo é, pois, conhecer a ideia do corpo como ela existe necessariamente, acima da contingência em que se processa o seu existir, que o mesmo é dizer, *sub specie aeternitatis* (Prop. 22, P. V), tal como ela se dá no pensamento infinito, atributo de Deus. A ciência intuitiva equivale, portanto, a um salto para fora das coordenadas de espaço e tempo em que cada um dos seres finitos existe e atua. Não é, convém notar, um abandono, presente ou futuro, da condição perecível e mortal de todo o ser finito, para se diluir naquilo que seria um magma em que os seres, negando-se a si mesmos, como sugere Juan de la Cruz, se diluiriam na beatitude mística do êxtase. A imortalidade é uma ideia da imaginação, e a forma da eternidade não é a duração infinitamente prolongada, mas o ser sem tempo: a eternidade é a forma

---

[69] L. Wittgenstein (1998), *Remarks on the Foundations of Mathematics*, III, 39 (trad. G. E. M. Anscombe), Oxford, Basil Blackwell (texto originalmente publicado em 1956). Sobre a questão da certeza em Wittgenstein, cf. F. Gil (cit., III, 3).

como Deus, a natureza no seu todo, é, atua e conhece. Por isso mesmo, conhecer intuitivamente a essência atual de um modo finito implica conhecê-lo não já através da multiplicidade causal que está na origem de cada um dos fatos de que é feita a sua existência, mas através da causa imanente que nele atua desde sempre, melhor dizendo, *sub specie aeternitatis*. Conhecer verdadeiramente uma coisa é, pois, conhecer em que medida ela é determinada pela totalidade do universo, ou, em termos espinosistas, em que medida ela existe em Deus e Deus existe e se exprime nela. Um tal conhecimento não pode ser senão adequado, e por isso ele aumenta a potência do *conatus* individual e é motivo de satisfação consigo mesmo (*acquiescentia*), ou seja, de liberdade e potência, de tal maneira que "sentimos e experimentamos que somos eternos. [...] Apesar de não nos recordarmos de ter existido antes do corpo, sentimos, contudo, que a nossa mente, na medida em que envolve a essência do corpo sob a forma da eternidade, é eterna e que esta sua existência não pode definir-se pelo tempo, ou seja, explicar-se pela duração" (Esc. Prop. 23, P. V).

Espinosa, como já referimos, é bastante parco em explicações e, mais ainda, em exemplos do terceiro gênero de conhecimento, por vezes parecendo mesmo que o dá por evidente. Talvez seja essa a razão por que se toma a retórica aparentemente iniciática da última parte da *Ética* por um resíduo neoplatônico, uma espécie de misticismo da razão destinado a sábios, isto é, uma versão secular do itinerário de salvação que as religiões reservam a um punhado de eleitos.[70] Foi com base em semelhante interpretação, a nosso ver infiel, quer ao texto,[71] quer ao sistema, que se consolidou a imagem do

---

[70] Cf. Y. Yovel (1990), "The Third Kind of Knowledge as Alternative Salvation", *in* E. Curley e P.-F. Moreau, *Spinoza: Issues and Directions*, Leiden, Brill, pp. 157-75 (cit. p. 170). Um exame crítico desta leitura exigiria uma análise dos vestígios de neoplatonismo imputados a Espinosa, ao arrepio da interpretação dominante nas últimas décadas. Recorde-se apenas que Antonio Negri (1981) lê as Partes I e II da *Ética* à luz do emanatismo neoplatônico, o qual, em sua opinião, teria sido definitivamente superado pelo imanentismo vigente nas três últimas partes. Sobre este assunto, cf. U. Pinheiro (2015), "A presença do neoplatonismo de Leão Hebreu na *Ética* de Espinosa", *Kléos*, 19, pp. 227-46; P. Cristofolini (2009), pp. 65-9; C. Jaquet (2007), "*L'essence de l'amour* dans les *Dialogues d'amour* de Léon Hebreu et dans le *Court Traité*", *in* A. Saverio (org.), *Spinoza et la Renaissance*, Paris, Presses Universitaires de l'Université de Paris, pp. 41-55; S. Breton (1973), "Âme spinoziste, âme néo-platonicienne", *Revue Philosophique de Louvain*, 4ème série, tome 71, nº 10, pp. 210-24; L. Brunschvicg (1923), "Le platonisme de Spinoza", *Chronicon Spinozanum*, 3, pp. 253-68.

[71] Cf. F. Del Lucchese (2003).

sábio espinosano como um solitário que, escudado nas certezas da razão e da ciência intuitiva, permaneceria imune à miséria do vulgo que se enreda nas teias da imaginação e da ignorância. Leo Strauss exprime claramente essa perspectiva: "O abismo entre o sábio e a multidão, criado pelo interesse na teoria, faz do sábio essencialmente um espectador da vida da multidão. Para o sábio, a multidão torna-se um objeto da teoria".[72] Em consequência, a defesa da liberdade de pensamento que vemos no *TTP* não teria senão um objetivo — estratégico, maquiavélico mesmo —, que é garantir a segurança e a tranquilidade públicas, a bem da vida intelectual a que se entrega uma elite. De que modo? Reprimindo, através do poder político, os excessos da turba, irremediavelmente perdida para a vida em conformidade com a razão e disposta a apoiar o fanatismo contra o sábio. Teríamos, assim, uma dupla condição humana, como Averróis já havia antecipado: a daqueles que se conduzem pela razão e a quem se deve assegurar a liberdade de filosofar, porque, se forem coerentes, tudo farão para, no seu próprio interesse, preservar o estado; e a da multidão ignorante, em quem se deve estimular a fé, de modo a levá-la convictamente à obediência. De um lado, uma minoria que atingiu as alturas do terceiro gênero de conhecimento, de onde contempla a natureza e usufrui da beatitude; do outro, a grande massa, preocupada apenas com o interesse imediato que se lhe afigura na imaginação, seja ele motivado pela esperança de um benefício ou pelo receio da punição, nesta ou numa outra vida.

Esta versão simplificada do espinosismo contraria, antes de mais, a ideia de natureza humana que está patente em toda a obra do autor. Em Espinosa, efetivamente, não há lugar para uma qualquer metamorfose, ou conversão definitiva, do ser humano. Diferentemente da mística, o conhecimento do terceiro gênero, como já sublinhamos, não significa a saída do sujeito para fora de si mesmo, fundindo-se numa espécie de êxtase amoroso com o seu objeto, mas tão só a apresentação deste na mente, de um só golpe de vista, isto é, sem passar pela série de operações lógicas, formais ou discursivas que são apanágio do raciocínio. A ciência intuitiva não pode, por conseguinte, entender-se como a passagem a uma natureza diferente da comum natureza humana. Ela é apenas um desejo que nasce das ideias adequadas e que eventualmente se realiza como experiência, a qual, sendo cognitiva e, ao mesmo

---

[72] L. Strauss (1982), *Spinoza's Critique of Religion* (trad. E. M. Sinclair), Nova York, Schocken Books, p. 229.

tempo, afetiva — a alegria que dá a passagem a mais conhecimento —, tende a constituir-se em hábito, sem, no entanto, eliminar alguma vez o lastro passional que arrasta qualquer ser humano. Dizer que a potência do entendimento pode triunfar da força dos afetos significa apenas que as ideias adequadas podem prevalecer na mente sobre as ideias inadequadas. Só a mente divina, que exprime a totalidade infinita sob o atributo que é o pensamento, na medida em que não possui limite, nem exterior que a afete, é constituída apenas por ideias adequadas.

Em segundo lugar, a progressão no itinerário da salvação pelo conhecimento não se faz em demanda dessa abstração que é a condição do sábio, mas em demanda das coisas que convêm com o nosso corpo e a nossa mente, em particular os outros seres humanos, sem os quais as adversidades do meio impediriam qualquer progresso no caminho da vida boa e até da simples sobrevivência. É a própria utilidade individual ao nível mais elementar que dita a necessidade dos acordos e da convivência: "Na medida em que vivem sob a condução da razão, os homens são utilíssimos ao homem [...] e, por isso [...], sob a condução da razão, nós esforçar-nos-emos necessariamente por fazer com que os homens vivam sob a condução da razão" (Dem. Prop. 37, P. IV). Nesse sentido, a cidade é o *ethos* dos humanos, como Espinosa lembra na sua imprecação contra os melancólicos e solitários, e a política o instrumento de realização da ética.

Em terceiro e último lugar, Espinosa (Dem. Prop. 47, P. II) afirma que a mente humana se conhece a si mesma e conhece o seu corpo e os corpos exteriores, razão pela qual, acrescenta no Escólio imediatamente a seguir, "a essência infinita de Deus e a sua eternidade são conhecidas de todos". Ora, conclui o autor, "nós podemos, a partir desse conhecimento, deduzir muitas coisas que conhecemos adequadamente e, assim, formar aquele terceiro gênero de conhecimento de que falamos". Quer, portanto, dizer, por um lado, que conhecer Deus é conhecer as coisas singulares (Prop. 24, P. V); por outro, que alcançar ideias adequadas, longe de ser privilégio de um grupo de predestinados, se encontra ao alcance de todos. É certo que nem todos são capazes de lá chegar, designadamente às ideias do terceiro gênero, dadas as agruras do percurso iniciado ao nascer. Na mente do recém-nascido, não se dão senão ideias inadequadas, imagens vagas do contato do corpo com o exterior. Só através da experiência ele poderá, depois, formar as ideias de certas propriedades que percebe nos vários corpos — a extensão, o movimento, a maior ou menor velocidade, o repouso, etc. — e chegar ao conhecimento racional, isto é, a um conhecimento das coisas *sub specie aeternitatis*, o conhecimento universal e "sem sujeito" que está na base da ciência

moderna. Tal conhecimento, porém, pelas suas próprias características, é geral, escapam-lhe as essências singulares de Deus como totalidade infinita e de qualquer um dos seus modos finitos. Na medida em que a mente não é senão a ideia de um corpo, ela é composta apenas pelas ideias daquilo que se dá nesse mesmo corpo, motivo pelo qual entende cada uma das coisas como ela se dá na duração, isto é, na sucessão de instantes que formam a sua existência, desde que começa até que se extingue, sem ter memória do que antecedeu o seu nascimento nem antecipar o que vai acontecer amanhã. A única coisa que ela pode conhecer sob a forma da eternidade é aquilo que todas elas têm em comum, ou seja, as leis por que se rege a sua atuação. Não é por acaso que o método genético-dedutivo dos geômetras se afigura como o mais apropriado para este tipo de saber. Mas no pensamento infinito há, evidentemente, uma ideia adequada, *sub specie aeternitatis*, de cada uma das existências singulares e de cada um dos seus momentos. Tudo quanto existe ou acontece, existe ou acontece em todos os atributos de Deus e, portanto, também no pensamento. Deus, enquanto substância, possui desde toda a eternidade a ideia da totalidade do universo, ou seja, a ideia de si próprio, a qual se atualiza necessariamente na duração, que o mesmo é dizer, Deus, conhecendo *sub specie aeternitatis* o que existiu, existe e existirá na sucessão dos tempos, conhece-se a si mesmo. É a este conhecimento das coisas singulares sob a forma da eternidade que corresponde o conhecimento do terceiro gênero. Procedendo diretamente "da ideia adequada da essência formal dos atributos de Deus para o conhecimento adequado da essência das coisas" (Esc. 2, Prop. 40, P. II), a mente conhece-se, antes de mais, a si mesma como essência do corpo próprio, *conatus*, modo da potência infinita que se realiza em cada uma das suas modificações. Como se diz na Prop. 30, P. V, "a nossa mente, na medida em que se conhece a si mesma e ao corpo sob a forma da eternidade, tem necessariamente o conhecimento de Deus e sabe que é em Deus e se concebe por Deus". Será tanto mais assim quanto maior for a complexidade do corpo de que a mente é a ideia, na medida em que há tantas mais ideias na mente quanto maior for a aptidão do corpo para afetar outros corpos e ser, por sua vez, afetado, e quantas mais ideias adequadas houver na mente menor será a força dos afetos negativos, menos ela temerá a morte, maior será, em suma, a sua parte que é eterna. Ora, conhecer assim a natureza é passar a um grau de felicidade maior ou, na linguagem de Espinosa, participar do "amor constante e eterno a Deus, ou seja, no amor de Deus aos homens" (Esc. Prop. 36, P. V). A felicidade não é senão esse entendimento que se desdobra em afeto, a satisfação de conhecer que se conhece e a convicção de que estar bem consigo mesmo — *acquiescere* — é mais do que

um estado subjetivo, porquanto implica estar em consonância com o *lógos*, melhor dizendo, em harmonia com a natureza das coisas.[73]

5. A TENTAÇÃO TOTALITÁRIA

A ciência intuitiva culmina o itinerário da mente, reconciliando-a com o mundo. Não é a paz perpétua, muito menos a imortalidade, mas é aquilo que Espinosa designa por amor, ou beatitude, e que nos Livros Sagrados se chama a glória, como vem esclarecido no Esc. da Prop. 36, P. V. A glória é definida na Def. dos Af. 30, P. III, como sendo "a alegria acompanhada pela ideia de uma ação nossa, que imaginamos que os outros louvam". No culminar do itinerário do conhecimento reencontramos, portanto, o fenômeno da imitação dos afetos, como constitutivo da natureza humana e fundamento da sociedade, abrindo assim, uma vez mais, o caminho à política. Na Parte IV da *Ética*, Espinosa havia reiterado o papel indispensável do auxílio mútuo e da concórdia para a redução dos riscos e da consequente dependência do exterior, para concluir, com os clássicos, que o homem é um deus para o homem e que aquele que se conduz pela razão é o melhor dos cidadãos. Semelhantes considerações, no entanto, pertencem ao segundo gênero de conhecimento, são postulados universais, que não se atêm às circunstâncias de tempo e de lugar, nas quais os homens são vítimas de fantasias e afetos negativos, que lhes toldam a razão e os impedem de ver o quanto é da sua utilidade não se prejudicarem mutuamente. Por esse motivo, a imprecação contra os melancólicos e solitários que tínhamos lido na Parte IV irá converter-se, no *Tratado Político*, obra escrita imediatamente a seguir à *Ética*, numa imprecação contra os filósofos, pela forma utópica como sempre se ocuparam da política.

---

[73] Sobre este conhecimento acima da racionalidade científica e a dinâmica afetiva de que ele se faz acompanhar, Schopenhauer tem páginas notáveis, manifestamente inspiradas em Espinosa, apesar do idealismo e do irracionalismo, estranhos à *Ética*, de que está repassada a sua interpretação. Diz o autor de *O mundo como vontade e representação*: "quando finalmente o objeto se liberta de toda a relação com o que não é ele mesmo, e o sujeito se liberta de toda a relação com a vontade, então, o que é assim conhecido já não é a coisa particular enquanto particular, é a ideia, a forma eterna, a objetividade imediata da vontade. A esse nível, por conseguinte, aquele que se deixa arrebatar nessa contemplação já não é um indivíduo (porque o indivíduo foi aniquilado nessa mesma contemplação), é o sujeito cognitivo puro, liberto da vontade, da dor e do tempo". A. Schopenhauer (2006), *Le monde comme volonté et comme représentation*, III, 34 (trad. R. Ross), Paris, PUF, p. 231.

Introdução

71

Sendo embora necessária para criar as condições da realização individual a que aspira a mente humana, a política é um domínio intrinsecamente esquivo à razão universal. De fato, o seu princípio é um paradoxo: por um lado, o interesse de cada um é tanto mais bem salvaguardado, de acordo com a razão, quanto mais se fortalecer a potência coletiva; por outro lado, a natureza de cada um leva-o a julgar que aquilo que para si é o melhor deveria ser imposto a todos os demais, pelo que a potência coletiva tende, naturalmente, a ser cada vez mais fraca. Isto ocorre porque a natureza, conforme escreve Espinosa (*TP*, II, 8), "não se confina às leis da razão humana", e todo o segredo da política está em fundar uma estrutura institucional que leve tanto os que se movem pela razão como os que são movidos pelo interesse individual a atuarem de acordo com o interesse coletivo (*TP*, VI, 3). À partida, não existe nenhum princípio de Arquimedes onde se apoiar: estamos no domínio do fato singular, da *verità effettuale della cosa*, cuja ocorrência no tempo obedece a uma infinidade de causas impossível de prever na sua totalidade. Já Maquiavel, a quem Espinosa reserva o superlativo *acutissimus*, se tinha apercebido de que, no corpo a corpo do homem com as oscilações do tempo e o que elas trazem de imprevisibilidade, estava em causa um conhecimento de um outro gênero. Há, efetivamente, casos em que as razões se equilibram na balança e é preciso como que ver no escuro, passar o Rubicão, talhar. Na sua linguagem metafórica, o florentino sugere que este tipo de atuação requer a "impetuosidade" e a "audácia" própria dos jovens que afrontam e seduzem a fortuna (*Il Principe*, cap. XXV). Prenúncio, rudimentar embora, da ciência intuitiva, ou simples verificação empírica de que a *praxis* levanta problemas de um tipo que se escoa como água por entre os dedos da simples razão, o certo é que o florentino pressente esse outro modo de conhecer. A maioria dos intérpretes viu nessa impetuosidade invocada por Maquiavel unicamente um outro nome da violência e da irracionalidade. Espinosa, porém, olha para a intuição do *acutissimus* como uma extensão da *virtù*, ou potência, do entendimento. É da razão, do segundo gênero de conhecimento, que nasce a ciência intuitiva, não do primeiro. Todo o realismo que justificadamente se atribui ao *TP* assenta na decifração daquilo que é a passagem direta da "natureza comum dos homens" — mente, corpo, desejo, paixões — para a singularidade de uma forma política, uma decisão, uma lei. Mesmo se a razão, em abstrato, aponta sem margem para dúvidas a democracia como sendo a forma política, ou regime, mais conforme à natureza — *omnino absolutum imperium* —, visto exponenciar maximamente o desejo que cada um sente de se conduzir a si e aos outros como julga ser melhor, na realidade, os agregados também se organizam de

outras formas. E, no entanto, em todas elas a natureza impele cada um a procurar o que lhe é útil e, nesse sentido, a constituir e manter com outros um direito comum, isto é, a viver em conjunto, como se fossem todos uma só mente — *una veluti mente*.

Apesar destes afloramentos, a *Ética* não se demora a explicitar os diversos campos de aplicação da ciência intuitiva. Refere apenas o seu *modus operandi* e o júbilo interior a que ela dá azo: nenhuma demonstração "*afeta* tanto a nossa mente como quando se conclui isso mesmo da própria essência de qualquer coisa singular que dizemos depender de Deus" (Esc. Prop. 36, P. V, grifo nosso). Na verdade, quem conhece verdadeiramente uma coisa conhece-a como Deus a conhece, ou melhor, ele é Deus conhecendo e, por isso, o seu conhecimento é ao mesmo tempo satisfação consigo mesmo, modo finito do amor com que Deus, enquanto totalidade isenta de paixões, se ama infinitamente a si próprio. E este amor "é tanto mais favorecido quanto mais homens imaginarmos associados a Deus pelo mesmo vínculo de amor" (Prop. 20, P. V). Aquilo que a razão afirma sobre a concórdia e a entreajuda é, portanto, não só confirmado, como sublimado no terceiro gênero de conhecimento. Ao contrário do que lemos no *Leviathan*, onde a potência sem limites a que por natureza cada um se julga com direito será monopolizada por um soberano, perpetuando quer o poder como violência, quer a cisão que o separa dos súditos, Espinosa denuncia como ideia inadequada essa presunção de uma onipotência individual em que assenta a ideia do pacto, na medida em que ela confunde a parte com o todo, o modo finito com a substância infinita.

Tanto Espinosa como Hobbes, repare-se, identificam a essência do ser humano com o desejo, o *conatus*, da mesma forma que, na sequência de Descartes e Bacon, ajustam a teoria à prática, a ciência aos procedimentos e metodologias para enquadrar e transformar a natureza, o saber, em suma, ao poder: *scientia propter potentiam*. Longe da ideia que tinham os Antigos de um mundo fechado sobre si mesmo — uma esfera envolvendo múltiplas esferas, todas elas girando em torno da Terra por efeito de um motor imóvel —, para os Modernos a natureza passou a ser um universo em contínua expansão, à mercê da inteligência e dos conhecimentos do homem, que tem o poder de o transformar indefinidamente, se usar o método adequado. Sob o fáustico desígnio que Descartes (*Discours de la Méthode*, VI) atribui à ciência moderna, há ecos da ambição genesíaca sussurrada pela serpente aos ouvidos de Adão e Eva: "sereis como deuses". Todavia, essa divinização do homem através da ciência, que se opera ao suprimirem-se todos os limites à sua vontade e reduzir-se a natureza a simples matéria infinitamente moldá-

vel pelo conhecimento, ignora o domínio da *praxis*, designadamente a gestão da contingência, o saber prudencial que permitia aos Antigos compatibilizar a ação humana com a ideia de felicidade, apesar de todos os imprevistos que a rodeiam. Se, de fato, a natureza pode ser, ou vir a ser, aquilo que o homem quiser, desaparece a fronteira entre o meio-termo e a *hýbris*, ou desmesura, e a virtude transforma-se em pura potência sem limites. Não por acaso, Descartes fala em moral provisória; Hobbes, logo a seguir, assume a impossibilidade de semelhante tipo de saber, visto o indivíduo ser essencialmente desejo sem restrições e a razão, por seu turno, não ser senão a capacidade de calcular os meios para obter o que se deseja; Pascal invoca enigmáticas razões do coração que a razão desconhece; Adam Smith e Hume recorrem ao conceito de *sympathy* para explicar essas exceções ao egoísmo que são os gestos de altruísmo; Kant separa a moral não só da razão pura, mas também da ideia de felicidade, confinando-a ao dever pelo dever; o utilitarismo, finalmente, escolhe para critério da boa ação o acréscimo de bem-estar coletivo. O paradigma científico vigente na Modernidade compromete qualquer outro tipo de razão prática que não seja a razão deontológica ou a razão estratégica. Onde antes havia a natureza, como uma espécie de margens a conter a torrente da vida, há agora a vontade de potência de que fala Nietzsche, uma vontade de tal maneira proteiforme e sem finalidade, que se confunde com aquilo que Heidegger designaria por "incondicionada vontade de vontade".[74]

Espinosa, já o dissemos, é desse ponto de vista um antimoderno. Para ele, a ideologia que subjaz a esta ciência idolatrada pelos Modernos arrasta consigo vestígios de superstição, ignorando que a potência infinita é apanágio da totalidade, não de qualquer uma das suas partes, ou modos. É por isso que a guerra espreita por detrás dessa ideologia: se os homens são por essência desejo, e se nem a transcendência, nem o direito de natureza, por eles imaginados, constituem freios para esse mesmo desejo, então, a guerra de todos contra todos estará sempre no horizonte, e o poder do estado, supostamente a garantia do direito e depositário da violência legítima, resvalará para o simples direito do mais forte. Para pensar realmente um poder assente na multiplicidade de vontades individuais, é necessário apagar as reminiscências do modelo de um Deus onipotente e criador, face ao qual os seres da natureza se encontrariam na condição de súditos, e substituí-lo pela

---

[74] M. Heidegger (1958), "Dépassement de la métaphysique: notes de 1936-1946", XXI, *in Essais et conférences* (trad. A. Préau), Paris, Gallimard, p. 102.

unicidade de um *Deus sive natura*, que se define como potência infinita e se exprime na infinidade de modificações que produz em si mesmo. Só assim deixará de fazer sentido a ambição literalmente totalitária que experimenta cada indivíduo, ou cada grupo, cada religião ou ideologia, de reivindicar para si a verdade e a potência infinita que não pode pensar-se senão no todo. Só assim, mediante o reconhecimento da potência ilimitada do todo e, em simultâneo, dos limites intrínsecos a cada uma das partes, será possível pensar de novo, como os Antigos, a ética em articulação com a felicidade.

Espinosa equaciona a ética no quadro de um universo que, exatamente por ser infinito, é sem exterior nem transcendência, longe, portanto, não só do "mundo fechado" de Aristóteles, mas também da ideia judaico-cristã de um Deus separado da natureza que ele mesmo teria criado. Deus e a natureza são uma só e a mesma coisa, a qual, por sua vez, não é senão a infinita multiplicidade de modos como o ser necessariamente se afirma. A essência desse uno-múltiplo, como de cada uma das suas partes, é a sua potência, ou seja, a capacidade de continuar sendo. Nessa medida, o natural de cada uma dessas partículas da potência que são os modos é fazer tudo quanto pode para resistir a tudo quanto contraria a sua essência e procurar tudo quanto a reforça. Tanto nas pedras como nas plantas, nos animais ou no ser humano. A diferença é que, neste último, a interação com o que rodeia e afeta cada um, sendo consciente em virtude da complexidade do seu corpo, desdobra-se numa cascata de fenômenos psicofísicos, que vão da ilusão de crer intrinsecamente bons os acontecimentos e objetos que causam bem-estar, até o conhecimento verdadeiro desses mesmos acontecimentos e objetos, o qual atenua a incerteza e, desse modo, aumenta o grau de felicidade. É esse, resumidamente, o fundamento da *Ética* de Espinosa.

Em boa verdade, a terapia pelo conhecimento, seja através da contemplação, seja da introspecção, é uma ideia antiquíssima. Na sua base, porém, pelo menos no Ocidente, esteve sempre o pressuposto de uma cisão entre dois mundos[75] — o corruptível e o incorruptível, o contingente e o necessário —, a qual se desdobra no dualismo corpo-alma e no seu complemento

---

[75] Veja-se, por exemplo, a cosmologia apresentada por Cícero: "Todo o universo está ligado por nove discos, ou melhor, globos, dos quais um é o celeste, o mais afastado, que engloba todos os restantes e é o próprio deus supremo, que segura e contém todos os demais. [...] No globo mais afastado gira a Lua, iluminada pelos raios do Sol. Abaixo dela, não há nada que não seja mortal e caduco, a não ser as almas, concedidas ao gênero humano por dádiva dos deuses. Acima da Lua, tudo é eterno". Cícero (2008), *Tratado da República*, VI, 17 (trad. Francisco de Oliveira), Lisboa, Círculo de Leitores, p. 235.

Introdução

vida ativa-vida contemplativa. De acordo com o modelo assim delineado, a saúde, ou salvação (*salus*), estaria em trocar a procura de bens incertos e perecíveis a que o desejo e a imaginação induzem, pela contemplação (*theoria*) do que é perene, função a que se destina a razão e que permitiria alcançar o verdadeiro bem e a felicidade. Consequentemente, o sábio, que tem alegadamente o domínio do seu próprio corpo e dos seus desejos, seria superior ao comum dos indivíduos, o cidadão superior aos escravos, que se ocupam das atividades necessárias à sobrevivência do conjunto, e o poder, seja ou não de direito divino, superior aos súditos, como é patente ainda nas doutrinas da soberania do século XVII.

A unicidade da substância espinosana torna impraticável semelhante modelo. A alma não pode impor-se ao corpo, porque ela é a própria ideia do corpo. O desejo é impossível de eliminar, porque ele é a essência da natureza humana. Sábio ou ignorante, o homem deseja o que julga ser bom para a sua natureza e tem aversão ao que julga ser mau. Para desaparecer o desejo, seria necessário que não faltasse nada ao indivíduo, nem houvesse nada que o afetasse, ou seja, seria necessário que ele fosse Deus, a potência absolutamente infinita. Ora, o indivíduo é Deus mas só enquanto modo da substância, uma vez que a sua potência é finita e interage no universo, associativa ou conflitualmente, com todas as outras potências finitas. Logo, ele deseja e tem afetos. Como pode, então, encontrar a felicidade, se esta consiste em agir e, a maior parte das vezes, ele mais não faz que reagir? Antes de mais, convém lembrar que a felicidade reside num tipo de atividade, que é o conhecer verdadeiramente. Ao conhecerem-se as causas dos afetos, estes não desaparecem, mas são-lhes sobrepostas na mente ideias adequadas, as quais limitam a força e o alcance dos que fazem sofrer. Os Antigos também identificavam a felicidade com o conhecimento, mas viam nele unicamente o lado contemplativo, a exposição do sujeito à verdade das coisas. Para Espinosa, o conhecimento é produção de ideias adequadas, e a verdade não é algo de exterior àquele que conhece, pelo contrário, é fruto da atividade da mente, que a constrói e certifica por um movimento de si a si mesmo, isto é, ao pensamento infinito que age através dela em cada uma das ideias adequadas. Por sua vez, os Modernos identificam a felicidade com o poder que o conhecimento garantiria sobre as coisas, a começar pelo próprio corpo, tornando possível a transformação destas e o seu ajustamento ao desejo do homem. O desejo, contudo, não conhece limites, pelo que a verdadeira felicidade, segundo Espinosa, não está no simples conhecimento e no poder que ele dá sobre as coisas. A felicidade só pode encontrar-se na aquietação do desejo, no prazer que se experimenta quando o conhecimento, elevado à sua

máxima potência, se converte num afeto, que é a satisfação consigo mesmo sentida pelo sujeito na ciência intuitiva.

Acontece que o ser humano está mergulhado na contingência, o seu lastro passional não desaparece, permanecendo sempre uma margem de tristeza e infelicidade que se manifesta quando, em vez de agir, ele se limita a reagir, levado por pressões do exterior que se repercutem na mente em ideias inadequadas. A figura do sábio constitui, pois, um marco oscilante, um projeto sempre ameaçado pelo alastrar das ideias da imaginação, que tomam as rédeas do desejo e fazem o homem esquecer os seus limites, enquanto parte da natureza, e julgar-se o todo, na satânica paixão de Fausto pelo poder do saber, a paixão de transformar a natureza num objeto da sua vontade e num espelho da sua alucinação. Essa ameaça está sempre presente e tem na sua base aquilo a que Espinosa chama a potência dos afetos. Acreditar que a razão poderia pilotar integralmente esse dinamismo, a ponto de ele constituir uma via para a salvação, libertando cientificamente o homem dos males que o afligem no corpo e na mente, e aumentando para níveis sempre maiores o seu grau de felicidade, é pura e simplesmente regredir às fantasias da imaginação, esquecer aquela que é a verdadeira condição do ser humano como parte da natureza. Hobbes compreendeu perfeitamente essa pulsão, que é sem limite, e bem assim o lastro de violência que ela transporta, concluindo que só a potência ilimitada do estado a poderia travar e, desse modo, abrir caminho à felicidade individual. Espinosa, precisamente por conhecer a natureza dos afetos, ou melhor, o que os afetos são na natureza, não vê no cálculo racional em que Hobbes alicerça o estado senão uma sublimação da fantasia potencialmente totalitária de encarnar a totalidade infinita. A violência não garante a paz, nem previne por completo as revoltas, porquanto os afetos são interiores e alimentam-se da memória e das ambições e temores que nela se geram, como já vinha explicado no capítulo XVII do *TTP*. Só há duas formas de o conseguir: ou pela ocupação integral das mentes e a captura dos afetos através da propaganda, que pode trazer a paz, mas reduz os indivíduos à maior das infelicidades, que é a condição de alienados — *esse alieni juris*; ou através de uma liberdade concertada, assumindo a limitação intrínseca de qualquer poder, individual ou coletivo, e fazendo com que a obediência à lei seja tanto quanto possível obediência de cada um a si próprio, quer dizer, democracia. A primeira destas soluções leva à absorção da ética pela política. A segunda, que é obviamente a que Espinosa propõe, separa-as. A ética, na medida em que tem a ver com a relação do homem com o seu meio natural e social é para Espinosa, em primeira instância, uma questão privada: procurar o bem é sempre procurar o útil próprio. É verdade que

o verdadeiro útil e, portanto, o verdadeiro bem, está na satisfação que o indivíduo experimenta na contemplação de si como parte do todo, a qual o impele à associação com o que lhe é útil, em particular os seus semelhantes. A visão do indivíduo como átomo isolado não passa, por conseguinte, de uma ilusão. Mas os vínculos afetivos, que estão na base da socialização, também se convertem em fontes de infelicidade, se não se fizerem acompanhar do reconhecimento das diferenças individuais e, em vez disso, alimentarem o magma indistinto das multidões transformadas em rebanhos.

6. A FELICIDADE DE SÍSIFO

A ética de Espinosa é uma ética desencantada. Num mundo também ele desencantado, como é o dos Modernos, ela ergue-se, solitária e lúcida, a alertar para os resíduos de encantamento que não desapareceram, nem desaparecem, porque fazem parte da natureza e, de vez em quando, alastram e inundam a paisagem humana. O conhecimento salva, só mesmo ele salva, na condição, porém, de não se iludir quanto à sua própria natureza e deixar-se arrastar pela utopia. É por isso que a *Ética*, ao mesmo tempo que provoca, desde os Românticos, sucessivos abalos no mais fundo da Modernidade, como se dela se soltasse uma espécie de energia libertadora que recorrentemente emerge à superfície, é também, com frequência, objeto de decepção. António Damásio (2003, pp. 279-89), um dos mais lúcidos leitores de Espinosa nas últimas décadas, ilustra bem este sentimento, ao considerar "brilhante", mas ao mesmo tempo "exasperante" (*both brilliant and exasperating*) o autor da *Ética*. E a razão de ser de uma tal exasperação, diz Damásio, é "a certeza tranquila com que ele encara um conflito que a maior parte da humanidade ainda não resolveu: o conflito entre a perspectiva segundo a qual o sofrimento e a morte são fenômenos biológicos que deveríamos aceitar com equanimidade — poucos seres humanos cultos não verão a sabedoria que há nisso — e a não menos natural inclinação da mente humana para ir contra uma tal sabedoria e sentir-se insatisfeita com ela".[76] Espinosa, de fato, perante o sofrimento e a morte, não cede à fantasia de uma qualquer redenção, religiosa ou profana. Pelo contrário, avisa que a esperança é uma alegria in-

---

[76] Cit. p. 279. A leitura que fazemos deste parágrafo de Damásio segue de perto a obra de V. Serrano (2011), *La herida de Spinoza: felicidad y política en la vida posmoderna*, Barcelona, Anagrama.

constante, motivada pela imaginação de algo que está ausente e que se gostaria que acontecesse, mas que se receia não aconteça (Def. dos Af. 12, P. III). Nesse sentido, ela é a imagem invertida do próprio medo, o qual se define como tristeza inconstante, motivada pela imaginação de uma coisa ausente mas que se tem esperança de que venha a tornar-se presente (Def. dos Af. 13, P. III). As primeiras páginas do *TTP* já traziam um retrato dramático da flutuação anímica provocada por esses dois afetos e das superstições que ela gera como pretenso remédio para esconjurar a incerteza e a exposição ao desastre, ao sofrimento e à morte. O medo é "a causa que origina, conserva e alimenta a superstição" (*TTP*, Prefácio, G III, p. 6), razão pela qual ele se encontra na raiz do teológico-político, essa mistura do sagrado e do profano que o preserva "sob o especioso nome de religião", de modo a que os homens obedeçam e "combatam pela servidão como se fosse pela salvação" (*ibidem*, p. 7). Aparentemente, é também esse o combate que tanto a ciência como a filosofia travam na Modernidade, o combate contra a ignorância e a resignação à dor e à obediência, como fatalidades de que alegadamente o ser humano só numa outra vida poderia libertar-se. Nas palavras inflamadas de Victor Hugo, "o progresso avança, faz a grande viagem humana e terrestre para o celeste e o divino".[77] Espinosa, no entanto, se valoriza a ciência como conhecimento verdadeiro das leis que regulam o funcionamento das coisas, permitindo assim moldá-las para o uso dos homens e, desse modo, minorar o seu sofrimento, recusa-se a encará-la como uma espécie de superstição alternativa, capaz de um dia, quem sabe, poupar de vez o homem à dor e à própria morte.

Desde a revolução copernicana, que importou os procedimentos da matemática para a física e a biologia, a moderna ciência elevou de fato a níveis sem precedentes o grau de certeza dos seus enunciados. As suas verdades são *sub specie aeternitatis*, imunes ao passar do tempo e válidas universalmente. Todavia, ela é incapaz de propiciar aquela certeza tranquila que o próprio Damásio, com razão, atribui a Espinosa, e que este define como aquietamento (*acquiescentia*), satisfação consigo mesmo. A racionalidade científica, que Hobbes chamou de "cálculo" e Espinosa de "conhecimento do segundo gênero", está animada por uma dinâmica intrinsecamente avessa à quietude e ao verdadeiro conhecimento de si como simples parte da substância infinita. Presa a uma cadeia lógico-dedutiva que a projeta sempre no elo seguinte, ela

---

[77] V. Hugo (1882), *Les Misérables. Cinquième partie: Jean Valjean. Livre I: La guerre entre quatre murs*, Paris, Imprimerie A. Lahure, p. 95.

só poderá aquietar-se quando forem vencidos todos os obstáculos à sua afirmação como poder absoluto, onipotência, finalidade esta que, sendo ontologicamemte uma impossibilidade, adia indefinidamente o prometido final feliz: é o "vendaval" de que fala Benjamin na célebre descrição do quadro *Angelus Novus*, de Paul Klee, e que sopra do Paraíso, enrodilha-se nas suas asas e "é tão forte que o anjo já não as consegue fechar. Esse vendaval arrasta-o sem parar para o futuro, a que ele vira as costas, enquanto o monte de ruínas à sua frente cresce até o céu. Aquilo a que chamamos o progresso é este vendaval".[78] O progresso, tal como o desejo, avança num movimento perpétuo que não se detém em nenhuma das suas produções, qual Don Juan que, de olhos fixos na próxima conquista, vai deixando sucessivamente para trás as que a precederam. Por natureza, ele é insatisfação, potência finita que ignora a sua própria finitude. Não quer dizer que os Modernos desconheçam as limitações do ser humano e o pouco tempo que dura a sua existência. Semelhante obstáculo, porém, não se lhes afigura como inultrapassável. Através da socialização do conhecimento e da universalização das regras metodológicas, a conjugação de esforços individuais em sucessivas gerações fará crescer exponencialmente os resultados da ciência, tornando possível amanhã o impossível hoje. Veja-se a euforia com que Descartes (*Discours de la Méthode*, VI) enuncia o desígnio, verdadeiramente fáustico, que habita a nova ciência: "Conhecendo a força e a ação do fogo, da água, do ar, dos astros, dos céus e de todos os outros corpos que nos rodeiam, [...] poderemos igualmente empregá-los para todos os usos a que são adequados, e *tornar-nos como que senhores e donos da natureza*. Isto não é apenas desejável para a invenção de uma infinidade de benefícios, que nos permitiriam gozar, sem nenhum esforço, dos frutos da terra e de todas as comodidades que nela há, mas principalmente para a conservação da saúde [...]. Poderíamos *livrar-nos de uma infinidade de doenças*, tanto do corpo como do espírito, e *até talvez das fraquezas da velhice*" (grifos nossos).

Semelhante desígnio só foi possível de consolidar mediante uma alteração radical da cosmologia e da antropologia tradicionais. Por um lado, a natureza de que fala Descartes já não é o *cosmos* que integrava todos os seres e estabelecia os limites, a justa medida, para os movimentos de cada um deles, aparecendo agora, na representação que dela fazem os Modernos, como simples matéria indiferenciada, que o homem, esse novo demiurgo sur-

---

[78] W. Benjamin (2008), *O anjo da história* (org. e trad. J. Barrento), Lisboa, Assírio e Alvim (texto alemão originalmente publicado em 1942).

gido na Renascença, pode transformar sem qualquer restrição nem limite, consoante achar útil para si mesmo. Por outro lado, a razão vê-se na posse de um poder que é nitidamente um decalque da onipotência que a tradição reservava à divindade. Não admira, por isso, que o problema de que se ocupava a ética no passado, a saber, como ajustar-se à natureza ou, na versão cristã, às normas da vontade divina, de modo a ter uma "vida boa" e encontrar a felicidade, tenha sido definitivamente reequacionado na Modernidade. Como saber o que é objetivamente bom, quando o ser humano se pensa como puro desejo, sem outra finalidade que não seja a própria sobrevivência, e a natureza se converte em simples matéria, capaz de moldar-se ao que o homem quiser? Mesmo a ideia de virtude, que traduzia na Antiguidade o reto posicionamento de cada ser no interior do *cosmos*, perdeu boa parte do seu sentido. A virtude de que falam os Modernos confunde-se com o virtuosismo, ou seja, com a potência. Kant, que vai retomar o conceito, apresenta a virtude como poder da razão para dominar a natureza, e já não como harmonização do homem com o seu próprio corpo e com os outros seres,[79] além de assumidamente a desligar da questão da felicidade. Em contrapartida, as éticas que retomam a questão da felicidade, como é o caso dos utilitarismos, reduzem-na às condições de bem-estar, físico e psicológico, que o princípio da justiça manda assegurar no grau mais elevado ao maior número possível. Não por acaso, a versão mais depurada dessa ética é o livro de John Rawls, significativamente intitulado *Uma teoria da justiça*.

Sob este aspecto, as palavras de Giorgio Colli são de fato lapidares: a *Ética* é verdadeiramente "um templo numa paisagem desabitada". Sem renunciar ao "universo infinito" dos Modernos, onde a causa final desaparece e os seres se pensam como átomos de potência, animados por um desejo de sobreviver que apenas cessa com a sua desagregação, Espinosa retoma a questão da felicidade nos termos em que os Antigos a tinham equacionado, isto é, como equilíbrio emocional, aquietação e satisfação consigo mesmo, que se origina da consciência de se ser livre. Aparentemente, esse objetivo seria inalcançável na sua plenitude, dado o movimento perpétuo do desejo

---

[79] "Os impulsos da natureza contêm, pois, no espírito do ser humano, obstáculos ao cumprimento do dever e forças (em parte, poderosas) que a tal opõem resistência, forças essas que o homem tem de se julgar capaz de combater e vencer através da razão, não apenas no futuro, mas desde já (em concomitância com a noção do dever): quer dizer, poder aquilo que a lei incondicionalmente ordena que deve fazer." I. Kant (2005), *Metafísica dos costumes. Segunda parte: Princípios metafísicos da doutrina da virtude*, p. 283 (trad. J. Lamego), Lisboa, Fundação Calouste Gulbenkian (Akademie Textausgabe, vol. VI, p. 380).

que está na essência do homem, razão pela qual os Modernos o adiam, seja para uma outra vida, seja, na sua versão laica, para uma utopia que transformará a essência do humano. Qualquer uma destas soluções, contudo, alimenta-se ainda desse resíduo do passado que é o paradigma dualista — os seres e o Ser, o corpo e a alma, as criaturas e o criador, a multiplicidade e a unidade. Os Antigos sabiam que o ser humano, como todo o mundo sublunar, é por natureza limitado, porque mutável e contingente, e procuravam na ética uma via para a felicidade dentro desses limites. Ao invés, o universo dos Modernos é extensão infinita, sem hierarquias nem diferenças de natureza entre os diversos tipos de corpos, extensão essa que a ciência pode indefinidamente moldar a gosto e em benefício dos homens: é o triunfo do espírito sobre a matéria. Certamente, o progresso não é linear, o sofrimento persiste e a morte espreita. Porém, o modelo de funcionamento da ciência impede que se conclua pela inevitabilidade de semelhantes limitações, como vimos em A. Damásio. Se a linha do progresso se representa como uma flecha apontada ao infinito, não há razão para duvidar de que, no fim de tudo, os últimos obstáculos à felicidade serão removidos. O problema, objetaria Espinosa, é que uma tal representação é puramente imaginária. Não que a ciência não avance. Porém, a perspectiva de um domínio total sobre os motivos da infelicidade está toda ela hipotecada ao modelo dualista da ontologia, isto é, a um suposto poder do pensamento, qual *Ersatz* do criador, sobre a extensão. Nós "sentimos", como diz Wittgenstein (*Tractatus*, 6.52), "que mesmo quando todas as possíveis questões da ciência fossem resolvidas, os problemas da vida permaneceriam intocáveis". Ainda que diferida no tempo, a ideia de uma onipotência do ser humano releva, por isso, da ignorância da natureza da mente como simples ideia do corpo, irremediavelmente condicionada pelas marcas da interação deste com o seu meio e pelas consequentes ilusões e afetos, sejam de alegria ou de tristeza. A *Ética* de Espinosa, como, aliás, a sua política, descredibiliza, por irrealista, qualquer projeto de salvação que não tenha em conta a verdadeira natureza das coisas. E a natureza é o outro nome de Deus. É por isso que ele invoca uma ciência intuitiva, o terceiro gênero de conhecimento, como forma, não de prescindir, mas de suprir as limitações da inferência racional e entender verdadeiramente cada uma das coisas singulares, a começar pelo *conatus* individual, na sua condição de partícula da potência infinita, intrinsecamente associada a todas as outras, com tudo o que isso tem quer de limitação e possível conflito, quer de entreajuda e possível incremento da felicidade.

A *Ética* não é propriamente um itinerário rumo a Cocagne. A salvação pelo conhecimento — e, repita-se, apenas o conhecimento salva — define-se

mais por uma vitória, inevitavelmente precária, da lucidez sobre a passionalidade e a tristeza com que ela ensombra a vida, do que por uma qualquer transmutação do ser humano uma vez chegado à sabedoria. A imaginação e, mediante ela, a fantasia e o delírio, a decepção e o sofrimento, toda a complexa engrenagem dos afetos, são parte integrante da natureza humana. O que faz o conhecimento é contrapor ao avanço dos afetos que são paixões, e que por isso ameaçam toldar a mente, uma barragem feita de ideias adequadas. A insatisfação e a dor subsistem, pelo menos como ameaça, mas a identificação das respectivas causas e da sua necessidade atenua-lhes o efeito deletério. Os ódios e o ressentimento campeiam, a discórdia e os conflitos ameaçam continuamente a comunidade afetiva em que se funda a vida civil, mas aquele que se conduz pela razão sabe que será tanto mais feliz quanto mais amar a Deus, que o mesmo é dizer, amar todas as coisas e procurar a concórdia e amizade com quem está à sua volta, de modo a que o maior número possível participe com ele desse amor intelectual de Deus, isto é, do conhecimento, da liberdade e da satisfação que daí advém. Até a própria morte, quanto mais se conhece a verdadeira natureza do ser humano e a integração da sua potência na cadeia de modos em que a potência infinita se exprime, menos se afigura como tragédia e motivo de temor: "não há nada em que ele (o homem livre) pense menos do que na morte" (Dem. Prop. 47, P. IV). Não é inconsciência, nem abandono, fosse ele cético ou místico. É simplesmente a tranquilidade que a certeza oferece, a força que se origina do conhecimento. A natureza humana, evidentemente, permanece idêntica. A pedra que Sísifo carrega às costas irá rolar pela montanha abaixo a cada vez que ele chegar ao topo e, no entanto, ele erguê-la-á de novo e de novo subirá a montanha, convertendo a necessidade em liberdade com a mesma força e a mesma satisfação com que nega aos deuses a possibilidade de determinarem o seu destino. Como diria Camus, "é preciso imaginar Sísifo feliz".[80]

7. O TEXTO E A TRADUÇÃO

A tradução da *Ética* de Espinosa aqui apresentada tem por base a edição Gebhardt, cujo texto se reproduz, embora também leve em conta a edição de Van Vloten & Land e o manuscrito recentemente descoberto na Bi-

---

[80] A. Camus (1942), *Le mythe de Sisyphe: essai sur l'absurde*, Paris, Gallimard.

Introdução

blioteca do Vaticano e publicado em 2011 por Leen Spruit e Pina Totaro, com a cópia que Niels Stensen, um discípulo do autor, entretanto convertido ao catolicismo, entregou em Roma ao Santo Ofício para denunciá-lo. Há, contudo, alguns aspectos de pormenor em que a fidelidade à edição até agora canônica, com os seus inevitáveis arcaísmos, não se justifica a nosso ver. Por esse motivo: 1) não se respeita a pontuação, em particular nos escólios; 2) escrevem-se em minúsculas os termos que designam conceitos essenciais do sistema — mente, corpo, afeto, etc. —, não obstante eles aparecerem na edição Gebhardt frequentemente em maiúsculas; 3) não se transcrevem as variantes em holandês que a mesma edição intercala no texto, a partir dos *Nagelate Schriften*.

É, de fato, comumente aceito, hoje em dia, que o original que saiu do punho de Espinosa era em latim, mesmo não havendo nenhuma prova material atestando-o. Em contrapartida, sabe-se que o texto foi sendo escrito e reescrito ao longo de mais de uma década e que, entretanto, foram circulando cópias entre os amigos, parciais ou integrais, manuscritas pelo autor ou transcritas a partir dessas, muito antes de ele o considerar terminado, em 1675. Sabe-se, além disso, através da correspondência, que Espinosa pensou entregá-lo ao editor nesse mesmo ano, se bem que tenha imediatamente recuado, tais eram os rumores que já corriam a seu respeito, o que fez com que o livro só viesse postumamente a lume, junto com outros inéditos. Estas circunstâncias explicam as inúmeras variantes com que somos confrontados ao comparar as diversas fontes que nos restam: as *Opera Posthuma* (*OP*), publicadas em finais de 1677 pelos amigos de Espinosa e, porventura, ainda acompanhadas pelo autor até o momento da sua morte, em fevereiro desse mesmo ano; *De Nagelate Schriften* (*NS*), tradução para o holandês publicada na mesma altura por Jan Hendriksz Glazemaker, um dos mais renomados e prolíficos tradutores da época; e o citado manuscrito do Vaticano, atribuído a Pieter van Gent, a única cópia que conhecemos das várias que se sabe, como dissemos, terem circulado ainda em vida de Espinosa. No primeiro caso, poderá sempre especular-se sobre a margem de interferência no texto — correções, interpretações, explicações, etc. — que os editores se permitiram; no segundo, é impossível avaliar completamente a idoneidade da tradução, uma vez que não dispomos do original; e quanto ao manuscrito do Vaticano, acontece mais ou menos o mesmo. Compreende-se, assim, as múltiplas discrepâncias entre as várias edições que foram sendo feitas, inclusive as edições canônicas de finais do século XIX (Van Vloten & Land) e princípios do século XX (Gebhardt), e bem assim as críticas de que foram sendo alvo, não obstante constituírem, em particular a segunda, as mais utilizadas

até hoje.[81] Por razões semelhantes, não são de estranhar as inúmeras divergências que os editores assinalam no manuscrito do Vaticano relativamente à versão das *Opera Posthuma*.

Apesar de todas estas discrepâncias, existe a convicção fundada de que, salvo pormenores de ortografia, palavras com a ordem trocada, ou lições porventura discutíveis, o texto de que dispomos corresponde ao que Espinosa terá querido publicar. Não quer dizer que sejam despiciendas as variantes. Pelo contrário, a sua identificação tem vindo a contribuir para o esclarecimento de dúvidas sobre algumas palavras difíceis de compreender na versão das *Opera Posthuma*, com reflexos positivos na mais recente evolução dos estudos espinosistas. Cremos, todavia, não ser de exagerar a sua relevância, a ponto de se perder de vista que tais divergências, na sua grande maioria, correspondem a gralhas tipográficas ou a pequenos lapsos dos editores, facilmente detectáveis, inclusive pelas faltas de concordância sintática a que dão origem.

Se os problemas da recuperação do texto podem considerar-se, por assim dizer, resolvidos, na medida em que as divergências entre as fontes não prejudicam a fidelidade ao pensamento do autor, já a sua tradução continua a levantar dificuldades a vários títulos, fundamentalmente por uma razão: a natureza relativamente insólita daquilo que lemos na *Ética*. Pouco importa, a este respeito, a identificação de antecedentes e o inventário de influências, levado a cabo por alguns eruditos com inexcedível minúcia, ou até veemência, como é o caso de Wolfson.[82] No essencial, a exceção espinosana — ou "anomalia", na versão de Antonio Negri — permanece intacta, como um lastro que reiteradamente emerge com a força e a vitalidade perene que define os clássicos. Espinosa é só ele, sem escola, sem discípulos. Exatamente por isso, a tradução das suas obras para o *ethos* de uma outra língua e, so-

---

[81] Pouco depois de aparecer em Portugal a presente tradução, saiu, finalmente, a edição crítica da *Ética*, há muito anunciada, com texto estabelecido por Piet Steenbakkers e Fokke Akkerman, acompanhado da tradução em francês de Pierre-François Moreau: Spinoza (2020), *Oeuvres* IV, *Ethica/Éthique*, Paris, PUF.

[82] Recorde-se as célebres palavras que vêm logo no primeiro parágrafo do cap. I do seu famoso livro: "As for Spinoza [...], if we could cut up all the philosophic literature available to him into slips of paper, toss them up into the air, and let them fall back to the ground, then out of these scattered slips of paper we could reconstruct his *Ethics*" ("No que toca a Espinosa [...], se nós pudéssemos cortar toda a literatura filosófica que ele tinha disponível em pedaços de papel, atirá-los ao ar e deixá-los cair no chão, seria possível, a partir desses pedaços de papel espalhados, reconstruirmos a sua *Ética*"). H. A. Wolfson (1934), *The Philosophy of Spinoza*, vol. I, Cambridge MA, Harvard University Press, p. 3.

bretudo, de um outro tempo, acarreta inevitavelmente um risco redobrado e, por mais fiel que a pretendamos, nunca irá muito além de um modesto "quase a mesma coisa", para utilizar a conhecida expressão de Umberto Eco.[83] Nenhuma tradução, por mais exigente, reproduzirá alguma vez o virtuosismo sutil e conciso da sua linguagem, ou o prodigioso exercício semântico que tem lugar na *Ética*, onde as palavras se utilizam frequentemente com o significado que têm no uso corrente e, ao mesmo tempo, com um outro que subverte o primeiro, sendo ambos igualmente visíveis. Boa parte das anotações que acrescentamos à tradução destinam-se mais a justificar opções que assumimos em casos de vocábulos controversos, do que a estancar e a selar em definitivo a cadeia de interpretações. De fato, como reproduzir as sucessivas camadas de sentido que se sobrepõem em muitos dos sintagmas de um livro assim, o que ele revela ou encobre, o que nele há de literal e de irônico, de entusiasmo e de furor, ou a intensidade que imprime a cada um destes afetos? Manifestamente, não há como fugir à advertência de Wittgenstein (*Tractatus*, 4.121): "o que se exprime na linguagem não o podemos exprimir pela linguagem".

Deixando, pois, em aberto a questão da interpretação, procuramos, acima de tudo, reescrever em português o texto de Espinosa e levar a tradução tão próximo quanto possível do original. Pelo que atrás ficou dito, não cremos haver outra forma de o conseguir que não seja tomando o texto à letra. Defender, porém, o literalismo não significa um servilismo tão exacerbado à língua de origem, que faça perder de vista a língua de destino, ao contrário da chamada tradução livre, que perde frequentemente de vista a língua de origem. Na realidade, o fundamentalismo da letra dir-se-ia ignorar, além do mais, o fato de haver vocábulos comuns às duas línguas — a de origem e a de destino — cuja amplitude semântica não é coincidente, para já não falar na diferença das normas sintáticas e discursivas a que eles obedecem numa e noutra. Mais do que literalismo, preferimos, por isso, chamar textualismo ao modelo aqui adotado, considerando o texto na sua dupla face de letra e espírito, significante e significado, ou, para usar a linguagem de Espinosa, corpo e mente.

Conforme se assinala em múltiplas anotações, a tradução aqui apresentada deve imensamente a muitas outras que a precederam, assim como ao extraordinário crescimento que os estudos sobre Espinosa têm conhecido

---

[83] Umberto Eco (2003), *Dire quasi la stessa cosa: esperienze di traduzione*, Milão, Bompiani.

nas últimas décadas, quer do ponto de vista histórico, quer do ponto de vista lexicológico, quer, obviamente, do ponto de vista filosófico. Tratando-se de um clássico, a dificuldade não está apenas em trazê-lo a outra língua, mas também em trazê-lo a um outro tempo, incluindo neste tempo a gigantesca massa de saber que sobre ele entretanto se acumulou. A este respeito, a observação de Benjamin continua insuperável: "Da mesma maneira que a tonalidade e a significação das grandes obras literárias se modificam totalmente com os séculos, a língua materna do tradutor também se modifica". Por esse motivo, acrescenta, "enquanto a palavra do escritor sobrevive na sua própria língua, o destino da melhor das traduções é integrar-se na evolução da sua e perecer quando esta se renovar".[84]

A bibliografia que se apresenta a seguir é suficiente para se ter uma ideia da multiplicidade de olhares e sensibilidades que entretanto se cruzaram sobre a *Ética*. É para aí que remetem as citações que vêm quer na introdução, quer nas anotações ao texto, salvo quando se trata de obras que não têm diretamente a ver com a *Ética*, as quais vão citadas por extenso, ora no corpo do texto, ora em nota de rodapé. Não se trata, escusado será dizer, de uma bibliografia exaustiva sobre a *Ética*, muito menos sobre Espinosa, que seria, aliás, desajustada numa publicação como a presente. O leitor que o pretender poderá encontrar algo aproximado, posto que as bibliografias propriamente ditas que estão disponíveis se encontram já ultrapassadas, no volume com a tradução italiana das obras de Espinosa organizado por Filippo Mignini e Omero Proietti, aqui referenciado como Spinoza (2009), pp. 1.755-817.

Com a presente edição da *Ética*, acompanhada do texto latino na versão Gebhardt e com significativas correções relativamente à edição de 2020, completa-se a publicação em português dos três grandes livros de Espinosa, que iniciamos com a tradução do *Tratado Teológico-Político* e prosseguimos, anos mais tarde, com a do *Tratado Político*, estas últimas entretanto reeditadas ou reimpressas, tanto em Portugal, como no Brasil. Cremos que, se outra razão não houvesse, a forma como o autor continua a marcar o pensamento contemporâneo seria mais do que suficiente para trazer a sua obra, três séculos e meio depois, do original latino àquela que foi a língua dos seus progenitores.

---

[84] W. Benjamin (2000), *La tâche du traducteur*, in *Oeuvres*, vol. I (trad. M. de Gandillac), Paris, Gallimard, p. 250 (texto original alemão publicado em 1923).

Bibliografia

Edições da *Ética*:

Spinoza (1972). *Ethica More Geometrico Demonstrata. In Spinoza Opera im Auftrag der heidelberger Akademie der Wissenschaften herausgegeben von Carl Gebhardt.* Heidelberg: C. Winters Universitätsverlag, 4 vols. (vol. II, pp. 41-308) (originalmente publicado em 1925).

Spinoza (1914). *Ethica More Geometrico Demonstrata. In Benedicti de Spinoza Opera quotquot reperta sunt recognoverunt J. van Vloten et J. P. N. Land.* Haia: Nijhoff, 4 vols. (vol. I, pp. 35-273) (originalmente publicado em 1882-1883).

Spruit, Leen; Totaro, Pina (orgs.) (2011). *The Vatican Manuscript of Spinoza's Ethica.* Leiden: Brill.

Traduções da *Ética*:

Português —

Espinosa (2015). *Ética*, ed. bilíngue (M. Chaui, coord.; Grupo de Estudos Espinosanos, trad.). São Paulo: Editora da Universidade de São Paulo.

Spinoza (2007). *Ética*, ed. bilíngue (T. Tadeu, trad.). Belo Horizonte: Autêntica.

Espinosa, Bento de (1992). *Ética*, Parte I (J. de Carvalho, trad. e intr.); Partes II e III (J. F. Gomes, trad.); Partes IV e V (A. Simões, trad.). Lisboa: Relógio D'Água (traduções originalmente publicadas em 1950 [I, 2ª ed. 1960], 1962 [II, III] e 1965 [IV, V]).

Espanhol —

Spinoza, Baruj (2020). *Ética demostrada según el orden geométrico* (P. Lomba, ed. y trad.). Madri: Trotta (reproduzindo o texto latino da edição Gebhardt).

Spinoza, Baruj (2000). *Ética demostrada según el orden geométrico* (A. Domínguez, trad.). Madri: Trotta.

Spinoza (1975). *Ética* (V. Peña Garcia, trad.). Madri: Alianza.

Italiano —

Spinoza (2014). *Etica*, edizione critica del testo latino e traduzione (P. Cristofolini, a cura di). Pisa: ETS (originalmente publicado em 2010).

Spinoza (2009). *Etica. In* Spinoza, *Opere*, pp. 753-1.083 (F. Mignini, a cura e con un saggio introduttivo di). Milão: Mondadori (originalmente publicado em 2007).

Spinoza, Baruch (2007). *Etica dimostrata con metodo geometrico* (E. Giancotti, a cura di). Roma: Editori Riuniti (originalmente publicado em 1988).

Inglês —

Spinoza (2018). *Ethics: Proved in Geometrical Order* (M. Kisner, org.; M. Silverthorne, trad.). Cambridge: Cambridge University Press.

Spinoza (1985). *Ethics. In The Collected Works of Spinoza* (E. Curley, org. e trad.). Princeton: Princeton University Press, 2 vols. (vol. I, pp. 401-615).

Francês —

Spinoza (2020). *Oeuvres* IV, *Ethica/Éthique* (texte établi par Fokke Akkerman et Piet Steenbakkers; traduction par Pierre-François Moreau). Paris: PUF.

Spinoza (1999). *Éthique*, bilingue latin-français (B. Pautrat, trad.). Paris: Seuil.

Spinoza (2005). *Éthique* (R. Misrahi, trad.), 2ª ed. Paris: Éditions de l'Éclat.

Alemão —

Spinoza (2018). *Ethik* (Übersetzung: B. Auerbach). Saillon: Jean Meslier Verlag (originalmente publicado em 1841).

Spinoza (1999). *Ethik in geometrischer Ordnung dargestellt*, Lateinisch-Deutsch (Neu übersetzt, herausgegeben, mit einer Einleitung versehen von W. Bartuschat). Hamburg: Felix Meiner.

Spinoza (1977). *Die Ethik*, Lateinisch-Deutsch (revidierte Übersetzung von J. Stern, 1888). Stuttgart: Reclam.

Estudos críticos:

Abreu, L. M. de (1993). *Spinoza: a utopia da razão*. Lisboa: Vega.

Akkerman, F. (1989). "La pénurie de mots de Spinoza" (A. van Lindt e J. Lagrée, trads.). *Travaux et Documents. Groupe de Recherches Spinozistes*, vol. I, pp. 9-37. Paris: Presses de l'Université Paris-Sorbonne.

_____ (1984). "J. H. Glazemaker: An Early Translator of Spinoza". *In* C. de Deugd (org.), *Spinoza's Political and Theological Thought*. Amsterdã: North Holland, pp. 23-9.

_____ (1980). *Studies in the Posthumous Works of Spinoza: On Style, Earliest Translation and Reception, Earliest and Modern Edition of Some Texts*. Amsterdã: John Benjamins.

Akkerman, F.; Steenbakkers, P. (orgs.) (2005). *Spinoza to the Letter: Studies in Words, Texts and Books*. Leiden: Brill.

Angelis, E. de (1964). "Il metodo geometrico da Cartesio a Spinoza". *Giornale Critico della Filosofia*, nº 18, pp. 393-427.

Aurélio, D. P. (2014). *O mais natural dos regimes: Espinosa e a democracia*. Lisboa: Temas e Debates.

_____ (2005). "Introdução". *In* B. de Espinosa, *Tratado Teológico-Político* (trad., intr. e notas D. P. Aurélio). Lisboa: INCM.

_____ (2000). *Imaginação e poder: estudo sobre a filosofia política de Espinosa*. Lisboa: Colibri.

_____ (1998). *A vontade de sistema: estudos sobre filosofia e política*. Lisboa: Cosmos.

Bibliografia

Bennett, J. (1984). *A Study of Spinoza's Ethics*. Cambridge: Cambridge University Press.

Biasutti, F. (1979). *La dottrina della scienza in Spinoza*. Bologna: Padron Editore.

Bodei, R. (1991). *Geometria delle passioni. Paura, speranza, felicità: filosofia e uso politico*. Milão: Feltrinelli.

Bostrenghi, D.; Raspa, V.; Santinelli, C.; Visentin, S. (orgs.) (2012). *Spinoza: la potenza del comune*. Hildesheim: Georg Olms Verlag.

Campos, A. S. (2010). *Jus Sive Potentia: direito natural e individuação em Spinoza*. Lisboa: Centro de Filosofia da Universidade de Lisboa.

Carlisle, C. (2017). "Spinoza's *Acquiescentia*". *Journal of the History of Philosophy*, 55, 2, pp. 209-36.

Carvalho, J. de (1960). "Introdução e notas a Espinosa". In *Ética demonstrada à maneira dos geômetras, Parte I, De Deus*, 2ª ed. Coimbra: Atlântida.

Chaui, M. (2016). *A nervura do real II — Liberdade*. São Paulo: Companhia das Letras.

_____ (2011). *Desejo, paixão e ação na Ética de Espinosa*. São Paulo: Companhia das Letras.

_____ (1999). *A nervura do real I — Imanência*. São Paulo: Companhia das Letras.

Cristofolini, P. (2009). *La scienza intuitiva di Spinoza*. Pisa: Edizioni ETS (texto revisto da edição original de 1987).

_____ (1996). *Spinoza: chemins dans l'Éthique* (L. Gaspar e L. Vinciguerra, trads.). Paris: PUF.

_____ (1985). "Spinoza e la gioia". *In* Emilia Giancotti (org.). *Proceedings of the First Italian International Congress on Spinoza*. Napoli: Bibliopolis, pp. 197-204.

Curley, E. (1988). *Behind the Geometrical Method: A Reading of Spinoza's Ethics*. Princeton: Princeton University Press.

_____ (1969). *Spinoza's Metaphysics: An Essay in Interpretation*. Cambridge MA: Harvard University Press.

Damásio, A. (2003). *Looking for Spinoza: Joy, Sorrow and the Feeling Brain*. Orlando: Harcourt.

DeBrabander, F. (2007). *Spinoza and the Stoics: Power, Politics and the Passions*. Londres: Continuum.

Del Lucchese, F. (2003). "Democrazia, multitudo e terzo genero di conoscenza". *In* F. Del Lucchese e V. Morfino (orgs.). *Sulla scienza intuitiva in Spinoza: ontologia, politica, estetica*. Milão: Edizioni Ghibli, pp. 95-127.

Deleuze, G. (1993). "Spinoza et les trois 'Éthiques'". *In Critique et clinique*. Paris: Minuit, pp. 172-87.

_____ (1981). *Spinoza: philosophie pratique*. Paris: Minuit.

_____ (1968). *Spinoza et le problème de l'expression*. Paris: Minuit.

Della Rocca, M. (1996). *Representation and the Mind-Body Problem in Spinoza*. Oxford: Oxford University Press.

Ferreira, M. L. R. (1997). *A dinâmica da razão na filosofia de Espinosa*. Lisboa: Fundação Calouste Gulbenkian/INIC.

Garrett, D. (1996). "Spinoza's Ethical Theory". *In* D. Garrett (org.). *The Cambridge Companion to Spinoza*. Cambridge: Cambridge University Press, pp. 267-314.

Gray, J. (2015). "Reason and Knowledge". *In* A. S. Campos (org.). *Spinoza: Basic Concepts*. Exeter: Imprint Academic, pp. 71-83.

Gueroult, M. (1974). *Spinoza*, vol. 2, *L'Âme*. Paris: Aubier.

_____ (1968). *Spinoza*, vol. 1, *Dieu*. Paris: Aubier.

Hervet, C. (2012). *De l'imagination à l'entendement: la puissance du langage chez Spinoza*. Paris: Garnier.

Kajanto, I. (2005). "Spinoza's Latinity". *In* Fokke Akkerman e P. Steenbakkers (orgs.). *Spinoza to the Letter: Studies in Words, Texts and Books*. Leiden: Brill, pp. 35-54.

Koistinen O. (2009). *The Cambridge Companion to Spinoza's Ethics*. Cambridge: Cambridge University Press.

Kisner, M. J. (2013). *Spinoza on Human Freedom: Reason, Autonomy and the Good Life*. Cambridge: Cambridge University Press.

Jaquet, C. (2015). *L'unité du corps et de l'esprit: affects, actions et passions chez Spinoza*, 2ª ed. Paris: PUF.

_____ (1997). *Sub specie aeternitatis: étude des concepts de temps, durée et éternité chez Spinoza*. Paris: Kimé.

Lærke, M. (2014). "Spinoza's Language". *Journal of the History of Philosophy*, 52, 3, pp. 519-47.

Loureiro, J. D. (2019). *A dupla face de Atena: cidade e felicidade em Aristóteles, São Tomás e Espinosa*. Tese de Doutorado, Faculdade de Letras da Universidade de Coimbra.

Macherey, P. (1998). "Spinoza: une philosophie à plusieurs voix". *Philosophique. Revue de l'Université Franche-Comté*. Paris: Kimé, pp. 5-22.

_____ (1998a, 1997, 1995, 1996, 1994). *Introduction à l'Éthique de Spinoza*, vols. I, II, III, IV, V. Paris: PUF.

_____ (1992). *Avec Spinoza*. Paris: PUF.

_____ (1979). *Hegel ou Spinoza*. Paris: Maspero.

Manzini, F. (2009). *Spinoza: une lecture d'Aristote*. Paris: PUF.

Marshall. E. (2013). *The Spiritual Automaton: Spinoza's Science of the Mind*. Oxford: Oxford University Press.

Matheron, A. (2011). *Études sur Spinoza et les philosophies de l'âge classique*. Lion: ENS Éditions.

_____ (1969). *Individu et communauté chez Spinoza*. Paris: Minuit.

Melamed, Y. (2013). *Spinoza's Metaphysics: Substance and Thought*. Oxford: Oxford University Press.

_____ (2009). "Spinoza's Metaphysic of Substance: The Substance-Mode Relation as a Relation of Inherence and Predication". *Philosophy and Phaenomenological Research*, 78, 1, pp. 17-82.

Meschonnic, H. (2002). *Spinoza: poème de la pensée*. Paris: Maisonneuve et Larose.

Mignini, F. (2009). "Saggio introduttivo". *In* Spinoza, *Opere*. Milão: Mondadori.

_____ (2009a). *L'Etica di Spinoza*. Roma: Carocci.

_____ (1983). *Introduzione a Spinoza*. Milão: Laterza.

Miller, J. (2015). *Spinoza and the Stoics*. Cambridge: Cambridge University Press.

Moreau, P.-F. (1994). "Spinoza y Huarte de San Juan". *In* Atilano Domínguez (org.), *Spinoza y España*. Cuenca: Ediciones de la UCLM, pp. 155-63.

_____ (1994a). *Spinoza: l'expérience et l'éternité*. Paris: PUF.

Nadler, S. (2006). *Spinoza's Ethics: An Introduction*. Cambridge: Cambridge University Press.

Negri, A. (1981). *L'anomalia selvaggia: saggio su potere e potenza in Spinoza*. Milão: Feltrinelli.

Pautrat, B. (2011). *Ethica Sexualis: Spinoza et l'amour*. Paris: Manuels Payot.

Pollock, F. (2005). *Spinoza: His Life and Philosophy*. Londres: Kegan Paul, Elibron Classics (texto da edição publicada em 1880).

Proietti, O. (2010). *Philedonius, 1657. Spinoza, Van den Enden e i classici latini*. Macerata: Eum Edizioni.

_____ (1985). "Adulescens Luxu Perditus: classici latini nell'opera di Spinoza". *Rivista di Filosofia Neo-Scolastica*, 77, pp. 210-57.

Saccaro del Buffa, G. (1997). "I connettivi sintattici e le strutture binarie dell'*Ethica* di Spinoza". *In* P. Totaro (org.), *Spinoziana: ricerche di terminologia filosofica e critica testuale*. Florença: Leo S. Olschki, pp. 155-83.

Soyarslan, S. (2013). "The Distinction between Reason and Intuitive Knowledge in Spinoza's *Ethics*". *European Journal of Philosophy*, 24, 1, pp. 27-54.

Schröder, W. (1987). *Spinoza in der deutschen Frühaufklärung*. Würzburg: Königshausen und Neumann.

Sévérac, P. (2006). "*Éthique* V". *In* P.-F. Moreau e C. Ramond (orgs.). *Lectures de Spinoza*. Paris: Ellipses.

_____ (2005). *Le devenir actif chez Spinoza*. Paris: Honoré Champion.

Silva, C. H. do C. (1977). "A gnose espinoziana: destino racionalista de uma tradição sábia". *Didaskalia*, 7, 2, pp. 259-308.

Steenbakkers, P. (2009). "The Textual History of Spinoza's *Ethics*". *In* O. Koistinen (org.), *The Cambridge Companion to Spinoza's Ethics*. Cambridge: Cambridge University Press, pp. 26-41.

_____ (2009a). "The Geometrical Order in the *Ethics*". *In* O. Koistinen (org.), *The Cambridge Companion to Spinoza's Ethics*. Cambridge: Cambridge University Press, pp. 26-41.

_____ (1994). *Spinoza's Ethica: From Manuscript to Print. Studies on Text, Form and Related Topics*. Assen: Van Gorcum.

_____ (1989). "Vers une nouvelle edition de l'*Éthique*: principes generaux et quelques questions métaphysiques". *Groupe de Recherches Spinozistes. Travaux et Documents*, nº 2. *Méthode et Métaphysique*. Paris: Presses de l'Université Paris-Sorbonne, pp. 105-20.

Steiner, G. (2012). *A poesia do pensamento: do helenismo a Celan* (M. S. Pereira, trad.). Lisboa: Relógio D'Água (originalmente publicado em 2011).

Tosel, A. (2008). *Spinoza ou l'autre (in)finitude*. Paris: L'Harmattan.

Totaro, P. (2010). *Instrumenta Mentis: contributi al lessico filosofico di Spinoza*. Florença: Leo S. Olschki.

Tunhas, P. (2008). "Espinosa, o conhecimento e a política". *Santa Barbara Portuguese Studies, n° 2 (digital edition) — A presença de Spinosa nas culturas de língua portuguesa* (M. L. R. Ferreira, org.). Santa Barbara: University of California Santa Barbara.

Vinciguerra, L. (2006). "Le problème du langage chez Spinoza". *In* P.-F. Moreau e C. Ramon (orgs.). *Lectures de Spinoza*. Paris: Ellipses, pp. 255-68.

Vona, P. di (2011). *Uno Spinoza diverso: l'Ethica di Spinoza e dei suoi amici*. Brescia: Morcelliana.

_____ (1995). *La conoscenza "sub specie aeternitatis" nell'opera di Spinoza*. Nápoles: Loffredo.

Wolfson, H. A. (1934). *The Philosophy of Spinoza*. Cambridge MA: Harvard University Press, 2 vols.

Yovel, Y. (1989). *Spinoza and Other Heretics*. Princeton: Princeton University Press, 2 vols.

Ethica

ORDINE GEOMETRICO DEMONSTRATA

et in quinque partes distincta, in quibus agitur:

I. De Deo
II. De Natura et Origine Mentis
III. De Origine et Natura Affectuum
IV. De Servitute Humana, seu de Affectuum Viribus
V. De Potentia Intellectus, seu de Libertate Humana

Ética

DEMONSTRADA SEGUNDO A ORDEM GEOMÉTRICA

e dividida em cinco partes, nas quais se trata:

I. De Deus
II. Da Natureza e da Origem da Mente
III. Da Origem e da Natureza dos Afetos
IV. Da Servidão Humana, ou das Forças dos Afetos
V. Da Potência do Entendimento, ou da Liberdade Humana

Pars prima

De Deo

DEFINITIONES

I. Per causam sui intelligo id, cujus essentia involvit existentiam, sive id, cujus natura non potest concipi, nisi existens.

II. Ea res dicitur in suo genere finita, quæ alia ejusdem naturæ terminari potest. Ex. gr. corpus dicitur finitum, quia aliud semper majus concipimus. Sic cogitatio alia cogitatione terminatur. At corpus non terminatur cogitatione, nec cogitatio corpore.

III. Per substantiam intelligo id, quod in se est, et per se concipitur:

Parte I

De Deus

DEFINIÇÕES

I. Por causa de si entendo[1] aquilo cuja essência envolve[2] a existência, ou seja, aquilo cuja natureza não pode ser concebida senão como existente.

II. Diz-se finita em seu gênero a coisa que pode ser limitada por uma outra da mesma natureza. Por exemplo, um corpo diz-se finito porque concebemos sempre um maior. Da mesma forma, um pensamento é limitado por outro pensamento. Mas um corpo não é limitado por um pensamento, nem um pensamento por um corpo.

III. Por substância entendo aquilo que é em si[3] e se concebe por si, isto

---

[1] A utilização do verbo na primeira pessoa do singular evidencia, desde a primeira linha, a natureza paradoxal do texto da *Ética*, simultaneamente axiomático — *secundum ordinem geometricum* — e expressivo (*intelligo*). Uma tal ambivalência tem sido abundantemente sublinhada, sobretudo a partir de Deleuze (1968, p. 317), com base no caráter expressivo dos escólios por contraposição à alegada frieza intemporal das proposições, demonstrações e corolários. Na realidade, a natureza dual, ou mesmo "polifônica", conforme lhe chamou P. Macherey (1998a, p. 8), do texto é mais profunda, visto os dois registros — axiomático e expressivo — estarem presentes (as demonstrações convocam os escólios, por exemplo) e se conjugarem estrategicamente nos vários modos de exposição.

[2] *Involvit, involvere*: verbo frequente em Espinosa, que denota implicação. Conforme escreve Deleuze (1968, pp. 11-2), "da definição não se diz apenas que exprime a natureza da coisa definida, mas que a *envolve* e *explica* [...]. Explicar é desenvolver. Envolver é implicar. Mas os dois termos não são contrários: eles indicam apenas dois aspectos da expressão. A expressão, por um lado, é uma explicação. [...] Mas, por outro lado, a expressão múltipla envolve o Uno". Cf. igualmente M. Chaui (2016, p. 98 e, sobretudo, p. 615, nota 6).

[3] *Quod in se est*: conforme o inventário feito por P. di Vona (2011, pp. 63-6) podem distinguir-se na *Ética* cinco significados diferentes do "ser em si": um "absoluto" e "ontológico", que se aplica só à substância; um "gnosiológico", que aparece na expressão "a mente, considerada apenas em si mesma" (Esc. da Prop. 20, P. V); um terceiro, que aparece

hoc est id, cujus conceptus non indiget conceptu alterius rei, a quo formari debeat.

IV. Per attributum intelligo id, quod intellectus de substantia percipit, tanquam ejusdem essentiam constituens.

é, aquilo cujo conceito não carece do conceito de outra coisa a partir do qual deva ser formado.

IV. Por atributo[4] entendo aquilo que o entendimento[5] percebe da substância como constituindo a essência da mesma.

---

na consideração da ideia adequada "enquanto considerada em si mesma, sem relação com o objeto" (Def. 4, P. II); um quarto, pelo qual se distingue a concepção das coisas sob um atributo da sua concepção "como elas são em si mesmas" (Esc. da Prop. 7, P. II); e, finalmente, um quinto significado, pelo qual se atribui à razão a percepção das coisas não "como contingentes, mas como necessárias" e "sob uma certa forma de eternidade" (Prop. 44, P. II, e o seu Corol. 2).

[4] *Attributum*: o termo aparece 126 vezes na *Ética*, enquanto a expressão *attributa tribuere* só ocorre uma vez (Esc. da Prop. 10, P. I). Conforme explica J. de Carvalho (Espinosa, *Ética*, Parte I, 2ª ed., 1960), em nota a este vocábulo, o atributo "não tem sentido lógico de predicado, isto é, o que se afirma ou nega de um sujeito, mas sentido metafísico, isto é, a determinação de uma propriedade essencial da substância". Tenha-se em conta que na Escolástica se distinguem os atributos essenciais dos atributos acidentais, embora prevaleça o uso do termo na primeira acepção: os atributos essenciais de uma coisa são os elementos constitutivos da sua essência, e os secundários derivam deles. A mesma distinção mantém-se em Descartes (*PPC*, I, 53), que observa, no entanto, que "cada substância tem um atributo principal" (a extensão para o corpo, o pensamento para a alma), reduzindo (*PPC*, I, 56) cada um dos outros atributos a "um modo ou uma maneira como consideramos a coisa enquanto ela é; assim, a ordem e o número não diferem, de fato, do que é ordenado e numerado, sendo apenas formas de examinarmos estas coisas". É neste contexto filosófico que Espinosa elabora a sua própria concepção de atributo, a qual assume na *Ética* a forma definitiva. A definição aqui apresentada deu azo, porém, a interpretações bastante diversas, com reflexos decisivos no entendimento que se faz do próprio sistema. Se, de fato, se tomar à letra esta definição, como faz Hegel (2007, *Science de la logique*, I, trad. fr., Paris, Kimé, p. 240), o atributo será "a maneira como o entendimento compreende a essência do absoluto", logo, um simples ponto de vista, exterior à própria substância, o que faz com que a unidade desta se dilua numa infinidade de perspectivas que se ignoram e opõem mesmo umas às outras. F. Pollock (2005, p. 174), por exemplo, numa análise minuciosa da questão, escrevia, já em finais do século XIX, que, para definir o atributo em Espinosa, "a palavra menos insatisfatória que posso sugerir é *aspecto*". Se, pelo contrário, com Gueroult (1968, p. 47) e a maioria dos intérpretes, inclusive, como vimos, J. de Carvalho, o atributo se entender como "princípio ontológico da substância, na medida em que é constitutivo da sua realidade, e, ao mesmo tempo, princípio da sua inteligibilidade", então, o imanentismo da substância prevalece e a presente definição não poderá ler-se desacompanhada da Definição 6, que menciona expressamente "uma substância que *consta* de infinitos atributos, cada um dos quais exprime uma essência eterna e infinita" (grifo nosso). Interpretação bem diferente, e de algum modo marginal a este debate, é a de Negri (1981, pp. 78-85), que sustenta que o atributo é uma reminiscência emanatista do neoplatonismo da Renascença, ainda presente

V. Per modum intelligo substantiæ affectiones, sive id, quod in alio est, per quod etiam concipitur.

V. Por modo entendo as afecções duma substância, ou seja, aquilo que é noutra coisa, por meio da qual também é concebida.

---

na Parte I e no início da Parte II, mas rapidamente abandonada, quando se começa a abordar a questão dos seres singulares, naquele que seria o "momento da autocrítica de Espinosa" e que "exige a refundação do sistema". Da imensa bibliografia que existe sobre aquilo a que Gueroult (1968, pp. 428-61) chamou "a controvérsia sobre o atributo", na qual, de resto, ele próprio foi um dos mais eminentes participantes, refira-se H. A. Wolfson (1934, vol. I, pp. 119-21, 142-57); J. Bennett (1984, pp. 60-81); O. Proietti (1984), "Distinzione formale e teoria degli attributi in Baruch Spinoza", *Rivista di Filosofia Neoscolastica*, 75, 3, pp. 374-84; P. Macherey (1979, pp. 97-137); D. P. Aurélio (1998, cap. 4); P. Eisenberg (1990), "On the Attributes and Their Alleged Independence of One Another: A Commentary on Spinoza's *Ethics* IP 10", *in* E. Curley e P.-F. Moreau (orgs.), *Spinoza, Issues and Directions*, Leiden, Brill, pp. 1-15; M. Chaui (2016, pp. 51-73); A. Silverman (2016), "Two Meanings of 'Attribute' in Spinoza", *Archiv für Geschichte der Philosophie*, 98, 1, pp. 55-88.

[5] *Intellectus*: traduzimos *intellectus* por "entendimento", tal como traduzimos o verbo *intelligere* por "entender", ao arrepio da maioria das traduções de Espinosa para português, como, de resto, para outras línguas. Cremos, com efeito, que o recurso a um vocábulo distinto — intelecto —, além de ser desnecessário, leva a supor que à diferença de gêneros de conhecimento estipulada por Espinosa corresponderiam faculdades distintas, à maneira aristotélica ou kantiana, se é que não remete para Plotino, onde o Intelecto surgia como a primeira emanação do Uno. E. Giancotti (2007, "Introduzione", *in* Spinoza, *Etica*, p. 47), por exemplo, fala mesmo do intelecto como "*organo della scienza intuitiva*". F. Mignini (2009, p. 780), por seu turno, ressalvando embora que o vocábulo aparece também como "equivalente de conhecimento adequado, razão, ou mente", sustenta, contudo, que por intelecto "*si intende propriamente il terzo genere di conoscenza*" ("entende-se propriamente o terceiro gênero de conhecimento"). Numa outra obra (1983, p. 26), o autor escreve, inclusive, que Espinosa, tal como fizera no *KV*, usa três nomes específicos para designar os três gêneros de conhecimento na *Ética*, "onde o primeiro vem indicado com os termos 'opinião ou imaginação', o segundo com o termo 'razão' e o terceiro com o termo 'intelecto' ou conhecimento intuitivo". Ora, na passagem da *Ética* onde se invoca a distinção entre os gêneros de conhecimento (Esc. 2 da Prop. 40, P. II), se as designações que aparecem para o 1º e o 2º gênero são de fato as que Mignini cita ("opinião ou imaginação" e "razão"), já o mesmo não acontece em relação ao 3º gênero, uma vez que o texto diz apenas "*aliud tertium, quod scientiam intuitivam vocabimus*" ("um terceiro [...] a que chamaremos ciência intuitiva"), sem qualquer menção do *intellectus*. É, além disso, significativo não aparecer jamais na obra a distinção entre *ratio* e *intellectus*, ao contrário do que acontece com a distinção entre *imaginatio* e *intellectus* (Esc. da Prop. 15, P. I). E não só não aparece nenhuma distinção, como, pelo contrário, se estabelece a sua equivalência (Ap. 4, P. IV): *intellectus* e *ratio* são uma só e a mesma coisa (*intellectum, seu rationem*), e a *intelligentia*, que aparece algumas linhas a seguir, também não difere. Mais eloquente ainda, o autor afirma, logo no primeiro parágrafo do Prefácio da Parte V, que vai tratar, "pois, da potência da razão" e, pouco depois, repete: "aqui, como disse, tratarei apenas da potência da mente, ou razão". P. Sévérac (2006, pp. 153-70, cit. p. 163, nota 1), embora sem tomar partido

VI. Per Deum intelligo ens absolute infinitum, hoc est, substantiam constantem infinitis attributis, quorum unumquodque æternam, et infinitam essentiam exprimit.

EXPLICATIO — Dico absolute infinitum, non autem in suo genere; quicquid enim in suo genere tantum infinitum est, infinita de eo attributa negare possumus; quod autem absolute infinitum est, ad ejus essentiam pertinet, quicquid essentiam exprimit, et negationem nullam involvit.

VII. Ea res libera dicitur, quæ ex sola suæ naturæ necessitate existit, et a se sola ad agendum determinatur: Necessaria autem, vel potius coacta, quæ ab alio determinatur ad existendum, et operandum certa, ac determinata ratione.

VI. Por Deus entendo um ente absolutamente infinito, isto é, uma substância que consta de infinitos atributos, cada um dos quais exprime uma essência eterna e infinita.

EXPLICAÇÃO — Digo absolutamente infinito, e não infinito em seu gênero. Com efeito, daquilo que é infinito só em seu gênero podemos negar infinitos atributos; mas à essência daquilo que é absolutamente infinito pertence tudo o que exprime a essência e não envolve nenhuma negação.

VII. Diz-se livre uma coisa que existe pela simples necessidade da sua natureza e que é determinada só por si a agir; diz-se, por sua vez, necessária, ou antes, coagida, uma coisa que é determinada por outra a existir e a operar de uma certa e determinada maneira.[6]

---

quanto à tradução, explica o motivo desta sobreposição de significantes: "Espinosa usa o termo 'razão' quando estuda a potência do nosso entendimento em relação com a nossa imaginação e em luta contra os nossos afetos (quer a razão seja ultrapassada por eles — Parte IV — quer ela tome a dianteira — primeira metade da Parte V). Mas o termo 'razão' desaparece na segunda metade de *Ética* V, quando se afasta toda a referência ao nosso imaginário e ao combate contra as paixões: só fica o entendimento, ou o 'intelecto'". Ainda no mesmo sentido, poder-se-ia citar a conhecida afirmação de Espinosa segundo a qual *"voluntas et intellectus unum et idem sunt"* (Corol. da Prop. 49, P. II), que manifestamente não significa que a vontade é uma só e a mesma coisa que o "intelecto" (leia-se, 3º gênero de conhecimento), mas simplesmente que a vontade é o mesmo que o entendimento. Finalmente, em abono ainda da tradução por que optamos, refira-se o que Leibniz escreve expressamente a este respeito (*Nouveaux essais sur l'entendement humain*, II, 21, 5): *"Ainsi, dans mon sens l'entendement réspond à ce qui chez les Latins est appellé* intellectus" ("Assim, no sentido que lhe atribuo, o entendimento corresponde ao que entre os latinos se chama *intellectus*").

[6] Distinguem-se nesta definição, através dos verbos agir e operar, dois conceitos que remontam ao pensamento grego — *praxis* e *poíesis* — e que são decisivos para a compreensão da liberdade na filosofia de Espinosa. Conforme comenta P. Macherey (1992, pp. 80-1), "'Agir' exprime a ideia de uma ação absoluta, que tem o seu princípio (Aristóteles acrescentaria: e o seu fim) em si mesmo, independentemente de toda a relação com objetos exteriores; [...] O termo 'operar' reenvia, pelo contrário, a uma produção que supõe a relação com objetos, no interior de um sistema de determinações propriamente técnico ou mecânico, que não tem a sua significação em si. [...] Uma coisa livre 'age' em virtude de uma causa interna, e uma coisa obrigada 'opera' em virtude de causas externas". Em conclusão, diríamos que Deus é causa de si mesmo e de tudo o que causam os seus modos — causa imanente —, enquanto os modos são determinados a produzir outros modos exteriores a eles — causa transitiva. Fiel a esta interpretação, decerto inquestionável no contexto do sistema espinosano, Macherey procura nos seus comentários, à semelhança de vários tradutores, apresen-

VIII. Per æternitatem intelligo ipsam existentiam, quatenus ex sola rei æternæ definitione necessario sequi concipitur.

EXPLICATIO — Talis enim existentia, ut æterna veritas, sicut rei essentia, concipitur, proptereaque per durationem, aut tempus

VIII. Por eternidade entendo a própria existência na medida em que nós concebemos que ela se segue[7] necessariamente da simples definição de uma coisa eterna.

EXPLICAÇÃO — De fato, tal existência, assim como a essência de uma coisa, concebe-se como uma verdade eterna e, portanto, não se pode expli-

---

tar uma versão o mais literal possível, tanto do verbo *agere* como do verbo *operari*, de maneira que não se confunda a ação da totalidade da natureza com a dos seus modos. Acontece que tais verbos não possuem correspondência fácil, pelo menos nas línguas de origem latina (em inglês poder-se-á recorrer ora a *to act*, ora a *to do*, ora a *to make*, como faz E. Curley), o que obriga frequentemente a optar por uma perífrase, ou por um termo diferente. Por exemplo, na Prop. 26, P. I, onde vem "*ad aliquid operandum determinata*", Macherey traduz "*déterminée à quelque opération*" ("determinada a alguma operação"); Pautrat, "*à opérer quelque chose*" ("a operar alguma coisa"); e o Grupo de Estudos Espinosanos, "a operar algo"; no Esc. 2 da Prop. 33 desta Parte, onde vem "*Deum omnia [...] agere*", Macherey, como, de resto, Pautrat e outros, traduz: "*Dieu agit en tout*" ("Deus age em tudo"). Semelhante opção, contudo, não está a salvo de equívocos: operar, ou *oeuvrer*, como Macherey também sugere (1998a, p. 52), não são verbos transitivos; "agir em tudo" conota a existência de um tudo diferente de Deus, no qual este agiria; por sua vez, operar, *opérer*, ou mesmo *oeuvrer* não correspondem forçosamente à ideia de causa transitiva, como de resto acontece já no original latino. Para evitar semelhantes inconvenientes, traduziremos literalmente o verbo *agere* por "agir" e o verbo *operari* por "operar", sempre que a sua utilização por Espinosa é intransitiva, como acontece na presente Definição; contudo, sempre que ela for transitiva, traduziremos *agere* por "fazer" e *operari* por "efetuar", convictos de que tal não implica uma incoerência com a tese da causalidade imanente de Deus.

[7] O verbo *sequi*, na conjugação pronominal reflexiva, é frequentemente utilizado na *Ética*, quer na acepção meramente lógica, como indicador da consequência, ou seja, do que se segue dos antecedentes — as premissas de um argumento —, quer na acepção ontológica, como indicador da articulação entre causa e efeito. Esta última, todavia, reveste-se da maior importância em Espinosa, não devendo o efeito confundir-se com a mera sequência, ou resultado. De fato, a teoria da causalidade imanente, sustentada pelo autor, implica que o efeito se compreenda, não como uma coisa que vem depois da sua causa e que está a seguir a esta, mas como sua verdadeira expressão. As coisas não são resultado da ação de Deus; as coisas são o próprio Deus a agir, e Deus, causa de si, é precisamente essa atividade, esse processo infinito. Na verdade, explica Gueroult (1968, p. 391), "a produção de um efeito nunca poderia diferenciar-se realmente da existência da coisa, porque ela não é senão esta mesma existência encarada como ação, e nenhuma coisa existe senão como ato de Deus ou causa. Daí a substituição frequente da palavra causa pela palavra coisa". Resumindo, as coisas seguem-se necessariamente de Deus, ou natureza, não como resultado de uma sua criação, mas de um processo ou ação permanente, que não é senão a existência de Deus exprimindo-se na singularidade de cada coisa, que o mesmo é dizer, sendo natureza. Deus é causa imanente, não transitiva. É isso que significa, afinal, as coisas serem modos de Deus.

Parte I — De Deus

explicari non potest, tametsi duratio principio, et fine carere concipiatur.

AXIOMATA

I. Omnia, quæ sunt, vel in se, vel in alio sunt.

II. Id, quod per aliud non potest concipi, per se concipi debet.

III. Ex data causa determinata necessario sequitur effectus, et contra, si nulla detur determinata causa, impossibile est, ut effectus sequatur.

IV. Effectus cognitio a cognitione causæ dependet, et eandem involvit.

V. Quæ nihil commune cum se invicem habent, etiam per se invicem intelligi non possunt, sive conceptus unius alterius conceptum non involvit.

VI. Idea vera debet cum suo ideato convenire.

VII. Quicquid ut non existens potest concipi, ejus essentia non involvit existentiam.

car pela duração, ou pelo tempo, mesmo que se conceba uma duração sem princípio nem fim.

AXIOMAS

I. Tudo o que é, ou é em si ou noutra coisa.

II. O que não pode ser concebido por outra coisa deve ser concebido por si.

III. Dada uma determinada causa, segue-se necessariamente um efeito; pelo contrário, se não se der uma determinada causa, é impossível que se siga um efeito.

IV. O conhecimento do efeito depende do conhecimento da causa e envolve-o.

V. Coisas que não têm nada de comum entre elas também não se pode entendê-las uma por meio da outra, ou seja, o conceito de uma não envolve o conceito da outra.

VI. A ideia verdadeira deve convir com o seu ideato.[8]

VII. A essência do que pode ser concebido como inexistente não envolve a existência.

---

[8] *Ideato*: diferentemente de outras traduções, optamos por "ideato" em vez de "ideado". Embora na gíria filosófica também se encontre este último vocábulo como substantivo e com idêntico significado, a sua terminação sugere antes um adjetivo. J. de Carvalho (Espinosa, *Ética*, Parte I, 2ª ed., 1960), que também opta por "ideato", anota em pé de página: "Isto é, coisa ideada ou representada. Ideato tem sentido mais geral que objeto; por isso a empregamos de preferência a esta última palavra". Já antes, na introdução (p. lxi) o autor afirmara que Espinosa "reconhece com Descartes que o pensamento verdadeiro possui validade intrínseca, isto é, por ser verdadeiro é que convém ao ideato, ou objeto pensado, não sendo verdadeiro por convir ao objeto".

PROPOSITIO I

Substantia prior est natura suis affectionibus.

DEMONSTRATIO — Patet ex Definitione 3 et 5.

PROPOSITIO II

Duæ substantiæ, diversa attributa habentes, nihil inter se commune habent.

DEMONSTRATIO — Patet etiam ex Defin. 3. Unaquæque enim in se debet esse, et per se debet concipi, sive conceptus unius conceptum alterius non involvit.

PROPOSITIO III

Quæ res nihil commune inter se habent, earum una alterius causa esse non potest.

DEMONSTRATIO — Si nihil commune cum se invicem habent, ergo (*per Axiom. 5*) nec per se invicem possunt intelligi; adeoque (*per Axiom. 4*) una alterius causa esse non potest. *Q. E. D.*

PROPOSITIO IV

Duæ, aut plures res distinctæ, vel inter se distinguuntur ex diversitate attributorum substantiarum, vel ex diversitate earundem affectionum.

DEMONSTRATIO — Omnia, quæ sunt, vel in se, vel in alio sunt (*per Axiom. 1*), hoc est (*per Defin. 3 et 5*) extra intellectum nihil datur præter substantias, earumque affectiones. Nihil ergo extra intellectum datur, per quod plures res distingui inter se possunt præter substantias,

Pars prima — De Deo

PROPOSIÇÃO I

Uma substância é por natureza anterior às suas afecções.

DEMONSTRAÇÃO — É evidente pelas Definições 3 e 5.

PROPOSIÇÃO II

Duas substâncias que têm atributos diferentes não têm nada de comum entre si.

DEMONSTRAÇÃO — É evidente também pela Definição 3. Com efeito, cada uma delas deve ser em si e ser concebida por si, ou seja, o conceito de uma não envolve o conceito da outra.

PROPOSIÇÃO III

Coisas que não têm nada de comum entre si não podem ser causa uma da outra.

DEMONSTRAÇÃO — Se não têm nada de comum entre si, então (*pelo Ax. 5*) também não podem entender-se uma pela outra e, portanto (*pelo Ax. 4*), uma não pode ser causa da outra. Q. E. D.[9]

PROPOSIÇÃO IV

Duas ou mais coisas distintas distinguem-se entre si ou pela diferença dos atributos das substâncias, ou pela diferença das afecções das mesmas.

DEMONSTRAÇÃO — Tudo o que é, ou é em si ou noutra coisa (*pelo Ax. 1*), quer dizer (*pelas Def. 3 e 5*), fora do entendimento não se dá nada senão as substâncias e as suas afecções. Logo, fora do entendimento não se dá nada por meio do qual várias coisas se possam distinguir entre si, a não ser as

---

[9] *Quod erat demonstrandum*: embora já se traduza frequentemente este sintagma e se substituam as iniciais Q. E. D. pelas correspondentes nas línguas para as quais se traduz, trata-se de um procedimento ainda raro em português, inclusive no Brasil, razão pela qual optamos por mantê-las no original.

sive quod idem est (*per Defin. 4*) earum attributa, earumque affectiones. *Q. E. D.*

PROPOSITIO V

In rerum natura non possunt dari duæ, aut plures substantiæ ejusdem naturæ, sive attributi.

DEMONSTRATIO — Si darentur plures distinctæ, deberent inter se distingui, vel ex diversitate attributorum, vel ex diversitate affectionum (*per Prop. præced.*). Si tantum ex diversitate attributorum, concedetur ergo, non dari, nisi unam ejusdem attributi. At si ex diversitate affectionum, cum substantia sit prior natura suis affectionibus (*per Prop. 1*), depositis ergo affectionibus, et in se considerata, hoc est (*per Defin. 3 et Axiom. 6*) vere considerata, non poterit concipi ab alia distingui, hoc est (*per Prop. præced.*) non poterunt dari plures, sed tantum una. *Q. E. D.*

PROPOSITIO VI

Una substantia non potest produci ab alia substantia.

DEMONSTRATIO — In rerum natura non possunt dari duæ substantiæ ejusdem attributi (*per Prop. præced.*), hoc est (*per Prop. 2*), quæ aliquid inter se commune habent. Adeoque (*per Prop. 3*) una alterius causa esse nequit, sive ab alia non potest produci. *Q. E. D.*

COROLLARIUM — Hinc sequitur substantiam ab alio produci non posse. Nam in rerum natura nihil datur præter substantias, earumque affectiones, ut patet ex Axiom. 1 et Defin. 3 et 5. Atqui a substantia produci non potest (*per Prop. præced.*). Ergo substantia absolute ab alio produci non potest. *Q. E. D.*

substâncias, ou, o que é o mesmo (*pela Def. 4*), os seus atributos e as suas afecções. Q. E. D.

PROPOSIÇÃO V

Na natureza das coisas[10] não se podem dar duas ou mais substâncias da mesma natureza ou atributo.

DEMONSTRAÇÃO — Se se dessem várias distintas, elas deveriam distinguir-se entre si ou pela diferença dos atributos, ou pela diferença das afecções (*pela Prop. anterior*). Se fosse apenas pela diferença dos atributos, então conceder-se-ia que não se dá senão uma do mesmo atributo. E se fosse pela diferença das afecções, como ela é por natureza anterior às suas afecções (*pela Prop. 1*), uma vez estas postas de lado e considerada a substância em si mesma, isto é (*pela Def. 3 e pelo Ax. 6*), verdadeiramente considerada, é impossível conceber que ela se distingue de uma outra, isto é (*pela Prop. anterior*), não poderão dar-se várias, mas apenas uma. Q. E. D.

PROPOSIÇÃO VI

Uma substância não pode ser produzida por outra substância.

DEMONSTRAÇÃO — Na natureza das coisas não se podem dar duas substâncias do mesmo atributo (*pela Prop. anterior*), isto é (*pela Prop. 2*), que tenham algo de comum entre si. Por conseguinte (*pela Prop. 3*), uma não pode ser causa de outra, ou seja, não pode ser produzida por outra. Q. E. D.

COROLÁRIO — Donde se segue que uma substância não pode ser produzida por outra coisa. Na verdade, na natureza das coisas não se dá nada além de substâncias e suas afecções, como é evidente pelo Axioma 1 e pelas Definições 3 e 5. Ora, ela não pode ser produzida por uma substância (*pela Prop. anterior*). Logo, uma substância não pode ser produzida por absolutamente nenhuma outra coisa. Q. E. D.

---

[10] Referência ao poema *De rerum natura*, de Lucrécio. A expressão é recorrente na *Ética*. Sobre a presença dos clássicos latinos na obra de Espinosa, cf. F. Akkerman (1989 e 1980) e O. Proietti (2010 e 1985).

Parte I — De Deus

ALITER — Demonstratur hoc etiam facilius ex absurdo contradictorio. Nam si substantia ab alio posset produci, ejus cognitio a cognitione suæ causæ deberet pendere (*per Axiom. 4*); adeoque (*per Defin. 3*) non esset substantia.

PROPOSITIO VII

Ad naturam substantiæ pertinet existere.

DEMONSTRATIO — Substantia non potest produci ab alio (*per Coroll. Prop. præced.*); erit itaque causa sui, id est (*per Defin. 1*), ipsius essentia involvit necessario existentiam, sive ad ejus naturam pertinet existere. *Q. E. D.*

PROPOSITIO VIII

Omnis substantia est necessario infinita.

DEMONSTRATIO — Substantia unius attributi non, nisi unica, existit (*per Prop. 5*), et ad ipsius naturam pertinet existere (*per Prop. 7*). Erit ergo de ipsius natura, vel finita, vel infinita existere. At non finita. Nam (*per Defin. 2*) deberet terminari ab alia ejusdem naturæ, quæ etiam necessario deberet existere (*per Prop. 7*); adeoque darentur duæ substantiæ ejusdem attributi, quod est absurdum (*per Prop. 5*). Existit ergo infinita. *Q. E. D.*

SCHOLIUM I — Cum finitum esse revera sit ex parte negatio, et infinitum absoluta affirmatio existentiæ alicujus naturæ, sequitur ergo ex sola Prop. 7 omnem substantiam debere esse infinitam.

SCHOLIUM II — Non dubito, quin omnibus, qui de rebus confuse judicant, nec res per primas suas causas noscere consueverunt, difficile sit, demonstrationem Prop. 7 concipere; nimirum quia non distinguunt inter modificationes substantiarum, et ipsas substantias, neque sciunt, quomodo res producuntur. Unde fit, ut principium, quod res naturales habere vident, substantiis affingant; qui enim veras rerum causas ignorant, omnia confundunt, et sine ulla mentis

OUTRA DEMONSTRAÇÃO — Isto demonstra-se ainda mais facilmente pelo absurdo da contraditória. Na verdade, se uma substância pudesse ser produzida por outra coisa, o conhecimento dela deveria depender do conhecimento da sua causa (*pelo Ax. 4*) e, por conseguinte (*pela Def. 3*), não seria uma substância.

PROPOSIÇÃO VII

Pertence à natureza da substância existir.

DEMONSTRAÇÃO — Uma substância não pode ser produzida por outra coisa (*pelo Corol. da Prop. anterior*); por conseguinte, ela será causa de si, isto é (*pela Def. 1*), a sua essência envolve necessariamente a existência, ou seja, pertence à sua natureza existir. *Q. E. D.*

PROPOSIÇÃO VIII

Toda a substância é necessariamente infinita.

DEMONSTRAÇÃO — De um só atributo, não existe senão uma única substância (*pela Prop. 5*), e o existir pertence à sua própria natureza (*pela Prop. 7*). Será, portanto, da sua própria natureza existir ou como finita, ou como infinita. Ora, como finita não poderá ser, uma vez que (*pela Def. 2*) teria de ser limitada por outra da mesma natureza, a qual deveria também existir necessariamente (*pela Prop. 7*) e, por conseguinte, dar-se-iam duas substâncias do mesmo atributo, o que é absurdo (*pela Prop. 5*). Logo, ela existe como infinita. *Q. E. D.*

ESCÓLIO I — Como ser finito é realmente, em parte, uma negação, e ser infinito é afirmação absoluta da existência de uma qualquer natureza, segue-se da simples Prop. 7 que toda a substância deve ser infinita.

ESCÓLIO II — Não duvido que, para todos os que julgam as coisas confusamente e não estão habituados a conhecê-las pelas suas causas primeiras, seja difícil de conceber a demonstração da Proposição 7, decerto porque não distinguem entre as modificações das substâncias e as próprias substâncias, nem sabem de que modo as coisas se produzem. Daí imputarem às substâncias um princípio, como veem as coisas naturais ter. Quem ignora as causas das coisas confunde tudo e, sem nenhuma relutância da mente, fantasia ár-

Parte I — De Deus

repugnantia tam arbores, quam homines, loquentes fingunt, et homines tam ex lapidibus, quam ex semine, formari, et, quascunque formas in alias quascunque mutari, imaginantur. Sic etiam, qui naturam divinam cum humana confundunt, facile Deo affectus humanos tribuunt, præsertim quamdiu etiam ignorant, quomodo affectus in mente producuntur. Si autem homines ad naturam substantiæ attenderent, minime de veritate Prop. 7 dubitarent; imo hæc Prop. omnibus axioma esset, et inter notiones communes numeraretur. Nam per substantiam intelligerent id, quod in se est, et per se concipitur, hoc est, id, cujus cognitio non indiget cognitione alterius rei. Per modificationes autem id, quod in alio est, et quarum conceptus a conceptu rei, in qua sunt, formatur: quocirca modificationum non existentium veras ideas possumus habere; quandoquidem, quamvis non existant actu extra intellectum, earum tamen essentia ita in alio comprehenditur, ut per idem concipi possint. Verum substantiarum veritas extra intellectum non est, nisi in se ipsis, quia per se concipiuntur. Si quis ergo diceret, se claram, et distinctam, hoc est, veram ideam substantiæ habere, et nihilominus dubitare, num talis substantia existat, idem hercle esset, ac si diceret, se veram habere ideam, et nihilominus dubitare, num falsa sit (ut satis attendenti fit manifestum); vel, si quis statuat, substantiam creari, simul statuit, ideam falsam factam esse veram, quo sane nihil absurdius concipi potest; adeoque fatendum necessario est, substantiæ existentiam, sicut ejus essentiam, æternam esse veritatem. Atque hinc alio modo concludere possumus, non dari, nisi unicam, ejusdem naturæ, quod hic ostendere, operæ pretium esse duxi. Ut autem hoc ordine faciam, notandum est, I. veram uniuscujusque rei definitionem nihil involvere, neque exprimere præter rei definitæ naturam. Ex quo sequitur hoc II., nempe nullam definitionem certum aliquem numerum individuorum involvere, neque exprimere, quandoquidem nihil aliud exprimit, quam naturam rei definitæ. Ex. gr. definitio trianguli nihil aliud exprimit, quam simplicem naturam trianguli; at non certum aliquem triangulorum numerum. III. Notandum, dari necessario uniuscujusque rei existentis certam aliquam causam, propter quam existit. IV. Denique notandum, hanc causam, propter quam aliqua res existit, vel debere contineri in ipsa natura, et definitione rei existentis (*nimirum quod ad ipsius naturam pertinet existere*), vel debere extra ipsam dari. His positis sequitur, quod, si in natura certus aliquis numerus individuorum existat, debeat necessario dari causa, cur illa

vores que falam como homens, e homens que se formam das pedras como do sêmen, imaginando que quaisquer formas se convertem em quaisquer outras. Do mesmo modo, quem confunde a natureza divina com a humana, facilmente atribui a Deus afetos humanos, sobretudo enquanto ignorar também de que modo os afetos se produzem na mente.

Contudo, se os homens atendessem à natureza da substância, não teriam a mínima dúvida quanto à verdade da Proposição 7; esta proposição seria até um axioma para todos e contar-se-ia entre as noções comuns. Com efeito, por substância entenderiam aquilo que é em si e se concebe por si, isto é, aquilo cujo conhecimento não carece do conhecimento de outra coisa, e por modificações aquilo que é noutra coisa e cujo conceito é formado pelo conceito da coisa na qual elas existem. É por esta razão que podemos ter ideias verdadeiras de modificações não existentes, pois embora estas não existam em ato fora do entendimento, a sua essência, contudo, está compreendida de tal modo em outra coisa, que se pode concebê-las por meio desta. Mas a verdade das substâncias, fora do entendimento, não está senão nelas mesmas, uma vez que se concebem por si. Por conseguinte, se alguém dissesse que tem a ideia clara e distinta, ou seja, verdadeira, de uma substância e, no entanto, duvida que tal substância existe, seria o mesmo, por Hércules!, que se dissesse que tem uma ideia verdadeira e, no entanto, duvida se ela não será, porventura, falsa (como é manifesto para quem preste a devida atenção); ou ainda, se alguém sustentar que uma substância é criada, sustentará em simultâneo que uma ideia falsa se tornou verdadeira, e mais absurdo do que isto não há nada que se possa conceber, pelo que se tem necessariamente de reconhecer que a existência da substância, assim como a sua essência, é uma verdade eterna. Daí o podermos concluir, de um outro modo, que não se dá senão uma única da mesma natureza, coisa que julguei valer a pena mostrar aqui. Todavia, para o fazer ordenadamente, deve notar-se I) que a verdadeira definição de cada coisa não envolve nem exprime nada, além da natureza da coisa definida. De onde se segue II) que ela não exprime senão a natureza da coisa definida. Por exemplo, a definição do triângulo exprime unicamente a simples natureza do triângulo, não um certo número de triângulos. É de notar III) que de cada coisa existente se dá necessariamente uma certa causa, pela qual ela existe. E, finalmente, é de notar IV) que esta causa, pela qual uma coisa existe, deve ou estar contida na própria natureza e na definição da coisa existente (*na medida em que à sua natureza pertence existir*), ou dar-se fora dela.

Posto isto, segue-se que, se existe na natureza um certo número de indivíduos, deve necessariamente dar-se uma causa pela qual existem esses in-

individua, et cur non plura, nec pauciora existunt. Si ex. gr. in rerum natura 20 homines existant (*quos, majoris perspicuitatis causa, suppono simul existere, nec alios antea in natura exstitisse*), non satis erit (*ut scilicet rationem reddamus, cur 20 homines existant*) causam naturæ humanæ in genere ostendere; sed insuper necesse erit, causam ostendere, cur non plures, nec pauciores, quam 20 existant; quandoquidem (*per Notam III*) uniuscujusque debet necessario dari causa, cur existat. At hæc causa (*per Notam II et III*) non potest in ipsa natura humana contineri, quandoquidem vera hominis definitio numerum vicenarium non involvit; adeoque (*per Notam IV*) causa, cur hi viginti homines existunt, et consequenter cur unusquisque existit, debet necessario extra unumquemque dari, et propterea absolute concludendum, omne id, cujus naturæ plura individua existere possunt, debere necessario, ut existant, causam externam habere. Jam quoniam ad naturam substantiæ (*per jam ostensa in hoc Schol.*) pertinet existere, debet ejus definitio necessariam existentiam involvere, et consequenter ex sola ejus definitione debet ipsius existentia concludi. At ex ipsius definitione (*ut jam ex Nota II et III ostendimus*) non potest sequi plurium substantiarum existentia; sequitur ergo ex ea necessario, unicam tantum ejusdem naturæ existere, ut proponebatur.

PROPOSITIO IX

Quo plus realitatis, aut esse unaquæque res habet, eo plura attributa ipsi competunt.

DEMONSTRATIO — Patet ex Defin. 4.

PROPOSITIO X

Unumquodque unius substantiæ attributum per se concipi debet.

DEMONSTRATIO — Attributum enim est id, quod intellectus de substantia percipit, tanquam ejus essentiam constituens (*per Defin. 4*), adeoque (*per Defin. 3*) per se concipi debet. *Q. E. D.*

SCHOLIUM — Ex his apparet, quod, quamvis duo attributa realiter distincta concipiantur, hoc est, unum sine ope alterius, non possumus

116   Pars prima — De Deo

divíduos e não existem nem mais, nem menos. Se, por exemplo, na natureza das coisas existem 20 homens (*que, por uma questão de maior clareza, suponho existirem ao mesmo tempo e não terem, antes deles, existido outros na natureza*), não bastará (*para darmos uma razão para existirem 20 homens*) mostrar a causa da natureza humana em geral; será necessário, além disso, mostrar a causa por que não existem nem mais nem menos de 20 homens, visto que (*pela Nota III*), de cada um deles, deve dar-se necessariamente uma causa pela qual existe. Ora, esta causa (*pelas Notas II e III*) não pode estar contida na própria natureza humana, visto que a verdadeira definição de homem não envolve o número vinte; logo (*pela Nota IV*), a causa por que existem estes vinte homens e, consequentemente, por que existe cada um deles, deve necessariamente dar-se fora de cada um, e por isso tem absolutamente de se concluir que tudo aquilo de cuja natureza podem existir vários indivíduos deve ter necessariamente, para que eles existam, uma causa exterior. Além disso, como à natureza da substância (*pelo que já se mostrou neste Esc.*) pertence o existir, a sua definição deve envolver a existência necessária e, consequentemente, deve concluir-se a sua existência da sua simples definição. Ora, da sua definição (*como já mostramos nas Notas II e III*) não pode seguir-se a existência de várias substâncias; logo, segue-se necessariamente dela que só existe uma única da mesma natureza, como havíamos proposto.

PROPOSIÇÃO IX

Quanto mais realidade, ou ser, cada coisa tem, mais atributos lhe competem.

DEMONSTRAÇÃO — É evidente, pela Def. 4.

PROPOSIÇÃO X

Cada atributo de uma substância deve ser concebido por si.

DEMONSTRAÇÃO — O atributo é, com efeito, o que o entendimento percebe da substância como constituindo a sua essência (*pela Def. 4*), e por isso (*pela Def. 3*) deve ser concebido por si. Q. E. D.

ESCÓLIO — Daqui resulta claro que, embora se concebam dois atributos realmente distintos, isto é, um sem o auxílio do outro, não podemos,

tamen inde concludere, ipsa duo entia, sive duas diversas substantias constituere; id enim est de natura substantiæ, ut unumquodque ejus attributorum per se concipiatur; quandoquidem omnia, quæ habet, attributa simul in ipsa semper fuerunt, nec unum ab alio produci potuit; sed unumquodque realitatem, sive esse substantiæ exprimit. Longe ergo abest, ut absurdum sit, uni substantiæ plura attributa tribuere; quin nihil in natura clarius, quam quod unumquodque ens sub aliquo attributo debeat concipi, et, quo plus realitatis, aut esse habeat, eo plura attributa, quæ et necessitatem, sive æternitatem, et infinitatem exprimunt, habeat; et consequenter nihil etiam clarius, quam quod ens absolute infinitum necessario sit definiendum (*ut Defin. 6 tradidimus*) ens, quod constat infinitis attributis, quorum unumquodque æternam, et infinitam certam essentiam exprimit. Si quis autem jam quærit, ex quo ergo signo diversitatem substantiarum poterimus dignoscere, legat sequentes Propositiones, quæ ostendunt in rerum natura non, nisi unicam substantiam, existere, eamque absolute infinitam esse, quapropter id signum frustra quæreretur.

PROPOSITIO XI

Deus, sive substantia constans infinitis attributis, quorum unumquodque æternam, et infinitam essentiam exprimit, necessario existit.

DEMONSTRATIO — Si negas, concipe, si fieri potest, Deum non existere. Ergo (*per Axiom. 7*) ejus essentia non involvit existentiam. Atqui hoc (*per Prop. 7*) est absurdum: Ergo Deus necessario existit. *Q. E. D.*

ALITER — Cujuscunque rei assignari debet causa, seu ratio, tam cur existit, quam cur non existit. Ex. gr. si triangulus existit, ratio, seu causa dari debet, cur existit; si autem non existit, ratio etiam, seu causa dari debet, quæ impedit, quominus existat, sive quæ ejus existentiam tollat. Hæc vero ratio, seu causa, vel in natura rei contineri debet, vel extra ipsam. Ex. gr. rationem, cur circulus quadratus non existat, ipsa ejus natura indicat; nimirum, quia contradictionem involvit. Cur autem contra substantia existat, ex sola etiam ejus natura sequitur, quia scilicet existentiam involvit (*vide Prop. 7*). At ratio, cur circulus, vel triangulus existit, vel cur non existit, ex eorum natura non sequitur, sed ex ordine universæ naturæ corporeæ; ex eo enim sequi debet, vel jam triangulum necessario

contudo, concluir daí que eles constituem dois entes, ou seja, duas substâncias diferentes. Com efeito, é da natureza da substância que cada um dos seus atributos se conceba por si, visto que todos os atributos que ela tem foram sempre e em simultâneo nela, e nenhum deles pôde ser produzido por um outro, exprimindo cada um a realidade, ou ser, da substância. Está, portanto, longe de ser absurdo atribuir vários atributos a uma só substância, porquanto nada há de mais claro na natureza do que o fato de cada ente dever ser concebido sob algum atributo e que, quanto mais realidade ou ser ele tiver, mais atributos terá, os quais exprimem quer a necessidade, ou seja, a eternidade, quer a infinidade. Por conseguinte, nada mais claro também que o fato de o ente absolutamente infinito dever definir-se (*como dissemos na Def. 6*) como o ente que consta de infinitos atributos, cada um dos quais exprime uma certa essência eterna e infinita. Se, todavia, alguém perguntar agora por que sinal poderemos então distinguir as diferentes substâncias, leia as proposições que se seguem, as quais mostram que na natureza das coisas não existe senão uma única substância e que esta é infinita, pelo que em vão se procuraria esse sinal.

PROPOSIÇÃO XI

Deus, ou seja, a substância que consta de infinitos atributos, cada um dos quais exprime uma essência eterna e infinita, existe necessariamente.

DEMONSTRAÇÃO — Se negas isto, concebe, se possível, que Deus não existe e, portanto (*pelo Ax. 7*), a sua essência não envolve a existência. Ora (*pela Prop. 7*), isto é absurdo. Logo, Deus existe necessariamente. Q. E. D.

OUTRA DEMONSTRAÇÃO — A cada coisa deve atribuir-se uma causa, ou razão, pela qual existe ou não existe. Por exemplo, se um triângulo existe, deve dar-se uma razão, ou causa, pela qual existe; mas se não existe, também deve dar-se uma razão, ou causa, que impede que ele exista, ou seja, que suprime a sua existência. Ora, esta razão ou causa deve estar contida ou na natureza da coisa, ou fora dela. Por exemplo, a razão por que não existe um círculo quadrado é indicada pela sua própria natureza, a saber, porque ela envolve contradição; pelo contrário, a razão por que existe a substância segue-se também da sua simples natureza, a qual envolve a existência (*veja-se Prop. 7*). Mas a razão por que existe, ou não existe, um círculo ou um triângulo não se segue da sua natureza, mas da ordem da totalidade da natureza corpórea, pois dela deve seguir-se ou que o triângulo existe necessariamente

existere, vel impossibile esse, ut jam existat. Atque hæc per se manifesta sunt. Ex quibus sequitur, id necessario existere, cujus nulla ratio, nec causa datur, quæ impedit, quominus existat. Si itaque nulla ratio, nec causa dari possit, quæ impedit, quominus Deus existat, vel quæ ejus existentiam tollat, omnino concludendum est, eundem necessario existere. At si talis ratio, seu causa daretur, ea, vel in ipsa Dei natura, vel extra ipsam dari deberet, hoc est, in alia substantia alterius naturæ. Nam si ejusdem naturæ esset, eo ipso concederetur dari Deum. At substantia, quæ alterius esset naturæ, nihil cum Deo commune habere (*per Prop. 2*), adeoque neque ejus existentiam ponere, neque tollere posset. Cum igitur ratio, seu causa, quæ divinam existentiam tollat, extra divinam naturam dari non possit, debebit necessario dari, siquidem non existit, in ipsa ejus natura, quæ propterea contradictionem involveret. Atqui hoc de Ente absolute infinito, et summe perfecto affirmare, absurdum est; ergo nec in Deo, nec extra Deum ulla causa, seu ratio datur, quæ ejus existentiam tollat, ac proinde Deus necessario existit. *Q. E. D.*

ALITER — Posse non existere impotentia est, et contra posse existere potentia est (*ut per se notum*). Si itaque id, quod jam necessario existit, non nisi entia finita sunt, sunt ergo entia finita potentiora Ente absolute infinito: atque hoc (*ut per se notum*) absurdum est; ergo vel nihil existit, vel Ens absolute infinitum necessario etiam existit. Atqui nos, vel in nobis, vel in alio, quod necessario existit, existimus (*vide Axiom. 1 et Prop. 7*). Ergo Ens absolute infinitum, hoc est (*per Defin. 6*), Deus necessario existit. *Q. E. D.*

SCHOLIUM — In hac ultima Demonstratione Dei existentiam a posteriori ostendere volui, ut Demonstratio facilius perciperetur; non autem propterea, quod ex hoc eodem fundamento Dei existentia a priori non sequatur. Nam, cum posse existere potentia

agora, ou que é impossível ele existir agora. E isto é por si mesmo evidente. Donde se segue que existe necessariamente aquilo para o qual não se dá nenhuma razão ou causa que impeça que exista. Assim, se não é possível dar-se nenhuma razão ou causa que impeça que Deus exista, ou que suprima a sua existência, terá absolutamente de se concluir que ele existe necessariamente. Ora, se uma tal razão, ou causa, se desse, ela deveria dar-se ou na própria natureza de Deus, ou fora dela, isto é, em outra substância de uma outra natureza. Porque, se fosse da mesma natureza, teria por isso mesmo de se conceder que há Deus. Mas uma substância que fosse de outra natureza não teria nada de comum com Deus (*pela Prop. 2*) e, por isso, não poderia nem pôr nem tirar[11] a sua existência. Como, portanto, fora da natureza divina, não se pode dar nenhuma razão ou causa que suprima a existência divina, se de fato Deus não existe, ela terá necessariamente de se dar na sua própria natureza, a qual envolveria, por isso, uma contradição. Mas afirmar isto sobre o Ente absolutamente infinito e sumamente perfeito é absurdo; logo, não se dá nem em Deus, nem fora de Deus, nenhuma causa ou razão que suprima a sua existência, e portanto Deus existe necessariamente. *Q. E. D.*

OUTRA DEMONSTRAÇÃO — Poder não existir é impotência; pelo contrário, poder existir é potência (*como se percebe por si mesmo*). Assim, se o que necessariamente existe agora não são senão entes finitos, então os entes finitos são mais potentes do que o ente absolutamente infinito, e isto (*como se percebe por si mesmo*) é absurdo; logo, ou não existe nada, ou também existe necessariamente um ente absolutamente infinito. Ora, nós existimos, seja em nós, seja em outra coisa que existe necessariamente (*vejam-se o Ax. 1 e a Prop. 7*). Logo, o ente absolutamente infinito, isto é (*pela Def. 6*), Deus, existe necessariamente. *Q. E. D.*

ESCÓLIO — Nesta última demonstração, quis mostrar a existência de Deus *a posteriori*, para que a demonstração se percebesse mais facilmente e não porque a existência de Deus não se siga *a priori* deste mesmo fundamento. Na verdade, dado que poder existir é potência, segue-se que, quanto

---

[11] *Neque tollere*: embora se traduza habitualmente o verbo *tollere* por "suprimir", visto ser o termo que melhor se ajusta na maioria dos contextos, há no entanto ocorrências, como a presente, em que se opta por uma tradução literal, a fim de preservar a citação que, implicitamente, o texto faz de duas expressões bem conhecidas e ainda hoje utilizadas em lógica: o *modus ponens* (se P implica Q, verificando-se P, verifica-se Q) e o *modus tollens* (se P implica Q, não se verificando Q, não se verifica P).

Parte I — De Deus

sit, sequitur, quo plus realitatis alicujus rei naturæ competit, eo plus virium a se habere, ut existat; adeoque Ens absolute infinitum, sive Deum infinitam absolute potentiam existendi a se habere, qui propterea absolute existit. Multi tamen forsan non facile hujus demonstrationis evidentiam videre poterunt, quia assueti sunt, eas solummodo res contemplari, quæ a causis externis fluunt; et ex his, quæ cito fiunt, hoc est, quæ facile existunt, eas etiam facile perire vident, et contra eas res factu difficiliores judicant, hoc est, ad existendum non adeo faciles, ad quas plura pertinere concipiunt. Verum, ut ab his præjudiciis liberentur, non opus habeo hic ostendere, qua ratione hoc enunciatum, *quod cito fit, cito perit*, verum sit, nec etiam, an respectu totius naturæ omnia æque facilia sint, an secus. Sed hoc tantum notare sufficit, me hic non loqui de rebus, quæ a causis externis fiunt, sed de solis substantiis, quæ (*per Prop. 6*) a nulla causa externa produci possunt. Res enim, quæ a causis externis fiunt, sive eæ multis partibus constent, sive paucis, quicquid perfectionis, sive realitatis habent, id omne virtuti causæ externæ debetur, adeoque earum existentia ex sola perfectione causæ externæ, non autem suæ oritur. Contra, quicquid substantia perfectionis habet, nulli causæ externæ debetur; quare ejus etiam existentia ex sola ejus natura sequi debet, quæ proinde nihil aliud est, quam ejus essentia. Perfectio igitur rei existentiam non tollit, sed contra ponit; imperfectio autem contra eandem tollit, adeoque de nullius rei existentia certiores esse possumus, quam de existentia Entis absolute infiniti, seu perfecti, hoc est, Dei. Nam quandoquidem ejus essentia omnem imperfectionem secludit, absolutamque perfectionem involvit, eo ipso omnem causam dubitandi de ipsius existentia tollit, summamque de eadem certitudinem dat, quod mediocriter attendenti perspicuum fore credo.

mais realidade compete à natureza de uma coisa, mais forças ela tem em si mesma para existir e, por isso, o ente absolutamente infinito, ou seja, Deus, tem em si mesmo uma potência absolutamente infinita de existir, pelo que existe absolutamente.

No entanto, muitos poderão, talvez, não ver facilmente a evidência desta demonstração, por estarem habituados a prestar atenção só às coisas que fluem de causas exteriores e, entre estas, verem que as que se fazem depressa, isto é, que existem facilmente, também perecem facilmente. Em contrapartida, julgam mais difíceis de fazer, ou seja, não tão fáceis de existir, aquelas coisas que concebem terem mais propriedades. Para que se libertem destes preconceitos, não tenho, decerto, necessidade de mostrar aqui em que medida é verdadeiro aquele ditado "o que se faz depressa, depressa perece"; nem tampouco se, no que respeita à totalidade da natureza, as coisas são igualmente fáceis, ou não. Basta notar apenas que eu não falei aqui de coisas que são feitas por causas exteriores, mas tão só das substâncias, as quais (*pela Prop.* 6) não podem ser produzidas por nenhuma causa exterior. Com efeito, as coisas que são feitas por causas exteriores, quer constem de muitas partes ou de poucas, tudo quanto têm de perfeição, ou realidade, deve-se à virtude[12] da causa exterior, e por isso a sua existência origina-se da simples perfeição da causa exterior, e não da sua. Pelo contrário, aquilo que uma substância tem de perfeição não se deve a nenhuma causa exterior, pelo que a sua existência deve também seguir-se da sua simples natureza, a qual, por isso mesmo, não é senão a sua essência. Portanto, a perfeição de uma coisa não tira, pelo contrário, põe a sua existência. Mas a imperfeição tira-a, e por isso não há nenhuma coisa de cuja existência possamos estar mais certos do que da existência do ente absolutamente infinito, ou perfeito, isto é, Deus. Na verdade, uma vez que a sua essência exclui toda a imperfeição e envolve a perfeição absoluta, ela suprime, por isso mesmo, toda a razão para duvidar da sua existência e dá a máxima certeza desta, coisa que se tornará clara, creio, a quem prestar um mínimo de atenção.

---

[12] *Virtuti*: o significado caracteristicamente renascentista com que Espinosa usa este termo poderá dever-se à influência de Maquiavel, despojado que é de conotações religiosas ou morais, tanto cristãs como humanistas, para surgir com o significado de potência, no sentido em que é aplicado, por exemplo, em botânica e em medicina, onde se fala da virtude ou poder curativo de certas plantas: "Por virtude e potência entendo o mesmo", dirá Espinosa (Def. 8, P. IV). Cf. E. Giancotti (1990), "Sul concetto spinoziano di virtù", *in* A. Domínguez (org.), *La Ética de Spinoza: fundamentos y significado*, Cuenca, Ediciones de la UCLM, pp. 319-29.

Parte I — De Deus

PROPOSITIO XII

Nullum substantiæ attributum potest vere concipi, ex quo sequatur, substantiam posse dividi.

DEMONSTRATIO — Partes enim, in quas substantia, sic concepta, divideretur, vel naturam substantiæ retinebunt, vel non. Si primum, tum (*per Prop. 8*) unaquæque pars debebit esse infinita, et (*per Prop. 6*) causa sui, et (*per Prop. 5*) constare debebit ex diverso attributo, adeoque ex una substantia plures constitui poterunt, quod (*per Prop. 6*) est absurdum. Adde, quod partes (*per Prop. 2*) nihil commune cum suo toto haberent, et totum (*per Defin. 4 et Prop. 10*) absque suis partibus, et esse, et concipi posset, quod absurdum esse, nemo dubitare poterit. Si autem secundum ponatur, quod scilicet partes naturam substantiæ non retinebunt; ergo, cum tota substantia in æquales partes esset divisa, naturam substantiæ amitteret, et esse desineret, quod (*per Prop. 7*) est absurdum.

PROPOSITIO XIII

Substantia absolute infinita est indivisibilis.

DEMONSTRATIO — Si enim divisibilis esset, partes, in quas divideretur, vel naturam substantiæ absolute infinitæ retinebunt, vel non. Si primum, dabuntur ergo plures substantiæ ejusdem naturæ, quod (*per Prop. 5*) est absurdum. Si secundum ponatur, ergo (*ut supra*) poterit substantia absolute infinita desinere esse, quod (*per Prop. 11*) est etiam absurdum.

COROLLARIUM — Ex his sequitur, nullam substantiam, et consequenter nullam substantiam corpoream, quatenus substantia est, esse divisibilem.

SCHOLIUM — Quod substantia sit indivisibilis, simplicius ex hoc solo intelligitur, quod natura substantiæ non potest concipi, nisi infinita, et quod per partem substantiæ nihil aliud intelligi potest, quam substantia finita, quod (*per Prop. 8*) manifestam contradictionem implicat.

PROPOSIÇÃO XII

Não se pode conceber verdadeiramente nenhum atributo da substância de onde se siga que a substância se pode dividir.

DEMONSTRAÇÃO — Com efeito, as partes em que a substância assim concebida se dividisse, ou conservariam a natureza da substância, ou não. No primeiro caso (*pela Prop. 8*), cada parte deveria ser infinita, e (*pela Prop. 6*) causa de si, e (*pela Prop. 5*) constar de um atributo diferente, pelo que de uma só substância poderiam constituir-se várias, o que (*pela Prop. 6*) é absurdo. Acresce que as partes (*pela Prop. 2*) não teriam nada em comum com o seu todo, e o todo (*pela Def. 4 e a Prop. 10*) poderia ser e conceber-se sem as suas partes, coisa que ninguém pode duvidar ser um absurdo. No segundo caso, isto é, se as partes não conservassem a natureza da substância, então, quando a substância toda fosse dividida em partes iguais, perderia a natureza de substância e cessaria de ser, o que (*pela Prop. 7*) é absurdo.

PROPOSIÇÃO XIII

Uma substância absolutamente infinita é indivisível.

DEMONSTRAÇÃO — Se, com efeito, ela fosse divisível, as partes em que se dividiria ou conservavam a natureza da substância absolutamente infinita, ou não. No primeiro caso, dar-se-iam várias substâncias da mesma natureza, o que (*pela Prop. 5*) é absurdo. No segundo (*tal como em cima*) a substância absolutamente infinita poderia cessar de ser, o que (*pela Prop. 11*) também é absurdo.

COROLÁRIO — Segue-se daqui que nenhuma substância, e consequentemente nenhuma substância corpórea, na medida em que é substância, é divisível.

ESCÓLIO — Que a substância seja indivisível é mais fácil de entender pelo simples fato de que a natureza da substância não se pode conceber senão infinita, e que por parte da substância não se pode entender senão uma substância finita, o que (*pela Prop. 8*) implica uma contradição manifesta.

Parte I — De Deus

PROPOSITIO XIV

Præter Deum nulla dari, neque concipi potest substantia.

DEMONSTRATIO — Cum Deus sit ens absolute infinitum, de quo nullum attributum, quod essentiam substantiæ exprimit, negari potest (*per Defin. 6*), isque necessario existat (*per Prop. 11*), si aliqua substantia præter Deum daretur, ea explicari deberet per aliquod attributum Dei, sicque duæ substantiæ ejusdem attributi existerent, quod (*per Prop. 5*) est absurdum; adeoque nulla substantia extra Deum dari potest, et consequenter non etiam concipi. Nam si posset concipi, deberet necessario concipi, ut existens; atqui hoc (*per primam partem hujus Demonstrat.*) est absurdum. Ergo extra Deum nulla dari, neque concipi potest substantia. *Q. E. D.*

COROLLARIUM I — Hinc clarissime sequitur I°. Deum esse unicum, hoc est (*per Defin. 6*) in rerum natura non, nisi unam substantiam, dari, eamque absolute infinitam esse, ut in Scholio Prop. 10 jam innuimus.

COROLLARIUM II — Sequitur II°. rem extensam, et rem cogitantem, vel Dei attributa esse, vel (*per Axiom. 1*) affectiones attributorum Dei.

PROPOSITIO XV

Quicquid est, in Deo est, et nihil sine Deo esse, neque concipi potest.

DEMONSTRATIO — Præter Deum nulla datur, neque concipi potest substantia (*per Prop. 14*), hoc est (*per Defin. 3*) res, quæ in se est, et per se concipitur. Modi autem (*per Defin. 5*) sine substantia nec esse, nec concipi possunt; quare hi in sola divina natura esse, et per ipsam solam concipi possunt. Atqui præter substantias, et modos nil datur (*per Axiom. 1*). Ergo nihil sine Deo esse, neque concipi potest. *Q. E. D.*

SCHOLIUM — Sunt, qui Deum instar hominis corpore, et mente constantem, atque passionibus obnoxium fingunt; sed, quam

PROPOSIÇÃO XIV

Além de Deus, não se pode dar nem ser concebida nenhuma substância.

DEMONSTRAÇÃO — Como Deus é o ente absolutamente infinito, do qual nenhum atributo que exprime a essência da substância pode negar-se (*pela Def. 6*), e como ele existe necessariamente (*pela Prop. 11*), se além de Deus se desse alguma substância, ela deveria explicar-se por algum atributo de Deus e, assim, existiriam duas substâncias do mesmo atributo, o que (*pela Prop. 5*) é absurdo. Por isso, além de Deus, nenhuma substância se pode dar e, consequentemente, também não se pode conceber. Na verdade, se ela pudesse ser concebida, deveria necessariamente ser concebida como existente, e isto (*pela primeira parte desta Dem.*) é absurdo. Logo, nenhuma substância, além de Deus, se pode dar nem ser concebida. *Q. E. D.*

COROLÁRIO I — Donde se segue muito claramente I) que Deus é único, isto é (*pela Def. 6*), que não se dá na natureza das coisas senão uma substância e que esta é absolutamente infinita, conforme já indicamos no Escólio da Proposição 10.

COROLÁRIO II — Donde se segue II) que a coisa extensa e a coisa pensante são ou atributos de Deus, ou (*pelo Ax. 1*) afecções dos atributos de Deus.

PROPOSIÇÃO XV

Tudo o que é, é em Deus, e sem Deus nada pode ser nem ser concebido.

DEMONSTRAÇÃO — Além de Deus, não se pode dar nem ser concebida (*pela Prop. 14*) nenhuma substância, isto é (*pela Def. 3*), nenhuma coisa que seja em si e se conceba por si. Os modos, porém (*pela Def. 5*), não podem ser nem ser concebidos sem a substância. Por isso, eles não podem ser senão na natureza divina, nem ser concebidos senão por ela. Ora, além das substâncias e dos modos, nada mais se dá (*pelo Ax. 1*). Logo, sem Deus nada pode ser nem ser concebido. *Q. E. D.*

ESCÓLIO — Há quem suponha que Deus, à semelhança do homem, consta de corpo e mente e está sujeito a paixões. É, todavia, suficientemente

longe hi a vera Dei cognitione aberrent, satis ex jam demonstratis constat. Sed hos mitto: nam omnes, qui naturam divinam aliquo modo contemplati sunt, Deum esse corporeum, negant. Quod etiam optime probant ex eo, quod per corpus intelligimus quamcunque quantitatem, longam, latam, et profundam, certa aliqua figura terminatam, quo nihil absurdius de Deo, ente scilicet absolute infinito, dici potest. Attamen interim aliis rationibus, quibus hoc idem demonstrare conantur, clare ostendunt, se substantiam ipsam corpoream, sive extensam a natura divina omnino removere, atque ipsam a Deo creatam statuunt. Ex qua autem divina potentia creari potuerit, prorsus ignorant; quod clare ostendit, illos id, quod ipsimet dicunt, non intelligere. Ego saltem satis clare, meo quidem judicio, demonstravi (*vide Coroll. Prop. 6 et Schol. 2 Prop. 8*) nullam substantiam ab alio posse produci, vel creari. Porro Prop. 14 ostendimus, præter Deum nullam dari, neque concipi posse substantiam; atque hinc conclusimus, substantiam extensam unum ex infinitis Dei attributis esse. Verum, ad pleniorem explicationem, adversariorum argumenta refutabo, quæ omnia huc redeunt. Primo, quod substantia corporea, quatenus substantia, constat, ut putant, partibus; et ideo eandem infinitam posse esse, et consequenter, ad Deum pertinere posse, negant. Atque hoc multis exemplis explicant, ex quibus unum, aut

claro, pelo que já demonstramos, quão extraviados eles andam do verdadeiro conhecimento de Deus. Ponho-os, todavia, de parte, pois todos aqueles que contemplaram[13] de algum modo a natureza divina negam que Deus seja corpóreo, coisa que também provam otimamente a partir do fato de nós entendermos por corpo uma qualquer quantidade, comprida, larga e profunda, delimitada por uma certa figura, e nada de mais absurdo se poder dizer de Deus, isto é, do ente absolutamente infinito. Mas, entretanto, pelas outras razões com que se esforçam por demonstrar isso mesmo, mostram com clareza que removem totalmente da natureza divina a própria substância corpórea, ou extensa, e sustentam que esta foi criada por Deus. Por que divina potência pôde ela ser criada, ignoram por completo, o que mostra claramente que não entendem sequer aquilo que eles mesmos dizem.

Eu, ao menos, demonstrei (*vejam-se o Corol. da Prop. 6 e o Esc. 2 da Prop. 8*) com bastante clareza, a meu ver, que nenhuma substância pode ser produzida ou criada por outra coisa. Além disso, na Proposição 14, mostramos que, tirando Deus, nenhuma substância se pode dar nem ser concebida, donde concluímos que a substância extensa é apenas um de entre os infinitos atributos de Deus. Contudo, para uma explicação mais completa, refutarei os argumentos dos adversários, que se resumem todos ao que se segue.

Primeiro, julgam que a substância corpórea, enquanto substância, consta de partes, pelo que negam que ela possa ser infinita e, consequentemente, que possa pertencer a Deus. E explicam isto com muitos exemplos, dos quais

---

[13] *Contemplati sunt*: traduzimos literalmente o verbo *contemplari*, dada a significação particular que ele assume na *Ética*. Conforme observa L. C. Oliva, num ensaio especificamente dedicado à utilização por Espinosa do termo "contemplação" e do verbo cognato, trata-se "de um uso específico e não de um mero recurso a um sinônimo de 'ver' ou 'considerar'", na medida em que, diz mais adiante o mesmo autor, "a contemplação é a afirmação da presença seja da própria afecção, seja do corpo externo, o qual só compartilha a afirmação de existência da afecção enquanto a sua ideia é envolvida pela ideia da afecção". Cf. L. C. Oliva (2016), *Existência e eternidade em Leibniz e Espinosa*, São Paulo, Discurso Editorial, pp. 226-9. Embora num registro estritamente literário, ou estético, a distinção entre "contemplar" e "ver" aparece num romance de Orhan Pamuk, onde uma personagem, comparando a pintura dos venezianos com a arte dos miniaturistas de Istambul, diz sobre aqueles: "Em vez de pintarem como se estivessem no alto de um minarete, de uma altura suficiente para desdenharem aquilo que os ocidentais chamam perspectiva, eles põem-se, pelo contrário, ao nível da rua, ou no interior do quarto de um príncipe, para pintarem a cama, a colcha, o escritório, o espelho, o seu leopardo, a sua filha, as suas moedas de ouro. [...] Porque eles pintam o que veem, o que o seu olho vê, exatamente como a visão o recebe, enquanto nós pintamos o que contemplamos". O. Pamuk (2007), *O meu nome é vermelho* (trad. F. Guerra), Lisboa, Presença, p. 199 (original turco publicado em 1998).

alterum afferam. Si substantia corporea, ajunt, est infinita, concipiatur in duas partes dividi; erit unaquæque pars, vel finita, vel infinita. Si illud, componitur ergo infinitum ex duabus partibus finitis, quod est absurdum. Si hoc, datur ergo infinitum duplo majus alio infinito, quod etiam est absurdum. Porro, si quantitas infinita mensuratur partibus pedes æquantibus, infinitis talibus partibus constare debebit, ut et, si partibus mensuretur digitos æquantibus; ac propterea unus numerus infinitus erit duodecies major alio infinito. Denique, si ex uno puncto infinitæ cujusdam quantitatis concipiatur, duas lineas, ut AB, AC, certa, ac determinata in initio distantia in infinitum protendi; certum est, distantiam inter B et C continuo augeri, et tandem ex determinata indeterminabilem fore. Cum igitur hæc absurda sequantur, ut putant, ex eo, quod quantitas infinita supponitur: inde concludunt, substantiam corpoream debere esse finitam, et consequenter ad Dei essentiam non pertinere.

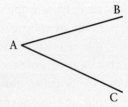

Secundum argumentum petitur etiam a summa Dei perfectione. Deus enim, inquiunt, cum sit ens summe perfectum, pati non potest: atqui substantia corporea, quandoquidem divisibilis est, pati potest; sequitur ergo, ipsam ad Dei essentiam non pertinere. Hæc sunt, quæ apud scriptores invenio argumenta, quibus ostendere conantur, substantiam corpoream divina natura indignam esse, nec ad eandem posse pertinere. Verumenimvero, si

aduzirei um ou outro. Se a substância corpórea, dizem eles, é infinita, conceba-se a sua divisão em duas partes. Cada uma das partes será ou finita, ou infinita. Se é finita, então o infinito é composto de duas partes finitas, o que é absurdo. Se é infinita, então dá-se um infinito que é duas vezes maior do que outro, o que é igualmente absurdo. Além disso, se uma quantidade infinita se mede em partes equivalentes a um pé, ela deverá constar de uma infinidade de tais partes, o mesmo acontecendo se ela se mede em partes equivalentes a um dedo, e, por conseguinte, um número infinito será doze vezes maior do que um outro número infinito. Finalmente, se concebermos que, a partir de um ponto de uma qualquer quantidade infinita, se prolongam até o infinito duas linhas, como AB e AC, que no início estão a uma certa e determinada distância uma da outra, certamente a distância entre B e C aumentará continuamente e, de determinada, passará finalmente a ser indeterminável. Dado, portanto, julgarem que se seguem tais absurdos do fato de se supor uma quantidade infinita, concluem daí que a substância corpórea deve ser finita e, por conseguinte, não pertence à essência de Deus.

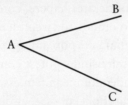

O segundo argumento é também extraído da suprema perfeição de Deus, porquanto Deus, dizem, como é o ente sumamente perfeito, não pode sofrer;[14] ora, a substância corpórea, na medida em que é divisível, pode sofrer; logo, ela não pertence à essência de Deus.

São estes os argumentos que encontro nos autores e com os quais estes se esforçam por mostrar que a substância corpórea é indigna da natureza divina e não pode pertencer-lhe. Em boa verdade, se se atentar corretamente,

---

[14] *Pati*: o verbo "sofrer" não denota apenas o sofrimento propriamente dito, mas também o ser afetado, suportar, tolerar, admitir, em suma, todas as formas de passividade. Por isso mesmo, considera-se desnecessário recorrer a soluções elípticas, como "somos passivos" — *Nous sommes passives* (R. Misrahi), *Siamo passivi* (F. Mignini), *We are acted* (E. Curley) — ou mesmo "padecemos" (A. Simões, T. Tadeu, M. Chaui, A. Domínguez) comumente adotadas, que, embora aparentemente mais literais, nem por isso estão isentas de ambiguidade em algumas ocorrências. A amplitude semântica do verbo *sofrer* cobre perfeitamente a do latim *patiri* como, de resto, a do original grego, *páskho*, como é bem visível no seu uso em física (ex.: "Todo corpo mergulhado num líquido *sofre*, da parte desse líquido, uma impulsão", etc.).

quis recte attendat, me ad hæc jam respondisse comperiet; quandoquidem hæc argumenta in eo tantum fundantur, quod substantiam corpoream ex partibus componi supponunt, quod jam (*Prop. 12 cum Coroll. Prop. 13*) absurdum esse ostendi. Deinde si quis rem recte perpendere velit, videbit, omnia illa absurda (*siquidem omnia absurda sunt, de quo jam non disputo*), ex quibus concludere volunt, substantiam extensam finitam esse, minime ex eo sequi, quod quantitas infinita supponatur: sed quod quantitatem infinitam mensurabilem, et ex partibus finitis conflari supponunt; quare ex absurdis, quæ inde sequuntur, nihil aliud concludere possunt, quam quod quantitas infinita non sit mensurabilis, et quod ex partibus finitis conflari non possit. Atque hoc idem est, quod nos supra (*Prop. 12 etc.*) jam demonstravimus. Quare telum, quod in nos intendunt, in se ipsos revera conjiciunt. Si igitur ipsi ex suo hoc absurdo concludere tamen volunt, substantiam extensam debere esse finitam, nihil aliud hercle faciunt, quam si quis ex eo, quod finxit circulum quadrati proprietates habere, concludit, circulum non habere centrum, ex quo omnes ad circumferentiam ductæ lineæ sunt æquales. Nam substantiam corpoream, quæ non nisi infinita, non nisi unica, et non nisi indivisibilis potest concipi (*vide Prop. 8, 5 et 12*), eam ipsi ad concludendum, eandem esse finitam, ex partibus finitis conflari, et multiplicem esse, et divisibilem, concipiunt. Sic etiam alii, postquam fingunt, lineam ex punctis componi, multa sciunt invenire argumenta, quibus ostendant, lineam non posse in infinitum dividi. Et profecto, non minus absurdum est ponere, quod substantia corporea ex corporibus, sive partibus componatur, quam quod corpus ex superficiebus, superficies ex lineis, lineæ denique ex punctis componantur. Atque hoc omnes, qui claram rationem infallibilem esse sciunt, fateri debent, et imprimis ii, qui negant, dari vacuum. Nam si substantia corporea ita posset dividi, ut ejus partes realiter distinctæ essent, cur ergo una pars non posset annihilari, manentibus reliquis, ut ante, inter se connexis? et cur omnes ita aptari debent, ne detur vacuum? Sane rerum, quæ realiter ab invicem distinctæ sunt, una sine alia esse, et in suo statu manere potest. Cum igitur vacuum in

verificar-se-á que eu já respondi a isso, uma vez que estes argumentos se fundam apenas no fato de se supor que a substância corpórea é composta de partes, o que já mostrei (*Prop. 12 com o Corol. da Prop. 13*) ser absurdo. Depois, se alguém quiser examinar corretamente o assunto, verá que todos estes absurdos (*se, de fato, são todos absurdos, coisa que não discuto agora*), de onde eles querem concluir que a substância corpórea é finita, não se seguem minimamente do fato de se supor uma quantidade infinita, mas do fato de eles suporem uma quantidade infinita mensurável e formada de partes finitas. É por isso que, dos absurdos que daí se seguem, nada mais podem concluir senão que uma quantidade infinita não é mensurável e não pode ser formada de partes finitas. E isto é o mesmo que nós, mais acima (*Prop. 12, etc.*), já demonstramos, pelo que o dardo que para nós apontam é contra si próprios que realmente o lançam.

Se, portanto, eles querem concluir deste seu absurdo que a substância extensa deve ser finita, não fazem senão, por Hércules!, o que faria alguém que, por supor que o círculo tem as propriedades do quadrado, conclui daí que o círculo não possui um centro a partir do qual todas as linhas tiradas para a circunferência são iguais. Na verdade, para concluírem que a substância corpórea, que não pode conceber-se senão infinita, senão única e senão indivisível (*vejam-se as Prop. 8, 5 e 12*), é finita, concebem que ela consta de partes, que é múltipla e que é divisível. Da mesma forma, há outros que, por suporem que a linha é composta de pontos, são capazes de inventar muitos argumentos com os quais mostram que a linha não é divisível ao infinito. E, decerto, não é menos absurdo supor que a substância corpórea é composta de corpos, ou seja, de partes, do que supor que os corpos são compostos de superfícies, as superfícies de linhas, e as linhas, finalmente, de pontos. E isto, todos quantos sabem que a razão clara é infalível têm de o reconhecer, a começar por aqueles que negam que se dê o vazio. Na verdade, se a substância corpórea pudesse dividir-se de tal modo que as suas partes fossem realmente distintas, por que motivo, então, seria impossível aniquilar-se uma parte e manterem-se as outras conectadas, como antes, entre si? E porque devem elas adaptar-se todas, de modo a que não se dê o vazio? Sem dúvida, as coisas que são realmente distintas entre si podem ser e permanecer no seu estado uma sem a outra. Como, portanto, na natureza não se dá o vazio (matéria de que trato noutro lugar)[15] e todas as partes devem conjugar-

---

[15] Cf. *PPC*, Prop. 3, P. II (*G* I, p. 188): "*Repugnat, ut detur vacuum*" ("Repugna que se dê o vazio").

Parte I — De Deus

natura non detur (de quo alias), sed omnes partes ita concurrere debent, ne detur vacuum, sequitur hinc etiam, easdem non posse realiter distingui, hoc est, substantiam corpoream, quatenus substantia est, non posse dividi. Si quis tamen jam quærat, cur nos ex natura ita propensi simus ad dividendam quantitatem? ei respondeo, quod quantitas duobus modis a nobis concipitur, abstracte scilicet, sive superficialiter, prout nempe ipsam imaginamur, vel ut substantia, quod a solo intellectu fit. Si itaque ad quantitatem attendimus, prout in imaginatione est, quod sæpe, et facilius a nobis fit, reperietur finita, divisibilis, et ex partibus conflata; si autem ad ipsam, prout in intellectu est, attendimus, et eam, quatenus substantia est, concipimus, quod difficillime fit, tum, ut jam satis demonstravimus, infinita, unica, et indivisibilis reperietur. Quod omnibus, qui inter imaginationem, et intellectum distinguere sciverint, satis manifestum erit: Præcipue si ad hoc etiam attendatur, quod materia ubique eadem est, nec partes in eadem distinguuntur, nisi quatenus materiam diversimode affectam esse concipimus, unde ejus partes modaliter tantum distinguuntur, non autem realiter. Ex. gr. aquam, quatenus aqua est, dividi concipimus, ejusque partes ab invicem separari; at non, quatenus substantia est corporea; eatenus enim neque separatur, neque dividitur. Porro aqua, quatenus aqua, generatur, et corrumpitur; at, quatenus substantia, nec generatur, nec corrumpitur. Atque his me ad secundum argumentum etiam respondisse puto: quandoquidem id in eo etiam fundatur, quod materia, quatenus substantia, divisibilis sit, et ex partibus confletur. Et quamvis hoc non esset, nescio, cur divina natura indigna esset: quandoquidem (*per Prop. 14*) extra Deum nulla substantia dari potest, a qua ipsa pateretur. Omnia, inquam, in Deo sunt, et omnia, quæ fiunt, per solas leges infinitæ Dei naturæ fiunt, et ex necessitate ejus essentiæ (ut mox ostendam) sequuntur; quare nulla ratione dici potest, Deum ab alio pati, aut

-se de modo que não se dê o vazio, segue-se também daqui que elas não se podem realmente distinguir, isto é, a substância corpórea, na medida em que é substância, não pode dividir-se.

Se, contudo, alguém agora perguntar por que estamos nós, por natureza, tão inclinados a dividir a quantidade, respondo-lhe que a quantidade é por nós concebida de dois modos: ou abstratamente, quer dizer, superficialmente, como a imaginamos; ou como substância, o que se faz só pelo entendimento. Se, portanto, considerarmos a quantidade como ela é na imaginação, o que nos acontece amiúde e mais facilmente, achá-la-emos finita, divisível e composta de partes; se, porém, a considerarmos como ela é no entendimento e a concebermos na medida em que é substância, o que é dificílimo, então, como já demonstramos suficientemente, achá-la-emos infinita, única e indivisível. Para todos quantos souberem distinguir imaginação e entendimento, isto será bastante claro, principalmente se atendermos também ao fato de a matéria ser a mesma em qualquer lugar e nela não se distinguirem partes, a não ser que a concebamos, enquanto matéria, afetada de diversos modos, pelo que as suas partes se distinguem só modalmente e não realmente. Concebemos, por exemplo, que a água, enquanto água, se divide e que as suas partes se separam umas das outras, mas não enquanto substância corpórea, porque, enquanto tal, não se separa nem se divide. Além disso, a água, enquanto água, gera-se e corrompe-se, mas, enquanto substância, não se gera nem se corrompe.

Julgo, com isto, ter respondido também ao segundo argumento, visto que ele também se funda no fato de a matéria, enquanto substância, ser divisível e formada de partes. E mesmo que assim não fosse, não sei por que seria ela indigna da natureza divina, uma vez que fora de Deus não se pode dar nenhuma substância (*pela Prop. 14*) pela qual fosse afetada. Todas as coisas, sublinho, são em Deus, e tudo o que acontece só acontece pelas leis da natureza infinita de Deus e segue-se (como daqui a pouco mostrarei) da necessidade da sua essência. Daí que não se possa dizer de maneira nenhuma que Deus sofre em virtude de outra coisa,[16] ou que a substância exten-

---

[16] *Deum ab alio pati*: sintagma difícil de transpor em linguagem não espinosana, mas cujo significado se compreende, enquanto manifestação da contradição nos termos que representaria o presumir algo diferente da totalidade absolutamente infinita para poder afetá-la. J. de Carvalho traduz por "é afetado por outra coisa"; E. Curley por "*is acted on by another*"; F. Mignini por "*patisca da altro*"; B. Pautrat por "*pâtit d'autre chose*"; W. Bartuschat por "*erleide etwas von einem anderen*"; J. Stern por "*von etwas anderem leide*"; A. Domínguez por "*es pasivo ante otra cosa*".

substantiam extensam divina natura indignam esse; tametsi
divisibilis supponatur, dummodo æterna, et infinita concedatur. Sed
de his impræsentiarum satis.

PROPOSITIO XVI

*Ex necessitate divinæ naturæ, infinita infinitis modis (hoc est,
omnia, quæ sub intellectum infinitum cadere possunt) sequi
debent.*

DEMONSTRATIO — Hæc Propositio unicuique manifesta esse
debet, si modo ad hoc attendat, quod ex data cujuscunque rei
definitione plures proprietates intellectus concludit, quæ revera ex
eadem (hoc est, ipsa rei essentia) necessario sequuntur, et eo plures,
quo plus realitatis rei definitio exprimit, hoc est, quo plus realitatis rei
definitæ essentia involvit. Cum autem natura divina infinita absolute
attributa habeat (*per Defin.* 6), quorum etiam unumquodque infinitam
essentiam in suo genere exprimit, ex ejusdem ergo necessitate infinita
infinitis modis (hoc est, omnia, quæ sub intellectum infinitum cadere
possunt) necessario sequi debent. *Q. E. D.*

COROLLARIUM I — Hinc sequitur, I°. Deum omnium rerum, quæ
sub intellectum infinitum cadere possunt, esse causam efficientem.

COROLLARIUM II — Sequitur II°. Deum causam esse per se,
non vero per accidens.

COROLLARIUM III — Sequitur III°. Deum esse absolute causam
primam.

PROPOSITIO XVII

*Deus ex solis suæ naturæ legibus, et a nemine coactus
agit.*

DEMONSTRATIO — Ex sola divinæ naturæ necessitate, vel
(quod idem est) ex solis ejusdem naturæ legibus, infinita absolute
sequi, modo Prop. 16 ostendimus; et Prop. 15 demonstravimus,
nihil sine Deo esse, nec concipi posse, sed omnia in Deo esse; quare

sa é indigna da natureza divina, mesmo que se suponha que ela é divisível, contanto que se conceda que é eterna e infinita. Mas, sobre isto, basta por agora.

PROPOSIÇÃO XVI

Da necessidade da natureza divina devem seguir-se infinitas coisas de infinitos modos (isto é, tudo quanto pode cair sob um entendimento infinito).

DEMONSTRAÇÃO — Esta proposição deve ser evidente para qualquer um, desde que preste atenção a que, dada a definição de uma coisa qualquer, o entendimento conclui várias propriedades que de fato se seguem necessariamente dela (isto é, da própria essência da coisa), e tantas mais quanto mais realidade a definição da coisa exprime, isto é, quanto mais realidade a essência da coisa definida envolve. Como, porém, a natureza divina possui absolutamente infinitos atributos (*pela Def. 6*), cada um dos quais exprime também uma essência infinita no seu gênero, da sua necessidade devem seguir-se necessariamente infinitas coisas de infinitos modos (isto é, tudo quanto pode cair sob um entendimento infinito). *Q. E. D.*

COROLÁRIO I — Donde se segue I) que Deus é causa eficiente de todas as coisas que podem cair sob um entendimento infinito.

COROLÁRIO II — Donde se segue II) que Deus é causa por si e não por acidente.

COROLÁRIO III — Donde se segue III) que Deus é absolutamente causa primeira.

PROPOSIÇÃO XVII

Deus age pelas simples leis da sua natureza, e sem ser coagido por ninguém.

DEMONSTRAÇÃO — Mostramos há pouco, na Proposição 16, que da simples necessidade da natureza divina, ou (o que é o mesmo) das simples leis da sua natureza, se seguem absolutamente infinitas coisas. E demonstramos, na Proposição 15, que sem Deus nada pode ser, nem ser concebido, e

nihil extra ipsum esse potest, a quo ad agendum determinetur, vel cogatur, atque adeo Deus ex solis suæ naturæ legibus, et a nemine coactus agit. Q. E. D.

COROLLARIUM I — Hinc sequitur I°. nullam dari causam, quæ Deum extrinsece, vel intrinsece, præter ipsius naturæ perfectionem, incitet ad agendum.

COROLLARIUM II — Sequitur II°. solum Deum esse causam liberam. Deus enim solus ex sola suæ naturæ necessitate existit (*per Prop. 11 et Coroll. 1 Prop. 14*), et ex sola suæ naturæ necessitate agit (*per Prop. præced.*). Adeoque (*per Defin. 7*) solus est causa libera. Q. E. D.

SCHOLIUM — Alii putant, Deum esse causam liberam, propterea quod potest, ut putant, efficere, ut ea, quæ ex ejus natura sequi diximus, hoc est, quæ in ejus potestate sunt, non fiant, sive ut ab ipso non producantur. Sed hoc idem est, ac si dicerent, quod Deus potest efficere, ut ex natura trianguli non sequatur, ejus tres angulos æquales esse duobus rectis; sive ut ex data causa non sequatur effectus, quod est absurdum. Porro infra absque ope hujus Propositionis ostendam, ad Dei naturam neque intellectum, neque voluntatem pertinere. Scio equidem plures esse, qui putant, se posse demonstrare, ad Dei naturam summum intellectum, et liberam voluntatem pertinere; nihil enim perfectius cognoscere sese ajunt, quod Deo tribuere possunt, quam id, quod in nobis summa est perfectio. Porro, tametsi Deum actu summe intelligentem concipiant, non tamen credunt, eum posse omnia, quæ actu intelligit, efficere, ut existant; nam se eo modo Dei potentiam destruere putant. Si omnia, inquiunt, quæ in ejus intellectu sunt, creavisset, nihil tum amplius creare potuisset, quod credunt Dei omnipotentiæ repugnare; ideoque maluerunt Deum ad omnia indifferentem statuere, nec aliud creantem præter id; quod absoluta quadam voluntate decrevit creare. Verum ego me satis clare ostendisse puto (*vide Prop. 16*), a summa Dei potentia, sive infinita natura infinita infinitis modis, hoc est, omnia necessario effluxisse, vel semper eadem necessitate sequi, eodem modo, ac ex natura trianguli ab æterno, et in æternum sequitur, ejus tres angulos æquari duobus rectis. Quare Dei

que tudo é em Deus. Daí que, fora dele, não pode ser coisa alguma pela qual ele seja determinado ou coagido a agir e, por conseguinte, Deus age pelas simples leis da sua natureza e sem ser coagido por ninguém. Q. E. D.

COROLÁRIO I — Donde se segue I) que não se dá nenhuma causa, além da perfeição da sua natureza, que, extrínseca ou intrinsecamente, incite Deus a agir.

COROLÁRIO II — Donde se segue II) que só Deus é causa livre. Só Deus, com efeito, existe pela simples necessidade da sua natureza (*pela Prop. 11 e pelo Corol. 1 da Prop. 14*) e pela simples necessidade da sua natureza age (*pela Prop. anterior*). Por isso (*pela Def. 7*), só Deus é causa livre. Q. E. D.

ESCÓLIO — Outros há que julgam que Deus é causa livre porque pode, julgam eles, fazer com que as coisas que dissemos seguirem-se da sua natureza, isto é, que estão em seu poder, não se façam, ou não sejam por ele produzidas. Mas isto é o mesmo que se dissessem que Deus pode fazer com que da natureza do triângulo não se siga que os seus três ângulos são iguais a dois retos, ou que de uma dada causa não se siga o efeito, o que é absurdo. Além disso, nem o entendimento, nem a vontade, como mostrarei a seguir sem a ajuda desta proposição, pertencem à natureza de Deus. Bem sei que são muitos aqueles que julgam poder demonstrar que o entendimento supremo e a vontade livre pertencem à natureza de Deus. Dizem, com efeito, que não conhecem nada mais perfeito que possam atribuir a Deus do que aquilo que é em nós a suprema perfeição. E, se bem que concebam Deus como sumamente inteligente em ato, não acreditam, contudo, que ele possa fazer com que existam todas as coisas que entende em ato, pois julgam que, desse modo, destruiriam a potência de Deus. Se ele tivesse, dizem, criado todas as coisas que são no seu entendimento, não poderia criar mais nada, o que repugna, segundo creem, à onipotência de Deus, pelo que preferiram sustentar um Deus indiferente a tudo e que não cria senão aquilo que, por uma certa vontade absoluta, decidiu criar.

Eu, porém, julgo ter mostrado com bastante clareza (*veja-se a Prop. 16*) que da suprema potência ou natureza infinita de Deus procedem necessariamente, ou seguem-se sempre com a mesma necessidade, infinitas coisas de infinitos modos, isto é, tudo, do mesmo modo que da natureza do triângulo se segue, desde a eternidade e para a eternidade, que os seus três ângulos são iguais a dois retos. Por isso, a onipotência de Deus é desde a eternidade em

Parte I — De Deus

omnipotentia actu ab æterno fuit, et in æternum in eadem actualitate manebit. Et hoc modo Dei omnipotentia longe, meo quidem judicio, perfectior statuitur. Imo adversarii Dei omnipotentiam (liceat aperte loqui) negare videntur. Coguntur enim fateri, Deum infinita creabilia intelligere, quæ tamen nunquam creare poterit. Nam alias, si scilicet omnia, quæ intelligit, crearet, suam, juxta ipsos, exhauriret omnipotentiam, et se imperfectum redderet. Ut igitur Deum perfectum statuant, eo rediguntur, ut simul statuere debeant, ipsum non posse omnia efficere, ad quæ ejus potentia se extendit, quo absurdius, aut Dei omnipotentiæ magis repugnans, non video, quid fingi possit. Porro, ut de intellectu, et voluntate, quos Deo communiter tribuimus, hic etiam aliquid dicam; si ad æternam Dei essentiam, intellectus scilicet, et voluntas pertinent, aliud sane per utrumque hoc attributum intelligendum est, quam quod vulgo solent homines. Nam intellectus, et voluntas, qui Dei essentiam constituerent, a nostro intellectu, et voluntate, toto coelo differre deberent, nec in ulla re, præterquam in nomine, convenire possent; non aliter scilicet, quam inter se conveniunt canis, signum coeleste, et canis, animal latrans. Quod sic demonstrabo. Si intellectus ad divinam naturam pertinet, non poterit, uti noster intellectus, posterior (ut plerisque placet), vel simul natura esse cum rebus intellectis, quandoquidem Deus omnibus rebus prior est causalitate (*per Coroll. 1 Prop. 16*); sed contra veritas, et formalis rerum essentia ideo talis est, quia talis in Dei intellectu existit objective. Quare Dei intellectus, quatenus Dei essentiam constituere concipitur, est revera causa rerum, tam earum essentiæ, quam earum existentiæ; quod ab iis videtur etiam fuisse animadversum, qui Dei intellectum, voluntatem, et potentiam unum et idem esse asseruerunt. Cum itaque Dei intellectus sit unica rerum causa, videlicet (ut ostendimus) tam earum essentiæ, quam earum existentiæ, debet ipse necessario ab iisdem differre, tam ratione essentiæ, quam ratione existentiæ. Nam causatum differt a sua causa præcise in eo, quod a causa habet. Ex. gr. homo est causa existentiæ, non vero essentiæ alterius hominis; est enim hæc æterna veritas: et ideo secundum essentiam prorsus convenire possunt; in existendo autem differre debent; et propterea, si unius existentia pereat, non ideo alterius peribit; sed, si unius essentia destrui posset, et fieri falsa, destrueretur etiam

ato, e na mesma atualidade permanecerá para a eternidade. E deste modo a onipotência de Deus, a meu ver, pelo menos, é sustentada de uma forma, de longe, mais perfeita. Pelo contrário, os meus adversários (que me seja permitido falar abertamente) parecem negar a onipotência de Deus. Com efeito, esforçam-se por confessar que Deus entende infinitas coisas criáveis, as quais, contudo, nunca poderá criar, pois, de outra forma, quer dizer, se criasse tudo o que entende, esgotaria, segundo eles, a sua onipotência e tornar-se-ia imperfeito. Portanto, para sustentarem que Deus é perfeito, sujeitam-se a ter de sustentar, em simultâneo, que ele não pode fazer tudo aquilo a que se estende a sua potência, e coisa mais absurda, ou que mais repugne à onipotência de Deus, não vejo que se possa inventar.

Além disso — para também dizer aqui alguma coisa do entendimento e da vontade que comumente atribuímos a Deus —, se o entendimento e a vontade pertencem à essência eterna de Deus, teremos, sem dúvida, que entender por um e outro destes atributos uma coisa diferente daquilo que os homens vulgarmente costumam entender. Porque o entendimento e a vontade que constituiriam a essência de Deus teriam de ser totalmente diferentes do nosso entendimento e da nossa vontade, e não poderiam convir em coisa alguma a não ser no nome, tal como o Cão, constelação celeste, e o cão, animal que ladra, convêm entre si. Demonstrá-lo-ei assim: se o entendimento pertence à natureza divina, ele não pode, como o nosso entendimento, ser por natureza nem posterior (como apraz à maioria), nem simultâneo às coisas que entende, porquanto Deus é anterior a todas as coisas por causalidade (*pelo Corol. 1 da Prop. 16*); pelo contrário, a verdade e essência formal das coisas é o que é, porque existe objetivamente como tal no entendimento de Deus. Por isso, o entendimento de Deus, na medida em que é concebido como constituindo a essência de Deus, é realmente causa das coisas, tanto da sua essência, como da sua existência, o que parece ter sido notado também por aqueles que defenderam que o entendimento, a vontade e a potência de Deus são uma só e a mesma coisa. Assim, como o entendimento de Deus é a única causa das coisas, quer dizer (como mostramos), tanto da sua essência como da sua existência, ele deve ser necessariamente diferente delas, quer quanto à essência, quer quanto à existência. Na verdade, o causado difere da sua causa precisamente naquilo que dela possui. Por exemplo, um homem é causa da existência, mas não da essência, de outro homem, pois esta é uma verdade eterna, e por isso eles podem convir completamente quanto à essência, mas quanto à existência devem ser diferentes. Se, por conseguinte, a existência de um deles perecer, nem por isso perecerá a do outro; mas se a essência de um deles pudesse ser destruída e tornar-se falsa, destruir-se-ia igual-

Parte I — De Deus

141

alterius essentia. Quapropter res, quæ et essentiæ, et existentiæ, alicujus effectus est causa, a tali effectu differre debet, tam ratione essentiæ, quam ratione existentiæ. Atqui Dei intellectus est et essentiæ, et existentiæ nostri intellectus causa: ergo Dei intellectus, quatenus divinam essentiam constituere concipitur, a nostro intellectu, tam ratione essentiæ, quam ratione existentiæ differt, nec in ulla re, præterquam in nomine, cum eo convenire potest, ut volebamus. Circa voluntatem eodem modo proceditur, ut facile unusquisque videre potest.

PROPOSITIO XVIII

Deus est omnium rerum causa immanens, non vero transiens.

DEMONSTRATIO — Omnia, quæ sunt, in Deo sunt, et per Deum concipi debent (*per Prop. 15*), adeoque (*per Coroll. 1 Prop. 16 hujus*) Deus rerum, quæ in ipso sunt, est causa, quod est primum. Deinde extra Deum nulla potest dari substantia (*per Prop. 14*), hoc est (*per Defin. 3*), res, quæ extra Deum in se sit, quod erat secundum. Deus ergo est omnium rerum causa immanens, non vero transiens. Q. E. D.

PROPOSITIO XIX

Deus, sive omnia Dei attributa sunt æterna.

DEMONSTRATIO — Deus enim (*per Defin. 6*) est substantia, quæ (*per Prop. 11*) necessario existit, hoc est (*per Prop. 7*), ad cujus naturam pertinet existere, sive (*quod idem est*) ex cujus definitione sequitur ipsum existere, adeoque (*per Defin. 8*) est æternus. Deinde per Dei attributa intelligendum est id, quod (*per Defin. 4*) Divinæ substantiæ essentiam exprimit, hoc est, id, quod ad substantiam pertinet: id ipsum, inquam, ipsa attributa involvere debent. Atqui ad naturam substantiæ (*ut jam ex Prop. 7 demonstravi*) pertinet æternitas. Ergo unumquodque attributorum æternitatem involvere debet, adeoque omnia sunt æterna. Q. E. D.

SCHOLIUM — Hæc Propositio quam clarissime etiam patet ex modo, quo (*Prop. 11*) Dei existentiam demonstravi; ex ea, inquam, demonstratione constat, Dei existentiam, sicut ejus essentiam, æternam

mente a essência do outro. Daí que uma coisa que é causa tanto da essência como da existência de um efeito deve ser diferente desse efeito quer quanto à essência, quer quanto à existência. Ora, o entendimento de Deus é a causa da essência e da existência do nosso entendimento; logo, o entendimento de Deus, na medida em que se concebe como constituindo a essência divina, difere do nosso entendimento, quer quanto à essência, quer quanto à existência, e não pode convir com ele em coisa alguma a não ser no nome, como pretendíamos. Quanto à vontade, procede-se do mesmo modo, como qualquer um pode facilmente ver.

PROPOSIÇÃO XVIII
Deus é causa imanente, não transitiva, de todas as coisas.

DEMONSTRAÇÃO — Tudo o que é, é em Deus e deve ser concebido por meio de Deus (pela *Prop. 15*), e por isso (*pelo Corol. 1 da Prop. 16*) Deus é causa das coisas que são nele. Isto quanto ao primeiro ponto. Depois, fora de Deus não se pode dar nenhuma substância (*pela Prop. 14*), isto é (*pela Def. 3*), nenhuma coisa que seja em si. E isto era o segundo ponto. Deus, por conseguinte, é causa imanente, não transitiva, de todas as coisas. *Q. E. D.*

PROPOSIÇÃO XIX
Deus, ou seja, todos os atributos de Deus são eternos.

DEMONSTRAÇÃO — Deus, com efeito (*pela Def. 6*), é uma substância que (*pela Prop. 11*) existe necessariamente, isto é (*pela Prop. 7*), a cuja natureza pertence existir, ou (*o que é o mesmo*) de cuja definição se segue que ele existe, e, por conseguinte (*pela Def. 8*), é eterno. Depois, por atributos de Deus deve entender-se o que (*pela Def. 4*) exprime a essência da substância divina, isto é, aquilo que pertence à substância, aquilo, digo, que os atributos devem envolver. Ora, à natureza da substância (*como já demonstrei pela Prop. 7*) pertence a eternidade. Logo, cada um dos atributos deve envolver a eternidade, pelo que são todos eternos. *Q. E. D.*

ESCÓLIO — Esta proposição resulta também muito claramente do modo como (*Prop. 11*) demonstrei a existência de Deus; dessa demonstração, digo, consta que a existência de Deus, tal como a sua essência, é uma verda-

esse veritatem. Deinde (*Prop. 19 Principiorum Cartesii*) alio etiam modo Dei æternitatem demonstravi, nec opus est eum hic repetere.

PROPOSITIO XX
Dei existentia, ejusque essentia unum et idem sunt.

DEMONSTRATIO — Deus (*per Prop. anteced.*), ejusque omnia attributa sunt æterna, hoc est (*per Defin. 8*), unumquodque ejus attributorum existentiam exprimit. Eadem ergo Dei attributa, quæ (*per Defin. 4*) Dei æternam essentiam explicant, ejus simul æternam existentiam explicant, hoc est, illud ipsum, quod essentiam Dei constituit, constituit simul ipsius existentiam, adeoque hæc, et ipsius essentia unum et idem sunt. *Q. E. D.*

COROLLARIUM I — Hinc sequitur I°. Dei existentiam, sicut ejus essentiam, æternam esse veritatem.

COROLLARIUM II — Sequitur II°. Deum, sive omnia Dei attributa esse immutabilia. Nam, si ratione existentiæ mutarentur, deberent etiam (*per Prop. præced.*) ratione essentiæ mutari, hoc est (*ut per se notum*) ex veris falsa fieri, quod est absurdum.

PROPOSITIO XXI
Omnia, quæ ex absoluta natura alicujus attributi Dei sequuntur, semper, et infinita existere debuerunt, sive per idem attributum æterna, et infinita sunt.

de eterna. Além disso (*Prop. 19 dos* Princípios *de Descartes*),[17] demonstrei ainda de outro modo a eternidade de Deus, e não é preciso repeti-lo aqui.

PROPOSIÇÃO XX

A existência de Deus e a sua essência são uma só e a mesma coisa.

DEMONSTRAÇÃO — Deus (*pela Prop. anterior*) e todos os seus atributos são eternos, isto é (*pela Def. 8*), cada um dos seus atributos exprime a existência. Portanto, os mesmos atributos de Deus que (*pela Def. 4*) explicam a sua essência eterna explicam, em simultâneo, a sua existência eterna, isto é, aquilo que constitui a essência de Deus constitui ao mesmo tempo a sua existência e, por isso, a sua existência e a sua essência são uma só e a mesma coisa. Q. E. D.

COROLÁRIO I — Donde se segue I) que a existência de Deus, tal como a sua essência, é uma verdade eterna.

COROLÁRIO II — Donde se segue II) que Deus, ou seja, todos os atributos de Deus são imutáveis. Porque, se eles mudassem em relação à existência, deveriam também (*pela Prop. anterior*) mudar em relação à essência, ou seja (*como é por si mesmo conhecido*), de verdadeiros tornarem-se falsos, o que é absurdo.

PROPOSIÇÃO XXI

Tudo quanto se segue da natureza absoluta de um atributo de Deus deve ter existido sempre e ser infinito, ou seja, é eterno e infinito por via desse mesmo atributo.

---

[17] Menção à obra de autoria do próprio Espinosa, *Renati Des Cartes Principiorum Philosophiae Pars I, & II, more geometrico demonstratae*, comumente citada como *Principia Philosophiae Cartesianae* (PPC), publicada em 1663, que é, como o título indica, uma exposição, segundo a ordem geométrica, dos *Principia Philosophiae* de Descartes, publicados, também em Amsterdã, em 1644. O autor refere-se à Prop. 19 da P. I.

Parte I — De Deus

DEMONSTRATIO — Concipe, si fieri potest (siquidem neges), aliquid in aliquo Dei attributo ex ipsius absoluta natura sequi, quod finitum sit, et determinatam habeat existentiam, sive durationem, ex. gr. ideam Dei in cogitatione. At cogitatio, quandoquidem Dei attributum supponitur, est necessario (*per Prop. 11*) sua natura infinita. Verum, quatenus ipsa ideam Dei habet, finita supponitur. At (*per Defin. 2*) finita concipi non potest, nisi per ipsam cogitationem determinetur. Sed non per ipsam cogitationem, quatenus ideam Dei constituit, eatenus enim finita supponitur esse: Ergo per cogitationem, quatenus ideam Dei non constituit, quæ tamen (*per Prop. 11*) necessario existere debet: Datur igitur cogitatio non constituens ideam Dei, ac propterea ex ejus natura, quatenus est absoluta cogitatio, non sequitur necessario idea Dei. (Concipitur enim ideam Dei constituens, et non constituens.) Quod est contra hypothesin. Quare si idea Dei in cogitatione, aut aliquid (perinde est, quicquid sumatur, quandoquidem demonstratio universalis est) in aliquo Dei attributo ex necessitate absolutæ naturæ ipsius attributi sequatur, id debet necessario esse infinitum; quod erat primum.

Deinde id, quod ex necessitate naturæ alicujus attributi ita sequitur, non potest determinatam habere existentiam sive durationem. Nam, si neges, supponatur res, quæ ex necessitate naturæ alicujus attributi sequitur, dari in aliquo Dei attributo, ex. gr. idea Dei in cogitatione, eaque supponatur aliquando non exstitisse, vel non exstitura. Cum autem cogitatio Dei attributum supponatur, debet et necessario, et immutabilis existere (*per Prop. 11 et Coroll. 2 Prop. 20*). Quare ultra limites durationis ideæ Dei (supponitur enim aliquando non exstitisse, aut non exstitura) cogitatio sine idea Dei existere debebit; atqui hoc est contra hypothesin; supponitur enim, ex data cogitatione necessario sequi ideam Dei. Ergo idea Dei in cogitatione, aut aliquid, quod necessario ex absoluta natura alicujus attributi Dei sequitur, non potest determinatam habere durationem; sed per idem attributum æternum est, quod erat secundum. Nota, hoc idem esse affirmandum de quacunque re, quæ in aliquo Dei attributo ex Dei absoluta natura necessario sequitur.

DEMONSTRAÇÃO — Concebe, se possível (caso negues isto), que algo que seja finito e tenha uma determinada existência, ou duração, se segue num atributo de Deus da sua natureza absoluta, como, por exemplo, a ideia de Deus no pensamento. Ora, o pensamento, uma vez que se supõe ser um atributo de Deus, é necessariamente (*pela Prop. 11*) infinito pela sua natureza. Porém, na medida em que tem a ideia de Deus, supõe-se ser finito. E (*pela Def. 2*) não pode conceber-se como finito, a não ser que seja determinado pelo próprio pensamento, mas não pelo próprio pensamento na medida em que constitui a ideia de Deus, pois enquanto tal supõe-se que ele é finito. Logo, é determinado pelo pensamento na medida em que este não constitui a ideia de Deus, a qual, contudo (*pela Prop. 11*), deve necessariamente existir. Dá-se, portanto, um pensamento que não constitui a ideia de Deus e, por isso, a ideia de Deus não se segue necessariamente da sua natureza enquanto pensamento absoluto. (Ele concebe-se, efetivamente, como constituindo e como não constituindo a ideia de Deus.) E isto vai contra a hipótese. Por conseguinte, se a ideia de Deus no pensamento, ou qualquer coisa (é indiferente o que se escolhe, porquanto a demonstração é universal), em qualquer atributo de Deus, se segue da necessidade da natureza absoluta desse atributo, deve necessariamente ser infinita. Este era o primeiro ponto.

Por outro lado, aquilo que assim se segue da necessidade da natureza de um atributo não pode ter uma existência, ou duração, determinada. Se negas isto, então supõe que num atributo de Deus se dá uma coisa que se segue da necessidade da natureza do atributo, por exemplo, a ideia de Deus no pensamento, e supõe que ela não existiu, ou não existirá, em momento algum. Como, todavia, o pensamento se supõe um atributo de Deus, ele deve existir necessariamente e ser imutável (*pela Prop. 11 e pelo Corol. 2 da Prop. 20*). Por conseguinte, o pensamento deverá existir sem a ideia de Deus, para além dos limites da duração da ideia de Deus (supõe-se, efetivamente, que ela não existiu, ou não existirá, em momento algum). Ora, isto vai contra a hipótese, visto ser suposto que, uma vez dado o pensamento, se segue necessariamente a ideia de Deus. Logo, a ideia de Deus no pensamento, ou algo que se segue necessariamente da natureza absoluta de um atributo de Deus, não pode ter uma duração determinada; pelo contrário, é eterna, por via desse mesmo atributo. E isto era o segundo ponto. Note-se que o mesmo se deve afirmar de qualquer coisa que, em algum atributo de Deus, se segue necessariamente da natureza absoluta de Deus.

Parte I — De Deus

PROPOSITIO XXII

Quicquid ex aliquo Dei attributo, quatenus modificatum est tali modificatione, quæ et necessario, et infinita per idem existit, sequitur, debet quoque et necessario, et infinitum existere.

DEMONSTRATIO — Hujus Propositionis demonstratio procedit eodem modo, ac demonstratio præcedentis.

PROPOSITIO XXIII

Omnis modus, qui et necessario, et infinitus existit, necessario sequi debuit, vel ex absoluta natura alicujus attributi Dei, vel ex aliquo attributo modificato modificatione, quæ et necessario, et infinita existit.

DEMONSTRATIO — Modus enim in alio est, per quod concipi debet (*per Defin. 5*), hoc est (*per Prop. 15*) in solo Deo est, et per solum Deum concipi potest. Si ergo modus concipitur necessario existere, et infinitus esse, utrumque hoc debet necessario concludi, sive percipi per aliquod Dei attributum, quatenus idem concipitur infinitatem, et necessitatem existentiæ, sive (*quod per Defin. 8 idem est*) æternitatem exprimere, hoc est (*per Defin. 6 et Prop. 19*), quatenus absolute consideratur. Modus ergo, qui et necessario, et infinitus existit, ex absoluta natura alicujus Dei attributi sequi debuit; hocque vel immediate (*de quo Prop. 21*), vel mediante aliqua modificatione, quæ ex ejus absoluta natura sequitur, hoc est (*per Prop. præced.*), quæ et necessario, et infinita existit. Q. E. D.

PROPOSITIO XXIV

Rerum a Deo productarum essentia non involvit existentiam.

DEMONSTRATIO — Patet ex Definitione 1. Id enim, cujus natura (in se scilicet considerata) involvit existentiam, causa est sui, et ex sola suæ naturæ necessitate existit.

COROLLARIUM — Hinc sequitur, Deum non tantum esse causam, ut res incipiant existere; sed etiam, ut in existendo perseverent, sive (ut

PROPOSIÇÃO XXII

Tudo quanto se segue de um atributo de Deus, enquanto modificado por uma modificação tal que, por via do mesmo, existe necessariamente e é infinita, deve também existir necessariamente e ser infinito.

DEMONSTRAÇÃO — A demonstração desta proposição processa-se do mesmo modo que a demonstração da anterior.

PROPOSIÇÃO XXIII

Todo o modo que existe necessariamente e é infinito teve necessaria-mente de se seguir ou da natureza absoluta de um atributo de Deus, ou de um atributo modificado por uma modificação que existe necessariamente e é infinita.

DEMONSTRAÇÃO — Um modo é, com efeito, noutra coisa, por meio da qual deve ser concebido (*pela Def. 5*), isto é (*pela Prop. 15*), é somente em Deus e só por meio de Deus pode ser concebido. Se, portanto, se concebe que um modo existe necessariamente e que é infinito, tanto uma coisa como outra devem necessariamente concluir-se, ou seja, perceber-se, por um atri-buto de Deus, na medida em que este se concebe como exprimindo a infini-tude e a necessidade da existência, ou (*o que é o mesmo, pela Def. 8*) a eter-nidade, isto é (*pela Def. 6 e pela Prop. 19*), na medida em que se considera absolutamente. Por conseguinte, um modo que existe necessariamente e é infinito teve de se seguir da natureza absoluta de um atributo de Deus, e is-to, quer imediatamente (*veja-se a Prop. 21*), quer mediante uma modificação que se segue da sua natureza absoluta, isto é (*pela Prop. anterior*), que exis-te necessariamente e é infinita. *Q. E. D.*

PROPOSIÇÃO XXIV

A essência das coisas produzidas por Deus não envolve a existência.

DEMONSTRAÇÃO — É evidente pela Definição 1. Com efeito, aquilo cuja natureza (considerada em si mesma) envolve a existência é causa de si e exis-te pela simples necessidade da sua natureza.

COROLÁRIO — Donde se segue que Deus é não só a causa de as coisas começarem a existir, mas também de elas perseverarem no existir, ou seja

Parte I — De Deus

termino Scholastico utar) Deum esse causam essendi rerum. Nam, sive res existant, sive non existant, quotiescunque ad earum essentiam attendimus, eandem nec existentiam, nec durationem involvere comperimus; adeoque earum essentia neque suæ existentiæ, neque suæ durationis potest esse causa, sed tantum Deus, ad cujus solam naturam pertinet existere (*per Coroll. 1 Prop. 14*).

PROPOSITIO XXV

Deus non tantum est causa efficiens rerum existentiæ, sed etiam essentiæ.

DEMONSTRATIO — Si negas, ergo rerum essentiæ Deus non est causa; adeoque (*per Axiom. 4*) potest rerum essentia sine Deo concipi: atqui hoc (*per Prop. 15*) est absurdum. Ergo rerum etiam essentiæ Deus est causa. Q. E. D.

SCHOLIUM — Hæc Propositio clarius sequitur ex Propositione 16. Ex ea enim sequitur, quod ex data natura divina, tam rerum essentia, quam existentia debeat necessario concludi; et, ut verbo dicam, eo sensu, quo Deus dicitur causa sui, etiam omnium rerum causa dicendus est, quod adhuc clarius ex sequenti Corollario constabit.

COROLLARIUM — Res particulares nihil sunt, nisi Dei attributorum affectiones, sive modi, quibus Dei attributa certo, et determinato modo exprimuntur. Demonstratio patet ex Propositione 15, et Definitione 5.

PROPOSITIO XXVI

Res, quæ ad aliquid operandum determinata est, a Deo necessario sic

(para usar um termo escolástico), Deus é causa do ser[18] das coisas. Com efeito, quer as coisas existam, quer não existam, sempre que atendemos à sua essência, confirmamos que esta não envolve nem a existência, nem a duração. Por isso, a sua essência não pode ser causa nem da sua existência, nem da sua duração; só Deus, cuja natureza é a única à qual pertence existir (*pelo Corol. 1 da Prop. 14*).

PROPOSIÇÃO XXV

Deus é causa eficiente não só da existência, mas também da essência das coisas.

DEMONSTRAÇÃO — Se negas isto, então Deus não é causa da essência das coisas e, por conseguinte (*pelo Ax. 4*), a essência das coisas pode ser concebida sem Deus. Mas isto (*pela Prop. 15*) é absurdo. Logo, Deus também é causa da essência das coisas. Q. E. D.

ESCÓLIO — Esta proposição segue-se mais claramente da Proposição 16, da qual efetivamente se segue que, dada a natureza divina, deve concluir-se necessariamente tanto a essência como a existência das coisas. Numa palavra, Deus, no mesmo sentido em que se diz causa de si, deve também dizer-se causa de todas as coisas, o que constará ainda mais claramente do corolário seguinte.

COROLÁRIO — As coisas particulares não são senão afecções dos atributos de Deus, ou seja, modos pelos quais os atributos de Deus se exprimem de um certo e determinado modo. A demonstração é evidente pela Proposição 15 e pela Definição 5.

PROPOSIÇÃO XXVI

Uma coisa que é determinada a efetuar[19] algo foi necessariamente as-

---

[18] *Causam essendi*: a Escolástica distingue *causa fiendi* de *causa essendi*, ou causa *secundum fieri* de causa *secundum esse*, como escreve Suárez. Sem a primeira, o efeito não se produz, isto é, a coisa não passa à existência; sem a segunda, o efeito não persiste. Por exemplo, o pintor é a *causa fiendi* de uma tela; o arame com que a penduro na parede é a *causa essendi* de ela aí permanecer. Cf. F. Suárez, *Disputationes Metaphysicae*, XXI, 1, 11.

[19] *Ad aliquid operandum*: cf. nota 6.

Parte I — De Deus

fuit determinata; et, quæ a Deo non est determinata, non potest se ipsam ad operandum determinare.

DEMONSTRATIO — Id, per quod res determinatæ ad aliquid operandum dicuntur, necessario quid positivum est (*ut per se notum*). Adeoque, tam ejus essentiæ, quam existentiæ, Deus ex necessitate suæ naturæ est causa efficiens (*per Prop. 25 et 16*); quod erat primum. Ex quo etiam, quod secundo proponitur, clarissime sequitur. Nam si res, quæ a Deo determinata non est, se ipsam determinare posset, prima pars hujus falsa esset, quod est absurdum, ut ostendimus.

PROPOSITIO XXVII

Res, quæ a Deo ad aliquid operandum determinata est, se ipsam indeterminatam reddere non potest.

DEMONSTRATIO — Hæc Propositio patet ex Axiomate tertio.

PROPOSITIO XXVIII

Quodcunque singulare, sive quævis res, quæ finita est, et determinatam habet existentiam, non potest existere, nec ad operandum determinari, nisi ad existendum, et operandum determinetur ab alia causa, quæ etiam f inita est, et determinatam habet existentiam: et rursus hæc causa non potest etiam existere, neque ad operandum determinari, nisi ab alia, quæ etiam finita est, et determinatam habet existentiam, determinetur ad existendum, et operandum, et sic in infinitum.

DEMONSTRATIO — Quicquid determinatum est ad existendum, et operandum, a Deo sic determinatum est (*per Prop. 26 et Coroll. Prop. 24*). At id, quod finitum est, et determinatam habet existentiam, ab absoluta natura alicujus Dei attributi produci non potuit; quicquid enim ex absoluta natura alicujus Dei attributi sequitur, id infinitum, et æternum est (*per Prop. 21*). Debuit ergo ex Deo, vel aliquo ejus attributo sequi, quatenus aliquo modo affectum consideratur; præter enim substantiam, et modos nil datur (*per Axiom. 1 et Defin. 3 et 5*), et modi (*per Coroll. Prop. 25*) nihil sunt, nisi Dei attributorum affectiones. At ex Deo, vel aliquo ejus

sim determinada por Deus; e a que não é determinada por Deus não pode determinar-se a si mesma a operar.

DEMONSTRAÇÃO — Aquilo por que as coisas se dizem determinadas a efetuar algo é necessariamente qualquer coisa de positivo (*como é por si mesmo conhecido*). Por conseguinte, Deus, pela necessidade da sua natureza, é causa eficiente tanto da essência, como da existência dessa coisa (*pelas Prop. 25 e 16*). Este era o primeiro ponto, do qual também se segue muito claramente aquele que se propõe em segundo lugar. Na verdade, se uma coisa que não é determinada por Deus pudesse determinar-se a si mesma, a primeira parte desta proposição seria falsa, o que é absurdo, como mostramos.

PROPOSIÇÃO XXVII
Uma coisa que é determinada por Deus a efetuar algo não pode tornar-se a si própria indeterminada.

DEMONSTRAÇÃO — Esta proposição é evidente pelo Axioma 3.

PROPOSIÇÃO XXVIII
Qualquer coisa singular, ou seja, qualquer coisa que é finita e tem uma existência determinada, não pode existir nem ser determinada a operar a não ser que seja determinada a existir e a operar por outra causa que também é finita e tem uma existência determinada; por sua vez, esta causa também não pode existir nem ser determinada a operar, a não ser que seja determinada por uma outra, que também é finita e tem uma existência determinada, e assim até o infinito.

DEMONSTRAÇÃO — Tudo o que é determinado a existir e a operar é assim determinado por Deus (*pela Prop. 26 e pelo Corol. da Prop. 24*). Ora, aquilo que é finito e tem uma existência determinada não pode ter sido produzido pela natureza absoluta de um atributo de Deus. Com efeito, tudo o que se segue da natureza absoluta de um atributo de Deus é infinito e eterno (*pela Prop. 21*). Teve, portanto, de se seguir de Deus, ou de um atributo de Deus, na medida em que este se considera afetado de algum modo, pois além da substância e dos modos nada mais se dá (*pelo Ax. 1 e pelas Def. 3 e 5*), e os modos (*pelo Corol. da Prop. 25*) não são senão afecções dos atributos de Deus. Todavia, também não pode ter-se seguido (*pela Prop. 22*) de Deus,

Parte I — De Deus

attributo, quatenus affectum est modificatione, quæ æterna, et infinita est, sequi etiam non potuit (*per Prop. 22*). Debuit ergo sequi, vel ad existendum, et operandum determinari a Deo, vel aliquo ejus attributo, quatenus modificatum est modificatione, quæ finita est, et determinatam habet existentiam. Quod erat primum. Deinde hæc rursus causa, sive hic modus (*per eandem rationem, qua primam partem hujus jam jam demonstravimus*) debuit etiam determinari ab alia, quæ etiam finita est, et determinatam habet existentiam, et rursus hæc ultima (*per eandem rationem*) ab alia, et sic semper (*per eandem rationem*) in infinitum. *Q. E. D.*

SCHOLIUM — Cum quædam a Deo immediate produci debuerunt, videlicet ea, quæ ex absoluta ejus natura necessario sequuntur, et alia mediantibus his primis, quæ tamen sine Deo nec esse, nec concipi possunt; hinc sequitur I°. quod Deus sit rerum immediate ab ipso productarum, causa absolute proxima; non vero in suo genere, ut ajunt. Nam Dei effectus, sine sua causa, nec esse, nec concipi possunt (*per Prop. 15 et Coroll. Prop. 24*). Sequitur II°. quod Deus non potest proprie dici causa esse remota rerum singularium, nisi forte ea de causa, ut scilicet has ab iis, quas immediate produxit, vel potius, quæ ex absoluta ejus natura sequuntur, distinguamus. Nam per causam remotam talem, intelligimus, quæ cum effectu nullo modo conjuncta est. At omnia, quæ sunt, in Deo sunt, et a Deo ita dependent, ut sine ipso nec esse, nec concipi possint.

PROPOSITIO XXIX

In rerum natura nullum datur contingens, sed omnia ex necessitate divinæ naturæ determinata sunt ad certo modo existendum, et operandum.

ou de um atributo de Deus na medida em que é afetado de uma modificação que é eterna e infinita. Logo, teve de se seguir, isto é, de ser determinado a existir e a operar por Deus, ou por algum atributo seu, enquanto modificado por uma modificação que é finita e tem uma existência determinada. Isto, quanto ao primeiro ponto. Depois, esta causa, ou seja, este modo (*pela mesma razão por que demonstramos há pouco a primeira parte desta proposição*), deve, por sua vez, ter sido igualmente determinada por uma outra, que também é finita e tem uma existência determinada, e, por sua vez, esta última (*pela mesma razão*) por uma outra, e assim sucessivamente (*pela mesma razão*) até o infinito. *Q. E. D.*

ESCÓLIO — Como certas coisas tiveram de ser produzidas imediatamente por Deus, a saber, aquelas que se seguem necessariamente da sua natureza absoluta, e bem assim outras, mediante essas primeiras, que todavia não podem ser nem ser concebidas sem Deus, segue-se daqui: I) que Deus é causa absolutamente próxima das coisas produzidas imediatamente por ele, mas não em seu gênero,[20] como eles dizem, pois os efeitos de Deus não podem ser, nem ser concebidos, sem a sua causa (*pela Prop. 15 e pelo Corol. da Prop. 24*); II) que não pode dizer-se propriamente que Deus é causa remota das coisas singulares, a não ser, talvez, para as distinguirmos daquelas que ele produziu imediatamente, ou antes, que se seguem da sua natureza absoluta. Na verdade, entendemos por causa remota aquela que não está, de modo nenhum, junta com o efeito. Ora, todas as coisas que são, são em Deus e dependem de tal maneira de Deus, que, sem ele, não podem ser nem ser concebidas.

PROPOSIÇÃO XXIX

Na natureza das coisas não se dá nada de contingente; tudo está, antes, determinado pela necessidade da natureza divina a existir e a operar de um certo modo.

---

[20] Em comentário a esta passagem, Gueroult (1968, p. 255, nota 40) invoca o seguinte exemplo: "o pai é causa próxima do seu filho, pois entre o seu filho e ele não intervém nenhum intermediário do mesmo gênero que ele (nenhum outro homem ou reprodutor), mas apenas causa próxima em seu gênero, e não absolutamente, visto que entre ambos intervém um intermediário de um outro gênero, o sêmen, que permite a sua *approximatio*".

Parte I — De Deus

DEMONSTRATIO — Quicquid est, in Deo est (*per Prop. 15*): Deus autem non potest dici res contingens. Nam (*per Prop. 11*) necessario, non vero contingenter existit. Modi deinde divinæ naturæ ex eadem etiam necessario, non vero contingenter secuti sunt (*per Prop. 16*), idque, vel quatenus divina natura absolute (*per Prop. 21*), vel quatenus certo modo ad agendum determinata consideratur (*per Prop. 27*). Porro horum modorum Deus non tantum est causa, quatenus simpliciter existunt (*per Coroll. Prop. 24*), sed etiam (*per Prop. 26*), quatenus ad aliquid operandum determinati considerantur. Quod si a Deo (*per eandem. Prop.*) determinati non sint, impossibile, non vero contingens est, ut se ipsos determinent; et contra (*per Prop. 27*) si a Deo determinati sint, impossibile, non vero contingens est, ut se ipsos indeterminatos reddant. Quare omnia ex necessitate divinæ naturæ determinata sunt, non tantum ad existendum, sed etiam ad certo modo existendum, et operandum, nullumque datur contingens. *Q. E. D.*

SCHOLIUM — Antequam ulterius pergam, hic, quid nobis per Naturam naturantem, et quid per Naturam naturatam intelligendum sit,

DEMONSTRAÇÃO — Tudo o que é, é em Deus (*pela Prop. 15*). Mas Deus não se pode dizer uma coisa contingente, porquanto (*pela Prop. 11*) existe necessária e não contingentemente. Depois, os modos da natureza divina também se seguem dela (*pela Prop. 16*) necessária e não contingentemente, quer se considere a natureza divina absolutamente (*pela Prop. 21*), ou enquanto determinada a agir de um certo modo (*pela Prop. 27*). Além disso, Deus não é só causa desses modos na medida em que eles simplesmente existem (*pelo Corol. da Prop. 24*), mas também (*pela Prop. 26*) na medida em que se consideram determinados a efetuar algo. Porque, se não forem determinados por Deus (*pela mesma Prop.*), é impossível, e não contingente, que se determinem a si próprios; e se, pelo contrário (*pela Prop. 27*), forem determinados por Deus, é impossível, e não contingente, que se tornem a si próprios indeterminados. Por conseguinte, todas as coisas são determinadas pela necessidade da natureza divina não só a existirem, mas também a existirem e a operarem de um certo modo, e nada se dá de contingente. *Q. E. D.*

ESCÓLIO — Antes de prosseguir, quero aqui explicar, ou melhor, advertir, o que se deve entender por natureza naturante[21] e natureza naturada. Pe-

---

[21] A distinção entre *natura naturans* e *natura naturata*, tal como usada por Espinosa, ou na sua variante *natura creatrix* e *natura creata*, ou ainda como *natura universalis* e *natura particularis*, surge desde, pelo menos, o *De divisione naturae*, de João Escoto Eriúgena, como operador da distinção entre o criador e as criaturas. Vemo-la, mais tarde, utilizada, por filósofos como São Boaventura e Ramon Llull, ainda na Idade Média; por Giordano Bruno, na Renascença; e pelos autores dos *Commentarii Colegii Conimbricensis Societatis Jesu In Octo Libros Physicorum Aristotelis Stagiritae*, I. II, cap. I, quaest. 1 (1592, Coimbra, A. Mariz, p. 217); entre outros, na chamada Segunda Escolástica. Espinosa reformula-a profundamente, logo no *KV*, I, 8: "os tomistas entenderam Deus do mesmo modo, mas a sua *natura naturans* era um ser (assim lhe chamavam) exterior a todas as substâncias". Tirando a especificidade das leituras panteístas da obra de Espinosa no século XVIII, a *natura naturans* e a *natura naturata* sempre foram, até há pouco, comumente entendidas como as duas faces sob as quais se pode entender a mesma natureza — por um lado, substância una, que é causa de si, dotada de infinitos atributos; por outro, infinidade de modos em cada um dos atributos —, sem no entanto se perder de vista que a substância é causa imanente dos modos e que, portanto, Deus é na substância como é nos modos dos atributos. Esta tese — "Deus e o mundo não fazem senão um só ser" —, que já P. Bayle (1983, *Écrits sur Spinoza*, Paris, L'Autre Rive, pp. 29-30, originalmente publicado *in* Bayle [1697], *Dictionnaire historique et critique*, verbete "Spinoza") considerava uma "extravagante e monstruosa opinião", foi recentemente questionada por alguns investigadores que, na esteira de E. Curley, têm defendido que o Deus da *Ética* se identifica simplesmente com a *natura naturans*, mas não com a *natura naturata*, ou seja, com o mundo e as coisas (cf. Curley, 1969, p. 19). Espinosa, refere este autor, "rejeitava a noção de Deus como um criador pessoal e identifi-

explicare volo, vel potius monere. Nam ex antecedentibus jam constare existimo, nempe, quod per Naturam naturantem nobis intelligendum est id, quod in se est, et per se concipitur, sive talia substantiæ attributa, quæ æternam, et infinitam essentiam exprimunt, hoc est (*per Coroll. 1 Prop. 14 et Coroll. 2 Prop. 17*), Deus, quatenus, ut causa libera, consideratur. Per naturatam autem intelligo id omne, quod ex necessitate Dei naturæ, sive uniuscujusque Dei attributorum sequitur, hoc est, omnes Dei attributorum modos, quatenus considerantur, ut res, quæ in Deo sunt, et quæ sine Deo nec esse, nec concipi possunt.

PROPOSITIO XXX

Intellectus actu finitus, aut actu infinitus Dei attributa, Deique affectiones comprehendere debet, et nihil aliud.

DEMONSTRATIO — Idea vera debet convenire cum suo ideato (*per Axiom.* 6), hoc est (*ut per se notum*) id, quod in intellectu objective continetur, debet necessario in natura dari: atqui in natura (*per Coroll. 1 Prop. 14*) non nisi una substantia datur,

lo que se disse atrás, com efeito, presumo ser já evidente que por natureza naturante deve entender-se aquilo que é em si e se concebe por si, ou seja, os atributos da substância, que exprimem uma essência eterna e infinita, isto é (*pelo Corol. 1 da Prop. 14 e pelo Corol. 2 da Prop. 17*), Deus, na medida em que é considerado como causa livre. Já por natureza naturada, entendo tudo aquilo que se segue da necessidade da natureza de Deus, ou seja, de cada um dos atributos de Deus, que o mesmo é dizer, todos os modos dos atributos de Deus, na medida em que se consideram como coisas que são em Deus e que, sem Deus, não podem ser nem ser concebidas.

PROPOSIÇÃO XXX

Um entendimento em ato, finito ou infinito,[22] *deve compreender os atributos de Deus e as afecções de Deus, e nada mais.*

DEMONSTRAÇÃO — Uma ideia verdadeira deve convir com o seu ideato (*pelo Ax. 6*), isto é (*como é por si mesmo conhecido*), aquilo que é objetivamente contido no entendimento deve dar-se necessariamente na natureza. Ora, na natureza (*pelo Corol. 1 da Prop. 14*), não se dá senão uma

---

cava Deus com (os atributos nos quais estão inscritas) as leis fundamentais da natureza, que ofereciam a explicação última para tudo o que acontece. Quer dizer, identificava Deus com a Natureza, concebida esta não como a totalidade das coisas, mas como os princípios mais gerais da ordem exemplificada pelas coisas" (Curley, 1988, p. 42). A insustentabilidade desta interpretação à luz do texto da *Ética* já antes havia sido evidenciada, entre outros, por Gueroult (1968, p. 345): "Num como noutro caso, é a mesma natureza sob dois aspectos diferentes". Mais recentemente, Y. Melamed (2013, p. 18) observa que "Espinosa não deixa dúvidas de que toma os modos finitos como sendo Deus em certo sentido, ou aspecto". Caso contrário, diz Melamed num outro texto, "se, como sugere Curley, Deus fosse idêntico à *natura naturans*, mas não à *natura naturata*, seria limitado pela *natura naturata* e, por conseguinte, não seria infinito" (2009, p. 63). Cf. sobre este último ponto, J. D. Loureiro (p. 171, nota 29). Sobre a "divisão da natureza" em Escoto Eriúgena, como antecipação da "dialética finito-infinito que irá caracterizar o espírito da especulação renascentista", cf. C. H. do C. Silva (1973), "O pensamento da diferença no *De divisione naturae* de Escoto Eriúgena", *Didaskalia*, 3, 2, pp. 247-304. Sobre a "genealogia" da distinção *naturans-naturata*, cf. F. Manzini (2009, pp. 240-58).

[22] *Intellectus actu finitus, aut actu infinitus*: na sequência de E. Curley, acolhemos aqui a sutil interpretação de Gueroult (1968, p. 354, nota 3), o qual observa que no original vem *intellectus actu*, e não *intellectus, actu*, sendo, portanto, de excluir traduções como a de C. Appuhn (1913, Spinoza, *Éthique*, Paris, Garnier): "*un entendement, actuellement fini ou actuellement infini*". Se outras razões não houvesse, a forma como está redigida a proposição seguinte seria, a nosso ver, suficiente.

Parte I — De Deus

nempe Deus, nec ullæ aliæ affectiones (*per Prop. 15*), quam quæ in Deo sunt, et quæ (*per eandem Prop.*) sine Deo nec esse, nec concipi possunt; ergo intellectus actu finitus, aut actu infinitus Dei attributa, Deique affectiones comprehendere debet, et nihil aliud. *Q. E. D.*

PROPOSITIO XXXI

Intellectus actu, sive is finitus sit, sive infinitus, ut et voluntas, cupiditas, amor etc. ad Naturam naturatam, non vero ad naturantem referri debent.

DEMONSTRATIO — Per intellectum enim (*ut per se notum*) non intelligimus absolutam cogitationem, sed certum tantum modum cogitandi, qui modus ab aliis, scilicet cupiditate, amore, etc. differt, adeoque (*per Defin. 5*) per absolutam cogitationem concipi debet, nempe (*per Prop. 15 et Defin. 6*) per aliquod Dei attributum, quod æternam, et infinitam cogitationis essentiam exprimit, ita concipi debet, ut sine ipso nec esse, nec concipi possit; ac propterea (*per Schol. Prop. 29*) ad Naturam naturatam, non vero naturantem referri debet, ut etiam reliqui modi cogitandi. *Q. E. D.*

SCHOLIUM — Ratio, cur hic loquar de intellectu actu, non est, quia concedo, ullum dari intellectum potentia, sed, quia omnem confusionem vitare cupio, nolui loqui, nisi de re nobis quam clarissime percepta, de ipsa scilicet intellectione,

única substância, a saber, Deus, e não se dão outras afecções (*pela Prop. 15*) a não ser as que são em Deus e que (*pela mesma Prop.*) não podem ser nem ser concebidas sem Deus. Logo, o entendimento em ato, finito ou infinito, deve compreender os atributos de Deus e as afecções de Deus, e nada mais. Q. E. D.

PROPOSIÇÃO XXXI

O entendimento em ato, quer seja finito ou infinito, tal como a vontade, o desejo, o amor, etc., devem ser referidos à natureza naturada e não à naturante.

DEMONSTRAÇÃO — Por entendimento, com efeito (*como é por si mesmo conhecido*), não entendemos o pensamento absoluto, mas apenas um certo modo de pensar,[23] o qual difere de outros, como o desejo, o amor, etc., e deve por isso (*pela Def. 5*) ser concebido pelo pensamento absoluto, quer dizer (*pela Prop. 15 e a Def. 6*), deve ser concebido por um atributo de Deus que exprime a essência eterna e infinita do pensamento, de tal maneira que, sem ele, não possa ser nem ser concebido. Por conseguinte (*pelo Esc. da Prop. 29*), deve referir-se à natureza naturada e não à naturante, tal como os restantes modos de pensar. Q. E. D.

ESCÓLIO — A razão por que eu falo aqui de entendimento em ato não é porque admita que se dê um entendimento em potência, mas porque, desejando evitar qualquer confusão, não quis falar senão daquilo que é percebido por nós claramente, a saber, da própria intelecção,[24] mais claro do

---

[23] *Modus cogitandi*: do ponto de vista do sistema de Espinosa, deveria dizer-se "modo do pensar", como se diz "modo da extensão" e conforme aparece na maioria das traduções. Trata-se, efetivamente, de um modo do atributo pensamento. Visto, porém, o inusitado da expressão e, sobretudo, o fato de, no original, surgir sempre *modus cogitandi* e não *modus cogitationis*, traduzimos, na esteira de Curley (*mode of thinking*), Giancotti, Mignini (*modo di pensare*) e o Grupo de Estudos Espinosanos, por "modo de pensar".

[24] *Intellectio*: distinta de *intellectus*, ou *intelligentia*, a "intelecção" surge aqui como o ato do entendimento. Na sua tradução, em nota a esta passagem, J. de Carvalho (1992) vê no uso deste termo "um dos fatos que inclinam a crer que Espinosa pensava em português, ou em castelhano, ou ainda numa fala mista dos dois idiomas". Deixando aqui de parte a *vexata questio* da língua em que pensava Espinosa, a sugestão afigura-se, no entanto, algo incompreensível, tanto mais que o autor, ainda na mesma nota, lembra que em Descartes, *Meditationes de Prima Philosophia*, VI, aparece o francês *intellection*, termo pelo

Parte I — De Deus

qua nihil nobis clarius percipitur. Nihil enim intelligere possumus, quod ad perfectiorem intellectionis cognitionem non conducat.

PROPOSITIO XXXII
Voluntas non potest vocari causa libera, sed tantum necessaria.

DEMONSTRATIO — Voluntas certus tantum cogitandi modus est, sicuti intellectus; adeoque (*per Prop. 28*) unaquæque volitio non potest existere, neque ad operandum determinari, nisi ab alia causa determinetur, et hæc rursus ab alia, et sic porro in infinitum. Quod si voluntas infinita supponatur, debet etiam ad existendum, et operandum determinari a Deo, non quatenus substantia absolute infinita est, sed quatenus attributum habet, quod infinitam, et æternam cogitationis essentiam exprimit (*per Prop. 23*). Quocumque igitur modo, sive finita, sive infinita concipiatur, causam requirit, a qua ad existendum, et operandum determinetur; adeoque (*per Defin. 7*) non potest dici causa libera, sed tantum necessaria, vel coacta. *Q. E. D.*

COROLLARIUM I — Hinc sequitur I°. Deum non operari ex libertate voluntatis.

COROLLARIUM II — Sequitur II°. voluntatem, et intellectum ad Dei naturam ita sese habere, ut motus, et quies, et absolute, ut omnia naturalia, quæ (*per Prop. 29*) a Deo ad existendum, et operandum certo modo determinari debent. Nam voluntas, ut reliqua omnia, causa indiget, a qua ad existendum, et operandum certo modo determinetur. Et, quamvis ex data voluntate, sive intellectu infinita sequantur, non tamen propterea Deus magis dici potest ex libertate voluntatis agere, quam propter ea, quæ ex motu, et quiete sequuntur (infinita enim ex his etiam sequuntur), dici potest ex libertate motus,

que a qual não há nada que seja percebido por nós. Com efeito, não há nada que possamos entender que não leve a um conhecimento mais perfeito da intelecção.

PROPOSIÇÃO XXXII
A vontade não pode ser chamada causa livre, mas somente necessária.

DEMONSTRAÇÃO — A vontade é somente um certo modo de pensar, tal como o entendimento, pelo que (*pela Prop. 28*) uma volição não pode existir nem ser determinada a operar, a menos que seja determinada por outra causa, e esta, por sua vez, por uma outra, e assim sucessivamente, até o infinito. Mesmo supondo que a vontade é infinita, ela deve também ser determinada a existir e a operar por Deus, não na medida em que este é substância absolutamente infinita, mas na medida em que possui um atributo que exprime a essência infinita e eterna do pensamento (*pela Prop. 23*). Seja, portanto, qual for o modo, finito ou infinito, como é concebida, ela requer uma causa pela qual seja determinada a existir e a operar, e, por isso (*pela Def. 7*), não pode dizer-se causa livre, mas somente necessária, ou coagida. Q. E. D.

COROLÁRIO I — Donde se segue I) que Deus não opera pela liberdade da vontade.

COROLÁRIO II — Donde se segue II) que a vontade e o entendimento estão para a natureza de Deus como o movimento e o repouso, e absolutamente todas as coisas naturais, que (*pela Prop. 29*) têm de ser determinadas por Deus a existir e a operar de um certo modo. Com efeito, a vontade, como todo o resto, carece de uma causa pela qual seja determinada a existir e a operar de um certo modo. E embora de uma dada vontade, ou entendimento, se sigam infinitas coisas, nem por isso se pode, contudo, dizer que Deus age pela liberdade da vontade, tal como não se pode dizer, por causa das coisas que se seguem do movimento e do repouso (pois deles também se seguem

---

qual o duque de Luynes, contemporâneo do autor e elogiado por este, traduz o original latino *intellectionem*. O vocábulo é, de resto, usualmente traduzido por termos equivalentes, ou muito próximos, mesmo em línguas que não são de origem latina, como o inglês *intellection*, ou o alemão *Verständnis*.

et quietis agere. Quare voluntas ad Dei naturam non magis pertinet, quam reliqua naturalia; sed ad ipsam eodem modo sese habet, ut motus, et quies, et omnia reliqua, quæ ostendimus ex necessitate divinæ naturæ sequi, et ab eadem ad existendum, et operandum certo modo determinari.

PROPOSITIO XXXIII

Res nullo alio modo, neque alio ordine a Deo produci potuerunt, quam productæ sunt.

DEMONSTRATIO — Res enim omnes ex data Dei natura necessario sequutæ sunt (*per Prop. 16*), et ex necessitate naturæ Dei determinatæ sunt ad certo modo existendum, et operandum (*per Prop. 29*). Si itaque res alterius naturæ potuissent esse, vel alio modo ad operandum determinari, ut naturæ ordo alius esset; ergo Dei etiam natura alia posset esse, quam jam est; ac proinde (*per Prop. 11*) illa etiam deberet existere, et consequenter duo, vel plures possent dari Dii, quod (*per Coroll. 1 Prop. 14*) est absurdum. Quapropter res nullo alio modo, neque alio ordine, etc. *Q. E. D.*

SCHOLIUM I — Quoniam his luce meridiana clarius ostendi, nihil absolute in rebus dari, propter quod contingentes dicantur, explicare jam paucis volo, quid nobis per contingens erit intelligendum; sed prius, quid per necessarium, et impossibile. Res aliqua neressaria dicitur, vel ratione suæ essentiæ, vel ratione causæ. Rei enim alicujus existentia vel ex ipsius essentia, et definitione, vel ex data causa efficiente necessario sequitur. Deinde his etiam de causis res aliqua impossibilis dicitur; nimirum quia vel ipsius essentia, seu definitio contradictionem involvit, vel quia nulla causa externa datur, ad talem rem producendam determinata. At res aliqua nulla alia de causa contingens dicitur, nisi respectu defectus nostræ cognitionis. Res enim, cujus essentiam contradictionem involvere ignoramus, vel de qua probe scimus, eandem nullam contradictionem involvere, et tamen de ipsius existentia nihil certo affirmare possumus, propterea quod ordo causarum nos latet, ea nunquam, nec ut necessaria, nec ut

infinitas coisas) que Deus age pela liberdade do movimento e do repouso. Por isso, a vontade não pertence mais à natureza de Deus do que as restantes coisas naturais, e está para ela como o movimento e o repouso e todas as restantes coisas que mostramos seguirem-se da necessidade da natureza divina e são por ela determinadas a existir e a operar de um certo modo.

PROPOSIÇÃO XXXIII

As coisas não podiam ter sido produzidas por Deus de nenhum outro modo, nem por uma ordem que não aquela por que foram produzidas.

DEMONSTRAÇÃO — As coisas, com efeito, dada a natureza de Deus, seguiram-se todas necessariamente dela (*pela Prop. 16*), e pela necessidade da natureza de Deus foram determinadas a existir e a operar de um certo modo (*pela Prop. 29*). Assim, se as coisas tivessem podido ser de outra natureza, ou determinadas a operar de um outro modo, de tal maneira que fosse outra a ordem da natureza, então também a natureza de Deus poderia ser uma diferente da que é agora e, por conseguinte (*pela Prop. 11*), também essa deveria existir e, desse modo, poderiam dar-se dois ou mais deuses, o que (*pelo Corol. 1 da Prop. 14*) é absurdo. Por isso, as coisas não podiam ter sido produzidas por Deus de nenhum outro modo, nem por nenhuma outra ordem, etc. *Q. E. D.*

ESCÓLIO I — Dado que, pelo exposto, mostrei com clareza mais que meridiana que não se dá nas coisas absolutamente nada em virtude do qual elas se digam contingentes, quero agora explicar em poucas palavras o que devemos entender por contingente. Antes, porém, explicarei o que se deve entender por necessário e por impossível. Uma coisa diz-se necessária em razão da sua essência, ou em razão da sua causa. Com efeito, a existência de uma coisa segue-se necessariamente ou da sua própria essência e definição, ou de uma dada causa eficiente. Além disso, é também por estas causas que uma coisa se diz impossível, a saber, ou porque a sua essência ou definição envolve contradição, ou porque não se dá nenhuma causa exterior que seja determinada a produzir tal coisa. Mas uma coisa não se diz contingente por nenhuma outra causa a não ser um defeito do nosso conhecimento. Com efeito, uma coisa de cuja essência ignoramos que envolve contradição, ou da qual sabemos muito bem que não envolve nenhuma contradição e, contudo, nada de certo podemos afirmar quanto à sua existência, porquanto nos escapa a ordem das causas, não poderá jamais ser vista por nós nem como ne-

Parte I — De Deus

165

impossibilis videri nobis potest, ideoque eandem vel contingentem, vel possibilem vocamus.

SCHOLIUM II — Ex præcedentibus clare sequitur, res summa perfectione a Deo fuisse productas: quandoquidem ex data perfectissima natura necessario secutæ sunt. Neque hoc Deum ullius arguit imperfectionis; ipsius enim perfectio hoc nos affirmare coegit. Imo ex hujus contrario clare sequeretur (ut modo ostendi), Deum non esse summe perfectum; nimirum quia, si res alio modo fuissent productæ, Deo alia natura esset tribuenda, diversa ab ea, quam ex consideratione Entis perfectissimi coacti sumus ei tribuere. Verum non dubito, quin multi hanc sententiam, ut absurdam, explodant, nec animum ad eandem perpendendam instituere velint; idque nulla alia de causa, quam quia Deo aliam libertatem assueti sunt tribuere, longe diversam ab illa, quæ a nobis (*Defin.* 7) tradita est; videlicet, absolutam voluntatem. Verum neque etiam dubito, si rem meditari vellent, nostrarumque demonstrationum seriem recte secum perpendere, quin tandem talem libertatem, qualem jam Deo tribuunt, non tantum, ut nugatoriam, sed, ut magnum scientiæ obstaculum, plane rejiciant. Nec opus est, ut ea, quæ in Scholio Propositionis 17 dicta sunt, hic repetam. Attamen in eorum gratiam adhuc ostendam, quod, quamvis concedatur, voluntatem ad Dei essentiam pertinere, ex ejus perfectione nihilominus sequatur, res nullo alio potuisse modo, neque ordine a Deo creari; quod facile erit ostendere, si prius consideremus id, quod ipsimet concedunt, videlicet ex solo Dei decreto, et voluntate pendere, ut unaquæque res id, quod est, sit. Nam alias Deus omnium rerum causa non esset. Deinde quod omnia Dei decreta ab æterno ab ipso Deo sancita fuerunt. Nam alias imperfectionis, et inconstantiæ argueretur. At cum in æterno non detur *quando*, *ante*, nec *post*: hinc, ex sola scilicet Dei perfectione, sequitur, Deum aliud decernere nunquam posse, nec unquam potuisse; sive Deum ante sua decreta nun fuisse, nec sine

166 Pars prima — De Deo

cessária, nem como impossível, e por isso lhe chamamos ou contingente, ou possível.

ESCÓLIO II — Segue-se claramente do que precede que as coisas foram produzidas por Deus com suprema perfeição, porquanto, dada a natureza perfeitíssima, se seguiram necessariamente dela. E isto não imputa imperfeição alguma a Deus, visto ser a sua própria perfeição que nos obriga a afirmá-lo. Mais ainda, do contrário disto, seguir-se-ia claramente (como acabei de mostrar) que Deus não era sumamente perfeito, porquanto se as coisas tivessem sido produzidas de outra maneira, decerto se teria de atribuir a Deus uma outra natureza, diferente daquela que somos obrigados a atribuir-lhe a partir da consideração do ente perfeitíssimo.

Não duvido, contudo, que muitos afastem, por absurda, esta opinião e não queiram dispor o ânimo a examiná-la, por nenhuma outra razão a não ser o estarem habituados a atribuir a Deus uma outra liberdade, muito diferente daquela que nós apresentamos (*Def.* 7), a saber, uma vontade absoluta. Também não duvido que, se quisessem meditar no assunto e examinar honestamente a sequência das nossas demonstrações, acabariam por rejeitar totalmente, não apenas como frívola, mas como um grande obstáculo à ciência, essa tal liberdade que agora atribuem a Deus. Não é preciso repetir aqui o que foi dito no Escólio da Proposição 17. No entanto, por atenção a eles, mostrarei que ainda que se conceda que a vontade pertence à essência de Deus, de modo algum se segue da sua perfeição que as coisas tivessem podido ser criadas por Deus de um outro modo ou por uma outra ordem. E será fácil mostrá-lo, se considerarmos primeiro o que eles mesmos concedem, a saber, que depende só do decreto e da vontade de Deus que cada coisa seja o que é, pois de outra forma Deus não seria causa de todas as coisas, e, além disso, que todos os decretos de Deus foram estabelecidos desde a eternidade pelo próprio Deus, pois de outra forma estaríamos a imputar-lhe imperfeição e inconstância. Ora, como na eternidade não há *quando*, nem *antes*, nem *depois*, segue-se daqui, ou seja, da simples perfeição de Deus, que Deus nunca pode, nem alguma vez pôde, decidir diferentemente, por outras palavras, que Deus não existiu[25] antes dos seus decretos, nem pode existir sem eles.

---

[25] *Non fuisse*: embora "existir" não corresponda exatamente a "ser", e Espinosa distinga claramente entre *esse* e *existere*, não cremos ser infiéis ao original ao tomar aqui o verbo *esse* na sua acepção de "existir", evitando assim desnecessárias dificuldades de interpretação, à semelhança, aliás, da maioria das traduções em português e em espanhol (Car-

ipsis esse posse. At dicent, quod, quamvis supponeretur, quod Deus aliam rerum naturam fecisset, vel quod ab æterno aliud de natura, ejusque ordine decrevisset, nulla inde in Deo sequeretur imperfectio. Verum si hoc dicant, concedent simul, Deum posse sua mutare decreta. Nam si Deus de natura, ejusque ordine aliud, quam decrevit, decrevisset, hoc est, ut aliud de natura voluisset, et concepisset, alium necessario, quam jam habet intellectum, et aliam, quam jam habet, voluntatem habuisset. Et si Deo alium intellectum, aliamque voluntatem tribuere licet, absque ulla ejus essentiæ, ejusque perfectionis mutatione, quid causæ est, cur jam non possit sua de rebus creatis decreta mutare, et nihilominus æque perfectus manere? Ejus enim intellectus, et voluntas circa res creatas, et earum ordinem in respectu suæ essentiæ, et perfectionis, perinde est, quomodocunque concipiatur. Deinde omnes, quos vidi, Philosophi concedunt, nullum in Deo dari intellectum potentia, sed tantum actu; cum autem et ejus intellectus, et ejus voluntas ab ejusdem essentia non distinguantur, ut etiam omnes concedunt, sequitur ergo hinc etiam, quod, si Deus alium intellectum actu habuisset, et aliam voluntatem, ejus etiam essentia alia necessario esset; ac proinde (ut a principio conclusi) si aliter res, quam jam sunt, a Deo productæ essent, Dei intellectus, ejusque voluntas; hoc est (ut conceditur) ejus essentia alia esse deberei, quod est absurdum.

Cum itaque res nullo alio modo, nec ordine a Deo produci potuerit, et, hoc verum esse, ex summa Dei perfectione sequatur, nulla profecto sana ratio persuadere nobis potest, ut credamus, quod Deus noluerit omnia, quæ in suo intellectu sunt, eadem illa perfectione, qua ipsa intelligit, creare. At dicent, in rebus nullam esse perfectionem, neque imperfectionem, sed id, quod in ipsis est, propter quod perfectæ sunt, aut imperfectæ, et bonæ aut malæ dicuntur, a Dei tantum voluntate pendere; atque adeo, si Deus voluisset, potuisset efficere, ut id, quod jam perfectio est, summa esset imperfectio, et contra. Verum quid hoc aliud esset, quam aperte affirmare, quod Deus, qui id, quod vult, necessario

Dirão, no entanto, que, mesmo supondo que Deus tivesse feito uma outra natureza das coisas, ou que tivesse decretado, desde a eternidade, outra coisa quanto à natureza e à sua ordem, nenhuma imperfeição daí se seguiria em Deus. Contudo, se dizem isto, concedem em simultâneo que Deus pode mudar os seus decretos. Porque, se Deus tivesse decretado sobre a natureza e a sua ordem algo diferente do que decretou, isto é, se tivesse querido e concebido outra coisa acerca da natureza, teria tido necessariamente um entendimento e uma vontade diferentes dos que tem agora. E se é lícito atribuir a Deus outro entendimento e outra vontade, sem nenhuma mudança da sua essência e da sua perfeição, por que motivo não pode ele agora mudar os seus decretos sobre as coisas criadas e, mesmo assim, permanecer igualmente perfeito? De fato, o seu entendimento e a sua vontade quanto às coisas criadas e à sua ordem são os mesmos a respeito da sua essência e da sua perfeição, seja qual for o modo como se concebem. Além disso, todos os filósofos que li concedem que em Deus não se dá nenhum entendimento em potência, mas apenas em ato. Dado, no entanto, que o seu entendimento e a sua vontade não se distinguem da sua essência, como também reconhecem todos, segue-se igualmente que, se Deus tivesse tido outro entendimento em ato e outra vontade, também seria necessariamente outra a sua essência. Por conseguinte (como concluí desde o princípio), se as coisas tivessem sido produzidas por Deus diferentemente do que são agora, o entendimento e a vontade de Deus, isto é (como se concede), a sua essência, deveria ser outra, o que é absurdo.

Dado, pois, que as coisas não poderiam ter sido produzidas por Deus de nenhum outro modo, nem por uma outra ordem, e dado que se segue da sua suprema perfeição que isto é verdadeiro, decerto nenhuma sã razão pode persuadir-nos a crer que Deus não tenha querido criar, com a mesma perfeição com que as entende, todas as coisas que são no seu entendimento. Dirão, no entanto, que não existe nas coisas nenhuma perfeição, nem imperfeição, e que aquilo que nelas existe pelo qual são perfeitas ou imperfeitas e se dizem boas ou más depende só da vontade de Deus, pelo que, se Deus tivesse querido, poderia ter feito com que aquilo que agora é perfeição fosse a suprema imperfeição, e vice-versa. Isto, porém, não seria senão afirmar abertamente que Deus, que entende necessariamente aquilo que quer, pode

---

valho, Tadeu, Domínguez, Garcia). Há, no entanto, exceções: a do Grupo de Estudos Espinosanos, de São Paulo, e a de Pedro Lomba, que optam por um literalismo estrito: "Deus não foi", "*Dios no ha sido*".

intelligit, sua voluntate efficere potest, ut res alio modo, quam intelligit, intelligat, quod (ut modo ostendi) magnum est absurdum. Quare argumentum in ipsos retorquere possum, hoc modo. Omnia a Dei potestate pendent. Ut res itaque aliter se habere possint, Dei necessario voluntas aliter se habere etiam deberet; atqui Dei voluntas aliter se habere nequit (ut modo ex Dei perfectione evidentissime ostendimus). Ergo neque res aliter se habere possunt. Fateor, hanc opinionem, quæ omnia indifferenti cuidam Dei voluntati subjicit, et ab ipsius beneplacito omnia pendere statuit, minus a vero aberrare, quam illorum, qui statuunt, Deum omnia sub ratione boni agere. Nam hi aliquid extra Deum videntur ponere, quod a Deo non dependet, ad quod Deus, tanquam ad exemplar, in operando attendit, vel ad quod, tanquam ad certum scopum, collimat. Quod profecto nihil aliud est, quam Deum fato subjicere, quo nihil de Deo absurdius statui potest, quem ostendimus tam omnium rerum essentiæ, quam earum existentiæ primam, et unicam liberam causam esse. Quare non est, ut in hoc absurdo refutando tempus consumam.

PROPOSITIO XXXIV
Dei potentia est ipsa ipsius essentia.

DEMONSTRATIO — Ex sola enim necessitate Dei essentiæ sequitur, Deum esse causam sui (*per Prop. 11*), et (*per Prop. 16 ejusque Coroll.*) omnium rerum. Ergo potentia Dei, qua ipse, et omnia sunt, et agunt, est ipsa ipsius essentia. *Q. E. D.*

com a sua vontade fazer com que entenda de outro modo as coisas que entende, o que (como acabei de mostrar) é um grande absurdo. Daí que eu possa virar o argumento contra eles, do seguinte modo: todas as coisas dependem do poder de Deus; para que as coisas pudessem ser de outro modo, a vontade de Deus também deveria, portanto, ser necessariamente de outro modo; ora, a vontade de Deus não pode ser de outro modo (como acabamos de mostrar, com toda a evidência, pela perfeição de Deus); logo, as coisas também não podem ser de outro modo.

Confesso que esta opinião, que tudo sujeita a uma certa vontade indiferente de Deus e que sustenta que tudo depende do seu beneplácito, está menos afastada da verdade do que a daqueles que sustentam que Deus faz[26] tudo em função do bem. De fato, estes últimos parecem supor algo fora de Deus, que não depende de Deus e a que Deus atende ao operar, como se fosse um modelo,[27] ou para o qual tende, como se fosse um certo objetivo. O que sem dúvida não é outra coisa senão submeter Deus ao destino, coisa mais absurda do que a qual não se pode sustentar sobre Deus, que, como mostramos, é causa primeira, e a única livre, tanto da essência de todas as coisas, como da sua existência. Por isso, não há que perder tempo a refutar este absurdo.

PROPOSIÇÃO XXXIV
A potência de Deus é a sua própria essência.

DEMONSTRAÇÃO — Com efeito, da simples necessidade da essência de Deus segue-se que Deus é causa de si (*pela Prop. 11*) e (*pela Prop. 16 e o seu Corol.*)[28] de todas as coisas. Por conseguinte, a potência de Deus, pela qual ele próprio e todas as coisas são e agem, é a sua própria essência. *Q. E. D.*

---

[26] *Agit*: cf. nota 6. Atente-se ainda que, neste caso, como duas linhas mais à frente, onde se irá atribuir a Deus o "operar", Espinosa está descrevendo uma opinião alheia, da qual se demarca inequivocamente.

[27] *Exemplar*: sobre o significado desta noção na obra de Espinosa e sobre a questão que coloca a ideia de "modelo" num pensamento imanentista, cf. A. Tosel (2008, cap. IX).

[28] Embora o original não o especifique, trata-se, evidentemente, do primeiro dos três corolários que acompanham a Prop. 16, P. I.

Parte I — De Deus

PROPOSITIO XXXV

Quicquid concipimus in Dei potestate esse, id necessario est.

DEMONSTRATIO — Quicquid enim in Dei potestate est, id (*per Prop. præced.*) in ejus essentia ita debet comprehendi, ut ex ea necessario sequatur, adeoque necessario est. *Q. E. D.*

PROPOSITIO XXXVI

Nihil existit, ex cujus natura aliquis effectus non sequatur.

DEMONSTRATIO — Quicquid existit, Dei naturam, sive essentiam certo, et determinato modo exprimit (*per Coroll. Prop. 25*), hoc est (*per Prop. 34*), quicquid existit, Dei potentiam, quæ omnium rerum causa est, certo, et determinato modo exprimit, adeoque (*per Prop. 16*) ex eo aliquis effectus sequi debet. *Q. E. D.*

APPENDIX

His Dei naturam, ejusque proprietates explicui, ut, quod necessario existit; quod sit unicus; quod ex sola suæ naturæ necessitate sit, et agat; quod sit omnium rerum causa libera, et quomodo; quod omnia in Deo sint, et ab ipso ita pendeant, ut sine ipso nec esse, nec concipi possint; et denique quod omnia a Deo fuerint prædeterminata, non quidem ex libertate voluntatis, sive absoluto beneplacito, sed ex absoluta Dei natura, sive infinita potentia. Porro ubicunque data fuit occasio, præjudicia, quæ impedire poterant, quominus meæ demonstrationes perciperentur, amovere curavi. Sed quia non pauca adhuc restant præjudicia, quæ etiam, imo maxime impedire poterant, et possunt, quominus homines rerum concatenationem eo, quo ipsam explicui, modo amplecti possint, eadem hic ad examen rationis vocare operæ pretium duxi. Et

PROPOSIÇÃO XXXV

Tudo quanto concebemos estar em poder de Deus é necessariamente.

DEMONSTRAÇÃO — Com efeito, tudo o que está em poder de Deus (*pela Prop. anterior*) deve estar compreendido na sua essência, de tal maneira que se siga necessariamente dela, e por isso é necessariamente. Q. E. D.

PROPOSIÇÃO XXXVI

Não existe nada de cuja natureza não se siga algum efeito.[29]

DEMONSTRAÇÃO — Tudo o que existe exprime a natureza ou essência de Deus de um certo e determinado modo (*pelo Corol. da Prop. 25*), isto é (*pela Prop. 34*), tudo o que existe exprime de um certo e determinado modo a potência de Deus, que é causa de todas as coisas, e, por isso (*pela Prop. 16*), de tudo o que existe deve seguir-se algum efeito. Q. E. D.

APÊNDICE

Com isto, expliquei a natureza de Deus e as suas propriedades, a saber, que ele existe necessariamente, que é único, que é e age pela simples necessidade da sua natureza, que é causa livre de todas as coisas e de que modo o é, que todas as coisas são em Deus e dele dependem de tal maneira que sem ele não podem ser nem ser concebidas e, finalmente, que todas as coisas foram predeterminadas por Deus, não certamente pela liberdade da vontade, ou seja, por um beneplácito absoluto, mas pela natureza absoluta, ou seja, pela potência infinita de Deus. Além disso, sempre que a ocasião se proporcionou, cuidei de remover os preconceitos que podiam impedir que as minhas demonstrações fossem compreendidas.

Como, no entanto, ainda restam preconceitos, e não são poucos, que podiam e podem também impedir, maximamente até, que os homens possam compreender o encadeamento das coisas tal como eu o expliquei, pensei que

---

[29] Anote-se, com Macherey (1979, p. 71), a inversão aqui operada na formulação tradicional do princípio da causalidade: "a fórmula bem conhecida 'nada é sem causa', que procede de maneira analítica do efeito para a causa, é substituída pela nova fórmula 'nada é sem efeito', que procede ao contrário da causa para o efeito, sinteticamente, e que resume numa simples frase a concepção genética do conhecimento elaborada por Espinosa".

quoniam omnia, quæ hic indicare suscipio, præjudicia pendent ab hoc uno, quod scilicet communiter supponant homines, omnes res naturales, ut ipsos, propter finem agere; imo, ipsum Deum omnia ad certum aliquem finem dirigere, pro certo statuant: dicunt enim, Deum omnia propter hominem fecisse, hominem autem, ut ipsum coleret. Hoc igitur unum prius considerabo, quærendo scilicet, *primo* causam, cur plerique hoc in præjudicio acquiescant, et omnes natura adeo propensi sint ad idem amplectendum. *Deinde* ejusdem falsitatem ostendam, et *tandem*, quomodo ex hoc orta sint præjudicia de *bono* et *malo*, *merito* et *peccato*, *laude* et *vituperio*, *ordine* et *confusione*, *pulchritudine* et *deformitate*, et de aliis hujus generis. Verum, hæc ab humanæ mentis natura deducere, non est hujus loci: Satis hic erit, si pro fundamento id capiam, quod apud omnes debet esse in confesso; nempe hoc, quod omnes homines rerum causarum ignari nascuntur, et quod omnes appetitum habent suum utile quærendi, cujus rei sunt conscii. Ex his enim sequitur, *primo*, quod homines, se liberos esse, opinentur, quandoquidem suarum volitionum, suique appetitus sunt conscii, et de causis, a quibus disponuntur ad appetendum, et volendum, quia earum sunt ignari, nec per somnium cogitant.

valia a pena chamá-las aqui ao exame da razão. E uma vez que todos os preconceitos que me proponho aqui apontar dependem de um só, a saber, que os homens supõem comumente que todas as coisas naturais agem, tal como eles, em vista de um fim, dando inclusive por certo que o próprio Deus dirige tudo para um certo fim (dizem, com efeito, que Deus fez tudo por causa do homem e fez o homem para que este lhe prestasse culto), vou *primeiro* considerar só esse, investigando, antes de mais, a causa por que a maioria se satisfaz com tal preconceito e todos são, por natureza, tão propensos a abraçá-lo. Mostrarei, *em seguida*, a sua falsidade e, *finalmente*, de que modo se originaram dele os preconceitos acerca do *bem* e do *mal*, do *mérito* e do *pecado*, do *louvor* e do *vitupério*, da *ordem* e da *confusão*, da *beleza* e da *fealdade*, e bem assim acerca de outras coisas do gênero.

Não é, todavia, este o lugar para deduzir tais preconceitos da natureza da mente humana. Aqui, bastará que eu tome por fundamento aquilo que todos têm de admitir, a saber, que os homens nascem todos ignorantes das causas das coisas e têm todos apetite de procurar o que lhes é útil,[30] fato de que estão conscientes. Na verdade, segue-se daqui, *em primeiro lugar*, que os homens opinam que são livres, uma vez que estão conscientes das suas volições e do seu apetite, mas nem por sonhos pensam[31] nas causas que os

---

[30] *Suum utile*: sublinhe-se que não se trata, aqui, de um apetite, ou desejo, de procurar o que é útil ao conjunto dos homens, processo que seria eminentemente racional e que é evidenciado no conceito estoico de *oikeíosis* — a conciliação de si consigo mesmo e com o mundo —, ou mesmo ao coletivo a que cada um pertence, também aconselhado pela razão, conforme será explicado na Parte IV, mas do simples apetite que cada um experimenta de procurar o que julga ser útil para si próprio. É, portanto, um processo instintivo, desprovido da componente do cálculo que caracterizará o "individualismo possessivo" teorizado por Macpherson a propósito de Hobbes, e é, por outro lado, um processo não teleológico, à margem de qualquer moral, religiosa ou laica. Conforme comenta R. Bodei (1991, *Geometria delle passioni*, Milão, Feltrinelli, pp. 342-3), "diferentemente do que acontecerá no pensamento e na prática política dos jacobinos, a *utilitas* não prevê nenhum conflito entre autoconservação, felicidade e virtude, não exige o sacrifício de si mesmo, a solene renúncia à vida em nome da democracia, ou de um princípio superior que resulte essencialmente estranho ao *conatus* de existir dos indivíduos". Sobre o conceito de *conatus*, cf. Prop. 7, P. III.

[31] *Nec per somnia cogitant*: J. de Carvalho traduz por "nem por sonhos lhes passa pela cabeça", vendo ecos de "um modismo da nossa linguagem popular" na expressão de Espinosa, os quais confirmam, juntamente com outros de índole semelhante inventariados pelo tradutor, a tese de que o português seria a língua na qual pensava o autor da *Ética*. Cf. J. de Carvalho (1992), "Sobre a expressão: *nec per somnia cogitant*" ("Notas complementares à *Ética*", nota VI), *in* Espinosa, *Ética*, pp. 191-3; J. de Carvalho (1930), "Sobre o lugar de origem dos antepassados de Baruch de Espinosa", *Revista da Universidade de Coimbra*, vol. XI, pp. 1.077-105.

Parte I — De Deus

Sequitur *secundo*, homines omnia propter finem agere; videlicet propter utile, quod appetunt; unde fit, ut semper rerum peractarum causas finales tantum scire expetant, et, ubi ipsas audiverint, quiescant; nimirum, quia nullam habent causam ulterius dubitandi. Sin autem easdem ex alio audire nequeant, nihil iis restat, nisi ut ad semet se convertant, et ad fines, a quibus ipsi ad similia determinari solent, reflectant, et sic ex suo ingenio ingenium alterius necessario judicant. Porro cum in se, et extra se non pauca reperiant media, quæ, ad suum utile assequendum, non parum conducant, ut ex. gr. oculos ad videndum, dentes ad masticandum, herbas, et animantia ad alimentum, solem ad illuminandum, mare ad alendum pisces, hinc factum, ut omnia naturalia, tanquam ad suum utile media, considerent; et quia illa media ab ipsis inventa, non autem parata esse sciunt, hinc causam credendi habuerunt, aliquem alium esse, qui illa media in eorum usum paraverit. Nam postquam res, ut media, consideraverunt, credere non potuerunt, easdem se ipsas fecisse; sed ex mediis, quæ sibi ipsi parare solent, concludere debuerunt, dari aliquem, vel aliquos naturæ rectores, humana præditos libertate, qui ipsis omnia curaverint, et in eorum usum omnia fecerint. Atque horum etiam ingenium, quandoquidem de eo nunquam quid audiverant, ex suo judicare debuerunt, atque hinc

dispõem a ter apetite e a querer, dado que as ignoram. Segue-se, *em segundo lugar*, que os homens fazem tudo em vista de um fim, quer dizer, em vista de algo útil de que sentem apetite. É por isso que, das coisas que aconteceram, eles anseiem sempre por saber só as causas finais, e sosseguem mal as tenham ouvido, certamente por já não terem depois nenhum motivo para duvidarem. Se, contudo, não as podem ouvir de outrem, não lhes resta senão voltarem-se para si mesmos e refletirem sobre os fins por que costumam ser determinados a ações semelhantes e, assim, julgarem pelo seu próprio engenho[32] o engenho dos outros. Como, além disso, eles encontram, em si e fora de si, não poucos meios que contribuem imenso para alcançarem o que lhes é útil, tais como, por exemplo, olhos para ver, dentes para mastigar, vegetais e animais para se alimentarem, sol para iluminar, mar para sustentar os peixes, etc., consideram que todas as coisas naturais são meios para alcançarem o que lhes é útil. E como sabem que tais meios são por eles achados, mas não por eles preparados, viram aí razão para acreditar num outro ser, o qual teria aprontado esses meios para uso deles. De fato, uma vez que consideravam as coisas como meios, não podiam acreditar que elas se tivessem feito a si mesmas. No entanto, a partir dos meios que eles próprios costumam preparar para si, devem ter concluído que havia um ou vários governadores da natureza, dotados de liberdade humana, que lhes trataram de tudo e tudo fizeram para seu uso. De igual modo, como nunca tinham ouvido nada sobre o engenho desses governadores, devem-no ter julgado pelo

---

[32] *Ex suo ingenio*: termo frequente em Espinosa, cuja amplitude semântica ultrapassa a dos significantes por que é habitualmente traduzido, como compleição, temperamento, caráter, talento, capacidade, destreza, agudeza, etc. No *Grande Dicionário da Língua Portuguesa*, de Cândido de Figueiredo (1939, Lisboa, Bertrand, 24ª ed.), a entrada *engenho* ainda registra os significados "faculdade especial", "talento natural" e "habilidade". De fato, o engenho tem tanto de inato como de adquirido, de biológico como de social, exprimindo assim a complexidade que define a potência singular. Baltasar Gracián, um autor que Espinosa conhece, utiliza-o nesse mesmo sentido, quando refere, logo na primeira linha do cap. I do clássico *El Discreto* — intitulado precisamente "Genio e ingenio" —, que "*la naturaleza los alterna y el arte los realza*" (Biblioteca Virtual Universal, p. 5). Optamos, assim, por traduzir literalmente, tentando salvaguardar a força, mesmo se acompanhada por alguma vagueza, que o termo possuía na Renascença e conserva ainda no Barroco. Para um estudo específico do *ingenium* em Espinosa, cf. P.-F. Moreau (1994, pp. 155-63). Sobre Gracián e o engenho, cf. E. Hidalgo-Serna (1993), *El pensamiento ingenioso en Baltasar Gracián*, Madri, Anthropos. Sobre o "engenho e arte" camoniano, e bem assim as suas conotações na cultura renascentista, cf. Edward Glaser (1976), "'Se a tanto me ajudar o engenho e arte': The Poetics of the Proem to *Os Lusíadas*", *in Portuguese Studies*, Paris, Fundação Calouste Gulbenkian, pp. 75-83.

Parte I — De Deus

statuerunt, Deos omnia in hominum usum dirigere, ut homines sibi devinciant, et in summo ab iisdem honore habeantur; unde factum, ut unusquisque diversos Deum colendi modos ex suo ingenio excogitaverit, ut Deus eos supra reliquos diligeret, et totam naturam in usum cæcæ illorum cupiditatis, et insatiabilis avaritiæ dirigeret. Atque ita hoc præjudicium in superstitionem versum, et altas in mentibus egit radices; quod in causa fuit, ut unusquisque maximo conatu omnium rerum causas finales intelligere, easque explicare studeret. Sed dum quæsiverunt ostendere, naturam nihil frustra (hoc est, quod in usum hominum non sit) agere, nihil aliud videntur ostendisse, quam naturam, Deosque æque, ac homines, delirare. Vide quæso, quo res tandem evasit! Inter tot naturæ commoda non pauca reperire debuerunt incommoda, tempestates scilicet, terræ motus, morbos etc. atque hæc statuerunt propterea evenire, quod Dii irati essent ob injurias, sibi ab hominibus factas, sive ob peccata in suo cultu commissa; et quamvis experientia indies reclamaret, ac infinitis exemplis ostenderet, commoda, atque incommoda piis æque, ac impiis promiscue evenire, non ideo ab inveterato præjudicio destiterunt: facilius enim iis fuit, hoc inter alia incognita, quorum usum ignorabant, ponere, et sic præsentem suum et innatum statum ignorantiæ retinere, quam totam illam fabricam destruere, et novam excogitare. Unde pro certo statuerunt, Deorum judicia humanum captum longissime superare: quæ sane unica fuisset causa, ut veritas humanum genus in æternum lateret; nisi Mathesis, quæ non circa fines, sed tantum circa figurarum essentias, et proprietates versatur, aliam veritatis normam hominibus ostendisset, et præter Mathesin aliæ etiam adsignari possunt causæ (quas hic enumerare supervacaneum est), a quibus fieri potuit, ut homines communia hæc præjudicia animadverterent, et in veram rerum cognitionem ducerentur.

His satis explicui id, quod primo loco promisi. Ut jam autem ostendam, naturam finem nullum sibi præfixum habere, et omnes causas finales nihil, nisi humana esse figmenta, non opus est multis. Credo enim id jam satis constare, tam ex fundamentis, et causis, unde hoc præjudicium originem suam traxisse ostendi, quam ex Propositione 16 et Corollariis Propositionis 32 et præterea ex iis omnibus, quibus ostendi, omnia naturæ æterna quadam necessitate, summaque

seu e, a partir daí, sustentaram que os deuses tudo dirigem para o uso dos homens, a fim de que estes se lhes vinculem e os tenham na mais elevada consideração. Daí o fato de cada um deles ter inventado, consoante o seu engenho, diversos modos de prestar culto a Deus, a fim de que Deus lhe quisesse mais a ele do que aos outros e destinasse toda a natureza para uso da sua cega cupidez e insaciável avareza. Tal preconceito converteu-se, assim, em superstição e lançou raízes fundas nas mentes. Foi esse o motivo por que cada um deles se empenhou com o máximo esforço em entender e explicar as causas finais de todas as coisas. Porém, ao pretenderem mostrar que a natureza não faz nada em vão (isto é, que não seja para uso dos homens), não parecem ter senão mostrado que a natureza, e até os deuses, deliram como os homens.

Vejam, peço-vos, a que ponto a coisa chegou! Entre tantas comodidades da natureza, tiveram de se deparar com não poucos incômodos, tais como tempestades, terramotos, doenças, etc., e então sustentaram que estes aconteciam porque os deuses estavam irados por causa das ofensas que os homens lhes faziam, ou das faltas cometidas no seu culto. E, embora a experiência de todos os dias reclamasse, mostrando com infinitos exemplos que as comodidades e os incômodos acontecem indiscriminadamente aos piedosos e aos ímpios, nem assim desistiram do inveterado preconceito: foi-lhes mais fácil pôr isto entre as outras coisas desconhecidas, cuja utilidade ignoravam, e conservar assim o seu presente e inato estado de ignorância, do que destruir toda esta construção e inventar uma nova. Daí o sustentarem como certo que os juízos dos deuses superam em muito a compreensão humana, o que, só por si, teria sem dúvida bastado para que a verdade permanecesse eternamente escondida ao gênero humano, não fora a matemática, que não trata dos fins, mas apenas das essências e das propriedades das figuras, ter mostrado aos homens uma outra norma da verdade. E, além da matemática, podem também assinalar-se outras causas (que é supérfluo enumerar aqui) pelas quais foi possível os homens darem-se conta desses preconceitos comuns e serem conduzidos ao verdadeiro conhecimento das coisas.

Com isto, expliquei suficientemente aquilo que prometi em primeiro lugar. E, para mostrar agora que a natureza não tem nenhum fim que lhe tenha sido prefixado e que todas as causas finais não são senão ficções humanas, não é preciso muito. Creio, de fato, que isto já está suficientemente claro, tanto pelos fundamentos e causas de onde mostrei que este preconceito tirou a sua origem, como pela Proposição 16 e pelos Corolários da Proposição 32, e bem assim todas aquelas em que mostrei que tudo na natureza procede de uma certa e eterna necessidade e de uma suprema perfeição.

Parte I — De Deus

perfectione procedere. Hoc tamen adhuc addam, nempe, hanc de fine doctrinam naturam omnino evertere. Nam id, quod revera causa est, ut effectum considerat, et contra. Deinde id, quod natura prius est, facit posterius. Et denique id, quod supremum, et perfectissimum est, reddit imperfectissimum. Nam (duobus prioribus omissis, quia per se manifesta sunt) ut ex Propositionibus 21, 22 et 23 constat, ille effectus perfectissimus est, qui a Deo immediate producitur, et quo aliquid pluribus causis intermediis indiget, ut producatur, eo imperfectius est. At si res, quæ immediate a Deo productæ sunt, ea de causa factæ essent, ut Deus finem assequeretur suum, tum necessario ultimæ, quarum de causa priores factæ sunt, omnium præstantissimæ essent. Deinde hæc doctrina Dei perfectionem tollit: Nam, si Deus propter finem agit, aliquid necessario appetit, quo caret. Et, quamvis Theologi, et Metaphysici distinguant inter finem indigentiæ, et finem assimilationis, fatentur tamen Deum omnia propter se, non vero propter res creandas egisse; quia nihil ante creationem præter Deum assignare possunt, propter quod Deus ageret; adeoque necessario fateri coguntur, Deum iis, propter quæ media parare voluit, caruisse, eaque cupivisse, ut per se clarum. Nec hic prætereundum est, quod hujus doctrinæ Sectatores, qui in assignandis rerum finibus suum ingenium ostentare voluerunt, ad hanc suam doctrinam probandam, novum attulerunt modum argumentandi, reducendo scilicet, non ad impossibile, sed ad ignorantiam; quod ostendit nullum aliud fuisse huic doctrinæ argumentandi medium. Nam si ex. gr. ex culmine aliquo lapis in alicujus caput ceciderit, eumque interfecerit, hoc modo demonstrabunt, lapidem ad hominem interficiendum cecidisse. Ni enim eum in finem, Deo id volente, ceciderit, quomodo tot circumstantiæ (sæpe enim multæ simul concurrunt) casu concurrere potuerunt? Respondebis fortasse, id ex eo, quod ventus flavit, et quod homo illac iter habebat, evenisse. At instabunt, cur ventus illo tempore flavit? cur homo illo eodemque tempore illac iter habebat? Si iterum respondeas, ventum tum ortum, quia mare præcedenti die, tempore adhuc tranquillo, agitari inceperat; et quod homo ab amico invitatus fuerat; instabunt iterum, quia nullus rogandi finis, cur autem mare agitabatur? cur homo in illud tempus invitatus fuit? et sic porro causarum causas rogare non cessabunt, donec ad Dei voluntatem, hoc est, ignorantiæ asylum

Acrescentarei, no entanto, ainda isto: semelhante doutrina acerca do fim subverte totalmente a natureza. Com efeito, aquilo que realmente é causa, ela considera-o como efeito, e vice-versa. Depois, o que é anterior por natureza, ela fá-lo posterior. E, finalmente, o que é supremo e perfeitíssimo, ela torna-o imperfeitíssimo. Na verdade (omitindo os dois primeiros pontos, porque são evidentes por si), como consta das Proposições 21, 22 e 23, o efeito mais perfeito é aquele que é produzido por Deus imediatamente, e quanto mais uma coisa carece de causas intermédias para ser produzida, mais imperfeita é. Contudo, se as coisas imediatamente produzidas por Deus tivessem sido feitas para que Deus alcançasse o seu próprio fim, então as últimas, por causa das quais foram feitas as anteriores, seriam necessariamente as mais excelentes de todas. Além disso, esta doutrina suprime a perfeição de Deus, porque se Deus age por causa de um fim, é necessariamente porque lhe apetece algo que lhe falta. E, embora os teólogos e os metafísicos distingam entre fim de indigência e fim de assimilação, eles confessam, no entanto, que Deus fez todas as coisas por causa de si e não por causa das coisas a serem criadas, uma vez que fora de Deus não podem assinalar, antes da criação, coisa alguma por causa da qual Deus tivesse agido. Por conseguinte, são obrigados a confessar necessariamente que Deus carecia daquelas coisas em vista das quais quis preparar os meios, e que as desejava, como é por si mesmo claro. Tampouco se deve aqui passar sob silêncio que os seguidores desta doutrina, os quais quiseram ostentar o seu engenho a assinalar os fins das coisas, introduziram um novo modo de argumentação para a provar, a saber, a redução não ao impossível, mas à ignorância, o que mostra não haver nenhum outro meio de argumentar a favor dela. Com efeito, se uma pedra, por exemplo, cair de um telhado na cabeça de alguém e o matar, o modo como eles demonstrarão que a pedra caiu para matar esse homem é o seguinte: se ela não caiu com esse fim e por vontade de Deus, como é que tantas circunstâncias (pois concorrem frequentemente muitas ao mesmo tempo) puderam concorrer por acaso? Responderás, provavelmente, que tal aconteceu porque o vento soprou e o homem fazia caminho por ali. Mas eles insistirão: por que soprou o vento naquele momento? E por que fazia o homem caminho por ali, naquele preciso momento? Se responderes de novo que o vento se levantou naquele momento porque, no dia anterior, com o tempo ainda calmo, o mar tinha começado a agitar-se, e que aquele homem tinha sido convidado por um amigo, insistirão de novo, já que o perguntar não tem fim: mas por que estava o mar agitado? E por que foi o homem convidado para aquele momento? E assim por diante. Não deixarão de perguntar pelas causas das causas, enquanto não te refugiares na von-

Parte I — De Deus

181

confugeris. Sic etiam, ubi corporis humani fabricam vident, stupescunt, et ex eo, quod tantæ artis causas ignorant, concludunt, eandem non mechanica, sed divina, vel supernaturali arte fabricari, talique modo constitui, ut una pars alteram non lædat. Atque hinc fit, ut qui miraculorum causas veras quærit, quique res naturales, ut doctus, intelligere, non autem, ut stultus, admirari studet, passim pro hæretico, et impio habeatur, et proclametur ab iis, quos vulgus, tanquam naturæ, Deorumque interpretes, adorat. Nam sciunt, quod, sublata ignorantia, stupor, hoc est, unicum argumentandi, tuendæque suæ auctoritatis medium, quod habent, tollitur. Sed hæc relinquo, et ad id, quod tertio loco hic agere constitui, pergo.

Postquam homines sibi persuaserunt, omnia, quæ fiunt, propter ipsos fieri, id in unaquaque re præcipuum judicare debuerunt, quod ipsis utilissimum, et illa omnia præstantissima æstimare, a quibus optime afficiebantur. Unde has formare debuerunt notiones, quibus rerum naturas explicarent, scilicet, *Bonum, Malum, Ordinem, Confusionem, Calidum, Frigidum, Pulchritudinem*, et *Deformitatem*: et quia se liberos existimant, inde hæ notiones ortæ sunt, scilicet, *Laus*, et *Vituperium*, *Peccatum*, et *Meritum*; sed has infra, postquam de natura humana egero, illas autem hic breviter explicabo. Nempe id omne, quod ad valetudinem, et Dei cultum conducit, *Bonum*, quod autem iis contrarium est, *Malum* vocaverunt. Et quia ii, qui rerum naturam non intelligunt, sed res tantummodo imaginantur, nihil de rebus affirmant, et imaginationem pro intellectu capiunt, ideo ordinem in rebus esse firmiter credunt, rerum, suæque naturæ ignari. Nam

tade de Deus, isto é, no asilo da ignorância. De igual modo, quando veem a construção[33] que é o corpo humano, ficam estupefatos e, como ignoram as causas de tamanha arte, concluem que ela não foi fabricada por arte mecânica, mas divina, ou sobrenatural, e está de tal maneira constituída que uma parte não lesa a outra. É por isso que aquele que investiga as verdadeiras causas dos milagres e se empenha em entender as coisas naturais como sábio, não para as adorar como tonto, é tido e proclamado, a cada passo, como herege e ímpio por aqueles a quem o vulgo adora como intérpretes da natureza e dos deuses. Na verdade, eles sabem que, removida a ignorância, suprime-se a estupefação, isto é, o único meio que eles têm de argumentar e de manter a sua autoridade. Mas deixo isto e passo ao que me propus tratar aqui em terceiro lugar.

Uma vez persuadidos de que tudo quanto acontece acontece por causa deles, os homens tinham de julgar que o principal em cada coisa é aquilo que lhes é mais útil e considerar excelentíssimas todas as coisas pelas quais eram afetados otimamente. Daí o terem de formar estas noções com as quais explicassem a natureza das coisas: *bem, mal, ordem, confusão, quente, frio, beleza* e *fealdade*. E como se julgam livres, originaram-se daí noções como *louvor* e *vitupério, pecado* e *mérito*. Estas últimas, explicá-las-ei mais adiante, depois de tratar da natureza humana. Aquelas, porém, vou aqui explicá-las brevemente. De fato, a tudo o que contribui para a saúde e para o culto de Deus, chamaram-lhe *bem*; e àquilo que lhes é contrário, chamaram-lhe *mal*. Porque aqueles que não entendem a natureza das coisas, e só as imaginam, não afirmam nada sobre elas e tomam a imaginação por entendimento, pelo que acreditam firmemente existir uma ordem nas coisas, ignorantes que são quer da natureza das coisas, quer deles mesmos. Na verdade, quando as coisas estão dispostas de tal maneira que, ao serem-nos representadas pelos

---

[33] *Fabricam*: o termo *fabrica* (do étimo *faber*) significa "fabrico", "construção", tanto podendo referir-se ao ato de fabricar, construir, como ao objeto fabricado, além de ser também sinônimo de astúcia. No dicionário de Cândido de Figueiredo (1939, Lisboa, Bertrand, 24ª ed.), o primeiro sinônimo do vocábulo "fábrica" que aparece ainda é "ato ou efeito de fabricar [...]; construção de edifício", embora já apareça também o significado que hoje prevalece: "lugar ou estabelecimento em que se fabrica". Um pouco mais acima, neste mesmo Apêndice, o termo é utilizado num contexto onde prevalece a conotação de "artifício" ou "invenção", quando, a propósito da superstição que atribui aos deuses a ocorrência de calamidades para as quais não se vê explicação, o autor afirma: "foi-lhes mais fácil pôr isto entre as outras coisas desconhecidas [...] do que destruir toda esta construção e inventar uma nova". No Esc. da Prop. 2, P. III, o termo volta a ocorrer mais duas vezes, em ambas associado à construção que é o corpo.

Parte I — De Deus

cum ita sint dispositæ, ut, cum nobis per sensus repræsentantur, eas facile imaginari, et consequenter earum facile recordari possimus, easdem bene ordinatas, si vero contra, ipsas male ordinatas, sive confusas esse dicimus. Et quoniam ea nobis præ cæteris grata sunt, quæ facile imaginari possumus, ideo homines ordinem confusioni præferunt; quasi ordo aliquid in natura præter respectum ad nostram imaginationem esset; dicuntque Deum omnia ordine creasse, et hoc modo ipsi nescientes Deo imaginationem tribuunt; nisi velint forte, Deum, humanæ imaginationi providentem, res omnes eo disposuisse modo, quo ipsas facillime imaginari possent; nec moram forsan iis injiciet, quod infinita reperiantur, quæ nostram imaginationem longe superant, et plurima, quæ ipsam, propter ejus imbecillitatem, confundunt. Sed de hac re satis. Cæteræ deinde notiones etiam præter imaginandi modos, quibus imaginatio diversimode afficitur, nihil sunt, et tamen ab ignaris, tanquam præcipua rerum attributa, considerantur; quia, ut jam diximus, res omnes propter ipsos factas esse, credunt; et rei alicujus naturam bonam, vel malam, sanam, vel putridam, et corruptam dicunt, prout ab eadem afficiuntur. Ex. gr. si motus, quem nervi ab objectis, per oculos repræsentatis, accipiunt, valetudini conducat, objecta, a quibus causatur, pulchra dicuntur, quæ autem contrarium motum cient, deformia. Quæ deinde per nares sensum movent, odorifera, vel fætida vocant, quæ per linguam, dulcia, aut amara, sapida aut insipida, etc. Quæ autem per tactum; dura, aut mollia, aspera, aut lævia, etc. Et quæ denique aures movent, strepitum, sonum, vel harmoniam edere dicuntur, quorum postremum homine's adeo dementavit, ut Deum etiam harmonia delectari crederent. Nec desunt Philosophi, qui sibi persuaserint, motus coelestes harmoniam componere: Quæ omnia satis ostendunt, unumquemque pro dispositione cerebri de rebus judicasse, vel potius imaginationis affectiones pro rebus accepisse. Quare non mirum est (ut hoc etiam obiter notemus), quod inter homines tot, quot experimur, controversiæ ortæ sint, ex quibus tandem Scepticismus. Nam, quamvis humana corpora in multis conveniant, in plurimis tamen discrepant, et ideo id, quod uni bonum, alteri malum videtur; quod uni ordinatum, alteri confusum; quod uni gratum, alteri ingratum est, et sic de cæteris, quibus hic supersedeo, cum quia hujus loci non est de his ex professo agere, tùm quia hoc omnes satis experti sunt. Omnibus

184 Pars prima — De Deo

sentidos, podemos facilmente imaginá-las e, por conseguinte, recordá-las, dizemos que elas estão bem ordenadas; caso contrário, dizemos que elas estão mal ordenadas, ou que são confusas. E visto que o que mais nos agrada é o que podemos facilmente imaginar, os homens preferem a ordem à confusão, como se a ordem fosse algo na natureza, independentemente da relação com a nossa imaginação. E dizem que Deus criou todas as coisas com ordem, atribuindo assim, sem o saberem, imaginação ao próprio Deus. A não ser que pretendam, talvez, que Deus, antecipando-se à imaginação humana, dispôs todas as coisas de modo que elas pudessem facilmente ser imaginadas. Porventura nem lhes causará embaraço o fato de nos depararmos com infinitas coisas que superam, de longe, a nossa imaginação e muitíssimas que a confundem, em virtude da sua debilidade. Mas, sobre este assunto, já basta.

Quanto às restantes noções, também nada são além de modos de imaginar pelos quais a imaginação é diversamente afetada, mas que os ignorantes consideram os principais atributos das coisas. Porque eles creem, como já dissemos, que todas as coisas são feitas em vista deles, e dizem que a natureza de uma coisa é boa ou má, sã ou podre e corrompida, consoante são afetados por ela. Por exemplo, se o movimento que os nervos recebem dos objetos representados por meio dos olhos conduz à saúde, dizem-se belos os objetos pelos quais ele é causado, e disformes os que provocam o movimento contrário. Depois, os que movem a sensibilidade através das narinas chamam-se ou aromáticos ou fétidos; através da língua, doces ou amargos, saborosos ou insípidos, etc.; através do tato, duros ou moles, ásperos ou lisos, etc.; e, finalmente, os que movem os ouvidos diz-se que produzem estrépito, som ou harmonia. De tal maneira esta última endoideceu os homens, que creem que Deus também se deleita com ela. Nem faltam filósofos, que se persuadiram de que os movimentos celestes compõem uma harmonia. Tudo isto mostra suficientemente como cada um deles julgou as coisas consoante a disposição do cérebro, ou antes, tomou as afecções da imaginação pelas próprias coisas. Não é, pois, de admirar (anote-se, de passagem, também isto) que se tenham originado entre os homens tantas controvérsias quantas experimentamos, e que delas se tenha, finalmente, originado o Ceticismo. Na verdade, embora os corpos humanos convenham em muitas coisas, eles diferem, contudo, em inúmeras, e por isso o que a um parece bom, a outro parece mau, o que a um parece ordenado, a outro parece confuso, o que para um é agradável, para outro é desagradável. E é assim também com as restantes noções sobre as quais me abstenho aqui, já porque não é o local para as tratar expressamente, já porque todos têm delas experiência que baste.

Parte I — De Deus

enim in ore est, quot capita, tot sensus, suo quemque sensu abundare, non minora cerebrorum, quam palatorum esse discrimina: quæ sententiæ satis ostendunt, homines pro dispositione cerebri de rebus judicare, resque potius imaginari, quam intelligere. Res enim si intellexissent, illæ omnes, teste Mathesi, si non allicerent, ad minimum convincerent.

Videmus itaque omnes notiones, quibus vulgus solet naturam explicare, modos esse tantummodo imaginandi, nec ullius rei naturam, sed tantum imaginationis constitutionem indicare; et quia nomina habent, quasi essent entium, extra imaginationem existentium, eadem entia, non rationis, sed imaginationis voco, atque adeo omnia argumenta, quæ contra nos ex similibus notionibus petuntur, facile propulsari possunt. Solent enim multi sic argumentari. Si omnia ex necessitate perfectissimæ Dei naturæ sunt consecuta, unde ergo tot imperfectiones in natura ortæ? Videlicet, rerum corruptio ad fætorem usque, rerum deformitas, quæ nauseam moveat, confusio, malum, peccatum etc. Sed, ut modo dixi, facile confutantur. Nam rerum perfectio ex sola earum natura, et potentia est æstimanda, nec ideo res magis, aut minus perfectæ sunt, propterea quod hominum sensum delectant, vel offendunt, quod humanæ naturæ conducunt, vel quod eidem repugnant. Iis autem, qui quærunt, cur Deus omnes homines non ita creavit, ut solo rationis ductu gubernarentur? nihil aliud respondeo, quam quia ei non defuit materia ad omnia, ex summo nimirum ad infimum perfectionis gradum, creanda; vel magis proprie loquendo, quia ipsius naturæ leges adeo amplæ fuerunt, ut sufficerent ad omnia, quæ ab aliquo infinito intellectu concipi possunt, producenda, ut Propositione 16 demonstravi.

Hæc sunt, quæ hic notare suscepi, præjudicia. Si quædam hujus farinæ adhuc restant, poterunt eadem ab unoquoque mediocri meditatione emendari.

Finis Partis Primae.

Ditados como "cada cabeça sua sentença", "a cada um seu parecer basta", "são tantas as diferenças entre cérebros, como entre paladares", andam na boca de toda a gente e mostram suficientemente que os homens julgam as coisas consoante a disposição do seu cérebro, imaginando-as em vez de as entenderem. Se, de fato, entendessem as coisas, elas tê-los-iam, como teste- munham as matemáticas, se não atraído a todos, pelo menos convencido.

Vemos, assim, que todas as noções com que o vulgo costuma explicar a natureza são somente modos de imaginar e não indicam a natureza de coi- sa alguma, mas unicamente o estado da imaginação. E dado que elas têm nomes, como se fossem entes que existem fora da imaginação, chamo-lhes entes não de razão, mas de imaginação, e, por conseguinte, todos os argu- mentos que contra nós se extraem de semelhantes noções podem ser facil- mente refutados. Muitos, com efeito, costumam argumentar assim: se todas as coisas se seguiram da necessidade da natureza perfeitíssima de Deus, de onde se originaram, então, tantas imperfeições na natureza, tais como a cor- rupção das coisas até o fétido, a fealdade que provoca náuseas, a confusão, o mal, o pecado, etc.? É fácil, todavia, como acabei de dizer, refutá-los. Na verdade, a perfeição das coisas deve ser avaliada pela sua simples natureza e potência, pelo que elas não são mais ou menos perfeitas por deleitarem ou ofenderem a sensibilidade dos homens, ou por serem compatíveis ou incom- patíveis com a natureza humana. Àqueles, porém, que perguntam por que não criou Deus todos os homens de maneira que só se regessem pelo que di- ta a razão, eu respondo apenas que foi porque não lhe faltou matéria para criar tudo, desde o máximo ao ínfimo grau da perfeição, ou, para falar com mais propriedade, porque as leis da sua própria natureza foram tão amplas que chegaram para produzir tudo quanto pode ser concebido por um enten- dimento infinito, como demonstrei na Proposição 16.

São estes os preconceitos que me propus aqui assinalar. Se ainda resta- rem alguns do mesmo gênero, poderão ser corrigidos por cada um, com um mínimo de reflexão.

Fim da Primeira Parte.

Pars secunda

De Natura et Origine Mentis

Transeo jam ad ea explicanda, quæ ex Dei, sive Entis æterni, et infiniti essentia necessario debuerunt sequi. Non quidem omnia; infinita enim infinitis modis ex ipsa debere sequi Prop. 16 Part. 1 demonstravimus: sed ea solummodo, quæ nos ad Mentis humanæ, ejusque summæ beatitudinis cognitionem, quasi manu, ducere possunt.

DEFINITIONES

I. Per corpus intelligo modum, qui Dei essentiam, quatenus, ut res extensa, consideratur, certo, et determinato modo exprimit; *vide Coroll. Prop. 25 p. 1.*

II. Ad essentiam alicujus rei id pertinere dico, quo dato res necessario ponitur, et quo sublato res necessario tollitur; vel id, sine quo res, et vice versa quod sine re nec esse, nec concipi potest.

III. Per ideam intelligo Mentis conceptum, quem Mens format, propterea quod res est cogitans.

EXPLICATIO — Dico potius conceptum, quam perceptionem, quia perceptionis nomen indicare videtur, Mentem ab objecto pati. At conceptus actionem Mentis exprimere videtur.

IV. Per ideam adæquatam intelligo ideam, quæ, quatenus in se sine relatione ad objectum consideratur, omnes veræ ideæ proprietates, sive denominationes intrinsecas habet.

Parte II

Da Natureza e da Origem da Mente

Passo agora a explicar o que deve necessariamente seguir-se da essência de Deus, ou seja, do ente eterno e infinito. Não, seguramente, tudo, pois demonstramos na Prop. 16 da Parte I que dela se devem seguir infinitas coisas de infinitos modos, mas só aquilo que pode conduzir-nos, como que pela mão, ao conhecimento da mente humana e da sua suprema beatitude.

DEFINIÇÕES

I. Por corpo, entendo um modo que exprime de certa e determinada maneira a essência de Deus, na medida em que este se considera coisa extensa. *Veja-se o Corol. da Prop. 25, P. I.*

II. Digo pertencer à essência de uma coisa aquilo dado o qual a coisa é necessariamente posta, e suprimido o qual a coisa é necessariamente suprimida, ou seja, aquilo sem o qual a coisa não pode ser nem ser concebida e, inversamente, aquilo que sem a coisa não pode ser nem ser concebido.

III. Por ideia, entendo um conceito da mente, o qual a mente forma porque é coisa pensante.

EXPLICAÇÃO — Digo conceito, e não percepção, porque o termo percepção parece indicar que a mente é passiva em relação ao objeto, enquanto conceito parece exprimir uma ação da mente.

IV. Por ideia adequada, entendo uma ideia que, enquanto considerada em si mesma, sem relação com o objeto, tem todas as propriedades ou denominações intrínsecas da ideia verdadeira.

EXPLICATIO — Dico intrinsecas, ut illam secludam, quæ extrinseca est, nempe convenientiam ideæ cum suo ideato.

V. Duratio est indefinita existendi continuatio.

EXPLICATIO — Dico indefinitam, quia per ipsam rei existentis naturam determinari nequaquam potest, neque etiam a causa efficiente, quæ scilicet rei existentiam necessario ponit, non autem tollit.

VI. Per realitatem, et perfectionem idem intelligo.

VII. Per res singulares intelligo res, quæ finitæ sunt, et determinatam habent existentiam. Quod si plura Individua in una actione ita concurrant, ut omnia simul unius effectus sint causa, eadem omnia eatenus, ut unam rem singularem, considero.

AXIOMATA

I. Hominis essentia non involvit necessariam existentiam, hoc est, ex naturæ ordine, tam fieri potest, ut hic, et ille homo existat, quam ut non existat.

II. Homo cogitat.

III. Modi cogitandi, ut amor, cupiditas, vel quicunque nomine affectus

EXPLICAÇÃO — Digo intrínsecas para excluir aquela que é extrínseca, a saber, a conveniência da ideia com o seu ideato.

V. A duração é a continuação indefinida do existir.

EXPLICAÇÃO — Digo indefinida, porque ela não pode jamais ser determinada pela própria natureza da coisa existente, nem tampouco pela causa eficiente, a qual põe necessariamente a existência da coisa, mas não a suprime.

VI. Por realidade e perfeição, entendo o mesmo.

VII. Por coisas singulares, entendo as coisas que são finitas e têm uma existência determinada. Mas se vários indivíduos concorrem para uma só ação, de maneira que sejam todos em simultâneo causa de um mesmo efeito, considero-os todos, nessa medida, como uma só coisa singular.[1]

AXIOMAS

I. A essência do homem não envolve a existência necessária, isto é, tanto pode acontecer que, segundo a ordem da natureza, este ou aquele homem exista, como que não exista.

II. O homem pensa.

III. Não se dão modos de pensar, como o amor, o desejo, ou qualquer

---

[1] Compare-se com o que foi afirmado na Prop. 36, P. I: *Nihil existit, ex cujus natura aliquis effectus non sequatur.* O singular traduz-se, efetivamente, por um grau de potência, ou seja, por algo que produz efeitos, e daí a flutuação da identidade de cada um dos seres individuais, que são tanto mais potentes quanto maior a sua capacidade de associação com outros. Sobre esta questão, cf. L. Rice (1971), "Spinoza on Individuation", *The Monist*, 55, pp. 640-59; *Idem* (1990), "Individual and Community in Spinoza's Social Psychology", *in* E. Curley e P.-F. Moreau (orgs.), *Spinoza: Issues and Directions*, Leiden, Brill, pp. 271-85; F. Zourabichvili (1994), "L'identité individuelle chez Spinoza", *in* M. R. d'Allones e H. Rizk (orgs.), *Spinoza: puissance et ontologie*, Paris, Kimé, pp. 85-107; É. Balibar (1997), *From Individuality to Transindividuality*, Delft, Eburon; S. Barbone (2002), "What Counts as an Individual for Spinoza?", *in* O. Koistinen e J. I. Biro (orgs.), *Spinoza: Metaphysical Themes*, Oxford, Oxford University Press, pp. 89-112.

animi insigniuntur, non dantur, nisi in eodem Individuo detur idea rei amatæ, desideratæ, etc. At idea dari potest, quamvis nullus alius detur cogitandi modus.

IV. Nos corpus quoddam multis modis affici sentimus.

V. Nullas res singulares præter corpora, et cogitandi modos, sentimus, nec percipimus.

Postulata vide post Propositionem 13.

PROPOSITIO I

Cogitatio attributum Dei est, sive Deus est res cogitans.

DEMONSTRATIO — Singulares cogitationes, sive hæc, et illa cogitatio modi sunt, qui Dei naturam certo, et determinato modo exprimunt (*per Coroll. Prop. 25 p. 1*). Competit ergo Deo (*per Defin. 5 p. 1*) attributum, cujus conceptum singulares omnes cogitationes involvunt, per quod etiam concipiuntur. Est igitur Cogitatio unum ex infinitis Dei attributis, quod Dei æternam, et infinitam essentiam exprimit (*vide Defin. 6 p. 1*), sive Deus est res cogitans. *Q. E. D.*

SCHOLIUM — Patet etiam hæc Propositio ex hoc, quod nos possumus ens cogitans infinitum concipere. Nam quo plura ens cogitans potest cogitare, eo plus realitatis, sive perfectionis idem continere concipimus; ergo ens, quod infinita infinitis modis cogitare potest, est necessario virtute cogitandi infinitum. Cum itaque, ad solam cogitationem attendendo, Ens infinitum concipiamus, est necessario

um que se designe pelo nome de afeto do ânimo, se não se der no mesmo indivíduo a ideia da coisa amada, desejada, etc. Mas pode dar-se uma ideia, mesmo que não se dê nenhum outro modo de pensar.

IV. Nós sentimos que um certo corpo é afetado de muitos modos.

V. Nós não sentimos nem percebemos nenhumas coisas singulares, além dos corpos e dos modos de pensar.
Vejam-se os Postulados a seguir à Proposição 13.

PROPOSIÇÃO I
O pensamento é um atributo de Deus, ou seja, Deus é uma coisa pensante.

DEMONSTRAÇÃO — Os pensamentos singulares, ou seja, este ou aquele pensamento, são modos que exprimem a natureza de Deus de um certo e determinado modo (*pelo Corol. da Prop. 25, P. I*). Compete, portanto, a Deus (*pela Def. 5, P. I*) um atributo do qual todos os pensamentos singulares envolvem o conceito e pelo qual também são concebidos. O pensamento é, portanto, um dos infinitos atributos de Deus, que exprime a eterna e infinita essência de Deus (*veja-se a Def. 6, P. I*), ou seja, Deus é uma coisa pensante. Q. E. D.

ESCÓLIO — Esta proposição é também evidente pelo fato de podermos conceber um ser pensante infinito. Na verdade, quanto mais coisas um ser pensante pode pensar, mais realidade, ou perfeição, nós concebemos que ele contém. Logo, um ser que pode pensar infinitas coisas de infinitos modos é necessariamente infinito na virtude de pensar.[2] Assim, uma vez que, atendendo apenas ao pensamento, nós concebemos um ser infinito, o pensamento é

---

[2] Cf. nota 12 da Parte I. Embora se veja frequentemente *virtute* traduzida nesta ocorrência por "capacidade", ou "potência", com base, aliás, no fato de Espinosa falar na *potentia cogitandi*, ainda na Parte II, e de tomar explicitamente a virtude e a potência como sinônimos — "por virtude e potência, entendo o mesmo" (Def. 8, P. IV) —, julgamos, no entanto, não ser despiciendo que o autor só comece a estabelecer uma equivalência nítida entre os dois termos na Parte III. Por exemplo, no Escólio da Prop. 17, P. II, ainda se pode ler: "atribuiria essa potência de imaginar a uma virtude". Mesmo no Prefácio da P. III, apa-

(*per Defin. 4 et 6 p. 1*) Cogitatio unum ex infinitis Dei attributis, ut volebamus.

PROPOSITIO II

Extensio attributum Dei est, sive Deus est res extensa.

DEMONSTRATIO — Hujus eodem modo procedit, ac demonstratio præcedentis Propositionis.

PROPOSITIO III

In Deo datur necessario idea, tam ejus essentiæ, quam omnium, quæ ex ipsius essentia necessario sequuntur.

DEMONSTRATIO — Deus enim (*per Prop. 1 hujus*) infinita infinitis modis cogitare, sive (*quod idem est, per Prop. 16 p. 1*) ideam suæ essentiæ, et omnium, quæ necessario ex ea sequuntur, formare potest. Atqui omne id, quod in Dei potestate est, necessario est (*per Prop. 35 p. 1*); ergo datur necessario talis idea, et (*per Prop. 15 p. 1*) non nisi in Deo. *Q. E. D.*

SCHOLIUM — Vulgus per Dei potentiam intelligit Dei liberam voluntatem, et jus in omnia, quæ sunt, quæque propterea communiter, ut contingentia, considerantur. Deum enim potestatem omnia destruendi habere dicunt, et in nihilum redigendi. Dei porro potentiam cum potentia Regum sæpissime comparant. Sed hoc in Corollario 1 et 2 Propositionis 32 partis 1 refutavimus, et Propositione 16 partis 1 ostendimus, Deum eadem necessitate agere, qua seipsum intelligit, hoc est, sicuti ex necessitate divinæ naturæ sequitur (sicut omnes uno ore statuunt), ut Deus seipsum intelligat, eadem etiam necessitate sequitur,

necessariamente (*pelas Def. 4 e 6, P. I*) um dos infinitos atributos de Deus, conforme pretendíamos.

PROPOSIÇÃO II
A extensão é um atributo de Deus, ou seja, Deus é uma coisa extensa.

DEMONSTRAÇÃO — Procede-se na demonstração desta proposição do mesmo modo que na demonstração da anterior.

PROPOSIÇÃO III
Em Deus, dá-se necessariamente a ideia tanto da sua essência como de todas as coisas que da sua essência se seguem necessariamente.

DEMONSTRAÇÃO — Com efeito, Deus (*pela Prop. 1 desta Parte*) pode pensar infinitas coisas de infinitos modos, ou seja (*o que é o mesmo, pela Prop. 16, P. I*), formar uma ideia da sua essência e de tudo o que dela se segue necessariamente. Ora, tudo o que está em poder de Deus é necessariamente (*pela Prop. 35, P. I*). Logo, tal ideia dá-se necessariamente e (*pela Prop. 15, P. I*) não se dá senão em Deus. Q. E. D.

ESCÓLIO — O vulgo entende por potência de Deus a vontade livre de Deus e o seu direito sobre todas as coisas que existem, as quais, por isso mesmo, são comumente consideradas contingentes. Deus, dizem, tem o poder de destruir tudo e reduzi-lo a nada. Além disso, muitíssimas vezes, compararam a potência de Deus com a dos reis. Mas nós refutamos isto nos Corolários 1 e 2 da Proposição 32, Parte I, e mostramos, na Proposição 16, Parte I, que Deus age pela mesma necessidade com que se entende a si próprio, isto é, assim como da necessidade da natureza divina se segue (como todos sustentam a uma só voz) que Deus se entende a si mesmo, com a mesma ne-

---

rece a expressão "virtude e potência de agir". Só no Escólio da Prop. 55, P. III, é que se fará menção às suas "virtudes, ou seja, à sua potência de agir", antecipando a explicitação da equivalência na Parte IV. Há, de fato, uma gradação que manifestamente se vai operando no vocabulário, através da qual, à medida que se consolida a ontologia imanentista, se revela inconsequente e se recusa por completo o entendimento da potência em termos aristotélicos, como simples virtualidade ou possibilidade.

Parte II — Da Natureza e da Origem da Mente

ut Deus infinita infinitis modis agat. Deinde Propositione 34 partis 1 ostendimus, Dei potentiam nihil esse, præterquam Dei actuosam essentiam; adeoque tam nobis impossibile est concipere, Deum non agere, quam Deum non esse. Porro si hæc ulterius persequi liberet, possem hic etiam ostendere potentiam illam, quam vulgus Deo affingit, non tantum humanam esse (quod ostendit Deum hominem, vel instar hominis a vulgo concipi), sed etiam impotentiam involvere. Sed nolo de eadem re toties sermonem instituere. Lectorem solummodo iterum atque iterum rogo, ut, quæ in prima parte, ex Propositione 16 usque ad finem de hac re dicta sunt, semel, atque iterum perpendat. Nam nemo ea, quæ volo, percipere recte poterit, nisi magnopere caveat, ne Dei potentiam cum humana Regum potentia, vel jure confundat.

PROPOSITIO IV

Idea Dei, ex qua infinita infinitis modis sequuntur, unica tantum esse potest.

DEMONSTRATIO — Intellectus infinitus nihil, præter Dei attributa, ejusque affectiones, comprehendit (*per Prop. 30 p. 1*). Atqui Deus est unicus (*per Coroll. 1 Prop. 14 p. 1*). Ergo idea Dei, ex qua infinita infinitis modis sequuntur, unica tantum esse potest. *Q. E. D.*

PROPOSITIO V

Esse formale idearum Deum, quatenus tantum, ut res cogitans, consideratur, pro causa agnoscit, et non, quatenus alio attributo explicatur. Hoc est, tam Dei attributorum, quam rerum singularium ideæ non ipsa ideata, sive res perceptas pro causa efficiente agnoscunt, sed ipsum Deum, quatenus est res cogitans.

DEMONSTRATIO — Patet quidem ex Propositione 3 hujus. Ibi enim concludebamus, Deum ideam suæ essentiæ, et omnium, quæ ex ea necessario sequuntur, formare posse ex hoc solo, nempe, quod Deus est res cogitans, et non ex eo, quod sit suæ ideæ objectum. Quare esse formale idearum Deum, quatenus est res cogitans, pro causa agnoscit. Sed aliter hoc modo demonstratur. Esse formale

cessidade segue-se também que Deus faz infinitas coisas de infinitos modos. Depois, na Proposição 34, Parte I, mostramos que a potência de Deus não é senão a essência actuosa de Deus, razão pela qual nos é tão impossível conceber que Deus não age como conceber que Deus não existe. Além disso, se quiséssemos aprofundar mais esta questão, poderia também aqui mostrar que essa potência que o vulgo imputa a Deus não só é humana (o que mostra que Deus é concebido pelo vulgo como um homem, ou à semelhança de um homem), como também envolve impotência. Mas não quero discorrer tantas vezes sobre a mesma coisa. Rogo apenas insistentemente ao leitor que volte a examinar o que foi dito a este respeito na Parte I, da Proposição 16 até o fim. Ninguém, com efeito, poderá perceber corretamente o que eu pretendo, se não tiver o maior cuidado em não confundir a potência de Deus com a potência humana dos reis, ou o seu direito.

PROPOSIÇÃO IV
A ideia de Deus, da qual se seguem infinitas coisas de infinitos modos, só pode ser única.

DEMONSTRAÇÃO — O entendimento infinito não compreende nada a não ser os atributos de Deus e as suas afecções (*pela Prop. 30, P. I*). Ora, Deus é único (*pelo Corol. 1 da Prop. 14, P. I*). Logo, a ideia de Deus, da qual se seguem infinitas coisas de infinitos modos, só pode ser única. *Q. E. D.*

PROPOSIÇÃO V
O ser formal das ideias admite Deus como causa na medida apenas em que ele é considerado como coisa pensante, e não na medida em que se explica por outro atributo. Por outras palavras, as ideias, tanto dos atributos de Deus como das coisas singulares, não admitem como causa eficiente os seus próprios ideatos, ou seja, as coisas percebidas, mas o próprio Deus na medida em que é coisa pensante.

DEMONSTRAÇÃO — É evidente pela Proposição 3 desta Parte. Aí, com efeito, concluíamos que Deus pode formar uma ideia da sua essência e de tudo o que dela se segue necessariamente, pelo simples fato de Deus ser uma coisa pensante, e não pelo fato de ser o objeto da sua ideia. Por isso, o ser formal das ideias admite Deus como sua causa, na medida em que ele é uma coisa pensante. Mas isto demonstra-se também deste outro modo: o ser for-

idearum modus est cogitandi (*ut per se notum*), hoc est (*per Coroll. Prop. 25 p. 1*) modus, qui Dei naturam, quatenus est res cogitans, certo modo exprimit, adeoque (*per Prop. 10 p. 1*) nullius alterius attributi Dei conceptum involvit, et consequenter (*per Axiom. 4 p. 1*) nullius alterius attributi, nisi cogitationis, est effectus: adeoque esse formale idearum Deum, quatenus tantum, ut res cogitans, consideratur, etc. Q. E. D.

PROPOSITIO VI

Cujuscunque attributi modi Deum, quatenus tantum sub illo attributo, cujus modi sunt, et non, quatenus sub ullo alio consideratur, pro causa habent.

DEMONSTRATIO — Unumquodque enim attributum per se absque alio concipitur (*per Prop. 10 p. 1*). Quare uniuscujusque attributi modi conceptum sui attributi, non autem alterius involvunt; adeoque (*per Axiom. 4 p. 1*) Deum, quatenus tantum sub illo attributo, cujus modi sunt, et non, quatenus sub ullo alio consideratur, pro causa habent. Q. E. D.

COROLLARIUM — Hinc sequitur, quod esse formale rerum, quæ modi non sunt cogitandi, non sequitur ideo ex divina natura, quia res prius cognovit, sed eodem modo, eademque necessitate res ideatæ ex suis attributis consequuntur, et concluduntur, ac ideas ex attributo Cogitationis consequi ostendimus.

PROPOSITIO VII

Ordo, et connexio idearum idem est, ac ordo, et connexio rerum.

mal das ideias é um modo de pensar (*como é por si mesmo conhecido*), isto é (*pelo Corol. da Prop. 25, P. I*), um modo que exprime de certa maneira a natureza de Deus, na medida em que é coisa pensante, pelo que não envolve (*pela Prop. 10, P. I*) o conceito de nenhum outro atributo de Deus e, consequentemente (*pelo Ax. 4, P. I*), não é efeito de nenhum outro atributo senão do pensamento. Por isso, o ser formal das ideias admite Deus como causa só na medida em que este se considera uma coisa pensante, etc. Q. E. D.

PROPOSIÇÃO VI

Os modos de qualquer atributo têm como causa Deus só na medida em que ele se considera sob esse atributo de que são modos, e não na medida em que se considera sob um outro.

DEMONSTRAÇÃO — Cada atributo, com efeito, é concebido por si e sem outro (*pela Prop. 10, P. I*). Por isso, os modos de cada atributo envolvem o conceito do seu atributo, mas não os de um outro. Por conseguinte (*pelo Ax. 4, P. I*), eles têm como causa Deus na medida em que é considerado apenas sob o atributo de que eles são modos, e não na medida em que é considerado sob um outro. Q. E. D.

COROLÁRIO — Donde se segue que o ser formal das coisas que não são modos de pensar não se segue da natureza divina porque ela conheceu as coisas antes, mas porque as coisas ideadas se seguem e concluem dos seus atributos, do mesmo modo e com a mesma necessidade que as ideias, como mostramos, se seguem do atributo do pensamento.

PROPOSIÇÃO VII

A ordem e conexão das ideias é a mesma que a ordem e conexão das coisas.[3]

---

[3] Esta proposição enuncia aquilo que habitualmente se designa por "doutrina do paralelismo dos atributos". O paralelismo é, no entanto, uma criação de Leibniz (*Considérations sur la doctrine d'un esprit universel*, § 12, *in* K. I. Gerhardt, org., *Philosophische Schriften*, VI, Berlim, Weidmann, 1885, p. 533): "*j'ai établi un parallélisme parfait entre ce qui se passe dans l'âme et entre ce qui arrive dans la matière*" ("estabeleci um paralelismo

DEMONSTRATIO — Patet ex Axiom. 4 p. 1. Nam cujuscunque causati idea a cognitione causæ, cujus est effectus, dependet.

COROLLARIUM — Hinc sequitur, quod Dei cogitandi potentia æqualis est ipsius actuali agendi potentiæ. Hoc est, quicquid ex infinita Dei natura sequitur formaliter, id omne ex Dei idea eodem ordine, eademque connexione sequitur in Deo objective.

SCHOLIUM — Hic, antequam ulterius pergamus, revocandum nobis in memoriam est id, quod supra ostendimus; nempe, quod quicquid ab infinito intellectu percipi potest, tanquam substantiæ essentiam constituens, id omne ad unicam tantum substantiam pertinet, et consequenter quod substantia cogitans, et substantia extensa una, eademque est substantia, quæ jam sub hoc, jam sub illo attributo comprehenditur. Sic etiam modus extensionis, et idea illius modi una, eademque est res, sed duobus modis expressa; quod quidam Hebræorum quasi per nebulam vidisse videntur, qui scilicet statuunt, Deum, Dei intellectum, resque ab ipso intellectas unum, et idem esse. Ex. gr. circulus in natura existens, et idea circuli existentis, quæ etiam in Deo est, una, eademque est res, quæ per diversa attributa explicatur; et ideo sive naturam sub attributo Extensionis, sive sub attributo Cogitationis, sive sub alio quocunque concipiamus, unum, eundemque ordinem, sive unam, eandemque causarum connexionem, hoc est, easdem res invicem sequi

DEMONSTRAÇÃO — É evidente pelo Axioma 4, Parte I, por que a ideia de qualquer causado depende do conhecimento da causa de que ele é o efeito.

COROLÁRIO — Donde se segue que a potência de pensar de Deus é igual à sua potência atual de agir. Dito por outras palavras, tudo o que se segue formalmente da natureza infinita de Deus segue-se objetivamente em Deus da ideia de Deus, com a mesma ordem e a mesma conexão.

ESCÓLIO — Antes de passar adiante, é de relembrar aqui o que mostramos acima, a saber, que tudo o que pode ser percebido pelo entendimento infinito como constituindo a essência da substância pertence só a uma única substância e, consequentemente, que a substância pensante e a substância extensa são uma só e a mesma substância, compreendida ora sob este, ora sob aquele atributo. Da mesma maneira, um modo da extensão e a ideia desse modo são uma só e a mesma coisa, mas expressa de dois modos, conforme parecem ter visto, como que através de um nevoeiro, certos hebreus,[4] os quais sustentam que Deus, o entendimento de Deus e as coisas por ele entendidas são uma só e a mesma coisa. Por exemplo, um círculo existente na natureza e a ideia do círculo existente, que está também em Deus, são uma só e a mesma coisa, que se explica por atributos diferentes. Assim, quer concebamos a natureza sob o atributo da extensão, quer sob o atributo do pensamento, quer sob outro qualquer, depararemos com uma só e a mesma ordem, ou um só e o mesmo encadeamento de causas, isto é, as mesmas coisas seguindo-se umas das outras. E o motivo por que eu disse que Deus, por exem-

---

perfeito entre o que se passa na alma e o que acontece na matéria"). Numa tal concepção, os atributos representar-se-iam por uma infinidade de linhas que não se intersectam senão no infinito. Espinosa, porém, não diz que a ordem e conexão da mente é paralela à do corpo, mas que ela é o mesmo, porquanto quer a extensão, quer o pensamento, são atributos da mesma substância. Fica, assim, afastada a hipótese de a matéria ser conduzida pelo espírito, no caso do ser humano, abrindo-se o campo à teoria dos afetos enquanto fenômeno psicofísico, que será objeto da Parte III. Embora globalmente acolhida, com as devidas reservas, por alguns dos mais relevantes intérpretes de Espinosa (Gueroult, 1974, p. 64; Deleuze, 1968, p. 95), a aplicação do conceito de paralelismo no contexto da *Ética* vem sendo, mais recentemente, rejeitada não apenas por estar ausente do *corpus* espinosano, mas também por ser infiel à forma como aí se entendem os atributos. Cf. M. Della Rocca (1996, cap. II); M. Chaui (1999, p. 739); C. Jaquet (2015, pp. 21-46).

[4] H. A. Wolfson (1934, vol. II, pp. 24-5) considera que Espinosa estaria aqui referindo-se ao livro de Moisés Maimônides, *Moreh Nebukim* (*Guia dos Perplexos*), I, 68.

Parte II — Da Natureza e da Origem da Mente

reperiemus. Nec ulla alia de causa dixi, quod Deus sit causa ideæ
ex. gr. circuli, quatenus tantum est res cogitans, et circuli, quatenus
tantum est res extensa, nisi quia esse formale ideæ circuli non, nisi
per alium cogitandi modum, tanquam causam proximam, et ille
iterum per alium, et sic in infinitum, potest percipi, ita ut, quamdiu
res, ut cogitandi modi considerantur, ordinem totius naturæ, sive
causarum connexionem, per solum Cogitationis attributum
explicare debemus, et quatenus, ut modi Extensionis, considerantur,
ordo etiam totius naturæ per solum Extensionis attributum
explicari debet, et idem de aliis attributis intelligo. Quare rerum, ut
in se sunt, Deus revera est causa, quatenus infinitis constat
attributis; nec impræsentiarum hæc clarius possum explicare.

PROPOSITIO VIII

*Ideæ rerum singularium, sive modorum non existentium ita
debent comprehendi in Dei infinita idea, ac rerum singularium, sive
modorum essentiæ formales in Dei attributis continentur.*

DEMONSTRATIO — Hæc Propositio patet ex præcedenti, sed
intelligitur clarius ex præcedenti Scholio.

COROLLARIUM — Hinc sequitur, quod, quamdiu res singulares
non existunt, nisi quatenus in Dei attributis comprehenduntur, earum
esse objectivum, sive ideæ non existunt, nisi quatenus infinita Dei
idea existit; et ubi res singulares dicuntur existere, non tantum
quatenus in Dei attributis comprehenduntur, sed quatenus etiam
durare dicuntur, earum ideæ etiam existentiam, per quam durare
dicuntur, involvent.

SCHOLIUM — Si quis ad uberiorem hujus rei explicationem
exemplum desideret, nullum sane dare potero, quod rem, de
qua hic loquor, utpote unicam, adæquate explicet; conabor
tamen rem, ut fieri potest, illustrare. Nempe circulus talis est
naturæ, ut omnium linearum rectarum, in eodem sese invicem
secantium, rectangula sub segmentis sint inter se æqualia; quare
in circulo infinita inter se æqualia rectangula continentue:
attamen nullum eorum potest dici existere, nisi quatenus
circulus existit, nec etiam alicujus horum rectangulorum idea

plo, é causa da ideia de círculo só na medida em que é coisa pensante, e do próprio círculo só na medida em que é coisa extensa, não foi senão porque o ser formal da ideia de círculo não pode ser percebido senão por meio de um outro modo de pensar, como causa próxima, e este, por sua vez, por meio de um outro, e assim até o infinito, de tal maneira que, sempre que consideramos as coisas como modos de pensar, temos de explicar a ordem de toda a natureza, ou seja, o encadeamento das causas, só pelo atributo do pensamento, e na medida em que as consideramos como modos da extensão, temos de explicar a ordem de toda a natureza só pelo atributo da extensão, e o mesmo relativamente aos outros atributos. Deus, por conseguinte, na medida em que consta de infinitos atributos, é realmente causa das coisas como elas são em si mesmas. Por agora, não posso explicar isto mais claramente.

PROPOSIÇÃO VIII

As ideias das coisas singulares, ou modos, não existentes devem estar compreendidas na ideia infinita de Deus, tal como as essências formais das coisas singulares, ou modos, estão contidas nos atributos de Deus.

DEMONSTRAÇÃO — Esta proposição é evidente pela anterior, mas entende-se mais claramente pelo Escólio anterior.

COROLÁRIO — De onde se segue que, enquanto as coisas singulares não existem senão na medida em que estão compreendidas nos atributos de Deus, o seu ser objetivo, ou as suas ideias, não existem senão na medida em que existe a ideia infinita de Deus. E quando se diz que as coisas singulares existem não só na medida em que estão compreendidas nos atributos de Deus, mas também na medida em que se diz que elas duram, as suas ideias envolvem também a existência, em virtude da qual se diz que elas duram.

ESCÓLIO — Se alguém quiser, para uma explicação mais desenvolvida deste assunto, um exemplo, decerto não lhe poderei dar nenhum que explique adequadamente aquilo de que estou falando aqui, porquanto é único. Esforçar-me-ei, contudo, por aclará-lo na medida do possível. Como se sabe, é da natureza do círculo que os retângulos formados dos segmentos de todas as linhas retas que nele se intersectam sejam iguais entre si. Num círculo, por conseguinte, estão contidos infinitos retângulos iguais entre si e, no entanto, de nenhum deles se pode dizer que existe senão na medida em que existe o círculo, da mesma forma que da ideia de qualquer destes retângulos não se

potest dici existere, nisi quatenus in circuli idea comprehenditur. Concipiantur jam ex infinitis illis duo tantum, nempe E et D existere.

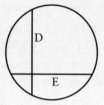

Sane eorum etiam ideæ jam non tantum existunt, quatenus solummodo in circuli idea comprehenduntur, sed etiam, quatenus illorum rectangulorum existentiam involvunt, quo fit, ut a reliquis reliquorum rectangulorum ideis distinguantur.

PROPOSITIO IX

Idea rei singularis, actu existentis, Deum pro causa habet, non quatenus infinitus est, sed quatenus alia rei singularis actu existentis idea affectus consideratur, cujus etiam Deus est causa, quatenus alia tertia affectus est, et sic in infinitum.

DEMONSTRATIO — Idea rei singularis, actu existentis, modus singularis cogitandi est, et a reliquis distinctus (*per Coroll. et Schol. Prop. 8 hujus*), adeoque (*per Prop. 6 hujus*) Deum, quatenus est tantum res cogitans, pro causa habet. At non (*per Prop. 28 p. 1*), quatenus est res absolute cogitans, sed quatenus alio cogitandi modo affectus consideratur, et hujus etiam Deus est causa, quatenus alio affectus est, et sic in infinitum. Atqui ordo, et connexio idearum (*per Prop. 7 hujus*) idem est, ac ordo, et connexio causarum; ergo unius singularis ideæ alia idea, sive Deus, quatenus alia idea affectus consideratur, est causa, et hujus etiam, quatenus alia affectus est, et sic in infinitum. Q. E. D.

COROLLARIUM — Quicquid in singulari cujuscunque ideæ objecto contingit, ejus datur in Deo cognitio, quatenus tantum ejusdem objecti ideam habet.

pode dizer que existe senão na medida em que está compreendida na ideia de círculo. Concebam-se agora como existentes apenas dois desses infinitos retângulos, a saber, E e D.

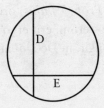

Neste caso, sem dúvida que as suas ideias também existem, não só na medida em que estão compreendidas na ideia de círculo, mas também na medida em que envolvem a existência desses retângulos, o que faz com que elas se distingam das restantes ideias dos restantes retângulos.

PROPOSIÇÃO IX

A ideia de uma coisa singular existente em ato tem como causa Deus, não na medida em que é infinito, mas na medida em que é considerado afetado por uma outra ideia de uma coisa singular existente em ato, cuja causa também é Deus na medida em que é afetado por uma terceira, e assim até o infinito.

DEMONSTRAÇÃO — A ideia de uma coisa singular existente em ato é um modo de pensar singular e distinto dos restantes (*pelo Corol. e o Esc. da Prop. 8 desta Parte*), e por isso (*pela Prop. 6 desta Parte*) tem como causa Deus na medida apenas em que ele é uma coisa pensante. Não (*pela Prop. 28, P. I*) na medida em que é uma coisa absolutamente pensante, mas na medida em que é considerado afetado por outro modo de pensar, do qual Deus também é causa na medida em que é afetado por um outro, e assim até o infinito. Ora, a ordem e conexão das ideias (*pela Prop. 7 desta Parte*) é a mesma que a ordem e conexão das causas. Logo, a causa de uma ideia singular é outra ideia, ou seja, Deus na medida em que é considerado afetado por outra ideia, da qual também é causa na medida em que é afetado por uma outra, e assim até o infinito. Q. E. D.

COROLÁRIO — De tudo o que acontece no objeto singular de uma qualquer ideia, dá-se o conhecimento em Deus na medida apenas em que ele tem a ideia desse objeto.

DEMONSTRATIO — Quicquid in objecto cujuscunque ideæ contingit, ejus datur in Deo idea (*per Prop. 3 hujus*), non, quatenus infinitus est, sed quatenus alia rei singularis idea affectus consideratur (*per Prop. præced.*), sed (*per Prop: 7 hujus*) ordo, et connexio idearum idem est, ac ordo, et connexio rerum; erit ergo cognitio ejus, quod in singulari aliquo objecto contingit, in Deo, quatenus tantum ejusdem objecti habet ideam. *Q. E. D.*

PROPOSITIO X

Ad essentiam hominis non pertinet esse substantiæ, sive substantia formam hominis non constituit.

DEMONSTRATIO — Esse enim substantiæ involvit necessariam existentiam (*per Prop. 7 p. 1*). Si igitur ad hominis essentiam pertineret esse substantiæ, data ergo substantia, daretur necessario homo (*per Defin. 2 hujus*), et consequenter homo necessario existeret, quod (*per Axiom. 1 hujus*) est absurdum. Ergo etc. *Q. E. D.*

SCHOLIUM — Demonstratur etiam hæc Propositio ex Propositione 5 p. 1 nempe, quod duæ ejusdem naturæ substantiæ non dentur. Cum autem plures homines existere possint, ergo id, quod hominis formam constituit, non est esse substantiæ. Patet præterea hæc Propositio ex reliquis substantiæ proprietatibus, videlicet, quod substantia sit sua natura infinita, immutabilis, indivisibilis etc., ut facile unusquisque videre potest.

COROLLARIUM — Hinc sequitur essentiam hominis constitui a certis Dei attributorum modificationibus.

DEMONSTRATIO — Nam esse substantiæ (*per Prop. præced.*) ad essentiam hominis non pertinet. Est ergo (*per Prop. 15 p. 1*) aliquid, quod in Deo est, et quod sine Deo nec esse, nec concipi potest, sive (*per Coroll. Prop. 25 p. 1*) affectio, sive modus, qui Dei naturam certo, et determinato modo exprimit.

SCHOLIUM — Omnes sane concedere debent, nihil sine Deo esse, neque concipi posse. Nam apud omnes in confesso est, quod Deus omnium rerum, tam earum essentiæ, quam earum

DEMONSTRAÇÃO — De tudo o que acontece no objeto de qualquer ideia dá-se a ideia em Deus (*pela Prop. 3 desta Parte*), não na medida em que ele é infinito, mas na medida em que é considerado afetado por outra ideia de coisa singular (*pela Prop. anterior*). Ora (*pela Prop. 7 desta Parte*), a ordem e conexão das ideias é a mesma que a ordem e conexão das coisas. Logo, o conhecimento do que acontece num objeto singular será em Deus na medida apenas em que ele tem a ideia desse objeto. *Q. E. D.*

PROPOSIÇÃO X

O ser da substância não pertence à essência do homem, ou seja, a substância não constitui a forma do homem.

DEMONSTRAÇÃO — Com efeito, o ser da substância envolve a existência necessária (*pela Prop. 7, P. I*). Assim, se o ser da substância pertencesse à essência do homem, uma vez dada a substância, dar-se-ia necessariamente o homem (*pela Def. 2 desta Parte*) e, por conseguinte, o homem existiria necessariamente, o que (*pelo Ax. 1 desta Parte*) é absurdo. Logo, etc. *Q. E. D.*

ESCÓLIO — Esta proposição demonstra-se também pela Proposição 5, Parte I, segundo a qual não se dão duas substâncias da mesma natureza. Como, porém, podem existir vários homens, aquilo que constitui a forma do homem não é o ser da substância. Além disso, esta proposição é evidente pelas restantes propriedades da substância, a saber, que a substância é, de sua natureza, infinita, imutável, indivisível, etc., como qualquer um pode ver facilmente.

COROLÁRIO — Donde se segue que a essência do homem é constituída por certas modificações dos atributos de Deus.

DEMONSTRAÇÃO — Na verdade, o ser da substância (*pela Prop. anterior*) não pertence à essência do homem. Logo, esta é (*pela Prop. 15, P. I*) algo que é em Deus e que sem Deus não pode ser nem ser concebido, ou seja (*pelo Corol. da Prop. 25, P. I*), é uma afecção, ou modo, que exprime a natureza de Deus de uma certa e determinada maneira.

ESCÓLIO — Todos, certamente, devem concordar que, sem Deus, nada pode ser nem ser concebido, uma vez que todos confessam que Deus é a única causa de todas as coisas, tanto da sua existência, como da sua essência,

existentiæ, unica est causa, hoc est, Deus non tantum est causa rerum secundum fieri, ut ajunt, sed etiam secundum esse. At interim plerique id ad essentiam alicujus rei pertinere dicunt, sine quo res nec esse, nec concipi potest; adeoque vel naturam Dei ad essentiam rerum creatarum pertinere, vel res creatas sine Deo vel esse, vel concipi posse credunt, vel, quod certius est, sibi non satis constant. Cujus rei causam fuisse credo, quod ordinem Philosophandi non tenuerint. Nam naturam divinam, quam ante omnia contemplari debebant, quia tam cognitione, quam natura prior est, ordine cognitionis ultimam, et res, quæ sensuum objecta vocantur, omnibus priores esse crediderunt; unde factum est, ut, dum res naturales contemplati sunt, de nulla re minus cogitaverint, quam de divina natura, et, cum postea animum ad divinam naturam contemplandum appulerint, de nulla re minus cogitare potuerint, quam de primis suis figmentis, quibus rerum naturalium cognitionem superstruxerant; utpote quæ ad cognitionem divinæ naturæ nihil juvare poterant; adeoque nihil mirum, si sibi passim contradixerint. Sed hoc mitto. Nam meum intentum hic tantum fuit, causam reddere, cur non dixerim, id ad essentiam alicujus rei pertinere, sine quo res nec esse, nec concipi potest; nimirum, quia res singulares non possunt sine Deo esse, nec concipi; et tamen Deus ad earum essentiam non pertinet; sed id necessario essentiam alicujus rei constituere dixi, quo dato res ponitur, et quo sublato res tollitur: vel id, sine quo res, et vice versa id, quod sine re nec esse, nec concipi potest.

PROPOSITIO XI

Primum, quod actuale Mentis humanæ esse constituit, nihil aliud est, quam idea rei alicujus singularis actu existentis.

DEMONSTRATIO — Essentia hominis (*per Coroll. Prop. præced.*) a certis Dei attributorum modis constituitur; nempe (*per Axiom. 2 hujus*) a modis cogitandi, quorum omnium (*per Axiom. 3 hujus*) idea natura prior est, et, ea data, reliqui modi (quibus scilicet idea natura prior est) in eodem debent esse individuo (*per Axiom. 3 hujus*). Atque adeo idea primum est, quod humanæ Mentis esse constituit. At non idea rei non existentis. Nam tum

isto é, que Deus é causa das coisas não apenas quanto ao devir, como eles dizem, mas também quanto ao ser. Mas, entretanto, a maior parte diz que pertence à essência de uma coisa aquilo sem o qual a coisa não pode ser nem ser concebida, e por isso eles creem ou que a natureza de Deus pertence à essência das coisas criadas, ou que as coisas criadas podem ser, ou ser concebidas, sem Deus, ou, o que é mais certo, não são suficientemente coerentes consigo mesmos. A causa disto, creio, foi não terem respeitado a ordem do filosofar. De fato, acreditaram que a natureza divina — a qual devia ser contemplada antes de tudo o mais, visto ser a primeira em termos quer de conhecimento, quer de natureza — era a última na ordem do conhecimento, e que as coisas a que se chama objetos dos sentidos estavam antes de todas as outras. Daí resultou que, quando contemplaram as coisas naturais, não houve nada em que menos pensassem do que na natureza divina, e quando, depois, voltaram o ânimo para contemplar a natureza divina, não houve nada em que menos pudessem pensar do que nas suas primeiras ficções, nas quais haviam baseado o conhecimento das coisas naturais e que em nada os podiam ajudar a conhecer a natureza divina. Não admira, por isso, que eles tenham, a cada passo, entrado em contradição. Mas deixo isto de lado, porque o meu intuito, aqui, foi apenas apresentar a razão por que não disse pertencer à essência de uma coisa aquilo sem o qual a coisa não pode ser nem ser concebida, porquanto as coisas singulares não podem ser nem ser concebidas sem Deus e, todavia, Deus não pertence à sua essência. Mas eu disse que constitui necessariamente a essência de uma coisa aquilo dado o qual a coisa é posta, e suprimido o qual a coisa é tirada; ou ainda aquilo sem o qual a coisa não pode ser nem ser concebida e, inversamente, aquilo que sem a coisa não pode ser nem ser concebido.

PROPOSIÇÃO XI

Aquilo que constitui primeiro o ser atual da mente humana não é senão a ideia de uma coisa singular existente em ato.

DEMONSTRAÇÃO — A essência do homem (*pelo Corol. da Prop. anterior*) é constituída por certos modos dos atributos de Deus, a saber (*pelo Ax. 2 desta Parte*), por modos de pensar, dos quais a ideia é, por natureza, o primeiro (*pelo Ax. 3 desta Parte*). Dada a ideia, os restantes modos (aos quais, portanto, a ideia é por natureza anterior) devem ser no mesmo indivíduo (*pelo Ax. 3 desta Parte*). Assim, a ideia é aquilo que constitui primeiro o ser da mente humana. Não, contudo, a ideia de uma coisa inexistente, porque

Parte II — Da Natureza e da Origem da Mente

(*per Coroll. Prop. 8 hujus*) ipsa idea non posset dici existere; erit ergo idea rei actu existentis. At non rei infinitæ. Res namque infinita (*per Prop. 21 et 22 p. 1*) debet semper necessario existere; atqui hoc (*per Axiom. 1 hujus*) est absurdum; ergo primum, quod esse humanæ Mentis actuale constituit, est idea rei singularis actu existentis. Q. E. D.

COROLLARIUM — Hinc sequitur Mentem humanam partem esse infiniti intellectus Dei; ac proinde cum dicimus, Mentem humanam hoc, vel illud percipere, nihil aliud dicimus, quam quod Deus, non quatenus infinitus est, sed quatenus per naturam humanæ Mentis explicatur, sive quatenus humanæ Mentis essentiam constituit, hanc, vel illam habet ideam; et cum dicimus Deum hanc, vel illam ideam habere, non tantum, quatenus naturam humanæ Mentis constituit, sed quatenus simul cum Mente humana alterius rei etiam habet ideam, tum dicimus Mentem humanam rem ex parte, sive inadæquate percipere.

SCHOLIUM — Hic sine dubio Lectores hærebunt, multaque comminiscentur, quæ moram injiciant, et hac de causa ipsos rogo, ut lento gradu mecum pergant, nec de his judicium ferant, donec omnia perlegerint.

PROPOSITIO XII

Quicquid in objecto ideæ, humanam Mentem constituentis, contingit, id ab humana Mente debet percipi, sive ejus rei dabitur in Mente necessario idea: Hoc est, si objectum ideæ, humanam Mentem constituentis, sit corpus, nihil in eo corpore poterit contingere, quod a Mente non percipiatur.

DEMONSTRATIO — Quicquid enim in objecto cujuscunque ideæ contingit, ejus rei datur necessario in Deo cognitio (*per Coroll. Prop. 9 hujus*), quatenus ejusdem objecti idea affectus consideratur, hoc est (*per Prop. 11 hujus*), quatenus mentem alicujus rei constituit. Quicquid igitur in objecto ideæ, humanam Mentem constituentis, contingit, ejus datur necessario in Deo cognitio, quatenus naturam humanæ Mentis constituit, hoc est (*per Coroll.*

então (*pelo Corol. da Prop. 8 desta Parte*) nem a própria ideia se poderia dizer que existia. Logo, será a ideia de uma coisa existente em ato. Mas não de uma coisa infinita, porque uma coisa infinita (*pelas Prop. 21 e 22, P. I*) deve existir sempre necessariamente; e isto (*pelo Ax. 1 desta Parte*) é absurdo. Logo, o que constitui primeiro o ser atual da mente humana é a ideia de uma coisa singular existente em ato. *Q. E. D.*

COROLÁRIO — Donde se segue que a mente humana é parte do entendimento infinito de Deus e, por isso, quando dizemos que a mente humana percebe isto ou aquilo não dizemos senão que Deus, não na medida em que é infinito, mas na medida em que se explica pela natureza da mente humana, ou seja, na medida em que constitui a essência da mente humana, tem esta ou aquela ideia. E quando dizemos que Deus tem esta ou aquela ideia, não só na medida em que constitui a natureza da mente humana, mas também na medida em que, em simultâneo com a mente humana, tem a ideia de outra coisa, então dizemos que a mente humana percebe essa coisa em parte, ou seja, inadequadamente.

ESCÓLIO — Sem dúvida que os leitores, aqui, sentir-se-ão perplexos e a congeminar muitas coisas que os impedem de avançar. Por esse motivo, rogo-lhes que continuem comigo, em passo lento, e que não façam qualquer juízo sobre isto antes de terem lido tudo.

PROPOSIÇÃO XII

Tudo quanto acontece no objeto da ideia que constitui a mente humana deve ser percebido pela mente humana, ou seja, dar-se-á necessariamente uma ideia disso na mente. Isto é, se o objeto da ideia que constitui a mente humana for um corpo, nada poderá acontecer nesse corpo que não seja percebido pela mente.

DEMONSTRAÇÃO — Com efeito, de tudo o que acontece no objeto de qualquer ideia dá-se necessariamente o conhecimento em Deus (*pelo Corol. da Prop. 9 desta Parte*), na medida em que ele é considerado afetado pela ideia desse mesmo objeto, isto é (*pela Prop. 11 desta Parte*), na medida em que constitui a mente de uma coisa. Portanto, de tudo o que acontece no objeto da ideia que constitui a mente humana dá-se necessariamente o conhecimento em Deus na medida em que este constitui a natureza da mente humana, isto é (*pelo Corol. da Prop. 11 desta Parte*), o conhecimento dessa

Prop. 11 hujus), ejus rei cognitio erit necessario in Mente, sive Mens id percipit. *Q. E. D.*

SCHOLIUM — Hæc Propositio patet etiam, et clarius intelligitur ex Schol. Prop. 7 hujus, quod vide.

PROPOSITIO XIII

Objectum ideæ, humanam Mentem constituentis, est Corpus, sive certus Extensionis modus actu existens, et nihil aliud.

DEMONSTRATIO — Si enim Corpus non esset humanæ Mentis objectum, ideæ affectionum Corporis non essent in Deo (*per Coroll. Prop. 9 hujus*), quatenus Mentem nostram, sed quatenus alterius rei mentem constitueret, hoc est (*per Coroll. Prop. 11 hujus*), ideæ affectionum Corporis non essent in nostra Mente; atqui (*per Axiom. 4 hujus*) ideas affectionum corporis habemus. Ergo objectum ideæ, humanam Mentem constituentis, est Corpus, idque (*per Prop. 11 hujus*) actu existens. Deinde, si præter Corpus etiam aliud esset Mentis objectum, cum nihil (*per Prop. 36 p. 1*) existat, ex quo aliquis effectus non sequatur, deberet (*per Prop. 12 hujus*) necessario alicujus ejus effectus idea in Mente nostra dari; atqui (*per Axiom. 5 hujus*) nulla ejus idea datur. Ergo objectum nostræ Mentis est Corpus existens, et nihil aliud. *Q. E. D.*

COROLLARIUM — Hinc sequitur hominem Mente, et Corpore constare, et Corpus humanum, prout ipsum sentimus, existere.

SCHOLIUM — Ex his non tantum intelligimus, Mentem humanam unitam esse Corpori, sed etiam, quid per Mentis, et Corporis unionem intelligendum sit. Verum ipsam adæquate, sive distincte intelligere nemo poterit, nisi prius nostri Corporis naturam adæquate cognoscat. Nam ea, quæ hucusque ostendimus, admodum communia sunt, nec magis ad homines, quam ad reliqua Individua pertinent, quæ omnia, quamvis diversis gradibus, animata tamen sunt. Nam cujuscunque rei datur necessario in Deo idea, cujus Deus est causa, eodem modo, ac humani Corporis ideæ: atque adeo, quicquid de idea humani Corporis diximus, id de cujuscunque rei idea

coisa estará necessariamente na mente, que o mesmo é dizer, a mente perce-be-a. *Q. E. D.*

ESCÓLIO — Esta Proposição também é evidente e entende-se mais cla-ramente pelo Escólio da Proposição 7 desta Parte, para o qual se remete.

PROPOSIÇÃO XIII

O objeto da ideia que constitui a mente humana é o corpo, ou seja, um certo modo da extensão existente em ato, e mais nenhuma outra coisa.

DEMONSTRAÇÃO — Se, com efeito, o corpo não fosse o objeto da men-te humana, as ideias das afecções do corpo não seriam em Deus (*pelo Corol. da Prop. 9 desta Parte*), na medida em que ele constituiria, não a nossa men-te, mas a mente de uma outra coisa, isto é (*pelo Corol. da Prop. 11 desta Parte*), as ideias das afecções do corpo não estariam na nossa mente. Ora (*pelo Ax. 4 desta Parte*), nós temos as ideias das afecções do corpo. Logo, o objeto da ideia que constitui a mente humana é o corpo, e o corpo (*pela Prop. 11 desta Parte*) existente em ato. Depois, se fosse também objeto da mente outra coisa além do corpo, como não existe nada (*pela Prop. 36 da P. I*) de que não se siga algum efeito, deveria (*pela Prop. 12 desta Parte*) necessaria-mente dar-se na nossa mente a ideia desse efeito. Ora (*pelo Ax. 5 desta Par-te*), não se dá nenhuma ideia dele. Logo, o objeto da nossa mente é o corpo existente, e mais nenhuma outra coisa. *Q. E. D.*

COROLÁRIO — Donde se segue que o homem consta de uma mente e de um corpo, e que o corpo humano existe conforme nós o sentimos.

ESCÓLIO — Com base nisto, entendemos não só que a mente humana está unida ao corpo, mas também o que se deve entender por união da men-te e do corpo.

Na verdade, ninguém a poderá entender adequadamente, ou seja, dis-tintamente, se antes não conhecer adequadamente a natureza do nosso cor-po. Porque as coisas que mostramos até aqui são bastante comuns e não di-zem mais respeito aos homens do que aos outros indivíduos, os quais, em-bora em graus diferentes, são todavia todos animados. Com efeito, de qual-quer coisa se dá necessariamente uma ideia em Deus, da qual Deus é causa do mesmo modo que é causa da ideia do corpo humano. Por conseguinte,

Parte II — Da Natureza e da Origem da Mente

necessario dicendum est. Attamen nec etiam negare possumus, ideas inter se, ut ipsa objecta, differre, unamque alia præstantiorem esse, plusque realitatis continere, prout objectum unius objecto alterius præstantius est, plusque realitatis continet; ac propterea ad determinandum, quid Mens humana reliquis intersit, quidque reliquis præstet, necesse nobis est, ejus objecti, ut diximus, hoc est, Corporis humani naturam cognoscere. Eam autem hic explicare nec possum, nec id ad ea, quæ demonstrare volo, necesse est. Hoc tamen in genere dico, quo Corpus aliquod reliquis aptius est ad plura simul agendum, vel patiendum, eo ejus Mens reliquis aptior est ad plura simul percipiendum; et quo unius corporis actiones magis ab ipso solo pendent, et quo minus alia corpora cum eodem in agendo concurrunt, eo ejus mens aptior est ad distincte intelligendum. Atque ex his præstantiam unius mentis præ aliis cognoscere possumus: deinde causam etiam videre, cur nostri Corporis non, nisi admodum confusam, habeamus cognitionem, et alia plura, quæ in sequentibus ex his deducam. Qua de causa operæ pretium esse duxi, hæc ipsa accuratius explicare, et demonstrare, ad quod necesse est, pauca de natura corporum præmittere.

AXIOMA I
Omnia corpora vel moventur, vel quiescunt.

AXIOMA II
Unumquodque corpus jam tardius, jam celerius movetur.

LEMMA I
Corpora ratione motus, et quietis, celeritatis, et tarditatis, et non ratione substantiæ ab invicem distinguuntur.

DEMONSTRATIO — Primam partem hujus per se notam suppono. At, quod ratione substantiæ non distinguantur corpora, patet, tam ex Prop. 5 quam 8 p. 1. Sed clarius ex iis, quæ in Schol. Prop. 15 p. 1 dicta sunt.

tudo o que dizemos da ideia do corpo humano tem necessariamente de se dizer da ideia de qualquer coisa.

Contudo, também não podemos negar que as ideias diferem entre si, tal como os próprios objetos, e que uma é superior e contém mais realidade do que a outra, conforme o objeto de uma é superior e contém mais realidade do que o objeto da outra. Por isso, para determinar em que é que a mente humana difere das outras e em que é que lhes é superior, é necessário, como dissemos, conhecer a natureza do seu objeto, isto é, a natureza do corpo humano. Não posso, todavia, explicar isto aqui, nem é necessário para o que pretendo demonstrar. Digo, porém, em termos genéricos, que quanto mais um corpo é mais apto do que os outros para fazer ou sofrer muitas coisas em simultâneo, mais a sua mente é mais apta do que as outras para perceber muitas coisas em simultâneo; e quanto mais as ações de um corpo dependem só dele, e quanto menos ele tem, a agir, o concurso de outros corpos, mais a sua mente é apta para entender distintamente. E com base nisto podemos conhecer a superioridade de uma mente sobre as outras e, depois, ver também o motivo por que não temos senão um conhecimento em grande medida confuso do nosso corpo, além de várias outras coisas que daí vou deduzir seguidamente. Esse o motivo por que pensei que valia a pena explicar e demonstrar estas mesmas coisas mais rigorosamente e, para tanto, é necessário antecipar algumas coisas acerca da natureza dos corpos.

AXIOMA I
Todos os corpos ou se movem, ou estão em repouso.

AXIOMA II
Cada corpo move-se ora mais lentamente, ora mais rapidamente.

LEMA I
Os corpos distinguem-se uns dos outros em razão do movimento e do repouso, da rapidez e da lentidão, e não da substância.

DEMONSTRAÇÃO — Suponho que a primeira parte deste Lema se conhece por si. Quanto ao fato de os corpos não se distinguirem em razão da substância, é evidente quer pela Proposição 5, quer pela Proposição 8, Parte I. Mas é ainda mais claro pelo que foi dito no Escólio da Proposição 15, Parte I.

LEMMA II

Omnia corpora in quibusdam conveniunt.

DEMONSTRATIO — In his enim omnia corpora conveniunt, quod unius, ejusdemque attributi conceptum involvunt (*per Defin. 1 hujus*). Deinde, quod jam tardius, jam celerius, et absolute jam moveri, jam quiescere possunt.

LEMMA III

Corpus motum, vel quiescens ad motum, vel quietem determinari debuit ab alio corpore, quod etiam ad motum, vel quietem determinatum fuit ab alio, et illud iterum ab alio, et sic in infinitum.

DEMONSTRATIO — Corpora (*per Defin. 1 hujus*) res singulares sunt, quæ (*per Lem. 1*) ratione motus, et quietis ab invicem distinguuntur; adeoque (*per Prop. 28 p. 1*) unumquodque ad motum, vel quietem necessario determinari debuit ab alia re singulari, nempe (*per Prop. 6 hujus*) ab alio corpore, quod (*per Axiom. 1*) etiam vel movetur, vel quiescit. At hoc etiam (*per eandem rationem*) moveri, vel quiescere non potuit, nisi ab alio ad motum, vel quietem determinatum fuisset, et hoc iterum (*per eandem rationem*) ab alio, et sic in infinitum. *Q. E. D.*

COROLLARIUM — Hinc sequitur corpus motum tamdiu moveri, donec ab alio corpore ad quiescendum determinetur; et corpus quiescens tamdiu etiam quiescere, donec ab alio ad motum determinetur. Quod etiam per se notum est. Nam, cum suppono, corpus ex. gr. A quiescere, nec ad alia corpora mota attendo, nihil de corpore A dicere potero, nisi quod quiescat. Quod si postea contingat, ut corpus A moveatur, id sane evenire non potuit ex eo, quod quiescebat; ex eo enim nil aliud sequi poterat, quam ut corpus A quiesceret. Si contra supponatur A moveri, quotiescunque ad A tantum attendimus, nihil de eodem affirmare poterimus, nisi quod moveatur. Quod si postea contingat, ut A quiescat, id sane evenire etiam non potuit ex motu, quem habebat; ex motu enim nihil aliud sequi poterat, quam ut A moveretur: contingit itaque a re, quæ non erat in A, nempe a causa externa, a qua ad quiescendum determinatum fuit.

Pars secunda — De Natura et Origine Mentis

LEMA II

Todos os corpos convêm em algumas coisas.

DEMONSTRAÇÃO — Com efeito, todos os corpos convêm no fato de envolverem (*pela Def. 1 desta Parte*) o conceito de um só e mesmo atributo, de poderem, além disso, mover-se ora mais lenta, ora mais rapidamente, e, em termos absolutos, ora mover-se, ora estar em repouso.

LEMA III

Um corpo em movimento ou em repouso teve de ser determinado ao movimento ou ao repouso por um outro, o qual foi também determinado ao movimento ou ao repouso por um outro, e este, por sua vez, por um outro, e assim até o infinito.

DEMONSTRAÇÃO — Os corpos (*pela Def. 1 desta Parte*) são coisas singulares, que (*pelo Lema 1*) se distinguem entre si em razão do movimento e do repouso, razão pela qual (*pela Prop. 28, P. I*) cada um teve necessariamente de ser determinado ao movimento ou ao repouso por outra coisa singular, isto é (*pela Prop. 6 desta Parte*), por outro corpo, o qual (*pelo Ax. 1*) ou se move também, ou está em repouso. E este (*pela mesma razão*) também não pôde mover-se nem estar em repouso senão por ter sido determinado ao movimento ou ao repouso por um outro, e este, por sua vez (*pela mesma razão*), por um outro, e assim até o infinito. Q. E. D.

COROLÁRIO — Donde se segue que um corpo em movimento se move até ser determinado ao repouso por outro corpo e, de igual modo, um corpo em repouso permanece em repouso até ser determinado ao movimento por outro. O que também é conhecido por si. Na verdade, quando suponho que um corpo, por exemplo, A, está em repouso, sem atender aos outros corpos em movimento, nada posso dizer do corpo A senão que ele está em repouso. E se acontecer depois o corpo A mover-se, sem dúvida isso não pode advir de ele estar em repouso, porque daí não se podia seguir nada senão que o corpo A estava em repouso. Se, pelo contrário, se supuser que o corpo A se move, sempre que atendermos só a A, não poderemos afirmar nada sobre ele a não ser que se move. E se, depois, acontecer que A esteja em repouso, isso também não pôde, sem dúvida, resultar do movimento que ele tinha, porque do movimento nada podia seguir-se senão que A se movia. Aconteceu, portanto, devido a uma coisa que não estava em A, ou seja, por uma causa exterior pela qual ele foi determinado ao repouso.

Parte II — Da Natureza e da Origem da Mente

AXIOMA I

Omnes modi, quibus corpus aliquod ab alio afficitur corpore, ex natura corporis affecti, et simul ex natura corporis afficientis sequuntur; ita ut unum, idemque corpus diversimode moveatur pro diversitate naturæ corporum moventium, et contra ut diversa corpora ab uno, eodemque corpore diversimode moveantur.

AXIOMA II

Cum corpus motum alteri quiescenti, quod dimovere nequit, impingit, reflectitur, ut moveri pergat, et angulus lineæ motus reflectionis cum plano corporis quiescentis, cui impegit, æqualis erit angulo, quem linea motus incidentiæ cum eodem plano efficit.

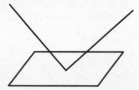

Atque hæc de corporibus simplicissimis, quæ scilicet solo motu, et quiete, celeritate, et tarditate ab invicem distinguuntur: jam ad composita ascendamus.

DEFINITIO — Cum corpora aliquot ejusdem, aut diversæ magnitudinis a reliquis ita coercentur, ut invicem incumbant, vel si eodem, aut diversis celeritatis gradibus moventur, ut motus suos invicem certa quadam ratione communicent, illa corpora invicem unita dicemus, et omnia simul unum corpus, sive Individuum componere, quod a reliquis per hanc corporum unionem distinguitur.

AXIOMA III

Quo partes Individui, vel corporis compositi secundum majores, vel minores superficies sibi invicem incumbunt, eo difficilius, vel facilius cogi possunt, ut situm suum mutent, et consequenter eo difficilius, vel facilius effici potest, ut ipsum Individuum aliam figuram induat. Atque hinc corpora, quorum partes secundum magnas superficies invicem incumbunt, *dura*, quorum autem partes

AXIOMA I

Todos os modos como um corpo é afetado por outro corpo seguem-se da natureza do corpo afetado e, ao mesmo tempo, da natureza do corpo que o afeta, de tal maneira que um só e mesmo corpo é movido diferentemente consoante a diversidade de natureza dos corpos que o movem e, pelo contrário, corpos diferentes são diferentemente movidos por um só e mesmo corpo.

AXIOMA II

Quando um corpo em movimento bate num outro que está em repouso, e não o pode afastar, reflete-se para continuar a mover-se, e o ângulo da linha do movimento de reflexão com o plano do corpo em repouso, no qual bateu, será igual ao ângulo que a linha do movimento de incidência faz com esse mesmo plano.

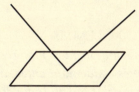

Isto, no que diz respeito aos corpos mais simples, a saber, os que só se distinguem uns dos outros pelo movimento e o repouso, a rapidez e a lentidão. Passemos agora aos corpos compostos.

DEFINIÇÃO — Quando uns tantos corpos, da mesma ou de diferente grandeza, são de tal maneira pressionados pelos restantes que se comprimem uns contra os outros, ou então se eles se movem com o mesmo ou com diferentes graus de velocidade, de tal maneira que comunicam uns aos outros os seus movimentos segundo uma certa proporção, dizemos que esses corpos estão unidos entre si e que compõem todos juntos um só corpo, ou seja, um indivíduo, que se distingue dos restantes por esta união de corpos.

AXIOMA III

Consoante forem maiores ou menores as superfícies em que as partes de um indivíduo, ou corpo composto, aderem umas às outras, mais difícil ou mais facilmente se pode coagi-las a mudar de posição e, por conseguinte, mais difícil ou mais facilmente se pode fazer com que esse indivíduo revista uma outra figura. Assim, chamarei *duros* aos corpos cujas partes aderem umas às outras segundo grandes superfícies, *moles* àqueles cujas partes ade-

secundum parvas, *mollia*, et quorum denique partes inter se moventur, *fluida* vocabo.

LEMMA IV

Si corporis, sive Individui, quod ex pluribus corporibus componitur, quædam corpora segregentur, et simul totidem alia ejusdem naturæ eorum loco succedant, retinebit Individuum suam naturam, uti antea, absque ulla ejus formæ mutatione.

DEMONSTRATIO — Corpora enim (*per Lem. 1*) ratione substantiæ non distinguuntur; id autem, quod formam Individui constituit, in corporum unione (*per Defin. præced.*) consistit; atqui hæc (*per Hypothesin*), tametsi corporum continua fiat mutatio, retinetur: retinebit ergo Individuum, tam ratione substantiæ, quam modi, suam naturam, uti ante. *Q. E. D.*

LEMMA V

Si partes, Individuum componentes, majores, minoresve evadant, ea tamen proportione, ut omnes eandem, ut antea, ad invicem motus, et quietis rationem servent, retinebit itidem Individuum suam naturam, ut antea, absque ulla formæ mutatione.

DEMONSTRATIO — Hujus eadem est, ac præcedentis Lemmatis.

LEMMA VI

Si corpora quædam, Individuum componentia, motum, quem versus unam partem habent, aliam versus flectere cogantur, at ita, ut motus suos continuare possint, atque invicem eadam, qua antea, ratione communicare, retinebit itidem Individuum suam naturam, absque ulla formæ mutatione.

DEMONSTRATIO — Per se patet. Id enim omne retinere supponitur, quod in ejusdem definitione formam ipsius constituere diximus.

LEMMA VII

Retinet præterea Individuum, sic compositum, suam naturam, sive id secundum totum moveatur, sive quiescat, sive versus hanc, sive versus illam partem moveatur, dummodo unaquæque pars motum suum retineat, eumque, uti antea, reliquis communicet.

rem umas às outras segundo pequenas superfícies e, finalmente, *fluidos* àqueles cujas partes se movem umas por entre as outras.

LEMA IV

Se alguns corpos se separarem de um corpo, ou indivíduo, que se compõe de vários corpos, e em simultâneo outros tantos da mesma natureza ocuparem o lugar deles, o indivíduo conservará a sua natureza tal como anteriormente, sem nenhuma mudança de forma.

DEMONSTRAÇÃO — Os corpos, com efeito (*pelo Lema 1*), não se distinguem em razão da substância, e o que constitui a forma do indivíduo consiste (*pela Def. anterior*) numa união de corpos. Ora, esta união (*pela hipótese*) mantém-se, mesmo que se produza uma mudança contínua dos corpos. Logo, o indivíduo conservará a sua natureza tal como anteriormente, tanto em razão da substância, como em razão do modo. *Q. E. D.*

LEMA V

Se as partes que compõem um indivíduo se tornarem maiores ou menores, mas numa proporção tal que conservem entre si a mesma razão de movimento e repouso que antes, o indivíduo conservará também a sua natureza como anteriormente, sem nenhuma mudança de forma.

DEMONSTRAÇÃO — É a mesma que a do Lema anterior.

LEMA VI

Se alguns dos corpos que compõem um indivíduo são coagidos a infletir o seu movimento noutra direção, de maneira a poderem continuar os seus movimentos e comunicá-los uns aos outros na mesma razão que antes, o indivíduo conservará também a sua natureza, sem nenhuma mudança de forma.

DEMONSTRAÇÃO — É evidente por si. Supõe-se, com efeito, que o indivíduo conserva tudo o que, na sua definição, dissemos constituir a sua forma.

LEMA VII

Um indivíduo assim composto conservará, além disso, a sua natureza, quer se mova na sua totalidade, quer esteja em repouso, quer se mova nesta ou naquela direção, desde que cada parte conserve o seu movimento e o comunique às outras como anteriormente.

Parte II — Da Natureza e da Origem da Mente

DEMONSTRATIO — Patet ex ipsius definitione, quam vide ante Lem. 4.

SCHOLIUM — His itaque videmus, qua ratione Individuum compositum possit multis modis affici, ejus nihilominus natura servata. Atque hucusque Individuum concepimus, quod non, nisi ex corporibus, quæ solo motu, et quiete, celeritate, et tarditate inter se distinguuntur, hoc est, quod ex corporibus simplicissimis componitur. Quod si jam aliud concipiamus, ex pluribus diversæ naturæ Individuis compositum, idem pluribus aliis modis posse affici, reperiemus, ipsius nihilominus natura servata. Nam quandoquidem ejus unaquæque pars ex pluribus corporibus est composita, poterit ergo (*per Lem. præced.*) unaquæque pars, absque ulla ipsius naturæ mutatione jam tardius, jam celerius moveri, et consequenter motus suos citius, vel tardius reliquis communicare. Quod si præterea tertium Individuorum genus, ex his secundis compositum, concipiamus, idem multis aliis modis affici posse, reperiemus, absque ulla ejus formæ mutatione. Et si sic porro in infinitum pergamus, facile concipiemus, totam naturam unum esse Individuum, cujus partes, hoc est, omnia corpora infinitis modis variant, absque ulla totius Individui mutatione. Atque hæc, si animus fuisset, de corpore ex professo agere, prolixius explicare, et demonstrare debuissem. Sed jam dixi me aliud velle, nec alia de causa hæc adferre, quam quia ex ipsis ea, quæ demonstrare constitui, facile possum deducere.

POSTULATA

I. Corpus humanum componitur ex plurimis (diversæ naturæ) individuis, quorum unumquodque valde compositum est.

II. Individuorum, ex quibus Corpus humanum componitur, quædam fluida, quædam mollia, et quædam denique dura sunt.

III. Individua, Corpus humanum componentia, et consequenter ipsum humanum Corpus a corporibus externis plurimis modis afficitur.

DEMONSTRAÇÃO — É evidente pela sua definição, a qual vem antes do Lema 4.

ESCÓLIO — Vemos, assim, por que razão um indivíduo composto pode ser afetado de muitos modos e, não obstante, conservar a sua natureza. E, até aqui, concebemos um indivíduo que não se compõe senão de corpos que se distinguem entre si só pelo movimento e o repouso, pela rapidez e a lentidão, isto é, que se compõe de corpos simplicíssimos. Se concebermos agora um outro, composto de muitos indivíduos de natureza diferente, verificaremos que o mesmo pode ser afetado de muitos outros modos e, não obstante, conservar a sua natureza. Na verdade, uma vez que cada uma das suas partes é composta de muitos corpos, cada uma delas poderá (*pelo Lema anterior*) mover-se ora mais devagar, ora mais rapidamente, e, por conseguinte, comunicar às restantes os seus movimentos mais depressa, ou mais devagar, sem nenhuma mudança da sua natureza. Se, além disso, concebermos um terceiro gênero de indivíduos, composto por estes segundos, verificaremos que o mesmo pode ser afetado de muitos outros modos, sem nenhuma mudança de forma. E, se continuarmos até o infinito, conceberemos facilmente que toda a natureza é um só indivíduo, cujas partes, isto é, todos os corpos, variam de infinitos modos, sem nenhuma mudança do indivíduo no seu todo. Se fosse minha intenção tratar expressamente do corpo, eu deveria ter explicado e demonstrado isto mais desenvolvidamente. Mas já disse que o que eu quero é outra coisa, e não o trouxe aqui por outra razão que não seja o poder facilmente deduzir, a partir daí, o que me propus demonstrar.

POSTULADOS

I. O corpo humano é composto de muitíssimos indivíduos (de diversa natureza), cada um dos quais é extremamente composto.

II. Dos indivíduos de que se compõe o corpo humano, alguns são fluidos, outros moles, e alguns, finalmente, duros.

III. Os indivíduos que compõem o corpo humano e, consequentemente, o próprio corpo humano são afetados de muitíssimos modos pelos corpos exteriores.

Parte II — Da Natureza e da Origem da Mente

IV. Corpus humanum indiget, ut conservetur, plurimis aliis corporibus, a quibus continuo quasi regeneratur.

V. Cum Corporis humani pars fluida a corpore externo determinatur, ut in aliam mollem sæpe impingat, ejus planum mutat, et veluti quædam corporis externi impellentis vestigia eidem imprimit.

VI. Corpus humanum potest corpora externa plurimis modis movere, plurimisque modis disponere.

PROPOSITIO XIV

Mens humana apta est ad plurima percipiendum, et eo aptior, quo ejus Corpus pluribus modis disponi potest.

DEMONSTRATIO — Corpus enim humanum (*per Post. 3 et 6*) plurimis modis a corporibus externis afficitur, disponiturque ad corpora externa plurimis modis afficiendum. At omnia, quæ in Corpore humano contingunt (*per Prop. 12 hujus*), Mens humana percipere debet; est ergo Mens humana apta ad plurima percipiendum, et eo aptior. *Q. E. D.*

PROPOSITIO XV

Idea, quæ esse formale humanæ Mentis constituit, non est simplex, sed ex plurimis ideis composita.

DEMONSTRATIO — Idea, quæ esse formale humanæ Mentis constituit, est idea corporis (*per Prop. 13 hujus*), quod (*per Post. 1*) ex plurimis valde compositis Individuis componitur. At cujuscunque Individui, corpus componentis, datur necessario (*per Coroll. Prop. 8 hujus*) in Deo idea; ergo (*per Prop. 7 hujus*) idea Corporis humani ex plurimis hisce partium componentium ideis est composita. *Q. E. D.*

PROPOSITIO XVI

Idea cujuscunque modi, quo Corpus humanum a corporibus

Pars secunda — De Natura et Origine Mentis

IV. O corpo humano, para se conservar, carece de muitíssimos outros corpos, pelos quais é continuamente como que regenerado.

V. Quando uma parte fluida do corpo humano é determinada por um corpo exterior a bater muitas vezes numa parte mole, ela muda a superfície desta e como que lhe imprime certas marcas do corpo exterior que a pressiona.

VI. O corpo humano pode mover e dispor de muitíssimos modos os corpos exteriores.

PROPOSIÇÃO XIV

A mente humana é apta para perceber muitíssimas coisas, e tanto mais apta quanto mais os modos como o seu corpo pode ser disposto.

DEMONSTRAÇÃO — O corpo humano, com efeito (*pelos Post. 3 e 6*), é afetado de muitíssimos modos pelos corpos exteriores e está disposto de maneira a afetar os corpos exteriores de muitíssimos modos. Ora, tudo o que acontece no corpo humano (*pela Prop. 12 desta Parte*) deve ser percebido pela mente humana. Logo, a mente humana é apta a perceber muitíssimas coisas, e tanto mais apta, etc. *Q. E. D.*

PROPOSIÇÃO XV

A ideia que constitui o ser formal da mente humana não é simples, mas composta de muitíssimas ideias.

DEMONSTRAÇÃO — A ideia que constitui o ser formal da mente humana é a ideia do corpo (*pela Prop. 13 desta Parte*), o qual (*pelo Post. 1*) é composto de muitíssimos indivíduos muito compostos. Ora, de cada indivíduo que compõe o corpo dá-se necessariamente (*pelo Corol. da Prop. 8 desta Parte*) uma ideia em Deus. Logo (*pela Prop. 7 desta Parte*), a ideia do corpo humano é composta pelas muitíssimas ideias das partes que o compõem. *Q. E. D.*

PROPOSIÇÃO XVI

A ideia de cada um dos modos como o corpo humano é afetado pelos

Parte II — Da Natureza e da Origem da Mente

externis afficitur, involvere debet naturam Corporis humani, et simul naturam corporis externi.

DEMONSTRATIO — Omnes enim modi, quibus corpus aliquod afficitur, ex natura corporis affecti, et simul ex natura corporis afficientis sequuntur (*per Axiom. 1 post Coroll. Lem. 3*): quare eorum idea (*per Axiom. 4 p. 1*) utriusque corporis naturam necessario involvet; adeoque idea cujuscunque modi, quo Corpus humanum a corpore externo afficitur, Corporis humani, et corporis externi naturam involvit. *Q. E. D.*

COROLLARIUM I — Hinc sequitur primo Mentem humanam plurimorum corporum naturam una cum sui corporis natura percipere.

COROLLARIUM II — Sequitur secundo, quod ideæ, quas corporum externorum habemus, magis nostri corporis constitutionem, quam corporum externorum naturam indicant; quod in Appendice partis primæ multis exemplis explicui.

PROPOSITIO XVII
Si humanum Corpus affectum est modo, qui naturam Corporis alicujus externi involvit, Mens humana idem corpus externum, ut actu existens, vel ut sibi præsens, contemplabitur, donec Corpus afficiatur affectu, qui ejusdem corporis existentiam, vel præsentiam secludat.

corpos exteriores deve envolver a natureza do corpo humano e, em simultâneo, a natureza do corpo exterior.

DEMONSTRAÇÃO — Com efeito, todos os modos como um corpo é afetado se seguem (*pelo Ax. 1, a seguir ao Corol. do Lema 3*) da natureza do corpo afetado e, em simultâneo, da natureza do corpo que o afeta. Daí que a sua ideia (*pelo Ax. 4, P. I*) envolva necessariamente a natureza de ambos os corpos. Por isso, a ideia de cada um dos modos como o corpo humano é afetado por um corpo exterior envolve a natureza do corpo humano e a do corpo exterior. Q. E. D.

COROLÁRIO I — Donde se segue, em primeiro lugar, que a mente humana percebe a natureza de muitíssimos corpos juntamente com a natureza do seu corpo.

COROLÁRIO II — Em segundo lugar, segue-se que as ideias que temos dos corpos exteriores indicam mais o estado do nosso corpo do que a natureza dos corpos exteriores, o que expliquei, com muitos exemplos, no Apêndice da Parte I.

PROPOSIÇÃO XVII

Se o corpo humano é afetado de um modo que envolve a natureza de um corpo exterior, a mente humana contemplará[5] esse mesmo corpo exterior como existente em ato, ou como algo que lhe é presente, até que o corpo seja afetado de um afeto[6] que exclua a existência ou a presença desse corpo.

---

[5] *Contemplabitur*: cf. a nota 13 da Parte I. Comentando especificamente esta proposição, Macherey (1997, p. 177) observa, no entanto, que o verbo contemplar "evoca uma recepção passiva", "não uma estreita adesão", "uma verdadeira apreensão". Ao usar este verbo "de uma maneira que parece inadaptada", sublinha o mesmo autor, "Espinosa quis sem dúvida indicar o caráter de pura sugestão próprio do ato de pensamento que acompanha a percepção, ato pelo qual a mente é de fato desapossada, pelo menos parcialmente, da sua potência de conhecer, visto que se deixa invadir pelo sentimento difuso de uma existência como se esta tivesse uma realidade independente da percepção imediata que dela tem".

[6] *Affectu*: embora a grande maioria dos tradutores siga, neste passo, a edição Gebhardt, alguns há que duvidam da sua autenticidade e hesitam entre ler *affectus* e ler *affectio*, dois conceitos que Espinosa, como se sabe, distingue claramente. E. Curley, que traduz pelo

DEMONSTRATIO — Patet. Nam quamdiu Corpus humanum sic affectum est, tamdiu Mens humana (*per Prop. 12 hujus*) hanc corporis affectionem contemplabitur, hoc est (*per Prop. præced.*), ideam habebit modi, actu existentis, quæ naturam corporis externi involvit, hoc est, ideam, quæ existentiam, vel præsentiam naturæ corporis externi non secludit, sed ponit, adeoque Mens (*per Coroll. 1 præced.*) corpus externum, ut actu existens, vel ut præsens, contemplabitur, donec afficiatur, etc. *Q. E. D.*

COROLLARIUM — Mens corpora externa, a quibus Corpus humanum semel affectum fuit, quamvis non existant, nec præsentia sint, contemplari tamen poterit, velut præsentia essent.

DEMONSTRATIO — Dum corpora externa Corporis humani partes fluidas ita determinant, ut in molliores sæpe impingant, earum plana (*per Post. 5*) mutant, unde fit (*vide Axiom. 2 post Coroll. Lem. 3*), ut inde alio modo reflectantur, quam antea solebant, et ut etiam postea, iisdem novis planis spontaneo suo motu occurrendo, eodem modo reflectantur, ac cum a corporibus externis versus illa plana impulsæ sunt, et consequenter, ut Corpus humanum, dum sic reflexæ moveri pergunt, eodem modo afficiant, de quo Mens (*per Prop. 12 hujus*) iterum cogitabit, hoc est (*per Prop. 17 hujus*), Mens iterum corpus externum, ut præsens, contemplabitur; et hoc toties, quoties Corporis humani partes fluidæ spontaneo suo motu iisdem planis occurrent. Quare, quamvis corpora externa, a quibus Corpus humanum affectum semel fuit, non existant, Mens tamen eadem toties, ut

DEMONSTRAÇÃO — É evidente. Na verdade, enquanto o corpo humano é assim afetado, a mente humana (*pela Prop. 12 desta Parte*) contemplará essa afecção do corpo, isto é (*pela Prop. anterior*), terá a ideia de um modo existente em ato que envolve a natureza do corpo exterior, quer dizer, uma ideia que não exclui a existência ou a presença da natureza do corpo exterior, antes a inclui, e por isso a mente (*pelo Corol. 1 da Prop. anterior*) contemplará esse corpo exterior como existente em ato, ou como algo que lhe é presente, até que o corpo seja afetado, etc. Q. E. D.

COROLÁRIO — Mesmo que eles não existam, nem estejam presentes, a mente poderá contemplar, como se estivessem presentes, os corpos exteriores pelos quais o corpo humano foi uma vez afetado.

DEMONSTRAÇÃO — Quando os corpos exteriores determinam as partes fluidas do corpo humano de maneira que elas batam frequentemente nas mais moles, elas modificam as superfícies destas (*pelo Post. 5*), o que faz (*veja-se o Ax. 2, a seguir ao Corol. do Lema 3 desta Parte*) com que sejam refletidas de um modo diferente do que antes costumavam ser e que, ao irem depois, no seu movimento espontâneo, contra essas novas superfícies, sejam refletidas do mesmo modo que quando foram inicialmente impelidas pelos corpos exteriores contra essas superfícies. Consequentemente, enquanto elas, assim refletidas, continuarem a mover-se, afetarão do mesmo modo o corpo humano, no qual a mente (*pela Prop. 12 desta Parte*) pensará de novo, isto é (*pela Prop. 17 desta Parte*), contemplará de novo o corpo exterior como presente. E isto, tantas vezes quantas as partes fluidas do corpo humano baterem nessas mesmas superfícies no seu movimento espontâneo. Daí que, mesmo que os corpos exteriores pelos quais o corpo humano foi uma vez

---

inglês *affect*, acrescenta em anotação que "Provavelmente, deveríamos aqui ler 'afecção'", dado que, logo no início da demonstração, deparamos com a palavra *affectionem* e, além disso, no texto dos *NS* interpreta-se como "modo" e não como "afeto". Bartuschat também traduz o latim *affectu* da edição Gebhardt por *"einem Affekt"*, mas, logo a seguir, decerto por idênticos motivos, abre um parênteses em que se interroga: *"einer Affektion?"*. Por sua vez, o Grupo de Estudos Espinosanos de São Paulo traduz, sem hesitações, por "afecção", remetendo em nota para o citado Bartuschat. Tendo em conta, porém, a diferença de contextos em que a palavra aparece na proposição e na demonstração (*corpus afficiatur affectu*, no primeiro caso, e *corporis affectionem contemplabitur*, no segundo), julgamos não existir, salvo melhor opinião, motivo suficiente para, neste caso, suspeitar que haja um erro na edição Gebhardt.

Parte II — Da Natureza e da Origem da Mente

præsentia, contemplabitur, quoties hæc corporis actio repetetur. Q. E. D.

SCHOLIUM — Videmus itaque, qui fieri potest, ut ea, quæ non sunt, veluti præsentia contemplemur, ut sæpe fit. Et fieri potest, ut hoc aliis de causis contingat; sed mihi hic sufficit ostendisse unam, per quam rem sic possim explicare, ac si ipsam per veram causam ostendissem; nec tamen credo, me a vera longe aberrare, quandoquidem omnia illa, quæ sumpsi, postulata vix quicquam continent, quod non constet experientia, de qua nobis non licet dubitare, postquam ostendimus Corpus humanum, prout ipsum sentimus, existere (*vide Coroll. post Prop. 13 hujus*). Præterea (*ex Coroll. præced. et Coroll. 2 Prop. 16 hujus*) clare intelligimus, quænam sit differentia inter ideam ex. gr. Petri, quæ essentiam Mentis ipsius Petri constituit, et inter ideam ipsius Petri, quæ in alio homine, puta in Paulo, est. Illa enim essentiam Corporis ipsius Petri directe explicat, nec existentiam involvit, nisi quamdiu Petrus existit; hæc autem magis constitutionem corporis Pauli, quam Petri naturam indicat, et ideo, durante illa corporis Pauli constitutione, Mens Pauli, quam vis Petrus non existat, ipsum tamen, ut sibi præsentem contemplabitur. Porro, ut verba usitata retineamus, Corporis humani affectiones, quarum ideæ Corpora externa, velut nobis præsentia repræsentant, rerum imagines vocabimus, tametsi rerum figuras non referunt. Et cum Mens hac ratione contemplatur corpara, eandem imaginari dicemus. Atque hic, ut, quid sit error, indicare incipiam, notetis velim, Mentis imaginationes in se spectatas, nihil erroris continere, sive Mentem ex eo, quod imaginatur, non errare; sed tantum, quatenus consideratur, carere idea, quæ existentiam illarum rerum, quas sibi præsentes imaginatur, secludat. Nam si Mens, dum res non existentes, ut sibi præsentes, imaginatur, simul sciret, res illas revera non existere, hanc sane imaginandi potentiam virtuti suæ naturæ, non vitio tribueret; præsertim si hæc imaginandi facultas a sola sua natura penderet, hoc est (*per Defin. 7 p. 1*), si hæc Mentis imaginandi facultas libera esset.

afetado não existam, a mente, contudo, contemplá-los-á como presentes, tantas vezes quantas se repetir esta ação do corpo. *Q. E. D.*

ESCÓLIO — Vemos, portanto, que pode acontecer contemplarmos como presentes coisas que não o são, como frequentemente acontece. E pode dar--se o caso de isso acontecer por outras causas, mas, a mim, basta-me ter mostrado aqui uma, pela qual posso explicar a coisa como se a tivesse mostrado pela verdadeira causa. Não creio, contudo, ter-me afastado muito da verdadeira, uma vez que todos os postulados que adotei dificilmente contêm algo que não conste da experiência, da qual não nos é lícito duvidar, depois de termos mostrado que o corpo humano, tal como o sentimos, existe (*veja-se o Corol. que se segue à Prop. 13 desta Parte*).

Além disso (*pelo Corol. anterior e pelo Corol. 2 da Prop. 16 desta Parte*), entendemos claramente qual seja a diferença entre, por exemplo, a ideia de Pedro, que constitui a essência da mente do próprio Pedro, e a ideia desse mesmo Pedro que existe noutro homem, digamos, em Paulo. A primeira, com efeito, explica diretamente a essência do corpo de Pedro, e não envolve a existência senão enquanto Pedro existe; a segunda, porém, indica mais o estado do corpo de Paulo do que a natureza de Pedro e, deste modo, enquanto durar essa constituição do corpo de Paulo, a mente de Paulo contemplará Pedro como se ele estivesse na sua presença, mesmo que Pedro não exista. Além disso, para nos atermos a palavras usuais, chamaremos às afecções do corpo humano, cujas ideias representam corpos exteriores como se estivessem na nossa presença, imagens de coisas, mesmo se elas não reproduzem as figuras das coisas. E, quando a mente contempla os corpos desta maneira, diremos que ela os imagina.

Aqui, para começar a indicar o que é o erro, gostaria que notassem que as imaginações da mente, vistas em si mesmas, não contêm nenhum erro, ou seja, a mente não erra pelo fato de imaginar, erra só na medida em que consideramos que ela carece da ideia que exclui a existência das coisas que imagina como estando na sua presença. Porque, se a mente, quando imagina como se estivessem na sua presença coisas que não existem, soubesse ao mesmo tempo que essas coisas realmente não existem, sem dúvida atribuiria essa potência de imaginar a uma virtude e não a um defeito da sua natureza, sobretudo se esta faculdade de imaginar dependesse só da sua natureza, isto é (*pela Def. 7, P. I*), se esta faculdade de imaginar fosse livre.

Parte II — Da Natureza e da Origem da Mente

PROPOSITIO XVIII

Si Corpus humanum a duobus, vel pluribus corporibus simul affectum fuerit semel, ubi Mens postea eorum aliquod imaginabitur, statim et aliorum recordabitur.

DEMONSTRATIO — Mens (*per Coroll. præced.*) corpus aliquod ea de causa imaginatur, quia scilicet humanum Corpus a corporis externi vestigiis eodem modo afficitur, disponiturque, ac affectum est, cum quædam ejus partes ab ipso corpore externo fuerunt impulsæ: sed (*per Hypothesin*) Corpus tum ita fuit dispositum, ut Mens duo simul corpora imaginaretur; ergo jam etiam duo simul imaginabitur, atque Mens ubi alterutrum imaginabitur, statim et alterius recordabitur. *Q. E. D.*

SCHOLIUM — Hinc clare intelligimus, quid sit Memoria. Est enim nihil aliud, quam quædam concatenatio idearum, naturam rerum, quæ extra Corpus humanum sunt, involventium, quæ in Mente fit secundum ordinem, et concatenationem affectionum Corporis humani. Dico *primo* concatenationem esse illarum tantum idearum, quæ naturam rerum, quæ extra Corpus humanum sunt, involvunt; non autem idearum, quæ earundem rerum naturam explicant. Sunt enim revera (*per Prop. 16 hujus*) ideæ affectionum Corporis humani, quæ tam hujus, quam corporum externorum naturam involvunt. Dico *secundo* hanc concatenationem fieri secundum ordinem, et concatenationem affectionum Corporis humani, ut ipsam distinguerem a concatenatione idearum, quæ fit secundum ordinem intellectus, quo res per primas suas causas Mens percipit, et qui in omnibus hominibus idem est.

Atque hinc porro clare intelligimus, cur Mens ex cogitatione unius rei statim in alterius rei cogitationem incidat, quæ nullam cum priore habet similitudinem; ut, ex. gr. ex cogitatione vocis *pomi* homo Romanus statim in cogitationem fructus incidet, qui nullam cum articulato illo sono habet similitudinem, nec aliquid commune, nisi quod ejusdem hominis Corpus ab his duobus affectum sæpe fuit, hoc est, quod ipse homo sæpe vocem *pomum* audivit, dum ipsum fructum videret, et sic unusquisque ex una in aliam cogitationem incidet, prout rerum imagines uniuscujusque consuetudo in corpore ordinavit. Nam miles ex. gr. visis in arena equi vestigiis statim ex cogitatione equi in cogitationem equitis, et inde in cogitationem

232   Pars secunda — De Natura et Origine Mentis

PROPOSIÇÃO XVIII

Se o corpo humano tiver sido uma vez afetado por dois ou mais corpos em simultâneo, sempre que a mente imaginar depois algum deles, recordar--se-á imediatamente dos outros.

DEMONSTRAÇÃO — A mente (*pelo Corol. anterior*) imagina um corpo porque o corpo humano é afetado e disposto pelas marcas de um corpo exterior do mesmo modo que foi afetado quando algumas das suas partes foram pressionadas por esse mesmo corpo exterior. Nessa altura, porém (*pela hipótese*), o corpo foi disposto de maneira que a mente imaginasse dois corpos em simultâneo. Logo, ela agora imaginará também dois corpos em simultâneo e, sempre que imaginar um deles, recordar-se-á imediatamente do outro. *Q. E. D.*

ESCÓLIO — Por aqui se entende claramente o que é a memória. Com efeito, ela não é senão um certo encadeamento de ideias que envolvem a natureza das coisas que estão fora do corpo humano, o qual se produz na mente segundo a ordem e o encadeamento das afecções do corpo humano. Eu digo, *em primeiro lugar*, que é um encadeamento só das ideias que envolvem a natureza das coisas que estão fora do corpo humano, e não das ideias que explicam a natureza dessas mesmas coisas. Na realidade (*pela Prop. 16 desta Parte*), são ideias das afecções do corpo humano que envolvem tanto a natureza deste, como a dos corpos exteriores. *Em segundo lugar*, digo que esse encadeamento se produz segundo a ordem e o encadeamento das afecções do corpo humano, para o distinguir do encadeamento das ideias que se produz segundo a ordem do entendimento, pela qual a mente percebe as coisas pelas suas causas primeiras e que é a mesma em todos os homens.

Por aqui se entende também claramente por que motivo, do pensamento de uma coisa, a mente passa imediatamente ao pensamento de outra que não tem nenhuma semelhança com a anterior. Por exemplo, do pensamento da palavra *pomum*, um romano passa imediatamente ao pensamento de uma fruta, que não tem nenhuma semelhança, nem alguma coisa em comum, com aquele som articulado, a não ser o fato de o corpo desse homem ter sido muitas vezes afetado por essas duas coisas, isto é, de esse homem ter ouvido muitas vezes a palavra *pomum* ao mesmo tempo que via esse fruto. De igual modo, cada um passa de um pensamento a outro, consoante o hábito ordenou as imagens das coisas no seu corpo. Na verdade, um soldado, por exemplo, ao ver na areia as marcas de um cavalo, passará imediatamente do pensamento do cavalo ao pensamento do cavaleiro e, daí, ao pensamento da

Parte II — Da Natureza e da Origem da Mente

233

belli, etc. incidet. At Rusticus ex cogitatione equi in cogitationem aratri, agri, etc. incidet, et sic unusquisque, prout rerum imagines consuevit hoc, vel alio modo jungere, et concatenare, ex una in hanc, vel in aliam incidet cogitationem.

PROPOSITIO XIX

Mens humana ipsum humanum Corpus non cognoscit, nec ipsum existere scit, nisi per ideas affectionum, quibus Corpus afficitur.

DEMONSTRATIO — Mens enim humana est ipsa idea, sive cognitio Corporis humani (*per Prop. 13 hujus*), quæ (*per Prop. 9 hujus*) in Deo quidem est, quatenus alia rei singularis idea affectus consideratur; vel quia (*per Post. 4*) Corpus humanum plurimis corporibus indiget, a quibus continuo quasi regeneratur; et ordo, et connexio idearum idem est (*per Prop. 7 hujus*), ac ordo, et connexio causarum; erit hæc idea in Deo, quatenus plurimarum rerum singularium ideis affectus consideratur. Deus itaque ideam Corporis humani habet, sive Corpus humanum cognoscit, quatenus plurimis aliis ideis affectus est, et non quatenus naturam humanæ Mentis constituit; hoc est (*per Coroll. Prop. 11 hujus*), Mens humana Corpus humanum non cognoscit. At ideæ affectionum Corporis in Deo sunt, quatenus humanæ Mentis naturam constituit, sive Mens humana easdem affectiones percipit (*per Prop. 12 hujus*), et consequenter (*per Prop. 16 hujus*) ipsum Corpus humanum, idque (*per Prop. 17 hujus*), ut actu existens; percipit ergo eatenus tantum Mens humana ipsum humanum Corpus. *Q. E. D.*

PROPOSITIO XX

Mentis humanæ datur etiam in Deo idea, sive cognitio, quæ in Deo

guerra, etc. Mas um camponês passará do pensamento do cavalo ao pensamento do arado, do campo, etc. E cada um, consoante se habituou a juntar e a concatenar as imagens das coisas deste ou daquele modo, assim passará deste pensamento para aquele ou para aquele outro.[7]

PROPOSIÇÃO XIX

A *mente humana não conhece o próprio corpo humano, nem sabe que ele existe, senão pelas ideias das afecções pelas quais o corpo é afetado.*

DEMONSTRAÇÃO — A mente humana, com efeito, é a própria ideia, ou conhecimento, do corpo humano (*pela Prop. 13 desta Parte*), a qual (*pela Prop. 9 desta Parte*) é certamente em Deus, na medida em que ele se considera afetado por uma outra ideia de coisa singular. Ou ainda, como (*pelo Post. 4*) o corpo humano carece de muitíssimos corpos, pelos quais é continuamente como que regenerado, e a ordem e conexão das ideias é a mesma (*pela Prop. 7 desta Parte*) que a ordem e conexão das causas, essa ideia será em Deus na medida em que ele se considera afetado pelas ideias de muitas coisas singulares. Assim, Deus tem a ideia do corpo humano, ou seja, conhece o corpo humano, na medida em que é afetado por muitíssimas outras ideias e não na medida em que constitui a natureza da mente humana, isto é (*pelo Corol. da Prop. 11 desta Parte*), a mente humana não conhece o corpo humano. Ora, as ideias das afecções do corpo são em Deus, na medida em que este constitui a natureza da mente humana, ou seja, a mente humana percebe essas afecções (*pela Prop. 12 desta Parte*) e, consequentemente (*pela Prop. 16 desta Parte*), o próprio corpo humano, e percebe-o (*pela Prop. 17 desta Parte*) como existente em ato. Logo, só nessa medida a mente humana percebe o próprio corpo humano. *Q. E. D.*

PROPOSIÇÃO XX

Da mente humana também se dá em Deus uma ideia, ou conhecimen-

---

[7] A teoria da linguagem e dos sinais aqui expressa estava já presente na análise do fenômeno profético e das variações da mensagem escriturística, consoante o meio sociocultural de cada profeta, levada a cabo no *TTP*. Sobre a concepção espinosana dos sinais, cf. L. Vinciguerra (2005), *Spinoza et le signe: la genèse de l'imagination*, Paris, Vrin.

eodem modo sequitur, et ad Deum eodem modo refertur, ac idea sive cognitio Corporis humani.

DEMONSTRATIO — Cogitatio attributum Dei est (*per Prop. 1 hujus*), adeoque (*per Prop. 3 hujus*) tam ejus, quam omnium ejus affectionum, et consequenter (*per Prop. 11 hujus*) Mentis etiam humanæ debet necessario in Deo dari idea. Deinde hæc Mentis idea, sive cognitio non sequitur in Deo dari, quatenus infinitus, sed quatenus alia rei singularis idea affectus est (*per Prop. 9 hujus*). Sed ordo, et connexio idearum idem est, ac ordo, et connexio causarum (*per Prop. 7 hujus*); sequitur ergo hæc Mentis idea, sive cognitio in Deo, et ad Deum eodem modo refertur, ac idea, sive cognitio Corporis. *Q. E. D.*

PROPOSITIO XXI

Hæc Mentis idea eodem modo unita est Menti, ac ipsa Mens unita est Corpori.

DEMONSTRATIO — Mentem unitam esse Corpori ex eo ostendimus, quod scilicet Corpus Mentis sit objectum (*vide Prop. 12 et 13 hujus*): adeoque per eandem illam rationem idea Mentis cum suo objecto, hoc est, cum ipsa Mente eodem modo unita esse debet, ac ipsa Mens unita est Corpori. *Q. E. D.*

SCHOLIUM — Hæc Propositio longe clarius intelligitur ex dictis in Schol. Prop. 7 hujus; ibi enim ostendimus Corporis ideam, et Corpus, hoc est (*per Prop. 13 hujus*) Mentem, et Corpus unum, et idem esse Individuum, quod jam sub Cogitationis, jam sub Extensionis attributo concipitur; quare Mentis idea, et ipsa Mens una, eademque est res, quæ sub uno, eodemque attributo, nempe Cogitationis, concipitur. Mentis, inquam, idea, et ipsa Mens in Deo eadem necessitate ex eadem cogitandi potentia sequuntur dari. Nam revera idea Mentis, hoc est, idea ideæ nihil aliud est, quam forma ideæ, quatenus hæc, ut modus cogitandi, absque relatione ad objectum consideratur; simulac enim quis aliquid scit, eo ipso scit, se id scire, et simul scit, se scire, quod scit, et sic in infinitum. Sed de his postea.

to, a qual se segue em Deus do mesmo modo, e se refere a Deus do mesmo modo, que a ideia, ou conhecimento, do corpo humano.

DEMONSTRAÇÃO — O pensamento é um atributo de Deus (*pela Prop. 1 desta Parte*), pelo que (*pela Prop. 3 desta Parte*) deve necessariamente dar--se em Deus uma ideia, tanto dele como de todas as suas afecções e, consequentemente (*pela Prop. 11 desta Parte*), também da mente humana. Depois, o fato de esta ideia, ou conhecimento, da mente se dar em Deus não se segue de Deus enquanto infinito, mas enquanto afetado por uma outra ideia de uma coisa singular (*pela Prop. 9 desta Parte*). Mas a ordem e conexão das ideias é a mesma que a ordem e conexão das causas (*pela Prop. 7 desta Parte*). Logo, esta ideia ou conhecimento da mente segue-se em Deus, e refere-se a Deus, do mesmo modo que a ideia, ou conhecimento, do corpo. Q. E. D.

PROPOSIÇÃO XXI
Esta ideia da mente está unida à mente, do mesmo modo que a própria mente está unida ao corpo.

DEMONSTRAÇÃO — Mostramos que a mente está unida ao corpo pelo fato de o corpo ser objeto da mente (*vejam-se as Prop. 12 e 13 desta Parte*). Portanto, a ideia da mente, por essa mesma razão, deve estar unida com o seu objeto, isto é, com a própria mente, do mesmo modo que a mente está unida ao corpo. Q. E. D.

ESCÓLIO — Esta proposição entende-se muito mais claramente pelo que foi dito no Escólio da Proposição 7 desta Parte. Aí, com efeito, mostramos que a ideia do corpo e o corpo, isto é (*pela Prop. 13 desta Parte*), a mente e o corpo, são um só e o mesmo indivíduo, que se concebe ora sob o atributo do pensamento, ora sob o da extensão. Por isso, a ideia da mente e a própria mente são uma só e a mesma coisa, que se concebe sob um só e o mesmo atributo, a saber, o do pensamento. A ideia da mente, digo, e a própria mente dão-se em Deus com a mesma necessidade e seguem-se da mesma potência de pensar. Na realidade, a ideia da mente, isto é, a ideia da ideia, não é senão a forma da ideia na medida em que esta se considera como modo de pensar, sem relação com o objeto. Porque ao mesmo tempo que alguém sabe algo, sabe por isso mesmo que o sabe e, simultaneamente, sabe que sabe o que sabe, e assim até o infinito. Mas disso trataremos depois.

Parte II — Da Natureza e da Origem da Mente

PROPOSITIO XXII

Mens humana non tantum Corporis affectiones, sed etiam harum affectionum ideas percipit.

DEMONSTRATIO — Affectionum idearum ideæ in Deo eodem modo sequuntur, et ad Deum eodem modo referuntur, ac ipsæ affectionum ideæ; quod eodem modo demonstratur, ac Propositio 20 hujus. At ideæ affectionum Corporis in Mente humana sunt (*per Prop. 12 hujus*), hoc est (*per Coroll. Prop. 11 hujus*), in Deo, quatenus humanæ Mentis essentiam constituit; ergo harum idearum ideæ in Deo erunt, quatenus humanæ Mentis cognitionem, sive ideam habet, hoc est (*per Prop. 21 hujus*), in ipsa Mente humana, quæ propterea non tantum Corporis affectiones, sed earum etiam ideas percipit. *Q. E. D.*

PROPOSITIO XXIII

Mens se ipsam non cognoscit, nisi quatenus Corporis affectionum ideas percipit.

DEMONSTRATIO — Mentis idea, sive cognitio (*per Prop. 20 hujus*) in Deo eodem modo sequitur, et ad Deum eodem modo refertur, ac corporis idea, sive cognitio. At quoniam (*per Prop. 19 hujus*) Mens humana ipsum humanum Corpus non cognoscit, hoc est (*per Coroll. Prop. 11 hujus*), quoniam cognitio Corporis humani ad Deum non refertur, quatenus humanæ Mentis naturam constituit; ergo nec cognitio Mentis ad Deum refertur, quatenus essentiam Mentis humanæ constituit; atque adeo (*per idem Coroll. Prop. 11 hujus*) Mens humana eatenus se ipsam non cognoscit. Deinde affectionum, quibus Corpus afficitur, ideæ naturam ipsius Corporis humani involvunt (*per Prop. 16 hujus*), hoc est (*per Prop. 13 hujus*), cum natura Mentis conveniunt; quare harum idearum cognitio cognitionem Mentis necessario involvet: at (*per Prop. præced.*) harum idearum cognitio in ipsa humana Mente est; ergo Mens humana eatenus tantum se ipsam novit. *Q. E. D.*

238   Pars secunda — De Natura et Origine Mentis

PROPOSIÇÃO XXII

A mente humana percebe não só as afecções do corpo, mas também as ideias dessas afecções.

DEMONSTRAÇÃO — As ideias das ideias das afecções seguem-se em Deus do mesmo modo, e referem-se a Deus do mesmo modo, que as próprias ideias das afecções, o que se demonstra do mesmo modo que a Proposição 20 desta Parte. Ora, as ideias das afecções do corpo são na mente humana (*pela Prop. 12 desta Parte*), isto é (*pelo Corol. da Prop. 11 desta Parte*), em Deus na medida em que ele constitui a essência da mente humana. Logo, as ideias dessas ideias serão em Deus na medida em que ele tem o conhecimento, ou ideia, da mente humana, isto é (*pela Prop. 21 desta Parte*), serão na própria mente humana, a qual, por conseguinte, percebe não só as afecções do corpo, mas também as ideias destas. Q. E. D.

PROPOSIÇÃO XXIII

A mente não se conhece a si mesma, senão na medida em que percebe as ideias das afecções do corpo.

DEMONSTRAÇÃO — A ideia ou conhecimento da mente (*pela Prop. 20 desta Parte*) segue-se em Deus do mesmo modo, e refere-se a Deus do mesmo modo, que a ideia, ou conhecimento, do corpo. Mas uma vez que (*pela Prop. 19 desta Parte*) a mente humana não conhece o próprio corpo humano, isto é (*pelo Corol. da Prop. 11 desta Parte*), uma vez que o conhecimento do corpo humano não se refere a Deus na medida em que ele constitui a natureza da mente humana, tampouco o conhecimento da mente se refere a Deus na medida em que ele constitui a essência da mente humana. Por isso (*pelo mesmo Corol. da Prop. 11 desta Parte*), nesse sentido, a mente humana não se conhece a si mesma. Depois, as ideias das afecções pelas quais o corpo é afetado envolvem a natureza do próprio corpo humano (*pela Prop. 16 desta Parte*), isto é (*pela Prop. 13 desta Parte*), convêm com a natureza da mente. Portanto, o conhecimento dessas ideias envolverá necessariamente o conhecimento da mente. Ora (*pela Prop. anterior*), o conhecimento dessas ideias está na própria mente humana; logo, a mente humana só nesse sentido se conhece a si mesma. Q. E. D.

Parte II — Da Natureza e da Origem da Mente

PROPOSITIO XXIV

Mens humana partium, Corpus humanum componentium, adæquatam cognitionem non involvit.

DEMONSTRATIO — Partes, Corpus humanum componentes, ad essentiam ipsius Corporis non pertinent, nisi quatenus motus suos certa quadam ratione invicem communicant (*vide Defin. post Coroll. Lem. 3*), et non quatenus, ut Individua, absque relatione ad humanum Corpus considerari possunt. Sunt enim partes humani Corporis (*per Post. 1*) valde composita Individua, quorum partes (*per Lem. 4*) a Corpore humano, servata omnino ejusdem natura, et forma, segregari possunt, motusque suos (*vide Axiom. 1 post Lem. 3*) aliis corporibus alia ratione communicare; adeoque (*per Prop. 3 hujus*) cujuscunque partis idea, sive cognitio in Deo erit, et quidem (*per Prop. 9 hujus*), quatenus affectus consideratur alia idea rei singularis, quæ res singularis ipsa parte, ordine naturæ, prior est (*per Prop. 7 hujus*). Quod idem præterea etiam de quacunque parte ipsius Individui, Corpus humanum componentis, est dicendum; adeoque cujuscunque partis, Corpus humanum componentis, cognitio in Deo est, quatenus plurimis rerum ideis affectus est, et non quatenus Corporis humani tantum habet ideam, hoc est (*per Prop. 13 hujus*) ideam, quæ humanæ Mentis naturam constituit; atque adeo (*per Coroll. Prop. 11 hujus*) humana Mens partium, Corpus humanum componentium, adæquatam cognitionem non involvit. Q. E. D.

PROPOSITIO XXV

Idea cujuscunque affectionis Corporis humani adæquatam corporis externi cognitionem non involvit.

DEMONSTRATIO — Ideam affectionis Corporis humani eatenus corporis externi naturam involvere ostendimus (*vide Prop. 16 hujus*), quatenus externum ipsum humanum Corpus certo quodam modo determinat. At quatenus externum corpus Individuum est, quod ad Corpus humanum non refertur, ejus idea, sive cognitio in Deo est (*per Prop. 9 hujus*), quatenus Deus affectus consideratur alterius rei idea, quæ (*per Prop. 7 hujus*) ipso corpore externo prior

PROPOSIÇÃO XXIV

A mente humana não envolve o conhecimento adequado das partes que compõem o corpo humano.

DEMONSTRAÇÃO — As partes que compõem o corpo humano não pertencem à essência do mesmo corpo senão na medida em que comunicam umas às outras, numa certa proporção, os seus movimentos (*veja-se a Def. que se segue ao Corol. do Lema 3 desta Parte*), e não na medida em que podem considerar-se como indivíduos sem relação com o corpo humano. Efetivamente, as partes do corpo humano (*pelo Post. 1 desta Parte*) são indivíduos muito compostos, cujas partes (*pelo Lema 4 desta Parte*) podem separar-se do corpo humano, conservando este integralmente a sua natureza e a sua forma, e comunicar os seus movimentos (*veja-se o Ax. 1, a seguir ao Lema 3 desta Parte*) a outros corpos numa outra proporção. Por isso (*pela Prop. 3 desta Parte*), a ideia, ou conhecimento, de cada uma das partes será em Deus, seguramente na medida (*pela Prop. 9 desta Parte*) em que este se considera afetado por uma outra ideia de uma coisa singular, a qual é anterior, na ordem da natureza, a essa mesma parte (*pela Prop. 7 desta Parte*). E o mesmo, além disso, deve também dizer-se de qualquer uma das partes do próprio indivíduo que compõem o corpo humano, pelo que o conhecimento de cada uma das partes que compõem o corpo humano é em Deus na medida em que este é afetado por muitíssimas ideias de coisas, e não na medida em que tem apenas a ideia do corpo humano, isto é (*pela Prop. 13 desta Parte*), a ideia que constitui a natureza da mente humana. Por conseguinte (*pelo Corol. da Prop. 11 desta Parte*), a mente humana não envolve o conhecimento adequado das partes que compõem o corpo humano. Q. E. D.

PROPOSIÇÃO XXV

A ideia de uma qualquer afecção do corpo humano não envolve o conhecimento adequado do corpo exterior.

DEMONSTRAÇÃO — Mostramos (*veja-se a Prop. 16 desta Parte*) que a ideia de uma afecção do corpo humano só envolve a natureza do corpo exterior na medida em que o mesmo corpo exterior determina o corpo humano de um certo modo. Ora, na medida em que o corpo exterior é um indivíduo que não se refere ao corpo humano, a ideia ou conhecimento deste está em Deus (*pela Prop. 9 desta Parte*), na medida em que Deus se considera afetado pela ideia de outra coisa, a qual (*pela Prop. 7 desta Parte*) é anterior, por

est natura. Quare corporis externi adæquata cognitio in Deo non est, quatenus ideam affectionis humani Corporis habet, sive idea affectionis Corporis humani adæquatam corporis externi cognitionem non involvit. *Q. E. D.*

PROPOSITIO XXVI

Mens humana nullum corpus externum, ut actu existens, percipit, nisi per ideas affectionum sui Corporis.

DEMONSTRATIO — Si a corpore aliquo externo Corpus humanum nullo modo affectum est, ergo (*per Prop. 7 hujus*) nec idea Corporis humani, hoc est (*per Prop: 13 hujus*), nec Mens humana idea existentiæ illius corporis ullo etiam modo affecta est, sive existentiam illius corporis externi ullo modo percipit. At quatenus Corpus humanum a corpore aliquo externo aliquo modo afficitur, eatenus (*per Prop. 16 hujus cum Coroll. 1 ejusdem*) corpus externum percipit. *Q. E. D.*

COROLLARIUM — Quatenus Mens humana corpus externum imaginatur, eatenus adæquatam ejus cognitionem non habet.

DEMONSTRATIO — Cum Mens humana per ideas affectionum sui Corporis corpora externa contemplatur, eandem tum imaginari dicimus (*vide Schol. Prop. 17 hujus*); nec Mens alia ratione (*per Prop. præced.*) corpora externa, ut actu existentia, imaginari potest. Atque adeo (*per Prop. 25 hujus*) quatenus Mens corpora externa imaginatur, eorum adæquatam cognitionem non habet. *Q. E. D.*

PROPOSITIO XXVII

Idea cujuscunque affectionis Corporis humani adæquatam ipsius humani Corporis cognitionem non involvit.

DEMONSTRATIO — Quælibet idea cujuscunque affectionis humani Corporis eatenus naturam Corporis humani involvit, quatenus ipsum humanum Corpus certo quodam modo affici consideratur (*vide Prop. 16 hujus*). At quatenus Corpus humanum

natureza, ao mesmo corpo exterior. Por isso, o conhecimento adequado do corpo exterior não está em Deus na medida em que este tem a ideia de uma afecção do corpo humano, ou seja, a ideia de uma afecção do corpo humano não envolve o conhecimento adequado de um corpo exterior. *Q. E. D.*

PROPOSIÇÃO XXVI

A mente humana não percebe nenhum corpo exterior como existente em ato, a não ser pelas ideias das afecções do seu corpo.

DEMONSTRAÇÃO — Se o corpo humano não é de modo nenhum afetado por um corpo exterior, então (*pela Prop. 7 desta Parte*), a ideia do corpo humano, isto é (*pela Prop. 13 desta Parte*), a mente humana, também não é de modo nenhum afetada pela ideia da existência desse corpo, ou seja, não percebe de modo nenhum a existência desse corpo exterior. Porém, na medida em que o corpo humano é de algum modo afetado por um corpo exterior (*pela Prop. 16 desta Parte e o seu Corol. 1*), a mente percebe o corpo exterior. *Q. E. D.*

COROLÁRIO — Na medida em que imagina um corpo exterior, a mente humana não tem um conhecimento adequado dele.

DEMONSTRAÇÃO — Quando a mente humana contempla os corpos exteriores através das ideias das afecções do seu próprio corpo, dizemos que ela imagina (*veja-se o Esc. da Prop. 17 desta Parte*). E, de outra maneira (*pela Prop. anterior*), a mente não pode imaginar os corpos exteriores como existentes em ato. Por conseguinte (*pela Prop. 25 desta Parte*), a mente, na medida em que imagina os corpos exteriores, não tem um conhecimento adequado deles. *Q. E. D.*

PROPOSIÇÃO XXVII

A ideia de uma qualquer afecção do corpo humano não envolve o conhecimento adequado do mesmo corpo humano.

DEMONSTRAÇÃO — Qualquer ideia de uma qualquer afecção do corpo humano envolve a natureza do corpo humano, na medida em que se considera o corpo humano afetado de certo modo (*veja-se a Prop. 16 desta Parte*). Ora, na medida em que o corpo humano é um indivíduo que pode ser

Parte II — Da Natureza e da Origem da Mente

Individuum est, quod multis aliis modis affici potest, ejus idea, etc. *Vide Demonstrat. Prop. 25 hujus.*

PROPOSITIO XXVIII

Ideæ affectionum Corporis humani, quatenus ad humanam Mentem tantum referuntur, non sunt claræ, et distinctæ, sed confusæ.

DEMONSTRATIO — Ideæ enim affectionum Corporis humani, tam corporum externorum, quam ipsius humani Corporis naturam involvunt (*per Prop. 16 hujus*), nec tantum Corporis humani, sed ejus etiam partium naturam involvere debent; affectiones namque modi sunt (*per Post. 3*), quibus partes Corporis humani, et consequenter totum Corpus afficitur. At (*per Prop. 24 et 25 hujus*) corporum externorum adæquata cognitio, ut et partium, Corpus humanum componentium, in Deo non est, quatenus humana Mente, sed quatenus aliis ideis affectus consideratur. Sunt ergo hæ affectionum ideæ, quatenus ad solam humanam Mentem referuntur, veluti consequentiæ absque præmissis, hoc est (*ut per se notum*), ideæ confusæ. *Q. E. D.*

SCHOLIUM — Idea, quæ naturam Mentis humanæ constituit, demonstratur eodem modo non esse, in se sola considerata, clara, et distincta; ut etiam idea Mentis humanæ, et ideæ idearum affectionum Corporis humani, quatenus ad solam Mentem referuntur, quod unusquisque facile videre potest.

PROPOSITIO XXIX

Idea ideæ cujuscunque affectionis Corporis humani adæquatam humanæ Mentis cognitionem non involvit.

DEMONSTRATIO — Idea enim affectionis Corporis humani (*per Prop. 27 hujus*) adæquatam ipsius Corporis cognitionem non involvit, sive ejus naturam adæquate non exprimit, hoc est (*per Prop. 13 hujus*), cum natura Mentis non convenit adæquate; adeoque (*per Axiom. 6 p. 1*) hujus ideæ idea adæquate humanæ

afetado de muitos outros modos, a sua ideia, etc. *Veja-se a Dem. da Prop. 25 desta Parte.*

PROPOSIÇÃO XXVIII

As ideias das afecções do corpo humano, na medida em que se referem só à mente humana, não são claras e distintas, mas confusas.

DEMONSTRAÇÃO — Com efeito, as ideias das afecções do corpo humano envolvem tanto a natureza dos corpos exteriores como a natureza do próprio corpo humano (*pela Prop. 16 desta Parte*), e devem envolver não só a natureza do corpo humano, mas também a das suas partes, pois as afecções são os modos (*pelo Post. 3 desta Parte*) pelos quais são afetadas as partes do corpo humano e, consequentemente, todo o corpo. Ora (*pelas Prop. 24 e 25 desta Parte*), o conhecimento adequado dos corpos exteriores, como o das partes que compõem o corpo humano, não é em Deus na medida em que este é considerado afetado pela mente humana, mas na medida em que é considerado afetado por outras ideias. Logo, essas ideias das afecções, na medida em que se referem só à mente humana, são uma espécie de consequências sem premissas, isto é (*como é por si mesmo conhecido*), ideias confusas. Q. E. D.

ESCÓLIO — Demonstra-se do mesmo modo que a ideia que constitui a natureza da mente humana, considerada apenas em si mesma, não é clara e distinta, tal como a ideia da mente humana e as ideias das ideias das afecções do corpo humano, na medida em que se referem só à mente, também o não são, como qualquer um pode ver facilmente.

PROPOSIÇÃO XXIX

A ideia da ideia de qualquer afecção do corpo humano não envolve o conhecimento adequado da mente humana.

DEMONSTRAÇÃO — Com efeito, a ideia de uma afecção do corpo humano (*pela Prop. 27 desta Parte*) não envolve o conhecimento adequado do mesmo corpo, ou seja, não exprime adequadamente a sua natureza, que o mesmo é dizer (*pela Prop. 13 desta Parte*), não convém adequadamente com a natureza da mente. Por isso (*pelo Ax. 6, P. I*), a ideia dessa ideia não ex-

Mentis naturam non exprimit, sive adæquatam ejus cognitionem non involvit. *Q. E. D.*

COROLLARIUM — Hinc sequitur, Mentem humanam, quoties ex communi naturæ ordine res percipit, nec sui ipsius, nec sui Corporis, nec corporum externorum adæquatam, sed confusam tantum, et mutilatam habere cognitionem. Nam Mens se ipsam non cognoscit, nisi quatenus ideas affectionum corporis percipit (*per Prop. 23 hujus*). Corpus autem suum (*per Prop. 19 hujus*) non percipit, nisi per ipsas affectionum ideas, per quas etiam tantum (*per Prop. 26 hujus*) corpora externa percipit; atque adeo, quatenus eas habet, nec sui ipsius (*per Prop. 29 hujus*), nec sui Corporis (*per Prop. 27 hujus*), nec corporum externorum (*per Prop. 25 hujus*) habet adæquatam cognitionem, sed tantum (*per Prop. 28 hujus cum ejus Schol.*) mutilatam, et confusam. *Q. E. D.*

SCHOLIUM — Dico expresse, quod Mens nec sui ipsius, nec sui Corporis, nec corporum externorum adæquatam, sed confusam tantum, cognitionem habeat, quoties ex communi naturæ ordine res percipit, hoc est, quoties externe, ex rerum nempe fortuito occursu, determinatur ad hoc, vel illud contemplandum, et non quoties interne, ex eo scilicet, quod res plures simul contemplatur, determinatur ad earundem convenientias, differentias, et oppugnantias intelligendum; quoties enim hoc, vel alio modo interne disponitur, tum res clare, et distincte contemplatur, ut infra ostendam.

PROPOSITIO XXX

Nos de duratione nostri Corporis nullam, nisi admodum inadæquatam cognitionem habere possumus.

DEMONSTRATIO — Nostri corporis duratio ab ejus essentia non dependet (*per Axiom. 1 hujus*), nec etiam ab absoluta Dei natura (*per Prop. 21 p. 1*). Sed (*per Prop. 28 p. 1*) ad existendum, et operandum determinatur a talibus causis, quæ etiam ab aliis determinatæ sunt ad existendum, et operandum certa, ac determinata ratione, et hæ iterum ab aliis, et sic in infinitum. Nostri igitur Corporis duratio a communi

prime adequadamente a natureza da mente humana, ou seja, não envolve o conhecimento adequado desta. *Q. E. D.*

COROLÁRIO — Donde se segue que a mente humana, todas as vezes que percebe as coisas segundo a ordem comum da natureza, não tem um conhecimento adequado nem de si própria, nem do seu corpo, nem dos corpos exteriores, mas apenas um conhecimento confuso e mutilado. Na verdade, a mente não se conhece a si própria senão na medida em que percebe as ideias das afecções do corpo (*pela Prop. 23 desta Parte*). Contudo, não percebe o seu corpo (*pela Prop. 19 desta Parte*) senão por essas ideias das afecções, e também só por elas (*pela Prop. 26 desta Parte*) percebe os corpos exteriores. Por conseguinte, na medida em que tem essas ideias, não tem um conhecimento adequado nem de si própria (*pela Prop. 29 desta Parte*), nem do seu corpo (*pela Prop. 27 desta Parte*), nem dos corpos exteriores (*pela Prop. 25 desta Parte*), mas apenas (*pela Prop. 28 desta Parte e pelo seu Esc.*) um conhecimento mutilado e confuso. *Q. E. D.*

ESCÓLIO — Digo expressamente que a mente não tem um conhecimento adequado nem de si própria, nem do seu corpo, nem dos corpos exteriores, mas só um conhecimento confuso, todas as vezes que percebe as coisas segundo a ordem comum da natureza, isto é, todas as vezes que é determinada exteriormente, a partir da ocorrência fortuita das coisas, a contemplar isto ou aquilo, e não todas as vezes que é determinada interiormente, quer dizer, a partir do fato de contemplar várias coisas ao mesmo tempo, a entender as suas concordâncias, diferenças e oposições. Com efeito, sempre que é interiormente disposta, deste ou doutro modo, contempla as coisas clara e distintamente, como mostrarei mais adiante.

PROPOSIÇÃO XXX
Da duração do nosso corpo, não podemos ter senão um conhecimento totalmente inadequado.

DEMONSTRAÇÃO — A duração do nosso corpo não depende da essência deste (*pelo Ax. 1 desta Parte*), nem tampouco da natureza absoluta de Deus (*pela Prop. 21, P. I*), pois (*pela Prop. 28, P. I*) ele é determinado a existir e a operar por causas que também foram determinadas por outras a existir e a operar de uma certa e determinada maneira, e estas, por sua vez, por outras, e assim até o infinito. A duração do nosso corpo depende, portanto, da or-

Parte II — Da Natureza e da Origem da Mente

naturæ ordine, et rerum constitutione pendet. Qua autem ratione constitutæ sint, ejus rei adæquata cognitio datur in Deo, quatenus earum omnium ideas, et non quatenus tantum humani Corporis ideam habet (*per Coroll. Prop. 9 hujus*), quare cognitio durationis nostri Corporis est in Deo admodum inadæquata, quatenus tantum naturam Mentis humanæ constituere consideratur, hoc est (*per Coroll. Prop. 11 hujus*), hæc cognitio est in nostra Mente admodum inadæquata. *Q. E. D.*

PROPOSITIO XXXI

Nos de duratione rerum singularium, quæ extra nos sunt, nullam, nisi admodum inadæquatam cognitionem habere possumus.

DEMONSTRATIO — Unaquæque enim res singularis, sicuti humanum Corpus, ab alia re singulari determinari debet ad existendum, et operandum certa, ac determinata ratione; et hæc iterum ab alia, et sic in infinitum (*per Prop. 28 p. 1*). Cum autem ex hac communi rerum singularium proprietate in præcedenti Prop. demonstraverimus, nos de duratione nostri Corporis non, nisi admodum inadæquatam cognitionem habere; ergo hoc idem de rerum singularium duratione erit concludendum, quod scilicet ejus non, nisi admodum inadæquatam cognitionem habere possumus. *Q. E. D.*

COROLLARIUM — Hinc sequitur, omnes res particulares contingentes, et corruptibiles esse. Nam de earum duratione nullam adæquatam cognitionem habere possumus (*per Prop. præced.*), et hoc est id, quod per

dem comum da natureza e do estado das coisas. Mas o conhecimento adequado da maneira como as coisas são constituídas dá-se em Deus na medida em que este tem as ideias de todas elas, e não na medida em que tem apenas a ideia do corpo humano (*pelo Corol. da Prop. 9 desta Parte*), pelo que o conhecimento da duração do nosso corpo é extremamente inadequado em Deus, na medida em que é considerado só como constituindo a natureza da mente humana, isto é (*pelo Corol. da Prop. 11 desta Parte*), esse conhecimento é totalmente inadequado na nossa mente. Q. E. D.

PROPOSIÇÃO XXXI

Da duração das coisas singulares que estão fora de nós, não podemos ter senão um conhecimento totalmente inadequado.

DEMONSTRAÇÃO — Com efeito, cada coisa singular, tal como o corpo humano, deve ser determinada a existir e a operar de uma certa e determinada maneira por outra coisa singular, e esta, por sua vez, por uma outra, e assim até o infinito (*pela Prop. 28, P. I*). Mas, como demonstramos na Proposição anterior, a partir dessa propriedade comum das coisas singulares, nós não temos senão um conhecimento totalmente inadequado da duração do nosso corpo. Logo, será de concluir o mesmo da duração das coisas singulares, a saber, que não podemos ter dela senão um conhecimento totalmente inadequado. Q. E. D.

COROLÁRIO — Donde se segue que todas as coisas particulares são contingentes[8] e corruptíveis. Na verdade, não podemos ter nenhum conhecimento adequado da sua duração (*pela Prop. anterior*), e é isso que deve en-

---

[8] Aparentemente, esta observação estaria em contradição com a Prop. 29, P. I, onde se afirma que "na natureza das coisas não se dá nada de contingente". Convém, no entanto, ter em conta que, logo no Esc. 1, Prop. 33, P. I, se observava que "uma coisa não se diz contingente por nenhuma outra causa a não ser um defeito do nosso conhecimento". Ora, trata-se aqui das coisas particulares, ou seja, das coisas consideradas como separadas da substância, que enquanto tais não podem aparecer senão como indeterminadas e contingentes. Conforme explica Macherey (1997, p. 241, nota 1), "é por isso que Espinosa escreve que as coisas particulares 'são' contingentes e corruptíveis, e não que elas parecem ser: com efeito, tomadas como coisas particulares, consideradas portanto na sua particularidade, independentemente do contexto global que as condiciona, elas não têm senão uma realidade factícia indeterminada, ou pelo menos incompletamente determinada, o que torna a sua existência contingente e corruptível".

Parte II — Da Natureza e da Origem da Mente

rerum contingentiam, et corruptionis possibilitatem nobis est intelligendum (*vide Schol. 1 Prop. 33 p. 1*). Nam (*per Prop. 29 p. 1*) præter hoc nullum datur contingens.

PROPOSITIO XXXII

Omnes ideæ, quatenus ad Deum referuntur, veræ sunt.

DEMONSTRATIO — Omnes enim ideæ, quæ in Deo sunt, cum suis ideatis omnino conveniunt (*per Coroll. Prop. 7 hujus*), adeoque (*per Axiom. 6 p. 1*) omnes veræ sunt. Q. E. D.

PROPOSITIO XXXIII

Nihil in ideis positivum est, propter quod falsæ dicuntur.

DEMONSTRATIO — Si negas, concipe, si fieri potest, modum positivum cogitandi, qui formam erroris, sive falsitatis constituat. Hic cogitandi modus non potest esse in Deo (*per Prop. præced.*); extra Deum autem etiam nec esse, nec concipi potest (*per Prop. 15 p. 1*). Atque adeo nihil potest dari positivum in ideis, propter quod falsæ dicuntur. Q. E. D.

PROPOSITIO XXXIV

Omnis idea, quæ in nobis est absoluta, sive adæquata, et perfecta, vera est.

DEMONSTRATIO — Cum dicimus, dari in nobis ideam adæquatam, et perfectam, nihil aliud dicimus (*per Coroll. Prop. 11 hujus*), quam quod in Deo, quatenus nostræ Mentis essentiam constituit, detur idea adæquata, et perfecta, et consequenter (*per Prop. 32 hujus*), nihil aliud dicimus, quam quod talis idea sit vera. Q. E. D.

PROPOSITIO XXXV

Falsitas consistit in cognitionis privatione, quam ideæ inadæquatæ, sive mutilatæ, et confusæ involvunt.

tender-se por contingência e possibilidade de corrupção das coisas (*veja-se o Esc. 1 da Prop. 33, P. I*). Porque (*pela Prop. 29, P. I*), fora isso, não se dá nada de contingente.

PROPOSIÇÃO XXXII

Todas as ideias, na medida em que se referem a Deus, são verdadeiras.

DEMONSTRAÇÃO — Efetivamente, todas as ideias que são em Deus convêm totalmente com os seus ideatos (*pelo Corol. da Prop. 7 desta Parte*), e, por isso (*pelo Ax. 6, P. I*), são todas verdadeiras. Q. E. D.

PROPOSIÇÃO XXXIII

Não há nas ideias nada de positivo pelo qual elas se digam falsas.

DEMONSTRAÇÃO — Se negas isto, concebe, se possível, um modo positivo de pensar que constitua a forma do erro, ou seja, da falsidade. Esse modo de pensar não pode ser em Deus (*pela Prop. anterior*) e, fora de Deus, também não pode ser nem ser concebido (*pela Prop. 15, P. I*). Por conseguinte, nada de positivo se pode dar nas ideias pelo qual elas se digam falsas. Q. E. D.

PROPOSIÇÃO XXXIV

Toda a ideia que em nós é absoluta, ou seja, adequada e perfeita, é verdadeira.

DEMONSTRAÇÃO — Quando dizemos que se dá em nós uma ideia adequada e perfeita, não dizemos outra coisa (*pelo Corol. da Prop. 11 desta Parte*) senão que em Deus, na medida em que ele constitui a essência da nossa mente, se dá uma ideia adequada e perfeita, e, consequentemente (*pela Prop. 32 desta Parte*), não dizemos senão que tal ideia é verdadeira. Q. E. D.

PROPOSIÇÃO XXXV

A falsidade consiste na privação de conhecimento que as ideias inadequadas, ou seja, mutiladas e confusas, envolvem.

Parte II — Da Natureza e da Origem da Mente

DEMONSTRATIO — Nihil in ideis positivum datur, quod falsitatis formam constituat (*per Prop. 33 hujus*); at falsitas in absoluta privatione consistere nequit (Mentes enim, non Corpora errare, nec falli dicuntur), neque etiam in absoluta ignorantia; diversa enim sunt, ignorare, et errare; quare in cognitionis privatione, quam rerum inadæquata cognitio, sive ideæ inadæquatæ, et confusæ involvunt, consistit. *Q. E. D.*

SCHOLIUM — In Scholio Prop. 17 hujus Partis explicui, qua ratione error in cognitionis privatione consistit; sed ad uberiorem hujus rei explicationem exemplum dabo; nempe: Falluntur homines, quod se liberos esse putant, quæ opinio in hoc solo consistit, quod suarum actionum sint conscii, et ignari causarum, a quibus determinantur. Hæc ergo est eorum libertatis idea, quod suarum actionum nullam cognoscant causam. Nam quod ajunt, humanas actiones a voluntate pendere, verba sunt, quorum nullam habent ideam. Quid enim voluntas sit, et quomodo moveat Corpus, ignorant omnes, qui aliud jactant, et animæ sedes, et habitacula fingunt, vel risum, vel nauseam movere solent. Sic cum solem intuemur, eum ducentos circiter pedes a nobis distare imaginamur, qui error in hac sola imaginatione non consistit, sed in eo, quod dum ipsum sic imaginamur, veram ejus distantiam, et hujus imaginationis causam ignoramus. Nam tametsi postea cognoscamus, eundem ultra 600 terræ diametros a nobis distare, ipsum nihilominus prope adesse imaginabimur; nan enim solem adeo propinquum imaginamur, propterea quod veram ejus distantiam ignoramus, sed propterea, quod affectio nostri corporis essentiam solis involvit, quatenus ipsum corpus ab eodem afficitur.

PROPOSITIO XXXVI

Ideæ inadæquatæ, et confusæ eadem necessitate consequuntur, ac adæquatæ, sive claræ, ac distinctæ ideæ.

DEMONSTRATIO — Ideæ omnes in Deo sunt (*per Prop. 15 p. 1*); et, quatenus ad Deum referuntur, sunt veræ (*per Prop. 32 hujus*), et (*per Coroll. Prop. 7 hujus*) adæquatæ; adeoque nullæ inadæquatæ, nec confusæ sunt; nisi quatenus ad singularem alicujus Mentem referuntur (*qua de re vide Prop.*

DEMONSTRAÇÃO — Não se dá nas ideias nada de positivo que constitua a forma da falsidade (*pela Prop. 33 desta Parte*). Ora, a falsidade não pode consistir na privação absoluta (são, com efeito, as mentes, não os corpos, que se diz errarem e enganarem-se), nem tampouco na absoluta ignorância, pois ignorar e errar são coisas diferentes. Portanto, ela consiste na privação de conhecimento que envolve o conhecimento inadequado das coisas, ou seja, as ideias inadequadas e confusas. *Q. E. D.*

ESCÓLIO — No Escólio da Proposição 17 desta Parte, expliquei por que razão o erro consiste na privação de conhecimento. Mas, para uma explicação mais desenvolvida desta matéria, darei um exemplo. Os homens enganam-se ao pensarem que são livres, opinião esta que consiste apenas no fato de estarem conscientes das suas ações, mas ignorantes das causas pelas quais são determinados. Esta é, portanto, a sua ideia de liberdade: não conhecerem nenhuma causa das suas ações. Porque dizerem que as ações humanas dependem da vontade, isso são palavras, das quais eles não fazem a mínima ideia. O que seja, de fato, a vontade, e de que modo ela move o corpo, ignoram-no todos, e os que se gabam de outras coisas e inventam sedes e moradas da alma, regra geral, provocam ou riso, ou náusea. Assim, quando olhamos para o Sol, imaginamos que ele dista de nós cerca de duzentos pés, um erro que não consiste só nesta imaginação, mas no fato de ignorarmos, enquanto o imaginamos assim, a sua verdadeira distância e a causa dessa imaginação. Porque, mesmo que venhamos depois a conhecer que ele dista de nós mais de seiscentas vezes o diâmetro da Terra, ainda assim, imaginaremos que ele está próximo de nós. Porque não é por ignorarmos a sua verdadeira distância que imaginamos o Sol assim tão próximo, mas porque a afecção do nosso corpo envolve a essência do Sol, na medida em que o mesmo corpo é afetado por ele.

PROPOSIÇÃO XXXVI
As ideias inadequadas e confusas seguem-se umas das outras com a mesma necessidade que as ideias adequadas, ou seja, claras e distintas.

DEMONSTRAÇÃO — Todas as ideias são em Deus (*pela Prop. 15, P. I*) e, na medida em que se referem a Deus, são verdadeiras (*pela Prop. 32 desta Parte*) e (*pelo Corol. da Prop. 7 desta Parte*) adequadas, pelo que nenhuma ideia é inadequada e confusa, a não ser na medida em que se refere à mente singular de alguém (*sobre isto, vejam-se as Prop. 24 e 28 desta Parte*).

Parte II — Da Natureza e da Origem da Mente

24 *et 28 hujus*): adeoque omnes tam adæquatæ, quam
inadæquatæ eadem necessitate (*per Coroll. Prop. 6 hujus*)
consequuntur. *Q. E. D.*

PROPOSITIO XXXVII

*Id, quod omnibus commune (de his vide supra Lem. 2), quodque
æque in parte, ac in toto est, nullius rei singularis essentiam
constituit.*

DEMONSTRATIO — Si negas, concipe, si fieri potest, id essentiam
alicujus rei singularis constituere; nempe, essentiam B. Ergo (*per Defin. 2
hujus*) id sine B non poterit esse, neque concipi; atqui hoc est contra
Hypothesin: Ergo id ad essentiam B non pertinet, nec alterius rei
singularis essentiam constituit. *Q. E. D.*

PROPOSITIO XXXVIII

*Illa, quæ omnibus communia, quæque æque in parte, ac in toto sunt,
non possunt concipi, nisi adæquate.*

DEMONSTRATIO — Sit A aliquid, quod omnibus corporibus
commune, quodque æque in parte cujuscunque corporis, ac in toto
est. Dico A non posse concipi, nisi adæquate. Nam ejus idea (*per
Coroll. Prop. 7 hujus*) erit necessario in Deo adæquata, tam
quatenus ideam Corporis humani, quam quatenus ideas habet
ejusdem affectionum, quæ (*per Prop. 16, 25 et 27 hujus*) tam
Corporis humani, quam corporum externorum naturam ex parte
involvunt, hoc est (*per Prop. 12 et 13 hujus*), hæc idea erit
necessario in Deo adæquata, quatenus Mentem humanam
constituit, sive quatenus ideas habet, quæ in Mente humana sunt;
Mens igitur (*per Coroll. Prop. 11 hujus*) A necessario adæquate
percipit, idque tam quatenus se, quam quatenus suum, vel
quodcunque externum corpus percipit, nec A alio modo potest
concipi. *Q. E. D.*

COROLLARIUM — Hinc sequitur, dari quasdam ideas, sive notiones
omnibus hominibus communes. Nam (*per Lem. 2*) omnia corpora in
quibusdam conveniunt, quæ (*per Prop. præced.*) ab omnibus debent
adæquate, sive clare, et distincte percipi.

Logo, todas as ideias, tanto as adequadas, como as inadequadas, seguem-se umas das outras com a mesma necessidade (*pelo Corol. da Prop. 6 desta Parte*). *Q. E. D.*

PROPOSIÇÃO XXXVII

O que é comum a tudo (sobre isto, veja-se, mais acima, o Lema 2), e é tanto na parte como no todo, não constitui a essência de nenhuma coisa singular.

DEMONSTRAÇÃO — Se negas, concebe, se possível, que isso constitui a essência de uma coisa singular, digamos, a essência de B. Portanto, isso (*pela Def. 2 desta Parte*) não pode ser nem ser concebido sem B. Ora, isto é contrário à hipótese. Logo, isso não pertence à essência de B, nem constitui a essência de qualquer outra coisa singular. *Q. E. D.*

PROPOSIÇÃO XXXVIII

As coisas que são comuns a tudo, e estão igualmente na parte e no todo, não se podem conceber senão adequadamente.

DEMONSTRAÇÃO — Seja A uma coisa que é comum a todos os corpos e está igualmente na parte e no todo de cada corpo. Digo que A não se pode conceber senão adequadamente. Na verdade (*pelo Corol. da Prop. 7 desta Parte*), a sua ideia será necessariamente adequada em Deus, tanto na medida em que ele tem a ideia do corpo humano, como na medida em que tem as ideias das afecções deste, as quais (*pelas Prop. 16, 25 e 27 desta Parte*) envolvem parcialmente tanto a natureza do corpo humano, como a dos corpos exteriores, isto é (*pelas Prop. 12 e 13 desta Parte*), essa ideia será necessariamente adequada em Deus na medida em que ele constitui a mente humana, ou seja, na medida em que tem as ideias que estão na mente humana. A mente, portanto (*pelo Corol. da Prop. 11 desta Parte*), percebe necessariamente A de modo adequado, e isto, tanto na medida em que se percebe a si mesma, como na medida em que percebe o seu corpo ou qualquer corpo exterior, e A não pode ser concebido de outro modo. *Q. E. D.*

COROLÁRIO — Donde se segue que se dão certas ideias, ou noções, comuns a todos os homens. Na verdade (*pelo Lema 2 desta Parte*), todos os corpos convêm em algumas coisas, as quais (*pela Prop. anterior*) devem ser percebidas por todos adequadamente, ou seja, clara e distintamente.

Parte II — Da Natureza e da Origem da Mente

PROPOSITIO XXXIX

Id, quod Corpori humano, et quibusdam corporibus externis, a quibus Corpus humanum affici solet, commune est, et proprium, quodque in cujuscunque horum parte æque, ac in toto est, ejus etiam idea erit in Mente adæquata.

DEMONSTRATIO — Sit A id, quod Corpori humano, et quibusdam corporibus externis commune est, et proprium, quodque æque in humano Corpore, ac in iisdem corporibus externis, et quod denique æque in cujuscunque corporis externi parte, ac in toto est. Ipsius A dabitur in Deo idea adæquata (*per Coroll. Prop. 7 hujus*), tam quatenus ideam Corporis humani, quam quatenus positorum corporum externorum ideas habet. Ponatur jam humanum Corpus a corpore externo affici per id, quod cum eo habet commune, hoc est, ab A, hujus affectionis idea proprietatem A involvet (*per Prop. 16 hujus*), atque adeo (*per idem Coroll. Prop. 7 hujus*) idea hujus affectionis, quatenus proprietatem A involvit, erit in Deo adæquata, quatenus idea Corporis humani affectus est, hoc est (*per Prop. 13 hujus*), quatenus Mentis humanæ naturam constituit; adeoque (*per Coroll. Prop. 11 hujus*) hæc idea est etiam in Mente humana adæquata. *Q. E. D.*

COROLLARIUM — Hinc sequitur, quod Mens eo aptior est ad plura adæquate percipiendum, quo ejus Corpus plura habet cum aliis corporibus communia.

PROPOSITIO XL

Quæcunque ideæ in Mente sequuntur ex ideis, quæ in ipsa sunt adæquatæ, sunt etiam adæquatæ.

DEMONSTRATIO — Patet. Nam cum dicimus, in Mente humana ideam sequi ex ideis, quæ in ipsa sunt adæquatæ, nihil aliud dicimus (*per Coroll. Prop. 11 hujus*), quam quod in ipso Divino intellectu detur idea, cujus Deus est causa, non quatenus infinitus est, nec quatenus plurimarum rerum singularium ideis affectus est, sed quatenus tantum humanæ Mentis essentiam constituit.

PROPOSIÇÃO XXXIX

A ideia daquilo que é comum e próprio do corpo humano e de alguns corpos exteriores pelos quais o corpo humano costuma ser afetado, e que está tanto no todo como na parte de cada um destes, será também adequada na mente.

DEMONSTRAÇÃO — Seja A aquilo que é comum e próprio do corpo humano e de alguns corpos exteriores, que está tanto no corpo humano como nesses corpos exteriores e que, finalmente, está tanto no todo como na parte de cada um desses corpos exteriores. Deste mesmo A dar-se-á em Deus uma ideia adequada (*pelo Corol. da Prop. 7 desta Parte*), quer na medida em que ele tem a ideia do corpo humano, quer na medida em que tem as ideias dos corpos exteriores. Se agora supusermos que o corpo humano é afetado por um corpo exterior através daquilo que tem em comum com ele, isto é, por A, a ideia desta afecção envolverá a propriedade A (*pela Prop. 16 desta Parte*) e, por isso (*pelo mesmo Corol. da Prop. 7 desta Parte*), a ideia desta afecção, na medida em que envolve a propriedade A, será adequada em Deus, na medida em que este é afetado pela ideia do corpo humano, isto é (*pela Prop. 13 desta Parte*), na medida em que constitui a natureza da mente humana. Por conseguinte (*pelo Corol. da Prop. 11 desta Parte*), esta ideia é também adequada na mente humana. Q. E. D.

COROLÁRIO — Donde se segue que a mente é tanto mais apta a perceber mais coisas adequadamente, quanto mais coisas o seu corpo tem em comum com outros corpos.

PROPOSIÇÃO XL

Quaisquer ideias que, na mente, se seguem de ideias que nela são adequadas são igualmente adequadas.

DEMONSTRAÇÃO — É evidente. Na verdade, quando dizemos que, na mente humana, uma ideia se segue de ideias que nela são adequadas, não dizemos outra coisa senão que (*pelo Corol. da Prop. 11 desta Parte*) no próprio entendimento divino se dá uma ideia cuja causa é Deus, não na medida em que é infinito, nem na medida em que é afetado pelas ideias de muitas coisas singulares, mas na medida apenas em que constitui a essência da mente humana.

SCHOLIUM I — His causam notionum, quæ *Communes* vocantur, quæque ratiocinii nostri fundamenta sunt, explicui. Sed aliæ quorundam axiomatum, sive notionum causæ dantur, quas hac nostra methodo explicare e re foret; ex iis namque constaret, quænam notiones præ reliquis utiliores, quænam vero vix ullius usus essent. Deinde quæriam communes, et quænam iis tantum, qui præjudiciis non laborant, claræ, et distinctæ, et quænam denique male fundatæ sint. Præterea constaret, unde notiones illæ, quas *Secundas* vocant, et consequenter axiomata, quæ in iisdem fundantur, suam duxerunt originem, et alia, quæ circa hæc aliquando meditatus sum. Sed quoniam hæc alii dicavi Tractatui, et etiam, ne propter nimiam hujus rei prolixitatem, fastidium crearem, hac re hic supersedere decrevi. Attamen ne quid horum omittam, quod scitu necessarium sit, causas breviter addam, ex quibus termini, *Transcendentales* dicti, suam duxerunt originem, ut Ens, Res, aliquid. Hi termini ex hoc oriuntur, quod scilicet humanum Corpus, quandoquidem limitatum est, tantum est capax certi imaginum numeri (*quid imago sit, explicui in Schol. Prop. 17 hujus*) in se distincte simul formandi, qui si excedatur, hæ imagines confundi incipient, et si hic imaginum numerus, quarum Corpus est capax, ut eas in se simul distincte formet, longe excedatur, omnes inter se plane confundentur. Cum hoc ita se habeat, patet ex Coroll. Prop. 17 et Prop. 18 hujus, quod Mens humana tot corpora distincte simul imaginari poterit, quot in ipsius corpore imagines possunt simul formari. At, ubi imagines in corpore plane confunduntur, Mens etiam omnia corpora confuse sine ulla distinctione imaginabitur, et quasi sub uno attributo comprehendet, nempe sub attributo Entis, Rei, etc. Potest hoc etiam ex eo deduci, quod imagines non semper æque vigeant, et ex aliis causis his analogis, quas hic explicare non est opus; nam ad nostrum, ad quem collimamus, scopum unam tantum sufficit considerare. Nam omnes huc redeunt, quod hi termini ideas significent summo gradu confusas. Ex similibus deinde causis ortæ sunt notiones illæ, quas *Universales* vocant, ut Homo, Equus, Canis etc., videlicet, quia in Corpore humano tot imagines, ex gr. hominum formantur simul, ut vim imaginandi, non quidem penitus, sed eo usque tamen superent, ut singulorum parvas differentias (videlicet uniuscujusque colorem, magnitudinem, etc.), eorumque determinatum numerum Mens imaginari nequeat, et id tantum, in quo omnes, quatenus corpus ab

ESCÓLIO I — Com isto, expliquei a causa das noções que se chamam *comuns* e que são os fundamentos do nosso raciocínio. Mas certos axiomas, ou noções, resultam de outras causas, as quais haveria interesse em explicar por este nosso método, pois a partir delas ficaria claro quais as noções que são mais úteis do que as restantes e as que dificilmente seriam de alguma utilidade; quais, além disso, as que são comuns, as que são claras e distintas só para aqueles que não laboram em preconceitos; e quais, finalmente, as que estão mal fundadas. Ficaria também claro de onde extraem a sua origem as noções a que chamam *segundas* e, consequentemente, os axiomas que nelas se fundamentam e outras coisas em que, a propósito disto, tenho algumas vezes meditado. Contudo, como eu as reservei para outro tratado e, também, para não causar aborrecimento por causa da excessiva prolixidade deste assunto, decidi passar aqui por cima disso, não sem acrescentar brevemente, a fim de não omitir o que é necessário saber destas coisas, as causas de onde extraíram a sua origem os termos ditos *transcendentais*, como ente, coisa, algo. Estes termos originam-se do fato de o corpo humano, por ser limitado, só ser capaz de formar em si, distintamente e em simultâneo, um certo número de imagens (*expliquei o que é imagem no Esc. da Prop. 17 desta Parte*), ultrapassado o qual essas imagens começam a confundir-se. E, se esse número de imagens que o corpo é capaz de formar em si, distintamente e em simultâneo, for muito ultrapassado, todas elas se confundirão completamente umas com as outras. Assim sendo, torna-se evidente, pelo Corolário da Proposição 17 e pela Proposição 18 desta Parte, que a mente humana poderá imaginar, distintamente e em simultâneo, tantos corpos quantas as imagens que se podem formar em simultâneo no seu corpo. E, quando as imagens se confundem totalmente no corpo, a mente também imaginará todos os corpos confusamente e sem nenhuma distinção, e compreendê-los-á como que sob um só atributo, a saber, o atributo do ente, da coisa, etc. Isto pode também ser deduzido do fato de as imagens não terem sempre a mesma vivacidade, e bem assim de outras causas análogas, que não é necessário explicar aqui, pois é suficiente, para o objetivo que perseguimos, considerar uma só. Todas elas, de fato, se reduzem a isto: esses termos significam ideias sumamente confusas.

As noções a que chamam *universais*, como homem, cavalo, cão, etc., originaram-se também de causas semelhantes, a saber, por se formarem em simultâneo no corpo humano tantas imagens — de homens, por exemplo —, que superam a força de imaginar, decerto não totalmente, mas ao ponto de a mente não poder imaginar as pequenas diferenças entre os singulares (tais como a cor, o tamanho, etc., de cada um), nem o seu número exato, e só

Parte II — Da Natureza e da Origem da Mente

iisdem afficitur, conveniunt, distincte imaginetur; nam ab eo corpus maxime, scilicet ab unoquoque singulari, affectum fuit; atque hoc nomine *hominis* exprimit, hocque de infinitis singularibus prædicat. Nam singularium determinatum numerum, ut diximus, imaginari nequit. Sed notandum, has notiones non ab omnibus eodem modo formari; sed apud unumquemque variare pro ratione rei, a qua corpus affectum sæpius fuit, quamque facilius Mens imaginatur, vel recordatur. Ex. gr. qui sæpius cum admiratione hominum staturam contemplati sunt, sub nomine *hominis* intelligent animal erectæ staturæ; qui vero aliud assueti sunt contemplari, aliam hominum communem imaginem formabunt, nempe, hominem esse animal risibile, animal bipes, sine plumis, animal rationale; et sic de reliquis unusquisque pro dispositione sui corporis rerum universales imagines formabit. Quare non mirum est, quod inter Philosophos, qui res naturales per solas rerum imagines explicare voluerunt, tot sint ortæ controversiæ.

SCHOLIUM II — Ex omnibus supra dictis clare apparet, nos multa percipere, et notiones universales formare I°. Ex singularibus, nobis per sensus mutilate, confuse, et sine ordine ad intellectum repræsentatis (*vide Coroll. Prop. 29 hujus*): et ideo tales perceptiones cognitionem ab experientia vaga vocare consuevi. II°. Ex signis, ex. gr. ex eo, quod auditis, aut lectis quibusdam verbis rerum recordemur, et earum quasdam ideas formemus similes iis, per quas res imaginamur (*vide Schol. Prop. 18 hujus*). Utrumque hunc res contemplandi modum cognitionem primi generis, opinionem, vel imaginationem in posterum vocabo. III°. Denique ex eo, quod notiones communes, rerumque proprietatum ideas adæquatas habemus (*vide Coroll. Prop. 38 et 39 cum ejus Coroll. et Prop. 40 hujus*); atque hunc rationem, et secundi generis cognitionem vocabo. Præter hæc duo cognitionis genera datur, ut in sequentibus ostendam, aliud tertium, quod scientiam intuitivam vocabimus. Atque hoc cognoscendi genus procedit ab adæquata idea essentiæ formalis quorundam Dei attributorum ad adæquatam cognitionem

imaginar distintamente aquilo em que todos convêm, na medida em que o corpo é por eles afetado. Foi, com efeito, por isso, quer dizer, por cada um dos singulares, que o corpo foi mais afetado, e [NS: a mente][9] exprime-o pelo nome de *homem* e predica-o de infinitos singulares. Porque o número exato de singulares, como dissemos, não o pode imaginar.

Deve-se, todavia, notar que estas noções não são formadas da mesma maneira por todos, pois variam em cada um, em função daquilo pelo qual o corpo foi mais vezes afetado e que a mente imagina ou recorda mais facilmente. Por exemplo, os que contemplaram muitas vezes com admiração a estatura dos homens entendem pelo termo *homem* um animal de estatura ereta; mas os que estão acostumados a contemplar outra coisa formarão uma outra imagem comum dos homens, a saber, que o homem é um animal que ri, um animal bípede sem penas, um animal racional, e assim por diante. Cada um formará imagens universais conforme a disposição do seu corpo. Não é para admirar, pois, que entre os filósofos que pretenderam explicar as coisas naturais só pelas imagens das coisas se tenham originado tantas controvérsias.

ESCÓLIO II — De tudo o que acima foi dito resulta claro que nós percebemos muitas coisas e formamos noções universais: I) A partir das coisas singulares que nos são representadas pelos sentidos de forma mutilada, confusa e sem ordem para o entendimento (*veja-se o Corol. da Prop. 29 desta Parte*), e por isso eu me habituei a chamar a tais percepções conhecimento por experiência vaga. II) A partir dos signos, como, por exemplo, do fato de, ao ouvir ou ler certas palavras, nos recordarmos das coisas e formarmos delas certas ideias semelhantes àquelas pelas quais as imaginamos (*veja-se o Esc. da Prop. 18 desta Parte*). A um e outro destes modos de contemplar as coisas chamarei, a seguir, conhecimento do primeiro gênero, opinião ou imaginação. III) A partir, finalmente, do fato de termos noções comuns e ideias adequadas das propriedades das coisas (*veja-se o Corol. da Prop. 38, a Prop. 39 com o seu Corol. e a Prop. 40 desta Parte*). A este modo de contemplar chamarei razão e conhecimento do segundo gênero. Além destes dois gêneros de conhecimento, dá-se ainda um terceiro, como mostrarei a seguir, a que chamaremos ciência intuitiva. E este gênero de conhecimento procede da ideia adequada da essência formal de certos atributos de Deus para o conhecimento adequado da essência das coisas.

---

[9] O sujeito desta oração, ausente na edição Gebhardt, consta, no entanto, dos *Nagelate Schriften*: "*de ziel*".

essentiæ rerum. Hæc omnia unius rei exemplo explicabo. Dantur ex. gr. tres numeri, ad quartum obtinendum, qui sit ad tertium, ut secundus ad primum. Non dubitant mercatores secundum in tertium ducere, et productum per primum dividere; quia scilicet ea, quæ a magistro absque ulla demonstratione audiverunt, nondum tradiderunt oblivioni, vel quia id sæpe in numeris simplicissimis experti sunt, vel ex vi Demonstrationis Prop. 19 lib. 7 Euclid., nempe ex communi proprietate proportionalium. At in numeris simplicissimis nihil horum opus est. Ex. gr. datis numeris 1, 2, 3 nemo non videt, quartum numerum proportionalem esse 6 atque hoc multo clarius, quia ex ipsa ratione, quam primum ad secundum habere uno intuitu videmus, ipsum quartum concludimus.

PROPOSITIO XLI
Cognitio primi generis unica est falsitatis causa, secundi autem, et tertii est necessario vera.

DEMONSTRATIO — Ad primi generis cognitionem illas omnes ideas diximus in præced. Schol. pertinere, quæ sunt inadæquatæ, et confusæ; atque adeo (*per Prop. 35 hujus*) hæc cognitio unica est falsitatis causa. Deinde ad cognitionem secundi, et tertii illas pertinere diximus, quæ sunt adæquatæ; adeoque (*per Prop. 34 hujus*) est necessario vera. *Q. E. D.*

PROPOSITIO XLII
Secundi, et tertii, et non primi generis cognitio docet nos verum a falso distinguere.

DEMONSTRATIO — Hæc Propositio per se patet. Qui enim inter verum, et falsum scit distinguere, debet adæquatam veri, et falsi habere

Explicarei tudo isto com um único exemplo. Dão-se três números, para obter um quarto que esteja para o terceiro como o segundo está para o primeiro. Os comerciantes não têm dúvida em multiplicar o segundo pelo terceiro e dividir o produto pelo primeiro, seja porque ainda não esqueceram o que ouviram o seu mestre[10] dizer, sem nenhuma demonstração, seja porque fizeram a experiência muitas vezes com números muito simples, seja ainda por força da demonstração da Proposição 19 do Livro VII de Euclides, quer dizer, a partir da propriedade comum dos números proporcionais. Mas, com números muito simples, não é necessário nada disto. Por exemplo, dados os números 1, 2 e 3, não há ninguém que não veja que o quarto número proporcional é 6, e isto com muito maior clareza, porque a partir da mesma relação que, de um só golpe de vista, vemos o primeiro ter com o segundo, nós concluímos o quarto.

PROPOSIÇÃO XLI

O conhecimento do primeiro gênero é a única causa de falsidade, enquanto o do segundo e do terceiro é necessariamente verdadeiro.

DEMONSTRAÇÃO — Ao conhecimento do primeiro gênero, como dissemos no Escólio anterior, pertencem todas as ideias que são inadequadas e confusas, e, por isso (*pela Prop. 35 desta Parte*), este conhecimento é a única causa de falsidade. Dissemos, depois, que pertencem ao conhecimento do segundo e do terceiro gênero as que são adequadas. Por isso (*pela Prop. 34 desta Parte*), ele é necessariamente verdadeiro. *Q. E. D.*

PROPOSIÇÃO XLII

O conhecimento do segundo e do terceiro gênero, e não o do primeiro, ensina-nos a distinguir o verdadeiro do falso.

DEMONSTRAÇÃO — Esta proposição é evidente por si. Quem, com efeito, sabe distinguir entre o verdadeiro e o falso deve ter uma ideia adequada do

---

[10] *Magister*: por mestre entende-se aqui, mais do que o professor, o artífice ou comerciante que tem trabalhando consigo um conjunto de aprendizes, a quem vai iniciando nas artes do ofício. Sendo uma acepção do termo que vem das corporações medievais, ela continuou, no entanto, em uso, pelo menos até muito tarde no século XX.

Parte II — Da Natureza e da Origem da Mente

ideam, hoc est (*per Schol. 2 Prop. 40 hujus*) verum, et falsum secundo, aut tertio cognitionis genere cognoscere.

PROPOSITIO XLIII

Qui veram habet ideam, simul scit se veram habere ideam, nec de rei veritate potest dubitare.

DEMONSTRATIO — Idea vera in nobis est illa, quæ in Deo, quatenus per naturam Mentis humanæ explicatur, est adæquata (*per Coroll. Prop. 11 hujus*). Ponamus itaque, dari in Deo, quatenus per naturam Mentis humanæ explicatur, ideam adæquatam A. Hujus ideæ debet necessario dari etiam in Deo idea, quæ ad Deum eodem modo refertur, ac idea A (*per Prop. 20 hujus, cujus Demonstratio universalis est*). At idea A ad Deum referri supponitur, quatenus per naturam Mentis humanæ explicatur; ergo etiam idea ideæ A ad Deum eodem modo debet referri, hoc est (*per idem Coroll. Prop. 11 hujus*), hæc adæquata idea ideæ A erit in ipsa Mente, quæ ideam adæquatam A habet; adeoque qui adæquatam habet ideam, sive (*per Prop. 34 hujus*) qui vere rem cognoscit, debet simul suæ cognitionis adæquatam habere ideam, sive veram cognitionem, hoc est (*ut per se manifestum*), debet simul esse certus. *Q. E. D.*

SCHOLIUM — In Scholio Propositionis 21 hujus Partis explicui, quid sit idea ideæ; sed notandum, præcedentem Propositionem per se satis esse manifestam. Nam nemo, qui veram habet ideam, ignorat veram ideam summam certitudinem involvere; veram namque habere ideam, nihil aliud significat, quam perfecte, sive optime rem cognoscere; nec sane aliquis de hac re dubitare potest, nisi putet, ideam quid mutum instar picturæ in tabula, et non modum cogitandi esse, nempe ipsum intelligere; et quæso, quis scire potest, se rem aliquam intelligere, nisi prius rem intelligat? hoc est, quis potest scire, se de aliqua re certum esse, nisi prius de ea re certus sit? Deinde quid idea vera clarius, et certius dari potest, quod norma sit veritatis? Sane sicut lux seipsam, et tenebras manifestat, sic veritas norma sui, et falsi est. Atque his me ad has quæstiones respondisse puto; nempe, si idea vera, quatenus tantum dicitur

verdadeiro e do falso, isto é (*pelo Esc. 2 da Prop. 40 desta Parte*), conhecer o verdadeiro e o falso pelo segundo ou o terceiro gênero de conhecimento.

PROPOSIÇÃO XLIII

Quem tem uma ideia verdadeira sabe, em simultâneo, que tem uma ideia verdadeira, e não pode duvidar da verdade da coisa.

DEMONSTRAÇÃO — Ideia verdadeira em nós é aquela que é adequada (*pelo Corol. da Prop. 11 desta Parte*) em Deus na medida em que ele se explica pela natureza da mente humana. Suponhamos, pois, que a ideia adequada A se dá em Deus na medida em que ele se explica pela natureza da mente humana. Dessa ideia deve também dar-se necessariamente em Deus uma ideia, a qual se refere a Deus do mesmo modo que a ideia A (*pela Prop. 20 desta Parte, cuja Demonstração é universal*). Ora, supõe-se que a ideia A se refere a Deus na medida em que ele se explica pela natureza da mente humana. Logo, a ideia da ideia A deve também referir-se a Deus do mesmo modo, isto é (*pelo mesmo Corol. da Prop. 11 desta Parte*), esta ideia adequada da ideia A estará na mesma mente que tem a ideia adequada A. Por conseguinte, quem tem uma ideia adequada, ou seja (*pela Prop. 34 desta Parte*), quem conhece verdadeiramente uma coisa, deve em simultâneo ter uma ideia adequada, ou um conhecimento verdadeiro, do seu conhecimento, quer dizer (*como é evidente por si*), deve em simultâneo estar certo. Q. E. D.

ESCÓLIO — No Escólio da Proposição 21 desta Parte, expliquei o que é a ideia da ideia. Deve, porém, notar-se que a Proposição anterior é por si suficientemente evidente. Com efeito, ninguém que tenha uma ideia verdadeira ignora que ela envolve a suprema certeza. Porque ter uma ideia verdadeira não significa senão conhecer uma coisa perfeitamente, ou seja, da melhor maneira. Decerto, não há ninguém que duvide disto, a não ser que julgue que uma ideia é algo de mudo, como as pinturas numa tela, e não um modo de pensar, ou seja, o próprio entender. E quem, pergunto eu, pode saber que entende uma coisa, se não entender antes essa coisa? Quem pode saber que está certo de uma coisa, se antes não estiver certo dessa coisa? Além disso, o que é que pode dar-se, mais claro e certo do que a ideia verdadeira, que seja norma da verdade? Sem dúvida, assim como a luz se manifesta a si própria e às trevas, assim a verdade é norma de si própria e do falso.

Com isto, julgo ter respondido às seguintes questões: se a ideia verdadeira se distingue da falsa apenas na medida em que se diz que ela convém

Parte II — Da Natureza e da Origem da Mente

cum suo ideato convenire, a falsa distinguitur, nihil ergo realitatis, aut perfectionis idea vera habet præ falsa (quandoquidem per solam denominationem extrinsecam distinguuntur), et consequenter neque etiam homo, qui veras, præ illo, qui falsas tantum ideas habet? Deinde unde fit, ut homines falsas habeant ideas? Et denique, unde aliquis certo seire potest, se ideas habere, quæ cum suis ideatis conveniant. Ad has, inquam, quæstiones me jam respondisse puto. Nam quod ad differentiam inter ideam veram, et falsam attinet, constat ex Propositione 35 hujus, illam ad hanc sese habere, ut ens ad non-ens. Falsitatis autem causas a Propositione 19 usque ad 35 cum ejus Scholio clarissime ostendi. Ex quibus etiam apparet, quid homo, qui veras habet ideas, homini, qui non nisi falsas habet, intersit. Quod denique ultimum attinet, nempe, undenam homo scire potest se habere ideam, quæ cum suo ideato conveniat, id modo satis superque ostendi ex hoc solo oriri, quod ideam habet, quæ cum suo deato convenit, sive quod veritas sui sit norma. His adde, quod Mens nostra, quatenus res vere percipit, pars est infiniti Dei intellectus (*per Coroll. Prop. 11 hujus*); adeoque tam necesse est, ut Mentis claræ, et distinctæ ideæ veræ sint, ac Dei ideæ.

PROPOSITIO XLIV

De natura Rationis non est res, ut contingentes, sed, ut necessarias, contemplari.

DEMONSTRATIO — De natura rationis est res vere percipere (*per Prop. 41 hujus*), nempe (*per Axiom. 6 p. 1*) ut in se sunt, hoc est (*per Prop. 29 p. 1*), non ut contingentes, sed ut necessarias. *Q. E. D.*

COROLLARIUM I — Hinc sequitur, a sola imaginatione pendere, quod res tam respectu præteriti, quam futuri, ut contingentes contemplemur.

com o seu ideato, então uma ideia verdadeira não tem mais realidade, ou perfeição, do que uma falsa (porquanto só se distinguem pela denominação extrínseca) e, consequentemente, um homem que tem ideias verdadeiras também não tem mais[11] do que um homem que só tem ideias falsas? Depois, de onde provém que os homens tenham ideias falsas? E como pode, finalmente, alguém saber ao certo que tem ideias que convêm com os seus ideatos? A estas questões, repito, creio já ter respondido. Na verdade, no que respeita à diferença entre uma ideia verdadeira e uma ideia falsa, é evidente, pela Proposição 35 desta Parte, que aquela está para esta como o ente está para o não-ente. Quanto às causas da falsidade, mostrei-as muito claramente da Proposição 19 à 35 e ao Escólio desta. Daqui resulta também claro em que é que um homem que tem ideias verdadeiras difere de um homem que não tem senão ideias falsas. No que respeita, finalmente, ao último ponto, quer dizer, como é que um homem pode saber que tem uma ideia que convém com o seu ideato, acabei de mostrar, mais do que suficientemente, que tal se origina apenas do fato de ele ter uma ideia que convém com o seu ideato, ou seja, de a verdade ser norma de si própria. A isto acresce que a nossa mente, na medida em que percebe verdadeiramente as coisas, é parte do entendimento infinito de Deus (*pelo Corol. da Prop. 11 desta Parte*). Por conseguinte, é tão necessário que as ideias claras e distintas da mente sejam verdadeiras quanto que as ideias de Deus o sejam.

PROPOSIÇÃO XLIV
Não é da natureza da razão contemplar as coisas como contingentes, mas como necessárias.

DEMONSTRAÇÃO — É da natureza da razão perceber as coisas verdadeiramente (*pela Prop. 41 desta Parte*), ou seja (*pelo Ax. 6, P. I*), como elas são em si, isto é (*pela Prop. 29, P. I*), não como contingentes, mas como necessárias. *Q. E. D.*

COROLÁRIO I — Donde se segue que depende só da imaginação contemplarmos as coisas como contingentes, quer quanto ao passado, quer quanto ao futuro.

---

[11] Subentende-se: realidade, ou perfeição.

Parte II — Da Natureza e da Origem da Mente

SCHOLIUM — Qua autem ratione hoc fiat, paucis explicabo. Ostendimus supra (*Prop. 17 hujus cum ejus Coroll.*) Mentem, quamvis res non existant, eas tamen semper, ut sibi præsentes, imaginari, nisi causæ occurrant, quæ earum præsentem existentiam secludant. Deinde (*Prop. 18 hujus*) ostendimus, quod, si Corpus humanum semel a duobus corporibus externis simul affectum fuit, ubi Mens postea eorum alterutrum imaginabitur, statim et alterius recordabitur, hoc est, ambo, ut sibi præsentia, contemplabitur, nisi causæ occurrant, quæ eorum præsentem existentiam secludant. Præterea nemo dubitat, quin etiam tempus imaginemur, nempe, ex eo, quod corpora alia aliis tardius, vel celerius, vel æque celeriter moveri imaginemur. Ponamus itaque puerum, qui heri prima vice hora matutina viderit Petrum, meridiana autem Paulum, et vespertina Simeonem, atque hodie iterum matutina hora Petrum. Ex Propositione 18 hujus patet, quod simulac matutinam lucem videt, illico solem eandem cæli, quam die præcedenti viderit, partem percurrentem, sive diem integrum, et simul cum tempore matutino Petrum, cum meridiano autem Paulum, et cum vespertino Simeonem imaginabitur, hoc est, Pauli, et Simeonis existentiam cum relatione ad futurum tempus imaginabitur; et contra, si hora vespertina Simeonem videat, Paulum, et Petrum ad tempus præteritum referet, eosdem scilicet simul cum tempore præterito imaginando; atque hæc eo constantius, quo sæpius eos eodem hoc ordine viderit. Quod si aliquando contingat, ut alia quadam vespera loco Simeonis, Jacobum videat, tum sequenti mane cum tempore vespertino jam Simeonem, jam Jacobum, non vero ambos simul imaginabitur. Nam alterutrum tantum, non autem ambos simul tempore vespertino vidisse supponitur. Fluctuabitur itaque ejus imaginatio, et cum futuro tempore vespertino jam hunc, jam illum imaginabitur, hoc est, neutrum certo, sed utrumque contingenter futurum contemplabitur. Atque hæc imaginationis fluctuatio eadem erit, si imaginatio rerum sit, quas eodem modo cum relatione ad tempus præteritum, vel præsens contemplamur, et consequenter res tam ad tempus præsens, quam ad præteritum, vel futurum relatas, ut contingentes, imaginabimur.

COROLLARIUM II — De natura Rationis est res sub quadam æternitatis specie percipere.

ESCÓLIO — Explicarei, em poucas palavras, por que razão isto acontece. Mostramos atrás (*Prop. 17 desta Parte e seu Corol.*) que a mente, mesmo que as coisas não existam, imagina-as sempre como se estivessem na sua presença, a não ser que ocorram causas que excluam a existência presente delas. Mostramos, depois (*Prop. 18 desta Parte*), que, se o corpo humano tiver sido uma vez afetado simultaneamente por dois corpos exteriores, quando a mente imaginar depois um deles, recordar-se-á imediatamente do outro, isto é, contemplará ambos como se estivessem na sua presença, a não ser que ocorram causas que excluam a existência presente deles. Além disso, ninguém tem dúvida de que nós imaginamos também o tempo, a partir do fato de imaginarmos que uns corpos se movem mais lentamente, ou mais rapidamente, ou à mesma velocidade, que outros. Assim, suponhamos uma criança que tenha visto Pedro, uma primeira vez, ontem, logo pela manhã; Paulo, ao meio-dia; Simeão, à tarde; e de novo Pedro, hoje, logo pela manhã. Pela Proposição 18 desta Parte, é claro que, mal vê a luz da manhã, vê logo o Sol percorrer a mesma parte do céu que no dia anterior, ou seja, o dia inteiro, e, em simultâneo com a manhã, imaginará Pedro; com o meio-dia, Paulo; e com a tarde, Simeão. Quer dizer, imaginará a existência de Paulo e de Simeão relacionada com o tempo futuro. Pelo contrário, se à tarde vir Simeão, relacionará Paulo e Pedro com o tempo passado, imaginando-os em simultâneo com o tempo passado, e isto, tanto mais constantemente, quanto mais vezes os tiver visto por esta mesma ordem. Mas, se alguma vez acontecer que, uma outra tarde, em lugar de Simeão, ela vir Jacob, então, na manhã seguinte, imaginará ora Simeão, ora Jacob, com o tempo vespertino, mas não ambos ao mesmo tempo, pois se supõe que, à tarde, ela só viu um deles, e não ambos em simultâneo. A sua imaginação, portanto, flutuará e, de futuro, imaginará ora um, ora outro, com a tarde, isto é, não contemplará o futuro de nenhum deles como certo, mas o de ambos como contingente. E esta flutuação da imaginação será a mesma se se tratar da imaginação de coisas que nós contemplamos do mesmo modo em relação ao tempo passado ou ao presente. Consequentemente, imaginaremos como contingentes as coisas relacionadas tanto com o tempo presente, como com o tempo passado ou futuro.

COROLÁRIO II — É da natureza da razão perceber as coisas sob uma certa forma de eternidade.[12]

---

[12] *Sub quadam aeternitatis specie*: assinale-se que o adjetivo *quadam* irá desaparecer

DEMONSTRATIO — De natura enim Rationis est res, ut necessarias, et non, ut contingentes, contemplari (*per Prop. præced.*). Hanc autem rerum necessitatem (*per Prop. 41 hujus*) vere, hoc est (*per Axiom. 6 p. 1*), ut in se est, percipit. Sed (*per Prop. 16 p. 1*) hæc rerum necessitas est ipsa Dei æternæ naturæ necessitas;

DEMONSTRAÇÃO — É, com efeito, da natureza da razão contemplar as coisas como necessárias e não como contingentes (*pela Prop. anterior*). E a razão percebe esta necessidade das coisas (*pela Prop. 41 desta Parte*) verdadeiramente, isto é (*pelo Ax. 6, P. I*), tal como ela é em si. Ora (*pela Prop. 16, P. I*), esta necessidade das coisas é a própria necessidade da natureza eterna

---

na Parte V, onde a expressão aparece várias vezes a caracterizar a forma específica como se entende a ciência intuitiva. A fórmula, relevante em Espinosa, tem sido traduzida quer literalmente — "sob uma certa espécie de eternidade" (ex.: Pautrat, Domínguez, Curley, Giancotti) —, quer tomando o latim *species* como sinônimo de "perspectiva" (Chaui, 2016, pp. 133, 565), "ponto de vista" (Macherey, 1997, p. 339), "olhar" (Jaquet, 1997, p. 115), ou "aspecto" (Moreau, *in* Spinoza, 2020, *Oeuvres* IV, p. 225; Gueroult, 1968, pp. 407 ss.), quer ainda oscilando consoante os contextos [ex.: Mignini, que traduz a expressão por "*sotto una certa specie di eternità*", mas que em diversos comentários se lhe refere, ora como "*sotto la specie* o *dal punto di vista dell'eternità*" (2009a, p. 103), ora como "*sotto l'aspetto dell'eternità*" (2009, Spinoza, *Opere*, p. 780)]. Nenhuma destas soluções, a nosso ver, está isenta de ambiguidades. Com efeito, uma espécie é um subgênero e, por seu turno, a eternidade é sem perspectiva, ponto de vista, olhar ou aspecto, na medida em que é alheia não somente a coordenadas temporais, mas também a coordenadas espaciais. Há ainda a opção de L. Brunschvicg (1971, *Spinoza et ses contemporains*, Paris, PUF, p. 122), "*sous la catégorie de l'éternité*", opção depois seguida por Matheron (1969, p. 576) e por P.-F. Moreau (1994a, p. 537), aparentemente mais consentânea com o sistema, mas que tem o inconveniente de o termo "categoria", até pelas suas diversas conotações na história do pensamento, se afastar, a nosso ver, desnecessariamente do vocábulo usado por Espinosa. Por essa razão, parece mais aceitável a opção de Geneviève Rodis-Lewis (1986, "Questions sur la cinquième partie de l'*Éthique*", *Revue Philosophique de la France et de l'Étranger*, 176, 2, p. 212, nota 16), que aqui seguimos e que traduz por "*sous la forme de l'eternité*", invocando o grego *eidos* como "*expression intelligible de l'être, vue par l'esprit*" ("expressão inteligível do ser, vista pelo espírito"). De fato, o latim *species*, além de "vista" (do verbo *speculare*, observar), significa também "aspecto", ou "forma", correspondendo ao grego *eidos* e, inclusive, a outra palavra latina da mesma raiz, *speculum* (espelho, imagem, ou seja, o que se oferece à observação). Veja-se também Descartes (Lettre à Mersenne, *AT*, III, 361): "*formae sive species corporeae, quae esse debent in cerebro ut quid imaginemur, non sunt cogitationes*" ("as formas, ou espécies corpóreas, que devem estar no cérebro como aquilo que imaginamos, não são pensamentos"). Para um tratamento mais abrangente desta questão, cf. P. di Vona (1995); F. Mignini (2005), "*Sub quadam aeternitatis specie*: significato e problemi di un sintagma spinoziano", *in* F. Meroi (org.), *Con l'ali de l'intelletto: studi di filosofia e di storia della cultura*, Florença, Leo S. Olschki; C. Jaquet (1997). Apesar da manifesta dificuldade da sua tradução, a fórmula é frequentemente usada, em particular na literatura filosófica. Leia-se, por exemplo, Wittgenstein: "Das Kunstwerk ist der Gegenstand *sub specie aeternitatis* gesehen; und das gute Leben ist die Welt *sub specie aeternitatis* gesehen. Dies ist der Zusammenhang zwischen Kunst und Ethik" ("A obra de arte é o objeto visto *sub specie aeternitatis*; e a vida boa é o mundo visto *sub specie aeternitatis*. É esta a conexão entre a arte e a ética"). L. Wittgenstein (1979), *Tagebücher 1914-1916/Notebooks 1914-1916*, 2ª ed., Oxford, Wiley-Blackwell (7/10/1916).

ergo de natura Rationis est res sub hac æternitatis specie contemplari. Adde, quod fundamenta Rationis notiones sint (*per Prop. 38 hujus*), quæ illa explicant, quæ omnibus communia sunt, quæque (*per Prop. 37 hujus*) nullius rei singularis essentiam explicant; quæque propterea absque ulla temporis relatione, sed sub quadam æternitatis specie debent concipi. Q. E. D.

PROPOSITIO XLV

Unaquæque cujuscunque corporis, vel rei singularis, actu existentis, idea Dei æternam, et infinitam essentiam necessario involvit.

DEMONSTRATIO — Idea rei singularis, actu existentis, ipsius rei tam essentiam, quam existentiam necessario involvit (*per Coroll. Prop. 8 hujus*): At res singulares (*per Prop. 15 p. 1*) non possunt sine Deo concipi; sed, quia (*per Prop. 6 hujus*) Deum pro causa habent, quatenus sub attributo consideratur, cujus res ipsæ modi sunt, debent necessario earum ideæ (*per Axiom. 4 p. 1*) ipsarum attributi conceptum, hoc est (*per Defin. 6 p. 1*), Dei æternam, et infinitam essentiam involvere. Q. E. D.

SCHOLIUM — Hic per existentiam non intelligo durationem, hoc est, existentiam, quatenus abstracte concipitur, et tanquam quædam quantitatis species. Nam loquor de ipsa natura existentiæ, quæ rebus singularibus tribuitur, propterea quod ex æterna necessitate Dei naturæ infinita infinitis modis sequuntur (*vide Prop. 16 p. 1*). Loquor, inquam, de ipsa existentia rerum singularium, quatenus in Deo sunt. Nam, etsi unaquæque ab alia re singulari determinetur ad certo modo existendum, vis tamen, qua unaquæque in existendo perseverat, ex æterna necessitate naturæ Dei sequitur. Qua de re vide Coroll. Prop. 24 p. 1.

PROPOSITIO XLVI

Cognitio æternæ, et infinitæ essentiæ Dei, quam unaquæque idea involvit, est adæquata, et perfecta.

DEMONSTRATIO — Demonstratio præcedentis Propositionis Universalis est, et, sive res, ut pars, sive, ut totum, consideretur, ejus idea,

de Deus. Logo, é da natureza da razão contemplar as coisas sob esta forma de eternidade. Acresce que os fundamentos da razão são noções (*pela Prop. 38 desta Parte*) que explicam aquilo que é comum a tudo e (*pela Prop. 37 desta Parte*) não explicam a essência de nenhuma coisa singular, devendo, por conseguinte, ser concebidos sem nenhuma relação com o tempo, e sob uma certa forma de eternidade. *Q. E. D.*

PROPOSIÇÃO XLV

Cada ideia de qualquer corpo ou coisa singular, existente em ato, envolve necessariamente a essência eterna e infinita de Deus.

DEMONSTRAÇÃO — A ideia de uma coisa singular existente em ato envolve necessariamente tanto a essência quanto a existência dessa coisa (*pelo Corol. da Prop. 8 desta Parte*). Ora, as coisas singulares (*pela Prop. 15, P. I*) não podem ser concebidas sem Deus. Dado, porém, que elas têm como causa Deus (*pela Prop. 6 desta Parte*), na medida em que ele é considerado sob o atributo de que essas coisas são modos, as suas ideias devem envolver necessariamente (*pelo Ax. 4, P. I*) o conceito do seu atributo, isto é (*pela Def. 6, P. I*), a essência eterna e infinita de Deus. *Q. E. D.*

ESCÓLIO — Por existência, não entendo aqui a duração, isto é, a existência enquanto concebida abstratamente e como uma certa forma de quantidade. Com efeito, eu estou a falar da própria natureza da existência que se atribui às coisas singulares, porque da necessidade eterna da natureza de Deus seguem-se infinitas coisas, de infinitos modos (*veja-se a Prop. 16, P. I*). Estou a falar, digo, da própria existência das coisas singulares, na medida em que elas são em Deus. Porque, embora cada uma delas seja determinada por outra coisa singular a existir de um certo modo, contudo, a força pela qual cada uma persevera no existir segue-se da eterna necessidade da natureza de Deus. Veja-se, a este respeito, o Corolário da Proposição 24, Parte I.

PROPOSIÇÃO XLVI

O conhecimento da essência eterna e infinita de Deus que cada ideia envolve é adequado e perfeito.

DEMONSTRAÇÃO — A demonstração da Proposição anterior é universal, e quer se considere a coisa como parte ou como todo, a sua ideia, quer seja

sive totius sit, sive partis (*per Prop. præced.*), Dei æternam, et infinitam essentiam involvet. Quare id, quod cognitionem æternæ, et infinitæ essentiæ Dei dat, omnibus commune, et æque in parte, ac in toto est, adeoque (*per Prop. 38 hujus*) erit hæc cognitio adæquata. *Q. E. D.*

PROPOSITIO XLVII

Mens humana adæquatam habet cognitionem æternæ, et infinitæ essentiæ Dei.

DEMONSTRATIO — Mens humana ideas habet (*per Prop. 22 hujus*), ex quibus (*per Prop. 23 hujus*) se, suumque Corpus (*per Prop. 19 hujus*), et (*per Coroll. 1 Prop. 16 et per Prop. 17 hujus*) corpora externa, ut actu existentia, percipit; adeoque (*per Prop: 45 et 46 hujus*) cognitionem æternæ, et infinitæ essentiæ Dei habet adæquatam. *Q. E. D.*

SCHOLIUM — Hinc videmus, Dei infinitam essentiam, ejusque æternitatem omnibus esse notam. Cum autem omnia in Deo sint, et per Deum concipiantur, sequitur, nos ex cognitione hac plurima posse deducere, quæ adæquate cognoscamus, atque adeo tertium illud cognitionis genus formare, de quo diximus in Scholio 2 Propositionis 40 hujus Partis, et de cujus præstantia et utilitate in Quinta Parte erit nobis dicendi locus. Quod autem homines non æque claram Dei, ac notionum communium habeant cognitionem, inde fit, quod Deum imaginari nequeant, ut corpora, et quod nomen *Deus* junxerunt imaginibus rerum, quas videre solent; quod homines vix vitare possunt, quia continuo a corporibus externis afficiuntur. Et profecto plerique errores in hoc solo consistunt, quod scilicet nomina rebus non recte applicamus. Cum enim aliquis ait, lineas, quæ ex centro circuli ad ejusdem circumferentiam ducuntur, esse inæquales, ille sane aliud, tum saltem, per circulum intelligit, quam Mathematici. Sic cum homines in calculo errant, alios numeros in mente, alios in charta habent. Quare si ipsorum Mentem spectes, non errant sane; videntur tamen errare, quia ipsos in mente putamus habere numeros, qui in charta sunt. Si hoc non esset, nihil eosdem errare crederemus; ut non credidi quendam errare,

274   Pars secunda — De Natura et Origine Mentis

do todo ou da parte (*pela Prop. anterior*), envolverá a essência eterna e infinita de Deus. Por isso, aquilo que dá o conhecimento da eterna e infinita essência de Deus é comum a tudo, e é tanto na parte como no todo, pelo que (*pela Prop. 38 desta Parte*) esse conhecimento será adequado. Q. E. D.

PROPOSIÇÃO XLVII
A mente humana tem um conhecimento adequado da essência eterna e infinita de Deus.

DEMONSTRAÇÃO — A mente humana tem ideias (*pela Prop. 22 desta Parte*) a partir das quais (*pela Prop. 23 desta Parte*) se percebe a si mesma, ao seu corpo (*pela Prop. 19 desta Parte*) e aos corpos exteriores (*pelo Corol. 1 da Prop. 16 e pela Prop. 17 desta Parte*) como existentes em ato. Por isso (*pelas Prop. 45 e 46 desta Parte*), ela tem um conhecimento adequado da essência eterna e infinita de Deus. Q. E. D.

ESCÓLIO — Donde se vê que a essência infinita de Deus e a sua eternidade são conhecidas de todos. E uma vez que todas as coisas são em Deus e se concebem por meio de Deus, segue-se que nós podemos, a partir desse conhecimento, deduzir muitas coisas que conhecemos adequadamente e, assim, formar aquele terceiro gênero de conhecimento de que falamos no Escólio 2 da Proposição 40 desta Parte, e de cuja excelência e utilidade teremos ocasião de falar na Parte V.

Quanto ao fato de os homens não terem um conhecimento de Deus tão claro como o que têm das noções comuns, isso acontece porque eles não podem imaginar Deus como imaginam os corpos, e porque associaram a palavra *Deus* às imagens das coisas que costumam ver, fato que os homens dificilmente podem evitar, uma vez que são continuamente afetados pelos corpos exteriores. E, de fato, a maior parte dos erros consiste apenas em não aplicarmos corretamente as palavras às coisas. Com efeito, quando alguém diz que as retas que se tiram do centro do círculo para a sua circunferência são desiguais, com certeza entende por círculo, pelo menos nesse momento, uma outra coisa que os matemáticos. Da mesma forma, quando os homens se enganam num cálculo, é porque têm uns números na mente, outros no papel. Daí que, se atendermos à sua mente, sem dúvida que eles não erram. No entanto, parecem errar, porque julgamos que eles têm na mente os mesmos números que estão no papel. Se não fosse isso, não julgaríamos que eles estavam errados, tal como não julguei que estivesse errado alguém que há pouco

quem nuper audivi clamantem, suum atrium volasse in gallinam vicini, quia scilicet ipsius mens satis perspecta mihi videbatur. Atque hinc pleræque oriuntur controversiæ, nempe, quia homines mentem suam non recte explicant, vel quia alterius mentem male interpretantur. Nam revera, dum sibi maxime contradicunt, vel eadem, vel diversa cogitant, ita ut, quos in alio errores, et absurda esse putant, non sint.

PROPOSITIO XLVIII

In Mente nulla est absoluta, sive libera voluntas; sed Mens ad hoc, vel illud volendum determinatur a causa, quæ etiam ab alia determinata est, et hæc iterum ab alia, et sic in infinitum.

DEMONSTRATIO — Mens certus, et determinatus modus cogitandi est (*per Prop. 11 hujus*), adeoque (*per Coroll. 2 Prop. 17 p. 1*) suarum actionum non potest esse causa libera, sive absolutam facultatem volendi, et nolendi habere non potest; sed ad hoc, vel illud volendum (*per Prop. 28 p. 1*) determinari debet a causa, quæ etiam ab alia determinata est, et hæc iterum ab alia, etc. *Q. E. D.*

SCHOLIUM — Eodem hoc modo demonstratur in Mente nullam dari facultatem absolutam intelligendi, cupiendi, amandi, etc. Unde sequitur, has, et similes facultates, vel prorsus fictitias, vel nihil esse, præter entia Metaphysica, sive universalia, quæ ex particularibus formare solemus. Adeo ut intellectus, et voluntas ad hanc, et illam ideam, vel ad hanc, et illam volitionem eodem modo sese habeant, ac lapideitas ad hunc, et illum lapidem, vel ut homo ad Petrum, et Paulum. Causam autem, cur homines se liberos esse putent, explicuimus in Appendice Partis Primæ. Verum, antequam ulterius pergam, venit hic notandum, me per voluntatem affirmandi, et negandi facultatem, non autem cupiditatem intelligere; facultatem, inquam, intelligo, qua Mens, quid verum, quidve falsum sit, affirmat, vel negat, et non cupiditatem, qua Mens res appetit, vel aversatur. At postquam demonstravimus, has facultates notiones esse universales, quæ a singularibus, ex quibus easdem formamus, non distinguuntur, inquirendum jam est, an ipsæ volitiones aliquid sint, præter ipsas rerum ideas. Inquirendum, inquam, est, an in Mente alia affirmatio, et negatio detur præter illam, quam idea,

ouvi a gritar que o seu pátio tinha voado para a galinha do vizinho, porque me parecia bastante claro o que ele tinha em mente. E é daqui que nasce a maioria das controvérsias, a saber, do fato de os homens não explicarem corretamente a sua mente, ou interpretarem mal a mente de outrem. Porque, de fato, quando eles se contradizem maximamente um ao outro, estão ambos a pensar ou o mesmo, ou coisas diferentes, de maneira que aquilo que julgam ser erros e absurdos no outro, não o são.

PROPOSIÇÃO XLVIII

Na mente, não há nenhuma vontade absoluta, ou livre, pois a mente é determinada a querer isto ou aquilo por uma causa que também é determinada por outra, e esta, por sua vez, por uma outra, e assim até o infinito.

DEMONSTRAÇÃO — A mente é um certo e determinado modo de pensar (*pela Prop. 11 desta Parte*) e, por isso (*pelo Corol. 2 da Prop. 17, P. I*), não pode ser causa livre das suas ações, ou seja, ter a faculdade absoluta de querer e de não querer. Deve, sim, ser determinada a querer isto ou aquilo (*pela Prop. 28, P. I*) por uma causa que também é determinada por outra, e esta, por sua vez, por uma outra, etc. *Q. E. D.*

ESCÓLIO — Demonstra-se, de igual modo, que não se dá na mente nenhuma faculdade absoluta de entender, de desejar, de amar, etc. Donde se segue que estas e outras faculdades semelhantes ou são totalmente fictícias, ou não passam de entes metafísicos, ou seja, universais, que costumamos formar a partir das coisas particulares. Por isso, o entendimento e a vontade estão para esta ou aquela ideia, ou para esta ou aquela volição, como a *pedridade* está para esta ou aquela pedra, ou o homem para Pedro ou Paulo. Quanto à causa por que os homens julgam ser livres, já a explicamos no Apêndice da Parte I.

Antes de prosseguir, no entanto, convém aqui observar que, por vontade, eu entendo a faculdade de afirmar e negar, e não o desejo; quer dizer, entendo a faculdade pela qual a mente afirma ou nega o que é verdadeiro ou o que é falso, e não o desejo pelo qual a mente sente apetite ou aversão pelas coisas. E uma vez que já demonstramos que estas faculdades são noções universais, que não se distinguem das coisas singulares a partir das quais as formamos, temos agora de investigar se as próprias volições são algo além das próprias ideias das coisas. Temos de investigar, digo, se na mente se dá alguma outra afirmação ou negação além daquela que envolve a ideia na me-

Parte II — Da Natureza e da Origem da Mente

quatenus idea est, involvit, qua de re vide sequentem Propositionem, ut et Definitionem 3 hujus, ne cogitatio in picturas incidat. Non enim per ideas imagines, quales in fundo oculi, et, si placet, in medio cerebro formantur, sed Cogitationis conceptus intelligo.

PROPOSITIO XLIX

In Mente nulla datur volitio, sive affirmatio, et negatio præter illam, quam idea, quatenus idea est, involvit.

DEMONSTRATIO — In Mente (*per Prop. præced.*) nulla datur absoluta facultas volendi, et nolendi, sed tantum singulares volitiones, nempe hæc, et illa affirmatio, et hæc, et illa negatio. Concipiamus itaque singularem aliquam volitionem, nempe modum cogitandi, quo Mens affirmat, tres angulos trianguli æquales esse duobus rectis. Hæc affirmatio conceptum, sive ideam trianguli involvit, hoc est, sine idea trianguli non potest concipi. Idem enim est, si dicam, quod A conceptum B debeat involvere, ac quod A sine B non possit concipi. Deinde hæc affirmatio (*per Axiom. 3 hujus*) non potest etiam sine idea trianguli esse. Hæc ergo affirmatio sine idea trianguli nec esse, nec concipi potest. Porro hæc trianguli idea, hanc eandem affirmationem involvere debet, nempe, quod tres ejus anguli æquentur duobus rectis. Quare et vice versa hæc trianguli idea, sine hac affirmatione nec esse, nec concipi potest, adeoque (*per Defin. 2 hujus*) hæc affirmatio ad essentiam ideæ trianguli pertinet, nec aliud præter ipsam est. Et quod de hac volitione diximus (quandoquidem eam ad libitum sumpsimus), dicendum etiam est de quacunque volitione, nempe, quod præter ideam nihil sit. *Q. E. D.*

COROLLARIUM — Voluntas, et intellectus unum, et idem sunt.

DEMONSTRATIO — Voluntas, et intellectus nihil præter ipsas singulares volitiones, et ideas sunt (*per Prop. 48 hujus, et ejusdem Schol.*). At singularis volitio, et idea (*per Prop. præced.*) unum, et idem sunt, ergo voluntas, et intellectus unum, et idem sunt. *Q. E. D.*

dida em que é ideia. Sobre este assunto, vejam-se a Proposição seguinte e a Definição 3 desta Parte, a fim de que não se reduza o pensamento a pinturas. Por ideias, com efeito, eu não entendo imagens, como as que se formam no fundo dos olhos ou, se preferirem, no meio do cérebro, mas conceitos do pensamento.

PROPOSIÇÃO XLIX
Na mente não se dá nenhuma volição, ou seja, afirmação ou negação, além daquela que a ideia, na medida em que é ideia, envolve.

DEMONSTRAÇÃO — Na mente (*pela Prop. anterior*) não se dá nenhuma faculdade absoluta de querer, ou não querer, mas apenas volições singulares, a saber, esta ou aquela afirmação, esta ou aquela negação. Assim, conceba-se uma qualquer volição singular, por exemplo, um modo de pensar, pelo qual a mente afirma que os três ângulos de um triângulo são iguais a dois retos. Esta afirmação envolve o conceito, ou ideia, de triângulo, isto é, não pode ser concebida sem a ideia de triângulo. É, com efeito, o mesmo se eu disser que A deve envolver o conceito de B e que A não pode ser concebido sem B. Além disso, esta afirmação (*pelo Ax. 3 desta Parte*) também é impossível sem a ideia de triângulo. Logo, esta afirmação não pode ser, nem ser concebida, sem a ideia de triângulo. Por outro lado, esta ideia de triângulo deve envolver esta mesma afirmação, a saber, que os seus três ângulos são iguais a dois retos. Daí que, inversamente, esta ideia de triângulo não possa ser nem ser concebida sem esta afirmação, pelo que (*pela Def. 2 desta Parte*) esta afirmação pertence à essência da ideia de triângulo, e não é outra coisa além desta. E o que dissemos desta volição (uma vez que a escolhemos ao acaso) deve também dizer-se de qualquer volição, a saber, que ela não é nada além da ideia. *Q. E. D.*

COROLÁRIO — A vontade e o entendimento são uma só e a mesma coisa.

DEMONSTRAÇÃO — A vontade e o entendimento não são senão as próprias volições e ideias singulares (*pela Prop. 48 desta Parte e o seu Esc.*). Ora, uma volição singular e uma ideia (*pela Prop. anterior*) são uma só e a mesma coisa. Logo, a vontade e o entendimento são uma só e a mesma coisa. *Q. E. D.*

Parte II — Da Natureza e da Origem da Mente

SCHOLIUM — His causam, quæ communiter erroris esse statuitur, sustulimus. Supra autem ostendimus, falsitatem in sola privatione, quam ideæ mutilatæ, et confusæ involvunt, consistere. Quare idea falsa, quatenus falsa est, certitudinem non involvit. Cum itaque dicimus, hominem in falsis acquiescere, nec de iis dubitare, non ideo ipsum certum esse, sed tantum non dubitare dicimus, vel quod in falsis acquiescit, quia nullæ causæ dantur, quæ efficiant, ut ipsius imaginatio fluctuetur. Qua de re vide Scholium Propositionis 44 hujus Partis. Quantumvis igitur homo falsis adhærere supponatur, nunquam tamen ipsum certum esse dicemus. Nam per certitudinem quid positivum intelligimus (*vide Prop. 43 hujus cum ejusdem Schol.*), non vero dubitationis privationem. At per certitudinis privationem falsitatem intelligimus. Sed ad uberiorem explicationem præcedentis Propositionis quædam monenda supersunt. Superest deinde, ut ad objectiones, quæ in nostram hanc doctrinam objici possunt, respondeam; et denique, ut omnem amoveam scrupulum, operæ pretium esse duxi, hujus doctrinæ quasdam utilitates indicare. Quasdam, inquam; nam præcipuæ ex iis, quæ in Quinta Parte dicemus, melius intelligentur.

Incipio igitur a primo, Lectoresque moneo, ut accurate distinguant inter ideam, sive Mentis conceptum, et inter imagines rerum, quas imaginamur. Deinde necesse est, ut distinguant inter ideas, et verba, quibus res significamus. Nam quia hæc tria, imagines scilicet, verba, et ideæ a multis vel plane confunduntur, vel non satis accurate, vel denique non satis caute distinguuntur, ideo hanc de voluntate doctrinam, scitu prorsus necessariam, tam ad speculationem, quam ad vitam sapienter instituendam, plane ignorarunt. Quippe, qui putant ideas consistere in imaginibus, quæ in nobis ex corporum occursu formantur, sibi persuadent, ideas illas rerum, quarum similem nullam imaginem formare possumus, non esse ideas, sed tantum figmenta, quæ ex libero voluntatis arbitrio fingimus; ideas igitur, veluti picturas in tabula mutas, aspiciunt, et, hoc præjudicio præoccupati, non vident, ideam, quatenus idea est, affirmationem, aut negationem involvere. Deinde, qui verba confundunt cum idea, vel cum ipsa affirmatione, quam idea involvit, putant se posse contra id, quod sentiunt, velle; quando aliquid solis verbis contra id, quod sentiunt, affirmant, aut negant. Hæc autem præjudicia exuere facile is poterit, qui ad naturam cogitationis attendit, quæ extensionis conceptum minime involvit; atque adeo clare intelliget, ideam (quandoquidem modus cogitandi est) neque in rei alicujus imagine, neque in verbis consistere.

ESCÓLIO — Com isto, suprimimos o que comumente se sustenta ser a causa do erro. Mostramos acima que a falsidade consiste só na privação que as ideias mutiladas e confusas envolvem, pelo que a ideia falsa, na medida em que é falsa, não envolve a certeza. Quando dizemos, pois, que um homem anui a coisas falsas e não tem dúvida sobre elas, não dizemos que ele está certo, mas somente que não duvida, ou que anui a coisas falsas, porque não se dão nenhumas causas que façam com que a sua imaginação flutue. Veja--se, a este respeito, o Escólio da Proposição 44 desta Parte. Portanto, por mais que se suponha que um homem adere a coisas falsas, nunca diremos que ele está certo. Com efeito, por certeza entendemos algo de positivo (*vejam-se a Prop. 43 e o seu Esc.*), não uma privação da dúvida. E por privação da certeza entendemos a falsidade. Todavia, para uma explicação mais desenvolvida da Proposição anterior, falta ainda fazer algumas advertências. Falta, depois, responder às objeções que podem ser feitas a esta nossa doutrina e, finalmente, para remover qualquer escrúpulo, pensei que valia a pena indicar algumas vantagens desta doutrina. Digo algumas, porque as principais entender-se-ão melhor a partir do que diremos na Parte V.

Começo, pois, pelo primeiro ponto e advirto os leitores para que distingam com exatidão entre a ideia, ou conceito da mente, e as imagens das coisas que imaginamos. A seguir, é necessário que eles distingam entre as ideias e as palavras pelas quais significamos as coisas. Porque há, efetivamente, muitos que confundem totalmente estas três coisas, a saber, imagens, palavras e ideias, ou que não as distinguem com suficiente exatidão, ou, enfim, com suficiente cautela, e por isso têm ignorado completamente esta doutrina sobre a vontade, reconhecidamente necessária tanto para a especulação, como para organizar sabiamente a vida. Os que julgam que as ideias consistem em imagens, as quais se formam em nós pelo encontro dos corpos, persuadem-se de que as ideias das coisas de que não podemos formar nenhuma imagem semelhante não são ideias, mas apenas ficções que forjamos pelo livre-arbítrio da vontade. Olham, portanto, para as ideias como se fossem pinturas mudas numa tela e, imbuídos desse preconceito, não veem que a ideia, na medida em que é ideia, envolve uma afirmação ou uma negação. Depois, aqueles que confundem as palavras com a ideia, ou com a própria afirmação que a ideia envolve, julgam que podem querer contra o que sentem, quando só nas palavras afirmam ou negam algo contra o que sentem. Mas quem atender à natureza do pensamento, a qual não envolve minimamente o conceito de extensão, poderá facilmente livrar-se destes preconceitos e, assim, entender claramente que a ideia (visto ser um modo de pensar) não consiste nem na imagem de uma coisa, nem em palavras. Porque a es-

Parte II — Da Natureza e da Origem da Mente

Verborum namque, et imaginum essentia a solis motibus corporeis constituitur, qui cogitationis conceptum minime involvunt. Atque hæc pauca de his monuisse sufficiat, quare ad prædictas objectiones transeo.

Harum prima est, quod constare putant, voluntatem latius se extendere, quam intellectum, atque adeo ab eodem diversam esse. Ratio autem, cur putant, voluntatem latius se extendere, quam intellectum, est, quia se experiri ajunt, se non majore assentiendi, sive affirmandi, et negandi facultate indigere ad infinitis aliis rebus, quas non percipimus, assentiendum, quam jam habemus, at quidem majore facultate intelligendi. Distinguitur ergo voluntas ab intellectu, quod finitus hic sit, illa autem infinita.

Secundo nobis objici potest, quod experientia nihil clarius videatur docere, quam quod nostrum judicium possumus suspendere, ne rebus, quas percipimus, assentiamur; quod hinc etiam confirmatur, quod nemo dicitur decipi, quatenus aliquid percipit, sed tantum, quatenus assentitur, aut dissentitur. Ex. gr. qui equum alatum fingit, non ideo concedit dari equum alatum, hoc est, non ideo decipitur, nisi simul concedat, dari equum alatum; nihil igitur clarius videtur docere experientia, quam quod voluntas, sive facultas assentiendi libera sit, et a facultate intelligendi diversa.

Tertio objici potest, quod una affirmatio non plus realitatis videtur continere, quam alia, hoc est, non majore potentia indigere videmur ad affirmandum, verum esse id, quod verum est, quam ad aliquid, quod falsum est, verum esse affirmandum; at unam ideam plus realitatis, sive perfectionis, quam aliam habere percipimus; quantum enim objecta alia aliis præstantiora, tantum etiam eorum ideæ aliæ aliis perfectiores sunt; ex quibus etiam constare videtur differentia inter voluntatem, et intellectum.

sência das palavras e das imagens é constituída só de movimentos corpóreos, que não envolvem minimamente o conceito de pensamento. E, sobre isto, são suficientes estas breves advertências, pelo que passo às objeções acima referidas.

A primeira delas é o fato de julgarem ser evidente que a vontade se estende para lá do entendimento e, por isso, é diferente dele. E a razão por que julgam que a vontade se estende para lá do entendimento é que dizem saber por experiência que não carecemos, para dar o assentimento a uma infinidade de outras coisas que não percebemos, de uma faculdade de assentir, ou seja, de afirmar e de negar, maior do que já temos, mas de uma maior faculdade de entender. A vontade distingue-se, pois, do entendimento pelo fato de este ser finito e aquela infinita.[13]

Em segundo lugar, podem-nos objetar que não há nada que a experiência pareça ensinar mais claramente do que o fato de podermos suspender o nosso juízo e não assentir em coisas que percebemos, o que se confirma também pelo fato de não se dizer que alguém se engana enquanto percebe algo, mas unicamente enquanto dá ou nega o assentimento. Quem, por exemplo, ficciona um cavalo alado, nem por isso admite que se dá o cavalo alado, isto é, nem por isso se engana, a menos que admita, ao mesmo tempo, que se dá o cavalo alado. Portanto, não há nada que a experiência pareça ensinar mais claramente do que o fato de a vontade, ou seja, a faculdade de assentir, ser livre e diferente da faculdade de entender.

Em terceiro lugar, pode objetar-se que uma afirmação não parece conter mais realidade do que a outra, isto é, não parece carecermos, para afirmar que é verdadeiro aquilo que é verdadeiro, de uma potência maior do que para afirmar que é verdadeiro algo que é falso. Ora, nós percebemos que uma ideia tem mais realidade ou perfeição do que outra, pois quanto mais excelentes alguns objetos são do que os outros, mais perfeitas do que as dos outros são também as suas ideias. Donde, parece ser também evidente a diferença entre a vontade e o entendimento.

---

[13] Cf. Descartes, *Meditationes de Prima Philosophia*, IV (*AT*, VII, 58): "*Unde ergo nascuntur mei errores? Nempe ex hoc uno quod, cum latius pateat voluntas quam intellectus, illam non intra eosdem limites contineo, sed etiam ad illa quae non intelligo extendo; ad quae cum sit indifferens, facile a vero & bono deflectit, atque ita & fallor & pecco*" ("De onde é que nascem, pois, os meus erros? Disto apenas: como a vontade é muito mais ampla e extensa do que o entendimento, eu não a contenho dentro dos mesmos limites e estendo-a também a coisas que não entendo; e como lhes é indiferente, ela afasta-se facilmente do verdadeiro e do bem, e, assim, engano-me e peco").

Quarto objici potest, si homo non operatur ex libertate voluntatis, quid ergo fiet, si in æquilibrio sit, ut Buridani asina? Famene, et siti peribit? Quod si concedam, viderer asinam, vel hominis statuam, non hominem concipere; si autem negem, ergo seipsum determinabit, et consequenter eundi facultatem, et faciendi quicquid velit, habet. Præter hæc alia forsan possunt objici; sed quia inculcare non teneor, quid unusquisque somniare potest, ad has objectiones tantum respondere curabo, idque quam potero breviter.

Et quidem ad primam dico, me concedere, voluntatem latius se extendere, quam intellectum, si per intellectum claras tantummodo, et distinctas ideas intelligant; sed nego voluntatem latius se extendere, quam perceptiones, sive concipiendi facultatem; nec sane video, cur facultas volendi potius dicenda est infinita, quam sentiendi facultas; sicut enim infinita (unum tamen post aliud; nam infinita simul affirmare non possumus) eadem volendi facultate possumus affirmare, sic etiam infinita corpora (unum nempe post aliud) eadem sentiendi facultate possumus sentire, sive percipere. Quod si dicant, infinita dari, quæ percipere non possumus? regero, nos ea ipsa nulla cogitatione, et consequenter nulla volendi facultate posse assequi. At dicunt, si Deus vellex efficere, ut ea etiam perciperemus, majorem quidem facultatem percipiendi deberet nobis dare, sed non majorem, quam dedit, volendi facultatem; quod idem

Em quarto lugar, pode objetar-se que, se o homem não opera pela liberdade da vontade, o que sucederá, então, se estiver em equilíbrio, como o asno de Buridan?[14] Perecerá de fome e sede? Se eu disser que sim, parece que concebo um asno ou uma estátua de homem, e não um homem; mas, se disser que não, é porque ele se determina a si mesmo e, consequentemente, tem a faculdade de ir e fazer aquilo que quiser.

Além destas, talvez ainda se possam objetar outras coisas, mas, como eu não sou obrigado a meter aqui à força aquilo que cada um pode sonhar, procurarei responder só a estas objeções, e tão brevemente quanto possível.

Quanto à primeira, digo que concedo que a vontade se estende para além do entendimento, se por entendimento se entender só as ideias claras e distintas; nego, no entanto, que a vontade se estenda para além das percepções, ou seja, da faculdade de conceber. Nem vejo, verdadeiramente, porque se deveria dizer que é infinita a faculdade de querer, e não a de sentir. Porque da mesma forma que podemos afirmar pela faculdade de querer infinitas coisas (uma após outra, pois não podemos afirmar infinitas coisas em simultâneo), assim também podemos sentir ou perceber, pela faculdade de sentir, infinitos corpos (um após outro). E, se eles disserem que se dão infinitas coisas que nós não podemos perceber, respondo que essas não as podemos alcançar por nenhum pensamento e, consequentemente, por nenhuma faculdade de querer. Mas, dizem, se Deus quisesse fazer com que nós também as percebêssemos, decerto deveria dar-nos uma faculdade de perceber maior do que deu, mas não uma faculdade maior de querer, o que é o mesmo que di-

---

[14] Jean Buridan, filósofo francês do século XIV, que na história da filosofia se inclui na corrente nominalista, é famoso sobretudo pelos escritos de lógica e filosofia natural, designadamente pela "teoria do ímpeto", com que explica o movimento dos projéteis. Sobre a referência que Espinosa lhe faz e que constitui um lugar-comum no anedotário da filosofia, escreve Jack A. Zupko: "Embora apareçam frequentemente asnos nos seus exemplos, este que se tornou conhecido (via Espinosa e outros) como 'o asno de Buridan', um asno que, entre dois fardos de palha equidistantes e igualmente tentadores, hesita até a morte, é desconhecido nos escritos de Buridan. Pode, contudo, ter surgido como uma caricatura da teoria da ação de Buridan, que tenta encontrar um meio-termo entre o intelectualismo aristotélico e o voluntarismo franciscano, argumentando que a liberdade da vontade para agir consiste primeiramente na sua capacidade de diferir a escolha, na ausência de uma razão convincente para agir de uma maneira ou de outra". J. Zupko (1999), "Buridan", *in* R. Audi (org.), *The Cambridge Dictionary of Philosophy*, 2ª ed., Cambridge, Cambridge University Press, p. 108. Sobre a obra de Buridan, cf. igualmente J. Zupko (2003), *John Buridan: Portrait of a Fourteenth Century Arts Master*, Notre Dame, University of Notre Dame Press; G. Klyma (org.) (2018), *Questions on the Soul by John Buridan and Others: A Companion to John Buridan's Philosophy of Mind*, Nova York, Springer.

est, ac si dicerent, quod si Deus velit efficere, ut infinita alia entia intelligeremus, necesse quidem esset, ut nobis daret majorem intellectum; sed non universaliorem entis ideam, quam dedit, ad eadem infinita entia amplectendum. Ostendimus enim voluntatem ens esse universale, sive ideam, qua omnes singulares volitiones, hoc est, id, quod iis omnibus commune est, explicamus. Cum itaque hanc omnium volitionum communem, sive universalem ideam facultatem esse credant, minime mirum, si hanc facultatem ultra limites intellectus in infinitum se extendere dicant. Universale enim æque de uno, ac de pluribus, ac de infinitis individuis dicitur.

Ad secundam objectionem respondeo negando, nos liberam habere potestatem judicium suspendendi. Nam cum dicimus, aliquem judicium suspendere, nihil aliud dicimus, quam quod videt, se rem non adæquate percipere. Est igitur judicii suspensio revera perceptio, et non libera voluntas. Quod ut clare intelligatur, concipiamus puerum, equum alatum imaginantem, nec aliud quicquam percipientem. Quandoquidem hæc imaginatio equi existentiam involvit (*per Coroll. Prop. 17 hujus*), nec puer quicquam percipit, quod equi existentiam tollat, ille necessario equum, ut præsentem, contemplabitur; nec de ejus existentia poterit dubitare, quamvis de eadem non sit certus. Atque hoc quotidie in somnis experimur, nec credo aliquem esse, qui putet, se, dum somniat, liberam habere potestatem suspendendi de iis, quæ somniat, judicium, efficiendique, ut ea, quæ se videre somniat, non somniet; et nihilominus contingit, ut etiam in somnis judicium suspendamus, nempe cum somniamus, nos somniare. Porro concedo neminem decipi, quatenus percipit, hoc est, Mentis imaginationes, in se consideratas, nihil erroris involvere concedo (*vide Schol. Prop. 17 hujus*); sed nego, hominem nihil affirmare, quatenus percipit. Nam quid aliud est equum alatum percipere, quam alas de equo affirmare? Si enim Mens præter equum alatum nihil aliud perciperet,

zerem que, se Deus quisesse fazer com que entendêssemos uma infinidade de outros entes, seria certamente necessário, para abarcar essa mesma infinidade de entes, que nos desse um entendimento maior do que deu, mas não uma ideia mais universal de ente. Com efeito, mostramos que a vontade é um ente universal, ou seja, uma ideia pela qual explicamos todas as volições singulares, isto é, aquilo que é comum a todas elas. Como, portanto, eles creem que esta ideia comum, ou universal, de todas as volições é uma faculdade, não admira que digam que esta faculdade se estende além dos limites do entendimento, até o infinito. Porque o universal tanto se diz de um, como de vários, como de uma infinidade de indivíduos.

À segunda objeção, respondo negando que nós tenhamos o livre poder de suspender o juízo. Na verdade, quando dizemos que alguém suspende o juízo, não dizemos outra coisa senão que ele vê que não percebe adequadamente a coisa. Portanto, a suspensão do juízo é, na realidade, uma percepção e não uma vontade livre. Para que isto se entenda claramente, concebamos uma criança que imagina um cavalo[15] e que não percebe mais nada. Dado que essa imaginação envolve a existência do cavalo (*pelo Corol. da Prop. 17 desta Parte*) e a criança não percebe coisa alguma que exclua essa existência, ela contemplará necessariamente o cavalo como se ele estivesse na sua presença, e não poderá duvidar da sua existência, ainda que dela não esteja certa. E isto é o que experimentamos todos os dias nos sonhos. Não acredito que haja alguém que, enquanto sonha, julgue possuir o livre poder de suspender o juízo sobre aquilo que está a sonhar e fazer com que não sonhe o que sonha que vê. Não obstante, acontece suspendermos o juízo também nos sonhos, a saber, quando sonhamos que estamos a sonhar. Concedo, além disso, que ninguém, na medida em que percebe, se engana, isto é, que as imaginações da mente, consideradas em si mesmas, não envolvem nada de errado (*veja-se o Esc. da Prop. 17 desta Parte*); nego, contudo, que o homem, enquanto percebe, não afirma nada. De fato, que outra coisa é perceber um cavalo alado, senão afirmar que um cavalo tem asas? Se, com efeito, além de um cavalo alado, a mente não percebesse nenhuma outra coisa, contemplá-

---

[15] Na edição Gebhardt lê-se "*equum alatum imaginantem*". No entanto, o adjetivo *alatum* não consta da *editio princeps*, as *Opera Posthuma*, nem na tradução holandesa, *De Nagelate Schriften*, nem no recém-descoberto manuscrito do Vaticano. Segundo Cristofolini (Spinoza, 2014, *Etica*, p. 15), o adjetivo terá surgido só em 1896, na tradução holandesa de Willem Meijer, que quis uniformizar esta passagem com outras que surgem no Escólio e em que realmente se fala de cavalos alados, tendo a ideia sido depois acolhida em sucessivas edições do texto latino (Leopold, Appuhn, Gebhardt, Gentile).

Parte II — Da Natureza e da Origem da Mente

eundem sibi præsentem contemplaretur, nec causam haberet ullam dubitandi de ejusdem existentia, nec ullam dissentiendi facultatem, nisi imaginatio equi alati juncta sit ideæ, quæ existentiam ejusdem equi tollit, vel quod percipit, ideam equi alati, quam habet, esse inadæquatam, atque tum vel ejusdem equi existentiam necessario negabit, vel de eadem necessario dubitabit.

Atque his puto me ad tertiam etiam objectionem respondisse, nempe, quod voluntas universale quid sit, quod de omnibus ideis prædicatur; quodque id tantum significat, quod omnibus ideis commune est, nempe affirmationem. Cujus propterea adæquata essentia, quatenus sic abstracte concipitur, debet esse in unaquaque idea, et hac ratione tantum in omnibus eadem; sed non quatenus consideratur essentiam ideæ constituere; nam eatenus singulares affirmationes æque inter se differunt, ac ipsæ ideæ. Ex. gr. affirmatio, quam idea circuli ab illa, quam idea trianguli involvit, æque differt, ac idea circuli ab idea trianguli. Deinde absolute nego, nos æquali cogitandi potentia indigere ad affirmandum, verum esse id, quod verum est, quam ad affirmandum, verum esse id, quod falsum est. Nam hæ duæ affirmationes, si mentem spectes, se habent ad invicem, ut ens ad non-ens; nihil enim in ideis positivum est, quod falsitatis formam constituit (*vide Prop. 35 hujus cum ejus Schol. et Schol. Prop. 47 hujus*). Quare hic apprime venit notandum, quam facile decipimur, quando universalia cum singularibus, et entia rationis, et abstracta cum realibus confundimus.

Quod denique ad quartam objectionem attinet, dico, me omnino concedere, quod homo in tali æquilibrio positus (nempe qui nihil aliud percipit, quam sitim, et famem, talem cibum, et talem potum, qui æque ab eo distant), fame, et siti peribit. Si me rogant, an talis homo non potius asinus, quam homo sit æstimandus? dico me nescire, ut etiam nescio, quanti æstimandus sit ille, qui se pensilem facit, et quanti æstimandi sint pueri, stulti, vesani, etc.

Superest tandem indicare, quantum hujus doctrinæ cognitio ad usum vitæ conferat, quod facile ex his animadvertemus. Nempe

I°. Quatenus docet nos ex solo Dei nutu agere, divinæque naturæ esse participes, et eo magis, quo perfectiores actiones agimus, et quo magis magisque Deum intelligimus. Hæc ergo doctrina, præterquam quod animum omnimode quietum reddit, hoc etiam habet, quod nos docet, in quo nostra summa felicitas,

-lo-ia como se ele estivesse na sua presença e não teria motivo algum para duvidar da existência dele, nem faculdade alguma de discordar, a menos que a imaginação do cavalo alado esteja junta com uma ideia que exclui a existência desse mesmo cavalo, ou que a mente perceba que a ideia que tem de cavalo alado é inadequada e, nesse caso, ou negará necessariamente a existência desse cavalo, ou duvidará necessariamente da mesma.

E, com isto, julgo ter respondido também à terceira objeção, a saber, que a vontade é um universal que se predica de todas as ideias e que significa somente o que é comum a todas as ideias, a saber, a afirmação. Por isso, a essência adequada desta, na medida em que se concebe assim abstratamente, deve estar em cada uma das ideias, e só por essa razão é a mesma em todas. Mas não na medida em que se considera que ela constitui a essência da ideia, pois nesse sentido as afirmações singulares diferem tanto entre si como as próprias ideias. Por exemplo, a afirmação que a ideia de círculo envolve difere tanto da que a ideia de triângulo envolve quanto a ideia de círculo difere da ideia de triângulo. Além disso, nego absolutamente que, para afirmar que é verdadeiro o que é verdadeiro, precisemos de uma potência de pensar igual àquela de que carecemos para afirmar que é verdadeiro o que é falso. Porque estas duas afirmações, se considerarmos a mente, estão uma para a outra como o ente está para o não-ente, uma vez que nas ideias não há nada de positivo que constitua a forma da falsidade (*vejam-se a Prop. 35 desta Parte e o seu Esc., assim como o Esc. da Prop. 47 desta Parte*). Convém, por isso, aqui notar, acima de tudo, quão facilmente nos enganamos quando confundimos os universais com os singulares, e os entes de razão e as coisas abstratas com os entes reais.

Finalmente, no que respeita à quarta objeção, digo conceder totalmente que um homem posto em semelhante equilíbrio (isto é, sem perceber outra coisa senão a sede, a fome, e tal alimento e tal bebida a igual distância dele) perecerá de fome e sede. Se me perguntam se um tal homem não deve ser considerado antes um asno do que um homem, digo que não sei, da mesma forma que não sei como avaliar quem se enforca, nem como julgar as crianças, os imbecis, os loucos, etc.

Resta, enfim, indicar quanto o conhecimento desta doutrina serve para a vida prática, como facilmente compreenderemos por isto. A saber:

I) Na medida em que nos ensina que nós agimos pela simples ordem de Deus e que participamos tanto mais da natureza divina, quanto mais perfeitas forem as ações que fazemos e quanto mais e mais entendermos Deus. Esta doutrina, portanto, além de dar ao ânimo uma total serenidade, tem também a particularidade de nos ensinar em que consiste a nossa felicidade su-

sive beatitudo consistit, nempe in sola Dei cognitione, ex qua ad ea tantum agenda inducimur, quæ amor, et pietas suadent. Unde clare intelligimus, quantum illi a vera virtutis æstimatione aberrant, qui pro virtute, et optimis actionibus, tanquam pro summa servitute, summis præmiis a Deo decorari exspectant, quasi ipsa virtus, Deique servitus non esset ipsa felicitas, et summa libertas.

IIº. Quatenus docet, quomodo circa res fortunæ, sive quæ in nostra potestate non sunt, hoc est, circa res, quæ ex nostra natura non sequuntur, nos gerere debeamus; nempe utramque fortunæ faciem æquo animo exspectare; et ferre: nimirum, quia omnia ab æterno Dei decreto eadem necessitate sequuntur, ac ex essentia trianguli sequitur, quod tres ejus anguli sunt æquales duobus rectis.

prema, ou beatitude, a saber, no simples conhecimento de Deus, pelo qual somos induzidos a fazer só aquilo a que o amor e a piedade[16] persuadem. Por aí se entende claramente quão afastados estão de uma verdadeira avaliação da virtude aqueles que esperam, graças à sua virtude e às suas ações excelentes, qual suprema escravidão, ser galardoados por Deus com os mais elevados prêmios, como se a virtude, ela própria, e o servir a Deus não fossem a felicidade mesma e a suprema liberdade.

II) Na medida em que ensina de que modo nos devemos comportar em relação às coisas da fortuna, ou seja, às coisas que não estão em nosso poder, isto é, às coisas que não se seguem da nossa natureza, a saber: esperar e suportar com o mesmo ânimo ambas as faces da fortuna, porquanto todas as coisas se seguem do decreto eterno de Deus com a mesma necessidade com que se segue da essência do triângulo que os seus três ângulos são iguais a dois retos.

---

[16] *Pietas*: termo com ressonâncias eminentemente religiosas, tanto no cristianismo como na Antiguidade, e cuja amplitude semântica Espinosa explora. No Esc. 1 da Prop. 37, P. IV, surge uma definição: "ao desejo de fazer o bem que se engendra pelo fato de vivermos sob a condução da razão, chamo *piedade*". Decerto por força desta definição, E. Curley traduz por *"morality"*, significado que tem vindo a fazer escola na bibliografia de língua inglesa. O termo, no entanto, possui ressonâncias, claramente perceptíveis em algumas das ocorrências, que não encontramos nem no conceito de "moralidade", nem no de "misericórdia". Veja-se, por exemplo, a afirmação segundo a qual o poder supremo pune o delinquente por piedade, e não por vingança (Esc. da Prop. 51, P. IV); a distinção entre piedade e comiseração (Apêndice 16, P. IV); ou a referência a uma falsa espécie de piedade que há no acabrunhamento (Apêndice 22, P. IV). De fato, a *pietas*, mesmo antes do cristianismo, esteve ligada à transcendência e à justiça que nela se fundamentava: Ovídio (*Fasti*, II, 543: "*Aeneas, pietatis idoneus auctor*") chama piedoso a Eneias, porque este cumpriu o destino que os deuses e os seus maiores, na pessoa do pai, lhe reservavam e como que ditavam; Sófocles (*Antígona*, v. 923, trad. M. H. R. Pereira) põe a protagonista da tragédia homônima a dizer que enterrou o irmão movida pela piedade (*eusébeia*), enquanto as leis da cidade a condenam por impiedade ("por usar de piedade, fiquei possuída de impiedade"). Por seu turno, Cícero (*De natura deorum*, I, 4) associa expressamente os dois lados da piedade enquanto articulação com o transcendente e, ao mesmo tempo, com os homens, mediante a justiça: "*Atque haut scio, an pietate adversus deos sublata fides etiam et societas generis humani et una excellentissima virtus iustitia tollatur*" ("E não sei se, uma vez suprimida a piedade para com os deuses, não se suprimirá também a lealdade, a sociedade do gênero humano e a mais excelente virtude, a justiça"). De acordo com I. P. Lamela (2012, "*Hominis sapientia pietas est*: Santo Agostinho e a conversão da *pietas*", *Theologica*, 2ª série, 47, 2, pp. 455-71, cit. p. 468), "só realmente com o cristianismo a *pietas* dita *vera* assumiu o significado novo de 'misericórdia' (*pietas in operibus misericordiae*), como atributo de Deus que os crentes devem imitar". Cf. igualmente L. B. Zaidman (2000), *Le commerce des dieux: Eusebeia, éssai sur la piété en Grèce ancienne*, Paris, La Découverte.

III°. Confert hæc doctrina ad vitam socialem, quatenus docet, neminem odio habere, contemnere, irridere, nemini irasci, invidere. Præterea quatenus docet, ut unusquisque suis sit contentus, et proximo auxilio, non ex muliebri misericordia, partialitate, neque superstitione, sed ex solo rationis ductu, prout scilicet tempus, et res postulat, ut in Quarta Parte ostendam.

IV°. Denique confert etiam hæc doctrina non parum ad communem societatem: quatenus docet, qua ratione cives gubernandi sint, et ducendi, nempe non ut serviant, sed ut libere ea, quæ optima sunt, agant. Atque his, quæ in hoc Schol. agere constitueram, absolvi, et eo finem huic nostræ Secundæ Parti impono, in qua puto me naturam Mentis humanæ, ejusque proprietates satis prolixe, et quantum rei, difficultas fert, clare explicuisse, atque talia tradidisse, ex quibus multa præclara, maxime utilia, et cognitu necessaria concludi possunt, ut panim ex sequentibus constabit.

Finis Secundae Partis.

III) Esta doutrina serve para a vida em sociedade, na medida em que ensina a não ter ódio a ninguém, nem desprezar, ridicularizar, invejar ou irritar-se com alguém, e na medida, além disso, em que ensina cada um a contentar-se com o que é seu e a auxiliar o próximo, não por mulheril misericórdia, parcialidade ou superstição, mas conduzido pela simples razão, conforme o tempo e as coisas exigirem, como mostrarei na Parte IV.

IV) Por último, esta doutrina serve também, e não pouco, para a sociedade comum,[17] na medida em que ensina de que maneira devem ser governados e conduzidos os cidadãos, a saber, não de modo que sejam servos, mas que façam livremente o que é melhor.

E, com isto, concluí o que me havia proposto fazer neste Escólio, pelo que ponho aqui fim a esta nossa Parte II, em que julgo ter explicado bastante desenvolvida e claramente, tanto quanto a dificuldade do assunto o permite, a natureza da mente humana e as suas propriedades, e apresentado algo de que se podem concluir muitas coisas sublimes, maximamente úteis e que é necessário conhecer, como, em parte, se confirmará pelo que se segue.

Fim da Segunda Parte.

---

[17] *Communem societatem*: expressão que significa a associação de várias comunidades, nações ou tribos, numa mesma forma política, ou seja, aquilo que Aristóteles entendia como uma comunidade de comunidades, a pólis: "na medida em que todas as comunidades visam algum bem, a comunidade mais elevada de todas e que engloba todas as outras visará o maior de todos os bens. Esta comunidade, que toma a forma de uma comunidade de cidadãos, chama-se 'cidade'" (1998, *Política*, I, 1, 1252a, trad. A. C. Amaral e C. Gomes, Lisboa, Vega). No mesmo sentido, lê-se, por exemplo, em Christian Wolff (1752, *Institutiones juris naturae et gentium*, IV, cap. I, § 1090): "*haec societas communis salutis causa inter gentes instituta, civitas maxima vocatur; cujus membra, seu veluti cives, sunt singulae gentes*" ("esta sociedade comum, instituída entre nações por causa da segurança, chama-se maximamente a cidade; e os seus membros, como se fossem cidadãos, são as nações singularmente tomadas").

Parte II — Da Natureza e da Origem da Mente

Pars tertia

De Origine et Natura Affectuum

PRAEFATIO

Plerique, qui de Affectibus, et hominum vivendi ratione scripserunt, videntur, non de rebus naturalibus, quæ communes

Parte III

Da Origem e da Natureza dos Afetos

PREFÁCIO

A maior parte dos que escreveram sobre os afetos[1] e a maneira de viver dos homens parecem tratar não de coisas naturais, que seguem as leis co-

---

[1] *De Affectibus*: a tradução literal do vocábulo vem se impondo, não obstante alguma resistência com que, durante a primeira metade do século XX, o termo "afeto" ainda era visto fora do domínio privado. R. Caillois (1954, Spinoza, *Oeuvres complètes*, Paris, Gallimard), por exemplo, traduz por *"sentiments"*, e J. F. Gomes (1992) por "afecções", o que impossibilita, neste último caso, fazer a distinção entre o termo *affectus* e o termo *affectio*, igualmente utilizado na *Ética* e que significa algo diferente. Já em nossos dias, por razões hermenêuticas, Cristofolini (2010) traduz por *"motti del animo"* ("movimentos do ânimo"). A originalidade com que Espinosa opera com este conceito, central nas três últimas partes da obra, aconselha, no entanto, a literalidade, de preferência a construções perifrásticas, ou a vocábulos porventura mais próximos da linguagem comum, porém distantes do original. O afeto, como se pode ler já a seguir, na Def. 3 desta Parte, é uma realidade que se exprime, simultaneamente, no plano da extensão (ação de um corpo sobre o corpo afetado, cuja potência aumenta ou diminui) e, em simultâneo, do pensamento. Dado que a extensão e o pensamento são dois dos atributos da substância, a sua convergência no afeto, fazendo dele uma realidade psicofísica, só pode entender-se, como explica Mignini (2009, Spinoza, *Opere*, pp. 775-6), se "assumirmos o afeto como uma força neutra e indiferente, exatamente como a força ou potência constitutiva da substância, que se pode exprimir sob atributos diversos porque, em si, não se identifica com nenhum deles". É de notar, além disso, que a referida definição do afeto não coincide exatamente com a que Espinosa irá adotar nas Definições dos Afetos que constam no final desta mesma Parte. Aí, com efeito, afirma-se, à maneira cartesiana, que o afeto é uma paixão do ânimo (*pathema animi*), ao passo que nesta passagem estão contemplados afetos que são paixões e afetos que são ações, em coerência, aliás, com a lógica do sistema. Este assunto deu azo a diversas interpretações, conforme assinala extensamente C. Jaquet (2015, pp. 127-48), que conclui, na esteira de E. Giancotti, que a diferença se deve àquilo que Espinosa pretende especificamente focar no momento em que fará a passagem da Parte III para a Parte IV e onde fala da "servidão humana, ou das forças dos afetos": "se o acento é posto sobre as paixões, isso não quer dizer que Espinosa se contradiz, nem que o texto das Definições dos Afetos é necessariamente anterior e acusa um pensamento ainda inacabado sobre a questão; significa, sim, que

naturæ leges sequuntur, sed de rebus, quæ extra naturam sunt, agere. Imo hominem in natura, veluti imperium in imperio, concipere videntur. Nam hominem naturæ ordinem magis perturbare, quam sequi, ipsumque in suas actiones absolutam habere potentiam, nec aliunde, quam a se ipso determinari, credunt. Humanæ deinde impotentiæ, et inconstantiæ causam non communi naturæ potentiæ, sed, nescio cui naturæ humanæ vitio, tribuunt, quam propterea flent, rident, contemnunt, vel, quod plerumque fit, detestantur; et, qui humanæ Mentis impotentiam eloquentius, vel argutius carpere novit, veluti Divinus habetur. Non defuerunt tamen viri præstantissimi (quorum labori, et industriæ nos multum debere fatemur), qui de recta vivendi ratione præclara multa scripserint, et plena prudentiæ consilia

muns da natureza,[2] mas de coisas que estão fora da natureza. Até parece que concebem o homem na natureza como um império num império. Na verdade, creem que o homem, mais do que seguir a ordem da natureza, a perturba, que tem uma potência absoluta sobre as suas próprias ações e que não é determinado por ninguém a não ser ele próprio. Depois, atribuem a causa da impotência e da inconstância humanas não à potência comum da natureza, mas a não sei que vício da natureza humana, razão por que a deploram, ridicularizam, desprezam ou, como acontece a maioria das vezes, abominam. E aquele que mais eloquente ou argutamente sabe censurar a impotência da mente humana é tido por divino. Sem dúvida, não têm faltado homens notabilíssimos (a cujo trabalho e indústria confessamos dever muito), que escreveram muitas coisas sublimes sobre a reta maneira de viver[3] e que deram aos mortais conselhos repletos de prudência. Mas nin-

---

importa antes de mais nada prestar atenção às suas características gerais, a fim de poder determinar as suas forças, a sua qualidade útil ou prejudicial e a potência do espírito para as contrariar" (p. 143).

[2] *Communes naturae leges*: o tema das "leis da natureza", com esta ou com outra formulação, aparece frequentemente na obra de Espinosa, com particular realce, por motivos óbvios, no *TTP*, onde constitui o tema do cap. IV — Da Lei Divina —, e no *TP*. O tema reveste-se de particular acuidade para o imanentismo que caracteriza o sistema espinosano, tendo em conta que a natureza prescritiva que se atribui comumente às leis, ou regras, parece remeter para algo prévio à própria natureza. A. S. Campos (2010, cap. III) analisa minuciosa e longamente a questão, percorrendo os seus registros não só enquanto prescrição e descrição, mas também enquanto inscrição — *"lex adeo firmiter naturae humanae inscripta est"* ("esta lei está tão firmemente inscrita na natureza humana" [*TTP*, G III, p. 192]), sustentando, a nosso ver com inteira justeza, que a lei "é o registro da inscrição da coisa mesma na dinâmica causal que é própria da essência de Deus e, portanto, enquanto inscrita, ela permite como sua consequência a compreensão do como da inscrição da natureza da coisa a que respeita [...] A lei da natureza de cada coisa passa, portanto, por ser a inscrição dessa mesma coisa, daquilo que ela é e de tudo o que se lhe segue por ser o que é" (p. 139). Um prolongamento possível desta leitura seria a associação dos três registros mencionados aos três gêneros de conhecimento, na medida em que a prescrição corresponde à forma como a imaginação encara a necessidade dos fenômenos, enquanto a descrição caracteriza o segundo gênero de conhecimento, e a inscrição o terceiro.

[3] *Recta vivendi ratione*: num estudo em que são inventariadas as ocorrências desta expressão na *Ética*, Bernard Rousset sublinha a sua importância teórica, e não meramente retórica, concluindo que "a reta razão goza, no seio da Razão, de uma especificidade que assegura ao mesmo tempo a especificidade da lei prática, a qual não se reduz só ao conhecimento e à simples aplicação das leis da natureza: a moralidade não pode nem deve ser nem observação, nem observância". B. Rousset (1999), "La *recta ratio*", *in* Groupe de Recherches Spinozistes (org.), *La* recta ratio: *criticiste et spinoziste?*, Paris, Presses de l'Université Paris-Sorbonne, pp. 11-38. A expressão *recta ratio*, que se repete em outras obras de Espi-

mortalibus dederint; verum Affectuum naturam, et vires, et quid contra Mens in iisdem moderandis possit, nemo, quod sciam, determinavit. Scio equidem celeberrimum Cartesium, licet etiam crediderit, Mentem in suas actiones absolutam habere potentiam, Affectus tamen humanos per primas suas causas explicare, simulque viam ostendere studuisse, qua Mens in Affectus absolutum habere possit imperium; sed, mea quidem sententia, nihil præter magni sui ingenii acumen ostendit, ut suo loco demonstrabo. Nam ad illos revertere volo, qui hominum Affectus, et actiones detestari, vel ridere malunt, quam intelligere. His sine dubio mirum videbitur, quod hominum vitia, et ineptias more Geometrico tractare aggrediar, et certa ratione demonstrare velim ea, quæ rationi repugnare, quæque vana, absurda, et horrenda esse clamitant. Sed mea hæc est ratio. Nihil in natura fit, quod ipsius vitio possit tribui; est namque natura semper eadem, et ubique una, eademque ejus virtus, et agendi potentia, hoc est, naturæ leges, et regulæ, secundum quas omnia fiunt, et ex unis formis in alias mutantur, sunt ubique, et semper eædem, atque adeo una, eademque etiam debet esse ratio rerum qualiumcunque naturam intelligendi, nempe per leges, et regulas naturæ universales.

guém, que eu saiba, determinou a natureza e as forças dos afetos, nem o que, em contrapartida, a mente pode com vista a regrá-los.[4] Sei, evidentemente, que o celebérrimo Descartes, embora também acreditasse que a mente tem uma potência absoluta sobre as suas ações, se empenhou contudo em explicar os afetos humanos pelas suas causas primeiras e mostrar, ao mesmo tempo, a via pela qual a mente pode ter um império absoluto sobre os afetos. No entanto, pelo menos na minha opinião, ele não mostrou outra coisa senão a agudeza do seu grande engenho, como demonstrarei no devido lugar, pois quero voltar àqueles que preferem antes abominar ou ridicularizar os afetos e as ações dos homens que entendê-los. A esses, parecerá, sem dúvida, estranho eu propor-me tratar dos vícios e inépcias dos homens à maneira dos geômetras,[5] e querer demonstrar mediante um raciocínio certo coisas que eles clamam repetidamente repugnarem à razão e serem vãs, absurdas e horrendas. O meu raciocínio, porém, é este: nada acontece na natureza que possa atribuir-se a um vício seu. A natureza, de fato, é sempre a mesma, tal como a sua virtude e potência de agir é uma e a mesma em toda a parte, isto é, as leis e as regras da natureza, segundo as quais todas as coisas se fazem e mudam de umas formas para outras, são em toda a parte e sempre as mesmas e, por isso, deve também ser um só e o mesmo o modo de entender a natureza das coisas, quaisquer que elas sejam, a saber, pelas leis

---

nosa, pode igualmente ver-se, por exemplo, em Cícero (2008), *De Republica*, III, 33 (trad. port. *Tratado da República*, trad. F. Oliveira, Lisboa, Círculo de Leitores, p. 186); e em Hobbes (1998), *De Cive*, I, cap. II, 1 (trad. br. *Do Cidadão*, trad. R. J. Ribeiro, São Paulo, Martins Fontes, p. 38). Para mais desenvolvimentos, cf. F. Manzini (2009, pp. 43-55).

[4] *Moderari*: literalmente, significa manter na justa medida (*modus*). Não se reduz, portanto, a moderar, embora por vezes também possa ter essa conotação, nem a governar, que insinuaria o domínio dos afetos pela mente, com óbvias ressonâncias cartesianas e frontalmente rejeitado pelo autor: um afeto só é contrariado por um outro mais potente. R. Misrahi (2005, *in* Spinoza, *Éthique*, p. 506) anota, com alguma razão, que *"aujourd'hui la langue tecnocratique ou économiciste dirait 'gérer'"* ("hoje, a língua dos tecnocratas e economistas diria 'gerir'"), muito embora depois traduza por *"diriger"*, que a nosso ver ainda conota "governar", tradução por ele expressamente rejeitada. Cremos que "regrar", ou a variante erudita "regular", a que recorremos em alguns contextos, se ajustam satisfatoriamente ao significado que Espinosa atribui à palavra. Conforme anota M. Chaui (2011, p. 115): "O moderador encontra um *modus*. Diferentemente de *imperium*, *moderari* não cria nem impõe leis, mas encontra medidas para regular, conter e resolver um conflito particular ou um litígio determinado".

[5] *More geometrico*: variante, que aparece só aqui, da expressão *ordine geometrico* usada no título e, mais adiante, no Esc. da Prop. 18, P. IV, trocando apenas a ordem dos vocábulos.

Affectus itaque odii, iræ, invidiæ etc. in se considerati ex eadem naturæ necessitate, et virtute consequuntur, ac reliqua singularia; ac pro inde certas causas agnoscunt, per quas intelliguntur, certasque proprietates habent, cognitione nostra æque dignas, ac proprietates cujuscunque alterius rei, cujus sola contemplatione delectamur. De Affectuum itaque natura, et viribus, ac Mentis in eosdem potentia eadem Methodo agam, qua in præcedentibus de Deo, et Mente egi, et humanas actiones, atque appetitus considerabo perinde, ac si Quæstio de lineis, planis, aut de corporibus esset.

DEFINITIONES

I. Causam adæquatam appello eam, cujus effectus potest clare, et distincte per eandem percipi. Inadæquatam autem, seu partialem illam voco, cujus effectus per ipsam solam intelligi nequit.

II. Nos tum agere dico, cum aliquid in nobis, aut extra nos fit, cujus adæquata sumus causa, hoc est (*per Defin. præced.*) cum ex nostra natura aliquid in nobis, aut extra nos sequitur, quod per eandem solam potest clare, et distincte intelligi. At contra nos pati dico, cum in nobis aliquid fit, vel ex nostra natura aliquid sequitur, cujus nos non, nisi partialis, sumus causa.

III. Per Affectum intelligo Corporis affectiones, quibus ipsius Corporis agendi potentia augetur, vel minuitur, juvatur, vel coercetur, et simul harum affectionum ideas.

Si itaque alicujus harum affectionum adæquata possimus esse causa, tum per Affectum actionem intelligo, alias passionem.

POSTULATA

I. Corpus humanum potest multis affici modis, quibus ipsius agendi potentia augetur, vel minuitur, et etiam aliis, qui ejusdem agendi potentiam nec majorem, nec minorem reddunt.

e regras universais da natureza. Assim, os afetos de ódio, ira, inveja, etc., considerados em si, seguem-se da mesma necessidade e virtude da natureza que as outras coisas singulares e, por conseguinte, admitem certas causas pelas quais são entendidos e têm certas propriedades tão dignas do nosso conhecimento como as propriedades de qualquer outra coisa com que nos deleitamos só de a contemplar. Tratarei, pois, da natureza e das forças dos afetos, assim como da potência da mente sobre eles, com o mesmo método com que nas partes anteriores tratei de Deus e da mente, e considerarei as ações e os apetites humanos como se fosse uma questão de linhas, de superfícies ou de corpos.

DEFINIÇÕES

I. Chamo causa adequada àquela cujo efeito pode ser percebido clara e distintamente por ela mesma. E chamo inadequada, ou parcial, àquela cujo efeito não pode ser entendido só por ela.

II. Digo que agimos, quando em nós ou fora de nós acontece alguma coisa de que somos a causa adequada, isto é (*pela Def. anterior*), quando da nossa natureza se segue, em nós ou fora de nós, alguma coisa que pode ser entendida clara e distintamente só por ela mesma. Pelo contrário, digo que nós sofremos, quando em nós acontece alguma coisa, ou quando da nossa natureza se segue alguma coisa, de que não somos senão causa parcial.

III. Por afeto entendo as afecções do corpo, pelas quais se aumenta ou diminui, ajuda ou reprime, a potência de agir do mesmo corpo e, em simultâneo, as ideias dessas afecções.

Assim, se podemos ser causa adequada de alguma dessas afecções, então entendo por afeto uma ação; de outra maneira, entendo uma paixão.

POSTULADOS

I. O corpo humano pode ser afetado de muitos modos, pelos quais a sua potência de agir aumenta ou diminui, e também por outros que não tornam a sua potência de agir maior nem menor.

Parte III — Da Origem e da Natureza dos Afetos

Hoc Postulatum, seu Axioma nititur Postulato 1 et Lemmat. 5 et 7, quæ vide post Prop. 13 p. 2.

II. Corpus humanum multas pati potest mutationes, et nihilominus retinere objectorum impressiones, seu vestigia (*de quibus vide Post. 5 p. 2*), et consequenter easdem rerum imagines; *quarum Defin. vide Schol. Prop. 17 p. 2.*

PROPOSITIO I

Mens nostra quædam agit, quædam vero patitur, nempe quatenus adæquatas habet ideas, eatenus quædam necessario agit, et quatenus ideas habet inadæquatas, eatenus necessario quædam patitur.

DEMONSTRATIO — Cujuscunque humanæ Mentis ideæ aliæ adæquatæ sunt, aliæ autem mutilatæ, et confusæ (*per Schol. Prop. 40 p. 2*). Ideæ autem, quæ in alicujus Mente sunt adæquatæ, sunt in Deo adæquatæ, quatenus ejusdem Mentis essentiam constituit (*per Coroll. Prop. 11 p. 2*), et quæ deinde inadæquatæ sunt in Mente, sunt etiam in Deo (*per idem Coroll.*) adæquatæ, non quatenus ejusdem solummodo Mentis essentiam, sed etiam quatenus aliarum rerum Mentes in se simul continet. Deinde ex data quacunque idea aliquis effectus sequi necessario debet (*per Prop. 36 p. 1*), cujus effectus Deus causa est adæquata (*vide Defin. 1 hujus*), non quatenus infinitus est, sed quatenus data illa idea affectus consideratur (*vide Prop. 9 p. 2*). At ejus effectus, cujus Deus est causa, quatenus affectus est idea, quæ in alicujus Mente est adæquata, illa eadem Mens est causa adæquata (*per Coroll. Prop. 11 p. 2*). Ergo Mens nostra (*per Defin. 2 hujus*), quatenus ideas habet adæquatas, quædam necessario agit, quod erat primum. Deinde quicquid necessario sequitur ex idea, quæ in Deo est adæquata, non quatenus Mentem unius hominis tantum, sed quatenus aliarum rerum Mentes simul cum ejusdem hominis Mente in se habet, ejus (*per idem Coroll. Prop. 11 p. 2*) illius hominis Mens non est causa adæquata, sed partialis, ac proinde (*per Defin. 2 hujus*) Mens quatenus ideas inadæquatas habet, quædam necessario patitur. Quod erat secundum. Ergo Mens nostra, etc. *Q. E. D.*

302   Pars tertia — De Origine et Natura Affectuum

Este Postulado, ou Axioma, baseia-se no Postulado 1 e nos Lemas 5 e 7 a seguir à Prop. 13, Parte II.

II. O corpo humano pode sofrer muitas mudanças e, não obstante, reter as impressões ou vestígios dos objetos (*sobre isto, veja-se o Post. 5, P. II*) e, consequentemente, as próprias imagens das coisas. *Vejam-se as Def. destas no Esc. da Prop. 17, Parte II.*

PROPOSIÇÃO I

A nossa mente faz algumas coisas, mas sofre outras, quer dizer, na medida em que tem ideias adequadas, faz necessariamente algumas coisas e, na medida em que tem ideias inadequadas, sofre necessariamente algumas coisas.

DEMONSTRAÇÃO — As ideias de qualquer mente humana são umas adequadas, outras mutiladas e confusas (*pelo Esc. da Prop. 40, P. II*). Ora, as ideias que são adequadas na mente de alguém são adequadas em Deus, na medida em que este constitui a essência dessa mente (*pelo Corol. da Prop. 11, P. II*), e as que são inadequadas na mente de alguém são, também elas, adequadas em Deus (*pelo mesmo Corol.*), não só na medida em que este contém em si a essência dessa mente, mas também na medida em que contém em si, ao mesmo tempo, as mentes das outras coisas. Depois, uma vez dada qualquer ideia, algum efeito deve necessariamente seguir-se (*pela Prop. 36, P. I*), efeito do qual Deus é causa adequada (*veja-se a Def. 1 desta Parte*), não na medida em que é infinito, mas na medida em que se considera afetado por essa ideia dada (*veja-se a Prop. 9, P. II*). Ora, desse efeito de que Deus é causa na medida em que é afetado por uma ideia que é adequada na mente de alguém, a causa adequada (*pelo Corol. da Prop. 11, P. II*) é esta mesma mente. Logo, a nossa mente (*pela Def. 2 desta Parte*), na medida em que tem ideias adequadas, faz necessariamente certas coisas, o que era o primeiro ponto. Por outro lado, de tudo quanto se segue necessariamente de uma ideia que é adequada em Deus, não apenas na medida em que ele tem em si a mente de um só homem, mas na medida em que, em simultâneo com a mente desse homem, tem em si as mentes das outras coisas (*pelo mesmo Corol. da Prop. 11, P. II*), a mente desse homem não é causa adequada, mas parcial e, por conseguinte (*pela Def. 2 desta Parte*), a mente, na medida em que tem ideias inadequadas, sofre necessariamente, o que era o segundo ponto. Logo, a nossa mente, etc. *Q. E. D.*

Parte III — Da Origem e da Natureza dos Afetos

COROLLARIUM — Hinc sequitur Mentem eo pluribus passionibus esse obnoxiam, quo plures ideas inadæquatas habet, et contra eo plura agere, quo plures habet adæquatas.

PROPOSITIO II

Nec Corpus Mentem ad cogitandum, nec Mens Corpus ad motum, neque ad quietem, nec ad aliquid (si quid est) aliud determinare potest.

DEMONSTRATIO — Omnes cogitandi modi Deum, quatenus res est cogitans, et non quatenus alio attributo explicatur, pro causa habent (*per Prop. 6 p. 2*); id ergo, quod Mentem ad cogitandum determinat, modus cogitandi est, et non Extensionis, hoc est (*per Defin. 1 p. 2*), non est Corpus: Quod erat primum. Corporis deinde motus, et quies ab alio oriri debet corpore, quod etiam ad motum, vel quietem determinatum fuit ab alio, et absolute, quicquid in corpore oritur, id a Deo oriri debuit, quatenus aliquo Extensionis modo, et non quatenus aliquo cogitandi modo affectus consideratur (*per eandem Prop. 6 p. 2*), hoc est, a Mente, quæ (*per Prop. 11 p. 2*) modus cogitandi est, oriri non potest; Quod erat secundum. Ergo nec Corpus Mentem etc. *Q. E. D.*

SCHOLIUM — Hæc clarius intelliguntur ex iis, quæ in Scholio Propositionis 7 Partis 2 dicta sunt, quod scilicet Mens, et Corpus una, eademque res sit, quæ jam sub Cogitationis, jam sub Extensionis attributo concipitur. Unde fit, ut ordo, sive rerum concatenatio una sit, sive natura sub hoc, sive sub illo attributo concipiatur, consequenter ut ordo actionum, et passionum Corporis nostri simul sit natura cum ordine actionum, et passionum Mentis: Quod etiam patet ex modo, quo Propositionem 12 Partis 2 demonstravimus. At, quamvis hæc ita se habeant, ut nulla dubitandi ratio supersit, vix tamen credo, nisi rem experientia comprobavero, homines induci posse ad hæc æquo animo perpendendum, adeo firmiter persuasi sunt, Corpus ex solo Mentis nutu jam moveri, jam quiescere, plurimaque agere, quæ a sola Mentis voluntate, et excogitandi

COROLÁRIO — Donde se segue que a mente está sujeita a tantas mais paixões, quantas mais ideias inadequadas tem; em contrapartida, age tanto mais, quanto mais ideias adequadas tem.

PROPOSIÇÃO II

Nem o corpo pode determinar a mente a pensar, nem a mente pode determinar o corpo ao movimento ou ao repouso, ou a qualquer outra coisa (se é que existe).

DEMONSTRAÇÃO — Todos os modos de pensar têm como causa Deus, na medida em que ele é coisa pensante e não na medida em que é explicado por outro atributo (*pela Prop. 6, P. II*). Portanto, aquilo que determina a mente a pensar é um modo de pensar e não um modo da extensão, ou seja (*pela Def. 1, P. II*), não é um corpo. Isto era o primeiro ponto. Depois, o movimento e o repouso de um corpo devem originar-se de outro corpo, que também foi determinado ao movimento ou ao repouso por um outro, e absolutamente tudo o que se origina de um corpo deve ter sido originado de Deus, na medida em que ele se considera afetado por um modo da extensão e não por um modo de pensar (*pela mesma Prop. 6, P. II*), isto é, não pode originar-se da mente, a qual (*pela Prop. 11, P. II*) é um modo de pensar. E isto era o segundo ponto. Logo, nem o corpo pode determinar a mente, etc. Q. E. D.

ESCÓLIO — Isto entende-se mais claramente pelo que foi dito no Escólio da Proposição 7, Parte II, ou seja, que a mente e o corpo são uma só e a mesma coisa, a qual se concebe ora sob o atributo do pensamento, ora sob o da extensão. Donde resulta que a ordem, ou encadeamento, das coisas é uma só, quer a natureza se conceba sob este ou sob aquele atributo, e, consequentemente, a ordem das ações e das paixões do nosso corpo é por natureza simultânea com a ordem das ações e das paixões da mente. O que é também evidente pelo modo como demonstramos a Proposição 12, Parte II.

Todavia, embora estas coisas sejam de tal modo que não resta nenhuma razão para duvidar, custa-me a crer que, se não as comprovar pela experiência, os homens possam ser levados a examiná-las com equanimidade, a tal ponto eles estão firmemente persuadidos de que, a um simples acenar da mente, o corpo ora se move, ora se queda em repouso, e faz muitíssimas coi-

Parte III — Da Origem e da Natureza dos Afetos

arte pendent. Etenim, quid Corpus possit, nemo hucusque determinavit, hoc est, neminem hucusque experientia docuit, quid Corpus ex solis legibus naturæ, quatenus corporea tantum consideratur, possit agere, et quid non possit, nisi a Mente determinetur. Nam nemo hucusque Corporis fabricam tam accurate novit, ut omnes ejus functiones potuerit explicare, ut jam taceam, quod in Brutis plura observentur, quæ humanam sagacitatem longe superant, et quod somnambuli in somnis plurima agant, quæ vigilando non auderent; quod satis ostendit, ipsum Corpus ex solis suæ naturæ legibus multa posse, quæ ipsius Mens admiratur. Deinde nemo scit, qua ratione, quibusve mediis Mens moveat corpus, neque quot motus gradus possit corpori tribuere, quantaque cum celeritate idem movere queat. Unde sequitur, cum homines dicunt, hanc, vel illam actionem Corporis oriri a Mente, quæ imperium in Corpus habet, eos nescire, quid dicant, nec aliud agere, quam speciosis verbis fateri, se veram illius actionis causam absque admiratione ignorare. At dicent, sive sciant, sive nesciant, quibus mediis Mens moveat Corpus, se tamen experiri, quod, nisi Mens humana apta esset ad excogitandum, Corpus iners esset. Deinde se experiri, in sola Mentis potestate esse, tam loqui, quam tacere, et alia multa, quæ proinde a Mentis decreto pendere

sas que só dependem da vontade da mente e da arte de inventar.[6] Na verdade, ninguém até agora determinou o que pode um corpo, isto é, a experiência até agora ainda não ensinou a ninguém o que um corpo pode fazer pelas simples leis da natureza, considerada só enquanto corpórea, e aquilo que não pode a não ser que seja determinado pela mente. Porque ninguém até agora conheceu a construção do corpo com tal exatidão que pudesse explicar todas as suas funções, para já não falar das muitas coisas que se observam nos animais e que superam, de longe, a sagacidade humana, nem nas muitíssimas coisas que os sonâmbulos fazem em sonhos e que não ousariam fazer acordados, o que mostra suficientemente que o corpo, pelas simples leis da sua natureza, pode muitas coisas de que a sua mente se admira. Além disso, ninguém sabe de que maneira, nem com que meios, a mente move o corpo, nem quantos graus de movimento lhe pode imprimir, nem a que velocidade pode movê-lo. Donde se segue que, quando os homens dizem que esta ou aquela ação do corpo se origina da mente, a qual impera sobre o corpo, não sabem o que dizem e mais não fazem do que confessar, com especiosas palavras, que ignoram a verdadeira causa de tal ação, sem se admirarem disso.

Mas eles dirão, quer saibam ou não com que meios a mente move o corpo, que conhecem por experiência que o corpo seria inerte se a mente não fosse apta para inventar. Dirão, além disso, conhecer por experiência que no simples poder da mente está tanto o falar, como o calar, e muitas outras coisas que, por isso mesmo, eles creem depender de um decreto[7] da mente. Con-

---

[6] *Excogitandi arte*: expressão que aparece frequentemente traduzida por "arte de pensar" — Stern ("*Kunst des Denkens*"), Curley ("*art of thinking*"), Pautrat ("*art de penser*"), Mignini ("*arte di pensare*"), etc. Espinosa, porém, inclusive neste mesmo Escólio, usa na *Ética* o verbo *cogitare* (96 vezes) a par do verbo *excogitare* (8 vezes), sendo que neste último caso é patente a variação semântica introduzida pelo prefixo *ex*. Dado a solução literalista — "arte de excogitar" — adotada por Domínguez, Giancotti e pelo Grupo de Estudos Espinosanos, embora legítima, soar algo rebuscada, optou-se por "arte de inventar", que, além de ser ajustado a um contexto em que se fala "dos edifícios, das pinturas e de outras coisas assim", corresponde a um dos significados que, desde Rafael Bluteau, se atribui ao vocábulo "excogitar" nos dicionários de português. Uma opção análoga pode encontrar-se em Bartuschat, que traduz por "*Erfindungskunst*".

[7] *A mentis decreto pendere*: embora a palavra *decreto* apareça em algumas traduções como "decisão", o que torna o texto mais familiar ao leitor de hoje, considera-se, no entanto, não ser uma versão inteiramente fiel à doutrina espinosana, na medida em que a associa ao livre-arbítrio e à contingência, ao passo que o "decreto", na ontologia de Espinosa, está indissociavelmente ligado à necessidade ("todas as coisas se seguem do decreto eterno de Deus com a mesma necessidade": Esc. da Prop. 49, P. II). Veja-se, de resto, a forma como, no final do Escólio, a questão é apresentada: "tais decretos da mente originam-se da mente

---

Parte III — Da Origem e da Natureza dos Afetos

credunt. Sed, quod ad primum attinet, ipsos rogo, num experientia non etiam doceat, quod si contra Corpus iners sit, Mens simul ad cogitandum sit inepta? Nam cum Corpus somno quiescit, Mens simul cum ipso sopita manet, nec potestatem habet, veluti cum vigilat, excogitandi. Deinde omnes expertos esse credo, Mentem non semper æque aptam esse ad cogitandum de eodem objecto; sed, prout Corpus aptius est, ut in eo hujus, vel illius objecti imago excitetur, ita Mentem aptiorem esse ad hoc, vel illud objectum contemplandum. At dicent ex solis legibus naturæ, quatenus corporea tantum consideratur, fieri non posse, ut causæ ædificiorum, picturarum, rerumque hujusmodi, quæ sola humana arte fiunt, possint deduci, nec Corpus humanum, nisi a Mente determinaretur, duceretur que, pote esset ad templum aliquod ædificandum. Verum ego jam ostendi, ipsos nescire, quid Corpus possit, quidve ex sola ipsius naturæ contemplatione possit deduci, ipsosque plurima experiri ex solis naturæ legibus fieri, quæ nunquam credidissent posse fieri, nisi ex Mentis directione, ut sunt ea, quæ somnambuli in somnis agunt, quæque ipsi, dum vigilant, admirantur. Addo hic ipsam Corporis humani fabricam, quæ artificio longissime superat omnes, quæ humana arte fabricatæ sunt, ut jam taceam, quod supra ostenderim, ex natura, sub quovis attributo considerata, infinita sequi. Quod porro ad secundum attinet, sane longe felicius sese res humanæ haberent, si æque in hominis potestate esset tam tacere, quam loqui. At experientia satis superque docet, homines nihil minus in potestate habere, quam linguam, nec minus posse, quam appetitus moderari suos; unde factum, ut plerique credant, nos ea tantum libere agere, quæ leviter petimus, quia earum rerum appetitus facile contrahi potest memoria alterius rei, cujus frequenter recordamur; sed illa minime, quæ magno cum affectu petimus, et qui alterius rei memoria sedari nequit. Verumenimvero nisi experti essent, nos plura agere, quorum postea pænitet, nosque sæpe, quando sc. contrariis affectibus

tudo, no que respeita ao primeiro ponto, eu pergunto-lhes: porventura não ensina também a experiência que, se o corpo estiver, ao invés, inerte, a mente está em simultâneo inapta para pensar? De fato, quando o corpo repousa durante o sono, a mente permanece também, ao mesmo tempo que ele, adormecida, e não possui, como quando está acordada, o poder de inventar. Creio, além disso, que todos temos a experiência de que a mente não está sempre igualmente apta para pensar sobre um mesmo objeto, mas que, conforme o corpo está mais apto para que se reavive nele a imagem deste ou daquele objeto, assim a mente está apta para contemplar este ou aquele objeto. Dirão, no entanto, que das simples leis da natureza, considerada apenas enquanto corpórea, não se podem deduzir as causas dos edifícios, das pinturas e de outras coisas assim, que são feitas só pela arte do homem, e que nem o corpo humano, se não fosse determinado e conduzido pela mente, seria capaz de construir um templo. Contudo, eu já mostrei que eles não sabem o que pode um corpo, nem o que se pode deduzir da simples contemplação da sua natureza, e que eles mesmos têm a experiência de muitíssimas coisas que acontecem só pelas leis da natureza, as quais nunca acreditariam poder acontecer sem a direção da mente, como são as que os sonâmbulos fazem durante o sono e de que os próprios se admiram quando acordados. Acrescento aqui a própria construção do corpo humano, que supera em artifício, de longe, tudo o que é fabricado pela arte humana, para já não mencionar que da natureza, considerada sob qualquer atributo, se seguem, como mostrei acima, infinitas coisas.

No que respeita ao segundo ponto, as coisas humanas passar-se-iam, sem dúvida, de forma bem mais feliz se estivesse igualmente em poder do homem tanto calar-se como falar. A experiência, porém, ensina sobejamente que não há nada que os homens tenham menos em seu poder do que a língua, nem que eles menos possam regrar que os seus apetites. Daí o fato de a maioria crer que só fazemos livremente aquelas coisas que só vagamente nos apetecem, uma vez que pode facilmente estancar-se o apetite dessas coisas, pela recordação de uma outra de que nos recordamos frequentemente, mas de modo algum o das coisas que buscamos com um afeto intenso, o qual não pode ser acalmado[8] pela recordação de uma outra coisa. E, na verdade, se eles não soubessem por experiência que nós fazemos muitas coi-

---

com a mesma necessidade que as ideias das coisas existentes em ato. Os que creem, pois, falar, calar-se ou fazer seja o que for, por livre decreto da mente, estão a sonhar de olhos abertos".

[8] *Sedari*: literalmente, ser sedado.

Parte III — Da Origem e da Natureza dos Afetos

conflictamur, meliora videre, et deteriora sequi, nihil impediret, quominus crederent, nos omnia libere agere. Sic infans, se lac libere appetere credit, puer autem iratus vindictam velle, et timidus fugam. Ebrius deinde credit, se ex libero Mentis decreto ea loqui, quæ postea sobrius vellet tacuisse: sic delirans, garrula, puer, et hujus farinæ plurimi ex libero Mentis decreto credunt loqui; cum tamen loquendi impetum, quem habent, continere nequeant, ita ut ipsa experientia non minus clare, quam ratio doceat, quod homines ea sola de causa liberos se esse credant, quia suarum actionum sunt conscii, et causarum, a quibus determinantur, ignari; et præterea quod Mentis decreta nihil sint præter ipsos appetitus, quæ propterea varia sunt pro varia Corporis dispositione. Nam unusquisque ex suo affectu omnia moderatur, et qui præterea contrariis affectibus conflictantur, quid velint, nesciunt; qui autem nullo, facili momento huc, atque illuc pelluntur. Quæ omnia profecto clare ostendunt, Mentis tam decretum, quam appetitum, et Corporis determinationem simul esse natura, vel potius unam, eandemque rem, quam, quando sub Cogitationis attributo consideratur, et per ipsum explicatur, decretum appellamus, et quando sub Extensionis attributo consideratur, et ex legibus motus, et quietis deducitur, determinationem vocamus; quod adhuc clarius ex jam dicendis patebit. Nam aliud est, quod hic apprime notari vellem, nempe, quod nos nihil ex Mentis decreto agere possumus, nisi ejus recordemur. Ex. gr. non possumus verbum loqui, nisi ejusdem recordemur. Deinde in libera Mentis potestate non est rei alicujus recordari, vel ejusdem oblivisci. Quare hoc tantum in Mentis potestate esse creditur, quod rem, cujus recordamur, vel tacere, vel loqui ex solo Mentis decreto possumus. Verum cum nos loqui somniamus, credimus nos ex libero Mentis decreto loqui, nec tamen loquimur, vel, si loquimur, id ex Corporis spontaneo motu fit. Somniamus deinde, nos quædam homines celare, idque eodem Mentis decreto, quo, que vigilamus, ea, quæ scimus, tacemus. Somniamus denique, nos ex Mentis decreto quædam agere, quæ, dum vigilamus, non audemus, atque adeo pervelim scire, an in Mente duo decretorum genera dentur, Phantasticorum unum, et Liberorum alterum? Quod si eo usque insanire non libet, necessario concedendum est, hoc Mentis decretum, quod liberum esse creditur, ab ipsa imaginatione, sive

sas de que depois nos arrependemos, e que, frequentemente, quando nos debatemos com afetos contrários, vemos o melhor e seguimos o pior, nada os impediria de acreditar que fazemos tudo livremente. É assim que o recém-nascido acredita ter livremente apetite de leite, a criança irada acredita que quer a vingança, e o medroso a fuga. Um ébrio também crê que é por livre decreto da mente que diz aquelas coisas que, depois, quando sóbrio, quereria não ter dito. De igual modo, o homem em delírio, a tagarela, a criança e muitos outros que são farinha do mesmo saco creem falar por livre decreto da mente, quando, na verdade, não podem conter o impulso de falar que sentem, de forma que a própria experiência, não menos claramente do que a razão, ensina que os homens se creem livres só porque estão conscientes das suas ações e ignorantes das causas pelas quais são determinados, e, por outro lado, que as decisões da mente não são senão os próprios apetites, os quais variam, por isso, consoante a variável disposição do corpo. Na verdade, cada um regula tudo a partir do seu afeto e, além disso, os que se debatem com afetos contrários não sabem o que querem, enquanto os que não se debatem com nenhum, ao menor impulso, são levados para aqui ou para ali.

Tudo isto mostra com toda a clareza que tanto o decreto da mente como o apetite e a determinação do corpo são por natureza simultâneos, ou, antes, são uma só e a mesma coisa, à qual chamamos decreto, quando se considera sob o atributo do pensamento e se explica por ele, e determinação, quando se considera sob o atributo da extensão e se deduz das leis do movimento e do repouso, o que se tornará patente e ainda mais claro a partir do que se vai agora dizer. Porque há uma outra coisa que eu queria particularmente aqui notar, a saber, que nós não podemos fazer nada por decreto da mente se não nos recordarmos disso. Por exemplo, não podemos dizer uma palavra se não nos recordarmos dela. Depois, não está no livre poder da mente recordar-se ou esquecer-se de algo. Daí o crer-se que só está em poder da mente podermos calar ou dizer, por simples decreto da mente, aquilo de que nos recordamos. Todavia, quando sonhamos que falamos, cremos falar por livre decreto da mente e, contudo, não falamos ou, se falamos, isso acontece por um movimento espontâneo do corpo. Também sonhamos que escondemos certas coisas aos homens, e isto pelo mesmo decreto da mente com que, quando acordados, calamos o que sabemos. Sonhamos, enfim, que por decreto da mente fazemos certas coisas que não ousamos quando acordados, e por isso gostaria muito de saber se na mente se dão dois gêneros de decretos, os fantasiosos e os livres. Porque, se não se quiser ensandecer até esse ponto, tem necessariamente de se conceder que este decreto da mente,

Parte III — Da Origem e da Natureza dos Afetos

memoria non distingui, nec aliud esse præter illam affirmationem, quam idea, quatenus idea est, necessario involvit (*vide Prop. 49 p. 2*). Atque adeo hæc Mentis decreta eadem necessitate in Mente oriuntur, ac ideæ rerum actu existentium. Qui igitur credunt, se ex libero Mentis decreto loqui, vel tacere, vel quicquam agere, oculis apertis somniant.

PROPOSITIO III

Mentis actiones ex solis ideis adæquatis oriuntur; passiones autem a solis inadæquatis pendent.

DEMONSTRATIO — Primum, quod Mentis essentiam constituit, nihil aliud est, quam idea Corporis actu existentis (*per Prop. 11 et 13 p. 2*), quæ (*per Prop. 15 p. 2*) ex multis aliis componitur, quarum quædam (*per Coroll. Prop. 38 p. 2*) sunt adæquatæ, quædam autem inadæquatæ (*per Coroll. Prop. 29 p. 2*). Quicquid ergo ex Mentis natura sequitur, et cujus Mens causa est proxima, per quam id debet intelligi, necessario ex idea adæquata, vel inadæquata sequi debet. At quatenus Mens (*per Prop. 1 hujus*) ideas habet inadæquatas, eatenus necessario patitur; ergo Mentis actiones ex solis ideis adæquatis sequuntur, et Mens propterea tantum patitur, quia ideas habet inadæquatas. *Q. E. D.*

SCHOLIUM — Videmus itaque passiones ad Mentem non referri, nisi quatenus aliquid habet, quod negationem involvit, sive quatenus consideratur ut naturæ pars, quæ per se absque aliis non potest clare, et distincte percipi; et hac ratione ostendere possem, passiones eodem modo ad res singulares, ac ad Mentem referri, nec alia ratione posse percipi; sed meum institutum est, de sola Mente humana agere.

PROPOSITIO IV

Nulla res, nisi a causa externa, potest destrui.

DEMONSTRATIO — Hæc Propositio per se patet; definitio enim cujuscunque rei ipsius rei essentiam affirmat, sed non negat; sive rei essentiam ponit, sed non tollit. Dum itaque ad rem ipsam tantum, non

que se crê ser livre, não se distingue da própria imaginação, ou da memória, nem é outra coisa senão a afirmação que a ideia, na medida em que é ideia, envolve necessariamente (*veja-se a Prop. 49, P. II*). Por conseguinte, tais decretos da mente originam-se da mente com a mesma necessidade que as ideias das coisas existentes em ato. Os que creem, pois, falar, calar-se, ou fazer seja o que for por livre decreto da mente, estão a sonhar de olhos abertos.

PROPOSIÇÃO III

As ações da mente originam-se apenas das ideias adequadas; as paixões, por sua vez, dependem apenas das ideias inadequadas.

DEMONSTRAÇÃO — A primeira coisa que constitui a essência da mente não é senão a ideia de um corpo existente em ato (*pelas Prop. 11 e 13, P. II*), que (*pela Prop. 15, P. II*) se compõe de muitas outras, algumas das quais (*pelo Corol. da Prop. 38, P. II*) são adequadas, outras inadequadas (*pelo Corol. da Prop. 29, P. II*). Portanto, o que quer que se siga da natureza da mente e de que a mente é causa próxima, pela qual isso deve ser entendido, deve seguir-se necessariamente ou de uma ideia adequada, ou de uma ideia inadequada. Ora, a mente, na medida em que (*pela Prop. 1 desta Parte*) tem ideias inadequadas, sofre necessariamente. Logo, as ações da mente seguem-se apenas das ideias adequadas e, por conseguinte, a mente apenas sofre porque tem ideias inadequadas. Q. E. D.

ESCÓLIO — Vemos, portanto, que as paixões não se referem à mente senão na medida em que esta tem algo que envolve uma negação, ou seja, na medida em que é considerada uma parte da natureza que, por si só, sem as outras, não pode ser percebida clara e distintamente. E, desta maneira, eu poderia mostrar que as paixões se referem às coisas singulares do mesmo modo que à mente, e que elas não podem ser percebidas de outra maneira, mas o meu intuito é tratar apenas da mente humana.

PROPOSIÇÃO IV

Nenhuma coisa pode ser destruída senão por uma causa exterior.

DEMONSTRAÇÃO — Esta proposição é evidente por si. Com efeito, a definição de qualquer coisa afirma, e não nega, a essência dessa coisa; ou seja, põe, e não tira, a essência da coisa. Assim, enquanto atendermos só à pró-

autem ad causas externas attendimus, nihil in eadem poterimus invenire, quod ipsam possit destruere. *Q. E. D.*

PROPOSITIO V

Res eatenus contrariæ sunt naturæ, hoc est, eatenus in eodem subjecto esse nequeunt, quatenus una alteram potest destruere.

DEMONSTRATIO — Si enim inter se convenire, vel in eodem subjecto simul esse possent, posset ergo in eodem subjecto aliquid dari, quod ipsum posset destruere, quod (*per Prop. præced.*) est absurdum. Ergo res etc. *Q. E. D.*

PROPOSITIO VI

Unaquæque res, quantum in se est, in suo esse perseverare conatur.

DEMONSTRATIO — Res enim singulares modi sunt, quibus Dei attributa certo, et determinato modo exprimuntur (*per Coroll. Prop. 25 p. 1*), hoc est (*per Prop. 34 p. 1*) res, quæ Dei potentiam, qua Deus est, et agit, certo, et determinato modo exprimunt; neque ulla res aliquid in se habet, a quo possit destrui, sive quod ejus existentiam tollat (*per Prop. 4 hujus*); sed contra ei omni, quod ejusdem existentiam potest tollere, opponitur (*per Prop. præced.*),

pria coisa e não às causas exteriores, nada poderemos encontrar nela que a possa destruir. *Q. E. D.*

PROPOSIÇÃO V

As coisas são tanto de natureza contrária, ou seja, é tão impossível serem no mesmo sujeito, quanto uma pode destruir a outra.

DEMONSTRAÇÃO — Se, com efeito, elas pudessem convir entre si, ou ser ao mesmo tempo no mesmo sujeito, então poderia dar-se no mesmo sujeito algo que o poderia destruir, o que (*pela Prop. anterior*) é absurdo. Logo, as coisas, etc. *Q. E. D.*

PROPOSIÇÃO VI

Cada coisa esforça-se, tanto quanto está em si,[9] por perseverar no seu ser.

DEMONSTRAÇÃO — Com efeito, as coisas singulares são modos pelos quais os atributos de Deus se exprimem de um certo e determinado modo (*pelo Corol. da Prop. 25, P. I*), isto é (*pela Prop. 34, P. I*), coisas que exprimem de um certo e determinado modo a potência de Deus, pela qual ele é e age. E nenhuma coisa tem em si algo por que possa ser destruída, ou seja, que lhe suprima a existência (*pela Prop. 4 desta Parte*); pelo contrário, ela opõe-se a tudo o que pode suprimir a sua existência (*pela Prop. ante-*

---

[9] *Quantum in se est*: a expressão surge em Descartes (*Principia Philosophiae*, II, 37), quando este refere as leis da natureza, que se seguem da imobilidade divina como sua causa primeira e são, por isso, "causas secundárias" dos movimentos que se verificam nas coisas: "*unamquamque rem, quatenus est simplex & indivisa, manere, quantum in se est, in eodem semper statu, nec unquam mutari nisi a causis externis*" ("cada coisa, na medida em que é simples e indivisa, permanece, quanto está em si, sempre no mesmo estado e nunca muda a não ser por causas externas"). A fórmula reaparecerá, depois, também em Newton (*Philosophiae Naturalis Principia Mathematica*, Def. III), em termos similares, mas com uma diferença importante no que toca ao significado do *quantum in se est*: se Descartes referia o *quantum* à extensão do espaço, Newton irá referi-lo à matéria em si mesma. Para este último, a força de permanecer, ou inércia, é proporcional à quantidade de matéria que o corpo possui. Cf. M. Jammer (1999), *Concepts of Force*, Nova York, Dover Publications (texto originalmente publicado em 1957), p. 120. Cf. igualmente I. B. Cohen (1964), "*Quantum in Se Est*: Newton's Concept of Inertia in Relation to Descartes and Lucretius", *Notes and Records of the Royal Society of London*, 19, pp. 131-65.

Parte III — Da Origem e da Natureza dos Afetos

adeoque quantum potest, et in se est, in suo esse persevarare conatur. *Q. E. D.*

PROPOSITIO VII

Conatus, quo unaquæque res in suo esse perseverare conatur, nihil est præter ipsius rei actualem essentiam.

rior) e, por isso, esforça-se quanto pode e está em si por perseverar no seu ser. *Q. E. D.*

PROPOSIÇÃO VII

O esforço[10] pelo qual cada coisa se esforça por perseverar no seu ser não é senão a essência atual dessa mesma coisa.

---

[10] *Conatus*: em geral, o *conatus* traduz-se por "esforço", ou sinônimos: *éffort* (Misrahi, Pautrat), *striving* (Curley), *Streben* (Bartuschat) ou *Bestreben* (Auerbach, Stern). As traduções italianas, porém, diferem: Giancotti traduz por *forza*, Cristofolini por *tensione*, e Mignini por *pulsione*. Com a palavra *conatus* Espinosa designa a essência atual, a potência que constitui cada ser e o determina a perseverar na existência. No ser humano, ele corresponde ao "apetite", a que se chama também "desejo", quando é consciente, não no sentido de carência, mas de excesso, afirmação do ser que, literalmente, transborda enquanto potência e virtude. Nas palavras de A. Damásio (2003, pp. 53-4), em termos de biologia contemporânea, "o *conatus* é o agregado de disposições presentes em circuitos cerebrais que, uma vez ativados por certas condições do ambiente interno ou externo, levam à procura da sobrevivência e do bem-estar". Enquanto nas proposições antecedentes a autoconservação se traduzia no esforço para resistir a tudo o que diminui a potência do ser individual, aqui é sublinhado, por um lado, o caráter dinâmico desse esforço, sobretudo na Demonstração, por outro, o fato de ele se realizar quer individual, quer coletivamente. Assim, as coisas singulares, anteriormente definidas como modos finitos dos atributos da substância e, portanto, como seres individuais, que no caso dos seres humanos se afirmam como expressão simultânea de dois atributos, são agora definidas como quantidades de potência e, como tal, expressões da existência e da ação da potência infinita (cf. Chaui, 2016, p. 179). Por essa razão, o *conatus* não se confunde com nenhum tipo de arbítrio, ou voluntarismo, que excluiria a necessidade com que ele se atualiza atuando, nem com um qualquer tipo de finalismo, visto que, enquanto parte da substância infinita, ele não é senão um certo grau de intensidade da potência atuante que é o todo — *substantia actuosa* —, sendo impossível conceber uma finalidade que, por assim dizer, o justificasse. A este respeito, cf. as críticas que J. Bennett (1984, pp. 231-46) move à alegada inconsistência da teoria do *conatus* em Espinosa. Antes do autor da *Ética*, o termo já aparecera em Descartes e em Hobbes. O primeiro, na sequência da distinção entre movimento e inclinação para se mover (*Dioptrique, AT*, VI, p. 88) e da reelaboração do princípio de inércia (*Le Monde, AT*, XI, pp. 84-5) recorre ao termo *conatus* (*Principia Philosophiae*, III, 56, *AT*, VIII-1, p. 108): "Quando digo que as pequenas esferas do segundo elemento se esforçam por se afastar dos centros em redor dos quais elas giram, não se pense que eu lhes atribuo algum pensamento de onde procedesse tal esforço (*conatus*), mas unicamente que elas estão de tal modo situadas e inclinadas ao movimento que iriam, de fato, nesse sentido, se nenhuma causa as impedisse". Hobbes, por seu turno, usa o *conatus* na edição latina do *Leviathan* para traduzir o inglês *endeavour*, ou seja, o impulso com que, no fenômeno da sensação, o organismo reage a partir dos seus órgãos internos a qualquer estímulo que lhe chega do exterior por um ou

Parte III — Da Origem e da Natureza dos Afetos

DEMONSTRATIO — Ex data cujuscunque rei essentia quædam necessario sequuntur (*per Prop. 36 p. 1*), nec res aliud possunt, quam id, quod ex determinata earum natura necessario sequitur (*per Prop. 29 p. 1*); quare cujuscunque rei potentia, sive conatus, quo ipsa vel sola, vel cum aliis quidquam agit, vel agere conatur, hoc est (*per Prop. 6 hujus*) potentia, sive conatus, quo in suo esse perseverare conatur, nihil est præter ipsius rei datam, sive actualem essentiam. *Q. E. D.*

PROPOSITIO VIII

Conatus, quo unaquæque res in suo esse perseverare conatur, nullum tempus finitum, sed indefinitum involvit.

DEMONSTRATIO — Si enim tempus limitatum involveret, quod rei durationem determinaret, tum ex sola ipsa potentia, qua res existit, sequeretur, quod res post limitatum illud tempus non posset existere, sed quod deberet destrui; atqui hoc (*per Prop. 4 hujus*) est absurdum: ergo conatus, quo res existit, nullum tempus definitum involvit; sed contra, quoniam (*per eandem Prop. 4 hujus*), si a nulla externa causa destruatur, eadem potentia, qua jam existit, existere perget semper; ergo hic conatus tempus indefinitum involvit. *Q. E. D.*

PROPOSITIO IX

Mens tam quatenus claras, et distinctas, quam quatenus confusas habet ideas, conatur in suo esse perseverare indefinita quadam duratione, et hujus sui conatus est conscia.

DEMONSTRAÇÃO — Dada a essência de qualquer coisa, seguem-se necessariamente dela algumas coisas (*pela Prop. 36, P. I*), e as coisas não podem nada a não ser o que se segue necessariamente da sua natureza determinada (*pela Prop. 29, P. I*). Por isso, a potência de qualquer coisa, ou seja, o esforço pelo qual, só ou com outras, ela faz, ou se esforça por fazer, alguma coisa, isto é (*pela Prop. 6 desta Parte*), a potência ou esforço pelo qual ela se esforça por perseverar no seu ser, não é senão a essência dada, ou atual, da mesma coisa. Q. E. D.

PROPOSIÇÃO VIII

O esforço pelo qual cada coisa se esforça por perseverar no seu ser não envolve nenhum tempo finito, mas indefinido.

DEMONSTRAÇÃO — Se, com efeito, ele envolvesse um tempo limitado, que determinaria a duração da coisa, então, da simples potência pela qual a coisa existe seguir-se-ia que, após esse tempo limitado, ela não poderia existir e deveria ser destruída. Ora, isto (*pela Prop. 4 desta Parte*) é absurdo. Logo, o esforço pelo qual uma coisa existe não envolve nenhum tempo definido. Pelo contrário, uma vez que (*pela mesma Prop. 4 desta Parte*), se não for destruída por nenhuma causa exterior, ela continuará a existir sempre pela mesma potência pela qual existe agora, esse esforço envolve um tempo indefinido. Q. E. D.

PROPOSIÇÃO IX

A mente, quer na medida em que tem ideias claras e distintas, quer na medida em que tem ideias confusas, esforça-se por perseverar no seu ser por uma certa duração indefinida e está consciente deste seu esforço.

---

mais sentidos (*Leviathan*, cap. I). Cf. D. P. Aurélio (2000, pp. 184-8). Sobre o conceito de *conatus* na física moderna, cf. P. Jacob (1974), "La politique avec la physique à l'âge classique", *Dialectiques*, 6, pp. 99-121; A. Lécrivain (1977-1978), "Spinoza et la physique cartésienne", *Cahiers Spinoza*, 1, pp. 235-65; D. Garber (1994), "Descartes and Spinoza on Persistence and *Conatus*", *Studia Spinozana*, 10, pp. 43-67. Finalmente, sobre o mesmo conceito em sede de teoria política, cf. L. Bove (1996), *La stratégie du conatus: affirmation et résistance chez Spinoza*, Paris, Vrin.

Parte III — Da Origem e da Natureza dos Afetos

DEMONSTRATIO — Mentis essentia ex ideis adæquatis, et inadæquatis constituitur (*ut in Prop. 3 hujus ostendimus*), adeoque (*per Prop. 7 hujus*) tam quatenus has, quam quatenus illas habet, in suo esse perseverare conatur; idque (*per Prop. et hujus*) indefinita quadam duratione. Cum autem Mens (*per Prop. 23 p. 2*) per ideas affectionum Corporis necessario sui sit conscia, est ergo (*per Prop. 7 hujus*) Mens sui conatus conscia. Q. E. D.

SCHOLIUM — Hic conatus, cum ad Mentem solam refertur, *Voluntas* appellatur; sed cum ad Mentem, et Corpus simul refertur, vocatur *Appetitus*, qui proinde nihil aliud est, quam ipsa hominis essentia, ex cujus natura ea, quæ ipsius conservationi inserviunt, necessario sequuntur; atque adeo homo ad eadem agendum determinatus est. Deinde inter appetitum, et cupiditatem nulla est differentia, nisi quod cupiditas ad homines plerumque referatur, quatenus sui appetitus sunt conscii, et propterea sic definiri potest, nempe, *Cupiditas est appetitus cum ejusdem conscientia*. Constat itaque ex his omnibus, nihil nos conari, velle, appetere, neque cupere, quia id bonum esse judicamus; sed contra nos propterca, aliquid bonum esse, judicare, quia id conamur, volumus, appetimus, atque cupimus.

PROPOSITIO X

Idea, quæ Corporis nostri existentiam secludit, in nostra Mente dari nequit, sed eidem est contraria.

DEMONSTRATIO — Quicquid Corpus nostrum potest destruere, in eodem dari nequit (*per Prop. 5 hujus*), adeoque neque ejus rei idea potest in Deo dari, quatenus nostri Corporis ideam habet (*per Coroll. Prop. 9 p. 2*), hoc est (*per Prop. 11 et 13 p. 2*), ejus rei idea in nostra Mente dari nequit; sed contra, quoniam (*per Prop. 11 et 13 p. 2*) primum, quod Mentis essentiam constituit, est idea corporis actu existentis, primum, et præcipuum nostræ Mentis conatus est (*per*

DEMONSTRAÇÃO — A essência da mente é constituída por ideias adequadas e ideias inadequadas (*como mostramos na Prop. 3 desta Parte*), pelo que (*pela Prop. 7 desta Parte*), tanto na medida em que tem estas, como na medida em que tem aquelas, se esforça por perseverar no seu ser, e isto (*pela Prop. 8 desta Parte*) por uma certa duração indefinida. Como, porém, a mente (*pela Prop. 23, P. II*), pelas ideias das afecções do corpo, está necessariamente consciente de si, a mente (*pela Prop. 7 desta Parte*) está consciente do seu esforço. Q. E. D.

ESCÓLIO — Este esforço, quando se refere só à mente, chama-se *vontade*; mas quando se refere à mente e em simultâneo ao corpo, chama-se *apetite*, que não é, portanto, senão a própria essência do homem, de cuja natureza se seguem necessariamente aquelas coisas que servem para a sua conservação e que, por isso, o homem está determinado a fazer. Além disso, entre apetite e desejo não há nenhuma diferença, senão que o desejo se refere a maioria das vezes aos homens na medida em que estão conscientes do seu apetite, pelo que pode definir-se assim: *o desejo é o apetite consciente de si mesmo*. De tudo isto, resulta, pois, evidente que nós não nos esforçamos por coisa alguma, não a queremos, não temos apetite dela, nem a desejamos, por julgarmos que ela é boa; pelo contrário, julgamos que uma coisa é boa porque nos esforçamos por ela, porque a queremos, temos apetite dela e a desejamos.

PROPOSIÇÃO X

Uma ideia que exclui a existência do nosso corpo não pode dar-se na nossa mente, e é-lhe contrária.

DEMONSTRAÇÃO — Tudo aquilo que pode destruir o nosso corpo não pode dar-se nele (*pela Prop. 5 desta Parte*), pelo que a ideia dessa coisa não pode dar-se em Deus na medida em que ele tem a ideia do nosso corpo (*pelo Corol. da Prop. 9, P. II*), ou seja (*pelas Prop. 11 e 13, P. II*), a ideia dessa coisa não pode dar-se na nossa mente. Pelo contrário, uma vez que (*pelas Prop. 11 e 13, P. II*) aquilo que primeiro constitui a essência da mente é a ideia do corpo existente em ato, o primeiro e o principal do esforço[11] da nos-

---

[11] De acordo com Akkerman (1980, p. 65), Gebhardt omite o acento que, nas *OP*, apresenta a desinência da palavra *conatûs*, ficando um nominativo, quando se trata de um

Prop. 7 hujus), Corporis nostri existentiam affirmare; atque adeo idea, quæ Corporis nostri existentiam negat, nostræ Menti est contraria etc. *Q. E. D.*

PROPOSITIO XI

Quicquid Corporis nostri agendi potentiam auget, vel minuit, juvat, vel coercet, ejusdem rei idea Mentis nostræ cogitandi potentiam auget, vel minuit, juvat, vel coercet.

DEMONSTRATIO — Hæc Propositio patet ex Propositione 7 Partis 2, vel etiam ex Propositione 14 Partis 2.

SCHOLIUM — Videmus itaque Mentem magnas posse pati mutationes, et jam ad majorem, jam autem ad minorem perfectionem transire, quæ quidem passiones nobis explicant affectus Lætitiæ et Tristitiæ. Per *Lætitiam* itaque in sequentibus intelligam *passionem, qua Mens ad majorem perfectionem transit.* Per *Tristitiam* autem *passionem*, qua ipsa ad minorem transit perfectionem. Porro *affectum Lætitiæ, ad Mentem, Corpus simul relatum, Titillationem*, vel *Hilaritatem* voco; *Tristitiæ* autem *Dolorem*, vel *Melancholiam*. Sed notandum, Titillationem, et Dolorem ad hominem referri, quando una ejus pars præ reliquis est affecta; Hilaritatem autem, et Melancholiam, quando omnes pariter sunt affectæ. Quid deinde Cupiditas sit, in Scholio Propositionis 9 hujus Partis explicui, et præter hos tres nullum alium agnosco affectum primarium: nam reliquos ex his tribus oriri in seqq. ostendam. Sed antequam ulterius pergam, lubet hic fusius Propositionem 10 hujus Partis explicare, ut clarius intelligatur, qua ratione idea ideæ sit contraria.

In Scholio Propositionis 17 Partis 2 ostendimus, ideam, quæ Mentis essentiam constituit, Corporis existentiam tamdiu involvere, quamdiu ipsum Corpus existit. Deinde ex iis, quæ in Coroll. Prop. 8 Part. 2 et in ejusdem Schol. ostendimus, sequitur, præsentem nostræ Mentis existentiam ab hoc solo pendere, quod sc. Mens actualem Corporis

sa mente é (*pela Prop. 7 desta Parte*) afirmar a existência do nosso corpo. Por conseguinte, uma ideia que nega a existência do nosso corpo é contrária à nossa mente, etc. *Q. E. D.*

PROPOSIÇÃO XI

A ideia de tudo o que aumenta ou diminui, ajuda ou reprime, a potência de agir do nosso corpo aumenta ou diminui, ajuda ou reprime, a potência de pensar da nossa mente.

DEMONSTRAÇÃO — Esta Proposição é evidente pela Proposição 7, Parte II, ou ainda pela Proposição 14, Parte II.

ESCÓLIO — Vemos, assim, que a mente pode sofrer grandes modificações e passar a uma perfeição ora maior, ora menor, paixões estas que nos explicam os afetos de alegria e de tristeza. Assim, por *alegria*, entenderei doravante *uma paixão pela qual a mente passa a uma perfeição maior*. Por *tristeza*, pelo contrário, entenderei *uma paixão pela qual ela passa a uma perfeição menor*. Além disso, ao *afeto de alegria, quando referido à mente e ao corpo em simultâneo*, chamo *excitação* ou *contentamento*; ao de *tristeza*, chamo *dor* ou *melancolia*. É de notar, porém, que a excitação e a dor se referem ao homem quando uma das suas partes é mais afetada do que as restantes, ao passo que o contentamento e a melancolia se lhe referem quando todas as suas partes são igualmente afetadas. Depois, o que seja o desejo, expliquei-o no Escólio da Proposição 9 desta Parte, e, além destes três, não reconheço mais nenhum afeto primário, pois os restantes originam-se destes três, como mostrarei a seguir. Contudo, antes de prosseguir, gostaria de explicar aqui, mais em pormenor, a Proposição 10 desta Parte, a fim de que se entenda mais claramente em que medida uma ideia é contrária a uma outra ideia.

No Escólio da Proposição 17, Parte II, mostramos que a ideia que constitui a essência da mente envolve a existência do corpo enquanto o mesmo corpo existe. Depois, a partir do que mostramos no Corolário da Proposição 8, Parte II, e no seu Escólio, segue-se que a existência presente da nossa mente depende só do fato de ela envolver a existência atual do corpo. Por fim,

---

genitivo, como sugerem os *NS* ("*der poging*") e a própria coerência da frase. Por esse motivo, seguimos a opção já antes feita por Curley, Giancotti e Domínguez.

Parte III — Da Origem e da Natureza dos Afetos

existentiam involvit. Denique Mentis potentiam, qua ipsa res imaginatur, earumque recordatur, ab hoc etiam pendere ostendimus (*vide Prop. 17 et 18 p. 2 cum ejus Schol.*), quod ipsa actualem Corporis existentiam involvit. Ex quibus sequitur, Mentis præsentem existentiam, ejusque imaginandi potentiam tolli, simulatque Mens præsentem Corporis existentiam affirmare desinit. At causa, cur Mens hanc Corporis existentiam affirmare desinit, non potest esse ipsa Mens (*per Prop. 4 hujus*), nec etiam, quod Corpus esse desinit. Nam (*per Prop. 6 p. 2*) causa, cur Mens Corporis existentiam affirmat, non est, quia Corpus existere incepit: quare, per eandem rationem, nec ipsius Corporis existentiam affirmare desinit, quia Corpus esse desinit; sed (*per Prop. 8 p. 2*) hoc ab alia idea oritur, quæ nostri Corporis, et consequenter nostræ Mentis, præsentem existentiam secludit, quæque adeo ideæ, quæ nostræ Mentis essentiam constituit, est contraria.

PROPOSITIO XII
Mens, quantum potest, ea imaginari conatur, quæ Corporis agendi potentiam augent, vel juvant.

DEMONSTRATIO — Quamdiu humanum Corpus affectum est modo, qui naturam corporis alicujus externi involvit, tamdiu Mens humana idem corpus, ut præsens, contemplabitur (*per Prop. 17 p. 2*), et consequenter (*per Prop. 7 p. 2*) quamdiu Mens humana aliquod externum corpus, ut præsens, contemplatur, hoc est (*per ejusdem Prop. 17 Schol.*), imaginatur, tamdiu humanum Corpus affectum est modo, qui naturam ejusdem corporis externi involvit; atque adeo, quamdiu Mens ea imaginatur, quæ corporis nostri agendi potentiam augent, vel juvant, tamdiu Corpus affectum est modis, qui ejusdem agendi potentiam augent, vel juvant (*vide Post. 1 hujus*), et consequenter (*per Prop. 11 hujus*) tamdiu Mentis cogitandi potentia augetur, vel juvatur; ac proinde

mostramos que a potência da mente, pela qual esta imagina as coisas e se recorda delas, depende também (*vejam-se as Prop. 17 e 18, P. II, e o seu Esc.*), do fato de ela envolver a existência atual do corpo. Donde se segue que a existência presente da mente e a sua potência de imaginar são suprimidas assim que a mente deixa de afirmar a existência do corpo. Ora, a causa por que a mente deixa de afirmar esta existência do corpo não pode ser a própria mente (*pela Prop. 4 desta Parte*), nem tampouco o fato de o corpo deixar de existir.[12] Na verdade (*pela Prop. 6, P. II*), a causa por que a mente afirma a existência do corpo não é o fato de o corpo ter começado a existir; daí que, pela mesma razão, não é porque o corpo deixa de existir que ela deixa de afirmar a existência do mesmo corpo. Isso (*pela Prop. 8, P. II*) origina-se de uma outra ideia, a qual exclui a existência presente do nosso corpo e, por conseguinte, a da nossa mente, e que, por isso, é contrária à ideia que constitui a essência da nossa mente.

PROPOSIÇÃO XII

A mente esforça-se quanto pode por imaginar as coisas que aumentam ou ajudam a potência de agir do corpo.

DEMONSTRAÇÃO — Enquanto o corpo humano for afetado por um modo que envolve a natureza de um corpo exterior, a mente humana contemplará esse mesmo corpo como presente (*pela Prop. 17, P. II*) e, consequentemente (*pela Prop. 7, P. II*), enquanto a mente humana contempla um corpo exterior como presente, isto é (*pelo Esc. da mesma Prop. 17*), enquanto o imagina, o corpo humano é afetado de um modo que envolve a natureza desse mesmo corpo exterior. Por isso, enquanto a mente imagina as coisas que aumentam ou ajudam a potência de agir do nosso corpo, o corpo é afetado por modos que aumentam ou ajudam a sua potência de agir (*veja-se o Post. 1 desta Parte*) e, consequentemente (*pela Prop. 11 desta Parte*), a potência de pensar da mente é aumentada ou ajudada. Por conseguinte (*pela*

---

[12] *Corpus esse desinit*: a expressão repete se duas linhas mais abaixo, com o mesmo significado, alternando com o verbo *existere* (*Corpus existere incepit*). Uma tradução literal e em conformidade com a distinção que Espinosa faz habitualmente entre *esse* e *existere*, neste caso, torna a expressão incompreensível e sintaticamente inacabada. Dado que a alternância dos verbos se afigura aqui meramente retórica, isto é, sem implicações semânticas de maior, a tradução de ambos os verbos pelo português "existir", à semelhança do que fazem, nas respectivas línguas, Domínguez e Mignini, é a solução mais razoável.

Parte III — Da Origem e da Natureza dos Afetos

(*per Prop. 6 vel 9 hujus*) Mens, quantum potest, eadem imaginari conatur. Q. E. D.

PROPOSITIO XIII

Cum Mens ea imaginatur, quæ Corporis agendi potentiam minuunt, vel coercent, conatur, quantum potest, rerum recordari, quæ horum existentiam secludunt.

DEMONSTRATIO — Quamdiu Mens quicquam tale imaginatur, tamdiu Mentis, et Corporis potentia minuitur, vel coercetur (*ut in præced. Prop. demonstravimus*), et nihilominus id tamdiu imaginabitur, donec Mens aliud imaginetur, quod hujus præsentem existentiam secludat (*per Prop. 17 p. 2*), hoc est (*ut modo ostendimus*), Mentis, et Corporis potentia tamdiu minuitur, vel coercetur, donec Mens aliud imaginetur, quod hujus existentiam secludit, quodque adeo Mens (*per Prop. 9 hujus*), quantum potest, imaginari, vel recordari conabitur. Q. E. D.

COROLLARIUM — Hinc sequitur, quod Mens ea imaginari aversatur, quæ ipsius, et Corporis potentiam minuunt, vel coercent.

SCHOLIUM — Ex his clare intelligimus, quid Amor, quidque Odium sit. Nempe *Amor* nihil aliud est, quam *Lætitia*, concomitante idea causæ externæ, et *Odium* nihil aliud, quam *Tristitia, concomitante idea causæ externæ*. Videmus deinde, quod ille, qui amat, necessario conatur rem, quam amat, præsentem habere, et conservare; et contra, qui odit, rem, quam odio habet, amovere, et destruere conatur. Sed de his omnibus in seqq. prolixius.

PROPOSITIO XIV

Si Mens duobus affectibus simul affecta semel fuit, ubi postea eorum alterutro afficietur, afficietur etiam altero.

DEMONSTRATIO — Si Corpus humanum a duobus corporibus simul affectum semel fuit, ubi Mens postea eorum alterutrum imaginatur, statim et alterius recordabitur (*per Prop. 18 p. 2*). At Mentis imaginationes magis nostri Corporis affectus, quam corporum externorum naturam indicant (*per Coroll. 2 Prop. 16 p. 2*): ergo si

Prop. 6 ou 9 desta Parte), a mente esforça-se quanto pode por imaginá-las. Q. E. D.

PROPOSIÇÃO XIII

Quando a mente imagina coisas que diminuem ou reprimem a potência de agir do corpo, esforça-se quanto pode por se recordar de coisas que excluem a existência daquelas.

DEMONSTRAÇÃO — Enquanto a mente imaginar qualquer coisa assim, a potência da mente e do corpo diminui, ou é reprimida (*como demonstramos na Prop. anterior*), e, não obstante, a mente imaginá-la-á até imaginar outra coisa que exclua a sua existência presente (*pela Prop. 17, P. II*), isto é (*como acabamos de mostrar*), a potência da mente e do corpo diminui, ou é reprimida, até que a mente imagine outra coisa que exclua a sua existência, coisa que a mente, por conseguinte, se esforçará (*pela Prop. 9 desta Parte*) quanto pode por imaginar ou recordar. Q. E. D.

COROLÁRIO — Donde se segue que a mente tem aversão a imaginar as coisas que diminuem, ou reprimem, a potência dela mesma e do corpo.

ESCÓLIO — Por isto se entende claramente o que seja o amor e o que seja o ódio. O *amor* não é senão *a alegria acompanhada pela ideia de uma causa exterior*, e o ódio não é senão *a tristeza acompanhada pela ideia de uma causa exterior*. Vemos, além disso, que quem ama esforça-se necessariamente por ter presente e conservar a coisa que ama; pelo contrário, quem odeia esforça-se por afastar e destruir a coisa a que tem ódio. Mas disto tratarei a seguir mais desenvolvidamente.

PROPOSIÇÃO XIV

Se a mente foi uma vez afetada por dois afetos em simultâneo, quando for depois afetada por um deles, será também afetada pelo outro.

DEMONSTRAÇÃO — Se o corpo humano foi uma vez afetado por dois corpos em simultâneo, quando a mente imaginar depois um deles, recordará imediatamente o outro (*pela Prop. 18, P. II*). Ora, as imaginações da mente denotam mais os afetos do nosso corpo do que a natureza dos corpos exteriores (*pelo Corol. 2 da Prop. 16, P. II*). Logo, se o corpo e, por consequên-

Corpus, et consequenter Mens (*vide Defin. 3 hujus*) duobus affectibus semel affecta fuit, ubi postea eorum alterutro afficietur, afficietur etiam altero. Q. E. D.

PROPOSITIO XV

Res quæcunque potest esse per accidens causa Lætitiæ, Tristitiæ, vel Cupiditatis.

DEMONSTRATIO — Ponatur Mens duobus affectibus simul affici, uno scilicet, qui ejus agendi potentiam neque auget, neque minuit, et altero, qui eandem vel auget, vel minuit (*vide Post. 1 hujus*). Ex præcedenti Propositione patet, quod ubi Mens postea illo a sua vera causa, quæ (*per Hypothesin*) per se ejus cogitandi potentiam nec auget, nec minuit, afficietur, statim et hoc altero, qui ipsius cogitandi potentiam auget, vel minuit, hoc est (*per Schol. Prop. 11 hujus*) Lætitia, vel Tristitia afficietur; atque adeo, illa res non per se, sed per accidens causa erit Lætitiæ, vel Tristitiæ. Atque hac eadem via facile ostendi potest, rem illam posse per accidens causam esse Cupiditatis. Q. E. D.

COROLLARIUM — Ex eo solo, quod rem aliquam affectu Lætitiæ, vel Tristitiæ, cujus ipsa non est causa efficiens, contemplati sumus, eandem amare, vel odio habere possumus.

DEMONSTRATIO — Nam ex hoc solo fit (*per Prop. 14 hujus*), ut Mens hanc rem postea imaginando, affectu Lætitiæ, vel Tristitiæ afficiatur, hoc est (*per Schol. Prop. 11 hujus*), ut Mentis, et Corporis potentia augeatur, vel minuatur, etc. Et consequenter (*per Prop. 12 hujus*) ut Mens eandem imaginari cupiat, vel (*per Coroll. Prop. 13 hujus*) aversetur, hoc est (*per Schol. Prop. 13 hujus*), ut eandem amet, vel odio habeat. Q. E. D.

SCHOLIUM — Hinc intelligimus, qui fieri potest, ut quædam amemus, vel odio habeamus, absque ulla causa nobis cognita; sed

cia, a mente (*veja-se a Def. 3 desta Parte*), foi uma vez afetada por dois afetos em simultâneo, quando for depois afetada por qualquer um deles, será também afetada pelo outro. Q. E. D.

PROPOSIÇÃO XV

Qualquer coisa pode ser, por acidente, causa de alegria, tristeza ou desejo.

DEMONSTRAÇÃO — Suponhamos que a mente é afetada por dois afetos em simultâneo, um que não aumenta nem diminui a sua potência de agir, outro que a aumenta ou diminui (*veja-se o Post. 1 desta Parte*). Pela Proposição anterior, é claro que, quando a mente for depois afetada pelo primeiro desses afetos, como pela sua verdadeira causa,[13] a qual (*pela hipótese*) não lhe aumenta nem diminui, por si mesma, a potência de pensar, será imediatamente afetada pelo outro, que lhe aumenta ou diminui a potência de pensar, quer dizer (*pelo Esc. da Prop. 11 desta Parte*), será afetada de alegria ou de tristeza, pelo que essa coisa, não por si, mas por acidente, será causa de alegria ou de tristeza. E por esta mesma via pode mostrar-se facilmente que essa coisa, por acidente, pode ser causa de desejo. Q. E. D.

COROLÁRIO — Pelo simples fato de termos contemplado uma coisa com um afeto de alegria ou de tristeza, do qual ela não é causa eficiente, podemos amá-la ou ter-lhe ódio.

DEMONSTRAÇÃO — Na verdade, desse simples fato resulta (*pela Prop. 14 desta Parte*) que a mente, imaginando depois essa coisa, será afetada por um afeto de alegria ou de tristeza, isto é (*pelo Esc. da Prop. 11 desta Parte*), que a potência da mente e do corpo será aumentada ou diminuída, etc. E, consequentemente (*pela Prop. 12 desta Parte*), que a mente desejará ou (*pelo Corol. da Prop. 13 desta Parte*) terá aversão a imaginá-la, isto é (*pelo Esc. da Prop. 13 desta Parte*), amá-la-á ou ter-lhe-á ódio. Q. E. D.

ESCÓLIO — Por aqui se entende como pode acontecer que amemos ou tenhamos ódio a certas coisas, sem nenhuma causa por nós conhecida e só

---

[13] *A sua vera causa*: de acordo com a sugestão de F. Akkerman (1980, p. 162), já adotada por E. Curley, traduzimos no pressuposto de que estará omissa na versão Gebhardt o advérbio *tanquam*, indispensável no início da expressão.

Parte III — Da Origem e da Natureza dos Afetos

tantum ex Sympathia (ut ajunt) et Antipathia. Atque huc referenda etiam ea objecta, quæ nos Lætitia, vel Tristitia afficiunt ex eo solo, quod aliquid simile habent objectis, quæ nos iisdem affectibus afficere solent, ut in seq. Prop. ostendam. Scio equidem Auctores, qui primi hæc nomina Sympathiæ, et Antipathiæ introduxerunt, significare iisdem voluisse rerum occultas quasdam qualitates; sed nihilominus credo nobis licere, per eadem notas, vel manifestas etiam qualitates intelligere.

PROPOSITIO XVI

Ex eo solo, quod rem aliquam aliquid habere imaginamur simile objecto, quod Mentem Lætitia, vel Tristitia afficere solet, quamvis id, in quo res objecto est similis, non sit horum affectuum afficiens causa, eam tamen amabimus, vel odio habebimus.

DEMONSTRATIO — Id, quod simile est objecto, in ipso objecto (*per Hypothesin*) cum affectu Lætitiæ, vel Tristitiæ contemplati sumus; atque adeo (*per Prop. 14 hujus*), cum Mens ejus imagine afficietur, statim etiam hoc, vel illo afficietur affectu, et consequenter res, quam hoc idem habere percipimus, erit (*per Prop. 15 hujus*) per accidens Lætitiæ, vel Tristitiæ causa; adeoque (*per Coroll. præced.*), quamvis id, in quo objecto est similis, non sit horum affectuum causa efficiens, eam tamen amabimus, vel odio habebimus. *Q. E. D.*

PROPOSITIO XVII

Si rem, quæ nos Tristitiæ affectu afficere solet, aliquid habere imaginamur simile alteri, quæ nos æque magno Lætitiæ affectu solet afficere, eandem odio habebimus, et simul amabimus.

DEMONSTRATIO — Est enim (*per Hypothesin*) hæc res per se Tristitiæ causa, et (*per Schol. Prop. 13 hujus*) quatenus eandem hoc affectu imaginamur, eandem odio habemus: et quatenus præterea aliquid habere imaginamur simile alteri, quæ nos æque magno Lætitiæ affectu afficere solet, æque magno Lætitiæ conamine

por simpatia (como se diz) ou antipatia. E é também a isto que se devem associar os objetos que nos afetam de alegria ou de tristeza pelo simples fato de terem algo de semelhante com objetos que costumam afetar-nos desses afetos, como mostrarei nas proposições seguintes. Sei, evidentemente, que os autores que primeiro introduziram estes termos de simpatia e antipatia queriam significar com eles certas qualidades ocultas das coisas. Não obstante, creio que também nos é lícito entender por eles qualidades conhecidas ou manifestas.

PROPOSIÇÃO XVI

Pelo simples fato de imaginarmos que uma coisa tem algo de semelhante a um objeto que costuma afetar a mente de alegria ou de tristeza, ainda que aquilo em que essa coisa é semelhante ao objeto não seja a causa eficiente desses afetos, nós, contudo, amá-la-emos ou ter-lhe-emos ódio.

DEMONSTRAÇÃO — Aquilo que ela tem de semelhante ao objeto foi por nós contemplado no próprio objeto (*pela hipótese*) com um afeto de alegria ou de tristeza. Por isso (*pela Prop. 14 desta Parte*), quando a mente for afetada pela sua imagem, imediatamente será também afetada deste ou daquele afeto e, consequentemente, a coisa que percebemos ter isso mesmo será (*pela Prop. 15 desta Parte*), por acidente, causa de alegria ou de tristeza. Portanto (*pelo Corol. anterior*), ainda que aquilo em que ela se assemelha ao objeto não seja a causa eficiente desses afetos, nós, contudo, amá-la-emos ou ter-lhe-emos ódio. *Q. E. D.*

PROPOSIÇÃO XVII

Se imaginamos que uma coisa que costuma afetar-nos de um afeto de tristeza tem algo de semelhante a outra que costuma afetar-nos de um afeto de alegria igualmente grande, ter-lhe-emos ódio e, em simultâneo, amá-la--emos.

DEMONSTRAÇÃO — Esta coisa é, efetivamente (*pela hipótese*), causa de tristeza por si mesma e (*pelo Esc. da Prop. 13 desta Parte*), na medida em que a imaginamos com este afeto, temos-lhe ódio; por outro lado, na medida em que imaginamos que ela tem algo de semelhante a outra que costuma afetar-nos de um afeto de alegria igualmente grande, amá-la-emos com um

amabimus (*per Prop. præced.*); atque adeo eandem odio habebimus, et simul amabimus. *Q. E. D.*

SCHOLIUM — Hæc *Mentis constitutio, quæ scilicet ex duobus contrariis affectibus oritur, animi* vocatur *fluctuatio*, quæ proinde affectum respicit, ut dubitatio imaginationem (*vide Schol. Prop. 44 p. 2*); nec animi fluctuatio, et dubitatio inter se differunt, nisi secundum majus et minus. Sed notandum, me in Propositione præcedenti has animi fluctuationes ex causis deduxisse, quæ per se unius, et per accidens alterius affectus sunt causa; quod ideo feci, quia sic facilius ex præcedentibus deduci poterant; at non, quod negem, animi fluctuationes plerumque oriri ab objecto, quod utriusque affectus sit efficiens causa. Nam Corpus humanum (*per Post. 1 p. 2*) ex plurimis diversæ naturæ individuis componitur, atque adeo (*per Axiom. 1 post Lem. 3, quod vide post Prop. 13 p. 2*) ab uno, eodemque corpore plurimis, diversisque modis potest affici; et contra, quia una, eademque res multis modis potest affici, multis ergo etiam, diversisque modis unam, eandemque corporis partem afficere poterit. Ex quibus facile concipere possumus, unum, idemque objectum posse esse causam multorum, contrariorumque affectuum.

PROPOSITIO XVIII
Homo ex imagine rei præteritæ, aut futuræ eodem Lætitiæ, et Tristitiæ affectu afficitur, ac ex imagine rei præsentis.

DEMONSTRATIO — Quamdiu homo rei alicujus imagine affectus est, rem ut præsentem, tametsi non existat, contemplabitur (*per Prop. 17 p. 2 cum ejusdem Coroll.*), nec ipsam ut præteritam, aut futuram imaginatur; nisi quatenus ejus imago juncta est imagini temporis præteriti, aut futuri (*vide Schol. Prop. 44 p. 2*). Quare rei imago, in se sola considerata, eadem est, sive ad tempus futurum, vel præteritum, sive ad præsens referatur, hoc est (*per Coroll. 2 Prop. 16 p. 2*), Corporis constitutio, seu affectus idem est, sive imago sit rei præteritæ, vel futuræ, sive præsentis; atque adeo affectus Lætitiæ et Tristitiæ idem est, sive imago sit rei præteritæ, aut futuræ, sive præsentis. *Q. E. D.*

impulso de alegria igualmente grande (*pela Prop. anterior*). Por isso, ter-lhe-
-emos ódio e, em simultâneo, amá-la-emos. Q. E. D.

ESCÓLIO — Este *estado da mente, que se origina de dois afetos contrários,* chama-se *flutuação do ânimo,* e está para o afeto como a dúvida está
para a imaginação (*veja-se o Esc. da Prop. 44, P. II*), sendo que a diferença
entre a flutuação do ânimo e a dúvida é apenas uma questão de mais e de
menos. Mas deve notar-se que, na Proposição anterior, eu deduzi estas flutuações do ânimo de causas que são, de um dos afetos, causa por si e, do
outro, causa por acidente. E fiz isso porque elas se podiam, assim, deduzir
mais facilmente das anteriores, e não porque negue que as flutuações do ânimo se originam, a maioria das vezes, de um objeto que é causa eficiente de
ambos os afetos. Na verdade, o corpo humano (*pelo Post. 1, P. II*) é composto de muitíssimos indivíduos de natureza diferente, e pode, por isso (*pelo Ax. 1, a seguir ao Lema 3, que vem a seguir à Prop. 13, P. II*), ser afetado
de muitíssimos e diferentes modos por um só e o mesmo corpo. Inversamente, uma só e a mesma coisa, dado que pode ser afetada de muitos modos,
poderá também afetar de muitos e diferentes modos uma só e a mesma parte do corpo, pelo que podemos facilmente conceber que um só e o mesmo
objeto pode ser causa de muitos e contrários afetos.

PROPOSIÇÃO XVIII

*O homem é afetado pela imagem de uma coisa passada ou futura do
mesmo afeto de alegria ou de tristeza que pela imagem de uma coisa presente.*

DEMONSTRAÇÃO — Enquanto o homem é afetado pela imagem de uma
coisa, contempla-a como presente, mesmo que ela não exista (*pela Prop. 17,
P. II, e o seu Corol.*), e não a imagina como passada ou futura, a não ser na
medida em que a imagem dela está ligada à imagem de um tempo passado
ou futuro (*veja-se o Esc. da Prop. 44, P. II*). Daí que, considerada apenas em
si, a imagem de uma coisa é a mesma quer se refira a um tempo futuro, passado, ou presente, isto é (*pelo Corol. 2 da Prop. 16, P. II*), o estado do corpo, ou o seu afeto, é o mesmo quer a imagem seja de uma coisa passada, futura, ou presente. Por conseguinte, o afeto de alegria ou de tristeza é o mesmo, quer a imagem seja de uma coisa passada ou futura, quer de uma coisa
presente. Q. E. D.

Parte III — Da Origem e da Natureza dos Afetos

SCHOLIUM I — Rem eatenus præteritam, aut futuram hic voco, quatenus ab eadem affecti fuimus, aut afficiemur. Ex. gr. quatenus ipsam vidimus, aut videbimus, nos refecit, aut reficiet, nos læsit, aut lædet, etc. Quatenus enim eandem sic imaginamur, eatenus ejus existentiam affirmamus, hoc est, Corpus nullo affectu afficitur, qui rei existentiam secludat; atque adeo (*per Prop. 17 p. 2*) Corpus ejusdem rei imagine eodem modo afficitur, ac si res ipsa præsens adesset. Verumenimvero, quia plerumque fit, ut ii, qui plura sunt experti, fluctuent, quamdiu rem, ut futuram, vel præteritam contemplantur, deque rei eventu ut plurimum dubitent (*vide Schol. Prop. 44 p. 2*), hinc fit, ut affectus, qui ex similibus rerum imaginibus oriuntur, non sint adeo constantes, sed ut plerumque aliarum rerum imaginibus perturbentur, donec homines de rei eventu certiores fiant.

SCHOLIUM II — Ex modo dictis intelligimus, quid sit Spes, Metus, Securitas, Desperatio, Gaudium, et Conscientiæ morsus. *Spes* namque nihil aliud est, quam *inconstans Lætitia, orta ex imagine rei futuræ, vel præteritæ, de cujus eventu dubitamus. Metus* contra *inconstans Tristitia, ex rei dubiæ imagine etiam orta.* Porro si horum affectuum dubitatio tollatur, ex Spe fit *Securitas*, et ex Metu *Desperatio*; nempe *Lætitia, vel Tristitia, orta ex imagine rei, quam metuimus, vel speravimus. Gaudium* deinde est *Lætitia, orta ex imagine rei præteritæ, de cujus eventu dubitavimus. Conscientiæ* denique *morsus est tristitia, opposita gaudio.*

PROPOSITIO XIX

Qui id, quod amat, destrui imaginatur, contristabitur; si autem conservari, lætabitur.

DEMONSTRATIO — Mens, quantum potest, ea imaginari conatur, quæ Corporis agendi potentiam augent, vel juvant (*per Prop. 12 hujus*), hoc est (*per Schol. Prop. 13 hujus*), ea, quæ amat. At imaginatio ab iis juvatur, quæ rei existentiam ponunt, et contra coercetur iis, quæ rei existentiam secludunt (*per Prop. 17 p. 2*); ergo rerum imagines, quæ rei amatæ existentiam ponunt, Mentis conatum, quo rem amatam imaginari conatur, juvant, hoc est (*per Schol. Prop. 11 hujus*), Lætitia Mentem afficiunt; et quæ contra rei amatæ existentiam secludunt,

ESCÓLIO I — Chamo passada ou futura a uma coisa na medida em que fomos ou seremos afetados por ela, na medida, por exemplo, em que a vimos ou veremos, nos refez ou refará, nos lesou ou lesará, etc. Com efeito, na medida em que a imaginamos assim, afirmamos a sua existência, isto é, o corpo não é afetado de nenhum afeto que exclua a sua existência e, por isso (*pela Prop. 17, P. II*), o corpo é afetado pela imagem dessa coisa do mesmo modo que se ela própria estivesse presente. No entanto, como acontece frequentemente os que experimentaram muitas coisas, ao contemplarem uma coisa como futura ou passada, oscilarem e duvidarem muito da sua ocorrência (*veja-se o Esc. da Prop. 44, P. II*), os afetos que se originam de semelhantes imagens das coisas não são tão constantes e, frequentemente, são perturbados pelas imagens de outras coisas, até que os homens estejam mais certos da ocorrência da coisa.

ESCÓLIO II — Pelo que acabo de dizer, entende-se o que é a esperança, o medo, a segurança, o desespero, o regozijo e o remorso. Na verdade, a *esperança* não é senão uma *alegria inconstante, originada da imagem de uma coisa futura, ou passada, de cuja ocorrência duvidamos*. O *medo*, pelo contrário, é uma *tristeza inconstante, originada também da imagem de uma coisa duvidosa*. Por outro lado, se retirarmos destes afetos a dúvida, a esperança converte-se em *segurança* e o medo em *desespero*, quer dizer, numa *alegria, ou tristeza, originada da imagem de uma coisa que temíamos, ou que esperávamos*. O *regozijo*, por sua vez, é a *alegria originada da imagem de uma coisa passada de cuja ocorrência duvidamos*. Finalmente, o *remorso* é a *tristeza oposta ao regozijo*.

PROPOSIÇÃO XIX
Quem imagina aquilo que ama sendo destruído, entristecer-se-á; se, porém, o imagina sendo conservado, alegrar-se-á.

DEMONSTRAÇÃO — A mente esforça-se quanto pode por imaginar as coisas que aumentam ou ajudam a potência de agir do corpo (*pela Prop. 12 desta Parte*), isto é (*pelo Esc. da Prop. 13 desta Parte*), as coisas que ama. Ora, a imaginação é ajudada por aquilo que põe a existência da coisa e, inversamente, é reprimida por aquilo que a exclui (*pela Prop. 17, P. II*). Logo, as imagens das coisas que põem a existência da coisa amada ajudam o esforço pelo qual a mente se esforça por imaginar a coisa amada, isto é (*pelo Esc. da Prop. 11 desta Parte*), afetam de alegria a mente; pelo contrário, as que

Parte III — Da Origem e da Natureza dos Afetos

eundem Mentis conatum coercent, hoc est (*per idem Schol.*), Tristitia Mentem afficiunt. Qui itaque id, quod amat, destrui imaginatur, contristabitur, etc. *Q. E. D.*

PROPOSITIO XX
Qui id, quod odio habet, destrui imaginatur, lætabitur.

DEMONSTRATIO — Mens (*per Prop. 13 hujus*) ea imaginari conatur, quæ rerum existentiam, quibus Corporis agendi potentia minuitur, vel coercetur, secludunt, hoc est (*per Schol. ejusdem Prop.*), ea imaginari conatur, quæ rerum, quas odio habet, existentiam secludunt; atque adeo rei imago, quæ existentiam ejus, quod Mens odio habet, secludit, hunc Mentis conatum juvat, hoc est (*per Schol. Prop. 11 hujus*), Mentem Lætitia afficit. Qui itaque id, quod odio habet, destrui imaginatur, lætabitur. *Q. E. D.*

PROPOSITIO XXI
Qui id, quod amat, Lætitia, vel Tristitia affectum imaginatur, Lætitia etiam, vel Tristitia afficietur; et uterque hic affectus major, aut minor erit in amante, prout uterque major, aut minor est in re amata.

DEMONSTRATIO — Rerum imagines (*at in Prop. 19 hujus demonstravimus*), quæ rei amatæ existentiam ponunt, Mentis conatum, quo ipsam rem amatam imaginari conatur, juvant. Sed Lætitia existentiam rei lætæ ponit, et eo magis, quo Lætitiæ affectus major est: est enim (*per Schol. Prop. 11 hujus*) transitio ad majorem perfectionem: ergo imago Lætitiæ rei amatæ in amante

excluem a existência da coisa amada reprimem esse esforço da mente, isto é (*pelo mesmo Esc.*), afetam de tristeza a mente. Assim, quem imagina aquilo que ama sendo destruído entristecer-se-á, etc. *Q. E. D.*

PROPOSIÇÃO XX
Quem imagina aquilo a que tem ódio sendo destruído alegrar-se-á.

DEMONSTRAÇÃO — A mente (*pela Prop. 13 desta Parte*) esforça-se por imaginar o que exclui a existência das coisas que diminuem ou reprimem a potência de agir do corpo, isto é (*pelo Esc. da mesma Prop.*), esforça-se por imaginar o que exclui a existência das coisas a que tem ódio. Por isso, a imagem da coisa que exclui a existência daquilo a que a mente tem ódio ajuda este esforço da mente, isto é (*pelo Esc. da Prop. 11 desta Parte*), afeta-a de alegria. Quem, portanto, imagina aquilo a que tem ódio a ser destruído alegrar-se-á. *Q. E. D.*

PROPOSIÇÃO XXI
Quem imagina aquilo que ama afetado de alegria ou de tristeza será também afetado de alegria ou de tristeza; e um e outro destes afetos serão maiores ou menores no amador,[14] consoante forem maiores ou menores na coisa amada.

DEMONSTRAÇÃO — As imagens das coisas (*como demonstramos na Prop. 19 desta Parte*) que põem a existência da coisa amada ajudam o esforço pelo qual a mente se esforça por imaginar a mesma coisa amada. Mas a alegria põe a existência da coisa alegre, e tanto mais, quanto maior é o afeto de alegria, visto ser (*pelo Esc. da Prop. 11 desta Parte*) uma transição para uma perfeição maior. Logo, a imagem da alegria da coisa amada ajuda no

---

[14] *Amante*: apesar de vulgarmente traduzido por "amante" e seus equivalentes nas diversas línguas, cremos que, pelo menos em português, o sinônimo "amador" será, porventura, pela sua abrangência e cariz neutral, mais consentâneo com a multiplicidade dos possíveis objetos amados, sem, obviamente, excluir os que se associam ao "amante", como testemunha o clássico poema de Camões "Transforma-se o amador na cousa amada", um tópico de inspiração petrarquista — *l'amante nell'amato si transforma* — que será por sua vez glosado, até os nossos dias, entre outros, por Herberto Helder: "Transforma-se o amador na coisa amada com seu/ feroz sorriso [...]" (do poema "Tríptico", da obra *A colher na boca*, Lisboa, Ática, 1961).

Parte III — Da Origem e da Natureza dos Afetos

ipsius Mentis conatum juvat, hoc est (*per Schol. Prop. 11 hujus*), amantem Lætitia afficit, et eo majori, quo major hic affectus in re amata fuerit. Quod erat primum. Deinde quatenus res aliqua Tristitia afficitur, eatenus destruitur, et eo magis, quo majori afficitur Tristitia (*per idem Schol. Prop. 11 hujus*); adeoque (*per Prop. 19 hujus*) qui id, quod amat, Tristitia affici imaginatur, Tristitia etiam afficietur, et eo majori, quo major hic affectus in re amata fuerit. *Q. E. D.*

PROPOSITIO XXII

Si aliquem imaginamur Lætitia afficere rem, quam amamus, Amore erga eum afficiemur. Si contra eundem imaginamur Tristitia eandem afficere, econtra Odio etiam contra ipsum afficiemur.

DEMONSTRATIO — Qui rem, quam amamus Lætitia, vel Tristitia afficit, ille nos Lætitia, vel Tristitia etiam afficit, si nimirum rem amatam Lætitia illa, vel Tristitia affectam imaginamur (*per Prop. præced.*). At hæc Lætitia, vel Tristitia in nobis supponitur dari, concomitante idea causæ externæ; ergo (*per Schol. Prop. 13 hujus*), si aliquem imaginamur Lætitia, vel Tristitia afficere rem, quam amamus, erga eundem Amore, vel Odio afficiemur. *Q. E. D.*

SCHOLIUM — Propositio 21 nobis explicat, quid sit *Commiseratio*, quam definire possumus, quod *sit Tristitia orta ex alterius damno*. Quo autem nomine appellanda sit Lætitia, quæ ex alterius bono oritur, nescio. Porro *Amorem erga illum, qui alteri bene fecit, Favorem*, et contra *Odium erga illum, qui alteri male fecit, Indignationem* appellabimus. Denique notandum, nos non tantum misereri rei, quam amavimus (*ut in Prop. 21 ostendimus*), sed etiam ejus, quam antea nullo affectu prosecuti sumus; modo eam nobis similem judicemus (ut infra ostendam). Atque adeo ei etiam favere, qui simili bene fecit, et contra in eum indignari, qui simili damnum intulit.

PROPOSITIO XXIII

Qui id, quod odio habet, Tristitia affectum imaginatur, lætabitur; si contra idem Lætitia affectum esse imaginetur, contristabitur; et

amador o esforço da sua mente, isto é (*pelo Esc. da Prop. 11 desta Parte*), afeta o amador de uma alegria tanto maior, quanto maior for esse afeto na coisa amada. Isto era o primeiro ponto. Depois, na medida em que uma coisa é afetada de tristeza, ela é tanto mais destruída, quanto maior for a tristeza que a afeta (*pelo mesmo Esc. da Prop. 11*). Por isso (*pela Prop. 19 desta Parte*), quem imagina afetado de tristeza o que ama será também afetado de uma tristeza tanto maior, quanto maior for na coisa amada esse afeto. *Q. E. D.*

PROPOSIÇÃO XXII

Se imaginamos que alguém afeta de alegria a coisa que amamos, seremos afetados de amor para com ele. Se, pelo contrário, imaginamos que a afeta de tristeza, seremos também afetados de ódio contra ele.

DEMONSTRAÇÃO — Quem afeta de alegria ou de tristeza uma coisa que amamos afeta-nos também a nós de alegria ou de tristeza, se nós imaginarmos a coisa que amamos afetada dessa alegria ou tristeza (*pela Prop. anterior*). Ora, supõe-se que esta alegria ou tristeza se dá em nós acompanhada da ideia de uma causa exterior. Logo (*pelo Esc. da Prop. 13 desta Parte*), se imaginamos que alguém afeta de alegria ou de tristeza a coisa que amamos, seremos afetados de amor ou de ódio para com ele. *Q. E. D.*

ESCÓLIO — A Proposição 21 explica-nos o que é a *comiseração*, que podemos definir como sendo a *tristeza que se origina do dano alheio*. Não sei, contudo, que nome chamar à alegria que se origina do bem alheio. Ao *amor a quem fez bem a outrem* chamaremos *apreço*, e ao *ódio a quem fez mal a outrem* chamaremos, pelo contrário, *indignação*. Deve, finalmente, notar-se que nós não temos comiseração só por uma coisa que amamos (*como mostramos na Prop. 21 desta Parte*), mas também por uma coisa pela qual não experimentamos antes nenhum afeto, desde que a julguemos semelhante a nós (como mostrarei adiante). Por conseguinte, também temos apreço por quem fez bem a um semelhante e, pelo contrário, indignamo-nos com quem causou dano a um semelhante.

PROPOSIÇÃO XXIII

Quem imagina aquilo a que tem ódio afetado de tristeza alegrar-se-á; se, pelo contrário, o imagina afetado de alegria, entristecer-se-á; e cada um

Parte III — Da Origem e da Natureza dos Afetos

uterque hic affectus major, aut minor erit, prout ejus contrarius major, aut minor est in eo, quod odio habet.

DEMONSTRATIO — Quatenus res odiosa Tristitia afficitur, eatenus destruitur, et eo magis, quo majori Tristitia afficitur (*per Schol. Prop. 11 hujus*). Qui igitur (*per Prop. 20 hujus*) rem, quam odio habet, Tristitia affici imaginatur, Lætitia contra afficietur; et eo majori, quo majori Tristitia rem odiosam affectam esse imaginatur; quod erat primum. Deinde Lætitia existentiam rei lætæ ponit (*per idem Schol. Prop. 11 hujus*), et eo magis, quo major Lætitia concipitur. Si quis eum, quem odio habet, Lætitia affectum imaginatur, hæc imaginatio (*per Prop. 13 hujus*) ejusdem conatum coercebit, hoc est (*per Schol. Prop. 11 hujus*), is, qui odio habet, Tristitia afficietur, et *Q. E. D.*

SCHOLIUM — Hæc Lætitia vix solida, et absque ullo animi conflictu esse potest. Nam (*ut statim in Propositione 27 hujus ostendam*) quatenus rem sibi similem Tristitiæ affectu affici imaginatur, eatenus contristari debet; et contra, si eandem Lætitia affici imaginetur. Sed hic ad solum Odium attendimus.

PROPOSITIO XXIV
Si aliquem imaginamur Lætitia afficere rem, quam odio habemus, Odio etiam erga eum afficiemur. Si contra eundem imaginamur Tristitia eandem rem afficere, Amore erga ipsum afficiemur.

DEMONSTRATIO — Demonstratur eodem modo hæc Propositio, ac Propositio 22 hujus, quam vide.

desses afetos será maior ou menor, consoante for maior ou menor o seu contrário naquilo a que tem ódio.

DEMONSTRAÇÃO — Na medida em que a coisa odiada[15] é afetada de tristeza, ela é tanto mais destruída, quanto maior for a tristeza que a afeta (*pelo Esc. da Prop. 11 desta Parte*). Quem, portanto (*pela Prop. 20 desta Parte*), imagina que a coisa a que tem ódio é afetada de tristeza será, por sua vez, afetado de uma alegria tanto maior, quanto maior for a tristeza de que imagina afetada a coisa odiada. Isto era o primeiro ponto. Depois, a alegria põe a existência da coisa alegre (*pelo mesmo Esc. da Prop. 11 desta Parte*), e tanto mais, quanto maior a alegria que se concebe. Se alguém imagina aquilo a que tem ódio afetado de alegria, essa imaginação (*pela Prop. 13 desta Parte*) reprimirá o seu esforço, isto é (*pelo Esc. da Prop. 11 desta Parte*), quem tem ódio será afetado de tristeza, etc. Q. E. D.

ESCÓLIO — Esta alegria dificilmente pode ser sólida e sem nenhum conflito anímico. Porque (*como mostrarei já a seguir, na Prop. 27 desta Parte*), na medida em que ele imagina uma coisa semelhante a si afetada por um afeto de tristeza, deve também entristecer-se. E se, pelo contrário, a imagina afetada de alegria, deve também alegrar-se. Mas nós, aqui, atendemos apenas ao ódio.

PROPOSIÇÃO XXIV
Se imaginamos que alguém afeta de alegria uma coisa a que temos ódio, seremos afetados de ódio também para com ele. Se, pelo contrário, imaginamos que ele afeta a mesma coisa de tristeza, seremos afetados de amor para com ele.

DEMONSTRAÇÃO — Esta Proposição demonstra-se da mesma maneira que a Proposição 22 desta Parte, para a qual se remete.

---

[15] *Odiosa*: a tradução literal — Curley (*hateful*), Domínguez e Grupo de Estudos Espinosanos ("odiosa"), Moreau (*odieuse*), Lomba (*odiosa*) — afasta-se, a nosso ver, do significado que o adjetivo tem no parágrafo e não corresponde ao "aquilo a que se tem ódio", "*id quod odio habet*", que aparece na Proposição e para que remete a Demonstração. Consequentemente, traduzimos por "coisa odiada", isto é, coisa a que alguém tem ódio, e não por "coisa odiosa".

Parte III — Da Origem e da Natureza dos Afetos

SCHOLIUM — Hi, et similes Odii affectus ad *Invidiam* referuntur, quæ propterea nihil aliud est, quam ipsum *Odium, quatenus id consideratur hominem ita disponere, ut malo alterius gaudeat, et contra ut ejusdem bono contristetur.*

PROPOSITIO XXV

Id omne de nobis, deque re amata affirmare conamur, quod nos, vel rem amatam Lætitia afficere, imaginamur; et contra id omne negare, quod nos, vel rem amatam Tristitia afficere, imaginamur.

DEMONSTRATIO — Quod rem amatam Lætitia, vel Tristitia afficere imaginamur, id nos Lætitia, vel Tristitia afficit (*per Prop. 21 hujus*). At Mens (*per Prop. 12 hujus*) ea, quæ nos Lætitia afficiunt, quantum potest, conatur imaginari, hoc est (*per Prop. 17 p. 2 et ejus Coroll.*), ut præsentia contemplari; et contra (*per Prop. 13 hujus*), quæ nos Tristitia afficiunt, eorum existentiam secludere; ergo id omne de nobis, deque re amata affirmare conamur, quod nos, vel rem amatam Lætitia afficere, imaginamur, et contra. *Q. E. D.*

PROPOSITIO XXVI

Id omne de re, quam odio habemus, affirmare conamur, quod ipsam Tristitia afficere imaginamur, et id contra negare, quod ipsam Lætitia afficere imaginamur.

DEMONSTRATIO — Sequitur hæc Propositio ex Propositione 23 ut præcedens ex Propositione 21 hujus.

SCHOLIUM — His videmus, facile contingere, ut homo de se, deque re amata plus justo, et contra de re, quam odit, minus justo sentiat, quæ quidem imaginatio, quando ipsum

ESCÓLIO — Estes afetos de ódio e outros semelhantes referem-se à *inveja*, a qual, portanto, não é senão o próprio *ódio na medida em que se considera que ele dispõe de tal maneira o homem, que este se regozija*[16] com o *mal de outrem e, pelo contrário, se entristece com o bem dele.*

PROPOSIÇÃO XXV

Esforçamo-nos por afirmar, de nós e da coisa amada, tudo aquilo que imaginamos afetar-nos de alegria, a nós ou à coisa amada, e, inversamente, por negar tudo aquilo que imaginamos afetar-nos de tristeza, a nós ou à coisa amada.

DEMONSTRAÇÃO — Aquilo que imaginamos afetar de alegria ou de tristeza a coisa amada afeta-nos a nós de alegria ou de tristeza (*pela Prop. 21 desta Parte*). Ora, a mente (*pela Prop. 12 desta Parte*) esforça-se quanto pode por imaginar as coisas que nos afetam de alegria, isto é (*pela Prop. 17, P. II, e o seu Corol.*), por contemplá-las como se estivessem presentes e, inversamente (*pela Prop. 13 desta Parte*), por excluir a existência das que nos afetam de tristeza. Logo, esforçamo-nos por afirmar, de nós e da coisa amada, o que imaginamos afetar-nos, a nós ou à coisa amada, de alegria e, inversamente, etc. *Q. E. D.*

PROPOSIÇÃO XXVI

Esforçamo-nos por afirmar de uma coisa a que temos ódio tudo aquilo que imaginamos afetá-la de tristeza e, inversamente, por negar aquilo que imaginamos afetá-la de alegria.

DEMONSTRAÇÃO — Esta Proposição segue-se da Proposição 23, como a anterior se segue da Proposição 21 desta Parte.

ESCÓLIO — Por isto se vê como é fácil acontecer que o homem faça um juízo acima do que seria justo sobre si e a coisa amada e, pelo contrário, abaixo do que seria justo sobre a coisa a que tem ódio. Esta imaginação,

---

[16] *Gaudeat*: o verbo *gaudere* é frequente na *Ética* e significa literalmente "gozar" (de saúde, por ex.), abrangendo ambas as denotações que lhe atribuímos: "regozijar-se com", em algumas ocorrências como a presente, e "gozar de", em muitas das que se seguem.

Parte III — Da Origem e da Natureza dos Afetos

hominem respicit, qui de se plus justo sentit, Superbia vocatur, et species Delirii est, quia homo oculis apertis somniat, se omnia illa posse, quæ sola imaginatione assequitur, quæque propterea, veluti realia, contemplatur, iisque exultat, quamdiu ea imaginari non potest, quæ horum existentiam secludunt, et ipsius agendi potentiam determinant. *Est igitur Superbia Lætitia ex eo orta, quod homo de se plus justo sentit.* Deinde *Lætitia, quæ ex eo oritur, quod homo de alio plus justo sentit, Existimatio* vocatur; *et illa denique Despectus, quæ ex eo oritur, quod de alio minus justo sentit.*

PROPOSITIO XXVII

Ex eo, quod rem nobis similem, et quam nullo affectu prosecuti sumus, aliquo affectu affici imaginamur, eo ipso simili affectu afficimur.

DEMONSTRATIO — Rerum imagines sunt Corporis humani affectiones, quarum ideæ corpora externa, veluti nobis præsentia, repræsentant (*per Schol. Prop. 17 p. 2*), hoc est (*per Prop. 16 p. 2*), quarum ideæ naturam nostri Corporis, et simul præsentem externi corporis naturam involvunt. Si igitur corporis externi natura similis sit naturæ nostri Corporis, tum idea corporis externi, quod imaginamur, affectionem nostri Corporis involvet similem affectioni corporis externi; et consequenter, si aliquem nobis similem aliquo affectu affectum imaginamur, hæc imaginatio affectionem nostri Corpus huic affectui similem exprimet; adeoque ex hoc, quod rem aliquam nobis similem aliquo affectu affici imaginamur, simili cum ipsa affectu afficimur. Quod si rem nobis similem odio habeamus, eatenus (*per Prop. 23 hujus*) contrario affectu cum ipsa afficiemur, non autem simili. Q. E. D.

SCHOLIUM — Hæc affectuum imitatio, quando ad Tristitiam refertur, vocatur *Commiseratio* (*de qua vide Schol. Prop. 22 hujus*); sed ad Cupiditatem relata *Aemulatio*, quæ proinde nihil aliud *est, quam alicujus res Cupiditas, quæ in nobis ingeneratur ex eo, quod alios nobis similes eandem Cupiditatem habere imaginamur.*

quando diz respeito ao próprio homem que faz de si um juízo acima do que seria justo, chama-se soberba, e é uma espécie de delírio, porque o homem sonha de olhos abertos que tem em seu poder todas aquelas coisas a que só pela imaginação se chega e que ele, por isso, contempla como reais e exulta com elas enquanto não puder imaginar as coisas que excluem a existência delas e determinam a sua própria potência de agir. A *soberba é, portanto, uma alegria originada do fato de o homem fazer de si um juízo acima do que seria justo*. Depois, *à alegria que se origina do fato de o homem fazer sobre um outro um juízo acima do que seria justo*, chama-se *sobrestima*; e, finalmente, *àquela que se origina do fato de ele fazer sobre um outro um juízo abaixo do que seria justo*, chama-se *menosprezo*.

PROPOSIÇÃO XXVII

Pelo fato de imaginarmos que uma coisa semelhante a nós, pela qual não experimentávamos nenhum afeto, é afetada por algum afeto, somos afetados por um afeto semelhante.

DEMONSTRAÇÃO — As imagens das coisas são afecções do corpo humano, cujas ideias representam os corpos exteriores como se estivessem presentes a nós (*pelo Esc. da Prop. 17, P. II*), isto é (*pela Prop. 16, P. II*), cujas ideias envolvem a natureza do nosso corpo e, ao mesmo tempo, a natureza presente de um corpo exterior. Se, portanto, a natureza de um corpo exterior é semelhante à do nosso corpo, então, a ideia do corpo exterior que imaginamos envolve uma afecção do nosso corpo semelhante à afecção do corpo exterior e, por conseguinte, se imaginamos uma coisa semelhante a nós a ser afetada de algum afeto, esta imaginação exprimirá uma afecção do nosso corpo semelhante a esse afeto; assim, pelo fato de imaginarmos que uma coisa semelhante a nós é afetada de algum afeto, somos com ela afetados de um afeto semelhante. E, se temos ódio a uma coisa semelhante a nós (*pela Prop. 23 desta Parte*), seremos com ela afetados, mas de um afeto contrário e não semelhante. *Q. E. D.*

ESCÓLIO — Esta imitação dos afetos, quando se refere à tristeza, chama-se *comiseração* (*sobre isto, veja-se o Esc. da Prop. 22 desta Parte*); mas, se for referida ao desejo, chama-se *emulação*, a qual, portanto, *não é senão o desejo de alguma coisa engendrado em nós pelo fato de imaginarmos que outros, semelhantes a nós, têm o mesmo desejo.*

COROLLARIUM I — Si aliquem, quem nullo affectu prosecuti sumus, imaginamur Lætitia afficere rem nobis similem, Amore erga eundem afficiemur. Si contra eundem imaginamur eandem Tristitia afficere, Odio erga ipsum afficiemur.

DEMONSTRATIO — Hoc eodem modo ex Propositione præcedente demonstratur, ac Propositio 22 hujus ex Propositione 21.

COROLLARIUM II — Rem, cujus nos miseret, odio habere non possumus ex eo, quod ipsius miseria nos Tristitia afficit.

DEMONSTRATIO — Si enim ex eo nos eandem odio habere possemus, tum (*per Prop. 23 hujus*) ex ipsius Tristitia lætaremur, quod est contra Hypothesin.

COROLLARIUM III — Rem, cujus nos miseret, a miseria, quantum possumus, liberare conabimur.

DEMONSTRATIO — Id, quod rem, cujus nos miseret, Tristitia afficit, nos simili etiam Tristitia afficit (*per Prop. præced.*); adeoque omne id, quod ejus rei existentiam tollit, sive quod rem destruit, comminisci conabimur (*per Prop. 13 hujus*), hoc est (*per Schol. Prop. 9 hujus*) id destruere appetemus, sive ad id destruendum determinabimur; atque adeo rem, cujus miseremur, a sua miseria liberare conabimur. Q. E. D.

SCHOLIUM — Hæc voluntas, sive appetitus benefaciendi, qui ex eo oritur, quod rei, in quam beneficium conferre volumus, nos miseret, *Benevolentia* vocatur, quæ proinde nihil aliud *est*, quam *Cupiditas ex commiseratione orta.* Cæterum de Amore, et Odio erga illum, qui rei, quam nobis similem esse imaginamur, bene, aut male fecit, vide Schol. Prop. 22 hujus.

PROPOSITIO XXVIII

Id omne, quod ad Lætitiam conducere imaginamur, conamur promovere, ut fiat; quod vero eidem repugnare, sive ad Tristitiam conducere imaginamur, amovere, vel destruere conamur.

COROLÁRIO I — Se imaginamos que alguém, por quem não experimentávamos nenhum afeto, afeta de alegria uma coisa semelhante a nós, seremos afetados de amor para com ele. Se, pelo contrário, imaginamos que a afeta de tristeza, seremos afetados de ódio para com ele.

DEMONSTRAÇÃO — Isto demonstra-se pela Proposição anterior, do mesmo modo que a Proposição 22 desta Parte se demonstrou pela Proposição 21.

COROLÁRIO II — A uma coisa pela qual sentimos comiseração não podemos ter ódio pelo fato de a sua miséria nos afetar de tristeza.

DEMONSTRAÇÃO — Se, com efeito, nós pudéssemos ter-lhe ódio por isso, então (*pela Prop. 23 desta Parte*), alegrar-nos-íamos com a sua tristeza, o que vai contra a hipótese.

COROLÁRIO III — Esforçar-nos-emos quanto podemos por livrar da miséria uma coisa pela qual sentimos comiseração.

DEMONSTRAÇÃO — Aquilo que afeta de tristeza uma coisa por que sentimos comiseração afeta-nos também a nós de uma tristeza semelhante (*pela Prop. anterior*) e, por isso, esforçar-nos-emos por congeminar tudo aquilo que suprime a existência dessa coisa, ou seja, que destrói essa coisa (*pela Prop. 13 desta Parte*). Por outras palavras (*pelo Esc. da Prop. 9 desta Parte*), apetecer-nos-á destruí-la, ou seja, estaremos determinados a destruí-la, e, por conseguinte, esforçar-nos-emos por livrar da sua miséria uma coisa por que sentimos comiseração. *Q. E. D.*

ESCÓLIO — Esta vontade ou apetite de fazer o bem, que se origina do fato de sentirmos comiseração por uma coisa a que queremos fazer bem, chama-se *benevolência*, que, portanto, *não é senão um desejo que se origina da comiseração*. Quanto ao amor e ao ódio para com aquele que fez bem ou mal a uma coisa que imaginamos semelhante a nós, veja-se o Escólio da Proposição 22.

PROPOSIÇÃO XXVIII

Tudo o que imaginamos que leva à alegria, esforçamo-nos por fazer com que aconteça; mas o que imaginamos que se lhe opõe, ou seja, que leva à tristeza, esforçamo-nos por afastá-lo ou destruí-lo.

Parte III — Da Origem e da Natureza dos Afetos

DEMONSTRATIO — Quod ad Lætitiam conducere imaginamur, quantum possumus, imaginari conamur (*per Prop. 12 hujus*), hoc est (*per Prop. 17 p. 2*), id, quantum possumus, conabimur ut præsens, sive ut actu existens contemplari. Sed Mentis conatus, seu potentia in cogitando æqualis, et simul natura est cum Corporis conatu, seu potentia in agendo (*ut clare sequitur ex Coroll. Prop. 7 et Coroll. Prop. 11 p. 2*): ergo, ut id existat, absolute conamur, sive (*quod per Schol. Prop. 9 hujus idem est*) appetimus, et intendimus; quod erat primum. Deinde si id, quod Tristitiæ causam esse credimus, hoc est (*per Schol. Prop. 13 hujus*), si id, quod odio habemus, destrui imaginamur, lætabimur (*per Prop. 20 hujus*), adeoque idem (*per primam hujus partem*) conabimur destruere, sive (*per Prop. 13 hujus*) a nobis amovere, ne ipsum, ut præsens contemplemur; quod erat secundum. Ergo id omne, quod ad Lætitiam, et *Q. E. D.*

PROPOSITIO XXIX

Nos id omne etiam agere conabimur, quod* homines cum Lætitia aspicere imaginamur, et contra id agere aversabimur, quod homines aversari imaginamur.

DEMONSTRATIO — Ex eo, quod imaginamur homines aliquid amare, vel odio habere, nos idem amabimus, vel odio habebimus (*per Prop. 27 hujus*), hoc est (*per Schol. Prop. 13 hujus*), eo ipso ejus rei præsentia lætabimur, vel contristabimur; adeoque (*per Prop. præced.*) id omne, quod homines amare, sive cum Lætitia aspicere imaginamur, conabimur agere, etc. *Q. E. D.*

SCHOLIUM — Hic conatus aliquid agendi, et etiam omittendi, ea sola de causa, ut hominibus placeamus, vocatur *Ambitio*, præsertim quando adeo impense vulgo placere conamur, ut cum nostro, aut alterius damno quædam agamus, vel omittamus; alias

---

* N. B. Intellige hic, et in seqq. homines, quos nullo affectu prosequuti sumus.

DEMONSTRAÇÃO — Esforçamo-nos quanto podemos por imaginar o que imaginamos que leva à alegria (*pela Prop. 12 desta Parte*), isto é (*pela Prop. 17, P. II*), esforçamo-nos quanto podemos por contemplá-lo como se estivesse presente, ou seja, como existente em ato. Ora, o esforço ou potência da mente a pensar é por natureza igual e simultâneo ao esforço ou potência do corpo a agir (*como se segue claramente do Corol. da Prop. 7 e do Corol. da Prop. 11, P. II*). Logo, esforçamo-nos absolutamente para que tal exista, quer dizer (*o que é o mesmo, pelo Esc. da Prop. 9 desta Parte*), apetece-nos e pretendemos isso. Este era o primeiro ponto. Depois, se imaginamos que aquilo que cremos ser causa de tristeza, isto é (*pelo Esc. da Prop. 13 desta Parte*), se imaginamos que aquilo a que temos ódio é destruído, alegrar-nos-emos (*pela Prop. 20 desta Parte*) e, por isso, esforçar-nos-emos por destruí-lo (*pela primeira parte desta demonstração*), ou seja (*pela Prop. 13 desta Parte*), por afastá-lo de nós, para não o contemplarmos como presente. E este era o segundo ponto. Logo, tudo aquilo que imaginamos que leva à alegria, etc. Q. E. D.

PROPOSIÇÃO XXIX

Esforçar-nos-emos também por fazer tudo o que imaginamos ser visto pelos homens * *com alegria e, pelo contrário, teremos aversão a fazer aquilo a que imaginamos que os homens têm aversão.*

DEMONSTRAÇÃO — Pelo fato de imaginarmos que os homens amam ou têm ódio a uma coisa, amá-la-emos ou ter-lhe-emos ódio (*pela Prop. 27 desta Parte*), isto é (*pelo Esc. da Prop. 13 desta Parte*), alegrar-nos-emos ou entristecer-nos-emos pelo próprio fato da presença dessa coisa e, por conseguinte (*pela Prop. anterior*), esforçar-nos-emos por fazer tudo o que imaginamos que os homens amam ou olham com alegria, etc. Q. E. D.

ESCÓLIO — Este esforço por fazer, assim como por se abster de fazer, alguma coisa, só por causa de agradarmos aos homens, chama-se *ambição*, principalmente quando nos esforçamos com tanto empenho por agradar ao vulgo, que fazemos ou nos abstemos de fazer certas coisa com dano para nós

---

* N. B. Por homens, aqui e nas páginas que se seguem, entende-se homens por quem nunca experimentamos nenhum afeto.

Humanitas appellari solet. Deinde Lætitiam, qua alterius actionem, qua nos conatus est delectari, imaginamur, *Laudem* voco; Tristitiam vero, qua contra ejusdem actionem aversamur, *Vituperium* voco.

PROPOSITIO XXX

Si quis aliquid egit, quod reliquos Lætitia afficere imaginatur, is Lætitia, concomitante idea sui, tanquam causa, afficietur; sive se ipsum cum Lætitia contemplabitur. Si contra aliquid egit, quod reliquos Tristitia afficere imaginatur, se ipsum cum Tristitia contra contemplabitur.

DEMONSTRATIO — Qui se reliquos Lætitia, vel Tristitia afficere imaginatur, eo ipso (*per Prop. 27 hujus*) Lætitia, vel Tristitia afficietur. Cum autem homo (*per Prop. 19 et 23 p. 2*) sui sit conscius per affectiones, quibus ad agendum determinatur, ergo, qui aliquid egit, quod ipse imaginatur, reliquos Lætitia afficere, Lætitia cum conscientia sui, tanquam causa, afficietur, sive seipsum cum Lætitia contemplabitur, et contra. *Q. E. D.*

SCHOLIUM — Cum Amor (*per Schol. Prop. 13 hujus*) sit Lætitia, concomitante idea causæ externæ, et Odium Tristitia concomitante etiam idea causæ externæ, erit ergo hæc Lætitia, et Tristitia Amoris, et Odii species. Sed quia Amor, et Odium ad objecta externa referuntur, ideo hos Affectus aliis nominibus significabimus; nempe

ou para outrem. Não sendo esse o caso, costuma chamar-se *civilidade*.[17] Além disso, à alegria com que imaginamos uma ação de outrem com a qual ele se esforçou por nos deleitar, chamo *elogio*; e à tristeza com que, ao invés, somos avessos a uma sua ação, chamo *vitupério*.

PROPOSIÇÃO XXX

Se alguém fez uma coisa que imagina afetar os outros de alegria, ele mesmo será afetado de alegria, acompanhada da ideia de si como causa, ou seja, contemplar-se-á a si próprio com alegria. Se, pelo contrário, fez alguma coisa que imagina afetar de tristeza os outros, contemplar-se-á a si próprio com tristeza.

DEMONSTRAÇÃO — Quem imagina que afeta os outros de alegria ou de tristeza será, por isso mesmo (*pela Prop. 27 desta Parte*), afetado de alegria ou de tristeza. Mas como o homem (*pelas Prop. 19 e 23, P. II*) é consciente de si por meio das afecções pelas quais é determinado a agir, quem fez algo que imagina afetar os outros de alegria será afetado de alegria com a consciência de si como causa, ou seja, contemplar-se-á a si próprio com alegria e, pelo contrário, etc.[18] *Q. E. D.*

ESCÓLIO — Como o amor (*pelo Esc. da Prop. 13 desta Parte*) é uma alegria acompanhada pela ideia de uma causa exterior, e o ódio uma tristeza também acompanhada pela ideia de uma causa exterior, esta alegria e esta tristeza serão, portanto, espécies de amor e de ódio. Mas, uma vez que o amor e o ódio se referem a objetos exteriores, nós designaremos esses afetos

---

[17] *Humanitas*: apesar de este vocábulo ser frequentemente traduzido à letra, optamos por uma outra solução, para evitar a ambiguidade do vocábulo "humanidade" e reproduzir mais fielmente o afeto que o autor define aqui e, mais adiante, na Def. 43 dos Afetos. Na versão de Curley, a *humanitas* vem traduzida por *"human kindness"* (afabilidade), e na alemã de Bartuschat por *Menschenfreundlichkeit* (filantropia). Pensamos que "civilidade", que em latim também significa, mas não se reduz, a "afabilidade", estará mais próximo do afeto referido pelo autor, o qual tem que ver com a afabilidade, sim, mas no contexto da *civitas*, envolvendo o conjunto de princípios éticos e normas de urbanidade que ligam cada um dos seres humanos aos seus semelhantes e cimentam a sua condição enquanto ser social.

[18] Na sequência de A. Domínguez, acrescenta-se um "etc.", que não consta da edição Gebhardt, não apenas por ser essa a forma canônica que Espinosa usa para encerrar as demonstrações, mas também porque, sem ela, a frase se tornaria equívoca.

Parte III — Da Origem e da Natureza dos Afetos

Lætitiam, concomitante idea causæ externæ, *Gloriam*, et Tristitiam huic contrariam *Pudorem* appellabimus: Intellige, quando Lætitia, vel Tristitia ex eo oritur, quod homo, se laudari, vel vituperari credit, alias Lætitiam, concomitante idea causæ internæ, *Acquiescentiam in se ipso*, Tristitiam vero eidem contrariam *Poenitentiam* vocabo.

por outros nomes. Assim, chamaremos *glória* à alegria acompanhada pela ideia de uma causa interior,[19] e *vergonha* à tristeza que lhe é contrária. Isto, entenda-se, quando a alegria ou tristeza se originam do fato de o homem crer que é elogiado ou vituperado; não sendo assim, à alegria acompanhada pela ideia de uma causa interior, chamarei *satisfação consigo mesmo*,[20] e à triste-

---

[19] Na edição Gebhardt, como na de Van Vloten & Land, vem *causae externae* e, três linhas abaixo, *causae internae*. Trata-se de um compromisso entre a versão das *OP*, que em ambos os casos trazem *externae*, e os *NS*, que em ambos os casos usam *internae*. Cremos, na sequência da argumentação exposta por Akkerman (1980, pp. 188-9), que a opção dos *NS*, já acolhida por tradutores como Curley, Giancotti, Domínguez, Cristofolini, Bartuschat e Tadeu, é a mais coerente com o sentido do texto. Porém, Garcia, Pautrat, Mignini e o Grupo de Estudos Espinosanos seguem a edição Gebhardt.

[20] *Acquiescentiam in se ipso*: neologismo introduzido por Henri Desmarets, em 1650, ao traduzir para o latim o texto de *Les Passions de l'Âme*, de Descartes, onde consta, precisamente, a expressão *"la satisfaction de soy même"* como contraponto ao arrependimento (Parte II, art. 63). Cf. C. Carlisle (2017); D. Rutherford (1999), "Salvation as a State of Mind: The Place of *Acquiescentia* in Spinoza's *Ethics*", *British Journal for the History of Philosophy*, 7, pp. 447-73; *Idem* (2014), "*Acquiescentia in se ipso*", in W. van Bunge, H. Krop, P. Steenbakkers e J. van de Ven (orgs.), *The Bloomsbury Companion to Spinoza*, Nova York, Bloomsbury, pp. 142-3; G. Totaro (1994), "*Acquiescentia* dans la cinquième partie de l'*Éthique* de Spinoza", *Revue Philosophique de la France et de l'Étranger*, 184, 1, pp. 65-79. O verbo *acquiescere* significa aquietar-se, encontrar repouso, satisfação ou consolação, tal como significa consentir, ou aquiescer, neste caso, consigo próprio. A expressão ocorre treze vezes nas Partes III e IV, e, sob as variantes *mentis acquiescentia*, *animi acquiescentia*, ou simplesmente *acquiescentia*, uma ou outra vez nas Partes IV e V. A principal dificuldade da sua tradução reside no fato de o significado com que Espinosa a utiliza não ser exatamente o mesmo em todas as ocorrências, oscilando conforme o gênero de conhecimento — imaginativo, racional ou intuitivo — que em cada caso está na base da *acquiescentia*, o que leva, inclusive, alguns tradutores a recusar uma tradução uniforme do vocábulo (por ex. Curley, que traduz, primeiro, por "*Self-esteem*" e, depois, por "*peace of mind*"). Apesar da pertinência que possa haver nesta última opção, pensamos que, não sendo o ideal, a "satisfação consigo mesmo" representa, pelo menos, um compromisso que cobre em boa parte a variação semântica das acepções da *acquiescentia* espinosana, sobretudo se tivermos em conta que a palavra "satisfação", a par do "contentamento", sugerido por comentadores como C. Carlisle, conota igualmente a "saciedade", também inscrita no radical *satis* e próxima da "plenitude" que ocorrerá na Parte V. Julgamos, por isso, a opção aqui adotada preferível a uma tentativa de literalismo, como a de Mignini, que traduz por *acquietamento in se*, ou de simples aproximação semântica, como a de J. F. Gomes, que traduz por "repouso íntimo". Embora em português também se diga o "aquietamento", ou a "quietude", a par do "repouso", pensamos que uma e outra destas últimas opções apagam não só a alegria, essencial à natureza do afeto positivo, como, além disso, o fato de ela se originar da autocontemplação, dois elementos que estão presentes na *acquiescentia in se ipso*, em qualquer um dos graus ou tipos de quietude em que ela se dá.

Parte III — Da Origem e da Natureza dos Afetos

Deinde quia (*per Coroll. Prop. 17 p. 2*) fieri potest, ut Lætitia, qua aliquis se reliquos afficere imaginatur, imaginaria tantum sit, et (*per Prop. 25 hujus*) unusquisque de se id omne conatur imaginari, quod se Lætitia afficere imaginatur, facile ergo fieri potest, ut gloriosus superbus sit, et se omnibus gratum esse imaginetur, quando omnibus molestus est.

PROPOSITIO XXXI

Si aliquem imaginamur amare, vel cupere, vel odio habere aliquid, quod ipsi amamus, cupimus, vel odio habemus, eo ipso rem constantius amabimus, etc. Si autem id, quod amamus, eum aversari imaginamur, vel contra, tum animi fluctuationem patiemur.

DEMONSTRATIO — Ex eo solo, quod aliquem aliquid amare imaginamur, eo ipso idem amabimus (*per Prop. 27 hujus*). At sine hoc nos idem amare supponimus; accedit ergo Amori nova causa, a qua fovetur; atque adeo id, quod amamus, hoc ipso constantius amabimus. Deinde ex eo, quod aliquem aliquid aversari imaginamur, idem aversabimur (*per eandem Prop.*). At si supponamus, nos eodem tempore id ipsum amare, eodem ergo tempore hoc idem amabimus, et aversabimur, sive (*vide Schol. Prop. 17 hujus*) animi fluctuationem patiemur. *Q. E. D.*

COROLLARIUM — Hinc, et ex. Prop. 28 hujus sequitur, unumquemque, quantum potest, conari, ut unusquisque id, quod ipse amat, amet, et quod ipse odit, odio etiam habeat; unde illud Poetæ:

Speremus pariter, pariter metuamus amantes;
Ferreus est, si quis, quod sinit alter, amat.

za que lhe é contrária, *arrependimento*. Depois, como (*pelo Corol. da Prop. 17, P. II*) pode acontecer que a alegria de que alguém imagina afetar os outros seja apenas imaginária, e (*pela Prop. 25 desta Parte*) como cada um se esforça por imaginar, a respeito de si, tudo o que imagina afetá-lo de alegria, pode facilmente acontecer que aquele que se vangloria seja soberbo e imagine agradar a todos, quando para todos é maçador.

PROPOSIÇÃO XXXI

Se imaginamos que alguém ama, ou deseja, ou tem ódio a uma coisa que nós próprios amamos, ou desejamos, ou odiamos, por esse mesmo fato amaremos, etc., essa coisa com mais constância ainda. Porém, se imaginamos que esse alguém tem aversão àquilo que amamos, ou o inverso, então sofreremos de flutuação do ânimo.

DEMONSTRAÇÃO — Pelo simples fato de imaginarmos que alguém ama uma coisa, amaremos essa mesma coisa (*pela Prop. 27 desta Parte*). Ora, nós supomos amá-la mesmo sem esse fato. Acrescenta-se, portanto, ao amor uma nova causa pela qual ele é favorecido e, consequentemente, amaremos por isso com mais constância aquilo que amamos. Depois, pelo fato de imaginarmos que alguém tem aversão a uma coisa, teremos aversão a essa mesma coisa (*pela mesma Prop.*). Mas se ao mesmo tempo supusermos que amamos essa coisa, então, amá-la-emos e em simultâneo ter-lhe-emos aversão, ou seja (*veja-se o Esc. da Prop. 17 desta Parte*), sofreremos de flutuação do ânimo. Q. E. D.

COROLÁRIO — Segue-se daqui, tal como da Proposição 28 desta Parte, que cada um se esforça quanto pode por que cada um ame o que ele próprio ama e odeie aquilo a que ele também tem ódio. Daí, aquilo do poeta:

Esperemos e temamos juntos, ó amantes!
Alguém amar o que um outro consente, é ser de ferro.[21]

---

[21] Ovídio (2006), *Amores*, II, 19, 4-5 (trad. Carlos Ascenso André), Lisboa, Cotovia. A citação compreende-se melhor a partir do verso que no original antecede estes dois, os quais, de resto, estão citados por ordem inversa: "O fácil não compensa; o ilícito é que abrasa/ Alguém amar o que um outro consente é ser de ferro/ Esperemos e temamos juntos, ó amantes".

Parte III — Da Origem e da Natureza dos Afetos

SCHOLIUM — Hic conatus efficiendi, ut unusquisque probet id, quod ipse amat, vel odio habet, revera est Ambitio (*vide Schol. Prop. 29 hujus*); atque adeo videmus, unumquemque ex natura appetere, ut reliqui ex ipsius ingenio vivant, quod dum omnes pariter appetunt, pariter sibi impedimento, et dum omnes ab omnibus laudari, seu amari volunt, odio invicem sunt.

PROPOSITIO XXXII

Si aliquem re aliqua, qua unus solus potiri potest, gaudere imaginamur, conabimur efficere, ne ille illa re potiatur.

DEMONSTRATIO — Ex eo solo, quod aliquem re aliqua gaudere imaginamur (*per Prop. 27 hujus cum ejusdem Coroll. 1*), rem illam amabimus, eaque gaudere cupiemus. At (*per Hypothesin*) huic Lætitiæ obstare imaginamur, quod ille eadem hac re gaudeat; ergo (*per Prop. 2 et hujus*), ne ille eadem potiatur, conabimur. Q. E. D.

SCHOLIUM — Videmus itaque, cum hominum natura plerumque ita comparatum esse, ut eorum, quibus male est, misereantur, et quibus bene est, invideant, et (*per Prop. præced.*) eo majore odio, quo rem, qua alium potiri imaginantur, magis amant. Videmus deinde, ex eadem naturæ humanæ proprietate, ex qua sequitur, homines esse misericordes, sequi etiam eosdem esse invidos, et ambitiosos. Denique, si ipsam experientiam consulere velimus, ipsam hæc omnia docere experiemur; præsertim si ad priores nostræ ætatis annos attenderimus. Nam pueros, quia eorum corpus continuo veluti in æquilibrio est, ex hoc solo ridere, vel flere experimur, quod alios ridere, vel flere vident; et quicquid præterea vident alios facere, id imitari statim cupiunt, et omnia denique sibi cupiunt, quibus alios delectari imaginantur; nimirum quia rerum imagines, uti diximus, sunt ipsæ humani Corporis affectiones, sive modi, quibus Corpus humanum a causis externis afficitur, disponiturque ad hoc, vel illud agendum.

PROPOSITIO XXXIII

Cum rem nobis similem amamus, conamur, quantum possumus, efficere, ut nos contra amet.

ESCÓLIO — Este esforço por fazer com que cada um aprove aquilo que o próprio ama ou aquilo a que tem ódio é, realmente, *ambição (veja-se o Esc. da Prop. 29 desta Parte)*, e por isso vemos apetecer a cada um, por natureza, que os outros vivam segundo o engenho dele. Mas como isto apetece a todos igualmente, são um estorvo uns para os outros e, como todos querem ser elogiados ou amados por todos, odeiam-se uns aos outros.

PROPOSIÇÃO XXXII

Se imaginarmos que alguém goza de uma coisa que só um pode possuir, esforçar-nos-emos por fazer com que ele não a possua.

DEMONSTRAÇÃO — Pelo simples fato de imaginarmos que alguém goza de uma coisa (*pela Prop. 27 desta Parte e o seu Corol. 1*), amaremos essa coisa e desejaremos gozar dela. Ora (*pela hipótese*), nós imaginamos que o fato de ele gozar dessa mesma coisa obsta a essa alegria. Logo (*pela Prop. 28 desta Parte*), esforçar-nos-emos por que ele não a possua. Q. E. D.

ESCÓLIO — Vemos, assim, como a natureza dos homens está frequentemente disposta de tal maneira que têm comiseração pelos que estão mal e invejam os que estão bem, e (*pela Prop. anterior*) com um ódio tanto maior, quanto mais amam a coisa que imaginam na posse de outrem. Vemos, além disso, que da mesma propriedade da natureza humana da qual se segue que os homens são misericordiosos, segue-se também que eles são invejosos e ambiciosos. Finalmente, se quisermos consultar a própria experiência, verificaremos que ela ensina tudo isto, principalmente se atentarmos nos primeiros anos da nossa vida. Com efeito, sabemos por experiência que as crianças, dado que o seu corpo está continuamente como que em equilíbrio, riem ou choram só de verem os outros rir ou chorar. Além disso, tudo o que veem os outros fazer, desejam logo imitar, e tudo o que imaginam deleitar os outros, desejam-no para si. É que as imagens das coisas, como dissemos, são as próprias afecções do corpo humano, ou seja, os modos como o corpo humano é afetado pelas causas exteriores e se dispõe a fazer isto ou aquilo.

PROPOSIÇÃO XXXIII

Quando amamos uma coisa semelhante a nós, esforçamo-nos quanto podemos por fazer com que ela, por sua vez, nos ame.

Parte III — Da Origem e da Natureza dos Afetos

DEMONSTRATIO — Rem, quam amamus, præ reliquis, quantum possumus, imaginari conamur (*per Prop. 12 hujus*). Si igitur res nobis sit similis, ipsam præ reliquis Lætitia afficere conabimur (*per Prop. 29 hujus*) sive conabimur, quantum possumus, efficere, ut res amata Lætitia afficiatur, concomitante idea nostri, hoc est (*per Schol. Prop. 13 hujus*), ut nos contra amet. *Q. E. D.*

PROPOSITIO XXXIV

Quo majori affectu rem amatam erga nos affectam esse imaginamur, eo magis gloriabimur.

DEMONSTRATIO — Nos (*per Prop. præced.*) conamur, quantum possumus, ut res amata nos contra amet, hoc est (*per Schol. Prop. 13 hujus*), ut res amata Lætitia afficiatur, concomitante idea nostri. Quo itaque rem amatam majori Lætitia nostra de causa affectam esse imaginamur, eo magis hic conatus juvatur, hoc est (*per Prop. 11 hujus cum ejus Schol.*), eo majore Lætitia afficimur. At cum ex eo lætemur, quod alium nobis similem Lætitia affecimus, tum nosmet cum Lætitia contemplamur (*per Prop. 30 hujus*): ergo quo majori affectu rem amatam erga nos affectam esse imaginamur, eo majori Lætitia nosmet contemplabimur, sive (*per Schol. Prop. 30 hujus*) eo magis gloriabimur. *Q. E. D.*

PROPOSITIO XXXV

Si quis imaginatur rem amatam eodem, vel arctiore vinculo Amicitiæ, quo ipse eadem solus potiebatur, alium sibi jungere, Odio erga ipsam rem amatam afficietur, et illi alteri invidebit.

DEMONSTRAÇÃO — Esforçamo-nos quanto podemos por imaginar uma coisa que amamos de preferência às demais (*pela Prop. 12 desta Parte*). Se, portanto, for uma coisa semelhante a nós, esforçar-nos-emos por afetá-la de alegria, de preferência às demais (*pela Prop. 29 desta Parte*), ou seja, esforçar-nos-emos quanto podemos por fazer com que a coisa amada seja afetada de uma alegria acompanhada pela ideia de nós, isto é (*pelo Esc. da Prop. 13 desta Parte*), por que ela, por sua vez, nos ame. Q. E. D.

PROPOSIÇÃO XXXIV

Quanto maior é o afeto por nós de que imaginamos afetada a coisa amada, mais nos desvaneceremos.[22]

DEMONSTRAÇÃO — Esforçamo-nos (*pela Prop. anterior*) quanto podemos por que a coisa amada, por sua vez, nos ame, isto é (*pelo Esc. da Prop. 13 desta Parte*), por que a coisa amada seja afetada de uma alegria acompanhada da ideia de nós. Assim, quanto maior é a alegria de que imaginamos a coisa amada afetada por nossa causa, mais esse esforço é ajudado, isto é (*pela Prop. 11 desta Parte e o seu Esc.*), maior é a alegria de que somos afetados. Ora, como nós nos alegramos pelo fato de termos afetado de alegria um outro semelhante a nós, contemplamo-nos a nós mesmos com alegria (*pela Prop. 30 desta Parte*). Logo, quanto maior o afeto por nós de que imaginamos afetada a coisa amada, maior a alegria com que nos contemplamos a nós próprios, ou seja (*pelo Esc. da Prop. 30 desta Parte*), mais nos desvaneceremos. Q. E. D.

PROPOSIÇÃO XXXV

Se alguém imagina que a coisa amada junta a si um outro, por um vínculo de amizade tanto ou mais estreito do que aquele pelo qual ele a possuía sozinho, será afetado de ódio à própria coisa amada e invejará esse outro.

---

[22] *Gloriabimur*: além do ato de se vangloriar, que envolve jactância, ou autoelogio perante os outros, o verbo *gloriari* significa também o comprazimento ou a exultação interior de quem se imagina amado ou reconhecido pelos outros, ou seja, o desvanecimento, como é manifestamente o caso nesta Prop., na Dem. da seguinte e no Esc. da Prop. 41. Etimologicamente, "desvanecer-se" tem na sua raiz *vanitas*, a "vaidade", sendo também sinônimo de "envaidecer-se", "vangloriar-se".

Parte III — Da Origem e da Natureza dos Afetos

DEMONSTRATIO — Quo quis majore amore rem amatam erga se affectam esse imaginatur, eo magis gloriabitur (*per Prop. præced.*), hoc est (*per Schol. Prop. 30 hujus*), lætabitur; adeoque (*per Prop. 28 hujus*) conabitur, quantum potest, imaginari, rem amatam ipsi quam arctissime devinctam, qui quidem conatus, sive appetitus fomentatur, si alium idem sibi cupere imaginatur (*per Prop. 31 hujus*). At hic conatus, sive appetitus ab ipsius rei amatæ imagine, concomitante imagine illius, quem res amata sibi jungit, coerceri supponitur; ergo (*per Schol. Prop. 11 hujus*) eo ipso Tristitia afficietur, concomitante idea rei amatæ, tanquam causa, et simul imagine alterius, hoc est (*per Schol. Prop. 13 hujus*), odio erga rem amatam afficietur, et simul erga illum alterum (*per Coroll. Prop. 15 hujus*), cui propterea (*per Prop. 23 hujus*) quod re amata delectatur, invidebit. *Q. E. D.*

SCHOLIUM — Hoc Odium erga rem amatam Invidiæ junctum Zelotypia vocatur, quæ proinde nihil aliud est, quam animi fluctuatio orta ex Amore, et Odio simul, concomitante idea alterius, cui invidetur. Præterea hoc Odium erga xem amatam majus erit pro ratione Lætitiæ, qua Zelotypus ex reciproco rei amatæ Amore solebat affici, et etiam pro ratione affectus, quo erga illum, quem sibi rem amatam jungere imaginatur, affectus erat. Nam si eum oderat, eo ipso rem amatam (*per Prop. 24 hujus*) odio habebit, quia ipsam id, quod ipse odio habet, Lætitia afficere imaginatur; et etiam (*per Coroll. Prop. 15 hujus*) ex eo, quod rei amatæ imaginem imagini ejus, quem odit, jungere cogitur, quæ ratio plerumque locum habet in Amore erga fæminam; qui enim imaginatur mulierem, quam amat, alteri sese prostituere, non solum ex eo, quod ipsius appetitus coercetur, contristabitur; sed etiam, quia rei amatæ imaginem pudendis, et excrementis alterius jungere cogitur, eandem aversatur; ad quod denique accedit, quod Zelotypus non eodem vultu, quem res amata ei præbere solebat, ab eadem excipiatur, qua etiam de causa amans contristatur, ut jam ostendam.

PROPOSITIO XXXVI
Qui rei, qua semel delectatus est, recordatur, cupit eadem cum iisdem potiri circumstantiis, ac cum primo ipsa delectatus est.

DEMONSTRAÇÃO — Quanto maior alguém imagina o amor a si de que é afetada a coisa amada, mais se desvanecerá (*pela Prop. anterior*), isto é (*pelo Esc. da Prop. 30 desta Parte*), mais se alegrará e, por isso (*pela Prop. 28 desta Parte*), esforçar-se-á quanto pode por imaginar a coisa amada o mais estreitamente ligada a ele, esforço, ou apetite, esse que se intensifica se ele imagina que um outro deseja para si o mesmo (*pela Prop. 31 desta Parte*). Ora, supõe-se que este esforço ou apetite é reprimido pela imagem da própria coisa amada acompanhada da imagem daquele que a coisa amada junta a si. Logo (*pelo Esc. da Prop. 11 desta Parte*), ele será, por isso mesmo, afetado de uma tristeza acompanhada da ideia da coisa amada, como causa, e, em simultâneo, da imagem do outro, isto é (*pelo Esc. da Prop. 13 desta Parte*), será afetado de ódio à coisa amada e, em simultâneo, a esse outro (*pelo Corol. da Prop. 15 desta Parte*), do qual terá inveja (*pela Prop. 23 desta Parte*), porquanto ele se deleita com a coisa amada. Q. E. D.

ESCÓLIO — Este ódio à coisa amada, junto à inveja, chama-se *ciúme*, que, por conseguinte, não é senão uma flutuação do ânimo originada, em simultâneo, do amor e do ódio, e acompanhada da ideia de um outro a quem se inveja. Além disso, este ódio à coisa amada será tanto maior, quanto a alegria de que o ciumento costumava ser afetado pelo amor recíproco da coisa amada e o afeto de que era afetado para com aquele com quem imagina juntar-se a coisa amada. Com efeito, se o odiava, terá por isso mesmo ódio à coisa amada (*pela Prop. 24 desta Parte*), pois imagina que ela afeta de alegria aquele a quem tem ódio, e também (*pelo Corol. da Prop. 15 desta Parte*) pelo fato de ser coagido a juntar a imagem da coisa amada à imagem daquele a quem odeia, razão esta que tem lugar sobretudo no amor a uma mulher. Quem, na verdade, imagina a mulher a quem ama a prostituir-se com um outro, não só se entristecerá porque o seu próprio apetite é reprimido, mas ter-lhe-á também aversão porque é coagido a juntar a imagem da coisa amada às partes pudendas e às excreções de outro. A isto acresce, enfim, que o ciumento não é recebido pela coisa amada com a mesma cara que ela costumava mostrar-lhe, motivo pelo qual o amante se entristecerá também, como mostrarei a seguir.

PROPOSIÇÃO XXXVI

Quem se recorda de uma coisa com a qual se deleitou uma vez, deseja possuí-la nas mesmas circunstâncias em que com ela se deleitou da primeira vez.

DEMONSTRATIO — Quicquid homo simul cum re, quæ ipsum delectavit, vidit, id omne (*per Prop. 15 hujus*) erit per accidens Lætitiæ causa; adeoque (*per Prop. 28 hujus*) omni eo simul cum re, quæ ipsum delectavit, potiri cupiet, sive re cum omnibus iisdem circumstantiis potiri cupiet, ac cum primo eadem delectatus est. *Q. E. D.*

COROLLARIUM — Si itaque unam ex iis circumstantiis deficere compererit, amans contristabitur.

DEMONSTRATIO — Nam quatenus aliquam circumstantiam deficere comperit, eatenus aliquid imaginatur, quod ejus rei existentiam secludit. Cum autem ejus rei, sive circumstantiæ (*per Prop. præced.*) sit præ amore cupidus, ergo (*per Prop. 19 hujus*), quatenus eandem deficere imaginatur, contristabitur. *Q. E. D.*

SCHOLIUM — Hæc Tristitia, quatenus absentiam ejus, quod amamus, respicit, Desiderium vocatur.

DEMONSTRAÇÃO — Tudo o que o homem viu em simultâneo com a coisa que o deleitou (*pela Prop. 15 desta Parte*) será, acidentalmente, causa de alegria. Por conseguinte (*pela Prop. 28 desta Parte*), ele desejará possuir tudo isso em simultâneo com a coisa que o deleitou, ou seja, desejará possuir a coisa nas mesmas circunstâncias em que com ela se deleitou da primeira vez. Q. E. D.

COROLÁRIO — Assim, se reparar que falta uma dessas circunstâncias, o amante entristecer-se-á.

DEMONSTRAÇÃO — Na verdade, na medida em que repara que falta uma circunstância, ele imagina algo que exclui a existência dessa coisa. Como, porém, ele deseja, por amor, essa coisa ou circunstância (*pela Prop. anterior*), então (*pela Prop. 19 desta Parte*), na medida em que imagina que ela falta, entristecer-se-á. Q. E. D.

ESCÓLIO — Esta tristeza, na medida em que diz respeito à ausência daquilo que amamos, chama-se *anseio*.[23]

---

[23] *Desiderium*: vocábulo que em latim significa desejo, precisão (de), saudade. Etimologicamente, pertence à família do verbo *desiderare* — deixar de ver, perder o norte, sentir a falta —, como se compreende a partir do radical *sidus* — constelação, astro. Etimologicamente, *desiderare* significa deixar de ver os astros e o destino que neles estaria inscrito; o contrário, portanto, de *considerare* — ver com atenção. Daí que *desiderium*, entre os modernos, tenha evoluído para desejo, no sentido de guiar-se por si próprio, o que implica autonomia, a par de precisão (de). Cf. Chaui (2011, pp. 11-66). Além de Espinosa, pode ler-se também em Locke (*An Essay Concerning Human Understanding*, II, 20, 6): "*The uneasiness a man finds in himself upon the absence of anything whose present enjoyment carries the idea of delight with it, is that we call desire*" ("O anseio que um homem experimenta na ausência de uma coisa cujo usufruto presente arrasta consigo a ideia de deleite é o que nós chamamos desejo"). A multiplicidade de significados que *desiderium* envolve, inclusive nas suas diversas ocorrências nesta e na Parte IV da *Ética*, torna difícil nas línguas de hoje uma tradução satisfatória, que utilize um mesmo vocábulo para todos os contextos, até pela centralidade que possui no sistema espinosano a palavra *cupiditas*, outro termo que significa "desejo". Ao traduzir *desiderium* por "desejo", F. Mignini uniformiza, de fato, as diversas ocorrências, mas a preço de, na Def. 32 dos Afetos, ter de verter o sintagma *Desiderium est cupiditas* por "*Il desiderio è cupidità*", quando a italiana "*cupidità*" está muito mais próxima da portuguesa "cupidez" do que da espinosana *cupiditas*. Curley traduz por *longing* nas três ocorrências da Parte III, mas no Esc. da Prop. 51, P. IV, é obrigado a recorrer a *desire*. O mesmo se diga das traduções alemãs, que traduzem geralmente por *Sehn-*

Parte III — Da Origem e da Natureza dos Afetos

PROPOSITIO XXXVII

Cupiditas, quæ præ Tristitia, vel Lætitia, præque Odio, vel Amore oritur, eo est major, quo affectus major est.

DEMONSTRATIO — Tristitia hominis agendi potentiam (*per Schol. Prop. 11 hujus*) minuit, vel coercet, hoc est (*per Prop. 7 hujus*), conatum, quo homo in suo esse perseverare conatur, minuit, vel coercet; adeoque (*per Prop. 5 hujus*) huic conatui est contraria; et quicquid homo Tristitia affectus conatur, est Tristitiam amovere. At (*per Tristitiæ Defin.*) quo Tristitia major est, eo majori parti hominis agendi potentiæ necesse est opponi; ergo quo major Tristitia est, eo majore agendi potentia conabitur homo eontra Tristitiam amovere, hoc est (*per Schol. Prop. 9 hujus*), eo majore cupiditate, sive appetitu

PROPOSIÇÃO XXXVII

O desejo que se origina da tristeza ou da alegria, do ódio ou do amor, é tanto maior quanto maior é o afeto.

DEMONSTRAÇÃO — A tristeza diminui ou reprime a potência de agir do homem (*pelo Esc. da Prop. 11 desta Parte*), isto é (*pela Prop. 7 desta Parte*), o esforço pelo qual o homem se esforça por perseverar no seu ser, e por isso (*pela Prop. 5 desta Parte*) é contrária a esse esforço, e tudo aquilo por que se esforça um homem afetado de tristeza é por afastar a tristeza. Ora (*pela Def. de tristeza*), quanto maior é a tristeza, maior a parte da potência de agir do homem a que ela se opõe necessariamente. Logo, quanto maior é a tristeza, maior a potência de agir com que o homem se esforçará por afastar a tristeza, isto é (*pelo Esc. da Prop. 9 desta Parte*), maior o desejo, ou apetite,

---

sucht, exceto no referido Escólio, onde J. Stern opta por *Absicht*, e Bartuschat por *Verlangen*. A tradução portuguesa de J. F. Gomes usa uma perífrase — "desejo frustrado" —, solução esta que, cobrindo embora as duas vertentes da definição espinosana — desejo e impossibilidade de realização — está, no entanto, vedada pelo Esc. da Prop. 39, P. III, onde se diz que o bem é tudo o que satisfaz o *desiderium* e o mal o que o frustra, devendo, portanto, concluir-se que há *desiderium* não frustrado. Além de, como é óbvio, tal solução não poder aplicar-se em todas as ocorrências. Por sua vez, as recentes traduções publicadas no Brasil (2007 e 2015) recorrem ao termo "saudade", que é porventura sugestivo, mas impossível de generalizar sem violência para o sentido de boa parte das ocorrências: T. Tadeu, que é quem leva mais longe esta opção, ainda assim, no Esc. da Prop. 51, P. IV, traduz por "propósito"; o Grupo de Estudos Espinosanos só traduz por "saudade" na Def. 32 dos Afetos, acrescentando, aliás, entre parênteses, "carência", termo este a que recorre para traduzir *desiderium* na Explicação imediatamente a seguir, como já havia feito no Esc. da Prop. 39, P. III, e utilizando ainda "necessidade", no Esc. da Prop. 51, P. IV. Sobre estas opções, embora concluindo pela pertinência da tradução por "desejo frustrado", a qual, como acima ficou dito, não subscrevemos de modo algum, cf. F. Bertini (2018), "O conceito de saudade (*desiderium*): a pertinência de uma tradução", *in* M. L. R. Ferreira (org.), *A presença de Espinosa nas culturas de língua portuguesa*, *Santa Barbara Portuguese Studies*, vol. 2 (digital online version), Santa Barbara, University of Santa Barbara, Califórnia. Sobre as diversas teses acerca da saudade e das suas raízes etimológicas, cf. B. F. Head (2000), "A etimologia de *saudade*", *in* José Luís Rodrigues (org.), *Estudos dedicados a Ricardo Carvalho Calero*, Santiago de Compostela, Parlamento de Galícia, tomo I, pp. 595-627. A versão por que optamos destina-se a cobrir, tanto quanto possível, o significado do termo nas suas várias ocorrências na *Ética*. Verdade seja dita, o "anseio" implica ausência, mas não necessariamente a recordação daquilo por que se anseia, que está também contemplada na Def. 33 dos Afetos, tal como na Explicação que se lhe segue. Mas, fora esse, cremos que todos os elementos da compreensão do conceito de *desiderium*, em qualquer das suas ocorrências na *Ética*, estão contemplados no significado de "anseio".

conabitur Tristitiam amovere. Deinde, quoniam Lætitia (*per idem Schol. Prop. 11 hujus*) hominis agendi potentiam auget, vel juvat, facile eadem via demonstratur, quod homo, Lætitia affectus, nihil aliud cupit, quam eandem conservare, idque eo majore Cupiditate, quo Lætitia major erit. Denique, quoniam Odium, et Amor sunt ipsi Tristitiæ, vel Lætitiæ affectus, sequitur eodem modo, quod conatus, appetitus, sive Cupiditas, quæ præ Odio, vel Amore oritur, major erit pro ratione Odii, et Amoris. Q. E. D.

PROPOSITIO XXXVIII

Si quis rem amatam odio habere inceperit, ita ut Amor plane aboleatur, eandem majore odio, ex pari causa, prosequetur, quam si ipsam nunquam amavisset, et eo majori, quo Amor antea major fuerat.

DEMONSTRATIO — Nam si quis rem, quam amat, odio habere incipit, plures ejus appetitus coercentur, quam si eandem non amavisset. Amor namque Lætitia est (*per Schol. Prop. 13 hujus*), quam homo, quantum potest (*per Prop. 28 hujus*) conservare conatur; idque (*per idem Schol.*) rem amatam, ut præsentem, contemplando, eandemque (*per Prop. 21 hujus*) Lætitia, quantum potest, afficiendo, qui quidem conatus (*per Prop. præced.*) eo est major, quo amor major est, ut et conatus efficiendi, ut res amata ipsum contra amet (*vide Prop. 33 hujus*). At hi conatus odio erga rem amatam coercentur (*per Coroll. Prop. 13 et per Prop. 23 hujus*); ergo amans (*per Schol. Prop. 11 hujus*) hac etiam de causa Tristitia afficietur, et eo majori, quo Amor major fuerat, hoc est, præter Tristitiam, quæ Odii fuit causa, alia ex eo oritur, quod rem amavit; et consequenter majore Tristitiæ affectu rem amatam contemplabitur, hoc est (*per Schol. Prop. 13 hujus*), majori odio prosequetur, quam si eandem non amavisset, et eo majori, quo amor major fuerat. Q. E. D.

PROPOSITIO XXXIX

Qui aliquem Odio habet, ei malum inferre conabitur, nisi ex eo majus sibi malum oriri timeat; et contra, qui aliquem amat, ei eadem lege benefacere conabitur.

com que se esforçará por afastar a tristeza. Por outro lado, uma vez que a alegria (*pelo mesmo Esc. da Prop. 11 desta Parte*) aumenta ou ajuda a potência de agir do homem, facilmente se demonstra, pela mesma via, que o homem afetado de alegria não deseja outra coisa senão conservá-la, e isto com um desejo tanto maior, quanto maior for a alegria. Finalmente, uma vez que o ódio e o amor são os próprios afetos de tristeza ou de alegria, segue--se, do mesmo modo, que o esforço, apetite, ou desejo, que se origina do ódio ou do amor, será tanto maior quanto o ódio e o amor. *Q. E. D.*

PROPOSIÇÃO XXXVIII

Se alguém começar a ter ódio à coisa amada, a ponto de se abolir completamente o amor, persegui-la-á, pela mesma causa, com um ódio maior do que se nunca a tivesse amado, e tanto maior quanto maior tiver sido o amor.

DEMONSTRAÇÃO — Na verdade, se alguém começa a ter ódio a uma coisa que ama, reprimem-se mais apetites seus do que se nunca a tivesse amado. Porque o amor é uma alegria (*pelo Esc. da Prop. 13 desta Parte*) que o homem se esforça quanto pode (*pela Prop. 28 desta Parte*) por conservar, e isto (*pelo mesmo Esc.*), contemplando a coisa amada como se ela estivesse presente e afetando-a (*pela Prop. 21 desta Parte*) quanto pode de alegria, esforço este que (*pela Prop. anterior*) é tanto maior, quanto maior é o amor e o esforço por fazer com que a coisa amada, por sua vez, também o ame (*veja-se a Prop. 33 desta Parte*). No entanto, estes esforços são reprimidos pelo ódio à coisa amada (*pelo Corol. da Prop. 13 e pela Prop. 23 desta Parte*). Logo, o amador (*pelo Esc. da Prop. 11 desta Parte*), também por este motivo, será afetado de uma tristeza tanto maior quanto maior tiver sido o amor. Quer dizer, além da tristeza que foi causa do ódio, origina-se uma outra do fato de ter amado a coisa e, consequentemente, ele contemplará a coisa amada com um afeto maior de tristeza, isto é (*pelo Esc. da Prop. 13 desta Parte*), persegui-la-á com um ódio maior do que se nunca a tivesse amado, e tanto maior quanto maior tiver sido o amor. *Q. E. D.*

PROPOSIÇÃO XXXIX

Quem tem ódio a alguém esforçar-se-á por lhe fazer mal, a menos que tema que daí se origine um mal maior para si; quem, pelo contrário, ama alguém, pela mesma lei, esforçar-se-á por lhe fazer bem.

Parte III — Da Origem e da Natureza dos Afetos

DEMONSTRATIO — Aliquem odio habere est (*per Schol. Prop. 13 hujus*) aliquem, ut Tristitiæ causam, imaginari; adeoque (*per Prop. 28 hujus*) is, qui aliquem odio habet, eundem amovere, vel destruere conabitur. Sed si inde aliquid tristius, sive (quod idem est) majus malum sibi timeat, idque se vitare posse credit, non inferendo ei, quem odit, malum, quod meditabatur, a malo inferendo (*per eandem Prop. 28 hujus*) abstinere cupiet; idque (*per Prop. 37 hujus*) majore conatu, quam quo tenebatur inferendi malum, qui propterea prævalebit, ut volebamus. Secundæ partis demonstratio eodem modo procedit. Ergo qui aliquem odio habet, etc. *Q. E. D.*

SCHOLIUM — Per bonum hic intelligo omne genus Lætitiæ, et quicquid porro ad eandem conducit, et præcipue id, quod desiderio, qualecunque illud sit, satisfacit. Per malum autem omne Tristitiæ genus, et præcipue id, quod desiderium frustratur. Supra enim (*in Schol. Prop. 9 hujus*) ostendimus, nos nihil cupere, quia id bonum esse judicamus, sed contra id bonum vocamus, quod cupimus; et consequenter id, quod aversamur, malum appellamus; quare unusquisque ex suo affectu judicat, seu æstimat, quid bonum, quid malum, quid melius, quid pejus, et quid denique optimum, quidve pessimum sit. Sic Avarus argenti copiam optimum, ejus autem inopiam pessimum judicat. Ambitiosus autem nihil æque, ac Gloriam cupit, et contra nihil æque, ac Pudorem, reformidat. Invido deinde nihil jucundius, quam alterius infelicitas, et nihil molestius, quam aliena felicitas; ac sic unusquisque ex suo affectu rem aliquam bonam, aut malam, utilem, aut inutilem esse judicat. Cæterum hic affectus, quo homo ita disponitur, ut id, quod vult, nolit, vel ut id, quod non vult, velit, *Timor*, vocatur, qui proinde nihil aliud est, quam *metus, quatenus homo ab eodem disponitur, ad malum, quod futurum judicat, minore vitandum* (*vide Prop. 28 hujus*). Sed si malum, quod timet, Pudor sit, tum Timor appellatur Verecundia. Denique si cupiditas malum futurum vitandi coercetur Timore alterius mali, ita ut quid potius velit, nesciat, tum Metus vocatur Consternatio, præcipue si utrumque malum, quod timetur, ex maximis sit.

PROPOSITIO XL

Qui se odio haberi ab aliquo imaginatur, nec se ullam odii causam illi dedisse credit, eundem odio contra habebit.

DEMONSTRAÇÃO — Ter ódio a alguém é (*pelo Esc. da Prop. 13 desta Parte*) imaginar alguém como causa de tristeza. Por isso (*pela Prop. 28 desta Parte*), quem tem ódio a alguém esforçar-se-á por afastá-lo ou destruí-lo. Contudo, se daí teme alguma coisa mais triste ou, o que é o mesmo, um mal maior para si, e se crê poder evitá-lo não fazendo àquele a quem odeia o mal que premeditava, desejará (*pela mesma Prop. 28 desta Parte*) abster-se de fazer mal; e isto (*pela Prop. 37 desta Parte*), com um esforço maior do que aquele que o levava a fazer mal e que, por conseguinte, prevalecerá, conforme pretendíamos. A demonstração da segunda parte faz-se do mesmo modo. Portanto, quem tem ódio a alguém, etc. Q. E. D.

ESCÓLIO — Por bem, entendo aqui todo o gênero de alegria, assim como tudo aquilo que a ela conduz, principalmente o que satisfaz o anseio, qualquer que ele seja. Por mal, por sua vez, entendo todo o gênero de tristeza, principalmente a que frustra o anseio. Mostramos acima, efetivamente (*no Esc. da Prop. 9 desta Parte*), que nós não desejamos coisa alguma por julgarmos que ela é boa; pelo contrário, chamamos-lhe boa porque a desejamos e, consequentemente, chamamos mau àquilo a que temos aversão. Por isso, cada um julga, ou avalia, segundo o seu próprio afeto o que seja bom, o que seja mau, o que seja melhor, o que seja pior e, enfim, o que seja ótimo e o que seja péssimo. Assim, o avaro julga que o ótimo é a abundância de dinheiro, e o péssimo a sua escassez. O ambicioso, por seu turno, não há nada que deseje tanto como a glória, e nada que tanto receie como a vergonha. E, para o invejoso, não há nada mais agradável do que a infelicidade de outrem, e mais penoso do que a felicidade alheia. Assim, cada um julga se uma coisa é boa ou má, útil ou inútil, consoante o seu afeto.

Quanto ao mais, este afeto que dispõe o homem de tal maneira que não quer aquilo que quer e quer aquilo que não quer chama-se *temor*, que, por isso, não é senão o *medo, na medida em que o homem é por ele disposto a evitar, com um mal menor, um mal que julga estar para vir* (*veja-se a Prop. 28 desta Parte*). Porém, se o mal que ele teme for a vergonha, então o temor chama-se *pudor*. Finalmente, se o desejo de evitar um mal futuro é reprimido pelo temor de um outro mal, de tal maneira que ele não sabe o que preferir, então o medo chama-se *consternação*, principalmente se ambos os males que se teme são dos maiores.

PROPOSIÇÃO XL
Quem imagina que alguém lhe tem ódio, e crê não lhe ter dado nenhum motivo de ódio, ter-lhe-á um ódio recíproco.

DEMONSTRATIO — Qui aliquem odio affectum imaginatur, eo ipso etiam odio afficietur (*per Prop. 27 hujus*), hoc est (*per Schol. Prop. 13 hujus*) Tristitia, concomitante idea causæ externæ. At ipse (*per Hypothesin*) nullam hujus Tristitiæ causam imaginatur præter illum, qui ipsum odio habet; ergo ex hoc, quod se odio haberi ab aliquo imaginatur, Tristitia afficietur, concomitante idea ejus, qui ipsum odio habet, sive (*per idem Schol.*) eundem odio habebit. *Q. E. D.*

SCHOLIUM — Quod si se justam Odii causam præbuisse imaginatur, tum (*per Prop. 30 hujus et ejusdem Schol.*) Pudore afficietur. Sed hoc (*per Prop. 25 hujus*) raro contingit. Præterea hæc Odii reciprocatio oriri etiam potest ex eo, quod Odium sequatur conatus malum inferendi ei, qui odio habetur (*per Prop. 39 hujus*). Qui igitur se odio haberi ab aliquo imaginatur, eundem alicujus mali, sive Tristitiæ causam imaginabitur; atque adeo Tristitia afficietur, seu Metu, concomitante idea ejus, qui ipsum odio habet, tanquam causa, hoc est, odio contra afficietttr, ut supra.

COROLLARIUM I — Qui, quem amat, odio erga se affectum imaginatur, Odio, et Amore simul conflictabitur. Nam quatenus imaginatur, ab eodem se odio haberi, determinatur (*per Prop. præced.*), ad eundem contra odio habendum. At (*per Hypothesin*) ipsum nihilominus amat: ergo Odio, et Amore simul conflictabitur.

COROLLARIUM II — Si aliquis imaginatur, ab aliquo, quem antea nullo affectu prosecutus est, malum aliquod præ Odio sibi illatum esse, statim idem malum eidem referre conabitur.

DEMONSTRATIO — Qui aliquem Odio erga se affectum esse imaginatur, eum contra (*per Prop. præced.*) odio habebit, et (*per Prop. 26 hujus*) id omne comminisci conabitur, quod eundem possit Tristitia afficere, atque id eidem (*per Prop. 39 hujus*) inferre studebit. At (*per Hypothesin*) primum, quod hujusmodi imaginatur, est malum sibi illatum; ergo idem statim eidem inferre conabitur. *Q. E. D.*

SCHOLIUM — Conatus malum inferendi ei, quem odimus, Ira vocatur; conatus autem malum nobis illatum referendi Vindicta appellatur.

DEMONSTRAÇÃO — Quem imagina alguém afetado de ódio será também, por isso mesmo, afetado de ódio (*pela Prop. 27 desta Parte*), isto é (*pelo Esc. da Prop. 13 desta Parte*), de uma tristeza acompanhada da ideia de uma causa exterior. Ora (*pela hipótese*), ele não imagina nenhuma causa para esta tristeza senão aquele que lhe tem ódio. Logo, pelo fato de imaginar ser odiado por alguém, será afetado de uma tristeza acompanhada da ideia daquele que o odeia, ou seja (*pelo mesmo Esc.*), ter-lhe-á ódio. Q. E. D.

ESCÓLIO — Porque, se ele imagina ter dado uma justa causa para o ódio, então (*pela Prop. 30 desta Parte e pelo seu Esc.*), será afetado de vergonha. Mas isto (*pela Prop. 25 desta Parte*) raramente acontece. Por outro lado, esta reciprocidade do ódio também pode originar-se do fato de se seguir ao ódio o esforço por fazer mal àquele a quem se tem ódio (*pela Prop. 39 desta Parte*). Quem, portanto, imagina que alguém lhe tem ódio, imaginá-lo-á causa de algum mal, ou seja, de tristeza, e por isso será afetado de tristeza, ou medo, acompanhada da ideia daquele que lhe tem ódio, como causa, isto é, será afetado de um ódio recíproco, conforme dissemos acima.

COROLÁRIO I — Quem imagina alguém a quem ama afetado de ódio para consigo, debater-se-á em simultâneo com o ódio e com o amor. Na verdade, na medida em que imagina que ele lhe tem ódio, está determinado (*pela Prop. anterior*) a ter-lhe um ódio recíproco. Não obstante (*pela hipótese*), ama-o. Logo, debater-se-á em simultâneo com o ódio e com o amor.

COROLÁRIO II — Se alguém imagina que um outro, por quem antes não experimentou nenhum afeto, lhe fez algum mal por ódio, esforçar-se-á imediatamente por lhe fazer o mesmo mal.

DEMONSTRAÇÃO — Quem imagina alguém afetado de ódio para consigo, ter-lhe-á (*pela Prop. anterior*) um ódio recíproco, esforçar-se-á (*pela Prop. 26 desta Parte*) por congeminar tudo quanto possa afetá-lo de tristeza e tentará (*pela Prop. 39 desta Parte*) infligir-lho. Ora (*pela hipótese*), a primeira coisa desse gênero que ele imagina é o mal que lhe foi feito a ele. Logo, esforçar-se-á imediatamente por infligir-lhe o mesmo. Q. E. D.

ESCÓLIO — O esforço por fazer mal a quem odiamos chama-se *ira*; mas o esforço por retribuir o mal que nos fizeram chama-se *vingança*.

Parte III — Da Origem e da Natureza dos Afetos

PROPOSITIO XLI

Si quis ab aliquo se amari imaginatur, nec se ullam ad id causam dedisse credit (quod per Coroll. Prop. 15 et per Prop. 16 hujus fieri potest), eundem contra amabit.

DEMONSTRATIO — Hæc Propositio eadem via demonstratur, ac præcedens. Cujus etiam Scholium vide.

SCHOLIUM — Quod si se justam Amoris causam præbuisse crediderit gloriabitur (*per Prop. 30 hujus cum ejusdem Schol.*), quod quidem (*per Prop. 25 hujus*) frequentius contingit, et cujus contrarium evenire diximus, quando aliquis ab aliquo se odio haberi imaginatur (*vide Schol. Prop. præced.*). Porro hic reciprocus Amor, et consequenter (*per Prop. 39 hujus*) conatus benefaciendi ei, qui nos amat, quique (*per eandem Prop. 39 hujus*) nobis benefacere conatur, Gratia, seu Gratitudo vocatur; atque adeo apparet, homines longe paratiores esse ad Vindictam, quam ad referendum beneficium.

COROLLARIUM — Qui ab eo, quem odio habet, se amari imaginatur, Odio, et Amore simul conflictabitur. Quod eadem via, qua primum Propositionis præcedentis Coroll. demonstratur.

SCHOLIUM — Quod si Odium prævaluerit, ei, a quo amatur, malum inferre conabitur, qui quidem affectus Crudelitas appellatur, præcipue si illum, qui amat, nullam Odii communem causam præbuisse creditur.

PROPOSITIO XLII

Qui in aliquem, Amore, aut spe Gloriæ motus, beneficium contulit, contristabitur, si viderit, beneficium ingrato animo accipi.

DEMONSTRATIO — Qui rem aliquam sibi similem amat, conatur, quantum potest, efficere, ut ab ipsa contra ametur (*per Prop. 33 hujus*). Qui igitur præ amore in aliquem beneficium contulit, id facit desiderio, quo tenetur, ut contra ametur, hoc est (*per Prop. 34 hujus*) spe Gloriæ, sive (*per Schol. Prop. 30 hujus*) Lætitiæ; adeoque (*per Prop. 12 hujus*) hanc Gloriæ causam, quantum potest, imaginari, sive ut actu existentem contemplari

PROPOSIÇÃO XLI

Se alguém imagina ser amado por outrem e crê não lhe ter dado nenhum motivo para tal (o que pode acontecer, pelo Corol. da Prop. 15 e pela Prop. 16 desta Parte), amá-lo-á reciprocamente.

DEMONSTRAÇÃO — Esta Proposição demonstra-se pela mesma via que a anterior. Veja-se também o seu Escólio.

ESCÓLIO — Com efeito, se ele acreditar ter dado uma justa causa para o amor, desvanecer-se-á (*pela Prop. 30 desta Parte e o seu Esc.*), o que de resto (*pela Prop. 25*) acontece mais frequentemente. O seu oposto, como dissemos, acontece quando alguém imagina ser odiado por outrem (*veja-se o Esc. da Prop. anterior*). Além disso, esse amor recíproco e, consequentemente (*pela Prop. 39 desta Parte*), o esforço por fazer bem àquele que nos ama e que (*pela mesma Prop. 39*) se esforça por nos fazer bem chama-se *reconhecimento*, ou *gratidão*. Resulta, assim, claro que os homens estão de longe mais predispostos para a vingança do que para retribuir um benefício.

COROLÁRIO — Quem se imagina amado por aquele a quem tem ódio debater-se-á com o ódio e com o amor em simultâneo, o que se demonstra pela mesma via que o primeiro Corolário da Proposição anterior.

ESCÓLIO — Se for o ódio que prevalece, ele esforçar-se-á por fazer mal àquele por quem é amado, afeto este que se chama *crueldade*, principalmente se acreditarmos que aquele que ama não ofereceu nenhum dos motivos comuns do ódio.

PROPOSIÇÃO XLII

Quem, movido por amor ou esperança de glória, fez um benefício entristecer-se-á se vir que o benefício é aceite de ânimo ingrato.

DEMONSTRAÇÃO — Quem ama uma coisa semelhante a si esforça-se quanto pode por fazer com que ela, por sua vez, o ame (*pela Prop. 33 desta Parte*). Quem, por conseguinte, faz um benefício a alguém por amor fá-lo tomado pelo anseio de ser, por sua vez, amado, isto é (*pela Prop. 34 desta Parte*), pela esperança de glória, ou seja (*pelo Esc. da Prop. 30 desta Parte*), de alegria. Por conseguinte (*pela Prop. 12 desta Parte*), esforçar-se-á quanto pode por imaginar essa causa de glória, ou seja, por contemplá-la como exis-

conabitur. At (*per Hypothesin*) aliud imaginatur, quod ejusdem causæ existentiam secludit: ergo (*per Prop. 19 hujus*) eo ipso contristabitur. Q. E. D.

PROPOSITIO XLIII

Odium reciproco odio augetur, et Amore contra deleri potest.

DEMONSTRATIO — Qui eum, quem odit, Odio contra erga se affectum esse imaginatur, eo ipso (*per Prop. 40 hujus*) novum Odium oritur, durante (*per Hypothesin*) adhuc primo. Sed si contra eundem amore erga se affectum esse imaginetur, quatenus hoc imaginatur, eatenus (*per Prop. 30 hujus*) se ipsum cum Lætitia contemplatur, et eatenus (*per Prop. 29 hujus*) eidem placere conabitur, hoc est, (*per Prop. 41 hujus*) eatenus conatur ipsum odio non habere, nullaque Tristitia afficere; qui quidem conatus (*per Prop. 37 hujus*) major, vel minor erit, pro ratione affectus, ex quo oritur; atque adeo si major fuerit illo, qui ex odio oritur, et quo rem, quam odit (*per Prop. 26 hujus*) Tristitia afficere conatur, ei prævalebit, et Odium ex animo delebit. Q. E. D.

PROPOSITIO XLIV

Odium, quod Amore plane vincitur, in Amorem transit; et Amor propterea major est, quam si Odium non præcessisset.

DEMONSTRATIO — Eodem modo procedit, ac Propositionis 38 hujus. Nam qui rem, quam odit, sive quam cum Tristitia contemplari solebat, amare incipit, eo ipso, quod amat, lætatur, et huic Lætitiæ, quam Amor involvit (*vide ejus Defin. in Schol. Prop. 13 hujus*), illa etiam accedit, quæ ex eo oritur, quod conatus amovendi Tristitiam, quam odium involvit (*ut in Prop. 37 hujus ostendimus*), prorsus juvatur, concomitante idea ejus, quem odio habuit, tanquam causa.

SCHOLIUM — Quamvis res ita se habeat, nemo tamen conabitur rem aliquam odio habere, vel Tristitia affici, ut majori hac Lætitia fruatur; hoc est, nemo spe damnum recuperandi, damnum sibi inferri cupiet, nec ægrotare desiderabit spe convalescendi. Nam

tente em ato. Ora (*pela hipótese*), ele imagina uma outra coisa, que exclui a existência dessa causa. Logo (*pela Prop. 19 desta Parte*), entristecer-se-á por isso mesmo. *Q. E. D.*

PROPOSIÇÃO XLIII
O ódio é aumentado pelo ódio recíproco e pode, ao invés, ser apagado pelo amor.

DEMONSTRAÇÃO — Se alguém imagina que aquele a quem odeia está por sua vez afetado de ódio para com ele, origina-se por isso mesmo (*pela Prop. 40 desta Parte*) um novo ódio, enquanto (*pela hipótese*) ainda dura o primeiro. Mas se, pelo contrário, o imaginar afetado de amor para com ele, na medida em que imagina isto (*pela Prop. 30 desta Parte*), contempla-se a si mesmo com alegria e (*pela Prop. 29 desta Parte*) esforçar-se-á por lhe agradar, isto é (*pela Prop. 41 desta Parte*), esforça-se por não lhe ter ódio, nem o afetar de nenhuma tristeza, esforço esse (*pela Prop. 37 desta Parte*) que será maior ou menor em proporção do afeto de que se origina. Por isso, se for maior do que aquele que se origina do ódio e com o qual se esforça por afetar de tristeza aquele a quem odeia (*pela Prop. 26 desta Parte*), prevalecerá sobre ele e apagará do ânimo o ódio. *Q. E. D.*

PROPOSIÇÃO XLIV
O ódio que é completamente vencido pelo amor converte-se em amor e, por isso, o amor é maior do que se o ódio não o tivesse precedido.

DEMONSTRAÇÃO — Procede-se do mesmo modo que na Proposição 38 desta Parte. Na verdade, quem começa a amar uma coisa que odeia, ou seja, que costumava contemplar com tristeza, alegra-se por esse mesmo fato de a amar, e a esta alegria que o amor envolve (*veja-se a sua Def. no Esc. da Prop. 13 desta Parte*) acresce ainda a que se origina do fato de o esforço por afastar a tristeza que o ódio envolve (*como mostramos na Prop. 37 desta Parte*) ser diretamente ajudado pela ideia concomitante, como sua causa, daquele a quem teve ódio.

ESCÓLIO — Embora isto seja assim, ninguém, no entanto, se esforçará por ter ódio a uma coisa, ou por ser afetado de tristeza, só para desfrutar dessa alegria maior, isto é, ninguém desejará fazer dano a si próprio na esperança de recuperar, nem estar doente na esperança de convalescer.

Parte III — Da Origem e da Natureza dos Afetos

unusquisque suum esse conservare, et Tristitiam, quantum potest, amovere semper conabitur. Quod si contra concipi posset, hominem posse cupere aliquem odio habere, ut eum postea majori amore prosequatur, tum eundem odio habere semper desiderabit. Nam quo Odium majus fuerit, eo Amor erit major, atque adeo desiderabit semper, ut Odium magis magisque augeatur, et eadem de causa homo magis ac magis ægrotare conabitur, ut majori Lætitia ex restauranda valetudine postea fruatur; atque adeo semper ægrotare conabitur, quod (*per Prop. 6 hujus*) est absurdum.

PROPOSITIO XLV

Si quis aliquem sibi similem Odio in rem sibi similem, quam amat, affectum esse imaginatur, eum odio habebit.

DEMONSTRATIO — Nam res amata eum, qui ipsam odit, odio contra habet (*per Prop. 40 hujus*), adeoque amans, qui aliquem imaginatur rem amatam odio habere, eo ipso rem amatam Odio, hoc est (*per Schol. Prop. 13 hujus*), Tristitia affectam esse imaginatur, et consequenter (*per Prop. 21 hujus*) contristatur, idque concomitante idea ejus, qui rem amatam odit tanquam causa, hoc est (*per Schol. Prop. 13 hujus*), ipsum odio habebit. *Q. E. D.*

PROPOSITIO XLVI

Si quis ab aliquo cujusdam classis, sive nationis a sua diversæ, Lætitia, vel Tristitia affectus fuerit, concomitante ejus idea, sub nomine universali classis, vel nationis, tanquam causa: is non tantum illum, sed omnes ejusdem classis, vel nationis amabit, vel odio habebit.

DEMONSTRATIO — Hujus rei demonstratio patet ex Propositione 16 hujus Partis.

Na verdade, cada um esforçar-se-á sempre por conservar o seu ser e afastar, quanto possível, a tristeza. Se, ao invés, se pudesse conceber que um homem podia desejar ter ódio a alguém para experimentar depois por ele um amor maior, então esse homem desejaria sempre ter-lhe ódio, pois quanto maior tiver sido o ódio, maior será o amor, e por isso ele desejaria sempre que o ódio aumentasse cada vez mais. Pela mesma razão, o homem esforçar-se-ia por adoecer cada vez mais, a fim de desfrutar depois, ao restabelecer a saúde, de uma alegria maior e, por conseguinte, esforçar-se-ia sempre por adoecer, o que (*pela Prop. 6 desta Parte*) é absurdo.

PROPOSIÇÃO XLV

Se alguém imagina um seu semelhante afetado de ódio a uma coisa semelhante a si, a qual ele ama, ter-lhe-á ódio.

DEMONSTRAÇÃO — Na verdade, a coisa amada tem um ódio recíproco àquele que a odeia (*pela Prop. 40 desta Parte*), e por isso o amador que imagina que alguém tem ódio à coisa amada imagina, por isso mesmo, a coisa amada afetada de ódio, isto é (*pelo Esc. da Prop. 13 desta Parte*), de tristeza, e, consequentemente (*pela Prop. 21 desta Parte*), sentirá uma tristeza acompanhada da ideia daquele que odeia a coisa amada, como sua causa, quer dizer (*pelo Esc. da Prop. 13 desta Parte*), ter-lhe-á ódio. Q. E. D.

PROPOSIÇÃO XLVI

Se alguém tiver sido afetado por um outro, cuja classe[24] ou nação é diferente da sua, de alegria ou de tristeza acompanhada da ideia deste como causa, sob a denominação universal da classe ou nação, amará ou terá ódio não só a ele, mas a todos os da mesma classe ou nação.

DEMONSTRAÇÃO — A demonstração disto é evidente pela Proposição 16 desta Parte.

---

[24] Cf. P. Macherey (1995, p. 295): "Evidentemente o termo latino *classis*, do qual, como acontece com o termo *natio*, é esta a única ocorrência em toda a *Ética*, não deve tomar-se aqui no sentido moderno para que reenvia hoje a palavra 'classe', porquanto ela evoca somente as divisões da sociedade romana antiga".

Parte III — Da Origem e da Natureza dos Afetos

PROPOSITIO XLVII

*Lætitia, quæ ex eo oritur, quod scilicet rem, quam odimus,
destrui, aut alio malo affici imaginamur, non oritur absque ulla animi
Tristitia.*

DEMONSTRATIO — Patet ex Prop. 27 hujus. Nam quatenus
rem nobis similem Tristitia affici imaginamur, eatenus
contristamur.

SCHOLIUM — Potest hæc Propositio etiam demonstrari ex
Corollario Propositionis 17 Partis 2. Quoties enim rei recordamur,
quamvis ipsa actu non existat, eandem tamen ut præsentem
contemplamur, Corpusque eodem modo afficitur; quare quatenus rei
memoria viget, eatenus homo determinatur, ad eandem cum Tristitia
contemplandum, quæ determinatio, manente adhuc rei imagine,
coercetur quidem memoria illarum rerum, quæ hujus existentiam
secludunt; sed non tollitur: atque adeo homo eatenus tantum lætatur,
quatenus hæc determinatio coercetur; et hinc fit, ut hæc Lætitia, quæ ex
rei, quam odimus, malo oritur, toties repetatur, quoties ejusdem rei
recordamur. Nam, uti diximus, quando ejusdem rei imago excitatur,
quia hæc ipsius rei existentiam involvit, hominem determinat, ad rem
cum eadem Tristitia contemplandum, qua eandem contemplari solebat,
cum ipsa existeret. Sed quia ejusdem rei imagini alias junxit, quæ
ejusdem existentiam secludunt, ideo hæc ad Tristitiam determinatio
statim coercetur, et homo de novo lætatur, et hoc toties, quoties hæc
repetitio fit. Atque hæc eadem est causa, cur homines lætantur, quoties
alicujus jam præteriti mali recordantur, et cur pericula; a quibus liberati
sunt, narrare gaudeant. Nam ubi aliquod periculum imaginantur, idem
veluti adhuc futurum contemplantur, et ad id metuendum
determinantur, quæ determinatio de novo eoercetur idea libertatis, quam
hujus periculi ideæ junxerunt, eum æodem liberati sunt, quæque eos de
novo securos reddit, atque adeo de novo lætantur.

PROPOSITIO XLVIII

*Amor, et Odium, ex. gr. erga Petrum destruitur, si Tristitia, quam hoc,
et Lætitia, quam ille involvit, ideæ alterius causæ jungatur; et eatenus
uterque diminuitur, quatenus imaginamur Petrum non solum fuisse
alterutrius causam.*

378   Pars tertia — De Origine et Natura Affectuum

PROPOSIÇÃO XLVII

A alegria que se origina do fato de imaginarmos que uma coisa que odiamos é destruída, ou afetada de um outro mal, não se origina sem alguma tristeza do ânimo.

DEMONSTRAÇÃO — Isto é evidente pela Proposição 27 desta Parte, porque, na medida em que imaginamos afetada de tristeza uma coisa semelhante a nós, entristecemo-nos.

ESCÓLIO — Esta Proposição também pode ser demonstrada pelo Corolário da Proposição 17, Parte II. Com efeito, todas as vezes que nos recordamos de uma coisa, ainda que ela não exista em ato, contemplamo-la como presente, e o corpo é do mesmo modo afetado. Daí que, na medida em que a memória dessa coisa continua viva, o homem é determinado a contemplá-la com tristeza, determinação essa que, enquanto a imagem da coisa permanecer, será certamente reprimida pela memória das coisas que excluem a sua existência. Não é, porém, suprimida, e por isso o homem só se alegra na medida em que essa determinação é reprimida, donde resulta que esta alegria que se origina do mal da coisa que odiamos se repita todas as vezes que dela nos recordamos. Na verdade, como dissemos, quando a imagem desta coisa é reavivada, dado que envolve a existência da mesma coisa, determina o homem a contemplar a coisa com a mesma tristeza com que a costumava contemplar quando ela existia. Mas, como à imagem desta mesma coisa ele juntou outras que excluem a sua existência, tal determinação à tristeza é de imediato reprimida e o homem alegra-se de novo, e assim sucessivamente, tantas vezes quantas isto se repetir. E é por esta mesma causa que os homens se alegram todas as vezes que se recordam de um mal já passado, e se regozijam ao narrar os perigos de que se livraram. Na verdade, quando eles imaginam algum perigo, contemplam-no ainda como futuro e são determinados a temê-lo, determinação esta que é de novo reprimida pela ideia de liberdade que juntaram à ideia desse perigo, quando dele se livraram, e que os torna de novo seguros, pelo que de novo se alegram.

PROPOSIÇÃO XLVIII

O amor e o ódio, por exemplo, a Pedro, são destruídos se a tristeza que este e a alegria que aquele envolvem estão juntas à ideia de uma outra causa; e ambos diminuem na medida em que imaginamos não ter sido só Pedro a causa de um ou do outro.

Parte III — Da Origem e da Natureza dos Afetos

DEMONSTRATIO — Patet ex sola Amoris, et Odii definitione; quam vide in Schol. Prop. 13 hujus. Nam propter hoc solum Lætitia vocatur Amor et Trisritia Odium erga Petrum, quia scilicet Petrus hujus, vel illius affectus causa esse consideratur. Hoc itaque prorsus, vel ex parte sublato, affectus quoque erga Petrum prorsus, vel ex parte diminuitur. *Q. E. D.*

PROPOSITIO XLIX

Amor, et Odium erga rem, quam liberam esse imaginamur, major ex pari causa uterque debet esse, quam erga necessariam.

DEMONSTRATIO — Res, quam liberam esse imaginamur, debet (*per Defin. 7 p. 1*) per se absque aliis percipi. Si igitur eandem Lætitiæ, vel Tristitiæ causam esse imaginemur, eo ipso (*per Schol. Prop. 13 hujus*) eandem amabimus, vel odio habebimus, idque (*per Prop. præced.*) summo Amore, vel Odio, qui ex dato affectu oriri potest. Sed si rem, quæ ejusdem affectus est causa, ut necessariam imaginemur, tum (*per eandem Defin. 7 p. 1*) ipsam non solam, sed cum aliis ejusdem affectus causam esse imaginabimur, atque adeo (*per Prop. præced.*) Amor, et Odium erga ipsam minor erit. *Q. E. D.*

SCHOLIUM — Hinc sequitur, homines, quia se liberos esse existimant, majore Amore, vel Odio se invicem prosequi, quam alia; ad quod accedit affectuum imitatio, de qua vide Prop. 27, 34, 40 et 43 hujus.

PROPOSITIO L

Res quæcunque potest esse per accidens Spei, aut Metus causa.

DEMONSTRATIO — Hæc Propositio eadem via demonstratur, qua Propositio 15 hujus, quam vide una cum Schol. 2 Propositionis 18 hujus.

SCHOLIUM — Res, quæ per accidens Spei, aut Metus sunt causæ, bona, aut mala omina vocantur. Deinde quatenus hæc eadem omina sunt Spei, aut Metus causa, eatenus (*per Defin. Spei et Metus, quam vide in Schol. 2 Prop. 18 hujus*) Lætitiæ, aut Tristitiæ sunt causa, et consequenter (*per Coroll. Prop. 15 hujus*) eatenus eadem

DEMONSTRAÇÃO — É evidente, a partir da simples definição de amor e de ódio, que vem no Escólio da Proposição 13 desta Parte, pois chama-se alegria ao amor e tristeza ao ódio a Pedro, só porque Pedro é considerado a causa deste ou daquele afeto. Uma vez isto suprimido, no todo ou em parte, diminui também, no todo ou em parte, o afeto a Pedro. Q. E. D.

PROPOSIÇÃO XLIX

O amor e o ódio a uma coisa que imaginamos ser livre devem ambos ser maiores, sendo a causa a mesma, do que a uma coisa necessária.

DEMONSTRAÇÃO — Uma coisa que imaginamos ser livre deve (*pela Def. 7, P. I*) perceber-se por si, sem as outras. Se, portanto, imaginarmos que ela é causa de alegria ou de tristeza, amá-la-emos ou ter-lhe-emos ódio por isso mesmo (*pelo Esc. da Prop. 13 desta Parte*), e isto (*pela Prop. anterior*) com o maior amor ou ódio que possa originar-se do afeto dado. Porém, se imaginarmos como necessária a coisa que é causa deste mesmo afeto, então (*pela mesma Def. 7, P. I*), imaginaremos que ela, não isolada, mas juntamente com outras, é causa deste afeto, e por isso (*pela Prop. anterior*) o amor e o ódio a ela serão menores. Q. E. D.

ESCÓLIO — Donde se segue que os homens, porque julgam ser livres, experimentam entre si um amor ou um ódio maiores do que têm às outras coisas, ao que acresce a imitação dos afetos. Sobre esta, vejam-se as Proposições 27, 34, 40 e 43 desta Parte.

PROPOSIÇÃO L

Qualquer coisa pode ser, por acidente, causa de esperança ou de medo.

DEMONSTRAÇÃO — Esta Proposição demonstra-se pela mesma via que a Proposição 15 desta Parte, que deve ver-se juntamente com o Esc. 2 da Prop. 18 desta Parte.

ESCÓLIO — As coisas que são por acidente causa de esperança ou de medo chamam-se bons ou maus presságios. Depois, na medida em que estes presságios são causa de esperança ou de medo, eles (*pelas Def. de esperança e de medo, que podem ver-se no Esc. 2 da Prop. 18 desta Parte*) são causa de alegria ou de tristeza e, consequentemente (*pelo Corol. da Prop. 15 desta*

Parte III — Da Origem e da Natureza dos Afetos

amamus, vel odio habemus, et (*per Prop. 28 hujus*) tanquam media ad ea, quæ speramus, adhibere, vel tanquam obstacula, aut Metus causas amovere conamur. Præterea ex Propositione 25 hujus sequitur nos natura ita esse constitutos, ut ea, quæ speramus, facile, quæ autem timemus, difficile credamus, et ut de iis plus, minusve justo sentiamus. Atque ex his ortæ sunt Superstitiones, quibus homines ubique conflictantur. Cæterum non puto operæ esse pretium, animi hic ostendere fluctuationes, quæ ex Spe, et Metu oriuntur; quandoquidem ex sola horum affectuum definitione sequitur, non dari Spem sine Metu, neque Metum sine Spe (ut fusius suo loco explicabimus); et præterea quandoquidem quatenus aliquid speramus, aut metuimus, eatenus idem amamus, vel odio habemus; atque adeo quicquid de Amore, et Odio diximus, facile unusquisque Spei, et Metui applicare poterit.

PROPOSITIO LI
Diversi homines ab uno, eodemque objecto diversimode affici possunt, et unus, idemque homo ab uno, eodemque objecto potest diversis temporibus diversimode affici.

DEMONSTRATIO — Corpus humanum (*per Post. 3 p. 2*) a corporibus externis plurimis modis afficitur. Possunt igitur eodem tempore duo homines diversimode esse affecti; atque adeo (*per Axiom. 1, quod est post Lem. 3, quod vide post Prop. 13 p. 2*) ab uno, eodemque objecto possunt diversimode affici. Deinde (*per idem Post.*) Corpus humanum potest jam hoc, jam alio modo esse affectum; et consequenter (*per idem Axiom.*) ab uno, eodemque objecto diversis temporibus diversimode affici. *Q. E. D.*

SCHOLIUM — Videmus itaque fieri posse, ut quod hic amat, alter odio habeat; et quod hic metuit, alter non metuat; et ut unus, idemque homo, jam amet, quod antea oderit, et ut jam audeat, quod antea timuit, etc. Deinde, quia unusquisque ex suo affectu judicat, quid bonum, quid malum, quid melius, et quid pejus sit (*vide Schol.*

Parte), nós amamo-los ou temos-lhes ódio e (*pela Prop. 28 desta Parte*) esforçamo-nos por utilizá-los como meios com vista ao que esperamos, ou por afastá-los como obstáculos ou causas de medo. Além disso, da Proposição 25 desta Parte segue-se que nós somos, por natureza, constituídos de tal maneira que acreditamos facilmente nas coisas que esperamos, mas dificilmente nas que tememos, e consideramo-las mais, ou menos, do que seria justo. Foi daí que se originaram as superstições com que os homens, em toda a parte, se debatem.[25] Mas julgo que não vale a pena mostrar aqui as flutuações do ânimo que se originam da esperança e do medo, porquanto da simples definição destes afetos se segue que não se dá esperança sem medo, nem medo sem esperança (como explicaremos mais desenvolvidamente na devida altura), e porque, além disso, amamos ou temos ódio a uma coisa consoante a esperamos ou tememos. Por isso, tudo quanto dissemos do amor e do ódio, cada um poderá facilmente aplicá-lo à esperança e ao medo.

PROPOSIÇÃO LI

Homens diferentes podem ser afetados de diferentes modos por um só e mesmo objeto, e um só e mesmo homem pode, em tempos diferentes, ser afetado de diferentes modos por um só e mesmo objeto.

DEMONSTRAÇÃO — O corpo humano (*pelo Post. 3, P. II*) é afetado de muitíssimos modos pelos corpos exteriores. Dois homens podem, portanto, ser afetados ao mesmo tempo de diferente modo e, por conseguinte (*pelo Ax. 1, que vem depois do Lema 3, após a Prop. 13, P. II*), podem ser afetados de diferente modo por um só e mesmo objeto. Depois (*pelo mesmo Post.*), o corpo humano pode ser afetado ora deste, ora daquele modo e, consequentemente (*pelo mesmo Ax.*), pode em tempos diferentes ser afetado de diferentes modos por um só e mesmo objeto. Q. E. D.

ESCÓLIO — Vemos, pois, que pode acontecer que um ame aquilo a que outro tem ódio, que um tema o que outro não teme, e que um só e mesmo homem ame agora o que antes odiou, ou que ouse agora o que antes temeu, etc. Depois, uma vez que cada um julga segundo o seu afeto o que seja bom, o que seja mau, o que seja melhor e o que seja pior (*veja-se o Esc. da Prop.*

---

[25] Tema enfaticamente desenvolvido pelo autor ao longo do Prefácio ao *Tratado Teológico-Político*.

Parte III — Da Origem e da Natureza dos Afetos

Prop. 39 hujus), sequitur homines tam judicio, quam affectu variare* posse; et hinc fit, ut cum alios aliis comparamus, ex sola affectuum differentia a nobis distinguantur, et ut alios intrepidos, alios timidos, alios denique alio nomine appellemus. Ex. gr. illum ego intrepidum vocabo, qui malum contemnit, quod ego timere soleo; et si præterea ad hoc attendam, quod ejus Cupiditas malum inferendi ei, quem odit, et benefaciendi ei, quem amat, non coercetur timore mali, a quo ego contineri soleo, ipsum audacem appellabo. Deinde ille mihi timidus videbitur, qui malum timet, quod ego contemnere soleo, et si insuper ad hoc attendam, quod ejus Cupiditas coercetur timore mali, quod me continere nequit, ipsum pusillanimem esse dicam, et sic unusquisque judicabit. Denique ex hac hominis natura, et judicii inconstantia, ut et quod homo sæpe ex solo affectu de rebus judicat, et quod res, quas ad Lætitiam, vel Tristitiam facere credit, quasque propterea (*per Prop. 28 hujus*), ut fiant, promovere, vel amovere conatur, sæpe non nisi imaginariæ sint, ut jam taceam alia, quæ in 2. Parte ostendimus, de rerum incertitudine, facile concipimus hominem posse sæpe in causa esse, tam ut contristetur, quam ut lætetur, sive ut tam Tristitia, quam Lætitia afficiatur, concomitante idea sui, tanquam causa; atque adeo facile intelligimus, quid Poenitentia, et quid Acquiescentia in se ipso sit. Nempe *Poenitentia est Tristitia, concomitante idea sui, et Acquiescentia in se ipso est Lætitia, concomitante idea sui, tanquam causa*, et hi affectus vehementissimi sunt, quia homines si liberos esse credunt. (*Vide Prop. 49 hujus.*)

PROPOSITIO LII
Objectum, quod simul cum aliis antea vidimus, vel quod nihil habere imaginamur, nisi quod commune est pluribus, non tamdiu contemplabimur, ac illud, quod aliquid singulare habere imaginamur.

---

* N. B. Posse hoc fieri, tametsi Mens humana pars esset divini intellectus, ostendimus in Schol. Prop. 13 p. 2.

39 desta Parte), segue-se que os homens, tanto pelo juízo quanto pelo afeto, podem variar,* e daí acontecer que, quando os comparamos uns com os outros, distinguimo-los pela simples diferença dos afetos, e chamamos a uns intrépidos, a outros tímidos, e a outros, enfim, um outro nome. Por exemplo, eu chamarei intrépido àquele que despreza um mal que eu costumo temer; e se, além disso, eu atender ao fato de o seu desejo de fazer mal a quem odeia, e bem a quem ama, não ser reprimido pelo temor de um mal pelo qual eu costumo ser inibido, chamar-lhe-ei audaz. Seguidamente, parecer-me-á tímido aquele que teme um mal que eu costumo desprezar. Se, ainda por cima, atender a que o seu desejo é reprimido pelo temor de um mal que não me pode inibir a mim, direi que ele é pusilânime. E é assim que cada um julga.

Finalmente, dada esta natureza do homem e a inconstância do seu juízo, assim como o fato de julgar muitas vezes as coisas pelo simples afeto e de as coisas que ele crê conduzirem à alegria, ou à tristeza, e que por isso (*pela Prop. 28 desta Parte*) se esforça por fazer com que aconteçam ou por afastar, muitas vezes não são senão imaginárias, para já não falar do que mostramos na Parte II sobre a incerteza das coisas, facilmente se concebe que o homem pode, muitas vezes, ser causa tanto de se entristecer, como de se alegrar, ou seja, de ser afetado quer de tristeza, quer de alegria, acompanhada da ideia de si como causa. Entende-se, assim, facilmente o que seja o *arrependimento* e o que seja a *satisfação consigo mesmo*: *o arrependimento é a tristeza acompanhada da ideia de si como causa, e a satisfação consigo mesmo é a alegria acompanhada da ideia de si como causa*, afetos estes que são fortíssimos porque os homens se creem livres. (*Veja-se a Prop. 49 desta Parte.*)

PROPOSIÇÃO LII

Um objeto que vimos antes junto com outros, ou que imaginamos não ter nada que não seja comum a vários, não o contemplaremos tanto tempo quanto aquele que imaginamos ter algo de singular.

---

* N. B. Mostramos no Esc. da Prop. 17, P. II,[26] que isto pode acontecer, embora a mente humana seja parte do entendimento divino.

[26] Tanto as *OP* como os *NS* referem o Esc. da Prop. 17, não da Prop. 13, como interpreta Gebhardt, e é essa a versão hoje adotada pela maioria dos editores. As dúvidas que permanecem não justificam, a nosso ver, alterar a primeira versão.

DEMONSTRATIO — Simulatque objectum, quod cum aliis vidimus, imaginamur, statim et aliorum recordamur (*per Prop. 18 p. 2., cujus etiam Schol. vide*), et sic ex unius contemplatione statim in contemplationem alterius incidimus. Atque eadem est ratio objecti, quod nihil habere imaginamur, nisi quod commune est pluribus. Nam eo ipso supponimus, nos nihil in eo contemplari, quod antea cum aliis non viderimus. Verum cum supponimus, nos in objecto aliquo aliquid singulare, quod antea nunquam vidimus, imaginari, nihil aliud dicimus, quam quod Mens, dum illud objectum contemplatur, nullum aliud in se habeat, in cujus contemplationem ex contemplatione illius incidere potest; atque adeo ad illud solum contemplandum determinata est. Ergo objectum, etc. *Q. E. D.*

SCHOLIUM — Hæc Mentis affectio, sive rei singularis imaginatio, quatenus sola in Mente versatur, vocatur Admiratio, quæ si ab objecto, quod timemus, moveatur, Consternatio dicitur, quia mali Admiratio hominem suspensum in sola sui contemplatione ita tenet, ut de aliis cogitare non valeat, quibus illud malum vitare posset. Sed si id, quod admiramur, sit hominis alicujus prudentia, industria, vel aliquid hujusmodi, quia eo ipso hominem nobis longe antecellere contemplamur, tum Admiratio vocatur Veneratio; alias Horror, si hominis iram, invidiam, etc. admiramur. Deinde, si hominis, quem amamus, prudentiam, industriam, etc. admiramur, Amor eo ipso (*per Prop. 12 hujus*), major erit, et hunc Amorem Admirationi, sive Venerationi junctum Devotionem vocamus. Et ad hunc modum concipere etiam possumus, Odium, Spem, Securitatem, et alios Affectus Admirationi junctos; atque adeo plures Affectus deducere poterimus, quam qui receptis vocabulis indicari solent. Unde apparet, Affectuum nomina inventa esse magis ex eorum vulgari usu, quam ex eorundem accurata cognitione.

Admirationi opponitur Contemptus, cujus tamen causa hæc plerumque est, quod sc. ex eo, quod aliquem rem aliquam admirari, amare, metuere etc. videmus, vel ex eo, quod res aliqua primo aspectu apparet similis rebus, quas admiramur, amamus, metuimus etc. (*per Prop. 15 cum ejus Coroll. et Prop. 27 hujus*) determinamur ad eandem rem admirandum, amandum, metuendum etc. Sed si ex ipsius rei præsentia, vel accuratiore contemplatione, id omne de eadem negare cogamur, quod causa Admirationis, Amoris, Metus etc. esse potest, tum Mens ex ipsa rei præsentia magis ad ea cogitandum, quæ in

DEMONSTRAÇÃO — Mal imaginamos um objeto que vimos com outros, imediatamente nos recordamos dos outros (*pela Prop. 18, P. II; veja-se também o seu Esc.*), e assim, da contemplação de um somos imediatamente levados à contemplação de outro. E o mesmo acontece com um objeto que imaginamos não ter nada que não seja comum a vários, pois supomos, por isso mesmo, que nele não contemplamos nada que antes não tenhamos visto em outros. Mas quando supomos que imaginamos em algum objeto algo de singular, que antes nunca tínhamos visto, não dizemos senão que a mente, enquanto contempla esse objeto, não tem em si nenhum outro a cuja contemplação possa ser levada a partir da contemplação dele, e por isso é determinada a contemplá-lo só a ele. Logo, um objeto, etc. Q. E. D.

ESCÓLIO — Esta afecção da mente, ou seja, esta imaginação de uma coisa singular, na medida em que se encontra sozinha na mente, chama-se *admiração*, a qual, se for provocada por um objeto que tememos, diz-se *consternação*, uma vez que a admiração de um mal mantém o homem de tal maneira suspenso na contemplação exclusiva de si mesmo, que ele é incapaz de pensar em outras coisas com que poderia evitar esse mal. Porém, se o que admiramos é a prudência de um homem, a sua indústria, ou algo assim, uma vez que por isso mesmo contemplamos tal homem como superior, de longe, a nós mesmos, a admiração chama-se *veneração*; e se o que admiramos é a ira, a inveja, etc. de um homem, ela chama-se *horror*. Depois, se o que admiramos é a prudência, a indústria, etc., de um homem que amamos, o amor será por isso mesmo (*pela Prop. 12 desta Parte*) maior, e a este amor, junto à admiração, ou seja, à veneração, chamamos *devoção*. E desta maneira podemos também conceber o ódio, a esperança, a segurança e outros afetos juntos à admiração, pelo que poderemos deduzir mais afetos do que aqueles que se costumam designar com os vocábulos tradicionais. Donde resulta claro que os nomes dos afetos foram inventados mais pelo uso vulgar do que por um seu conhecimento apurado.

À admiração opõe-se o *desprezo*, cuja causa, contudo, é geralmente o sermos determinados a admirar, amar, temer, etc., uma coisa pelo fato de vermos alguém admirar, amar, temer, etc., essa coisa, ou de ela, à primeira vista, parecer semelhante às coisas que admiramos, amamos, tememos, etc. (*pela Prop. 15, o seu Corol. e a Prop. 27 desta Parte*). No entanto, se pela sua presença, ou por uma contemplação mais atenta, somos forçados a negar tudo o que nela pode ser causa de admiração, amor, medo, etc., então a mente, pela própria presença da coisa, fica determinada a pensar mais naquilo que não está no objeto do que naquilo que está, quando, pelo contrá-

Parte III — Da Origem e da Natureza dos Afetos

objecto non sunt, quam quæ in ipso sunt, determinata manet; cum tamen contra ex objecti præsentia id præcipue cogitare soleat, quod in objecto est. Porro sicut Devotio ex rei, quam amamus, Admiratione, sic Irrisio ex rei, quam odimus, vel metuimus, Contemptu oritur, et Dedignatio ex stultitiæ Contemptu, sicuti Veneratio ex Admiratione prudentiæ. Possumus denique Amorem, Spem, Gloriam, et alios Affectus junctos Contemptui concipere, atque inde alios præterea Affectus deducere, quos etiam nullo singulari vocabulo ab aliis distinguere solemus.

PROPOSITIO LIII

Cum Mens se ipsam, suamque agendi potentiam contemplatur, lætatur, et eo magis, quo se, suamque agendi potentiam distinctius imaginatur.

DEMONSTRATIO — Homo se ipsum non cognoscit, nisi per affectiones sui Corporis, earumque ideas (*per Prop. 19 et 23 p. 2*). Cum ergo fit, ut Mens se ipsam possit contemplari, eo ipso ad majorem perfectionem transire, hoc est (*per Schol. Prop. 11 hujus*), lætitia affici supponitur, et eo majori, quo se, suamque agendi potentiam distinctius imaginari potest. Q. E. D.

COROLLARIUM — Hæc Lætitia magis magisque fovetur, quo magis homo se ab aliis laudari imaginatur. Nam quo magis se ab aliis laudari imaginatur, eo majori Lætitia alios ab ipso affici imaginatur, idque concomitante idea sui (*per Schol. Prop. 29 hujus*); atque adeo (*per Prop. 27 hujus)* ipse majore Lætitia, concomitante idea sui, afficitur. Q. E. D.

PROPOSITIO LIV

Mens ea tantum imaginari conatur, quæ ipsius agendi potentiam ponunt.

DEMONSTRATIO — Mentis conatus, sive potentia est ipsa ipsius Mentis essentia (*per Prop. 7 hujus*); Mentis autem essentia (*ut per se notum*) id tantum, quod Mens est, et potest, affirmat; at non id, quod

Pars tertia — De Origine et Natura Affectuum

rio, a partir da presença de um objeto ela costuma pensar sobretudo naquilo que nele está. Além disso, da mesma forma que a devoção se origina da admiração por uma coisa que amamos, assim também o escárnio se origina do desprezo por uma coisa que odiamos, ou tememos, e o desdém se origina do desprezo pela estupidez, tal como a veneração se origina da admiração pela prudência. Finalmente, podemos conceber o amor, a esperança, a glória e outros afetos juntos com o desprezo, e daí deduzir ainda outros afetos que também não costumamos distinguir dos restantes por nenhum vocábulo específico.

PROPOSIÇÃO LIII

Quando a mente se contempla a si mesma e à sua potência de agir, alegra-se, e tanto mais quanto mais distintamente se imagina a si mesma e à sua potência de agir.

DEMONSTRAÇÃO — O homem não se conhece a si mesmo a não ser pelas afecções do seu corpo e pelas ideias destas (*pelas Prop. 19 e 23, P. II*). Quando, por conseguinte, acontece a mente poder contemplar-se a si mesma, supõe-se ela transitar, por isso mesmo, para uma perfeição maior, isto é (*pelo Esc. da Prop. 11 desta Parte*), ser afetada de alegria, e tanto maior quanto mais distintamente ela pode imaginar-se a si mesma e à sua potência de agir. Q. E. D.

COROLÁRIO — Esta alegria é tanto mais favorecida, quanto mais o homem se imagina a ser louvado pelos outros. Na verdade, quanto mais ele imagina que é louvado pelos outros, maior é a alegria de que imagina os outros serem afetados por ele, e isto acompanhado da ideia dele mesmo (*pelo Esc. da Prop. 29 desta Parte*). Por conseguinte (*pela Prop. 27 desta Parte*), ele próprio é afetado de uma alegria maior, acompanhada da ideia de si. Q. E. D.

PROPOSIÇÃO LIV

A mente esforça-se por imaginar só aquelas coisas que põem a sua potência de agir.

DEMONSTRAÇÃO — O esforço, ou potência, da mente é a própria essência da mente (*pela Prop. 7 desta Parte*). Contudo, a essência da mente afirma (*como é, por si, conhecido*) só aquilo que a mente é e pode, e não aquilo que

Parte III — Da Origem e da Natureza dos Afetos

non est, neque potest; adeoque id tantum imaginari conatur, quod ipsius agendi potentiam affirmat, sive ponit. Q. E. D.

PROPOSITIO LV

Cum Mens suam impotentiam imaginatur, eo ipso contristatur.

DEMONSTRATIO — Mentis essentia id tantum, quod Mens est, et potest, affirmat, sive de natura Mentis est ea tantummodo imaginari, quæ ipsius agendi potentiam ponunt (*per Prop. præced.*). Cum itaque dicimus, quod Mens, dum se ipsam contemplatur, suam imaginatur impotentiam, nihil aliud dicimus, quam quod, dum Mens aliquid imaginari conatur, quod ipsius agendi potentiam ponit, hic ejus conatus coercetur, sive (*per Schol. Prop. 11 hujus*) quod ipsa contristatur. Q. E. D.

COROLLARIUM — Hæc Tristitia magis ac magis fovetur, si se ab aliis vituperari imaginatur; quod eodem modo demonstratur, ac Coroll. Prop. 53 hujus.

SCHOLIUM — Hæc Tristitia, concomitante idea nostræ imbecillitatis, Humilitas appellatur; Lætitia autem, quæ ex contemplatione nostri oritur, Philautia, vel Acquiescentia in se ipso vocatur. Et quoniam hæc toties repetitur, quoties homo suas virtutes, sive suam agendi potentiam contemplatur, hinc ergo etiam fit, ut unusquisque facta sua narrare, suique tam corporis, quam animi vires ostentare gestiat, et ut homines hac de causa sibi invicem molesti sint. Ex quibus iterum sequitur, homines natura esse invidos (*vide Schol. Prop. 24 et Schol. Prop. 32 hujus*), sive ob suorum æqualium imbecillitatem gaudere, et contra propter eorundem virtutem contristari. Nam quoties unusquisque suas actiones imaginatur, toties Lætitia (*per Prop. 53 hujus*) afficitur, et eo majore, quo actiones plus perfectionis exprimere, et easdem distinctius imaginatur, hoc est (*per illa, quæ in Schol. 1 Prop. 40 p. 2 dicta sunt*), quo magis easdem ab aliis distinguere, et ut res singulares contemplari potest. Quare unusquisque ex contemplatione sui tunc maxime gaudebit, quando aliquid in se contemplatur, quod de reliquis negat. Sed si id, quod de se affirmat, ad universalem hominis, vel animalis ideam refert, non tantopere gaudebit; et contra contristabitur, si suas, ad aliorum

ela não é nem pode. Por conseguinte, ela esforça-se por imaginar só o que afirma, ou põe, a sua potência de agir. *Q. E. D.*

PROPOSIÇÃO LV
Quando a mente imagina a sua impotência, entristece-se por isso.

DEMONSTRAÇÃO — A essência da mente afirma só o que a mente é e pode, ou seja, é da natureza da mente imaginar tão somente aquelas coisas que põem a sua potência de agir (*pela Prop. anterior*). Quando dizemos, pois, que enquanto a mente se contempla a si mesma ela imagina a sua impotência, não dizemos outra coisa senão que, enquanto a mente se esforça por imaginar algo que põe a sua própria potência de agir, esse esforço é reprimido, ou seja (*pelo Esc. da Prop. 11 desta Parte*), que ela se entristece. *Q. E. D.*

COROLÁRIO — Esta tristeza é ainda mais e mais favorecida, se a mente se imagina vituperada por outros, o que se demonstra do mesmo modo que o Corolário da Proposição 53 desta Parte.

ESCÓLIO — Esta tristeza acompanhada da ideia da nossa debilidade chama-se *humildade*; por sua vez, a alegria que se origina da contemplação de nós mesmos chama-se *amor-próprio*, ou *satisfação consigo mesmo*. E visto que esta se repete tantas vezes quantas o homem contempla as suas virtudes, ou seja, a sua potência de agir, daí resulta também cada um estar ansioso por contar os seus feitos e ostentar as suas forças, tanto as do corpo quanto as do ânimo, razão pela qual os homens são maçadores uns para os outros. Donde se segue, mais uma vez, que os homens são por natureza invejosos (*veja-se o Esc. da Prop. 24 e o Esc. da Prop. 32 desta Parte*), ou seja, regozijam-se com a debilidade dos seus semelhantes e, pelo contrário, entristecem-se com as virtudes deles. Com efeito, todas as vezes que cada um imagina as suas ações, é afetado de alegria (*pela Prop. 53 desta Parte*), e tanto maior quanto mais perfeição essas ações exprimem e mais distintamente ele as imagina, isto é (*por aquilo que foi dito no Esc. 1 da Prop. 40, P. II*), quanto mais pode distingui-las das outras e contemplá-las como coisas singulares. Por isso, cada um regozijar-se-á maximamente com a contemplação de si, quando em si contempla algo que nega dos demais. Contudo, se referir o que afirma de si à ideia universal de homem ou de animal, já não se regozijará assim tanto; pelo contrário, se imaginar que as suas ações, compara-

Parte III — Da Origem e da Natureza dos Afetos

actiones comparatas, imbecilliores esse imaginetur, quam quidem Tristitiam (*per Prop. 28 hujus*) amovere conabitur, idque suorum æqualium actiones perperam interpretando, vel suas, quantum potest adornando. Apparet igitur homines natura proclives esse ad Odium, et Invidiam, ad quam accedit ipsa educatio. Nam parentes solo Honoris et Invidiæ stimulo liberos ad virtutem concitare solent. Sed scrupulus forsan remanet, quod non raro hominum virtutes admiremur, eosque veneremur. Hunc ergo ut amoveam, sequens addam Corollarium.

COROLLARIUM — Nemo virtutem alicui, nisi æquali, invidet.

DEMONSTRATIO — Invidia est ipsum Odium (*vide Schol. Prop. 24 hujus*), sive (*per Schol. Prop. 13 hujus*) Tristitia, hoc est (*per Schol. Prop. 11 hujus*) affectio, qua hominis agendi potentia, seu conatus coercetur. At homo (*per Schol. Prop. 9 hujus*) nihil agere conatur, neque cupit, nisi quod ex data sua natura sequi potest; ergo homo nullam de se agendi potentiam, seu (quod idem est) virtutem prædicari cupiet, quæ naturæ alterius est propria, et suæ aliena; adeoque ejus Cupiditas coerceri, hoc est (*per Schol. Prop. 11 hujus*) ipse contristari nequit ex eo, quod aliquam virtutem in aliquo ipsi dissimili contemplatur, et consequenter neque ei invidere poterit. At quidem suo æquali, qui cum ipso ejusdem naturæ supponitur. *Q. E. D.*

SCHOLIUM — Cum igitur supra in Scholio Propositionis 52 hujus Partis, dixerimus, nos hominem venerari ex eo, quod ipsius prudentiam, fortitudinem, etc. admiramur, id fit (*ut ex ipsa Prop. patet*), quia has virtutes ei singulariter inesse, et non ut nostræ naturæ communes imaginamur; adeoque easdem ipsi non magis invidebimus, quam arboribus altitudinem, et leonibus fortitudinem, etc.

PROPOSITIO LVI

Lætitiæ, Tristitiæ, et Cupiditatis, et consequenter uniuscujusque affectus, qui ex his componitur, ut animi fluctuationis, vel qui ab his derivatur, nempe Amoris, Odii, Spei, Metus, etc. tot species dantur, quot sunt species objectorum, a quibus afficimur.

das com as dos outros, são mais fracas, entristecer-se-á, tristeza esta que decerto se esforçará por afastar (*pela Prop. 28 desta Parte*), quer interpretando incorretamente as ações dos seus semelhantes, quer ornamentando quanto possível as suas. É claro, pois, que os homens são por natureza propensos ao ódio e à inveja, propensão à qual acresce a própria educação. Na verdade, o único estímulo com que os pais costumam incitar os filhos à virtude é o da honra e da inveja. Mas quiçá permaneça uma dúvida, visto que não raro admiramos as virtudes dos homens e os veneramos. Para a remover, acrescentarei o Corolário seguinte.

COROLÁRIO — Ninguém inveja a virtude de alguém, a menos que seja seu igual.

DEMONSTRAÇÃO — A inveja é o próprio ódio (*veja-se o Esc. da Prop. 24 desta Parte*), ou (*pelo Esc. da Prop. 13 desta Parte*) tristeza, isto é (*pelo Esc. da Prop. 11 desta Parte*), uma afecção pela qual a potência de agir, ou esforço, do homem é reprimida. Ora, o homem (*pelo Esc. da Prop. 9 desta Parte*) não se esforça por fazer, nem deseja, senão o que pode seguir-se da sua natureza tal como ela é dada. Logo, o homem não desejará que se lhe atribua nenhuma potência de agir, ou (o que é o mesmo) nenhuma virtude, que seja da natureza de outrem e alheia à sua. Por isso, o seu desejo não pode ser reprimido, isto é (*pelo Esc. da Prop. 11 desta Parte*), não pode entristecer-se pelo fato de contemplar alguma virtude em alguém que não é semelhante a ele e, consequentemente, não poderá invejá-lo. Mas invejará, certamente, um seu igual, que se supõe ser da mesma natureza que ele. *Q. E. D.*

ESCÓLIO — Portanto, quando anteriormente dissemos, no Escólio da Proposição 52 desta Parte, que veneramos um homem pelo fato de admirarmos a sua prudência, a sua força, etc., isso acontece (*como é evidente pela mesma Prop.*) porque imaginamos que tais virtudes não são comuns à nossa natureza e existem nele a título singular, pelo que não lhas invejaremos mais do que invejamos a altura às árvores, a força aos leões, etc.

PROPOSIÇÃO LVI
Dão-se tantas espécies de alegria, tristeza, desejo e, consequentemente, de cada um dos afetos que se compõem destes, como a flutuação do ânimo, ou que deles derivam, como o amor, o ódio, a esperança, o medo, etc., quantas as espécies de objetos pelos quais somos afetados.

Parte III — Da Origem e da Natureza dos Afetos

DEMONSTRATIO — Lætitia, et Tristitia, et consequenter affectus, qui ex his componuntur, vel ex his derivantur, passiones sunt (*per Schol. Prop. 11 hujus*); nos autem (*per Prop. 1 hujus*) necessario patimur, quatenus ideas habemus inadæquatas; et quatenus easdem habemus (*per Prop. 3 hujus*), eatenus tantum patimur, hoc est (*vide Schol. Prop. 40 p. 2*), eatenus tantum necessario patimur, quatenus imaginamur, sive (*vide Prop. 17 p. 2 cum ejus Schol.*) quatenus afficimur affectu, qui naturam nostri Corporis, et naturam corporis externi involvit. Natura igitur uniuscujusque passionis ita necessario debet explicari, ut objecti, a quo afficimur, natura exprimatur. Nempe Lætitia, quæ ex objecto, ex. gr. A oritur, naturam ipsius objecti A, et Lætitia, quæ ex objecto B oritur, ipsius objecti B naturam involvit, atque adeo hi duo Lætitiæ affectus natura sunt diversi, quia ex causis diversæ naturæ oriuntur. Sic etiam Tristitiæ affectus, qui uno objecto oritur, diversus natura est a Tristitia, quæ ab alia causa oritur; quod etiam de Amore, Odio, Spe, Metu, animi Fluctuatione, etc. intelligendum est: ac proinde Lætitiæ, Tristitiæ, Amoris, Odii, etc. tot species necessario dantur, quot sunt species objectorum, a quibus afficimur. At Cupiditas est ipsa uniuscujusque essentia, seu natura, quatenus ex data quacunque ejus constitutione determinata concipitur ad aliquid agendum (*vide Schol. Prop. 9 hujus*); ergo, prout unusquisque a causis externis hac, aut illa Lætitiæ, Tristitiæ, Amoris, Odii, etc. specie afficitur, hoc est, prout ejus natura hoc, aut alio modo constituitur, ita ejus Cupiditas alia, atque alia esse, et natura unius a natura alterius Cupiditatis tantum differre necesse est, quantum affectus, a quibus unaquæque oritur, inter se diffexunt. Dantur itaque tot species Cupiditatis, quot sunt species Lætitiæ, Tristitiæ, Amoris, etc. et consequenter (*per jam ostensa*) quot sunt objectorum species, a quibus afficimur. *Q. E. D.*

SCHOLIUM — Inter affectuum species, quæ (*per Prop. præced.*) perplurimæ esse debent, insignes sunt Luxuria, Ebrietas, Libido, Avaritia,

DEMONSTRAÇÃO — A alegria e a tristeza, e, consequentemente, os afetos que delas se compõem ou que delas derivam são paixões (*pelo Esc. da Prop. 11 desta Parte*). Contudo, nós (*pela Prop. 1 desta Parte*) sofremos necessariamente, na medida em que temos ideias inadequadas, e só sofremos na medida em que as temos (*pela Prop. 3 desta Parte*), isto é (*vejam-se os Esc. da Prop. 40, P. II*), só sofremos necessariamente na medida em que imaginamos, ou seja (*vejam-se a Prop. 17, P. II, e o seu Esc.*), na medida em que somos afetados por um afeto que envolve a natureza do nosso corpo e a natureza de um corpo exterior. Portanto, a natureza de cada paixão deve necessariamente explicar-se de modo que seja expressa a natureza do objeto pelo qual somos afetados. Assim, a alegria que se origina de um objeto, por exemplo A, envolve a natureza desse objeto A, e a alegria que se origina do objeto B envolve a natureza desse objeto B, pelo que esses dois afetos de alegria são, por natureza, diferentes, uma vez que se originam de causas de natureza diferente. De igual modo, o afeto de tristeza que se origina de um objeto é, por natureza, diferente da tristeza que se origina de uma outra causa, e o mesmo se deve também entender do amor, do ódio, da esperança, do medo, da flutuação do ânimo, etc. Dão-se, por conseguinte, tantas espécies de alegria, tristeza, amor, ódio, etc., quantas as espécies de objetos pelos quais somos afetados. O desejo, porém, é a própria essência, ou natureza, de cada um, na medida em que ela se concebe determinada por uma sua dada constituição a fazer algo (*veja-se o Esc. da Prop. 9 desta Parte*). Logo, consoante cada um é afetado desta ou daquela espécie de alegria, tristeza, amor, ódio, etc., por causas exteriores, isto é, consoante a sua natureza é constituída deste ou daquele modo, assim o seu desejo é este ou aquele, e a natureza do desejo de um é necessariamente tão diferente da natureza do desejo de outro, quanto os afetos de que se origina cada um deles diferem entre si. Dão-se, pois, tantas espécies de desejo quantas as espécies de alegria, tristeza, amor, etc., e, consequentemente (*pelo que já mostramos*), quantas as espécies de objetos pelos quais somos afetados. Q. E. D.

ESCÓLIO — Entre as espécies de afetos, que (*pela Prop. anterior*) devem ser muitíssimas, são dignas de nota a gula, a embriaguez, a libido,[27] a ava-

---

[27] O termo é habitualmente traduzido por "luxúria" e seus equivalentes: *lust, Lüsternheit, lubricité, sensualità*, etc. Semelhante opção afasta-se, porém, do tom de neutralidade que Espinosa usa no tratamento deste tópico e que é flagrante, já a seguir, no nº 48 das Definições dos Afetos. Por esse motivo, na sequência de Giancotti e Mignini (*libidine*), recorremos ao termo "libido", que, entretanto, a partir da psicanálise, se generalizou também

Parte III — Da Origem e da Natureza dos Afetos

et Ambitio, quæ non nisi Amoris, vel Cupiditatis sunt notiones; quæ hujus utriusque affectus naturam explicant per objecta, ad quæ referuntur. Nam per Luxuriam, Ebrietatem, Libidinem, Avaritiam, et Ambitionem nihil aliud intelligimus, quam convivandi, potandi, coeundi, divitiarum, et gloriæ immoderatum Amorem vel Cupiditatem. Præterea hi affectus, quatenus eos per solum objectum, ad quod referuntur, ab aliis distinguimus, contrarios non habent. Nam Temperantia, quam Luxuriæ, et Sobrietas, quam Ebrietati, et denique Castitas, quam Libidini opponere solemus, affectus, seu passiones non sunt; sed animi indicant potentiam, quæ hos affectus moderatur. Cæterum reliquas affectuum species hic explicare nec possum (quia tot sunt, quot objectorum species), nec, si possem, necesse est. Nam ad id, quod intendimus, nempe ad affectuum vires, et Mentis in eosdem potentiam determinandum, nobis sufficit, uniuscujusque affectus generalem habere definitionem. Sufficit, inquam, nobis affectuum, et Mentis communes proprietates intelligere, ut determinare possimus, qualis, et quanta sit Mentis potentia in moderandis, et coercendis affectibus. Quamvis itaque magna sit differentia inter hunc, et illum Amoris, Odii, vel Cupiditatis affectum, ex. gr. inter Amorem erga liberos, et inter Amorem erga uxorem, nobis tamen has differentias cognoscere, et affectuum naturam, et originem ulterius indagare, non est opus.

PROPOSITIO LVII

Quilibet uniuscujusque individui affectus ab affectu alterius tantum discrepat, quantum essentia unius ab essentia alterius differt.

DEMONSTRATIO — Hæc Propositio patet ex Axiom. 1, quod vide post Lem. 3 Schol. Prop. 13 p. 2. At nihilominus eandem ex trium primitivorum affectuum definitionibus demonstrabimus.

Omnes affectus ad Cupiditatem, Lætitiam, vel Tristitiam referuntur, ut eorum, quas dedimus definitiones ostendunt. At Cupiditas est ipsa uniuscujusque natura, seu essentia (*vide ejus Defin. in Schol. Prop. 9 hujus*); ergo uniuscujusque individui Cupiditas, a Cupiditate alterius tantum discrepat, quantum natura, seu essentia unius ab essentia alterius differt. Lætitia deinde, et Tristitia passiones sunt, quibus uniuscujusque

Pars tertia — De Origine et Natura Affectuum

reza e a ambição, as quais não são senão noções do amor, ou do desejo, que explicam a natureza de cada um destes afetos pelos objetos a que se referem. Na verdade, por gula, embriaguez, libido, avareza e ambição não entendemos outra coisa senão um amor ou um desejo imoderado de se banquetear, de beber, de copular, de riquezas e de glória. Além disso, estes afetos, na medida em que só os distinguimos dos outros pelo objeto a que se referem, não têm contrários, pois a temperança, que costumamos opor à gula, a sobriedade, que costumamos opor à embriaguez e, finalmente, a castidade, que costumamos opor à libido, não são afetos ou paixões, mas indicadores da potência de ânimo que modera estes afetos. Quanto às restantes espécies de afetos, é impossível aqui explicá-las (pois são tantas quantas as espécies de objetos) e, mesmo que eu pudesse, não é necessário. De fato, para o que pretendemos, quer dizer, para determinar as forças dos afetos e a potência da mente sobre eles, basta-nos ter a definição geral de cada um dos afetos. Basta, digo, entender as propriedades comuns dos afetos e da mente, para que possamos determinar qual seja, e quanta, a potência da mente para regrar e reprimir os afetos. Assim, embora seja grande a diferença entre este e aquele afeto de amor, ódio ou desejo — por exemplo, entre o amor aos filhos e o amor à esposa —, não há, contudo, necessidade de conhecer essas diferenças, nem de indagar mais a natureza e a origem dos afetos.

PROPOSIÇÃO LVII
Qualquer afeto de cada indivíduo diverge tanto do afeto de um outro quanto a essência de um difere da essência do outro.

DEMONSTRAÇÃO — Esta Proposição é evidente pelo Axioma 1, que vem depois do Lema 3 do Escólio da Proposição 13, Parte II. Não obstante, demonstrá-la-emos a partir das definições dos três afetos primitivos.

Todos os afetos se referem ao desejo, à alegria ou à tristeza, como mostram as definições que deles demos. Ora, o desejo é a própria natureza, ou essência, de cada um (*veja-se a sua Def. no Esc. da Prop. 9 desta Parte*). Logo, o desejo de cada indivíduo diverge tanto do desejo de um outro quanto a natureza, ou essência, de um difere da essência do outro. Depois, a alegria e a tristeza são paixões pelas quais a potência, ou esforço, de cada um por

---

no vocabulário português e que, sem elidir de modo algum a referência sexual, possui um significado que é, simultaneamente, mais amplo e mais profundo.

Parte III — Da Origem e da Natureza dos Afetos

potentia, seu conatus in suo esse perseverandi augetur, vel minuitur, juvatur, vel coercetur (*per Prop. 11 hujus et ejus Schol.*). At per conatum in suo esse perseverandi, quatenus ad Mentem, et Corpus simul refertur, Appetitum, et Cupiditatem intelligimus (*vide Schol. Prop. 9 hujus*); ergo Lætitia, et Tristitia est ipsa Cupiditas, sive Appetitus, quatenus a causis externis augetur, vel minuitur, juvatur, vel coercetur, hoc est (*per idem Schol.*), est ipsa cujusque natura; atque adeo uniuscujusque Lætitia, vel Tristitia, a Lætitia, vel Tristitia alterius tantum etiam discrepat, quantum natura, seu essentia unius ab essentia alterius differt, et consequenter quilibet uniuscujusque individui affectus ab affectu alterius tantum discrepat, etc. *Q. E. D.*

SCHOLIUM — Hinc sequitur affectus animalium, quæ irrationalia dicuntur (bruta enim sentire nequaquam dubitare possumus, postquam Mentis novimus originem) ab affectibus hominum tantum differre, quantum eorum natura a natura humana differt. Fertur quidem equus, et homo Libidine procreandi; at ille Libidine equina, hic autem humana. Sic etiam Libidines, et Appetitus Insectorum, piscium, et avium alii atque alii esse debent. Quamvis itaque unumquodque individuum sua, qua constat natura, contentum vivat, eaque gaudeat, vita tamen illa, qua unumquodque est contentum, et gaudium nihil aliud est, quam idea, seu anima ejusdem individui, atque adeo gaudium unius a

perseverar no seu ser é aumentada ou diminuída, ajudada ou reprimida (*pela Prop. 11 desta Parte e o seu Esc.*). Ora, por esforço por perseverar no seu ser, na medida em que este se refere à mente e em simultâneo ao corpo, entendemos o apetite e o desejo (*veja-se o Esc. da Prop. 9 desta Parte*). Logo, a alegria e a tristeza são o próprio desejo, ou apetite, na medida em que este é aumentado ou diminuído, ajudado ou reprimido, por causas exteriores, ou seja (*pelo mesmo Esc.*), são a própria natureza de cada um. Por isso, a alegria ou a tristeza de cada um também diverge tanto da alegria ou da tristeza de outro quanto a natureza, ou essência, de um difere da essência do outro e, consequentemente, qualquer afeto de cada indivíduo diverge tanto do afeto de outro, etc. Q. E. D.

ESCÓLIO — Donde se segue que os afetos dos animais ditos irracionais (uma vez que, depois de conhecermos a origem da mente, não podemos de modo algum duvidar que os animais sentem) são tão diferentes dos afetos dos homens quanto a sua natureza é diferente da natureza humana. Decerto, quer o cavalo quer o homem são impelidos pela libido de procriar, mas o primeiro é por uma libido equina, e o segundo por uma libido humana. Da mesma forma, as libidos e os apetites dos insetos, dos peixes e das aves devem ser diferentes uns dos outros. Assim, embora cada indivíduo viva contente com a natureza de que é constituído e se regozije com ela, no entanto, essa vida com a qual cada um está contente e esse regozijo não são senão a ideia, ou alma,[28] do mesmo indivíduo e, por isso, o regozijo de um, por na-

---

[28] Nos *PPC*, Def. 6, onde se afirma que "a substância à qual o pensamento é imediatamente inerente chama-se mente", Espinosa acrescenta a seguinte explicação: "Falo aqui de 'mente', e não de 'alma', porque o termo 'alma' é equívoco e até assumido como uma coisa corpórea". Na verdade, Descartes tinha escrito que "'*anima' en bon latin signifie 'aërem, sive oris halitum'; d'ou je crois qu'il a été transféré 'ad significandam mentem', et c'est pour cela que j'ai dit que 'saepe sumitur pro re corporea'*" ("em bom latim *anima* significa 'ar' ou 'hálito' (*oris halitum*), e daí, creio, passou a significar 'mente', e é por isso que eu disse que ela se toma muitas vezes por uma coisa corpórea") (Lettre à Mersenne, 21/4/1641, *AT*, III, 362). Note-se que, com estas palavras, Descartes estava de algum modo a justificar aquilo que, falando da alma, afirma na II Meditação (*AT*, IX, 20): "*j'imaginais qu'elle était quelque chose extrêmement rare et subtile, comme un vent, une flamme ou un air très delié, qui était insinué et répandu dans mes plus grossières parties*" ("imaginava que ela era qualquer coisa extremamente rara e sutil, como um vento, uma chama, ou um ar muito solto, que se havia insinuado e espalhado pelas minhas partes mais densas"). Tal afirmação, contudo, ainda pertence ao elenco das coisas em que se acredita antes de submeter as ideias ao crivo da "dúvida metódica", um registro muito diferente, portanto, daquele em que Espinosa se socorre da frase. É igualmente de notar que, das seis vezes que o termo

Parte III — Da Origem e da Natureza dos Afetos

gaudio alterius tantum natura discrepat, quantum essentia unius ab essentia alterius differt. Denique ex præcedenti Propositione sequitur, non parum etiam interesse, inter gaudium, quo ebrius ex. gr. ducitur, et inter gaudium, quo potitur Philosophus, quod hic in transitu monere volui. Atque hæc de affectibus, qui ad hominem referuntur, quatenus patitur. Superest, ut pauca addam de iis, qui ad eundem referuntur, quatenus agit.

PROPOSITIO LVIII

Præter Lætitiam, et Cupiditatem, quæ passiones sunt, alii Lætitiæ, et Cupiditatis affectus dantur, qui ad nos, quatenus agimus, referuntur.

DEMONSTRATIO — Cum Mens se ipsam, suamque agendi potentiam concipit, lætatur (*per Prop. 53 hujus*): Mens autem se ipsam necessario contemplatur, quando veram, sive adæquatam ideam concipit (*per Prop. 43 p. 2*). At Mens quasdam ideas adæquatas concipit (*per Schol. 2 Prop. 40 p. 2*): Ergo eatenus etiam lætatur, quatenus ideas adæquatas concipit, hoc est (*per Prop. 1 hujus*), quatenus agit. Deinde Mens tam quatenus claras, et distinctas, quam quatenus confusas habet ideas, in suo esse perseverare conatur (*per Prop. 9 hujus*): At per conatum Cupiditatem intelligimus (*per ejusdem Schol.*); ergo Cupiditas ad nos refertur, etiam quatenus intelligimus, sive (*per Prop. 1 hujus*) quatenus agimus. *Q. E. D.*

PROPOSITIO LIX

Inter omnes affectus, qui ad Mentem, quatenus agit, referuntur, nulli sunt, quam qui ad Lætitiam, vel Cupiditatem referuntur.

tureza, difere tanto do regozijo de outro quanto a essência de um difere da essência do outro. Finalmente, da Proposição anterior segue-se que também não é pouca a diferença que vai do regozijo com que, por exemplo, o ébrio se comporta ao regozijo que adquire o filósofo, coisa para a qual eu quis, de passagem, chamar aqui a atenção. Isto, quanto aos afetos que se referem ao homem na medida em que ele sofre. Resta acrescentar algumas coisas, poucas, acerca daqueles que se lhe referem na medida em que ele age.

PROPOSIÇÃO LVIII

Além da alegria e do desejo que são paixões, dão-se outros afetos de alegria e de desejo que se referem a nós na medida em que agimos.

DEMONSTRAÇÃO — Quando a mente se concebe a si mesma e à sua potência de agir, alegra-se (*pela Prop. 53 desta Parte*), e a mente contempla-se necessariamente a si mesma quando concebe uma ideia verdadeira, ou seja, adequada (*pela Prop. 43, P. II*). Ora, a mente concebe certas ideias adequadas (*pelo Esc. 2 da Prop. 40, P. II*). Logo, ela também se alegra na medida em que concebe ideias adequadas, isto é (*pela Prop. 1 desta Parte*), na medida em que age. Depois, a mente, quer na medida em que tem ideias claras e distintas, quer na medida em que tem ideias confusas, esforça-se por perseverar no seu ser (*pela Prop. 9 desta Parte*). Ora, por esforço entendemos o desejo (*pelo Esc. da mesma Prop.*). Logo, o desejo também se refere a nós na medida em que entendemos, ou seja (*pela Prop. 1 desta Parte*), na medida em que agimos. Q. E. D.

PROPOSIÇÃO LIX

Entre todos os afetos que se referem à mente na medida em que ela age, não há nenhum que não se refira à alegria ou ao desejo.

---

anima aparece na *Ética*, esta é a única em que se pode considerar sinônimo do termo *mens*, o qual aparece 553 vezes. Nas restantes, o termo vem sempre atribuído a terceiros, em contextos onde se discutem doutrinas que Espinosa refuta. Por esta razão, R. Caillois (1954, Spinoza, *Oeuvres complètes*, Paris, Gallimard, p. 1438) atribui à frase em apreço uma intencionalidade, afirmando que o autor "quer mostrar que esta famosa alma não é senão a ideia do corpo". Interpretações à parte, o fato é que no *TP*, escrito imediatamente depois da *Ética*, o termo *anima* já só aparece uma única vez. Cf. E. Giancotti (1995), "Sul concetto spinoziano di *mens*", *in* E. Giancotti (org.), *Studi su Hobbes e Spinoza*, Nápoles, Bibliopolis, pp. 357-400.

DEMONSTRATIO — Omnes affectus ad Cupiditatem, Lætitiam, vel Tristitiam referuntur, ut eorum, quas dedimus, definitiones ostendunt. Per Tristitiam autem intelligimus, quod Mentis cogitandi potentia minuit, vel coercet (*per Prop. 11 hujus et ejus Schol.*); adeoque Mens, quatenus contristatur, eatenus ejus intelligendi, hoc est, ejus agendi potentia (*per Prop. 1 hujus*) minuitur, vel coercetur; adeoque nulli Tristitiæ affectus ad Mentem referri possunt, quatenus agit; sed tantum affectus Lætitiæ, et Cupiditatis, qui (*per Prop. præced.*) eatenus etiam ad Mentem referuntur. Q. E. D.

SCHOLIUM — Omnes actiones, quæ sequuntur ex affectibus, qui ad Mentem referuntur, quatenus intelligit, ad Fortitudinem refero, quam in Animositatem, et Generositatem distinguo. Nam per *Animositatem* intelligo *Cupiditatem, qua unusquisque conatur suum esse ex solo rationis dictamine conservare.* Per *Generositatem* autem *Cupiditatem* intelligo, *qua unusquisque ex solo rationis dictamine conatur reliquos homines juvare, et sibi amicitia jungere.* Eas itaque actiones, quæ solum agentis utile intendunt, ad Animositatem, et quæ alterius etiam utile intendunt, ad Generositatem refero. Temperantia igitur, Sobrietas, et animi in periculis præsentia, etc. Animositatis sunt species; Modestia autem, Clementia etc. species Generositatis sunt. Atque his puto me præcipuos affectus, animique fluctuationes, quæ ex compositione trium primitivorum affectuum, nempe Cupiditatis, Lætitiæ, et Tristitiæ oriuntur, explicuisse, perque primas suas causas ostendisse. Ex quibus apparet, nos a causis externis multis modis agitari, nosque, perinde ut maris undæ, a contrariis ventis agitatæ, fluctuari, nostri eventus, atque fati inscios. At dixi, me præcipuos tantum, non omnes, qui dari possunt, animi conflictus ostendisse. Nam eadem via, qua supra, procedendo facile possumus ostendere Amorem esse junctum Poenitentiæ, Dedignationi, Pudori, etc. Imo unicuique ex jam dictis clare constare credo, affectus tot modis alii cum aliis posse componi, indeque tot variationes oriri, ut nullo numero definiri queant. Sed

DEMONSTRAÇÃO — Todos os afetos se referem ao desejo, à alegria ou à tristeza, como mostram as definições que deles demos. Mas, por tristeza, entendemos que a potência da mente é diminuída ou reprimida (*pela Prop. 11 desta Parte e o seu Esc.*), pelo que, na medida em que a mente se entristece, a sua potência de entender diminui, ou é reprimida (*pela Prop. 1 desta Parte*). Portanto, nenhum afeto de tristeza pode referir-se à mente na medida em que ela age, mas somente afetos de alegria e de desejo, os quais (*pela Prop. anterior*), nesse sentido, também se referem à mente. Q. E. D.

ESCÓLIO — Todas as ações que se seguem dos afetos que se referem à mente na medida em que ela entende, eu refiro-as à fortaleza, a qual divido em firmeza e generosidade. Por *firmeza, entendo o desejo pelo qual cada um se esforça, pelo simples ditame da razão, por conservar o seu ser.* Por *generosidade,* por sua vez, entendo o *desejo pelo qual cada um se esforça, pelo simples ditame da razão, por ajudar os restantes homens e associá-los a si pela amizade.* Assim, as ações que visam apenas a utilidade do agente, refiro-as à firmeza, e as que visam também a vantagem de outrem, refiro-as à generosidade. Portanto, a temperança, a sobriedade, a presença de espírito nos perigos,[29] etc., são espécies da firmeza; a decência, a clemência, etc., são espécies da generosidade.

E, com isto, julgo ter explicado e mostrado pelas suas causas primeiras os principais afetos e flutuações do ânimo que se originam da composição dos três afetos primitivos, a saber, o desejo, a alegria e a tristeza. Donde resulta claro que somos agitados de muitos modos por causas exteriores e que flutuamos, quais ondas do mar agitadas por ventos contrários, na ignorância do que nos vai acontecer e do nosso destino. Eu disse, porém, que tinha mostrado só os principais conflitos do ânimo, e não todos aqueles que podem dar-se. Na verdade, procedendo pela mesma via que antes, podemos facilmente mostrar que o amor está associado ao arrependimento, ao desdém, à vergonha, etc. Mais ainda, creio que daquilo que já foi dito resulta claro para qualquer um que os afetos podem compor-se uns com os outros de tantos modos, e daí originarem-se tantas variações, que é impossível enumerá-las. Mas para o meu intento é suficiente ter enumerado só os principais, uma vez

---

[29] *Animi in periculis praesentia:* o *animus,* que normalmente traduzimos à letra, aparece aqui inserido numa expressão que corresponde, obviamente, à "presença de espírito", sem que uma tal tradução colida com os pressupostos metafísicos do sistema, de tal maneira a significação da palavra "espírito", neste sintagma específico, é alheia a considerações dessa natureza.

Parte III — Da Origem e da Natureza dos Afetos

ad meum institutum præcipuos tantum enumeravisse sufficit; nam reliqui, quos omisi, plus curiositatis, quam utilitatis haberent. Attamen de Amore hoc notandum restat, quod scilicet sæpissime contingit, dum re, quam appetebamus, fruimur, ut Corpus ex ea fruitione novam acquirat constitutionem, a qua aliter determinatur, et aliæ rerum imagines in eo excitantur, et simul Mens alia imaginari, aliaque cupere incipit. Ex. gr. cum aliquid, quod nos sapore delectare solet, imaginamur, eodem frui, nempe comedere cupimus. At quamdiu eodem sic fruimur, stomachus adimpletur, Corpusque aliter constituitur. Si igitur Corpore jam aliter disposito, ejusdem cibi imago, quia ipse præsens adest, fomentetur, et consequenter conatus etiam, sive Cupiditas eundem comedendi, huic Cupiditati, seu conatui nova illa constitutio repugnabit, et consequenter cibi, quem appetebamus, præsentia odiosa erit, et hoc est, quod Fastidium, et Tædium vocamus. Cæterum Corporis affectiones externas, quæ in affectibus observantur, ut sunt tremor, livor, singultus, risus etc. neglexi, quia ad solum Corpus absque ulla ad Mentem relatione referuntur. Denique de affectuum definitionibus quædam notanda sunt, quas propterea hic ordine repetam, et quid in unaquaque observandum est, iisdem interponam.

AFFECTUUM DEFINITIONES

I. Cupiditas est ipsa hominis essentia, quatenus ex data quacunque ejus affectione determinata concipitur ad aliquid agendum.

EXPLICATIO — Diximus supra in Scholio Propositionis 9 hujus Partis, Cupiditatem esse appetitum cum ejusdem conscientia;

que os restantes, que eu omiti, seriam mais uma questão de curiosidade do que de utilidade.

Resta, contudo, ainda acerca do amor, notar que acontece muitíssimas vezes o corpo, enquanto fruímos de uma coisa que nos apetecia, adquirir com essa fruição uma nova constituição, pela qual é diferentemente determinado, e avivarem-se nele outras imagens das coisas, ao mesmo tempo que a mente começa a imaginar e a desejar outras coisas. Por exemplo, quando imaginamos uma coisa que nos costuma deleitar com o seu sabor, desejamos fruir dela, ou seja, comê-la. Porém, enquanto fruímos dela, o estômago enche-se e o corpo fica disposto de outra maneira. Se, portanto, disposto agora diferentemente o corpo, a imagem desse alimento se intensifica, por ele estar presente, e, consequentemente, se intensifica também o esforço, ou desejo, de o comer, essa nova constituição repugnará a este desejo, ou esforço, e, consequentemente, a presença do alimento de que tínhamos apetite tornar-se-á odiosa, sendo a isto que chamamos fastio e nojo. Quanto ao resto, pus de parte as afecções exteriores do corpo que se observam em afetos como o tremor, a palidez, o soluço, o riso, etc., dado que elas se referem só ao corpo, sem nenhuma relação à mente.

Por último, há certas coisas sobre as definições dos afetos que devem ser assinaladas e que, por isso, vou aqui repetir por ordem, intercalando entre uma e outra o que for de observar sobre cada uma delas.

DEFINIÇÕES DOS AFETOS[30]

I. O *desejo* é a própria essência do homem na medida em que esta se concebe determinada, por qualquer uma das afecções que nela se dão, a fazer algo.

EXPLICAÇÃO — Dissemos anteriormente, no Escólio da Proposição 9 desta Parte, que o apetite é o desejo com a consciência do mesmo, e que o

---

[30] Além do precedente cartesiano — *Les Passions de l'Âme* — que Espinosa analisa e critica explicitamente, é de assinalar também, como antecedente da *Ética*, a preocupação que Hobbes manifesta em sistematizar e definir os afetos no cap. VI do *Leviathan*, significativamente intitulado "Of the Interior Beginnings of Voluntary Motions, Commonly Called the Passions; and the Speeches by Which They Are Expressed" ("Da origem interior dos movimentos voluntários comumente chamados paixões; e da linguagem por que são expressos").

Parte III — Da Origem e da Natureza dos Afetos

appetitum autem esse ipsam hominis essentiam, quatenus determinata est ad ea agendum, quæ ipsius conservationi inserviunt. Sed in eodem Scholio etiam monui, me revera inter humanum appetitum, et Cupiditatem nullam agnoscere differentiam. Nam sive homo sui appetitus sit conscius, sive non sit, manet tamen appetitus unus, idemque; atque adeo, ne tautologiam committere viderer, Cupiditatem per appetitum explicare nolui; sed eandem ita definire studui, ut omnes humanæ naturæ conatus, quos nomine appetitus, voluntatis, cupiditatis, vel impetus significamus, una comprehenderem. Potueram enim dicere, Cupiditatem esse ipsam hominis essentiam, quatenus determinata concipitur ad aliquid agendum; sed ex hac definitione (*per Prop. 23 p. 2*) non sequeretur, quod Mens possit suæ Cupiditatis, sive appetitus esse conscia. Igitur, ut hujus conscientiæ causam involverem, necesse fuit (*per eandem Prop.*) addere, *quatenus ex data quacunque ejus affectione determinata* etc. Nam per affectionem humanæ essentiæ quamcunque ejusdem essentiæ constitutionem intelligimus, sive ea sit innata, sive quod ipsa per solum Cogitationis, sive per solum Extensionis attributum concipiatur, sive denique quod ad utrumque simul referatur. Hic igitur Cupiditatis nomine intelligo hominis quoscunque conatus, impetus, appetitus, et volitiones, qui pro varia ejusdem hominis constitutione varii, et non raro adeo sibi invicem oppositi sunt, ut homo diversimode trahatur, et, quo se vertat, nesciat.

II. Lætitia est hominis transitio a minore ad majorem perfectionem.

III. Tristitia est hominis transitio a majore ad minorem perfectionem.

EXPLICATIO — Dico transitionem. Nam Lætitia non est ipsa perfectio. Si enim homo cum perfectione, ad quam transit, nasceretur, ejusdem absque Lætitiæ affectu compos esset; quod clarius apparet ex Tristitiæ affectu, qui huic est contrarius. Nam quod Tristitia in transitione ad minorem perfectionem consistit, non autem in ipsa minore perfectione,

apetite é a própria essência do homem na medida em que está determinada a fazer aquilo que serve para a sua conservação. Contudo, adverti também no mesmo Escólio que, realmente, não reconheço nenhuma diferença entre o apetite humano e o desejo. Na verdade, esteja o homem consciente ou não do seu apetite, o apetite permanece um só e o mesmo. Por isso, para que não parecesse incorrer numa tautologia, não quis explicar o desejo pelo apetite. No entanto, tentei defini-lo de maneira que, a um tempo, ele compreendesse todos os esforços da natureza humana que significamos com as palavras apetite, vontade, desejo ou impulso. Poderia, de fato, ter dito que o desejo é a própria essência do homem na medida em que esta se concebe determinada a fazer algo. Dessa Definição, porém (*pela Prop. 23, P. II*), não se seguiria que a mente pode estar consciente do seu desejo ou apetite. Portanto, para que ela envolvesse a causa dessa consciência, foi necessário (*pela mesma Prop.*) acrescentar *na medida em que é determinada por uma qualquer das afecções que nela se dão*, etc. Na verdade, por afecção da essência humana entendemos qualquer constituição desta mesma essência, quer seja inata ou adventícia,[31] quer se conceba apenas pelo atributo do pensamento, quer apenas pelo da extensão, quer, finalmente, ela se refira a ambos ao mesmo tempo. Por conseguinte, pelo termo desejo, entendo aqui todos os esforços, impulsos, apetites e volições do homem, os quais variam conforme a variável constituição do mesmo homem e, não raro, são de tal maneira opostos uns aos outros, que o homem é arrastado em diversas direções, sem saber para onde se virar.

II. A *alegria* é a passagem do homem de uma perfeição menor a uma maior.

III. A *tristeza* é a passagem do homem de uma perfeição maior a uma menor.

EXPLICAÇÃO — Digo passagem, pois a alegria não é a própria perfeição. Se, com efeito, o homem nascesse com a perfeição a que passa, possui-la-ia sem o afeto da alegria, o que resulta ainda mais claramente do afeto de tristeza, que é o seu contrário. De fato, ninguém pode negar que a tristeza consiste na passagem a uma perfeição menor e não na própria perfeição menor,

---

[31] *Of van buiten aangekomen* ("que veio de fora"): a disjuntiva, ausente nas *OP*, só aparece nos *NS*, que Gebhardt intercala entre parênteses, no original holandês.

nemo negare potest, quandoquidem homo eatenus contristari nequit, quatenus alicujus perfectionis est particeps. Nec dicere possumus, quod Tristitia in privatione majoris perfectionis consistat; nam privatio nihil est; Tristitiæ autem affectus actus est, qui propterea nullus alius esse potest, quam actus transeundi ad minorem perfectionem, hoc est, actus quo hominis agendi potentia minuitur, vel coercetur (*vide Schol. Prop. 11 hujus*). Cæterum definitiones Hilaritatis, Titillationis, Melancholiæ, et Doloris omitto, quia ad Corpus potissimum referuntur, et non nisi Lætitiæ, aut Tristitiæ sunt Species.

IV. Admiratio est rei alicujus imaginatio, in qua Mens defixa propterea manet, quia hæc singularis imaginatio nullam cum reliquis habet connexionem. *Vide Prop. 52 cum ejusdem Schol.*

EXPLICATIO — In Scholio Propositionis 18 Partis 2 ostendimus, quænam sit causa, cur Mens, ex contemplatione unius rei, statim in alterius rei cogitationem incidat, videlicet, quia earum rerum imagines invicem concatenatæ, et ita ordinatæ sunt, ut alia aliam sequatur, quod quidem concipi nequit, quando rei imago nova est; sed Mens in ejusdem rei contemplatione detinebitur, donec ab aliis causis ad alia cogitandum determinetur. Rei itaque novæ imaginatio

porquanto o homem, na medida em que participa de alguma perfeição, não pode entristecer-se. Nem podemos dizer que a tristeza consiste na privação de uma perfeição maior, porque uma privação não é nada e o afeto de tristeza é um ato, o qual, por conseguinte, não pode ser nenhum outro senão o ato de passar a uma perfeição menor, isto é, o ato pelo qual a potência de agir do homem diminui ou é reprimida (*veja-se o Esc. da Prop. 11 desta Parte*). Quanto ao mais, passo por cima das definições de contentamento, excitação, melancolia e dor, uma vez que elas se referem sobretudo ao corpo e não são senão espécies de alegria ou de tristeza.

IV. A *admiração*[32] é a imaginação de uma coisa com a qual a mente permanece especada, porque essa imaginação singular não tem nenhuma conexão com as restantes. *Vejam-se a Prop. 52 desta Parte e o seu Esc.*

EXPLICAÇÃO — No Escólio da Proposição 18, Parte II, mostramos qual é a causa por que, da contemplação de uma coisa, a mente passa de imediato ao pensamento de outra, o que acontece porque as imagens dessas coisas estão encadeadas entre si e ordenadas de maneira a seguir-se uma à outra. Claro que isto é impossível de conceber quando a imagem da coisa é nova, pois nesse caso a mente deter-se-á na contemplação dessa coisa até ser determinada por outras causas a pensar outras coisas. Considerada em si, a ima-

---

[32] A "admiração" espinosana, na sequência do que Descartes já dissera nas *Paixões da Alma* (art. 53), é de certo modo o inverso do grego *thaumazein* — o espanto —, a que na tradição se atribui o início do filosofar. Platão põe na boca de Sócrates as conhecidas palavras: "é verdadeiramente de filósofo este *pathos* — o espanto. A filosofia não começa senão com ele" (*Teeteto*, 155d). Aqui, pelo contrário, a admiração como que estanca a *vis imaginandi*, interrompendo o fluir das suas associações e deixando-a *deficta,* literalmente pregada no chão, especada. Como explica P. Sévérac (2005, p. 250), "o espírito está em admiração quando a imagem de uma coisa não está encadeada com outras imagens, ou seja, quando esta imagem de coisa é nova para o espírito". Não porque a imagem tenha em si algo de singular, mas simplesmente porque não é associável à rede de imagens em que uma determinada mente integra cada nova imagem que nela se representa. Daí o bloqueio, no qual esta se vê incapaz de pensar. Ainda nas palavras do mesmo autor, "a distração causada pela admiração é, portanto, um obstáculo epistemológico para a dedução intelectual na medida apenas em que é primeiramente um obstáculo para a associação imaginativa" (p. 271). Compreende-se, assim, a forma como Espinosa articula a admiração, ou espanto, com a fixação da mente em ideias inadequadas, como é, por exemplo, a ideia de milagre, ao mesmo tempo que pensa a filosofia como a atividade da mente à luz da qual as coisas só são "admiráveis" enquanto se desconhece as leis da natureza que as explicam. Cf., sobre o conceito de admiração, o cap. IV do livro citado de Sévérac, em especial as pp. 247-301.

Parte III — Da Origem e da Natureza dos Afetos

in se considerata ejusdem naturæ est, ac reliquæ, et hac de causa ego Admirationem inter affectus non numero, nec causam video, cur id facerem, quandoquidem hæc Mentis distractio ex nulla causa positiva, quæ Mentem ab aliis distrahat, oritur; sed tantum ex eo, quod causa, cur Mens ex unius rei contemplatione ad alia cogitandum determinatur, deficit.

Tres igitur (*ut in Schol. Prop. 11 hujus monui*) tantum affectus primitivos, seu primarios agnosco; nempe, Lætitiæ, Tristitiæ, et Cupiditatis, nec alia de causa verba de Admiratione feci, quam quia usu factum est, ut quidam affectus, qui ex tribus primitivis derivantur, aliis nominibus indicari soleant, quando ad objecta, quæ admiramur, referuntur; quæ quidem ratio me ex æquo movet, ut etiam Contemptus definitionem his adjungam.

V. Contemptus est rei alicujus imaginatio, quæ Mentem adeo parum tangit, ut ipsa Mens ex rei præsentia magis moveatur ad ea imaginandum, quæ in ipsa re non sunt, quam quæ in ipsa sunt. *Vide Schol. Prop. 52 hujus.*

Definitiones Venerationis, et Dedignationis missas hic facio, quia nulli, quod sciam, affectus ex his nomen trahunt.

VI. Amor est Lætitia, concomitante idea causæ externæ.

EXPLICATIO — Hæc Definitio satis clare Amoris essentiam explicat; illa vero Auctorum, qui definiunt *Amorem esse voluntatem amantis se jungendi rei amatæ*, non Amoris essentiam, sed ejus proprietatem exprimit, et, quia Amoris essentia non satis ab Auctoribus perspecta fuit, ideo neque ejus proprietatis ullum clarum conceptum habere potuerunt, et hinc factum, ut eorum definitionem admodum obscuram esse omnes judicaverint. Verum notandum, cum dico, proprietatem esse in amante, se voluntate jungere rei amatæ, me per voluntatem non intelligere consensum, vel animi deliberationem, seu liberum decretum (*nam hoc fictitium esse demonstravimus Propositione 48 Partis 2*), nec etiam Cupiditatem sese jungendi rei amatæ, quando abest, vel perseverandi in ipsius præsentia, quando adest; potest namque amor absque hac, aut illa Cupiditate concipi: sed per voluntatem me Acquiescentiam intelligere, quæ est in amante ob rei amatæ præsentiam, a qua Lætitia amantis corroboratur, aut saltem fovetur.

VII. Odium est Tristitia, concomitante idea causæ externæ.

ginação de uma coisa nova é da mesma natureza que as demais e, por esse motivo, eu não conto a admiração entre os afetos, nem vejo por que motivo o faria, porquanto esta distração da mente não se origina de nenhuma causa positiva que a distraia das outras coisas, mas apenas do fato de faltar a causa pela qual a mente, a partir da contemplação de uma coisa, é determinada a pensar em outras.

Só reconheço, portanto (*como adverti no Esc. da Prop. 11 desta Parte*), três afetos primitivos, ou primários, a saber, o de alegria, o de tristeza e o de desejo. O único motivo por que falei da admiração é porque certos afetos que derivam dos três primitivos se costumam designar por outros nomes, quando se referem a objetos de que nos admiramos, razão esta que me leva também a acrescentar aqui a definição de desprezo.

V. O *desprezo* é a imaginação de uma coisa que diz tão pouco à mente, que esta, à presença da coisa, é mais levada a imaginar o que nela não está do que aquilo que está. *Veja-se o Esc. da Prop. 52 desta Parte*.

Omito aqui as definições de veneração e de desdém, porque nenhuns afetos, que eu saiba, extraem delas o nome.

VI. O *amor* é a alegria acompanhada pela ideia de uma causa exterior.

EXPLICAÇÃO — Esta definição explica com suficiente clareza a essência do amor. A dos autores que definem o *amor* como sendo *a vontade do amador de se juntar à coisa amada* não exprime a essência do amor, mas uma das suas propriedades. E como esses autores não perceberam suficientemente a essência do amor, também não puderam ter nenhum conceito claro dessa sua propriedade, e daí que todos eles tenham julgado particularmente obscura a sua definição. Deve, todavia, notar-se que, quando eu digo que existe no amador a propriedade de se juntar por sua vontade à coisa amada, não entendo por vontade um consentimento, nem uma deliberação do ânimo ou livre decreto (*pois demonstramos, na Prop. 48, P. II, que isto é fictício*), nem tampouco o desejo de juntar-se à coisa amada quando ela está ausente, ou de perseverar na presença dela quando ela está presente, visto que o amor pode ser concebido sem este ou aquele desejo. Por vontade, entendo a satisfação que há no amador devido à presença da coisa amada, satisfação pela qual a sua alegria é corroborada ou, pelo menos, favorecida.

VII. O *ódio* é a tristeza acompanhada pela ideia de uma causa exterior.

EXPLICATIO — Quæ hic notanda sunt, ex dictis in præcedentis Definitionis Explicatione facile percipiuntur. *Vide præterea Schol. Prop. 13 hujus.*

VIII. Propensio est Lætitia, concomitante idea alicujus rei, quæ per accidens causa est Lætitiæ.

IX. Aversio est Tristitia, concomitante idea alicujus rei, quæ per accidens causa est Tristitiæ. *De his vide Schol. Prop. 15 hujus.*

X. Devotio est Amor erga eum, quem admiramur.

EXPLICATIO — Admirationem oriri ex rei novitate, ostendimus Propositione 52 hujus. Si igitur contingat, ut id, quod admiramur, sæpe imaginemur, idem admirari desinemus; atque adeo videmus, Devotionis affectum facile in simplicem Amorem degenerare.

XI. Irrisio est Lætitia orta et eo, quod aliquid, quod contemnimus, in re, quam odimus, inesse imaginamur.

EXPLICATIO — Quatenus rem, quam odimus, contemnimus, eatenus de eadem existentiam negamus (*vide Schol. Prop. 52 hujus*), et eatenus (*per Prop. 20 hujus*) lætamur. Sed quoniam supponimus, hominem id, quod irridet, odio tamen habere, sequitur, hanc Lætitiam solidam non esse. *Vide Schol. Prop. 47 hujus.*

XII. Spes est inconstans Lætitia, orta ex idea rei futuræ, vel præteritæ, de cujus eventu aliquatenus dubitamus.

XIII. Metus est inconstans Tristitia, orta ex idea rei futuræ, vel præteritæ, de cujus eventu aliquatenus dubitamus. *Vide de his Schol. 2 Prop. 18 hujus.*

EXPLICATIO — Ex his definitionibus sequitur, non dari Spem sine Metu, neque Metum sine Spe. Qui enim Spe pendet, et de rei eventu dubitat, is aliquid imaginari supponitur, quod rei futuræ existentiam secludit; atque adeo eatenus contristari (*per Prop. 19*

EXPLICAÇÃO — O que há a assinalar aqui percebe-se facilmente pelo que foi dito na Explicação da Definição anterior. *Veja-se, além disso, o Esc. da Prop. 13 desta Parte.*

VIII. A *atração* é a alegria acompanhada pela ideia de uma coisa que, por acidente, é causa de alegria.

IX. A *aversão* é a tristeza acompanhada pela ideia de uma coisa que, por acidente, é causa de tristeza. *Sobre isto, veja-se o Esc. da Prop. 15 desta Parte.*

X. A *devoção* é o amor por aquele a quem admiramos.

EXPLICAÇÃO — Mostramos na Proposição 52 desta Parte que a admiração se origina da novidade de uma coisa. Se acontecer, portanto, imaginarmos muitas vezes aquilo de que nos admiramos, ela deixará de nos admirar e, por isso, vemos como o afeto de devoção degenera facilmente em simples amor.

XI. O *escárnio* é a alegria que se origina do fato de imaginarmos que algo que desprezamos se encontra numa coisa que odiamos.

EXPLICAÇÃO — Na medida em que desprezamos a coisa que odiamos, negamos a sua existência (*veja-se o Esc. da Prop. 52 desta Parte*) e (*pela Prop. 20 desta Parte*), nessa medida, alegramo-nos. Porém, como nós supomos que o homem tem ódio àquilo de que escarnece, segue-se que essa alegria não é sólida. *Veja-se o Esc. da Prop. 47 desta Parte.*

XII. A *esperança* é a alegria inconstante que se origina da ideia de uma coisa futura, ou passada, de cuja ocorrência, até certo ponto, duvidamos.

XIII. O *medo* é a tristeza inconstante que se origina da ideia de uma coisa futura, ou passada, de cuja ocorrência, até certo ponto, duvidamos. *Veja-se, sobre isto, o Esc. 2 da Prop. 18 desta Parte.*

EXPLICAÇÃO — Segue-se destas definições que a esperança não se dá sem o medo, nem o medo sem a esperança. Quem, com efeito, está pendente da esperança e duvida da ocorrência de uma coisa é suposto imaginar algo que exclui a existência da coisa futura, pelo que se entristece (*pela Prop.*

hujus), et consequenter, dum Spe pendet, metuere, ut res eveniat. Qui autem contra in Metu est, hoc est, de rei, quam odit, eventu dubitat, aliquid etiam imaginatur, quod ejusdem rei existentiam secludit; atque adeo (*per Prop. 20 hujus*) lætatur, et consequenter eatenus Spem habet, ne eveniat.

XIV. Securitas est Lætitia, orta ex idea rei futuræ, vel præteritæ, de qua dubitandi causa sublata est.

XV. Desperatio est Tristitia, orta ex idea rei futuræ, vel præteritæ, de qua dubitandi causa sublata est.

EXPLICATIO — Oritur itaque ex Spe Securitas, et ex Metu Desperatio, quando de rei eventu dubitandi causa tollitur, quod fit, quia homo rem præteritam, vel futuram adesse imaginatur, et ut præsentem contemplatur; vel quia alia imaginatur, quæ existentiam earum rerum secludunt, quæ ipsi dubium injiciebant. Nam tametsi de rerum singularium eventu (*per Coroll. Prop. 31 p. 2*) nunquam possumus esse certi, fieri tamen potest, ut de earum eventu nan dubitemus. Aliud enim esse ostendimus (*vide Schol. Prop. 49 p. 2*) de re non dubitare, aliud rei certitudinem habere; atque adeo fieri potest, ut ex imagine rei præteritæ, aut futuræ, eodem Lætitiæ, vel Tristitiæ affectu afficiamur, ac ex rei præsentis imagine, ut in Propositione 18 hujus demonstravimus, quam cum ejusdem Scholiis vide.

XVI. Gaudium est Lætitia, concomitante idea rei præteritæ, quæ præter Spem evenit.

19 desta Parte) e, consequentemente, enquanto está pendente da esperança, tem medo de que a coisa não ocorra. Quem, pelo contrário, está com medo, isto é, quem duvida da ocorrência de uma coisa que odeia, também imagina algo que exclui a existência dessa coisa e, por isso (*pela Prop. 20 desta Parte*), alegra-se e, consequentemente, tem esperança de que ela não ocorra.

XIV. A *segurança* é a alegria que se origina da ideia de uma coisa futura, ou passada, acerca da qual foi suprimida a razão para duvidar.

XV. O *desespero* é a tristeza que se origina da ideia de uma coisa futura, ou passada, a respeito da qual foi suprimida a razão para duvidar.

EXPLICAÇÃO — Assim, a segurança origina-se da esperança, e o desespero do medo, quando se suprime a razão para se duvidar da ocorrência da coisa, o que acontece porque o homem imagina que a coisa passada, ou futura, está ali, e contempla-a como se ela estivesse presente, ou porque imagina outras coisas que excluem a existência daquelas que lhe incutiam a dúvida. Porque, embora nunca possamos estar certos da ocorrência das coisas singulares (*pelo Corol. da Prop. 31, P. II*), pode contudo acontecer que não duvidemos da sua ocorrência. Mostramos, com efeito (*veja-se o Esc. da Prop. 49, P. II*), que não duvidar de uma coisa é diferente de estar certo dela, pelo que pode acontecer que sejamos afetados pela imagem de uma coisa passada ou futura do mesmo afeto de alegria ou de tristeza de que somos afetados pela imagem de uma coisa presente, como demonstramos na Proposição 18 desta Parte, a qual deve ser vista juntamente com os seus Escólios.

XVI. O *regozijo* é a alegria acompanhada pela ideia de uma coisa passada, que aconteceu fora do esperado.[33]

---

[33] *Praeter spem*: as traduções encontradas para esta expressão, que se repete na Definição 17, variam bastante, resvalando em alguns casos para a simples interpretação, como, por exemplo, Curley, que traduz aqui por *"better than we had hoped"*, enquanto na definição seguinte traduz a mesma expressão por *"worse than we had hoped"*. Sem pôr em causa o bem fundado desta versão, julgamos ser possível uma maior aproximação ao texto latino, mantendo um compromisso que respeite o contraponto e em simultâneo o modo de repetição cadenciada que marca estilisticamente as Definições dos Afetos. A verdadeira dificuldade aqui existente é a que deriva dos desvios semânticos operados pelo autor nos termos a definir, como vem assumido na Explicação da Definição 20, que comentamos na nota seguinte.

Parte III — Da Origem e da Natureza dos Afetos

XVII. Conscientiæ morsus est Tristitia, concomitante idea rei præteritæ, quæ præter Spem evenit.

XVIII. Commiseratio est Tristitia, concomitante idea mali, quod alteri, quem nobis similem esse imaginamur, evenit. *Vide Schol. Prop. 22. et Schol. Prop. 27 hujus.*

EXPLICATIO — Inter Commiserationem et Misericordiam nulla videtur essa differentia, nisi forte, quod Commiseratio singularem affectum respiciat, Misericordia autem ejus habitum.

XIX. Favor est Amor erga aliquem, qui alteri benefecit.

XVII. O *remorso*[34] é a tristeza acompanhada pela ideia de uma coisa passada, que aconteceu fora do esperado.

XVIII. A *comiseração*[35] é a tristeza acompanhada pela ideia de um mal que aconteceu a um outro que imaginamos ser semelhante a nós. *Vejam-se o Esc. da Prop. 22 e o Esc. da Prop. 27 desta Parte.*

EXPLICAÇÃO — Entre a comiseração e a misericórdia parece não haver nenhuma diferença, a não ser, talvez, o fato de a comiseração dizer respeito a um afeto singular e a misericórdia ao hábito desse afeto.

XIX. O *apreço* é o amor a alguém que fez bem a outro.

---

[34] *Conscientiae morsus*: "mordedura da consciência", versão perifrástica do que é o *remorsus* no latim medieval e que o alemão incorporou literalmente: *Gewissenbiß*. À exceção das traduções alemãs, pelo motivo que acabamos de referir, é comum a expressão ser traduzida simplesmente por "remorso", que julgamos preservar o significado da expressão *conscientiae morsus*, sem recurso à perífrase (B. Pautrat, que traduz por *remords de conscience*, constitui exceção). Resta, no entanto, um problema, que é a não coincidência do significado que Espinosa atribui a *conscientiae morsus* com o que tem comumente a palavra "remorso". Na verdade, a definição apresentada pelo autor não corresponde tanto a um "remorso" como a uma "decepção", e é mesmo esta a solução adotada quer por Misrahi, quer por Domínguez, na sequência, aliás, do que já havia feito R. Caillois (1954, Spinoza, *Oeuvres complètes*, Paris, Gallimard). Este último anota (cit., p. 1437) que "o termo existe em Descartes, mas no sentido de remorso", acrescentando que prefere traduzi-lo por *déception*, por causa da expressão *praeter spem*, que aparece na definição e que ele traduz por *contre tout l'éspoir*. Acontece que, na Explicação que vem a seguir à Definição 20 dos Afetos — indignação —, Espinosa diz expressamente que, embora os vocábulos que está a usar queiram correntemente dizer outra coisa, ainda assim, ele prefere-os, pois não pretende "explicar o significado das palavras, mas a natureza das coisas". Pensamos, por isso, não dever a tradução procurar simplesmente um nome que corresponda ao definido, sem atender ao nome que o autor dá ao conceito que se propõe definir, tanto mais que, neste caso, se trata de uma expressão manifestamente importada do texto de Descartes. Cf. Descartes (1996), *Les Passions de l'Âme*, présentation et notes de Pascale d'Arcy, Paris, Flammarion, arts. 60 e 177. Em anotação ao artigo 60, P. d'Arcy observa que "os significados das palavras 'remorso' e 'arrependimento' (art. 63) estão invertidas não só relativamente ao uso moderno, mas também relativamente ao uso do século XVII: segundo o dicionário de Furetière, 'o remorso não se diz senão da acusação que a consciência faz a um criminoso'" (p. 138).

[35] *Commiseratio*: impõe-se aqui a tradução literal, em detrimento de outras hipóteses como a "piedade", adotada por alguns tradutores (ex.: Curley, Pautrat), uma vez que Espinosa também usa o termo *pietas* e, pelo menos numa ocorrência (Apêndice 16, P. IV), eles aparecem juntos: "*ut nec Commiseratio, quamvis Pietatis speciem prae se ferre videatur*".

Parte III — Da Origem e da Natureza dos Afetos

XX. Indignatio est Odium erga aliquem, qui alteri malefecit.

EXPLICATIO — Hæc nomina ex communi usu aliud significare scio. Sed meum institutum non est, verborum significationem, sed rerum naturam explicare, easque iis vocabulis indicare, quorum significatio, quam ex usu habent, a significatione, qua eadem usurpare volo, non omnino abhorret, quod semel monuisse sufficiat. Cæterum horum affectuum causam vide in Corollario 1 Propositionis 27 et Scholio Propositionis 22 hujus Partis.

XXI. Existimatio est de aliquo præ Amore plus justo sentire.

XXII. Despectus est de aliquo præ Odio minus justo sentire.

EXPLICATIO — Est itaque Existimatio Amoris, et Despectus Odii effectus, sive proprietas; atque adeo potest *Existimatio* etiam definiri, quod sit *Amor, quatenus hominem ita afficit, ut de re amata plus justo sentiat*, et contra *Despectus*, quod sit *Odium, quatenus hominem ita afficit, ut de eo, quem odio habet, minus justo sentiat*. Vide de his Schol. Prop. 26 hujus.

XXIII. Invidia est Odium, quatenus hominem ita afficit, ut ex alterius felicitate contristetur, et contra, ut ex alterius malo gaudeat.

EXPLICATIO — Invidiæ opponitur communiter Misericordia, quæ proinde, invita vocabuli significatione, sic definiri potest.

XXIV. Misericordia est Amor, quatenus hominem ita afficit, ut ex bono alterius gaudeat, et contra ut ex alterius malo contristetur.

XX. A *indignação* é o ódio a alguém que fez mal a outro.

EXPLICAÇÃO — Sei que estes nomes significam, no uso comum, outra coisa. Porém, o meu intuito não é explicar o significado das palavras, mas a natureza das coisas, e designá-las por vocábulos cujo significado no uso corrente não se oponha totalmente àquele com que eu as pretendo utilizar, advertência esta que basta fazer uma vez. Quanto à causa desses afetos, veja-se o Corolário 1 da Proposição 27 e o Escólio da Proposição 22 desta Parte.

XXI. A *sobrestima* é considerar alguém, por amor, mais do que seria justo.

XXII. O *menosprezo* é considerar alguém, por ódio, menos do que seria justo.

EXPLICAÇÃO — A sobrestima é, pois, um efeito, ou uma propriedade, do amor, e o menosprezo um efeito do ódio. Por isso, a sobrestima pode também definir-se como sendo *o amor na medida em que afeta o homem de tal maneira, que ele considera a coisa amada mais do que seria justo*; e o *menosprezo*, pelo contrário, pode ser definido como sendo *o ódio na medida em que afeta o homem de tal maneira, que ele considera a coisa a que tem ódio menos do que seria justo*. Veja-se, sobre isto, o Esc. da Prop. 26 desta Parte.

XXIII. A *inveja* é o ódio na medida em que afeta o homem de tal maneira, que ele se entristece com a felicidade alheia e, pelo contrário, se regozija com o mal alheio.

EXPLICAÇÃO — À inveja opõe-se, comumente, a misericórdia, que, malgrado o significado do termo, pode por isso ser definida assim:

XXIV. A *misericórdia*[36] é o amor na medida em que o homem é afetado de tal maneira, que se regozija com o bem alheio e, pelo contrário, se entristece com o mal alheio.

---

[36] Para melhor compreensão desta definição, deve ter-se em conta o que o autor afirma quer na Explicação imediatamente antes — "malgrado o significado do termo" —, quer no Esc. da Prop. 32 desta Parte: "da mesma propriedade da natureza humana de que se segue que os homens são misericordiosos, segue-se também que eles são invejosos e ambiciosos".

Parte III — Da Origem e da Natureza dos Afetos

EXPLICATIO — Cæterum de Invidia vide Schol. Prop. 24 et Schol. Prop. 32 hujus. Atque hi affectus Lætitiæ et Tristitiæ sunt, quos idea rei externæ comitatur, tanquam causa per se, vel per accidens. Hinc ad alios transeo, quos idea rei internæ comitatur, tanquam causa.

XXV. Acquiescentia in se ipso est Lætitia, orta ex eo, quod homo se ipsum, suamque agendi potentiam contemplatur.

XXVI. Humilitas est Tristitia, orta ex eo, quod homo suam impotentiam, sive imbecillitatem contemplatur.

EXPLICATIO — Acquiescentia in se ipso Humilitati opponitur, quatenus per eandem intelligimus Lætitiam, quæ ex eo oritur, quod nostram agendi potentiam contemplamur; sed quatenus per ipsam etiam intelligimus Lætitiam, concomitante idea alicujus facti, quod nos ex Mentis libero decreto fecisse credimus, tum Poenitentiæ opponitur, quæ a nobis sic definitur.

XXVII. Poenitentiæ est Tristitia, concomitante idea alicujus facti, quod nos ex libero Mentis decreto fecisse credimus.

EXPLICATIO — Horum affectuum causas ostendimus in Schol. Prop. 31 hujus, et Prop. 53, 54 et 55 hujus, ejusque Schol. De libero autem Mentis decreto vide Schol. Prop. 35 p. 2. Sed hic præterea notandum venit mirum non esse, quod omnes omnino actus, qui ex consuetudine *pravi* vocantur, sequatur Tristitia, et illos, qui *recti* dicuntur, Lætitia. Nam hoc ab educatione potissimum pendere, facile ex supra dictis intelligimus. Parentes nimirum, illos exprobrando, liberosque propter eosdem sæpe objurgando, hos contra suadendo, et laudando, effecerunt, ut Tristitiæ commotiones illis, Lætitiæ vero his jungerentur. Quod ipsa etiam experientia comprobatur. Nam consuetudo, et Religio non est omnibus eadem; sed contra quæ apud alios sacra, apud alios profana, et quæ apud alios honesta, apud alios turpia sunt. Prout igitur unusquisque educatus est, ita facti alicujus poenitet, vel eodem gloriatur.

XXVIII. Superbia est de se præ amore sui plus justo sentire.

EXPLICAÇÃO — Quanto à inveja, vejam-se também o Esc. da Prop. 24 e o Esc. da Prop. 32 desta Parte. E são estes os afetos de alegria e de tristeza acompanhados da ideia de uma coisa exterior como causa, por si mesma ou por acidente. Passo agora aos outros, que são acompanhados da ideia de uma coisa interior como causa.

XXV. A *satisfação consigo mesmo* é a alegria que se origina do fato de o homem se contemplar a si próprio e à sua potência de agir.

XXVI. A *humildade* é a tristeza que se origina do fato de o homem contemplar a sua impotência ou debilidade.

EXPLICAÇÃO — A satisfação consigo mesmo opõe-se à humildade, na medida em que por aquela entendemos a alegria que se origina do fato de contemplarmos a nossa potência de agir; porém, na medida em que por ela entendemos também a alegria acompanhada da ideia de algum ato que acreditamos ter feito por livre decreto da mente, então ela opõe-se ao arrependimento, o qual nós definimos assim:

XXVII. O *arrependimento* é a tristeza acompanhada pela ideia de uma ação que cremos ter feito por livre decreto da mente.

EXPLICAÇÃO — Mostramos as causas destes afetos no Esc. da Prop. 51 e nas Prop. 53, 54 e 55 desta Parte, assim como no Esc. da última. E sobre o livre decreto da mente, veja-se o Esc. da Prop. 35, Parte II. Aqui, porém, deve ainda notar-se que não é de admirar que absolutamente todos os atos a que, de costume, se chama *incorretos* sejam seguidos de tristeza, e os que se dizem *retos*, de alegria, porquanto isso depende sobretudo da educação, como facilmente se entende pelo que acima foi dito. Ao desaprovarem os primeiros, repreendendo frequentemente os filhos por causa deles, e ao aconselharem e louvarem os segundos, os pais fizeram com que se associassem àqueles emoções de tristeza e a estes de alegria, o que se comprova também pela própria experiência. Na verdade, o costume e a religião não são os mesmos para todos. Pelo contrário, o que para uns é sagrado, para outros é profano, e o que para uns é honesto, para outros é torpe. Por conseguinte, conforme cada um foi educado, assim ele se arrepende ou vangloria de um ato.

XXVIII. A *soberba* é considerar-se a si mesmo, por amor, mais do que seria justo.

Parte III — Da Origem e da Natureza dos Afetos

EXPLICATIO — Differt igitur Superbia ab Existimatione, quod hæc ad objectum externum, Superbia autem ad ipsum hominem, de se plus justo sentientem, referatur. Cæterum, ut Existimatio Amoris, sic *Superbia* Philautiæ effectus, vel proprietas est, quæ propterea etiam definiri potest, quod sit *Amor sui, sive Acquiescentia in se ipso, quatenus hominem ita afficit, ut de se plus justo sentiat (vide Schol. Prop. 26 hujus)*. Huic affectui non datur contrarius. Nam nemo de se, præ odio sui, minus justo sentit; imo nemo de se minus justo sentit, quatenus imaginatur, se hoc, vel illud non posse. Nam quicquid homo imaginatur se non posse, id necessario imaginatur, et hac imaginatione ita disponitur, ut id agere revera non possit, quod se non posse imaginatur. Quamdiu enim imaginatur se hoc, vel illud non posse, tamdiu ad agendum non est determinatus; et consequenter tamdiu impossibile ei est, ut id agat. Verumenimvero si ad illa attendamus, quæ a sola opinione pendent, concipere poterimus fieri posse, ut homo de se minus justo sentiat; fieri enim potest, ut aliquis, dum tristis imbecillitatem contemplatur suam, imaginetur, se ab omnibus contemni, idque dum reliqui nihil minus cogitant, quam ipsum contemnere. Potest præterea homo de se minus justo sentire, si aliquid de se in præsenti neget cum relatione ad futurum tempus, cujus est incertus; ut quod neget, se nihil certi posse concipere, nihilque nisi prava, vel turpia posse cupere, vel agere, etc. Possumus deinde dicere, aliquem de se minus justo sentire, cum videmus, ipsum ex nimio pudoris metu, ea non audere, quæ alii ipsi æquales audent. Hunc igitur affectum possumus Superbiæ opponere, quem Abjectionem vocabo, nam ut ex Acquiescentia in se ipso Superbia, sic ex Humilitate Abjectio oritur, quæ proinde a nobis sic definitur.

XXIX. Abjectio est de se præ Tristitia minus justo sentire.

EXPLICATIO — Solemus tamen sæpe Superbiæ Humilitatem opponere; sed tum magis ad utriusque effectus, quam naturam attendimus. Solemus namque illum superbum vocare, qui nimis gloriatur (*vide Schol. Prop. 30 hujus*), qui non nisi virtutes suas, et aliorum non nisi vitia narrat, qui

EXPLICAÇÃO — A soberba difere, portanto, da sobrestima, porque esta refere-se a um objeto exterior, enquanto a soberba se refere ao próprio homem que se considera a si mesmo acima do que seria justo. De resto, tal como a sobrestima é um efeito ou uma propriedade do amor, assim a soberba o é do amor-próprio, pelo que também se pode definir como *o amor de si, ou seja, a satisfação consigo mesmo, na medida em que afeta o homem de tal maneira, que ele se considera acima do que seria justo* (veja-se o *Esc. da Prop. 26 desta Parte*). Contrário a este, não se dá nenhum afeto. Na verdade, ninguém, por ódio a si mesmo, se considera menos do que seria justo. Inclusive, ninguém se considera menos do que seria justo por imaginar que não pode isto ou aquilo, pois tudo o que um homem imagina que não pode, imagina-o necessariamente, e esta imaginação dispõe-no de tal maneira que ele não pode realmente o que imagina não poder. De fato, enquanto ele imagina não poder isto ou aquilo, não é determinado a agir e, consequentemente, é-lhe impossível fazê-lo.

Em boa verdade, se atendermos ao que depende só da opinião, poderemos conceber que se pode dar o caso de um homem se considerar menos do que seria justo. Pode, com efeito, acontecer que alguém, ao contemplar com tristeza a sua debilidade, imagine que é desprezado por todos, quando não há nada em que os outros menos pensem do que em desprezá-lo. Além disso, um homem pode considerar-se menos do que seria justo, se negar a seu respeito, no presente, alguma coisa relacionada com o tempo futuro, do qual não tem certezas, tal como negar que ele não pode conceber nada de certo, nem desejar ou fazer nada que não seja incorreto ou torpe, etc. Depois, podemos dizer que alguém se considera menos do que seria justo, quando vemos que, por um exagerado temor da vergonha, não ousa fazer aquilo que ousam os que são iguais a ele. Podemos, portanto, opor à soberba este afeto a que chamarei acabrunhamento, pois assim como da satisfação consigo mesmo se origina a soberba, assim também da humildade se origina o acabrunhamento, que nós definimos assim:

XXIX. O *acabrunhamento* é considerar-se a si mesmo, por tristeza, menos do que seria justo.

EXPLICAÇÃO — No entanto, costumamos opor frequentemente a humildade à soberba. Nesse caso, porém, atendemos mais aos efeitos do que à natureza de ambos os afetos. Na verdade, costumamos chamar soberbo àquele que se vangloria em excesso (veja-se o *Esc. da Prop. 30 desta Parte*), que não conta de si senão as virtudes e dos outros senão os defeitos, que quer ser

Parte III — Da Origem e da Natureza dos Afetos

423

omnibus præferri vult, et qui denique ea gravitate et ornatu incedit, quo solent alii, qui longe supra ipsum sant positi. Contra illum humilem vocamus, qui sæpius erubescit, qui sua vitia fatetur, et aliorum virtutes narrat, qui omnibus cedit, et qui denique submisso capite ambulat, et se ornare negligit. Cæterum hi affectus; nempe Humilitas, et Abjectio, rarissimi sunt. Nam natura humana, in se considerata, contra eosdem, quantum potest, nititur (*vide Prop. 13 et 54 hujus*); ideo, qui maxime creduntur abjecti, et humiles esse, maxime plerumque ambitiosi, et invidi sunt.

XXX. Gloria est Lætitia, concomitante idea alicujus nostræ actionis, quam alios laudare imaginamur.

XXXI. Pudor est Tristitia, concomitante idea alicujus actionis, quam alios vituperare imaginamur.

EXPLICATIO — De his vide Scholium Propositionis 30 hujus Partis. Sed hic notanda est differentia, quæ est inter Pudorem, et Verecundiam. Est enim Pudor Tristitia, quæ sequitur factum, cujus pudet. Verecundia autem est Metus, seu Timor Pudoris, quo homo continetur, ne aliquid turpe committat. Verecundiæ opponi solet Impudentia, quæ revera affectus non est, ut suo loco ostendam: sed affectuum nomina (ut jam monui) magis eorum usum, quam naturam respiciunt. Atque his Lætitiæ, et Tristitiæ affectus, quos explicare proposueram, absolvi. Pergo itaque ad illos, quos ad Cupiditatem refero.

XXXII. Desiderium est Cupiditas, sive Appetitus re aliqua potiundi, quæ ejusdem rei memoria fovetur, et simul aliarum rerum memoria, quæ ejusdem rei appetendæ existentiam secludunt, coercetur.

preferido a todos e, finalmente, que avança com a gravidade e o aparato com que costumam avançar outros que estão posicionados, de longe, acima dele. Pelo contrário, chamamos humilde àquele que cora com muita frequência, que não conta de si senão os defeitos e dos outros senão as virtudes, que dá a precedência a todos e que, finalmente, anda de cabeça baixa e negligencia os aparatos. De resto, estes afetos, a saber, a humildade e o acabrunhamento, são raríssimos. Com efeito, a natureza humana, considerada em si, opõe-se-lhes quanto pode (*vejam-se as Prop. 13 e 54 desta Parte*) e, por isso, aqueles que se crê serem os mais humildes e os que mais se acabrunham, em geral, são os mais ambiciosos e invejosos.

XXX. A *glória*[37] é a alegria acompanhada pela ideia de uma ação nossa, que imaginamos que os outros louvam.

XXXI. A *vergonha* é a tristeza acompanhada pela ideia de uma ação nossa, que imaginamos que os outros vituperam.

EXPLICAÇÃO — Sobre isto, veja-se o Escólio da Proposição 30 desta Parte. Mas é necessário notar aqui a diferença que existe entre vergonha e pudor. Com efeito, a vergonha é a tristeza que se segue a um fato de que nos envergonhamos, enquanto o pudor é o medo, ou temor, da vergonha, pelo qual o homem se inibe de fazer algo de torpe. Ao pudor costuma opor-se o despudor, que realmente não é um afeto, como mostrarei na devida altura. Porém, os nomes dos afetos (como já adverti) respeitam mais ao seu uso do que à sua natureza. E, com isto, concluí o que me tinha proposto explicar sobre os afetos de alegria e de tristeza. Passo, pois, àqueles que refiro ao desejo.

XXXII. O *anseio*[38] é o desejo, ou seja, o apetite de possuir uma coisa, que é favorecido pela recordação dessa mesma coisa e, ao mesmo tempo, reprimido pela recordação de outras que excluem a existência da coisa apetecida.

---

[37] *Gloria*: como é visível em diversas Proposições, Espinosa não restringe esta designação ao seu significado habitual, que implica fama ou celebridade, podendo também tratar-se da mera satisfação pelo reconhecimento de um gesto que se fez a outrem. Cf. nota 22 desta Parte.

[38] Cf. nota 23 desta Parte.

EXPLICATIO — Cum alicujus rei recordamur, ut jam sæpe diximus, eo ipso disponimur, ad eandem eodem affectu contemplandum, ac si res præsens adesset; sed hæc dispositio, seu conatus, dum vigilamus, plerumque cohibetur ab imaginibus rerum, quæ existentiam ejus, cujus recordamur, secludunt. Quando itaque rei meminimus, quæ nos aliquo Lætitiæ genere afficit, eo ipso conamur eandem, cum eodem Lætitiæ affectu, ut præsentem contemplari, qui quidem conatus statim cohibetur memoria rerum, quæ illius existentiam secludunt. Quare desiderium revera Tristitia est, quæ Lætitiæ opponitur illi, quæ ex absentia rei, quam odimus, oritur, de qua vide Scholium Propositionis 47 hujus Partis. Sed quia nomen *desiderium* Cupiditatem respicere videtur, ideo hunc affectum ad Cupiditatis affectus refero.

XXXIII. Aemulatio est alicujus rei Cupiditas, quæ nobis ingeneratur ex eo, quod alios eandem Cupiditatem habere imaginamur.

EXPLICATIO — Qui fugit, quia alios fugere, vel qui timet, quia alios timere videt, vel etiam ille, qui ex eo, quod aliquem manum suam combussisse videt, manum ad se contrahit, corpusque movet, quasi ipsius manus combureretur, eum imitari quidem alterius affectum; sed non eundem æmulari dicemus; non quia aliam æmulationis, aliam imitationis novimus causam; sed quia usu factum est, ut illum tantum vocemus æmulum, qui id, quod honestum, utile, vel jucundum esse judicamus, imitatur. Cæterum de Aemulationis causa vide Propositionem 27 hujus Partis cum ejus Scholio. Cur autem huic affectui plerumque juncta sit Invidia, de eo vide Propositionem 32 hujus cum ejusdem Scholio.

XXXIV. Gratia, seu Gratitudo est Cupiditas, seu Amoris studium, quo ei benefacere conamur, qui in nos pari amoris affectu beneficium contulit. *Vide Prop. 39 cum Schol. Prop. 41 hujus.*

XXXV. Benevolentia est Cupiditas benefaciendi ei, cujus nos miseret. *Vide Schol. Prop. 27 hujus.*

XXXVI. Ira est Cupiditas, qua ex Odio incitamur ad illi, quem odimus, malum inferendum. *Vide Prop. 39 hujus.*

EXPLICAÇÃO — Quando nos recordamos de uma coisa, como já dissemos muitas vezes, esse mesmo fato dispõe-nos a contemplá-la com o mesmo afeto com que a contemplaríamos se ela estivesse presente. Porém, esta disposição, ou melhor, este esforço, quando estamos acordados, é a maioria das vezes inibido por imagens de coisas que excluem a existência dessa coisa de que nos recordamos. Quando nos lembramos, pois, de uma coisa que nos afeta de algum gênero de alegria, esforçamo-nos, por esse mesmo fato, por contemplá-la com o mesmo afeto de alegria que se ela estivesse presente, esforço este que é imediatamente inibido pela memória de coisas que excluem a sua existência. Por conseguinte, o anseio é na realidade uma tristeza oposta à alegria que se origina da ausência de uma coisa que odiamos (sobre esta, veja-se o Escólio da Proposição 47 desta Parte). Todavia, uma vez que o termo *anseio* parece dizer respeito ao desejo, incluo-o entre os afetos do desejo.

XXXIII. A *emulação* é o desejo de uma coisa engendrado em nós pelo fato de imaginarmos que outros têm o mesmo desejo.

EXPLICAÇÃO — Quem foge porque vê os outros fugirem, quem teme porque vê os outros temer, ou ainda quem, ao ver alguém a queimar-se na mão, contrai a sua mão e afasta o corpo, como se ele próprio se tivesse queimado na mão, dizemos que imita o afeto de um outro, mas não que o emula. Não por conhecermos uma causa da emulação diferente da causa da imitação, mas porque só chamamos êmulo, por força do hábito, a quem imita o que julgamos ser honesto, útil ou agradável. Quanto à causa da emulação, vejam-se a Proposição 27 desta Parte e o seu Escólio. E quanto ao motivo por que a inveja, a maioria das vezes, está ligada a este afeto, vejam-se a Proposição 32 desta Parte e o seu Escólio.

XXXIV. O *reconhecimento*, ou *gratidão*, é o desejo, ou afã amoroso, pelo qual nos esforçamos por fazer bem àquele que, com igual afeto de amor, nos trouxe algum benefício. *Vejam-se a Prop. 39 e o Esc. da Prop. 41 desta Parte.*

XXXV. A *benevolência* é o desejo de fazer bem àquele por quem sentimos comiseração. *Veja-se o Esc. da Prop. 27 desta Parte.*

XXXVI. A *ira* é o desejo que, por ódio, nos incita a fazer mal a quem odiamos. *Veja-se a Prop. 39 desta Parte.*

Parte III — Da Origem e da Natureza dos Afetos

XXXVII. Vindicta est Cupiditas, qua ex reciproco Odio concitamur ad malum inferendum ei, qui nobis pari affectu damnum intulit. *Vide Coroll. 2 Prop. 40 hujus cum ejusdem Schol.*

XXXVIII. Crudelitas, seu Sævitia est Cupiditas, qua aliquis concitatur ad malum inferendum ei, quem amamus, vel cujus nos miseret.

EXPLICATIO — Crudelitati opponitur Clementia, quæ passio non est, sed animi potentia, qua homo iram, et vindictam moderatur.

XXXIX. Timor est Cupiditas majus, quod metuimus, malum minore vitandi. *Vide Schol. Prop. 39 hujus.*

XL. Audacia est Cupiditas, qua aliquis incitatur ad aliquid agendum cum periculo, quod ejus æquales subire metuunt.

XLI. Pusillanimitas dicitur de eo, cujus Cupiditas coercetur timore periculi, quod ejus æquales subire audent.

EXPLICATIO — Est igitur Pusillanimitas nihil aliud, quam Metus alicujus mali, quod plerique non solent metuere; quare ipsam ad Cupiditatis affectus non refero. Eandem tamen hic explicare volui, quia quatenus ad Cupiditatem attendimus, affectui Audaciæ revera opponitur.

XLII. Consternatio dicitur de eo, cujus Cupiditas malum vitandi coercetur admiratione mali, quod timet.

EXPLICATIO — Est itaque Consternatio Pusillanimitatis species. Sed quia Consternatio ex duplici Timore oritur, ideo commodius definiri potest, quod sit *Metus, qui hominem stupefactum, aut fluctuantem ita continet, ut is malum amovere non possit.* Dico *stupefactum,* quatenus ejus Cupiditatem malum amovendi admiratione coerceri intelligimus. *Fluctuantem* autem dico, quatenus concipimus eandem Cupiditatem coerceri Timore alterius mali, quod ipsum æque cruciat: unde fit, ut quodnam ex duobus avertat, nesciat. De his vide Schol. Prop. 39 et Schol. Prop. 52 hujus. Cæterum de Pusillanimitate, et Audacia vide Schol. Prop. 51 hujus.

XXXVII. A *vingança* é o desejo que nos impele, por ódio recíproco, a fazer mal a quem, por igual afeto, nos infligiu dano. *Vejam-se o Corol. 2 da Prop. 40 desta Parte e o seu Esc.*

XXXVIII. A *crueldade*, ou *sevícia*, é o desejo pelo qual alguém é impelido a fazer mal a quem amamos ou por quem sentimos comiseração.

EXPLICAÇÃO — À crueldade opõe-se a clemência, que não é paixão, mas potência do ânimo, pela qual o homem modera a ira e a vingança.

XXXIX. O *temor* é o desejo de evitar, mediante um mal menor, um mal maior que tememos. *Veja-se o Esc. da Prop. 39 desta Parte.*

XL. A *audácia* é o desejo pelo qual alguém é incitado a fazer algo de perigoso a que os seus semelhantes têm medo de se expor.

XLI. A *pusilanimidade* diz-se daquele cujo desejo é reprimido pelo temor de um risco a que os seus semelhantes ousam expor-se.

EXPLICAÇÃO — A pusilanimidade não é, pois, outra coisa senão o medo de um mal que a maioria não costuma temer. É por isso que eu não a incluo entre os afetos do desejo. Quis, todavia, explicá-la aqui, porquanto, na medida em que atendemos ao desejo, ela opõe-se realmente ao afeto da audácia.

XLII. O *assombro* diz-se daquele cujo desejo de evitar um mal é reprimido pela admiração pelo mal que teme.

EXPLICAÇÃO — O assombro é, pois, uma espécie de pusilanimidade. Mas, como se origina de um duplo temor, pode definir-se, mais comodamente, como sendo o *medo que mantém o homem estupefato, ou vacilante, de tal maneira que não pode afastar esse mal.* Digo *estupefato*, na medida em que entendemos que o seu desejo de afastar o mal é reprimido pela admiração. Digo, por sua vez, *vacilante*, na medida em que o seu desejo é reprimido pelo temor de um outro mal que igualmente o atormenta. Daí ele não saber a qual dos dois se furtar. Sobre isto, vejam-se o Esc. da Prop. 39 e o da Prop. 52 desta Parte. Quanto à pusilanimidade e à audácia, veja-se o Esc. da Prop. 51 desta Parte.

Parte III — Da Origem e da Natureza dos Afetos

XLIII. Humanitas, seu Modestia est Cupiditas ea faciendi, quæ hominibus placent, et omittendi, quæ displicent.

XLIV. Ambitio est immodica gloriæ Cupiditas.

EXPLICATIO — Ambitio est Cupiditas, qua omnes affectus (*per Prop. 27 et 31 hujus*) foventur, et corroborantur; et ideo his affectus vix superari potest. Nam quamdiu homo aliqua Cupiditate tenetur, hac simul necessario tenetur. *Optimus quisque*, inquit Cicero, *maxime gloria ducitur. Philosophi etiam libris, quos de contemnenda gloria scribunt, nomen suum inscribunt*, etc.

XLV. Luxuria est immoderata convivandi Cupiditas, vel etiam Amor.

XLVI. Ebrietas est immoderata potandi Cupiditas, et Amor.

XLVII. Avaritia est immoderata divitiarum Cupiditas, et Amor.

XLVIII. Libido est etiam Cupiditas, et Amor in commiscendis corporibus.

XLIII. A *civilidade*, ou *decência*,[39] é o desejo de fazer aquilo que agrada aos homens e abster-se do que lhes desagrada.

XLIV. A *ambição* é o desejo imoderado de glória.

EXPLICAÇÃO — A ambição é um desejo pelo qual todos os afetos são favorecidos (*pelas Prop. 27 e 31 desta Parte*) e reforçados, pelo que este afeto dificilmente pode ser superado. Na verdade, sempre que um homem é tomado por algum desejo, é necessariamente tomado, ao mesmo tempo, pela ambição. *Aquele que é o melhor*, diz Cícero, *guia-se acima de tudo pela glória. Até os filósofos, nos livros em que escrevem que a glória se deve desprezar, inscrevem o seu nome*,[40] etc.

XLV. A *gula* é o desejo imoderado, ou até o amor, de se banquetear.

XLVI. A *embriaguez* é o desejo imoderado e o amor de beber.

XLVII. A *avareza* é o desejo imoderado e o amor das riquezas.

XLVIII. A *libido* é também o desejo e o amor de fundir os corpos.[41]

---

[39] *Humanitas, seu modestia*: sobre a *humanitas*, veja-se a nota 17 desta Parte. Sobre a *modestia*, dada a tradução literal, comumente utilizada, se ajustar com dificuldade ao contexto, optamos por "decência", que tem na raiz o verbo *decet* (convir, ficar bem) e, tal como a *modestia*, remete semanticamente para a "moderação" e a "noção dos limites" socialmente definidos.

[40] "*Opifices post mortem nobilitari volunt.* [...] *Quid nostri philosophi? nonne in is libris ipsis, quos scribunt de contemnenda gloria, sua nomina inscribunt?*". Cícero, *Tusculanae Disputationes*, I, XV.

[41] *Cupiditas et Amor in commiscendis corporibus*: embora resulte pouco familiar, a tradução literal do verbo *commiscere* (misturar, fundir) descreve o ato de copular mais exata e realisticamente que a expressão "união dos corpos", a qual prevalece nas edições de que temos conhecimento, com exceção da antiga tradução alemã de B. Auerbach (1841), que usa "*Begierde und Liebe fleischlichen Vermischung*", enquanto Stern (1888) já opta por "*Begierde und Liebe zu Körperlicher Vereinigung*", solução esta ainda hoje adotada por W. Bartuschat (1999). O fato é que Espinosa, embora use com frequência a palavra *unio*, seja em contexto político ou a propósito da união da mente com o corpo, assim como o verbo *conjungere*, desta vez recorre, decerto não por acaso, a um verbo diferente: *commiscere*. No ponto 20 do Apêndice da Parte IV, a expressão aparecerá levemente modificada, mas não no essencial — *cupiditas miscendi corpora* —, o que reforça ainda mais a hipótese de uma intencionalidade. Sobre a questão da sexualidade em Espinosa, cf. B. Pautrat (2011); e A. Matheron, "Spinoza et la sexualité", *in* A. Matheron (2011, pp. 305-24).

Parte III — Da Origem e da Natureza dos Afetos

EXPLICATIO — Sive hæc coeundi Cupiditas moderata sit, sive non sit, Libido appellari solet. Porro hi quinque affectus (*ut in Schol. Prop. 56 hujus monui*) contrarios non habent. Nam Modestia species est Ambitionis, de qua vide Schol. Prop. 29 hujus, Temperantiam deinde, Sobrietatem, et Castitatem Mentis potentiam, non autem passionem indicare, jam etiam monui. Et tametsi fieri potest, ut homo avarus, ambitiosus, vel timidus a nimio cibo, potu, et coitu abstineat, Avaritia tamen, Ambitio, et Timor luxuriæ, ebrietati, vel libidini non sunt contrarii. Nam avarus in cibum, et potum alienum se ingurgitare plerumque desiderat. Ambitiosus autem, modo speret fore clam, in nulla re sibi temperabit, et si inter ebrios vivat, et libidinosos, ideo quia ambitiosus est, proclivior erit ad eadem vitia. Timidus denique id, quod non vult, facit. Nam quamvis mortis vitandæ causa divitias in mare projiciat, manet tamen avarus; et si libidinosus tristis est, quod sibi morem gerere nequeat, non desinit propterea libidinosus esse. Et absolute hi affectus non tam ipsos actus convivandi, potandi etc. respiciunt, quam ipsum Appetitum et Amorem. Nihil igitur his affectibus opponi potest, præter Generositatem et Animositatem, de quibus in seqq.

Definitiones Zelotypiæ et reliquarum animi fluctuationum silentio prætermitto, tam quia ex compositione affectuum, quos jam definivimus, oriuntur, quam quia pleræque nomina non habent, quod ostendit ad usum vitæ sufficere, easdem in genere tantummodo noscere. Cæterum ex Definitionibus affectuum, quos explicuimus, liquet, eos omnes a Cupiditate, Lætitia, vel Tristitia oriri, seu potius nihil præter hos tres esse, quorum unusquisque variis nominibus appellari solet propter varias eorum relationes, et denominationes extrinsecas. Si jam ad hos primitivos, et ad ea, quæ de natura Mentis supra diximus, attendere velimus, affectus, quatenus ad solam Mentem referuntur, sic definire poterimus.

AFFECTUUM GENERALIS DEFINITIO

Affectus, qui animi Pathema dicitur, est confusa idea, qua Mens

EXPLICAÇÃO — Seja ou não moderado, este desejo de copular costuma chamar-se libido. Além disso, estes cinco afetos (*como adverti no Esc. da Prop. 56 desta Parte*) não têm contrários. Na verdade, a decência é uma espécie da ambição (sobre a qual, veja-se o Esc. da Prop. 29 desta Parte), e a temperança, a sobriedade e a castidade indicam a potência da mente, não uma paixão, como também já adverti. E, embora possa acontecer que um homem avaro, invejoso ou tímido se abstenha de excessos na comida, na bebida ou no coito, contudo, a avareza, a ambição e o temor não são o contrário da gula, da embriaguez ou da libido. Porque o avaro, geralmente, deseja encher-se com a comida e a bebida alheias. O ambicioso, por sua vez, não será temperante em coisa alguma, contanto que espere que seja em segredo, e, se viver entre ébrios e libidinosos, justamente porque é ambicioso, estará mais inclinado a esses vícios. O tímido, finalmente, faz aquilo que não quer, porque, ainda que atire as riquezas ao mar para evitar a morte, continua avaro. E o libidinoso, se está triste por não poder satisfazer-se, nem por isso deixa de ser libidinoso. Tais afetos, absolutamente falando, não têm tanto que ver com os atos de se banquetear, beber, etc., como com o próprio apetite e o amor. Portanto, nada se lhes pode opor a não ser a generosidade e a firmeza, de que falarei a seguir.

Passo por cima das definições do ciúme e das restantes flutuações do ânimo, quer porque se originam da combinação de afetos que já definimos, quer porque a maioria deles não tem nome, o que mostra que, para a vida corrente, basta conhecê-los só genericamente. Quanto ao mais, pelas definições dos afetos que explicamos, está claro que todos eles se originam do desejo, da alegria ou da tristeza, ou antes, não existem senão estes três, cada um dos quais costuma designar-se por vários nomes diferentes, em função das suas várias relações e denominações extrínsecas. Se quisermos agora atender a estes três afetos primitivos, e bem assim ao que dissemos acima sobre a natureza da mente, poderemos definir os afetos, na medida em que se referem apenas à mente, como se segue.

DEFINIÇÃO GERAL DOS AFETOS

O afeto, dito *pathema*[42] do ânimo, é uma ideia confusa pela qual a men-

---

[42] *Pathema*: paixão. A palavra, originariamente grega, reaparece em alguns autores neolatinos. Espinosa utiliza-a também no *TTP* (*G* III, 7, p. 101): "*Deum carere passionibus, sive animi pathemati*". Cf. P.-F. Moreau *in* Spinoza (2020), pp. 574-5, nota 205.

majorem, vel minorem sui Corporis, vel alicujus ejus partis existendi vim, quam antea, affirmat, et qua data ipsa Mens ad hoc potius, quam ad illud cogitandum determinatur.

EXPLICATIO — Dico primo Affectum, seu passionem animi esse *confusam ideam*. Nam Mentem eatenus tantum pati, ostendimus (*vide Prop. 3 hujus*), quatenus ideas inadæquatas, sive confusas habet. Dico deinde, *qua mens majorem, vel minorem sui corporis, vel alicujus ejus partis existendi vim, quam antea, affirmat*. Omnes enim corporum ideæ, quas habemus, magis nostri Corporis actualem constitutionem (*per Coroll: 2 Prop. 16 p. 2*), quam corporis externi naturam indicant; at hæc, quæ affectus formam constituit, Corporis, vel alicujus ejus partis constitutionem indicare, vel exprimere debet, quam ipsum Corpus, vel aliqua ejus pars habet, ex eo, quod ipsius agendi potentia, sive existendi vis augetur, vel minuitur, juvatur, vel coercetur. Sed notandum, cum dico, *majorem, vel minorem existendi vim, quam antea*, me non intelligere, quod Mens præsentem Corporis constitutionem cum præterita comparat; sed quod idea, quæ affectus formam constituit, aliquid de corpore affirmat, quod plus, minusve realitatis revera involvit, quam antea: Et quia essentia Mentis in hoc consistit (*per Prop. 11 et 13 p. 2*), quod sui Corporis actualem existentiam affirmat, et nos per perfectionem ipsam rei essentiam intelligimus, sequitur ergo, quod Mens ad majorem, minoremve perfectionem transit, quando ei aliquid de suo corpore, vel aliqua ejus parte affirmare contingit, quod plus, minusve realitatis involvit, quam antea. Cum igitur supra dixerim, Mentis cogitandi potentiam augeri, vel minui; nihil aliud intelligere volui, quam quod Mens ideam sui Corporis, vel alicujus ejus partis formaverit, quæ plus minusve realitatis exprimit, quam de suo Corpore affirmaverat. Nam idearum præstantia, et actualis cogitandi potentia ex objecti præstantia æstimatur. Addidi denique, *et qua data ipsa Mens ad hoc potius, quam ad aliud cogitandum determinatur*, ut præter Lætitiæ, et Tristitiæ naturam, quam prima definitionis pars explicat, Cupiditatis etiam naturam exprimerem.

Finis Tertiae Partis.

te afirma uma força de existir do seu corpo, ou de uma parte dele, maior ou menor do que antes, e dada a qual a própria mente é determinada a pensar antes isto do que aquilo.

EXPLICAÇÃO — Digo, em primeiro lugar, que o afeto, ou paixão do ânimo, é uma *ideia confusa*. Na verdade, mostramos (*veja-se a Prop. 3 desta Parte*) que a mente apenas sofre na medida em que tem ideias inadequadas, ou seja, confusas. Digo, em seguida, *pela qual a mente afirma uma força de existir do seu corpo, ou de uma parte dele, maior ou menor do que antes.* Com efeito, todas as ideias que temos dos corpos indicam mais a constituição atual do nosso corpo (*pelo Corol. 2 da Prop. 16, P. II*) do que a natureza do corpo exterior. Ora, esta ideia que constitui a forma de um afeto deve indicar ou exprimir a constituição do corpo ou de alguma das suas partes, constituição essa que o próprio corpo ou alguma das suas partes tem pelo fato de a sua potência de agir, quer dizer, a sua força de existir, ser aumentada ou diminuída, ajudada ou reprimida. Note-se que, quando digo *uma força de existir maior ou menor do que antes*, eu não entendo que a mente compara a presente constituição do corpo com a anterior, mas sim que a ideia que constitui a forma de um afeto afirma algo acerca do corpo que efetivamente envolve mais ou menos realidade do que antes. E dado que a essência da mente consiste (*pelas Prop. 11 e 13, P. II*) no fato de afirmar a existência atual do seu corpo, e que por perfeição nós entendemos a própria essência de uma coisa, segue-se que a mente passa a uma perfeição maior ou menor quando lhe acontece afirmar algo acerca do seu corpo, ou de qualquer das suas partes, que envolve mais ou menos realidade do que antes. Quando, portanto, eu acima disse que a potência de pensar da mente aumentava ou diminuía, não quis entender senão que a mente tinha formado do seu corpo, ou de alguma das suas partes, uma ideia que exprime mais ou menos realidade do que ela tinha afirmado do seu corpo. De fato, a superioridade das ideias e a potência atual de pensar avaliam-se pela superioridade do objeto. Finalmente, acrescentei *e dada a qual a própria mente é determinada a pensar isto e não aquilo*, a fim de, além da natureza da alegria e da tristeza explicadas na primeira parte da definição, exprimir também a natureza do desejo.

Fim da Terceira Parte.

Parte III — Da Origem e da Natureza dos Afetos

Pars quarta

De Servitute Humana, seu de Affectuum Viribus

PRAEFATIO

Humanam impotentiam in moderandis, et coercendis affectibus Servitutem voco; homo enim affectibus obnoxius sui juris non est, sed fortunæ, in cujus potestate ita est, ut sæpe coactus sit, quanquam meliora sibi videat, deteriora tamen sequi. Hujus rei causam, et quid præterea affectus boni, vel mali habent, in hac Parte demonstrare proposui. Sed antequam incipiam, pauca de perfectione, et imperfectione, deque bono, et malo præfari lubet.

Qui rem aliquam facere constituit, eamque perfecit, rem suam perfectam esse, non tantum ipse, sed etiam unusquisque, qui mentem Auctoris illius operis, et scopum recte noverit, aut se novisse crediderit, dicet. Ex. gr. si quis aliquod opus (quod suppono nondum esse peractum) viderit, noveritque scopum Auctoris illius operis esse domum ædificare, is domum imperfectam esse dicet, et contra

Parte IV

Da Servidão Humana, ou das Forças dos Afetos

PREFÁCIO

Chamo servidão à impotência humana para regrar e reprimir os afetos. Com efeito, o homem sujeito aos afetos não está sob jurisdição de si próprio, mas da fortuna,[1] em poder da qual está de tal maneira que, apesar de ver o melhor para si, é, no entanto, amiúde coagido a seguir o pior. Nesta Parte, propus-me demonstrar a causa disso, e bem assim o que os afetos têm de bom ou de mau. Antes de começar, gostaria, no entanto, de dizer primeiro umas breves palavras acerca da perfeição e da imperfeição, do bem e do mal.

Quem decidiu fazer uma coisa e a completou[2] dirá que essa coisa está perfeita, e não apenas ele, mas também quem quer que tenha conhecido corretamente, ou creia conhecer, a mente e o objetivo do autor dessa obra. Por exemplo, se alguém vir uma obra (suponho aqui que ela ainda não está concluída) e tiver conhecimento de que o objetivo do seu autor é edificar uma casa, dirá que essa casa está imperfeita. Ao invés, dirá que ela está perfeita

---

[1] O termo *fortuna* (versão latina da *tyche* grega) está obviamente aqui tomado no seu significado antigo de "destino", ou "sorte", o qual perdurou na Idade Média, na Renascença e mesmo depois. O relevante em Espinosa é a sua articulação com a imaginação e as oscilações anímicas inerentes à vida afetiva, um aspecto que era já visível, por exemplo, em Boécio (*De Consolatione Philosophiae*, II, 1.6), se bem que este atribuísse à fortuna uma consistência ontológica, sob a forma de "desígnios de Deus que escapam aos homens", completamente ausente da *Ética*, como já do *Tratado Teológico-Político*, onde o seu estatuto se confunde com o de simples ideias inadequadas, ou seja, sinais ou marcas da exposição do corpo àquilo que o rodeia. Deste ponto de vista, a consonância mais óbvia é com Maquiavel e o tratamento que este reserva ao conceito de *fortuna* no cap. XXV d'*O Príncipe*.

[2] *Perfecit*: pretérito perfeito do verbo *perficere*, cujo particípio passado é *perfectum*, o qual significa "perfeito" no sentido de "concluído", "completo", "acabado", e não no sentido de "possuidor da qualidade máxima", conforme tende, hoje em dia, a ser geralmente utilizado o termo "perfeito" e os seus equivalentes em outras línguas.

perfectam, simulatque opus ad finem, quem ejus Auctor eidem dare constituerat, perductum viderit. Verum si quis opus aliquod videt, cujus simile nunquam viderat, nec mentem opificis novit, is sane scire non poterit, opusne illud perfectum, an imperfectum sit. Atque hæc videtur prima fuisse horum vocabulorum significatio. Sed postquam homines ideas universales formare, et domuum, ædificiorum, turrium, etc. exemplaria excogitare, et alia rerum exemplaria aliis præferre inceperunt, factum est, ut unusquisque id perfectum vocaret, quod cum universali idea, quam ejusmodi rei formaverat, videret convenire, et id contra imperfectum, quod cum concepto suo exemplari minus convenire videret, quanquam ex opificis sententia consummatum plane esset. Nec alia videtur esse ratio, cur res naturales etiam, quæ scilicet humana manu non sunt factæ, perfectas, aut imperfectas vulgo appellent; solent namque homines tam rerum naturalium, quam artificialium ideas formare universales, quas rerum veluti exemplaria habent, et quas naturam (quam nihil nisi alicujus finis causa agere existimant) intueri credunt, sibique exemplaria proponere. Cum itaque aliquid in natura fieri vident, quod cum concepto exemplari, quod rei ejusmodi habent, minus convenit, ipsam naturam tum defecisse, vel peccavisse, remque illam imperfectam reliquisse, credunt. Videmus itaque homines consuevisse, res naturales perfectas, aut imperfectas vocare, magis ex præjudicio, quam ex earum vera cognitione. Ostendimus enim in Primæ Partis Appendice Naturam propter finem non agere; æternum namque illud, et infinitum Ens, quod Deum, seu Naturam appellamus, eadem, qua existit, necessitate agit. Ex qua enim naturæ necessitate existit, ex eadem ipsum agere ostendimus (Prop. 16 p. 1). Ratio igitur, seu causa, cur Deus, seu Natura agit, et cur existit, una, eademque est. Ut ergo nullius finis causa existit, nullius etiam finis causa agit; sed ut existendi, sic et agendi principium, vel finem habet nullum. Causa autem, quæ finalis dicitur, nihil est præter ipsum humanum appetitum, quatenus is alicujus rei veluti principium, seu causa primaria consideratur. Ex. gr. cum dicimus habitationem causam fuisse finalem hujus, aut illius domus, nihil tum sane intelligimus aliud, quam quod homo ex eo, quod vitæ domesticæ commoda imaginatus est, appetitum habuit ædificandi domum. Quare habitatio, quatenus ut finalis causa consideratur, nihil est præter hunc singularem appetitum, qui revera causa est efficiens, quæ ut prima consideratur, quia homines suorum appetituum causas

438   Pars quarta — De Servitute Humana, seu de Affectuum Viribus

assim que vir a obra chegar àquele fim que o seu autor havia decidido dar--lhe. Mas, se alguém vê uma obra, semelhante à qual nunca tinha visto nada, e, além disso, não conhece o que o artífice tem em mente, não poderá com certeza saber se essa obra está perfeita ou imperfeita. E parece ter sido esse o primeiro significado destes vocábulos.

No entanto, desde que os homens começaram a formar ideias universais e a inventar modelos de casas, edifícios, torres, etc., e a preferir uns modelos das coisas a outros, cada um começou a chamar perfeito àquilo que visse convir com a ideia universal que tinha formado da coisa e, pelo contrário, imperfeito àquilo que visse convir menos com o modelo por si concebido, mesmo que na opinião do artífice ela estivesse plenamente acabada. Nem se vê outra razão para que as coisas naturais, isto é, que não são feitas por mão humana, vulgarmente se chamem também perfeitas ou imperfeitas. Os homens, de fato, costumam formar, tanto das coisas naturais, como das artificiais, ideias universais que eles têm por modelos das coisas, e creem que a natureza (que julgam não fazer nada que não seja por causa de um fim) as observa e propõe a si própria como modelos. Assim, quando veem acontecer na natureza alguma coisa que convém menos com o modelo que concebem dessa coisa, creem que a mesma natureza falhou, ou pecou, e deixou essa coisa imperfeita. Vemos, assim, que os homens se habituaram a chamar perfeitas ou imperfeitas às coisas naturais, mais por preconceito do que por verdadeiro conhecimento delas.

Mostramos, com efeito, no Apêndice da Primeira Parte, que a natureza não age por causa de um fim, porquanto esse ente eterno e infinito a que chamamos Deus, ou natureza, age pela mesma necessidade pela qual existe. Mostramos (Prop. 16, P. I), com efeito, que a necessidade em virtude da qual ele existe é a mesma em virtude da qual ele age. A razão, ou causa, por que Deus, ou a natureza, age e pela qual existe é, portanto, uma só e a mesma. Assim, da mesma forma que ele não existe por causa de nenhum fim, também não age por causa de nenhum fim; e, tal como não tem nenhum princípio nem fim para existir, também não tem nenhum princípio nem fim para agir. Quanto à causa a que se chama final, nada mais é senão o próprio apetite humano na medida em que é considerado como princípio ou causa primeira de alguma coisa. Por exemplo, quando dizemos que a causa final desta ou daquela casa foi a habitação, sem dúvida, não entendemos outra coisa senão que um homem, pelo fato de ter imaginado as comodidades da vida doméstica, teve o apetite de edificar uma casa. É por isso que a habitação, na medida em que se considera como causa final, não é senão este apetite singular, que em realidade é uma causa eficiente que se considera como a pri-

communiter ignorant. Sunt namque, ut jam sæpe dixi, suarum quidem actionum, et appetituum conscii, sed ignari causarum, a quibus ad aliquid appetendum determinantur. Quod præterea vulgo ajunt, Naturam aliquando deficere, vel peccare, resque imperfectas producere, inter commenta numero, de quibus in Appendice Partis Primæ egi. Perfectio igitur, et imperfectio revera modi solummodo cogitandi sunt, nempe notiones, quas fingere solemus ex eo, quod ejusdem speciei, aut generis individua ad invicem comparamus: et hac de causa supra (Defin. 6 p. 2) dixi me per realitatem, et perfectionem idem intelligere; solemus enim omnia Naturæ individua ad unum genus, quod generalissimum appellatur, revocare; nempe ad notionem entis, quæ ad omnia absolute Naturæ individua pertinet. Quatenus itaque Naturæ individua ad hoc genus revocamus, et ad invicem comparamus, et alia plus entitatis, seu realitatis, quam alia habere comperimus, eatenus alia aliis perfectiora esse dicimus; et quatenus iisdem aliquid tribuimus, quod negationem involvit, ut terminus, finis, impotentia, etc. eatenus ipsa imperfecta appellamus, quia nostram Mentem non æque afficiunt, ac illa, quæ perfecta vocamus, et non quod ipsis aliquid, quod suum sit, deficiat, vel quod Natura peccaverit. Nihil enim naturæ alicujus rei competit, nisi id, quod ex necessitate naturæ causæ efficientis sequitur, et quicquid ex necessitate naturæ causæ efficientis sequitur, id necessario fit.

Bonum, et malum quod attinet, nihil etiam positivum in rebus, in se scilicet consideratis, indicant, nec aliud sunt, præter cogitandi modos, seu notiones, quas formamus ex eo, quod res ad invicem comparamus. Nam una, eademque res potest eodem tempore bona, et mala, et etiam indifferens esse. Ex. gr. Musica bona est Melancholico, mala lugenti; surdo autem neque bona, neque mala. Verum, quamvis se res ita habeat, nobis tamen hæc vocabula retinenda sunt. Nam quia ideam hominis tanquam naturæ humanæ exemplar, quod intueamur, formare cupimus,

meira, visto os homens ignorarem comumente as causas dos seus apetites. Na verdade, como já disse muitas vezes, eles têm consciência das suas ações e dos seus apetites, mas são ignorantes das causas por que são determinados a ter apetite de algo. E quanto ao que eles dizem vulgarmente, que a própria natureza algumas vezes falha, ou peca e produz coisas imperfeitas, isso incluo-o entre as ficções de que tratei no Apêndice da Parte I.

Perfeição e imperfeição, por conseguinte, são na realidade apenas modos de pensar, a saber, noções que costumamos forjar a partir do fato de compararmos entre si indivíduos da mesma espécie, ou do mesmo gênero. Foi por este motivo que eu disse mais acima (Def. 6, P. II) que por realidade e perfeição entendia o mesmo. Costumamos, de fato, reduzir todos os indivíduos da natureza a um único gênero a que se chama generalíssimo, quer dizer, à noção de ente, que pertence absolutamente a todos os indivíduos da natureza. Assim, na medida em que reduzimos os indivíduos da natureza a este gênero e os comparamos entre eles, notando que uns têm mais entidade,[3] ou realidade, do que outros, dizemos que uns são mais perfeitos do que outros. E, na medida em que lhes atribuímos algo que envolve uma negação, como termo, fim, impotência, etc., chamamos-lhe imperfeitos, porque não afetam a nossa mente da mesma maneira que aqueles a que chamamos perfeitos. E não é porque lhes falte algo que seja próprio deles, ou porque a natureza tenha pecado. À natureza de uma coisa, com efeito, não pertence senão o que se segue da necessidade da natureza da causa eficiente, e tudo o que se segue da necessidade da causa eficiente acontece necessariamente.

No que se refere ao bem e ao mal, eles também não indicam nada de positivo nas coisas, consideradas em si mesmas, nem são senão modos de pensar, ou noções que nós formamos em virtude de compararmos as coisas umas com as outras. Na verdade, uma única e a mesma coisa pode ser ao mesmo tempo boa e má, ou até indiferente. Por exemplo, a música é boa para o melancólico, má para quem está de luto e nem boa nem má para quem é surdo. Todavia, apesar de ser assim, tais vocábulos são de manter. Dado, efetivamente, que nós desejamos formar uma ideia de homem para a qual olhemos como modelo da natureza humana,[4] ser-nos-á útil manter esses

---

[3] *Entitatis*: genitivo de *entitas*, entidade, é um termo que aparece aqui não no sentido de "pessoa coletiva", ou de "individualidade", que possui comumente, mas no sentido metafísico de "qualidade daquilo que é", quer dizer, daquilo que tem ser: *subjectus habens esse*, ou ainda *id cujus actus est esse*. Cf. J. Gredt (1961), *Elementa Philosophiae Aristotelico Thomisticae*, 13ª ed., Barcelona, Herder, vol. II, p. 6.

[4] *Exemplar humanae naturae*: expressão que se associa ao título da obra *Exemplar*

nobis ex usu erit, hæc eadem vocabula eo, quo dixi, sensu retinere. Per bonum itaque in seqq. intelligam id, quod certo scimus medium esse, ut ad exemplar humanæ naturæ, quod nobis proponimus, magis magisque accedamus. Per malum autem id, quod certo scimus impedire, quominus idem exemplar referamus. Deinde homines perfectiores, aut imperfectiores dicemus, quatenus ad hoc idem exemplar magis, aut minus accedunt. Nam apprime notandum est, cum dico, aliquem a minore ad majorem perfectionem transire, et contra, me non intelligere, quod ex una essentia, seu forma in aliam mutatur. Equus namque ex. gr. tam destruitur, si in hominem, quam si in insectum mutetur: sed quod ejus agendi potentiam, quatenus hæc per ipsius naturam intelligitur, augeri, vel minui concipimus. Denique per perfectionem in genere realitatem, uti dixi, intelligam, hoc est, rei cujuscunque essentiam, quatenus certo modo existit, et operatur, nulla ipsius durationis habita ratione. Nam nulla res singularis potest ideo dici perfectior, quia plus temporis in existendo perseveravit; quippe rerum duratio ex earum essentia determinari nequit; quandoquidem rerum essentia nullum certum, et determinatum existendi tempus involvit; sed res quæcunque, sive ea perfectior sit, sive minus, eadem vi, qua existere incipit, semper in existendo perseverare poterit, ita ut omnes hac in re æquales sint.

mesmos vocábulos com o sentido que eu disse. Assim, por bem, entenderei a seguir o que sabemos com certeza ser um meio para nos aproximarmos cada vez mais do modelo de natureza humana que nos propomos. Em contrapartida, por mal, entenderei aquilo que sabemos de certeza que nos impede de reproduzir esse modelo. Depois, diremos que os homens são mais perfeitos ou mais imperfeitos, na medida em que se aproximam mais ou menos desse mesmo modelo.[5] Na verdade, há que notar acima de tudo que, quando eu digo que alguém passa de uma perfeição menor a uma maior, e vice-versa, não entendo com isso que ele muda de uma essência, ou espécie, para uma outra — um cavalo, por exemplo, tanto é destruído se mudar para homem, como se mudar para inseto —, mas sim que concebemos que a sua potência de agir, na medida em que se entende pela sua natureza, aumenta ou diminui. Finalmente, por perfeição em geral, como disse, entenderei a realidade, isto é, a essência, de qualquer coisa na medida em que ela existe e opera de um certo modo, sem ter em conta a sua duração. Porque nenhuma coisa singular se pode dizer mais perfeita por ter perseverado mais tempo na existência. A duração das coisas não pode, efetivamente, ser determinada pela sua essência, visto a essência das coisas não envolver nenhum tempo, certo e determinado, de existência. Mas qualquer coisa, seja ela mais ou menos perfeita, poderá perseverar sempre na existência com a mesma força com que começa a existir, de maneira que, sob esse aspecto, elas são todas iguais.

---

humanae vitae, alegadamente uma autobiografia do português Uriel da Costa, marrano exilado em Amsterdã, que entra em ruptura com a sinagoga e que depois regressa, mas, imediatamente a seguir, se suicida, humilhado pelo ritual da reconciliação. Tais acontecimentos, ocorridos durante a infância de Espinosa, marcariam profundamente a comunidade judia. Cf. O. Proietti (2005), *Uriel da Costa e l'"Exemplar Humanae Vitae"*, Macerata, Quodlibet; D. P. Aurélio (1985), "Uriel da Costa: o discurso da vítima", *Análise*, 3, pp. 5-33; J. P. Osier (1983), *D'Uriel da Costa à Spinoza*, Paris, Berg International; C. M. de Vasconcellos (1922), *Uriel da Costa: notas relativas à sua vida e às suas obras*, Coimbra, Imprensa da Universidade de Coimbra.

[5] Em comentário a esta passagem, que faz, a nosso ver, a articulação entre a ontologia da Parte I e aquilo que vai ser explicitado nas Partes IV e V, devendo por isso ser tido em conta na discussão dos alegados paradoxos da obra, Curley (1988, p. 123) afirma: "*Though there is no explicit talk of models, the whole of Part IV of Ethics is the construction of the idea of a model human being*" ("Embora não haja um tratamento explícito dos modelos, toda a Parte IV da *Ética* é a construção da ideia de um modelo de ser humano"). Sobre a questão do "modelo" em Espinosa, remete-se, uma vez mais, para Tosel (2008, cap. IX).

DEFINITIONES

I. Per bonum id intelligam, quod certo scimus nobis esse utile.

II. Per malum autem id, quod certo scimus impedire, quominus boni alicujus simus compotes.

De his præcedentem vide præfationem sub finem.

III. Res singulares voco contingentes, quatenus, dum ad earum solam essentiam attendimus, nihil invenimus, quod earum existentiam necessario ponat, vel quod ipsam necessario secludat.

IV. Easdem res singulares voco possibiles, quatenus, dum ad causas, ex quibus produci debent, attendimus, nescimus, an ipsæ determinatæ sint ad easdem producendum.

In Schol. 1 Prop. 33 p. 1 inter possibile, et contingens nullam feci differentiam, quia ibi non opus erat hæc accurate distinguere.

V. Per contrarios affectus in seqq. intelligam eos, qui hominem diversum trahunt, quamvis ejusdem sint generis, ut luxuries, et avaritia, quæ amoris sunt species; nec natura, sed per accidens sunt contrarii.

VI. Quid per affectum erga rem futuram, præsentem, et præteritam intelligam, explicui in Schol. 1 et 2 Prop. 18 p. 3, quod vide.

Sed venit hic præterea notandum, quod ut loci, sic etiam temporis distantiam non, nisi usque ad certum quendam limitem, possumus distincte imaginari; hoc est, sicut omnia illa objecta, quæ ultra ducentos pedes a nobis distant, seu quorum distantia a loco, in quo sumus, illam superat, quam distincte imaginamur, æque longe a nobis distare, et perinde, ac si in eodem plano essent, imaginari solemus; sic etiam objecta, quorum existendi tempus longiore a præsenti intervallo abesse imaginamur, quam quod distincte imaginari solemus, omnia æque longe a præsenti distare imaginamur, et ad unum quasi temporis momentum referimus.

VII. Per finem, cujus causa aliquid facimus, appetitum intelligo.

Pars quarta — De Servitute Humana, seu de Affectuum Viribus

DEFINIÇÕES

I. Por bem, entenderei aquilo que sabemos com certeza ser-nos útil.

II. Por mal, entenderei, por sua vez, aquilo que sabemos com certeza impedir-nos de sermos donos de algum bem.

Sobre isto, veja-se o final do Prefácio anterior.

III. Chamo contingentes às coisas singulares na medida em que, quando atendemos só à sua essência, não encontramos nada que ponha necessariamente a sua existência, ou que necessariamente a exclua.

IV. Chamo possíveis às mesmas coisas singulares na medida em que, quando atendemos às causas pelas quais elas devem ser produzidas, não sabemos se estas estão determinadas a produzi-las.

No Esc. 1 da Prop. 33, P. I, não fiz nenhuma diferença entre possível e contingente, porque aí não era preciso distingui-los com exatidão.

V. Por afetos contrários, entenderei seguidamente os que arrastam o homem em sentidos opostos, ainda que sejam do mesmo gênero, tais como a gula e a avareza, que são espécies de amor e que não são contrários por natureza, mas por acidente.

VI. O que entendo por afeto a uma coisa futura, presente e passada, expliquei-o nos Esc. 1 e 2 da Prop. 18, P. III, para os quais remeto.

Convém, no entanto, ainda aqui notar que nós não podemos imaginar distintamente uma distância de tempo, tal como de lugar, a não ser até um certo limite. Isto é, da mesma maneira que costumamos imaginar que todos os objetos que distam de nós mais de duzentos pés, ou seja, cuja distância do lugar em que estamos é superior àquela que imaginamos distintamente, se encontram a igual distância de nós e como se estivessem num mesmo plano, assim também imaginamos que os objetos cujo tempo de existência imaginamos estar a uma distância do presente maior do que aquela que costumamos imaginar distintamente estão todos à mesma distância do presente e são por nós referidos como que a um só momento do tempo.

VII. Por fim, por causa do qual fazemos algo, entendo o apetite.

Parte IV — Da Servidão Humana, ou das Forças dos Afetos

VIII. Per virtutem, et potentiam idem intelligo, hoc est (*per Prop. 7 p. 3*) virtus, quatenus ad hominem refertur, est ipsa hominis essentia, seu natura, quatenus potestatem habet, quædam efficiendi, quæ per solas ipsius naturæ leges possunt intelligi.

AXIOMA

Nulla res singularis in rerum natura datur, qua potentior, et fortior non detur alia. Sed quacunque data datur alia potentior, a qua illa data potest destrui.

PROPOSITIO I

Nihil, quod idea falsa positivum habet, tollitur præsentia veri, quatenus verum.

DEMONSTRATIO — Falsitas in sola privatione cognitionis, quam ideæ inadæquatæ involvunt, consistit (*per Prop. 35 p. 2*), nec ipsæ aliquid habent positivum, propter quod falsæ dicuntur (*per Prop. 33 p. 2*); sed contra, quatenus ad Deum referuntur, veræ sunt (*per Prop. 32 p. 2*). Si igitur id, quod idea falsa positivum habet, præsentia veri, quatenus verum est, tolleretur, tolleretur ergo idea vera a se ipsa, quod (*per Prop. 4 p. 3*) est absurdum. Ergo Nihil, quod idea, etc. *Q. E. D.*

SCHOLIUM — Intelligitur hæc Propositio clarius ex Coroll. 2 Prop. 16 p. 2. Nam imaginatio idea est, quæ magis Corporis humani præsentem constitutionem, quam corporis externi naturam indicat, non quidem distincte, sed confuse; unde fit, ut Mens errare dicatur. Ex. gr. cum solem intuemur, eundem ducentos circiter pedes a nobis distare imaginamur; in quo tamdiu fallimur, quamdiu veram ejus distantiam ignoramus; sed cognita ejusdem distantia tollitur quidem error, sed non imaginatio, hoc est, idea solis, quæ ejusdem naturam eatenus tantum explicat, quatenus Corpus ab eodem afficitur; adeoque, quamvis veram ejusdem distantiam noscamus, ipsum nihilominus prope nobis adesse imaginabimur. Nam ut in Schol. Prop. 35 p. 2 diximus, non ea de causa solem adeo propinquum imaginamur, quia ejus veram distantiam ignoramus,

VIII. Por virtude e potência, entendo o mesmo, isto é (*pela Prop. 7, P. III*), a virtude, na medida em que se refere ao homem, é a própria essência ou natureza do homem na medida em que tem o poder de realizar certas coisas que se podem entender só pelas leis da sua natureza.

AXIOMA
Na natureza das coisas não se dá nenhuma coisa singular, mais potente e mais forte do que a qual não se dê uma outra; pelo contrário, dada uma coisa qualquer, dá-se uma outra mais potente, pela qual ela pode ser destruída.

PROPOSIÇÃO I
Nada do que uma ideia falsa tem de positivo é suprimido pela presença do verdadeiro na medida em que é verdadeiro.

DEMONSTRAÇÃO — A falsidade consiste só na privação de conhecimento que as ideias inadequadas envolvem (*pela Prop. 35, P. II*), e estas não têm nada de positivo por causa do qual se digam falsas (*pela Prop. 33, P. II*); pelo contrário, na medida em que se referem a Deus, elas são verdadeiras (*pela Prop. 32, P. II*). Portanto, se aquilo que uma ideia falsa tem de positivo fosse suprimido pela presença do verdadeiro na medida em que é verdadeiro, então, uma ideia verdadeira seria suprimida por si mesma, o que (*pela Prop. 4, P. III*) é absurdo. Logo, nada do que uma ideia, etc. Q. E. D.

ESCÓLIO — Esta Proposição pode entender-se mais claramente pelo Corol. 2 da Prop. 16, P. II. Na verdade, uma imaginação é uma ideia que indica, mais do que a natureza do corpo exterior, a presente constituição do corpo humano, de forma, aliás, não distinta, mas confusa. Daí o dizer-se que a mente erra. Por exemplo, quando olhamos para o Sol, imaginamos que ele dista de nós cerca de duzentos pés, no que nos enganamos, porquanto ignoramos a sua verdadeira distância. Contudo, uma vez conhecida a sua distância, o erro, certamente, é suprimido, mas não a imaginação, isto é, a ideia do Sol que explica a natureza deste somente na medida em que o corpo é por ele afetado. Por isso, imaginaremos que ele está perto de nós, não obstante conhecermos a sua verdadeira distância. De fato, como dissemos no Esc. da Prop. 35, P. II, não imaginamos que o Sol está tão próximo por ignorarmos a sua verdadeira distância, mas porque a mente só concebe a grandeza do

Parte IV — Da Servidão Humana, ou das Forças dos Afetos

sed quia Mens eatenus magnitudinem solis concipit, quatenus Corpus ab eodem afficitur. Sic cum solis radii, aquæ superficiei incidentes, ad nostros oculos reflectuntur, eundem perinde, ac si in aqua esset, imaginamur; tametsi verum ejus locum noverimus, et sic reliquæ imaginationes, quibus Mens fallitur, sive eæ naturalem Corporis constitutionem, sive, quod ejusdem agendi potentiam augeri, vel minui indicant, vero non sunt contrariæ; nec ejusdem præsentia evanescunt. Fit quidem, cum falso aliquod malum timemus, ut timor evanescat, audito vero nuntio; sed contra etiam fit, cum malum, quod certe venturum est, timemus, ut timor etiam evanescat, audito falso nuntio; atque adeo imaginationes non præsentia veri, quatenus verum, evanescunt; sed quia aliæ occurrunt, iis fortiores, quæ rerum, quas imaginamur, præsentem existentiam secludunt, ut Prop. 17 p. 2 ostendimus.

PROPOSITIO II

Nos eatenus patimur, quatenus Naturæ sumus pars, quæ per se absque aliis non potest concipi.

DEMONSTRATIO — Nos tum pati dicimur, cum aliquid in nobis oritur, cujus non nisi partialis sumus causa (*per Defin. 2 p. 3*), hoc est (*per Defin. 1 p. 3*), aliquid, quod ex solis legibus nostræ naturæ deduci nequit. Patimur igitur, quatenus Naturæ sumus pars, quæ per se absque aliis nequit concipi. *Q. E. D.*

PROPOSITIO III

Vis, qua homo in existendo perseverat, limitata est, et a potentia causarum externarum infinite superatur.

DEMONSTRATIO — Patet ex Axiomate hujus. Nam dato homine datur aliquid aliud, puta A potentius, et dato A datur deinde aliud, puta B, ipso A potentius, et hoc in infinitum; ac proinde potentia hominis potentia alterius rei definitur, et a potentia causarum externarum infinite superatur. *Q. E. D.*

Sol na medida em que o corpo é por ele afetado. Assim, quando os raios do Sol, incidindo na superfície da água, são refletidos para os nossos olhos, imaginamo-lo quase como se ele estivesse na água, apesar de conhecermos o seu verdadeiro lugar. De igual modo, as restantes imaginações em que a mente se engana, quer indiquem o estado natural do corpo, quer indiquem um aumento ou uma diminuição da sua potência de agir, não são contrárias ao verdadeiro, nem desaparecem pela sua presença. Acontece, é verdade, quando por engano tememos algum mal, o temor desaparecer ao ouvirmos a verdadeira notícia. Mas também acontece, ao invés, quando tememos um mal que de certeza há-de vir, o temor desaparecer ao ouvirmos uma notícia falsa. Portanto, as imaginações não desaparecem pela presença do verdadeiro enquanto verdadeiro, mas porque sobrevêm outras, mais fortes do que elas, que excluem a existência presente das coisas que imaginamos, como mostramos na Prop. 17, P. II.

PROPOSIÇÃO II

Nós sofremos na medida em que somos uma parte da natureza, a qual não pode ser concebida por si sem as outras.

DEMONSTRAÇÃO — Nós dizemos que sofremos, quando se origina em nós algo de que não somos causa senão parcial (*pela Def. 2, P. III*), isto é (*pela Def. 1, P. III*), algo que não pode ser deduzido das simples leis da nossa natureza. Sofremos, portanto, na medida em que somos uma parte da natureza, a qual não pode ser concebida por si, sem as outras. *Q. E. D.*

PROPOSIÇÃO III

A força pela qual o homem persevera na existência é limitada e infinitamente superada pela potência das causas exteriores.

DEMONSTRAÇÃO — É evidente pelo Axioma desta Parte. Dado, com efeito, um homem, dá-se outra coisa mais potente, digamos A, e, dado A, dá-se ainda outra coisa mais potente do que A, digamos B, e assim até o infinito. Por conseguinte, a potência do homem é limitada pela potência de uma outra coisa e é infinitamente superada pela potência das causas exteriores. *Q. E. D.*

PROPOSITIO IV

Fieri non potest, ut homo non sit Naturæ pars, et ut nullas possit pati mutationes, nisi, quæ per solam suam naturam possint intelligi, quarumque adæquata sit causa.

DEMONSTRATIO — Potentia, qua res singulares, et consequenter homo suum esse conservat, est ipsa Dei, sive Naturæ potentia (*per Coroll. Prop. 24 p. 1*), non quatenus infinita est, sed quatenus per humanam actualem essentiam explicari potest (*per Prop. 7 p. 3*). Potentia itaque hominis, quatenus per ipsius actualem essentiam explicatur, pars est infinitæ Dei, seu Naturæ potentiæ, hoc est (*per Prop. 34 p. 1*), essentiæ. Quod erat primum. Deinde si fieri posset, ut homo nullas posset pati mutationes, nisi, quæ per solam ipsius hominis naturam possint intelligi, sequeretur (*per Prop. 4 et 6 p. 3*), ut non posset perire, sed ut semper necessario existeret; atque hoc sequi deberet ex causa, cujus potentia finita, aut infinita sit, nempe vel ex sola hominis potentia, qui scilicet potis esset, ut a se removeret reliquas mutationes, quæ a causis externis oriri possent, vel infinita Naturæ potentia, a qua omnia singularia ita dirigerentur, ut homo nullas alias posset pati mutationes, nisi quæ ipsius conservationi inserviunt. At primum (*per Prop. præced., cujus demonstratio universalis est, et ad omnes res singulares applicari potest*) est absurdum; ergo si fieri posset, ut homo nullas pateretur mutationes, nisi quæ per solam ipsius hominis naturam possent intelligi; et consequenter (*sicut jam ostendimus*) ut semper necessario existeret, id sequi deberet ex Dei infinita potentia: et consequenter (*per Prop. 16 p. 1*) ex necessitate divinæ naturæ, quatenus alicujus hominis idea affectus consideratur, totius Naturæ ordo, quatenus ipsa sub Extensionis, et Cogitationis attributis concipitur, deduci deberet; atque adeo (*per Prop. 21 p. 1*) sequeretur, ut homo esset infinitus, quod (*per primam partem hujus Demonstrationis*) est absurdum. Fieri itaque nequit, ut homo nullas alias patiatur mutationes, nisi quarum ipse adæquata sit causa. *Q. E. D.*

COROLLARIUM — Hinc sequitur, hominem necessario passionibus esse semper obnoxium, communemque Naturæ ordinem sequi, et eidem parere, seseque eidem, quantum rerum natura exigit, accommodare.

PROPOSIÇÃO IV

É impossível que o homem não seja uma parte da natureza e que não possa sofrer nenhumas mudanças senão as que se podem entender só pela sua natureza e das quais ele é causa adequada.

DEMONSTRAÇÃO — A potência pela qual as coisas singulares e, consequentemente, o homem, conservam o seu ser é a própria potência de Deus, ou seja, da natureza (*pelo Corol. da Prop. 24, P. I*), não na medida em que é infinita, mas na medida em que pode explicar-se pela essência humana atual (*pela Prop. 7, P. III*). Assim, a potência do homem, na medida em que se explica pela sua própria essência atual, é uma parte da potência infinita de Deus, ou seja, da natureza, que o mesmo é dizer (*pela Prop. 34, P. I*), da sua essência. Este era o primeiro ponto. Depois, se fosse possível o homem não poder sofrer nenhuma mudança a não ser as que se podem entender só pela natureza do próprio homem, seguir-se-ia (*pelas Prop. 4 e 6, P. III*) que era impossível ele perecer e que, necessariamente, existiria sempre. E isto deveria seguir-se de uma causa cuja potência seria ou finita ou infinita, quer dizer, ou da simples potência do homem, que seria, evidentemente, capaz de afastar de si outras mudanças que pudessem originar-se das causas exteriores; ou da potência infinita da natureza, que dirigiria todas as coisas singulares de tal maneira, que o homem não poderia sofrer quaisquer outras mudanças além daquelas que servem para a sua conservação. Mas a primeira hipótese (*pela Prop. anterior, cuja demonstração é universal e pode aplicar-se a todas as coisas singulares*) é absurda. Logo, se fosse possível o homem não sofrer nenhuma mudança senão as que se podem entender só pela própria natureza do homem e, por conseguinte (*como já mostramos*), existir sempre necessariamente, tal deveria seguir-se da potência infinita de Deus. Assim (*pela Prop. 16, P. I*), da necessidade da natureza divina, na medida em que ela se considera afetada da ideia de um homem, deveria deduzir-se a ordem de toda a natureza na medida em que esta se concebe sob os atributos da extensão e do pensamento e, por conseguinte (*pela Prop. 21, P. I*), seguir-se-ia que o homem era infinito, o que (*pela primeira parte desta Demonstração*) é absurdo. É, pois, impossível o homem não sofrer nenhuma outra mudança senão aquelas de que ele é causa adequada. Q. E. D.

COROLÁRIO — Donde se segue que o homem está sempre necessariamente sujeito às paixões e segue a ordem comum da natureza, obedece-lhe e adapta-se-lhe, tanto quanto exige a natureza das coisas.

Parte IV — Da Servidão Humana, ou das Forças dos Afetos

PROPOSITIO V

Vis, et incrementum cujuscunque passionis, ejusque in existendo perseverantia non definitur potentia, qua nos in existendo perseverare conamur, sed causæ externæ potentia cum nostra comparata.

DEMONSTRATIO — Passionis essentia non potest per solam nostram essentiam explicari (*per Defin. 1 et 2 p. 3*), hoc est (*per Prop. 7 p. 3*), passionis potentia definiri nequit potentia, qua in nostro esse perseverare conamur; sed (*ut Prop. 16 p. 2 ostensum est*) definiri necessario debet potentia causæ externæ cum nostra comparata. *Q. E. D.*

PROPOSITIO VI

Vis alicujus passionis, seu affectus reliquas hominis actiones, seu potentiam superare potest, ita ut affectus pertinaciter homini adhæreat.

DEMONSTRATIO — Vis, et incrementum cujuscunque passionis, ejusque in existendo perseverantia definitur potentia causæ externæ cum nostra comparata (*per Prop. præced.*); adeoque (*per Prop. 3 hujus*) hominis potentiam superare potest, etc. *Q. E. D.*

PROPOSITIO VII

Affectus nec coerceri, nec tolli potest, nisi per affectum contrarium, et fortiorem affectu coercendo.

DEMONSTRATIO — Affectus, quatenus ad Mentem refertur, est idea, qua Mens majorem, vel minorem sui corporis existendi vim, quam antea, affirmat (*per generalem Affectuum Definitionem, quæ reperitur sub finem Tertiæ Partis*). Cum igitur Mens aliquo affectu conflictatur, Corpus afficitur simul affectione, qua ejus agendi potentia augetur, vel minuitur. Porro hæc Corporis affectio (*per Prop. 5 hujus*) vim a sua causa accipit perseverandi in suo esse; quæ proinde nec coerceri, nec tolli potest, nisi a causa corporea (*per Prop. 6 p. 2*), quæ Corpus afficiat affectione illi contraria (*per Prop. 5 p. 3*), et fortiore (*per*

Pars quarta — De Servitute Humana, seu de Affectuum Viribus

PROPOSIÇÃO V

A força e o incremento de qualquer paixão, assim como a sua perseverança na existência, não se definem pela potência com que nos esforçamos por perseverar na existência, mas pela potência da causa exterior comparada com a nossa.

DEMONSTRAÇÃO — A essência da paixão não pode explicar-se apenas pela nossa essência (*pelas Def. 1 e 2, P. III*), isto é (*pela Prop. 7, P. III*), a potência da paixão não pode definir-se pela potência com que nos esforçamos por perseverar no nosso ser, mas (*como se mostrou na Prop. 16, P. II*) deve necessariamente definir-se pela potência da causa exterior comparada com a nossa. Q. E. D.

PROPOSIÇÃO VI

A força de uma paixão, ou afeto, pode superar as restantes ações, ou a potência, do homem, de tal maneira que o afeto se apegue tenazmente ao homem.

DEMONSTRAÇÃO — A força e o incremento de qualquer paixão, assim como a sua perseverança na existência, definem-se pela potência da causa exterior, comparada com a nossa (*pela Prop. anterior*). Por isso (*pela Prop. 3 desta Parte*), ela pode superar a potência do homem, etc. Q. E. D.

PROPOSIÇÃO VII

Um afeto não pode ser reprimido, nem suprimido, a não ser por um afeto contrário e mais forte do que o afeto a reprimir.

DEMONSTRAÇÃO — Um afeto, na medida em que se refere à mente, é uma ideia pela qual a mente afirma como maior ou menor do que antes a força de existir do seu corpo (*pela Def. Geral dos Afetos, que se encontra no final da Parte III*). Quando, portanto, a mente se debate com algum afeto, o corpo é ao mesmo tempo afetado por uma afecção pela qual a sua potência de agir é aumentada ou diminuída. Além disso, esta afecção do corpo (*pela Prop. 5 desta Parte*) recebe da sua causa a força de perseverar no seu ser, a qual, por conseguinte, não pode ser reprimida nem suprimida a não ser por uma causa corpórea (*pela Prop. 6, P. II*) que afete o corpo de uma afecção contrária àquela (*pela Prop. 5, P. III*) e mais forte (*pelo Ax. desta Parte*). Por

Axiom. hujus): atque adeo (*per Prop. 12 p. 2*) Mens afficietur idea affectionis fortioris, et contrariæ priori, hoc est (*per gen. Affect. Defin.*) Mens afficietur affectu fortiori, et contrario priori, qui scilicet prioris existentiam secludet, vel tollet; ac proinde affectus nec tolli, nec coerceri potest, nisi per affectum contrarium, et fortiorem. *Q. E. D.*

COROLLARIUM — Affectus, quatenus ad Mentem refertur, nec coerceri, nec tolli potest, nisi per ideam Corporis affectionis contrariæ, et fortioris affectione, qua patimur. Nam affectus, quo patimur, nec coerceri, nec tolli potest, nisi per affectum eodem fortiorem, eique contrarium (*per Prop. præced.*), hoc est (*per gen. Affect. Defin.*), nisi per ideam Corporis affectionis fortioris, et contrariæ affectioni, qua patimur.

PROPOSITIO VIII

Cognitio boni, et mali nihil aliud est, quam Lætitiæ, vel Tristitiæ affectus, quatenus ejus sumus conscii.

DEMONSTRATIO — Id bonum, aut malum vocamus, quod nostro esse conservando prodest, vel obest (*per Defin. 1 et 2 hujus*), hoc est (*per Prop. 7 p. 3*), quod nostram agendi potentiam auget, vel minuit, juvat, vel coercet. Quatenus itaque (*per Defin. Lætitiæ, et Tristitiæ, quas vide in Schol. Prop. 11 p. 3*) rem aliquam nos Lætitia, vel Tristitia afficere percipimus, eandem bonam, aut malam vocamus; atque adeo boni, et mali cognitio, nihil aliud est, quam Lætitiæ, vel Tristitiæ idea, quæ ex ipso Lætitiæ, vel Tristitiæ affectu necessario sequitur (*per Prop. 22 p. 2*). At hæc idea eodem modo unita est affectui, ac Mens unita est Corpori (*per Prop. 21 p. 2*), hoc est (*ut in Schol. ejusdem Prop. ostensum*), hæc idea ab ipso affectu, sive (*per gen. Affect. Defin.*) ab idea Corporis affectionis revera non distinguitur, nisi solo conceptu; ergo hæc cognitio boni, et mali nihil est aliud, quam ipse affectus, quatenus ejusdem sumus conscii. *Q. E. D.*

conseguinte (*pela Prop. 12, P. II*), a mente será afetada da ideia de uma afecção mais forte e contrária à anterior, isto é (*pela Def. Geral dos Afetos*), a mente será afetada de um afeto mais forte e contrário ao anterior, que evidentemente excluirá, ou suprimirá, a existência do anterior. Por isso, um afeto não pode ser suprimido, nem reprimido, a não ser por um afeto contrário e mais forte. Q. E. D.

COROLÁRIO — Um afeto, na medida em que se refere à mente, não pode ser reprimido nem suprimido a não ser pela ideia de uma afecção do corpo contrária àquela de que sofremos, e mais forte do que ela. Na verdade, o afeto de que sofremos não pode ser reprimido, nem suprimido, a não ser por um afeto mais forte e contrário a este (*pela Prop. anterior*), isto é (*pela Def. Geral dos Afetos*), pela ideia de uma afecção do corpo mais forte e contrária à afecção de que sofremos.

PROPOSIÇÃO VIII
O conhecimento do bem e do mal não é outra coisa senão o afeto de alegria, ou de tristeza, na medida em que estamos conscientes dele.

DEMONSTRAÇÃO — Chamamos bem ou mal àquilo que serve ou prejudica a conservação do nosso ser (*pelas Def. 1 e 2 desta Parte*), isto é (*pela Prop. 7, P. III*), àquilo que aumenta ou diminui, ajuda ou reprime a nossa potência de agir. Assim, na medida em que (*pelas Def. de alegria e de tristeza que podem ver-se no Esc. da Prop. 11, P. III*) percebemos que uma coisa nos afeta de alegria ou de tristeza, chamamos-lhe boa ou má e, por isso, o conhecimento do bem e do mal não é outra coisa senão a ideia de alegria ou de tristeza que se segue necessariamente desse mesmo afeto de alegria ou de tristeza (*pela Prop. 22, P. II*). Ora, esta ideia está unida ao afeto, do mesmo modo que a mente está unida ao corpo (*pela Prop. 21, P. II*), isto é (*como se mostrou no Esc. da mesma Prop.*), esta ideia, na realidade, não se distingue do próprio afeto, ou seja (*pela Def. Geral dos Afetos*), da ideia da afecção do corpo, a não ser no conceito. Logo, o conhecimento do bem e do mal não é senão o próprio afeto na medida em que estamos conscientes dele. Q. E. D.

Parte IV — Da Servidão Humana, ou das Forças dos Afetos

PROPOSITIO IX

Affectus, cujus causam in præsenti nobis adesse imaginamur, fortior est, quam si eandem non adesse imaginaremur.

DEMONSTRATIO — Imaginatio est idea, qua Mens rem ut præsentem contemplatur (*vide ejus Defin. in Schol. Prop. 17 p. 2*), quæ tamen magis Corporis humani constitutionem, quam rei externæ naturam indicat (*per Coroll. 2 Prop. 16 p. 2*). Est igitur affectus (*per gen. Affect. Defin.*) imaginatio, quatenus corporis constitutionem indicat. At imaginatio (*per Prop. 17 p. 2*) intensior est, quamdiu nihil imaginamur, quod rei externæ præsentem existentiam secludit; ergo etiam affectus, cujus causam in præsenti nobis adesse imaginamur, intensior, seu fortior est, quam si eandem non adesse imaginaremur. Q. E. D.

SCHOLIUM — Cum supra in Propositione 18 Partis 3 dixerim, nos ex rei futuræ, vel præteritæ imagine eodem affectu affici, ac si res, quam imaginamur, præsens esset, expresse monui id verum esse, quatenus ad solam ipsius rei imaginem attendimus; est enim ejusdem naturæ, sive res ut præsentes imaginati simus, sive non simus: sed non negavi eandem debiliorem reddi, quando alias res nobis præsentes contemplamur, quæ rei futuræ præsentem existentiam secludunt, quod tum monere neglexi, quia in hac Parte de affectuum viribus agere constitueram.

COROLLARIUM — Imago rei futuræ, vel præteritæ, hoc est, rei, quam cum relatione ad tempus futurum, vel præteritum secluso præsenti contemplamur, cæteris paribus, debilior est imagine rei præsentis, et consequenter affectus erga rem futuram, vel præteritam, cæteris paribus, remissior est affectu erga rem præsentem.

PROPOSITIO X

Erga rem futuram, quam cito affuturam imaginamur, intensius afficimur, quam si ejus existendi tempus longius a præsenti distare imaginaremur; et memoria rei, quam non diu præteriisse imaginamur,

PROPOSIÇÃO IX

Um afeto cuja causa imaginamos estar atualmente na nossa presença é mais forte do que se imaginarmos que ela não está.

DEMONSTRAÇÃO — Uma imaginação é uma ideia pela qual a mente contempla uma coisa como presente (*veja-se a sua Def. no Esc. da Prop. 17, P. II*), mas que indica mais o estado do corpo humano do que a natureza da coisa exterior (*pelo Corol. 2 da Prop. 16, P. II*). O afeto (*pela Def. Geral dos Afetos*), por conseguinte, é uma imaginação, na medida em que indica o estado do corpo. Ora, a imaginação (*pela Prop. 17, P. II*) é mais intensa quando não imaginamos nada que exclua a existência presente da coisa exterior. Logo, um afeto cuja causa imaginamos estar atualmente na nossa presença também é mais intenso, ou mais forte, do que se imaginarmos que ela não está. *Q. E. D.*

ESCÓLIO — Quando, anteriormente, na Proposição 18 da Parte III, eu disse que nós somos afetados pela imagem de uma coisa futura, ou passada, do mesmo afeto de que seríamos se a coisa que imaginamos estivesse presente, adverti expressamente que isso é verdade na medida em que atendemos só à imagem da própria coisa. Com efeito, ela é da mesma natureza, quer tenhamos ou não imaginado as coisas como presentes. Não neguei, contudo, que ela se torna mais fraca quando contemplamos outras coisas que nos são presentes e que excluem a existência presente da coisa futura, aspecto para o qual, na altura, não me preocupei em alertar, visto que decidira tratar das forças dos afetos nesta Parte.

COROLÁRIO — A imagem de uma coisa futura, ou passada, isto é, de uma coisa que, excluído o presente, contemplamos relacionada com o tempo futuro, ou passado, em circunstâncias iguais, é mais fraca do que a imagem de uma coisa presente; consequentemente, em circunstâncias iguais, o afeto a uma coisa futura, ou passada, é mais frouxo do que o afeto a uma coisa presente.

PROPOSIÇÃO X

Perante uma coisa futura, que imaginamos estar para acontecer em breve, somos mais intensamente afetados do que se imaginássemos que o tempo de ela existir está mais distante do presente; de igual modo, somos mais intensamente afetados pela recordação de uma coisa que imaginamos não se

intensius etiam afficimur, quam si eandem diu præteriisse imaginaremur.

DEMONSTRATIO — Quatenus enim rem cito affuturam, vel non diu præteriisse imaginamur, eo ipso aliquid imaginamur, quod rei præsentiam minus secludit, quam si ejusdem futurum existendi tempus longius a præsenti distare, vel quod dudum præterierit, imaginaremur (*ut per se notum*), adeoque (*per Prop. præced.*) eatenus intensius erga eandem afficiemur. Q. E. D.

SCHOLIUM — Ex iis, quæ ad Definitionem 6 hujus Partis notavimus, sequitur, nos erga objecta, quæ a præsenti longiori temporis intervallo distant, quam quod imaginando determinare possumus, quamvis ab invicem longo temporis intervallo distare intelligamus, æque tamen remisse affici.

PROPOSITIO XI

Affectus erga rem, quam ut necessariam imaginamur, cæteris paribus, intensior est, quam erga possibilem, vel contingentem, sive non necessariam.

DEMONSTRATIO — Quatenus rem aliquam necessariam esse imaginamur, eatenus ejus existentiam affirmamus, et contra rei existentiam negamus, quatenus eandem non necessariam esse imaginamur (*per Schol. 1 Prop. 33 p. 1*), ac proinde (*per Prop. 9 hujus*) affectus erga rem necessariam, cæteris paribus, intensior est, quam erga non necessariam. Q. E. D.

PROPOSITIO XII

Affectus erga rem, quam scimus in præsenti non existere, et quam ut possibilem imaginamur, cæteris paribus, intensior est, quam erga contingentem.

DEMONSTRATIO — Quatenus rem ut contingentem imaginamur, nulla alterius rei imagine afficimur, quæ rei existentiam ponat (*per Defin. 3 hujus*): sed contra (*secundum Hypothesin*) quædam

ter passado há muito tempo do que se imaginássemos que ela se passou há muito tempo.

DEMONSTRAÇÃO — De fato, na medida em que imaginamos que uma coisa está para acontecer em breve, ou que não se passou há muito, imaginamos, por isso mesmo, algo que exclui menos a presença da coisa do que se imaginássemos que o tempo futuro em que ela existirá dista mais do presente, ou que ela já se passou há muito tempo (*como é por si mesmo conhecido*). Por isso (*pela Prop. anterior*), seremos mais intensamente afetados em relação à mesma. *Q. E. D.*

ESCÓLIO — Do que anotamos à Definição 6 desta Parte, segue-se que, em relação aos objetos que distam do presente um intervalo de tempo mais longo do que aquele que, imaginando, podemos determinar, apesar de entendermos que eles distam entre si um longo intervalo de tempo, somos, contudo, igualmente afetados de maneira pouco intensa.

PROPOSIÇÃO XI
Um afeto a uma coisa que imaginamos necessária é mais intenso, em circunstâncias iguais, do que um afeto a uma coisa possível ou contingente, quer dizer, não necessária.

DEMONSTRAÇÃO — Na medida em que imaginamos que uma coisa é necessária, afirmamos a sua existência; pelo contrário, na medida em que imaginamos que uma coisa não é necessária (*pelo Esc. 1 da Prop. 33, P. I*), negamos a sua existência. Por isso (*pela Prop. 9 desta Parte*), em circunstâncias iguais, o afeto a uma coisa necessária é mais intenso do que o afeto a uma coisa não necessária. *Q. E. D.*

PROPOSIÇÃO XII
Um afeto a uma coisa que sabemos não existir no presente e que imaginamos como possível é mais intenso, em circunstâncias iguais, do que o afeto a uma coisa contingente.

DEMONSTRAÇÃO — Na medida em que imaginamos uma coisa como contingente, não somos afetados por nenhuma imagem de outra coisa que ponha a sua existência (*pela Def. 3 desta Parte*) e, pelo contrário (*segundo*

imaginamur, quæ ejusdem præsentem existentiam secludunt. At quatenus rem in futurum possibilem esse imaginamur, eatenus quædam imaginamur, quæ ejusdem existentiam ponunt (*per Defin. 4 hujus*), hoc est (*per Prop. 18 p. 3*), quæ Spem, vel Metum fovent; atque adeo affectus erga rem possibilem vehementior est. *Q. E. D.*

COROLLARIUM — Affectus erga rem, quam scimus in præsenti non existere, et quam ut contingentem imaginamur, multo remissior est, quam si rem in præsenti nobis adesse imaginaremur.

DEMONSTRATIO — Affectus erga rem, quam in præsenti existere imaginamur, intensior est, quam si eandem ut futuram imaginaremur (*per Coroll. Prop. 9 hujus*), et multo vehementior est, quam si tempus futurum a præsenti multum distare imaginaremur (*per Prop. 10 hujus*). Est itaque affectus erga rem, cujus existendi tempus longe a præsenti distare imaginamur, multo remissior, quam si eandem ut præsentem imaginaremur, et nihilominus (*per Prop. præced.*) intensior est, quam si eandem rem ut contingentem imaginaremur; atque adeo affectus erga rem contingentem multo remissior erit, quam si rem in præsenti nobis adesse imaginaremur. *Q. E. D.*

PROPOSITIO XIII

Affectus erga rem contingentem, quam scimus in præsenti non existere, cæteris paribus, remissior est, quam affectus erga rem præteritam.

DEMONSTRATIO — Quatenus rem ut contingentem imaginamur, nulla alterius rei imagine afficimur, quæ rei existentiam ponat (*per Defin. 3 hujus*). Sed contra (*secundum Hypothesin*) quædam imaginamur, quæ ejusdem præsentem existentiam secludunt. Verum quatenus eandem cum relatione ad tempus præteritum imaginamur, eatenus aliquid imaginari supponimur, quod ipsam ad memoriam redigit, sive quod rei imaginem excitat (*vide Prop. 18 p. 2 cum ejusdern Schol.*); ac proinde eatenus efficit, ut ipsam, ac si præsens esset, contemplemur (*per Coroll. Prop. 17 p. 2*): Atque adeo (*per Prop. 9 hujus*) affectus erga rem contingentem, quam scimus in præsenti non existere, cæteris paribus, remissior erit, quam affectus erga rem præteritam. *Q. E. D.*

460   Pars quarta — De Servitute Humana, seu de Affectuum Viribus

a hipótese), imaginamos certas coisas que excluem a sua existência presente. Ora, na medida em que imaginamos que uma coisa é possível no futuro, imaginamos certas coisas que põem a sua existência (*pela Def. 4 desta Parte*), isto é (*pela Prop. 18, P. III*), que favoreçam a esperança ou o medo. Por isso, o afeto a uma coisa possível é mais veemente. Q. E. D.

COROLÁRIO — O afeto a uma coisa que sabemos não existir no presente, e que imaginamos como contingente, é muito mais moderado do que se imaginarmos que essa coisa está atualmente na nossa presença.

DEMONSTRAÇÃO — O afeto a uma coisa que imaginamos existir no presente é mais intenso do que se a imaginássemos como futura (*pelo Corol. da Prop. 9 desta Parte*), e é muito mais veemente do que se imaginássemos que esse tempo futuro dista muito do presente (*pela Prop. 10 desta Parte*). Assim, o afeto a uma coisa cujo tempo de existir imaginamos distar muito do presente é muito mais moderado do que se a imaginássemos como presente e, não obstante (*pela Prop. anterior*), é mais intenso do que se a imaginássemos como contingente. Por isso, o afeto a uma coisa contingente será muito mais moderado do que se a imaginássemos atualmente na nossa presença. Q. E. D.

PROPOSIÇÃO XIII
Um afeto a uma coisa contingente que sabemos não existir no presente é mais moderado, em circunstâncias iguais, do que um afeto a uma coisa passada.

DEMONSTRAÇÃO — Na medida em que imaginamos uma coisa como contingente, não somos afetados de nenhuma imagem de outra coisa que ponha a sua existência (*pela Def. 3 desta Parte*). Pelo contrário (*de acordo com a hipótese*), imaginamos certas coisas que excluem a sua existência presente. Na medida, pois, em que a imaginamos relacionada com um tempo passado, supomos imaginar algo que a traz à memória, ou seja, que suscita a imagem dessa coisa (*vejam-se a Prop. 18, P. II, e o seu Esc.*) e, por conseguinte, faz com que a contemplemos como se estivesse presente (*pelo Corol. da Prop. 17, P. II*). Daí que (*pela Prop. 9 desta Parte*) o afeto a uma coisa contingente, que sabemos não existir no presente, seja mais moderado, em circunstâncias iguais, do que o afeto a uma coisa passada. Q. E. D.

PROPOSITIO XIV

Vera boni, et mali cognitio, quatenus vera, nullum affectum coercere potest, sed tantum, quatenus ut affectus consideratur.

DEMONSTRATIO — Affectus est idea, qua Mens majorem, vel minorem sui Corporis existendi vim, quam antea, affirmat (*per gen. Affect. Defin.*); atque adeo (*per Prop. 1 hujus*) nihil positivum habet, quod præsentia veri tolli possit, et consequenter vera boni, et mali cognitio, quatenus vera, nullum affectum coercere potest. At quatenus affectus est (*vide Prop. 8 hujus*), si fortior affectu coercendo sit, eatenus tantum (*per Prop. 7 hujus*) affectum coercere poterit. Q. E. D.

PROPOSITIO XV

Cupiditas, quæ ex vera boni, et mali cognitione oritur, multis aliis Cupiditatibus, quæ ex affectibus, quibus conflictamur, oriuntur, restingui, vel coerceri potest.

DEMONSTRATIO — Ex vera boni, et mali cognitione, quatenus hæc (*per Prop. 8 hujus*) affectus est, oritur necessario Cupiditas (*per Defin. 1 Affect.*), quæ eo est major, quo affectus, ex quo oritur, major est (*per Prop. 37 p. 3*): Sed quia hæc Cupiditas (*per Hypothesin*) ex eo, quod aliquid vere intelligimus, oritur, sequitur ergo ipsa in nobis, quatenus agimus (*per Prop. 3 p. 3*); atque adeo per solam nostram essentiam debet intelligi (*per Defin. 2 p. 3*); et consequenter (*per Prop. 7 p. 3*) ejus vis, et incrementum sola humana potentia definiri debet. Porro Cupiditates, quæ ex affectibus, quibus conflictamur, oriuntur, eo etiam majores sunt, quo hi affectus vehementiores erunt; atque adeo earum vis, et incrementum (*per Prop. 5 hujus*) potentia causarum externarum definiri debet, quæ, si cum nostra comparetur, nostram potentiam indefinite superat (*per Prop. 3 hujus*): atque adeo Cupiditates, quæ ex similibus affectibus oriuntur, vehementiores esse possunt illa, quæ ex vera boni, et mali cognitione oritur; ac proinde (*per Prop. 7 hujus*) eandem coercere, vel restinguere poterunt. Q. E. D.

PROPOSIÇÃO XIV

O conhecimento verdadeiro do bem e do mal, na medida em que é verdadeiro, não pode reprimir nenhum afeto; só na medida em que se considera como afeto.

DEMONSTRAÇÃO — Um afeto é uma ideia pela qual a mente afirma a força de existir do seu corpo maior ou menor do que antes (*pela Def. Geral dos Afetos*) e, por conseguinte (*pela Prop. 1 desta Parte*), nada tem de positivo que a presença do verdadeiro possa suprimir. Consequentemente, o conhecimento verdadeiro do bem e do mal, na medida em que é verdadeiro, não pode reprimir nenhum afeto. Porém, na medida em que é um afeto (*veja-se a Prop. 8 desta Parte*), e só nessa medida (*pela Prop. 7 desta Parte*), poderá reprimi-lo se for mais forte do que o afeto a reprimir. Q. E. D.

PROPOSIÇÃO XV

Um desejo que se origina do conhecimento verdadeiro do bem e do mal pode ser extinto ou reprimido por muitos outros desejos que se originam dos afetos com que nos debatemos.

DEMONSTRAÇÃO — Do conhecimento verdadeiro do bem e do mal, na medida em que é um afeto (*pela Prop. 8 desta Parte*), origina-se necessariamente um desejo (*pela Def. 1 dos Afetos*), o qual é tanto maior quanto maior é o afeto de que se origina (*pela Prop. 37, P. III*). Porém, como este desejo se origina (*pela hipótese*) do fato de entendermos algo verdadeiramente, ele segue-se em nós na medida em que agimos (*pela Prop. 3, P. III*) e deve, por isso, entender-se por meio apenas da nossa essência (*pela Def. 2, P. III*); consequentemente (*pela Prop. 7, P. III*), a sua força e incremento devem definir-se apenas pela potência humana. Por outro lado, os desejos que se originam dos afetos com que nos debatemos também são tanto maiores quanto mais veementes forem esses afetos, pelo que a sua força e incremento (*pela Prop. 5 desta Parte*) devem definir-se pela potência das causas exteriores, a qual, comparada com a nossa potência, a supera indefinidamente (*pela Prop. 3 desta Parte*). Por isso, os desejos que se originam de semelhantes afetos podem ser mais veementes do que aquele que se origina do conhecimento verdadeiro do bem e do mal e, por conseguinte (*pela Prop. 7 desta Parte*), poderão reprimi-lo ou extingui-lo. Q. E. D.

PROPOSITIO XVI

Cupiditas, quæ ex cognitione boni, et mali, quatenus hæc cognitio futurum respicit, oritur, facilius rerum Cupiditate, quæ in præsentia suaves sunt, coerceri, vel restingui potest.

DEMONSTRATIO — Affectus erga rem, quam futuram imaginamur, remissior est, quam erga præsentem (*per Coroll. Prop. 9 hujus*). At Cupiditas, quæ ex vera boni, et mali cognitione oritur, tametsi hæc cognitio circa res, quæ in præsentia bonæ sunt, versetur, restingui, vel coerceri potest aliqua temeraria Cupiditate (*per Prop. præced., cujus Demonstrat. universalis est*); ergo Cupiditas, quæ ex eadem cognitione, quatenus hæc futurum respicit, oritur, facilius coerceri, vel restingui poterit, etc. *Q. E. D.*

PROPOSITIO XVII

Cupiditas, quæ oritur ex vera boni, et mali cognitione, quatenus hæc circa res contingentes versatur, multo adhuc facilius coerceri potest, Cupiditate rerum, quæ præsentes sunt.

DEMONSTRATIO — Propositio hæc eodem modo, ac Prop. præced. demonstratur ex Coroll. Prop. 12 hujus.

SCHOLIUM — His me causam ostendisse credo, cur homines opinione magis, quam vera ratione commoveantur, et cur vera boni, et mali cognitio animi commotiones excitet, et sæpe omni libidinis generi cedat; unde illud Poetæ natum: *Video meliora, proboque, deteriora sequor.* Quod idem etiam Ecclesiastes in mente habuisse videtur, cum dixit: *Qui auget scientiam, auget dolorem.* Atque hæc non eum in finem dico, ut inde concludam, præstabilius esse ignorare, quam scire, vel quod stulto intelligens in moderandis affectibus nihil intersit; sed ideo quia necesse est, nostræ naturæ tam potentiam, quam impotentiam noscere, ut determinare possimus, quid ratio in moderandis affectibus possit, et quid non possit; et in

PROPOSIÇÃO XVI

Um desejo que se origina do conhecimento verdadeiro do bem e do mal, na medida em que respeita ao futuro, pode ser reprimido ou extinto mais facilmente pelo desejo de coisas que são presentemente agradáveis.

DEMONSTRAÇÃO — Um afeto a uma coisa que imaginamos futura é mais moderado do que um afeto a uma coisa presente (*pelo Corol. da Prop. 9 desta Parte*). Ora, o desejo que se origina do conhecimento verdadeiro do bem e do mal, mesmo que este conhecimento verse sobre coisas que são presentemente boas, pode ser extinto ou reprimido por qualquer desejo temerário (*pela Prop. anterior, cuja demonstração é universal*). Logo, o desejo que se origina deste mesmo conhecimento, na medida em que respeita ao futuro, poderá mais facilmente ser reprimido ou extinto, etc. Q. E. D.

PROPOSIÇÃO XVII

Um desejo que se origina do conhecimento verdadeiro do bem e do mal, na medida em que este tem por objeto coisas contingentes, pode ser reprimido muito mais facilmente ainda por um desejo de coisas presentes.

DEMONSTRAÇÃO — Esta Proposição demonstra-se do mesmo modo que a anterior, pelo Corol. da Prop. 12 desta Parte.

ESCÓLIO — Creio, com isto, ter mostrado por que motivo os homens são movidos mais pela opinião do que pela verdadeira razão, e por que desencadeia o verdadeiro conhecimento do bem e do mal movimentos do ânimo e cede muitas vezes a todo o gênero de libido, dando azo àquele dito do poeta: *Vejo o melhor, e aprovo, mas sigo o pior.*[6] E o Eclesiastes também parece que teve a mesma coisa em mente, quando disse: *Quem aumenta a ciência aumenta a dor.*[7] Digo isto, não para concluir daqui que ignorar é preferível a saber, ou que o inteligente e o tolo em nada diferem no que toca ao regramento dos afetos, mas porque é necessário conhecer tanto a potência como a impotência da nossa natureza, para que possamos determinar o que pode e o que não pode a razão no que toca ao regramento dos afetos. Nesta

---

[6] *Video meliora, proboque, deteriora sequor.* Ovídio, *Metamorfoses*, VII, 20-21.

[7] Eclesiastes, 1, 18.

Parte IV — Da Servidão Humana, ou das Forças dos Afetos

hac Parte de sola humana impotentia me acturum dixi. Nam de Rationis in affectus potentia separatim agere constitui.

PROPOSITIO XVIII

Cupiditas, quæ ex Lætitia oritur, cæteris paribus, fortior est Cupiditate, quæ ex Tristitia oritur.

DEMONSTRATIO — Cupiditas est ipsa hominis essentia (*per Defin. 1 Affect.*), hoc est (*per Prop. 7 p. 3*), conatus, quo homo in suo esse perseverare conatur. Quare Cupiditas, quæ ex Lætitia oritur, ipso Lætitiæ affectu (*per Defin. Lætitiæ, quam vide in Schol. Prop. 11 p. 3*) juvatur, vel augetur; quæ autem contra ex Tristitia oritur, ipso Tristitiæ affectu (*per idem Schol.*) minuitur, vel coercetur; atque adeo vis Cupiditatis, quæ ex Lætitia oritur, potentia humana, simul et potentia causæ externæ; quæ autem ex Tristitia, sola humana potentia definiri debet, ac proinde hac illa fortior est. *Q. E. D.*

SCHOLIUM — His paucis humanæ impotentiæ, et inconstantiæ causas, et cur homines rationis præcepta non servent, explicui. Superest jam, ut ostendam, quid id sit, quod ratio nobis præscribit, et quinam affectus cum rationis humanæ regulis conveniant, quinam contra iisdem contrarii sint. Sed antequam hæc prolixo nostro Geometrico ordine demonstrare incipiam, lubet ipsa rationis dictamina hic prius breviter ostendere, ut ea, quæ sentio, facilius ab unoquoque percipiantur. Cum ratio nihil contra naturam postulet, postulat ergo ipsa, ut unusquisque seipsum amet, suum utile, quod revera utile est, quærat, et id omne, quod hominem ad majorem perfectionem revera ducit, appetat, et absolute, ut unusquisque suum esse, quantum in se est, conservare conetur. Quod quidem tam necessario verum est, quam, quod totum sit sua parte majus (*vide Prop. 4 p. 3*). Deinde quandoquidem virtus (*per Defin. 8 hujus*) nihil aliud est, quam ex legibus propriæ naturæ agere, et nemo suum esse (*per Prop. 7 p. 3*) conservare conetur, nisi ex propriæ suæ naturæ legibus; hinc sequitur *primo*, virtutis fundamentum esse ipsum conatum proprium esse conservandi, et

Parte, como eu disse, tratarei apenas da impotência humana, pois decidi tratar separadamente da potência da razão sobre os afetos.

PROPOSIÇÃO XVIII

Um desejo que se origina da alegria é mais forte, em circunstâncias iguais, do que um desejo que se origina da tristeza.

DEMONSTRAÇÃO — O desejo é a própria essência do homem (*pela Def. 1 dos Afetos*), isto é (*pela Prop. 7, P. III*), o esforço pelo qual o homem se esforça por perseverar no seu ser. Por isso, o desejo que se origina da alegria é ajudado, ou aumentado, pelo próprio afeto de alegria (*pela Def. de alegria, que se encontra no Esc. da Prop. 11, P. III*). Pelo contrário, o desejo que se origina da tristeza é diminuído, ou reprimido, pelo próprio afeto de tristeza (*pelo mesmo Esc.*). Por conseguinte, a força do desejo que se origina da alegria deve definir-se pela potência humana e, em simultâneo, pela potência da causa exterior, ao passo que a força do desejo que se origina da tristeza deve definir-se só pela potência humana, e por isso aquele é mais forte do que este. *Q. E. D.*

ESCÓLIO — Com estas breves palavras, expliquei as causas da impotência e da inconstância humanas, e por que motivo os homens não observam os preceitos da razão. Resta agora mostrar o que é que a razão nos prescreve, quais os afetos que convêm com as regras da razão humana e quais os que lhes são contrários. Mas antes de começar a demonstrar estas coisas segundo a nossa prolixa ordem geométrica, gostaria, primeiro, de mostrar aqui brevemente os próprios ditames da razão, a fim de que cada um perceba mais facilmente qual o meu sentir.

Como a razão não postula nada que seja contra a natureza, ela postula que cada um se ame a si mesmo, procure o que lhe é útil — aquilo que realmente é útil —, que lhe apeteça tudo aquilo que realmente conduz o homem a uma maior perfeição e, em termos absolutos, que cada um se esforce, tanto quanto está em si, por conservar o seu ser. Isto é tão necessariamente verdadeiro como que o todo é maior do que a sua parte (*veja-se a Prop. 4, P. III*). Depois, como a virtude (*pela Def. 8 desta Parte*) não é outra coisa senão agir segundo as leis da própria natureza, e como ninguém se esforça por conservar o seu ser (*pela Prop. 7, P. III*) senão segundo as leis da sua própria natureza, segue-se daqui, *primeiro*, que o fundamento da virtude é esse mesmo esforço por conservar o próprio ser, e que a felicidade consiste em o homem

Parte IV — Da Servidão Humana, ou das Forças dos Afetos

felicitatem in eo consistere, quod homo suum esse conservare potest. *Secundo* sequitur, virtutem propter se esse appetendam, nec quicquam, quod ipsa præstabilius, aut quod utilius nobis sit, dari, cujus causa deberet appeti. *Tertio* denique sequitur, eos, qui se interficiunt, animo esse impotentes, eosque a causis externis, suæ naturæ repugnantibus, prorsus vinci. Porro ex Postulato 4 Partis 2 sequitur, nos efficere nunquam posse, ut nihil extra nos indigeamus ad nostrum esse conservandum, et ut ita vivamus, ut nullum commercium cum rebus, quæ extra nos sunt, habeamus; et, si præterea nostram Mentem spectemus, sane noster intellectus imperfectior esset, si Mens sola esset, nec quicquam præter se ipsam intelligeret. Multa igitur extra nos dantur, quæ nobis utilia, quæque propterea appetenda sunt. Ex his nulla præstantiora excogitari possunt, quam ea, quæ cum nostra natura prorsus conveniunt. Si enim duo ex. gr. ejusdem prorsus naturæ individua invicem junguntur, individuum componunt singulo duplo potentius. Homini igitur nihil homine utilius; nihil, inquam, homines præstantius ad suum esse conservandum, optare possunt, quam quod omnes in omnibus ita conveniant, ut omnium Mentes et Corpora unam quasi Mentem, unumque Corpus componant, et omnes simul, quantum possunt, suum esse conservare conentur, omnesque simul omnium commune utile sibi quærant; ex quibus sequitur, homines, qui ratione gubernantur, hoc est, homines, qui ex ductu rationis suum utile quærunt, nihil sibi appetere, quod reliquis hominibus non cupiant, atque adeo eosdem justos, fidos, atque honestos esse.

Hæc illa rationis dictamina sunt, quæ hic paucis ostendere proposueram, antequam eadem prolixiori ordine demonstrare inciperem, quod ea de causa feci, ut, si fieri posset, eorum attentionem mihi conciliarem, qui credunt, hoc principium, quod scilicet unusquisque suum utile quærere tenetur, impietatis, non autem virtutis, et pietatis esse fundamentum.

poder conservá-lo. *Segundo,* segue-se que a virtude deve ser apetecida por si mesma, e que não se dá coisa alguma melhor do que ela, ou que nos seja mais útil, por causa da qual ela devesse ser apetecida. Em *terceiro* e último lugar, segue-se que aqueles que se matam são impotentes de ânimo e completamente vencidos por causas exteriores, que repugnam à sua natureza.

Continuando, do Postulado 4, Parte II, segue-se que não podemos jamais fazer com que não precisemos de nada exterior a nós para conservar o nosso ser, e que vivamos de tal maneira que não tenhamos nenhum comércio com as coisas exteriores a nós. Se, além disso, olharmos para a nossa mente, sem dúvida que o nosso entendimento seria mais imperfeito se ela estivesse sozinha e não entendesse coisa alguma além de si mesma. Dão-se, portanto, fora de nós muitas coisas que nos são úteis e que, por isso, são de apetecer. Dentre elas, não é possível encontrar nenhumas melhores do que as que convêm inteiramente com a nossa natureza. Com efeito, se, por exemplo, dois indivíduos de natureza completamente igual um ao outro se juntarem, compõem um indivíduo duas vezes mais potente que um deles em separado. Nada há, pois, mais útil ao homem do que o homem.[8] Não há, digo, nada melhor que os homens possam escolher para conservar o seu ser do que convirem todos em tudo, de tal maneira que as mentes e os corpos de todos componham como que uma só mente e um só corpo, que todos em simultâneo se esforcem, tanto quanto podem, por conservar o seu ser, e que todos em simultâneo busquem para si o que para todos é de utilidade comum. De onde se segue que os homens que se governam pela razão, isto é, os homens que buscam sob a conduta da razão o que é útil para si, não lhes apetece nada que não desejem também para os outros e, por isso, são justos, fiáveis e honestos.

São estes os ditames da razão que me havia proposto mostrar aqui, em poucas palavras, antes de começar a demonstrá-los segundo uma ordem mais prolixa, o que fiz para, se possível, chamar a atenção daqueles que creem que este princípio, a saber, que cada um está obrigado a procurar o que lhe é útil, é fundamento da impiedade e não da virtude e da piedade. Assim, depois de

---

[8] *Homini igitur nihil homine utilius*: citação sincopada de Cícero (*Officiorum libri tres*, II, 5): "*nihil esse homini utilius homine altero*", que reaparece em Sêneca, *De Beneficiis*, IV, 18. Mais perto de Espinosa, a mesma citação aparece em Grotius (*De Jure Belli ac Pacis Libri Tres*, I, 5, 2): "*Recte, qui de officiis scripserunt, aiunt, nihil esse homini utilius homine altero*" ("Com razão, os que escreveram sobre os deveres dizem que nada é mais útil ao homem do que outro homem").

Postquam igitur rem sese contra habere breviter ostenderim, pergo ad eandem eadem via, qua huc usque progressi sumus, demonstrandum.

PROPOSITIO XIX

Id unusquisque ex legibus suæ naturæ necessario appetit, vel aversatur, quod bonum, vel malum esse judicat.

DEMONSTRATIO — Boni, et mali cognitio est (*per Prop. 8 hujus*) ipse Lætitiæ, vel Tristitiæ affectus, quatenus ejusdem sumus conscii; ac proinde (*per Prop. 28 p. 3*) id unusquisque necessario appetit, quod bonum, et contra id aversatur, quod malum esse judicat. Sed hic appetitus nihil aliud est, quam ipsa hominis essentia, seu natura (*per Defin. Appetitus, quam vide in Schol. Prop. 9 p. 3 et Defin. 1 Affect.*). Ergo unusquisque ex solis suæ naturæ legibus id necessario appetit, vel aversatur, etc. *Q. E. D.*

PROPOSITIO XX

Quo magis unusquisque suum utile quærere, hoc est, suum esse conservare conatur, et potest, ea magis virtute præditus est; et contra quatenus unusquisque suum utile, hoc est, suum esse conservare negligit, eatenus est impotens.

DEMONSTRATIO — Virtus est ipsa humana potentia, quæ sola hominis essentia definitur (*per Defin. 8 hujus*), hoc est (*per Prop. 7 p. 3*), quæ solo conatu, quo homo in suo esse perseverare conatur, definitur. Quo ergo unusquisque magis suum esse conservare conatur, et potest, eo magis virtute præditus est, et consequenter (*per Prop. 4 et 6 p. 3*), quatenus aliquis suum esse conservare negligit, eatenus est impotens. *Q. E. D.*

ter mostrado brevemente que é ao contrário, passo a demonstrá-lo pela mesma via por que temos vindo a avançar até aqui.

PROPOSIÇÃO XIX

Cada um, pelas leis da sua natureza, tem necessariamente apetite, ou aversão, por aquilo que julga ser bom, ou mau.[9]

DEMONSTRAÇÃO — O conhecimento do bem e do mal é (*pela Prop. 8 desta Parte*) o próprio afeto de alegria ou de tristeza na medida em que estamos conscientes dele e, por conseguinte (*pela Prop. 28, P. III*), cada um tem necessariamente apetite do que julga ser bom e, inversamente, aversão ao que julga ser mau. Contudo, este apetite não é senão a própria essência, ou natureza, do homem (*pela Def. de apetite, que vem no Esc. da Prop. 9, P. III, e na Def. 1 dos Afetos*). Logo, cada um, pelas simples leis da sua natureza, tem necessariamente apetite, ou aversão, etc. Q. E. D.

PROPOSIÇÃO XX

Quanto mais cada um se esforça por procurar o que lhe é útil, isto é, por conservar o seu ser, e pode conservá-lo, mais é dotado de virtude; pelo contrário, na medida em que cada um negligencia o que lhe é útil, isto é, o conservar o seu ser, nessa mesma medida, é impotente.

DEMONSTRAÇÃO — A virtude é a própria potência humana, que se define pela simples essência do homem (*pela Def. 8 desta Parte*), isto é (*pela Prop. 7, P. III*), que se define pelo simples esforço com que o homem se esforça por perseverar no seu ser. Logo, quanto mais cada um se esforça por conservar o seu ser, e pode conservá-lo, mais é dotado de virtude e, consequentemente (*pelas Prop. 4 e 6, P. III*), na medida em que alguém negligencia o conservar o seu ser, nessa mesma medida, é impotente. Q. E. D.

---

[9] A. Matheron (2011, pp. 651-63) analisa desenvolvidamente a analogia entre, por um lado, a doutrina aqui exposta, desta Proposição até a Proposição 27, e, por outro, o estoicismo de Cícero (*De Finibus*, Parte III, caps. 5 e 6). Para um estudo sistemático do estoicismo em Espinosa, cf. J. Miller (2015); F. DeBrabander (2007); P. Sévérac (1996), "Convenir avec soi, convenir avec autrui: éthique stoïcienne et éthique spinoziste", *Studia Spinozana*, 12, pp. 105-20; B. Carnois (1980), "Le désir selon les stoïciens et selon Spinoza", *Dialogue*, 19, pp. 255-77.

Parte IV — Da Servidão Humana, ou das Forças dos Afetos   471

SCHOLIUM — Nemo igitur, nisi a causis externis, et suæ naturæ contrariis victus, suum utile appetere, sive suum esse conservare negligit. Nemo, inquam, ex necessitate suæ naturæ, sed a causis externis coactus alimenta aversatur, vel se ipsum interficit, quod multis modis fieri potest; nempe interficit aliquis se ipsum coactus ab alio, qui ejus dexteram, qua ensem casu prehenderat, contorquet, et cogit versus cor ipsum gladium dirigere; vel quod ex mandato Tyranni, ut Seneca, cogatur venas aperire suas, hoc est, majus malum minore vitare cupiat; vel denique ex eo, quod causæ latentes externæ ejus imaginationem ita disponunt, et Corpus ita afficiunt, ut id aliam naturam priori contrariam induat, et cujus idea in Mente dari nequit (*per Prop. 10 p. 3*). At quod homo ex necessitate suæ naturæ conetur non existere, vel in aliam formam mutari, tam est impossibile, quam quod ex nihilo aliquid fiat, ut unusquisque mediocri meditatione videre potest.

PROPOSITIO XXI

Nemo potest cupere beatum esse, bene agere, et bene vivere, qui simul non cupiat, esse, agere, et vivere, hoc est, actu existere.

DEMONSTRATIO — Hujus Propositionis Demonstratio, seu potius res ipsa per se patet, et etiam ex Cupiditatis definitione. Est enim Cupiditas (*per Defin. 1 Affect.*) beate, seu bene vivendi, agendi, etc. ipsa hominis essentia, hoc est (*per Prop. 7 p. 3*), conatus, quo unusquisque suum esse conservare conatur. Ergo nemo potest cupere, etc. *Q. E. D.*

ESCÓLIO — Ninguém, portanto, a menos que seja vencido por causas exteriores e contrárias à sua natureza, negligencia o ter apetite pelo que lhe é útil, ou seja, o conservar o seu ser. Ninguém, digo, por necessidade da sua natureza e sem ser coagido por causas exteriores, tem aversão aos alimentos ou se mata, coisa que pode acontecer de muitos modos, por exemplo, alguém que se mata a si próprio coagido por outro que lhe torce a mão direita, na qual ele tinha por acaso uma espada, e o obriga a apontar o gládio ao próprio coração; ou que é obrigado, por ordem de um tirano, a abrir as próprias veias, como Sêneca, isto é, que deseja evitar com um mal menor um mal maior; ou, enfim, devido ao fato de causas exteriores desconhecidas disporem a sua imaginação e afetarem o seu corpo de tal maneira, que este assume uma outra natureza, contrária à anterior e cuja ideia não pode dar-se na mente (*pela Prop. 10, P. III*). Mas é tão impossível o homem, por necessidade da sua natureza, esforçar-se por não existir ou por mudar de forma, quanto algo ser feito do nada, conforme cada um pode ver com um mínimo de reflexão.

PROPOSIÇÃO XXI

Ninguém pode desejar ser feliz, agir e viver bem,[10] *sem desejar simultaneamente ser, agir e viver, isto é, existir em ato.*

DEMONSTRAÇÃO — A Demonstração desta Proposição, ou antes, a própria coisa, é evidente por si mesma, e bem assim pela definição de desejo. Com efeito, o desejo (*pela Def. 1 dos Afetos*) de viver feliz, ou de viver e agir bem, etc. é a própria essência do homem, isto é (*pela Prop. 7, P. III*), o esforço pelo qual cada um se esforça por conservar o seu ser. Logo, ninguém pode desejar, etc. *Q. E. D.*

---

[10] R. Misrahi, na sequência de Wolfson, sublinha, em nota à Demonstração desta Proposição, a coincidência das fórmulas aqui utilizadas com as que usa Aristóteles (*beatum esse/eudaimonein; bene agere/eupráxein; bene vivere/euzen*) ao definir o bem supremo que a ação humana pode propor-se alcançar: "quer o vulgo, quer os mais sofisticados, dizem que é a felicidade e o viver bem, pois julgam que agir bem e ser feliz é o mesmo" (*Ética a Nicômaco*, I, IV, 1.095, 17-9). Cf. F. Manzini (2009, p. 34).

PROPOSITIO XXII

Nulla virtus potest prior hac (nempe conatu sese conservandi) concipi.

DEMONSTRATIO — Conatus sese conservandi est ipsa rei essentia (*per Prop. 7 p. 3*). Si igitur aliqua virtus posset hac, nempe hoc conatu, prior concipi, conciperetur ergo (*per Defin. 8 hujus*) ipsa rei essentia se ipsa prior, quod (*ut per se notum*) est absurdum. Ergo nulla virtus, etc. Q. E. D.

COROLLARIUM — Conatus sese conservandi primum, et unicum virtutis est fundamentum. Nam hoc principio nullum aliud potest prius concipi (*per Prop. præced.*), et absque ipso (*per Prop. 21 hujus*) nulla virtus potest concipi.

PROPOSITIO XXIII

Homo, quatenus ad aliquid agendum determinatur ex eo, quod ideas habet inadæquatas, non potest absolute dici, ex virtute agere; sed tantum, quatenus determinatur ex eo, quod intelligit.

DEMONSTRATIO — Quatenus homo ad agendum determinatur ex eo, quod inadæquatas habet ideas, eatenus (*per Prop. 1 p. 3*) patitur, hoc est (*per Defin. 1 et 2 p. 3*), aliquid agit, quod per solam ejus essentiam non potest percipi, hoc est (*per Defin. 8 hujus*), quod ex ipsius virtute non sequitur. At quatenus ad aliquid agendum determinatur ex eo, quod intelligit, eatenus (*per eandem Prop. 1 p. 3*) agit, hoc est (*per Defin. 2 p. 3*), aliquid agit, quod per solam ipsius essentiam percipitur, sive (*per Defin. 8 hujus*) quod ex ipsius virtute adæquate sequitur. Q. E. D.

PROPOSITIO XXIV

Ex virtute absolute agere nihil aliud in nobis est, quam ex ductu rationis agere, vivere, suum esse conservare (hæc tria idem significant), idque ex fundamento proprium utile quærendi.

PROPOSIÇÃO XXII

Não se pode conceber nenhuma virtude anterior a esta (a saber, ao esforço por se conservar a si mesmo).

DEMONSTRAÇÃO — O esforço por se conservar a si mesmo é a própria essência de uma coisa (*pela Prop. 7, P. III*). Se, portanto, fosse possível conceber alguma virtude anterior a esta, a saber, a esse esforço, então (*pela Def. 8 desta Parte*), a própria essência da coisa seria concebida como anterior a si mesma, o que é absurdo (*como é por si mesmo conhecido*). Logo, nenhuma virtude, etc. Q. E. D.

COROLÁRIO — O esforço por se conservar a si mesmo é o primeiro e único fundamento da virtude. Na verdade, nenhum outro princípio se pode conceber como anterior a este (*pela Prop. anterior*) e, sem ele (*pela Prop. 21 desta Parte*), nenhuma virtude se pode conceber.

PROPOSIÇÃO XXIII

O homem, na medida em que é determinado a fazer algo pelo fato de ter ideias inadequadas, não se pode absolutamente dizer que age por virtude; só na medida em que ele é determinado a agir pelo fato de entender.

DEMONSTRAÇÃO — Na medida em que é determinado a agir pelo fato de ter ideias inadequadas, o homem sofre (*pela Prop. 1, P. III*), quer dizer (*pelas Def. 1 e 2, P. III*), faz algo que não pode ser percebido só pela sua essência, isto é (*pela Def. 8 desta Parte*), que não se segue da sua própria virtude. Porém, na medida em que é determinado a fazer algo pelo fato de entender, ele age (*pela mesma Prop. 1, P. III*), isto é (*pela Def. 2, P. III*), faz algo que se percebe apenas pela sua essência, ou seja (*pela Def. 8 desta Parte*), que se segue adequadamente da sua própria virtude. Q. E. D.

PROPOSIÇÃO XXIV

Agir absolutamente segundo a virtude não é, em nós, outra coisa senão agir, viver, conservar o seu ser (três coisas que significam o mesmo) sob a condução da razão, e isto com fundamento na procura do que é útil para si próprio.

DEMONSTRATIO — Ex virtute absolute agere, nihil aliud est (*per Defin. 8 hujus*), quam ex legibus propriæ naturæ agere. At nos eatenus tantummodo agimus, quatenus intelligimus (*per Prop. 3 p. 3*). Ergo ex virtute agere, nihil aliud in nobis est, quam ex ductu rationis agere, vivere, suum esse conservare, idque (*per Coroll. Prop. 22 hujus*) ex fundamento suum utile quærendi. Q. E. D.

PROPOSITIO XXV

Nemo suum esse alterius rei causa conservare conatur.

DEMONSTRATIO — Conatus, quo unaquæque res in suo esse perseverare conatur, sola ipsius rei essentia definitur (*per Prop. 7 p. 3*), eaque sola data, non autem ex alterius rei essentia necessario sequitur (*per Prop. 6 p. 3*), ut unusquisque suum esse conservare conetur. Patet præterea hæc Propositio ex Coroll. Prop. 22 hujus Partis. Nam si homo alterius rei causa suum esse conservare conaretur; tum res illa primum esset virtutis fundamentum (*ut per se notum*), quod (*per prædictum Coroll.*) est absurdum. Ergo nemo suum esse etc. Q. E. D.

PROPOSITIO XXVI

Quicquid ex ratione conamur, nihil aliud est, quam intelligere; nec Mens, quatenus ratione utitur, aliud sibi utile esse judicat, nisi id, quod ad intelligendum conducit.

DEMONSTRATIO — Conatus sese conservandi nihil est præter ipsius rei essentiam (*per Prop. 7 p. 3*), quæ quatenus talis existit, vim habere concipitur ad perseverandum in existendo (*per Prop. 6 p. 3*), et ea agendum, quæ ex data sua natura necessario sequuntur (*vide Defin. Appetitus in Schol. Prop. 9 p. 3*). At rationis essentia nihil aliud est, quam Mens nostra, quatenus clare, et distincte intelligit (*vide ejus Defin. in Schol. 2 Prop. 40 p. 2*): Ergo (*per Prop. 40 p. 2*) quicquid ex ratione conamur, nihil aliud est, quam intelligere. Deinde quoniam hic Mentis conatus, quo Mens, quatenus ratiocinatur, suum esse conatur conservare, nihil aliud est, quam intelligere (*per primam partem hujus*), est ergo hic intelligendi

DEMONSTRAÇÃO — Agir em absoluto segundo a virtude, não é (*pela Def. 8 desta Parte*) senão agir segundo as leis da própria natureza. Ora, nós só agimos na medida em que entendemos (*pela Prop. 3, P. III*). Logo, agir segundo a virtude não é, em nós, senão agir, viver, conservar o seu ser, sob a condução da razão, e isto (*pelo Corol. da Prop. 22 desta Parte*) com fundamento na procura do que é útil para si próprio. Q. E. D.

PROPOSIÇÃO XXV

Ninguém se esforça por conservar o seu ser por causa de uma outra coisa.

DEMONSTRAÇÃO — O esforço pelo qual cada coisa se esforça por perseverar no seu ser define-se só pela essência da própria coisa (*pela Prop. 7, P. III*) e, dada apenas esta, segue-se necessariamente (*pela Prop. 6, P. III*) dela, e não da essência de outra coisa, que cada um se esforce por conservar o seu ser. Esta Proposição é evidente, além disso, pelo Corol. da Prop. 22 desta Parte. Na verdade, se o homem se esforçasse por conservar o seu ser por causa de uma outra coisa, essa coisa seria o primeiro fundamento da virtude (*como é por si mesmo evidente*), o que (*pelo citado Corolário*) é absurdo. Logo, ninguém se esforça por conservar o seu ser, etc. Q. E. D.

PROPOSIÇÃO XXVI

Tudo aquilo por que nos esforçamos em virtude da razão não é outra coisa senão entender; e a mente, na medida em que usa a razão, não julga ser-lhe útil senão o que conduz a entender.

DEMONSTRAÇÃO — O esforço por se conservar a si próprio não é senão a essência da própria coisa (*pela Prop. 7, P. III*), que, na medida em que existe como tal, se concebe como tendo a força de perseverar na existência (*pela Prop. 6, P. III*) e fazer aquilo que, dada a sua natureza, dela se segue necessariamente (*veja-se a Def. de apetite no Esc. da Prop. 9, P. III*). Ora, a essência da razão não é senão a nossa mente, na medida em que entende clara e distintamente (*veja-se a sua Def. no Esc. 2 da Prop. 40, P. II*). Logo (*pela Prop. 40, P. II*), tudo aquilo por que nos esforçamos pela razão não é senão entender. Além disso, uma vez que este esforço da mente pelo qual a mente, na medida em que raciocina, se esforça por conservar o seu ser não é senão entender (*pela primeira parte desta Prop.*), tal esforço por entender (*pelo Co-*

conatus (*per Coroll. Prop. 22 hujus*) primum, et unicum virtutis fundamentum, nec alicujus finis causa (*per Prop. 25 hujus*) res intelligere conabimur; sed contra Mens, quatenus ratiocinatur, nihil sibi bonum esse concipere poterit, nisi id, quod ad intelligendum conducit (*per Defin. 1 hujus*). Q. E. D.

PROPOSITIO XXVII

Nihil certo scimus bonum, aut malum esse, nisi id, quod ad intelligendum revera conducit, vel quod impedire potest, quominus intelligamus.

DEMONSTRATIO — Mens, quatenus ratiocinatur, nihil aliud appetit, quam intelligere, nec aliud sibi utile esse judicat, nisi id, quod ad intelligendum conducit (*per Prop. præced.*). At Mens (*per Prop. 41 et 43 p. 2, cujus etiam Schol. vide*) rerum certitudinem non habet, nisi quatenus ideas habet adæquatas, sive (*quod per Schol. 2 Prop. 40 p. 2 idem est*) quatenus ratiocinatur; ergo nihil certo scimus bonum esse, nisi id, quod ad intelligendum revera conducit; et contra id malum, quod impedire potest, quominus intelligamus. Q. E. D.

PROPOSITIO XXVIII

Summum Mentis bonum est Dei cognitio, et summa Mentis virtus Deum cognoscere.

rol. da Prop. 22 desta Parte) é o primeiro e único fundamento da virtude. E não é por causa de um qualquer fim (*pela Prop. 25 desta Parte*) que nós nos esforçaremos por entender as coisas. Pelo contrário, a mente, na medida em que raciocina, não poderá conceber como bom para si senão o que conduz a entender (*pela Def. 1 desta Parte*). Q. E. D.

PROPOSIÇÃO XXVII

Não há nada que saibamos, ao certo, ser bom, ou mau, a não ser o que realmente conduz a entender, ou que pode impedir que entendamos.

DEMONSTRAÇÃO — A mente, na medida em que raciocina, não lhe apetece outra coisa senão entender, nem julga ser-lhe útil outra coisa senão o que a conduz a entender (*pela Prop. anterior*). Ora, a mente (*pelas Prop. 41 e 43, P. II; veja-se também o Esc. da última*) não tem a certeza das coisas senão na medida em que tem ideias adequadas, ou seja (*o que, pelo Esc. da Prop. 40, P. II, é o mesmo*), na medida em que raciocina. Logo, não há nada que saibamos, ao certo, ser bom, a não ser o que conduz realmente a entender e, pelo contrário, não há nada que saibamos, ao certo, ser mau, a não ser o que pode impedir que entendamos. Q. E. D.

PROPOSIÇÃO XXVIII

O bem supremo[11] da mente é o conhecimento de Deus, e a sua suprema virtude é conhecer Deus.

---

[11] *Summum mentis bonum*: conforme anotação de Giancotti a esta Proposição, o seu teor já tinha sido antecipado no *TTP*, onde se evidencia a diferença entre a noção de bem supremo, ou sumo bem, em Espinosa e na tradição neoplatônica, que desenvolveu primeiro este conceito. Na realidade, se o *summum bonum* é associado em ambos os casos ao conhecimento de Deus, o conceito que Espinosa tem de Deus afasta-se completamente da ideia do Uno, do qual a alma emanou e ao qual anseia por reunir-se, como quer o neoplatonismo. Diz o *TTP* (cap. IV, G III, pp. 59-60): "Dado que o entendimento é realmente a melhor parte de nós, se queremos realmente procurar o que nos é útil, é claro que devemos acima de tudo esforçar-nos por aperfeiçoar tanto quanto possível o entendimento, já que é na sua perfeição que deve consistir o nosso bem supremo. [...] Depois, como sem Deus nada pode ser nem ser concebido, é claro que tudo o que existe na natureza implica e exprime a ideia de Deus na proporção da sua essência e da sua perfeição. Por conseguinte, quanto mais conhecemos as coisas naturais, maior e mais perfeito conhecimento adquirimos de Deus".

DEMONSTRATIO — Summum, quod Mens intelligere potest, Deus est, hoc est (*per Defin. 6 p. 1*), Ens absolute infinitum, et sine quo (*per Prop. 15 p. 1*) nihil esse, neque concipi potest; adeoque (*per Prop. 26 et 27 hujus*) summum Mentis utile, sive (*per Defin. 1 hujus*) bonum est Dei cognitio. Deinde Mens, quatenus intelligit, eatenus tantum agit (*per Prop. 1 et 3 p. 3*), et eatenus tantum (*per Prop. 23 hujus*) potest absolute dici, quod ex virtute agit. Est igitur Mentis absoluta virtus intelligere. At summum, quod Mens intelligere potest, Deus est (*ut jam jam demonstravimus*): Ergo Mentis summa virtus est Deum intelligere, seu cognoscere. Q. E. D.

PROPOSITIO XXIX

Res quæcunque singularis, cujus natura a nostra prorsus est diversa, nostram agendi potentiam nec juvare, nec coercere potest, et absolute res nulla potest nobis bona, aut mala esse, nisi commune aliquid nobiscum habeat.

DEMONSTRATIO — Cujuscunque rei singularis, et consequenter (*per Coroll. Prop. 10 p. 2*) hominis potentia, qua existit, et operatur, non determinatur nisi ab alia re singulari (*per Prop. 28 p. 1*), cujus natura (*per Prop. 6 p. 2*) per idem attributum debet intelligi, per quod natura humana concipitur. Nostra igitur agendi potentia, quomodocunque ea concipiatur, determinari, et consequenter juvari, vel coerceri potest potentia alterius rei singularis, quæ aliquid commune nobiscum habet, et non potentia rei, cujus natura a nostra prorsus est diversa; et quia id bonum, aut malum vocamus, quod causa est Lætitiæ, aut Tristitiæ (*per Prop. 8 hujus*), hoc est (*per Schol. Prop. 11 p. 3*), quod nostram agendi potentiam auget, vel minuit, juvat, vel coercet, ergo res, cujus natura a nostra prorsus est diversa, nobis neque bona, neque mala esse potest. Q. E. D.

PROPOSITIO XXX

Res nulla per id, quod cum nostra natura commune habet, potest esse mala; sed quatenus nobis mala est, eatenus est nobis contraria.

DEMONSTRATIO — Id malum vocamus, quod causa est Tristitiæ (*per Prop. 8 hujus*), hoc est (*per ejus Defin., quam vide in Schol. Prop. 11 p. 3*),

DEMONSTRAÇÃO — O objeto supremo que a mente pode entender é Deus, isto é (*pela Def. 6, P. I*), um ente absolutamente infinito e sem o qual (*pela Prop. 15, P. I*) nada pode ser nem ser concebido. Por isso (*pelas Prop. 26 e 27 desta Parte*), o sumamente útil, ou (*pela Def. 1 desta Parte*) o bem supremo da mente, é o conhecimento de Deus. Depois, a mente só age na medida em que entende (*pelas Prop. 1 e 3, P. III*), e só nessa medida (*pela Prop. 23 desta Parte*) pode absolutamente dizer-se que ela age por virtude. A virtude absoluta da mente é, portanto, entender. Ora, o objeto supremo que a mente pode entender é Deus (*como já demonstramos*). Logo, a suprema virtude da mente é entender, ou conhecer, Deus. *Q. E. D.*

PROPOSIÇÃO XXIX
Qualquer coisa singular cuja natureza é totalmente diferente da nossa não pode ajudar nem reprimir a nossa potência de agir, e absolutamente nenhuma coisa pode ser boa, ou má, para nós, se não tiver algo em comum conosco.

DEMONSTRAÇÃO — A potência de qualquer coisa singular e, consequentemente (*pelo Corol. da Prop. 10, P. II*), do homem, pela qual ela existe e opera, não é determinada senão por outra coisa singular (*pela Prop. 28, P. I*), cuja natureza (*pela Prop. 6, P. II*) deve ser entendida pelo mesmo atributo pelo qual se concebe a natureza humana. Portanto, a nossa potência de agir, seja qual for o modo como a concebemos, pode ser determinada e, consequentemente, ajudada ou reprimida pela potência de outra coisa singular que tem algo de comum conosco, e não pela potência de uma coisa cuja natureza é totalmente diferente da nossa. E posto que chamamos bom ou mau ao que é causa de alegria ou de tristeza (*pela Prop. 8 desta Parte*), isto é (*pelo Esc. da Prop. 11, P. III*), ao que aumenta ou diminui, ajuda ou reprime, a nossa potência de agir, uma coisa cuja natureza é totalmente diferente da nossa não pode ser boa nem má para nós. *Q. E. D.*

PROPOSIÇÃO XXX
Nenhuma coisa pode ser má pelo que tem em comum com a nossa natureza; mas, na medida em que é má para nós, é contrária a nós.

DEMONSTRAÇÃO — Chamamos mal àquilo que é causa de tristeza (*pela Prop. 8 desta Parte*), isto é (*pela Def. de tristeza, que pode ver-se no Esc. da*

quod nostram agendi potentiam minuit, vel coercet. Si igitur res aliqua per id, quod nobiscum habet commune, nobis esset mala, posset ergo res id ipsum, quod nobiscum commune habet, minuere, vel coercere, quod (*per Prop. 4 p. 3*) est absurdum. Nulla igitur res per id, quod nobiscum commune habet, potest nobis esse mala; sed contra quatenus mala est, hoc est (*ut jam jam ostendimus*), quatenus nostram agendi potentiam minuere, vel coercere potest, eatenus (*per Prop. 5 p. 3*) nobis est contraria. Q. E. D.

PROPOSITIO XXXI

Quatenus res aliqua cum nostra natura ronvenit, eatenus necessario bona est.

DEMONSTRATIO — Quatenus enim res aliqua cum nostra natura convenit, non potest (*per Prop. præced.*) esse mala. Erit ergo necessario vel bona, vel indifferens. Si hoc ponatur, nempe, quod neque bona sit, neque mala, nihil ergo (*per Axiom. 3 hujus*) ex ipsius natura sequetur, quod nostræ naturæ conservationi inservit, hoc est (*per Hypothesin*), quod ipsius rei naturæ conservationi inservit; sed hoc est absurdum (*per Prop. 6 p. 3*); erit ergo, quatenus cum nostra natura convenit, necessario bona. Q. E. D.

COROLLARIUM — Hinc sequitur, quod, quo res aliqua magis cum nostra natura convenit, eo nobis est utilior, seu magis bona, et contra

Prop. 11, P. III), ao que diminui ou reprime a nossa potência de agir. Se, portanto, uma coisa fosse má para nós por aquilo que tem em comum conosco, ela poderia diminuir ou reprimir aquilo que tem em comum conosco, o que (*pela Prop. 4, P. III*) é absurdo. Portanto, nenhuma coisa pode ser má para nós por aquilo que tem em comum conosco; mas, na medida em que é má, isto é (*como já mostramos*), na medida em que diminui ou reprime a nossa potência de agir, ela (*pela Prop. 5, P. III*) é contrária a nós. Q. E. D.

PROPOSIÇÃO XXXI

Na medida em que uma coisa convém com a nossa natureza, nessa medida é necessariamente boa.

DEMONSTRAÇÃO — Na medida em que convém com a nossa natureza, uma coisa não pode (*pela Prop. anterior*) ser má. Logo, ela será necessariamente ou boa, ou indiferente. Se admitirmos isto, a saber, que ela não é nem boa, nem má, então (*pela Def. 1 desta Parte*),[12] nada se segue da sua natureza que sirva para a conservação da nossa, quer dizer (*pela hipótese*), que sirva para a conservação da natureza da própria coisa. Mas isto é absurdo (*pela Prop. 6, P. III*). Logo, na medida em que convém com a nossa natureza, ela será necessariamente boa. Q. E. D.

COROLÁRIO — Donde se segue que quanto mais uma coisa convém com a nossa natureza, mais útil ou melhor é para nós, e, inversamente, quanto

---

[12] Como se pode verificar na página ao lado, a edição Gebhardt, seguindo as *OP*, registra "*per Axiom. 3 hujus*", indiferente ao fato de só constar um Axioma nesta Parte, sugerindo o editor que, numa versão anterior da *Ética*, pudesse haver, pelo menos, três Axiomas (cf. E. Giancotti, cit., p. 406). A solução encontrada para este lapso manifesto difere entre os tradutores. Assim: 1) há os que recorrem à versão holandesa dos *NS*, contemporâneos, como se sabe, das *OP*, na qual se lê "*volgens de gemene Kundigheit van dit deel*", com o "*gemene Kundigheit*" traduzido à margem por Axioma ("de acordo com o Axioma desta Parte"), solução adotada pela edição atualmente em curso das *Oeuvres*, com texto latino fixado por Fokke Akkerman e Piet Steenbakkers, na qual se escreve "*per Axiom. hujus*", que Moreau traduz por "*en vertu de l'axiome de cette partie*" ("pelo Axioma desta Parte"); 2) há, depois, os que assumem as *OP* e a versão Gebhardt, não obstante o lapso (Stern, Curley, Giancotti, Pautrat, Cristofolini, Lomba, Grupo de Estudos Espinosanos, Bartuschat, este último acrescentando um ponto de interrogação); 3) e há, finalmente, os que assumem o lapso, não obstante as *OP*, e remetem para a Def. I desta Parte. Conscientes de que se trata de mera hipótese, embora coerente, é esta a opção aqui adotada, a par de Misrahi, Domínguez, Tadeu e Mignini.

Parte IV — Da Servidão Humana, ou das Forças dos Afetos

quo res aliqua nobis est utilior, eatenus cum nostra natura magis convenit. Nam quatenus cum nostra natura non convenit, erit necessario a nostra natura diversa, vel eidem contraria. Si diversa, tum (*per Prop. 29 hujus*) neque bona, neque mala esse poterit; si autem contraria, erit ergo etiam ei contraria, quæ cum nostra natura convenit, hoc est (*per Prop. præced.*), contraria bono, seu mala. Nihil igitur, nisi quatenus cum nostra natura convenit, potest esse bonum, atque adeo, quo res aliqua magis cum nostra natura convenit, eo est utilior, et contra. Q. E. D.

PROPOSITIO XXXII

Quatenus homines passionibus sunt obnoxii, non possunt eatenus dici, quod natura conveniant.

DEMONSTRATIO — Quæ natura convenire dicuntur, potentia convenire intelliguntur (*per Prop. 7 p. 3*), non autem impotentia, seu negatione, et consequenter (*vide Schol. Prop. 3 p. 3*) neque etiam passione; quare homines, quatenus passionibus sunt obnoxii, non possunt dici, quod natura conveniant. Q. E. D.

SCHOLIUM — Res etiam per se patet; qui enim ait, album, et nigrum in eo solummodo convenire, quod neutrum sit rubrum, is absolute affirmat album, et nigrum nulla in re convenire. Sic etiam si quis ait, lapidem, et hominem in hoc tantum convenire, quod uterque sit finitus, impotens, vel quod ex necessitate suæ naturæ non existit, vel denique quod a potentia causarum externarum indefinite superatur, is omnino affirmat, lapidem, et hominem nulla in re convenire; quæ enim in sola negatione, sive in eo, quod non habent, conveniunt, ea revera nulla in re conveniunt.

PROPOSITIO XXXIII

Homines natura discrepare possunt, quatenus affectibus, qui passiones sunt, conflictantur, et eatenus etiam unus, idemque homo varius est, et inconstans.

DEMONSTRATIO — Affectuum natura, seu essentia non potest per solam nostram essentiam, seu naturam explicari (*per Defin. 1 et 2 p. 3*), sed potentia, hoc est (*per Prop. 7 p. 3*), natura causarum

mais uma coisa é útil para nós, mais convém com a nossa natureza. Na verdade, na medida em que não convém com a nossa natureza, ela será necessariamente ou diferente da nossa natureza, ou contrária. Se for diferente, então (*pela Prop. 29 desta Parte*), não poderá ser nem boa, nem má. Mas, se for contrária, será também contrária àquilo que convém com a nossa natureza, isto é (*pela Prop. anterior*), contrária ao bem, que o mesmo é dizer, má. Nada, portanto, pode ser bom, a não ser na medida em que convém com a nossa natureza e, por isso, quanto mais uma coisa convém com a nossa natureza, mais útil ela é, e vice-versa. *Q. E. D.*

PROPOSIÇÃO XXXII

Na medida em que os homens estão sujeitos a paixões, não se pode dizer que eles convêm por natureza.

DEMONSTRAÇÃO — Ao dizer-se que as coisas convêm por natureza, entende-se que elas convêm na potência (*pela Prop. 7, P. III*), e não na impotência, ou negação, nem, consequentemente (*veja-se o Esc. da Prop. 3, P. III*), na paixão. Portanto, os homens, na medida em que estão sujeitos a paixões, não se pode dizer que convêm por natureza. *Q. E. D.*

ESCÓLIO — Isto também é evidente por si mesmo. Quem, com efeito, diz que o branco e o preto convêm apenas no fato de nenhum deles ser encarnado afirma absolutamente que o branco e o preto não convêm em coisa nenhuma. De igual modo, se alguém diz que a pedra e o homem convêm só por serem ambos finitos, impotentes, ou por não existirem pela necessidade da sua natureza, ou, enfim, por serem indefinidamente superados pela potência das causas exteriores, afirma completamente que a pedra e o homem não convêm em coisa nenhuma. De fato, as coisas que convêm só na negação, ou seja, naquilo que não têm, realmente não convêm em coisa nenhuma.

PROPOSIÇÃO XXXIII

Na medida em que se debatem com afetos que são paixões, os homens podem divergir por natureza e, nessa mesma medida, um único e mesmo homem também é variável e inconstante.

DEMONSTRAÇÃO — A natureza, ou essência, dos afetos não se pode explicar só pela nossa essência, ou natureza (*pelas Def. 1 e 2, P. III*); deve, antes, definir-se pela potência, isto é (*pela Prop. 7, P. III*), pela natureza das

Parte IV — Da Servidão Humana, ou das Forças dos Afetos

externarum, eum nostra comparata, definiri debet; unde fit, ut uniuscujusque affectus tot species dentur, quot sunt species objectorum, a quibus afficimur (*vide Prop. 56 p. 3*), et ut homines ab uno, eodemque objecto diversimode afficiantur (*vide Prop. 51 p. 3*), atque eatenus natura discrepent, et denique ut unus, idemque homo (*per eandem Prop. 51 p. 3*) erga idem objectum diversimode afficiatur, atque eatenus varius sit, etc. Q. E. D.

PROPOSITIO XXXIV

Quatenus homines affectibus, qui passiones sunt, conflictantur, possunt invicem esse contrarii.

DEMONSTRATIO — Homo ex. gr. Petrus potest esse causa, ut Paulus contristetur, propterea quod aliquid habet simile rei, quam Paulus odit (*per Prop. 16 p. 3*), vel propterea quod Petrus solus re aliqua potitur, quam ipse Paulus etiam amat (*vide Prop. 32 p. 3 cum ejusdem Schol.*), vel ob alias causas (*harum præcipuas vide in Schol. Prop. 55 p. 3*), atque adeo inde fiet (*per Defin. 7 Affect.*), ut Paulus Petrum odio habeat, et consequenter facile fiet (*per Prop. 40 p. 3 cum ejus Schol.*), ut Petrus Paulum contra odio habeat, atque adeo (*per Prop. 39 p. 3*) ut invicem malum inferre conentur; hoc est (*per Prop. 30 hujus*), ut invicem sint contrarii. At affectus Tristitiæ semper passio est (*per Prop. 59 p. 3*); ergo homines, quatenus conflictantur affectibus, qui passiones sunt, possunt invicem esse contrarii. Q. E. D.

SCHOLIUM — Dixi, quod Paulus odio Petrum habeat, quia imaginatur, id eundem possidere, quod ipse Paulus etiam amat; unde prima fronte videtur sequi, quod hi duo ex eo, quod idem amant, et consequenter ex eo, quod natura conveniunt, sibi invicem damno sint; atque adeo, si hoc verum est, falsæ essent Propositio 30 et 31 hujus Partis. Sed si rem æqua lance examinare velimus, hæc omnia convenire omnino videbimus. Nam hi duo non sunt invicem molesti, quatenus natura conveniunt, hoc est, quatenus uterque idem amat, sed quatenus ab invicem discrepant. Nam quatenus uterque idem amat, eo ipso utriusque amor fovetur (*per Prop. 31 p. 3*), hoc est (*per Defin. 6 Affect.*), eo ipso utriusque Lætitia fovetur. Quare longe abest, ut

causas exteriores comparada com a nossa. Daí que se deem tantas espécies de cada um dos afetos quantas as espécies de objetos pelos quais somos afetados (*veja-se a Prop. 56, P. III*); que os homens sejam afetados de diferentes modos por um único e mesmo objeto (*veja-se a Prop. 51, P. III*), e, nesse sentido, divirjam em natureza; e, finalmente, que um único e mesmo homem (*pela mesma Prop. 51, P. III*) seja afetado de diferentes modos face ao mesmo objeto e, nesse sentido, seja variável, etc. Q. E. D.

PROPOSIÇÃO XXXIV

Na medida em que os homens se debatem com afetos que são paixões, podem ser contrários uns aos outros.

DEMONSTRAÇÃO — Um homem, por exemplo Pedro, pode ser causa de Paulo se entristecer, ou porque tem algo de semelhante a uma coisa que Paulo odeia (*pela Prop. 16, P. III*), ou porque Pedro é o único a possuir uma coisa que Paulo também ama (*vejam-se a Prop. 32, P. III, e o seu Esc.*), ou por outros motivos (*vejam-se os principais no Esc. da Prop. 55, P. III*), e acontecer por isso (*pela Def. 7 dos Afetos*) que Paulo tenha ódio a Pedro e, consequentemente, acontecer com facilidade (*pela Prop. 40, P. III, e o seu Esc.*) que Pedro tenha reciprocamente ódio a Paulo e que, portanto (*pela Prop. 39, P. III*), se esforcem por fazer mal um ao outro, isto é (*pela Prop. 30 desta Parte*), que sejam contrários um ao outro. Ora, o afeto de tristeza é sempre paixão (*pela Prop. 59, P. III*). Logo, os homens, na medida em que se debatem com afetos que são paixões, podem ser contrários uns aos outros. Q. E. D.

ESCÓLIO — Eu disse que Paulo terá ódio a Pedro, porque imagina que este possui aquilo que ele, Paulo, também ama. Donde, à primeira vista, parece seguir-se que os dois, pelo fato de amarem o mesmo e, consequentemente, convirem por natureza, serão danosos um para o outro e, desse modo, se tal fosse verdade, seriam falsas as Proposições 30 e 31 desta Parte. Todavia, se quisermos examinar a questão com equanimidade, veremos que todas estas coisas convêm totalmente. Na verdade, eles não são danosos um para o outro na medida em que convêm por natureza, isto é, na medida em que amam os dois o mesmo, mas sim na medida em que divergem entre si. Porque na medida em que amam os dois o mesmo, o amor de ambos é, por esse mesmo fato, favorecido (*pela Prop. 31, P. III*), isto é (*pela Def. 6 dos Afetos*), a alegria de ambos é, por esse mesmo fato, favorecida. Estão, pois, lon-

Parte IV — Da Servidão Humana, ou das Forças dos Afetos

quatenus idem amant, et natura conveniunt, invicem molesti sint. Sed hujus rei causa, ut dixi, nulla alia est, quam quia natura discrepare supponuntur. Supponimus namque Petrum ideam habere rei amatæ jam possessæ, et Paulum contra ideam rei amatæ amissæ. Unde fit, ut hic Tristitia et ille contra Lætitia afficiatur; atque eatenus invicem contrarii sint: Et ad hunc modum ostendere facile possumus reliquas odii causas ab hoc solo pendere, quod homines natura discrepant, et non ab eo, in quo conveniunt.

PROPOSITIO XXXV

Quatenus homines ex ductu rationis vivunt, eatenus tantum natura semper necessario conveniunt.

DEMONSTRATIO — Quatenus homines affectibus, qui passiones sunt, conflictantur, possunt esse natura diversi (*per Prop. 33 hujus*), et invicem contrarii (*per Prop. præced.*). Sed eatenus homines tantum agere dicuntur, quatenus ex ductu rationis vivunt (*per Prop. 3 p. 3*), atque adeo quicquid ex humana natura; quatenus ratione definitur, sequitur, id (*per Defin. 2 p. 3*) per solam humanam naturam, tanquam per proximam suam causam, debet intelligi. Sed quia unusquisque ex suæ naturæ legibus id appetit, quod bonum, et id amovere conatur, quod malum esse judicat (*per Prop. 19 hujus*); et cum præterea id, quod ex dictamine rationis bonum, aut malum esse judicamus, necessario bonum, aut malum sit (*per Prop. 41 p. 2*). Ergo homines, quatenus ex ductu rationis vivunt, eatenus tantum ea necessario agunt, quæ humanæ naturæ, et consequenter unicuique homini necessario bona sunt, hoc est (*per Coroll. Prop. 31 hujus*), quæ cum natura uniuscujusque hominis conveniunt; atque adeo homines etiam inter se, quatenus ex ductu rationis vivunt, necessario semper conveniunt. *Q. E. D.*

COROLLARIUM I — Nihil singulare in rerum natura datur, quod homini sit utilius, quam homo, qui ex ductu rationis vivit. Nam id homini utilissimum est, quod cum sua natura maxime convenit (*per Coroll. Prop. 31 hujus*), hoc est (*ut per se notum*), homo. At homo ex legibus suæ naturæ absolute agit, quando ex ductu rationis vivit (*per Defin. 2 p. 3*), et eatenus tantum cum

ge de se molestarem reciprocamente na medida em que amam a mesma coisa e convêm por natureza. A causa, como eu disse, não é senão o supormos que eles divergem por natureza, porquanto supomos que Pedro tem a ideia de uma coisa amada já possuída, e Paulo, ao invés, tem a ideia de uma coisa amada perdida. Donde resulta que este é afetado de tristeza e aquele, pelo contrário, de alegria e, nessa medida, são contrários um ao outro. Deste modo, podemos facilmente mostrar que as restantes causas do ódio dependem só daquilo em que os homens divergem por natureza, e não daquilo em que eles convêm.

PROPOSIÇÃO XXXV

Na medida apenas em que vivem sob a condução da razão, os homens convêm sempre, necessariamente, por natureza.

DEMONSTRAÇÃO — Na medida em que os homens se debatem com afetos que são paixões, podem ser diferentes por natureza (*pela Prop. 33 desta Parte*) e contrários uns aos outros (*pela Prop. anterior*). Só na medida em que vivem sob a condução da razão é que se diz que eles agem (*pela Prop. 3, P. III*). Por isso, tudo o que se segue da natureza humana, na medida em que esta se define pela razão, deve (*pela Def. 2, P. III*) entender-se só pela natureza humana, como sua causa próxima. No entanto, como cada um, segundo as leis da sua natureza, tem apetite do que julga ser bom e se esforça por afastar o que julga ser mau (*pela Prop. 19 desta Parte*), e como, além disso, aquilo que nós julgamos, segundo o ditame da razão, ser bom, ou ser mau, é necessariamente bom, ou mau (*pela Prop. 41, P. II*), os homens, na medida em que vivem sob a condução da razão, fazem necessariamente só o que é necessariamente bom para a natureza humana e, por conseguinte, para cada homem, quer dizer (*pelo Corol. da Prop. 31 desta Parte*), o que convém com a natureza de cada homem. Por isso, na medida em que vivem sob a condução da razão, os homens também convêm sempre, necessariamente, entre si. Q. E. D.

COROLÁRIO I — Na natureza das coisas, nada se dá de singular que seja mais útil ao homem do que o homem que vive sob a condução da razão. Na verdade, o mais útil ao homem é o que convém maximamente com a sua natureza (*pelo Corol. da Prop. 31 desta Parte*), isto é (*como é por si mesmo evidente*), o homem. Ora, o homem age absolutamente segundo as leis da sua natureza quando vive sob a condução da razão (*pela Def. 2, P. III*), e só

Parte IV — Da Servidão Humana, ou das Forças dos Afetos

natura alterius hominis necessario semper convenit (*per Prop. præced.*); ergo homini nihil inter res singulares utilius datur, quam homo, etc. *Q. E. D.*

COROLLARIUM II — Cum maxime unusquisque homo suum sibi utile quærit, tum maxime homines sunt sibi invicem utiles. Nam quo magis unusquisque suum utile quærit, et se conservare conatur, eo magis virtute præditus est (*per Prop. 20 hujus*), sive quod idem est (*per Defin. 8 hujus*), eo majore potentia præditus est ad agendum ex suæ naturæ legibus, hoc est (*per Prop. 3 p. 3*), ad vivendum ex ductu rationis. At homines tum maxime natura conveniunt, cum ex ductu rationis vivunt (*per Prop. præced.*); ergo (*per Coroll. præced.*) tum maxime homines erunt sibi invicem utiles, cum maxime unusquisque suum utile sibi quærit. *Q. E. D.*

SCHOLIUM — Quæ modo ostendimus, ipsa etiam experientia quotidie tot, tamque luculentis testimoniis testatur, ut omnibus fere in ore sit: hominem homini Deum esse. Fit tamen raro, ut homines ex ductu rationis vivant; sed cum iis ita comparatum est, ut plerumque invidi, atque invicem molesti sint. At nihilominus vitam solitariam vix transigere queunt, ita ut plerisque illa definitio, quod homo sit animal sociale, valde arriserit; et revera res ita se habet, ut ex hominum communi societate multo plura commoda oriantur, quam damna. Rideant igitur, quantum velint, res humanas Satyrici, easque detestentur Theologi, et laudent, quantum possunt, Melancholici vitam

nessa medida convém sempre, necessariamente, com a natureza de outro homem (*pela Prop. anterior*). Logo, entre as coisas singulares, nada se dá de mais útil ao homem do que o homem, etc. Q. E. D.

COROLÁRIO II — Quando cada homem procura maximamente o que lhe é útil, então os homens são maximamente úteis uns aos outros. Na verdade, quanto mais cada um procura o que lhe é útil e se esforça por se conservar, mais é dotado de virtude (*pela Prop. 20 desta Parte*), ou, o que é o mesmo (*pela Def. 8 desta Parte*), maior é a potência de que ele é dotado para agir segundo as leis da sua natureza, isto é (*pela Prop. 3, P. III*), para viver sob a condução da razão. Ora, é quando vivem sob a condução da razão que os homens convêm maximamente por natureza (*pela Prop. anterior*). Logo (*pelo Corol. anterior*), os homens serão tanto mais úteis uns aos outros quanto mais cada um deles procurar o que é útil para si. Q. E. D.

ESCÓLIO — O que acabamos de mostrar comprova-o também a própria experiência, diariamente, com tantos e tão nítidos testemunhos, que quase todos trazem na boca que o homem é um deus para o homem.[13] Todavia, raramente acontece os homens viverem sob a condução da razão. Pelo contrário, com eles, as coisas são de tal maneira que, geralmente, se invejam e molestam uns aos outros. E, não obstante, dificilmente podem levar uma vida solitária, razão por que a definição segundo a qual o homem é um animal social agrada bastante à maioria. É um fato, realmente, que da sociedade comum dos homens se originam muito mais comodidades do que danos. Que se riam, pois, os satíricos, quanto quiserem, das coisas humanas; que os teólogos as detestem; que os melancólicos louvem, quanto puderem, a vida

---

13 "*Hominem homini Deum esse*": a expressão surge em Símaco, autor romano do século IV, que a atribui a Cecílio, um cômico: "*Recte Cecilius comicus, Homo, inquit, homini deus est, si suum officium sciat*" ("Com razão Cecílio, um cômico, diz que o homem é um deus para o homem, se conhecer o seu dever", cit. *in* Giancotti, trad. e notas a Spinoza, *Etica*, 2007, p. 408). Correntemente, crê-se que a expressão configuraria o pensamento de Espinosa neste ponto, por contraposição ao de Hobbes, que se identificaria com o dito de Plauto (*Asinaria*, verso 495): "*homo homini lupus*" ("o homem é um lobo para o homem"). Em bom rigor, a posição de Hobbes, como, aliás, a de Espinosa, é bem mais complexa, conforme se pode ver na Epístola Dedicatória do *De Cive* (*Opera Latina*, II, p. 135), obra que, de resto, o autor da *Ética* possuía na sua biblioteca: "*Profecto utrumque vere dictum est, homo homini deus, et homo homini lupus. Illud, si concives inter se; hoc, si civitates comparemus*" ("Sem dúvida, são igualmente verdadeiros os ditados — o homem é um deus para o homem e o homem é um lobo para o homem. O primeiro, se comparamos concidadãos entre si; o segundo, se compararmos cidades").

Parte IV — Da Servidão Humana, ou das Forças dos Afetos

incultam, et agrestem, hominesque contemnant, et admirentur bruta; experientur tamen homines mutuo auxilio ea, quibus indigent, multo facilius sibi parare, et non nisi junctis viribus pericula, quæ ubique imminent, vitare posse; ut jam taceam, quod multo præstabilius sit, et cognitione nostra magis dignum, hominum, quam brutorum facta contemplari. Sed de his alias prolixius.

PROPOSITIO XXXVI

Summum bonum eorum, qui virtutem sectantur, omnibus commune est, eoque omnes æque gaudere possunt.

DEMONSTRATIO — Ex virtute agere est ex ductu rationis agere (*per Prop. 24 hujus*), et quicquid ex ratione conamur agere, est intelligere (*per Prop. 26 hujus*), atque adeo (*per Prop. 28 hujus*) summum bonum eorum, qui virtutem sectantur, est Deum cognoscere, hoc est (*per Prop. 47 p. 2 et ejusdem Schol.*), bonum, quod omnibus hominibus commune est, et ab omnibus hominibus, quatenus ejusdem sunt naturæ, possideri æque potest. *Q. E. D.*

SCHOLIUM — Si quis autem roget, quid si summum bonum eorum, qui virtutem sectantur, non esset omnibus commune? an non inde, ut supra (*vide Prop. 34 hujus*) sequeretur, quod homines, qui

rústica e agreste, condenem os homens e admirem as bestas![14] Ainda assim, verão pela experiência que os homens, através do auxílio mútuo, podem obter muito mais facilmente aquilo de que precisam, e que só juntando forças eles podem evitar os perigos que os ameaçam por toda a parte. Isto, sem falar já no quão preferível e mais digno do nosso conhecimento é contemplar os feitos dos homens que contemplar os dos animais.[15] Mas, sobre isso, falarei mais desenvolvidamente noutro local.

PROPOSIÇÃO XXXVI

O bem supremo daqueles que buscam a virtude é comum a todos, e todos podem gozar igualmente dele.

DEMONSTRAÇÃO — Agir por virtude é agir sob a condução da razão (*pela Prop. 24 desta Parte*), e aquilo que nos esforçamos por fazer pela razão é entender (*pela Prop. 26 desta Parte*). Por isso (*pela Prop. 28 desta Parte*), o bem supremo daqueles que buscam a virtude é conhecer Deus, isto é (*pela Prop. 47, P. II, e o seu Esc.*), um bem que é comum a todos os homens e que pode ser possuído igualmente por todos eles, na medida em que são da mesma natureza. *Q. E. D.*

ESCÓLIO — Mas, perguntará alguém, o que sucederia se o bem supremo dos que buscam a virtude não fosse comum a todos? Porventura não se seguiria daí, como acima (*veja-se a Prop. 34 desta Parte*), que os homens que

---

[14] P. Cristofolini (2009, p. 66, nota 25) identifica nesta passagem uma crítica ao *De Vita Solitaria*, de Petrarca, obra de que Espinosa possuía na sua biblioteca a edição in 12°, de 1605, publicada em Berna por J. Le Preux. Cf. A. Domínguez (1995), *Biografías de Spinoza*, Madri, Alianza, p. 218. A nostalgia do campo, de inspiração horaciana, é um tópico frequente no humanismo da Renascença, que tem na cidade o seu *habitat* obrigatório, mas que, por isso mesmo, erige o campo em espaço idílico de pureza e bucolismo, face à Babilônia que é a vida citadina. Tanto pode aparecer em termos literais, na figura do sábio que anseia por fugir ao bulício das cidades — "*fugere urbem*", escreve Horácio —, como em termos místicos, expressando metaforicamente o caminho por onde alguns se apartam do "*mundanal ruido*", como diz Fray Luis de León na sua "Oda a la vida retirada", e vão em busca da paz espiritual. Na chamada literatura árcade, são inúmeros os exemplos deste tópico.

[15] Tema abundantemente desenvolvido no *TTP*, cap. V, *G* III, p. 73 (trad. port. D. P. Aurélio, Lisboa, INCM, 2005, pp. 193-4) e cap. XVI, *G* III, p. 191 (trad. port., p. 323), assim como no *TP*, cap. II, *G* III, p. 281 (trad. port., p. 86, §§ 13-14).

Parte IV — Da Servidão Humana, ou das Forças dos Afetos

ex ductu rationis vivunt, hoc est (*per Prop. 35 hujus*), homines, quatenus natura conveniunt, essent invicem contrarii? Is hoc sibi responsum habeat, non ex accidenti, sed ex ipsa natura rationis oriri, ut hominis summum bonum omnibus sit commune, nimirum, quia ex ipsa humana essentia, quatenus ratione definitur, deducitur; et quia homo nec esse, nec concipi posset, si potestatem non haberet gaudendi hoc summo bono. Pertinet namque (*per Prop. 47 p. 2*) ad Mentis humanæ essentiam, adæquatam habere cognitionem æternæ, et infinitæ essentiæ Dei.

PROPOSITIO XXXVII

Bonum, quod unusquisque, qui sectatur virtutem, sibi appetit, reliquis hominibus etiam cupiet, et eo magis, quo majorem Dei habuerit cognitionem.

DEMONSTRATIO — Homines, quatenus ex ductu rationis vivunt, sunt homini utilissimi (*per Coroll. 1 Prop. 35 hujus*), atque adeo (*per Prop. 19 hujus*) ex ductu rationis conabimur necessario efficere, ut homines ex ductu rationis vivant. At bonum, quod unusquisque, qui ex rationis dictamine vivit, hoc est (*per Prop. 24 hujus*), qui virtutem sectatur, sibi appetit, est intelligere (*per Prop. 26 hujus*); ergo bonum, quod unusquisque, qui virtutem sectatur, sibi appetit, reliquis hominibus etiam cupiet. Deinde Cupiditas, quatenus ad Mentem refertur, est ipsa Mentis essentia (*per Defin. 1 Affect.*); Mentis autem essentia in cognitione consistit (*per Prop. 11 p. 2*), quæ Dei cognitionem involvit (*per Prop. 47 p. 2*), et sine qua (*per Prop. 15 p. 1*) nec esse, nec concipi potest; adeoque quo Mentis essentia majorem Dei cognitionem involvit, eo Cupiditas, qua is, qui virtutem sectatur, bonum, quod sibi appetit, alteri cupit, etiam major erit. Q. E. D.

ALITER — Bonum, quod homo sibi appetit, et amat, constantius amabit, si viderit, alios idem amare (*per Prop. 31 p. 3*); atque adeo (*per Coroll. ejusdem Prop.*) conabitur, ut reliqui idem ament; et quia hoc bonum (*per Prop. præced.*) omnibus commune est, eoque omnes gaudere possunt, conabitur ergo (*per eandem rationem*), ut omnes eodem gaudeant, et (*per Prop. 37 p. 3*) eo magis, quo hoc bono magis fruetur. Q. E. D.

vivem sob a condução da razão, isto é (*pela Prop. 35 desta Parte*), que os homens, na medida em que convêm por natureza, seriam contrários uns aos outros? A resposta é que o fato de o bem supremo do homem ser comum a todos não se origina de um acidente, mas da própria natureza da razão, já porque se deduz da própria essência humana, na medida em que ela se define pela razão, já porque o homem não poderia ser, nem ser concebido, se não tivesse o poder de gozar desse bem supremo. Na verdade, pertence (*pela Prop. 47, P. II*) à essência da mente humana ter um conhecimento adequado da essência eterna e infinita de Deus.

PROPOSIÇÃO XXXVII

Quem busca a virtude desejará também para os outros homens o bem que lhe apetece a si próprio, e tanto mais quanto maior o conhecimento que tiver de Deus.

DEMONSTRAÇÃO — Na medida em que vivem sob a condução da razão, os homens são utilíssimos ao homem (*pelo Corol. 1 da Prop. 35 desta Parte*) e, por isso (*pela Prop. 19 desta Parte*), sob a condução da razão, esforçar-nos-emos necessariamente por fazer com que os homens vivam sob a condução da razão. Ora, o bem que apetece a quem quer que viva sob o ditame da razão, isto é (*pela Prop. 24 desta Parte*), a quem busca a virtude, é entender (*pela Prop. 26 desta Parte*). Logo, quem busca a virtude desejará também para os outros homens o bem que lhe apetece a si próprio. Depois, o desejo, na medida em que se refere à mente, é a própria essência da mente (*pela Def. 1 dos Afetos*). Ora, a essência da mente consiste no conhecimento (*pela Prop. 11, P. II*), o qual envolve o conhecimento de Deus (*pela Prop. 47, P. II*), conhecimento sem o qual (*pela Prop. 15, P. I*) ela não pode ser nem ser concebida. Por isso, quanto maior for o conhecimento de Deus que a essência da mente envolve, maior será também o desejo com que aquele que busca a virtude deseja para outrem o bem que lhe apetece a si próprio. Q. E. D.

OUTRA DEMONSTRAÇÃO — O homem amará com mais constância o bem que lhe apetece e ama, se vir que outros amam o mesmo (*pela Prop. 31, P. III*), razão pela qual (*pelo Corol. da mesma Prop.*) se esforçará por que os restantes amem o mesmo. E como este bem (*pela Prop. anterior*) é comum a todos e todos podem gozar dele, esforçar-se-á (*pela mesma razão*) por que todos dele gozem, e (*pela Prop. 37, P. III*) tanto mais quanto mais ele próprio fruir desse bem. Q. E. D.

Parte IV — Da Servidão Humana, ou das Forças dos Afetos

SCHOLIUM I — Qui ex solo affectu conatur, ut reliqui ament, quod ipse amat, et ut reliqui ex ipsius ingenio vivant, solo impetu agit, et ideo odiosus est, præcipue iis, quibus alia placent, quique propterea etiam student, et eodem impetu conantur, ut reliqui contra ex ipsorum ingenio vivant. Deinde quoniam summum, quod homines ex affectu appetunt, bonum sæpe tale est, ut unus tantum ejus possit esse compos, hinc fit, ut qui amant, mente sibi non constent, et dum laudes rei, quam amant, narrare gaudent, timeant credi. At qui reliquos conatur ratione ducere, non impetu, sed humaniter, et benigne agit, et sibi mente maxime constat. Porro quicquid cupimus, et agimus, cujus causa sumus, quatenus Dei habemus ideam, sive quatenus Deum cognoscimus, ad Religionem refero. Cupiditatem autem bene faciendi, quæ eo ingeneratur, quod ex rationis ductu vivimus, Pietatem voco. Cupiditatem deinde, qua homo, qui ex ductu rationis vivit, tenetur, ut reliquos sibi amicitia jungat, Honestatem voco, et id honestum, quod homines, qui ex ductu rationis vivunt, laudant, et id contra turpe, quod conciliandæ amicitiæ repugnat. Præter hæc, civitatis etiam quænam sint fundamenta ostendi. Differentia deinde inter veram virtutem, et impotentiam facile ex

ESCÓLIO I — Quem se esforça por simples afeto por que os outros amem o que ele ama e vivam segundo o engenho dele, age unicamente por impulso e, por isso, é odiado, sobretudo por aqueles a quem agradam outras coisas e que, por conseguinte, também se empenham e esforçam, com idêntico impulso, para que os outros vivam antes segundo o engenho dos próprios. Depois, como o bem supremo que apetece aos homens por afeto é muitas vezes tal, que só um pode ser dono dele, resulta daí que aqueles que amam não são coerentes consigo e, ao mesmo tempo que se regozijam a tecer loas à coisa amada, temem que se acredite neles. Mas quem se esforça por conduzir os outros pela razão não age por impulso, age humana e benignamente, e é maximamente coerente consigo. Todos os desejos ou ações de que somos causa na medida em que temos a ideia de Deus, ou seja, na medida em que conhecemos Deus, eu refiro-os, pois, à *religião*.[16] E ao desejo de fazer o bem que se engendra pelo fato de vivermos sob a condução da razão, chamo *piedade*. Depois, ao desejo que tem o homem que vive sob a condução da razão de se juntar aos outros em amizade, chamo *honestidade*, e àquilo que é louvado pelos homens que vivem sob a condução da razão, chamo *honesto*; pelo contrário, àquilo que é contrário à procura da amizade, chamo *torpe*. Além disso, mostrei também quais são os fundamentos da cidade.[17]

---

[16] *Religionem*: trata-se, obviamente, de uma religião entendida como conjunto de preceitos racionais, tal como era apresentada já no *TTP*, porquanto respeita aos desejos e ações que são determinados pelo conhecimento de "Deus, ou natureza".

[17] *Civitatis etiam quaenam sint fundamenta*: por *civitas*, entende-se aqui a cidade como forma política independente, à semelhança da *pólis* grega, tal como eram as cidades holandesas ao tempo de Espinosa e algumas das cidades italianas. Traduzir por "estado" (E. Giancotti, F. Mignini) ou por "sociedade civil" (R. Misrahi, se bem que este, logo no Escólio seguinte, traduza a mesma palavra por "cidade") afigura-se, por isso, um anacronismo. A alegação de Espinosa de que mostrou quais os fundamentos do estado é algo críptica, porquanto, além de no Escólio imediatamente a seguir se abordar explicitamente a matéria que aqui é dada como estando já tratada, não é evidente a que texto é que o autor faz exatamente referência. Giancotti, na sua anotação a esta passagem, tenta conciliar as hipóteses anteriormente apresentadas por Gebhardt, para quem Espinosa estaria a referir-se a tudo quanto disse atrás sobre as relações inter-humanas, e Akkerman, que restringe a referência do autor às Proposições 19-37. De igual modo, embora em termos vagos, Mignini anota que "tudo aquilo que precede diz respeito à fundação do estado". Misrahi, que também anota o vocábulo *civitas*, traduzindo-o, como dissemos, por "*société civile*", associa-o à "honestidade", a qual entende, baseado na definição que vem no mesmo Escólio, como "instauração racional da amizade e da cooperação", sublinhando que "o fundamento do Pacto Social é anterior à simples procura da ultrapassagem da violência". Se tivermos, porém, em atenção os princípios que presidem à concepção política de Espinosa, nenhuma destas hipóteses é convincente. De fato, tanto a honestidade como outras referências às vantagens da coope-

supra dictis percipitur; nempe quod vera virtus nihil aliud sit, quam ex solo rationis ductu vivere; atque adeo impotentia in hoc solo consistit, quod homo a rebus, quæ extra ipsum sunt, duci se patiatur, et ab iis ad ea agendum determinetur, quæ rerum externarum communis constitutio, non autem ea, quæ ipsa ipsius natura, in se sola considerata, postulat. Atque hæc illa sunt, quæ in Scholio Propositionis 18 hujus Partis demonstrare promisi, ex quibus apparet legem illam de non mactandis brutis, magis vana superstitione, et muliebri misericordia, quam sana ratione fundatam esse. Docet quidem ratio nostrum utile quærendi, necessitudinem cum hominibus jungere, sed non cum brutis, aut rebus, quarum natura a natura humana est diversa; sed idem jus, quod illa in nos habent, nos in ea habere. Imo quia uniuscujusque jus virtute, seu potentia uniuscujusque definitur, longe majus homines in bruta, quam hæc in homines jus habent. Nec tamen nego bruta sentire; sed nego, quod propterea non liceat nostræ utilitati consulere, et iisdem ad libitum uti, eademque tractare, prout nobis magis convenit; quandoquidem nobiscum natura non conveniunt, et eorum affectus ab affectibus humanis sunt natura diversi (*vide Schol. Prop. 57 p. 3*). Superest, ut explicem, quid justum, quid injustum, quid peccatum, et quid denique meritum sit. Sed de his vide seq. Scholium.

SCHOLIUM II — In Appendice Partis Primæ explicare promisi, quid laus, et vituperium, quid meritum, et peccatum, quid justum, et injustum sit. Laudem, et vituperium quod attinet, in Scholio Propositionis 29 Partis 3 explicui; de reliquis autem hic jam erit dicendi locus. Sed prius pauca de statu hominis naturali, et civili dicenda sunt.

Existit unusquisque summo naturæ jure, et consequenter summo naturæ jure unusquisque ea agit, quæ ex suæ naturæ necessitate sequuntur; atque adeo summo naturæ jure unusquisque judicat, quid bonum, quid malum sit, suæque utilitati ex suo ingenio consulit (*vide Prop. 19 et 20 hujus*), seseque vindicat (*vide Coroll. 2 Prop. 40 p. 3*), et id, quod amat, conservare, et id, quod odio habet,

Pelo que acima ficou dito, percebe-se facilmente a diferença entre a verdadeira virtude e a impotência: a verdadeira virtude não é senão o viver sob a condução só da razão e, por isso, a impotência consiste apenas no fato de o homem se deixar conduzir[18] por coisas que estão fora dele e ser por elas determinado a fazer o que a constituição comum das coisas exteriores postula, e não o que postula a sua natureza, considerada só em si mesma. E foi isto que, no Escólio da Proposição 18 desta Parte, eu prometi demonstrar e do qual resulta claro que a lei que proíbe sacrificar os animais está fundada numa vã superstição e numa misericórdia mulheril, mais do que na sã razão. Com efeito, o princípio da procura do que nos é útil ensina a estabelecer laços de amizade com os homens, não com os animais ou com as coisas cuja natureza é diferente da natureza humana. Sobre estes, temos o mesmo direito que eles têm sobre nós. E mais até, porque uma vez que o direito de cada um se define pela sua virtude, ou potência, os homens têm um direito, de longe, maior sobre os animais do que estes sobre os homens. Não nego que os animais sintam. Mas nego que, por causa disso, não seja lícito atender à nossa utilidade, utilizá-los a gosto e tratá-los conforme mais nos convém, já que eles não convêm conosco por natureza e os seus afetos são, por natureza, diferentes dos afetos humanos (*veja-se o Esc. da Prop. 57, P. III*). Resta-me explicar o que seja o justo, o injusto, o pecado e, finalmente, o mérito. Mas, sobre isto, veja-se o Escólio seguinte.

ESCÓLIO II — No Apêndice da Parte I, prometi explicar o que seja o louvor e o vitupério, o mérito e o pecado, o justo e o injusto. Em relação ao louvor e ao vitupério, expliquei-os no Escólio da Proposição 29, Parte III. Quanto aos restantes, será agora altura de falar deles. Antes, porém, há que dizer umas breves palavras sobre o estado natural e o estado civil do homem.

Cada um existe pelo direito supremo da natureza e, consequentemente, cada um, pelo direito supremo da natureza, faz aquilo que se segue da necessidade da sua natureza. Por conseguinte, cada um, pelo direito supremo da natureza, julga o que é bom e o que é mau, atende ao que, segundo o seu engenho (*vejam-se as Prop. 19 e 20 desta Parte*), é útil para si, vinga-se (*veja-se o Corol. 2 da Prop. 40, P. III*) e esforça-se por conservar aquilo que

---

ração e da paz que vêm nas Proposições anteriores dificilmente podem entender-se como fundamentos de uma "cidade" como a que aparece no *TP* e mesmo já no *TTP*, de tal maneira aí se vinca a importância dos afetos e a consequente natureza prudencial da gestão dos assuntos públicos.

[18] *Duci se patiatur*: traduzido à letra, seria "sofre ser conduzido".

Parte IV — Da Servidão Humana, ou das Forças dos Afetos

destruere conatur (*vide Prop. 28 p. 3*). Quod si homines ex ductu rationis viverent, potiretur unusquisque (*per Coroll. 1 Prop. 35 hujus*) hoc suo jure absque ullo alterius damno. Sed quia affectibus sunt obnoxii (*per Coroll. Prop. 4 hujus*), qui potentiam, seu virtutem humanam longe superant (*per Prop. 6 hujus*), ideo sæpe diversi trahuntur (*per Prop. 33 hujus*), atque sibi invicem sunt contrarii (*per Prop. 34 hujus*), mutuo dum auxilio indigent (*per Schol. Prop. 35 hujus*). Ut igitur homines concorditer vivere, et sibi auxilio esse possint, necesse est, ut jure suo naturali cedant, et se invicem securos reddant, se nihil acturos, quod possit in alterius damnum cedere. Qua autem ratione hoc fieri possit, ut scilicet homines, qui affectibus necessario sunt obnoxii (*per Coroll. Prop. 4 hujus*), atque inconstantes, et varii (*per Prop. 33 hujus*), possint se invicem securos reddere, et fidem invicem habere, patet ex Propositione 7 hujus Partis et Propositione 39 Partis 3. Nempe quod nullus affectus coerceri potest, nisi affectu fortiore, et contrario affectui coercendo, et quod unusquisque ab inferendo damno abstinet timore majoris damni. Hac igitur lege Societas firmari poterit, si modo ipsa sibi vindicet jus, quod unusquisque habet, sese vindicandi, et de bono, et malo judicandi; quæque adeo potestatem

ama e por destruir aquilo a que tem ódio (*veja-se a Prop. 28, P. III*). Se os homens vivessem sob a condução da razão, cada um (*pelo Corol. 1 da Prop. 35 desta Parte*) seria senhor deste seu direito sem nenhum dano para outrem. Mas, como estão sujeitos aos afetos (*pelo Corol. da Prop. 4 desta Parte*), os quais superam, de longe, a potência, ou virtude, humana (*pela Prop. 6 desta Parte*), são frequentemente arrastados em diferentes direções (*pela Prop. 33 desta Parte*) e são contrários uns aos outros (*pela Prop. 34 desta Parte*), quando precisariam da ajuda mútua (*pelo Esc. da Prop. 35 desta Parte*). Portanto, para que os homens possam viver em concórdia e auxiliar-se mutuamente, é necessário que cedam o seu direito natural[19] e deem garantias uns aos outros de que não farão nada que possa resultar em dano para outrem. De que modo isto pode acontecer, ou seja, como é que os homens, que estão necessariamente sujeitos aos afetos (*pelo Corol. da Prop. 4 desta Parte*) e são inconstantes e variáveis (*pela Prop. 33 desta Parte*), podem dar garantias recíprocas e ter confiança uns nos outros, é evidente pela Proposição 7 desta Parte e pela Proposição 39 da Parte III: por um lado, nenhum afeto pode ser reprimido a não ser por um afeto mais forte e contrário ao afeto a reprimir; por outro, cada um abstém-se de causar dano por receio a um dano maior. Com esta lei, poderá, portanto, consolidar-se uma sociedade, contanto que esta reivindique para si o direito que cada um tem de se vingar e de ajuizar

---

[19] *Ut jure suo naturali cedant*: Espinosa retoma neste Escólio a linguagem e a doutrina, inspirada em Hobbes, que expusera no cap. XVI do *TTP*, inclusive a solução contratualista da superação artificial do estado de natureza e da conflitualidade própria da vida afetiva, mediante a criação consensual de um "estado civil", não obstante as reticências já expressas à mesma doutrina no início do cap. XVII do mesmo tratado (em rigor, ninguém pode transferir todo o seu direito de natureza, além de ninguém poder realmente governar sozinho), assim como na célebre carta 1 (a natureza jamais prescreve) e, finalmente, no *TP*, onde a figura do contrato será inequivocamente abandonada. P. Macherey (1996, nota 1) observa a ambiguidade da frase latina, que tanto poderá significar "*qu'ils renoncent à leur droit naturel*" ("que eles renunciem ao seu direito natural"), como "*qu'ils cèdent de leur droit naturel*" ("que eles cedam do seu direito natural"), sugerindo uma solução de compromisso — "*qu'ils cèdent sur leur droit naturel*" ("que eles cedam no que toca ao seu direito natural"). Embora a solução não nos pareça convincente, a dificuldade que Macherey evidencia e se propõe resolver é real. De fato, enquanto a primeira hipótese aproxima esta frase do contratualismo exposto no cap. XVI do *TTP*, a segunda aproxima-a antes do *TP*, onde prevalece o distanciamento em relação a Hobbes. Se tivermos em conta que o Escólio se presume ter sido escrito já depois da mencionada carta 1, a Jarig Jelles, a qual é de 1674, dir-se-ia que a última hipótese é a única que faz sentido, porquanto exprime o distanciamento já assumido em relação a Hobbes e que é, de resto, coerente com a ontologia de Espinosa. Todavia, o texto do Escólio está cheio de ressonâncias contratualistas, o que explica a opção dos tradutores, generalizadamente, pela primeira hipótese.

habeat communem vivendi rationem præscribendi, legesque ferendi, easque non ratione, quæ affectus coercere nequit (*per Schol. Prop. 17 hujus*), sed minis firmandi. Hæc autem Societas, legibus, et potestate sese conservandi firmata, Civitas appellatur, et, qui ipsius jure defenduntur, Cives; ex quibus facile intelligimus, nihil in statu naturali dari, quod ex omnium consensu bonum, aut malum sit; quandoquidem unusquisque, qui in statu est naturali, suæ tantummodo utilitati consulit, et ex suo ingenio, et quatenus suæ utilitatis tantum habet rationem, quid bonum, quidve malum sit, decernit, et nemini, nisi sibi soli, obtemperare lege ulla tenetur; atque adeo in statu naturali peccatum concipi nequit. At quidem in statu Civili, ubi et communi consensu decernitur, quid bonum, quidve malum sit, et unusquisque Civitati obtemperare tenetur. Est itaque peccatum nihil aliud, quam inobedientia, quæ propterea solo Civitatis jure punitur, et contra obedientia Civi meritum ducitur, quia eo ipso dignus judicatur, qui Civitatis commodis gaudeat. Deinde in statu naturali nemo ex communi consensu alicujus rei est Dominus, nec in Natura aliquid datur, quod possit dici hujus hominis esse, et non illius; sed omnia omnium sunt; ac proinde in statu naturali nulla potest concipi voluntas unicuique suum tribuendi, aut alicui id, quod ejus sit, eripiendi, hoc est, in statu naturali nihil fit, quod justum, aut injustum possit dici; at quidem in statu civili, ubi ex communi consensu decernitur, quid hujus, quidve illius sit. Ex quibus apparet, justum, et injustum, peccatum, et meritum notiones esse extrinsecas, non autem attributa, quæ Mentis naturam explicent. Sed de his satis.

PROPOSITIO XXXVIII

Id, quod Corpus humanum ita disponit, ut pluribus modis possit affici, vel quod idem aptum reddit ad Corpora externa pluribus modis afficiendum, homini est utile; et eo utilius, quo Corpus ab eo aptius redditur, ut pluribus modis afficiatur, aliaque corpora afficiat, et contra id noxium est, quod Corpus ad hæc minus aptum reddit.

DEMONSTRATIO — Quo Corpus ad hæc aptius redditur, eo Mens aptior ad percipiendum redditur (*per Prop. 14 p. 2*); adeoque id, quod Corpus hac ratione disponit, aptumque ad hæc reddit, est necessario bonum, seu utile (*per Prop. 26 et 27 hujus*), et eo utilius, quo Corpus

acerca do bem e do mal, tendo, assim, o poder de prescrever uma regra comum de vida, de ditar leis e de as alicerçar não na razão, que não pode reprimir os afetos (*pelo Esc. da Prop. 17 desta Parte*), mas em ameaças. Uma tal sociedade, alicerçada nas leis e no poder de se conservar, chama-se cidade, e aqueles a quem ela defende com o seu direito chamam-se cidadãos. Donde se entende facilmente que, no estado natural, não há nada que seja bom ou mau por consenso de todos, porquanto quem quer que esteja no estado natural atenta somente ao que é de sua utilidade e decide o que é bom e o que é mau de acordo com o seu engenho e na medida em que a única regra que tem é a da sua utilidade, sem estar obrigado por nenhuma lei a obedecer a ninguém senão a si próprio. Por isso, no estado natural, não se pode conceber o pecado. Só no estado civil, onde o que é bom e o que é mau é decidido por comum acordo, e cada um está obrigado a obedecer à cidade. O pecado não é, pois, outra coisa senão a desobediência, a qual, por conseguinte, só é punida pelo direito da cidade. Pelo contrário, a obediência traz mérito ao cidadão, uma vez que ele é por isso julgado digno de gozar das comodidades da cidade. Depois, no estado natural ninguém é, por comum acordo, senhor de coisa alguma. Nem se dá na natureza algo que possa dizer-se que é deste homem e não daquele. Tudo é de todos e, por conseguinte, no estado natural não se pode conceber nenhuma vontade de dar a cada um o que é seu, ou de arrancar a alguém o que é dele, isto é, no estado natural não se faz nada que possa dizer-se justo ou injusto, ao contrário do estado civil, onde se decide por comum acordo o que é deste e o que é daquele. É, por isso, claro que o justo e o injusto, o pecado e o mérito, são noções extrínsecas e não atributos que expliquem a natureza da mente. Mas, sobre isto, é suficiente.

PROPOSIÇÃO XXXVIII

Aquilo que dispõe o corpo humano de tal maneira que possa ser afetado de muitos modos, ou que o torna apto a afetar de muitos modos os corpos exteriores, é útil ao homem, e tanto mais útil quanto mais o corpo se torna apto a ser afetado e a afetar os outros corpos de muitos modos; pelo contrário, aquilo que torna o corpo menos apto para tal é nocivo.

DEMONSTRAÇÃO — Quanto mais apto o corpo se torna para tal, mais a mente se torna apta para perceber (*pela Prop. 14, P. II*). Por isso, o que dispõe o corpo desta maneira e o torna apto para tal é necessariamente bom, ou seja, útil (*pelas Prop. 26 e 27 desta Parte*), e tanto mais útil quanto mais

ad hæc aptius potest reddere, et contra (*per eandem Prop. 14 p. 2 inversam, et Prop. 26 et 27 hujus*) noxium, si corpus ad hæc minus aptum reddat. *Q. E. D.*

PROPOSITIO XXXIX

Quæ efficiunt, ut motus, et quietis ratio, quam Corporis humani partes ad invicem habent, conservetur, bona sunt; et ea contra mala, quæ efficiunt, ut Corporis humani partes aliam ad invicem motus, et quietis habeant rationem.

DEMONSTRATIO — Corpus humanum indiget, ut conservetur, plurimis aliis corporibus (*per Post. 4 p. 2*). At id, quod formam humani Corporis constituit, in hoc consistit, quod ejus Partes motus suos certa quadam ratione sibi invicem communicent (*per Defin. ante Lem. 4, quam vide post Prop. 13 p. 2*). Ergo quæ efficiunt, ut motus, et quietis ratio, quam Corporis humani Partes ad invicem habent, conservetur, eadem humani Corporis formam conservant, et consequenter efficiunt (*per Post. 3 et 6 p. 2*), ut Corpus humanum multis modis affici, et ut idem corpora externa multis modis afficere possit; adeoque (*per Prop. præced.*) bona sunt. Deinde, quæ efficiunt, ut Corporis humani partes aliam motus, et quietis rationem obtineant, eadem (*per eandem Defin. p. 2*) efficiunt, ut Corpus humanum aliam formam induat, hoc est (*ut per se notum, et in fine præfationis, hujus partis monuimus*), ut Corpus humanum destruatur, et consequenter ut omnino ineptum reddatur, ne possit pluribus modis affici, ac proinde (*per Prop. præced.*) mala sunt. *Q. E. D.*

SCHOLIUM — Quantum hæc Menti obesse, vel prodesse possunt, in Quinta Parte explicabitur. Sed hic notandum, quod Corpus tum mortem obire intelligam, quando ejus partes ita disponuntur, ut aliam motus, et quietis rationem ad invicem obtineant. Nam negare non audeo Corpus humanum, retenta sanguinis circulatione, et aliis, propter quæ Corpus vivere existimatur, posse nihilominus in aliam naturam a sua prorsus diversam mutari. Nam nulla ratio me cogit, ut statuam Corpus non mori, nisi mutetur in cadaver; quin ipsa experientia aliud suadere videtur. Fit namque aliquando, ut homo tales patiatur mutationes, ut non facile eundem illum esse dixerim, ut de quodam Hispano

apto para tal pode tornar o corpo; ao invés (*pela mesma Prop. 14, P. II, invertida, e pelas Prop. 26 e 27 desta Parte*), se tornar o corpo menos apto para tal, é nocivo. Q. E. D.

PROPOSIÇÃO XXXIX

O que faz com que se conserve a proporção de movimento e repouso que as partes do corpo humano têm entre si é bom; pelo contrário, o que faz com que as partes do corpo humano tenham entre elas uma diferente proporção de movimento e repouso é mau.

DEMONSTRAÇÃO — O corpo humano, para se conservar, carece de muitos outros corpos (*pelo Post. 4, P. II*). Ora, o que constitui a forma do corpo humano consiste no fato de as suas partes transmitirem umas às outras os seus movimentos, segundo uma certa proporção (*pela Def. que antecede o Lema 4, que vem depois da Prop. 13, P. II*). Logo, o que faz com que se conserve a proporção de movimento e repouso que as partes do corpo humano têm entre si conserva a forma do corpo humano e, consequentemente, faz (*pelos Post. 3 e 6 da P. II*) com que o corpo humano possa ser afetado de muitos modos e que ele mesmo possa afetar de muitos modos os corpos exteriores. Por isso (*pela Prop. anterior*), é bom. Depois, o que faz com que as partes do corpo humano adquiram outra proporção de movimento e repouso faz (*pela mesma Def., P. II*) com que o corpo humano se revista de uma outra forma, ou seja (*como é por si mesmo evidente e como fizemos notar no final do Prefácio desta Parte*), faz com que o corpo humano se destrua e, por conseguinte, se torne totalmente inapto para poder ser afetado de muitos modos. Por isso (*pela Prop. anterior*), é mau. Q. E. D.

ESCÓLIO — Até que ponto isto pode prejudicar ou beneficiar a mente, explicar-se-á na Parte V. Aqui, no entanto, deve notar-se que eu entendo que o corpo morre, quando as suas partes se dispõem de maneira tal, que adquirem umas em relação às outras uma outra proporção de movimento e repouso. Não ouso, de fato, negar que o corpo humano, mantendo embora a circulação sanguínea e outras coisas em virtude das quais se considera que o corpo vive, possa, não obstante, transformar-se numa outra natureza totalmente diferente da sua. Nenhuma razão, com efeito, me obriga a sustentar que o corpo não morre a não ser que se converta em cadáver, quando a própria experiência parece persuadir-nos de outra coisa. Na verdade, acontece às vezes um homem sofrer tais transformações, que não é fácil dizer que ain-

Parte IV — Da Servidão Humana, ou das Forças dos Afetos

Poeta narrare audivi, qui morbo correptus fuerat, et quamvis ex eo convaluerit, mansit tamen præteritæ suæ vitæ tam oblitus, ut Fabulas, et Tragoedias, quas fecerat, suas non crediderit esse, et sane pro infante adulto haberi potuisset, si vernaculæ etiam linguæ fuisset oblitus. Et si hoc incredibile videtur, quid de infantibus dicemus? Quorum naturam homo provectæ ætatis a sua tam diversam esse credit, ut persuaderi non posset, se unquam infantem fuisse, nisi ex aliis de se conjecturam faceret. Sed ne superstitiosis materiam suppeditem movendi novas quæstiones, malo hæc in medio relinquere.

PROPOSITIO XL

Quæ ad hominum communem Societatem conducunt, sive quæ efficiunt, ut homines concorditer vivant, utilia sunt; et illa contra mala, quæ discordiam in Civitatem inducunt.

DEMONSTRATIO — Nam quæ efficiunt, ut homines concorditer vivant, simul efficiunt, ut ex ductu rationis vivant (*per Prop. 35 hujus*), atque adeo (*per Prop. 26 et 27 hujus*) bona sunt, et (*per eandem rationem*) illa contra mala sunt, quæ discordias concitant. Q. E. D.

PROPOSITIO XLI

Lætitia directe mala non est, sed bona; Tristitia autem contra directe est mala.

DEMONSTRATIO — Lætitia (*per Prop. 11 p. 3 cum ejusdem Schol.*) est affectus, quo corporis agendi potentia augetur, vel juvatur;

da é o mesmo, conforme eu ouvi contar de certo poeta espanhol,[20] o qual fora atingido por uma doença e, embora tivesse se recuperado, ficou contudo tão esquecido da sua vida passada, que não acreditava serem suas as fábulas e as tragédias que havia escrito, e poderia, sem dúvida, ser tido por um menino adulto,[21] se também tivesse esquecido a língua materna. E se isto parece incrível, o que dizer dos meninos, cuja natureza um homem de provecta idade crê ser tão diferente da sua, que seria impossível persuadir-se de que ele alguma vez tinha sido menino, se não fizesse a partir dos outros essa conjectura sobre si mesmo? Mas, para não dar aos supersticiosos matéria para levantarem novas questões, prefiro deixar isto a meio.

PROPOSIÇÃO XL

O que conduz à sociedade comum dos homens, ou seja, o que faz com que os homens vivam em concórdia, é útil; pelo contrário, o que induz a discórdia na cidade é mau.

DEMONSTRAÇÃO — Na verdade, o que faz com que os homem vivam em concórdia faz ao mesmo tempo com que eles vivam sob a condução da razão (*pela Prop. 35 desta Parte*) e, por isso (*pelas Prop. 26 e 27 desta Parte*), é bom; pelo contrário (*pela mesma razão*), o que ajuda as discórdias é mau. Q. E. D.

PROPOSIÇÃO XLI

A alegria não é diretamente má, mas boa; a tristeza, pelo contrário, é diretamente má.

DEMONSTRAÇÃO — A alegria (*pela Prop. 11, P. III, e o seu Esc.*) é um afeto pelo qual a potência de agir do corpo é aumentada, ou seja, ajudada.

---

[20] Alusão provável a Luis de Góngora, que ficou amnésico um ano antes de morrer, em 1627. Do espólio de Espinosa constava o volume Góngora (1644), *Todas las obras*, Zaragoza, Pedro Vergés. Cf. A. Domínguez (1995), *Biografías de Spinoza*, Madri, Alianza, p. 220.

[21] *Infante adulto*: note-se que, etimologicamente, conforme observa Curley, *infans* deriva de *fans*, particípio presente do verbo latino *fari* (falar), e significa sem fala, mudo. Nesse sentido, o infante é, literalmente, o menino que ainda não fala.

Tristitia autem contra est affectus, quo corporis agendi potentia minuitur, vel coercetur; adeoque (*per Prop. 38 hujus*) Lætitia directe bona est, etc. *Q. E. D.*

PROPOSITIO XLII

Hilaritas excessum habere nequit, sed semper bona est, et contra Melancholia semper mala.

DEMONSTRATIO — Hilaritas (*vide ejus Defin. in Schol. Prop. 11 p. 3*) est Lætitia, quæ, quatenus ad Corpus refertur, in hoc consistit, quod Corporis omnes partes pariter sint affectæ, hoc est (*per Prop. 11 p. 3*), quod Corporis agendi potentia augetur, vel juvatur, ita ut omnes ejus partes eandem ad invicem motus, et quietis rationem obtineant; atque adeo (*per Prop. 39 hujus*) Hilaritas semper est bona, nec excessum habere potest. At Melancholia (*cujus etiam Defin. vide in eodem Schol. Prop. 11 p. 3*) est Tristitia, quæ, quatenus ad Corpus refertur, in hoc consistit, quod Corporis agendi potentia absolute minuitur, vel coercetur; adeoque (*per Prop. 38 hujus*) semper est mala. *Q. E. D.*

PROPOSITIO XLIII

Titillatio excessum habere potest, et mala esse; Dolor autem eatenus potest esse bonus, quatenus Titillatio, seu Lætitia est mala.

DEMONSTRATIO — Titillatio est Lætitia, quæ, quatenus ad Corpus refertur, in hoc consistit, quod una, vel aliquot ejus partes præ reliquis afficiuntur (*vide ejus Defin. in Schol. Prop. 11 p. 3*), cujus affectus potentia tanta esse potest, ut reliquas Corporis actiones superet (*per Prop. 6 hujus*), eique pertinaciter adhæreat, atque adeo impediat, quominus Corpus aptum sit, ut plurimis aliis modis afficiatur, adeoque (*per Prop. 38 hujus*) mala esse potest. Deinde Dolor, qui contra Tristitia est, in se solo consideratus, non potest esse bonus (*per Prop. 41 hujus*). Verum quia ejus vis, et incrementum definitur potentia causæ externæ cum nostra comparata (*per Prop. 5 hujus*), possumus ergo hujus affectus infinitos virium concipere gradus, et modos (*per Prop. 3 hujus*); atque adeo eundem talem concipere, qui Titillationem possit coercere, ut excessum non habeat, et eatenus (*per primam*

508   Pars quarta — De Servitute Humana, seu de Affectuum Viribus

A tristeza, pelo contrário, é um afeto pelo qual a potência de agir do corpo é diminuída, ou seja, reprimida. Por isso (*pela Prop. 38 desta Parte*), a alegria é diretamente boa, etc. Q. E. D.

PROPOSIÇÃO XLII

O contentamento não pode ser excessivo, e é sempre bom; a melancolia, pelo contrário, é sempre má.

DEMONSTRAÇÃO — O contentamento (*veja-se a sua Def. no Esc. da Prop. 11, P. III*) é uma alegria que, na medida em que se refere ao corpo, consiste no fato de serem igualmente afetadas todas as partes do corpo, isto é (*pela Prop. 11, P. III*), de a potência de agir do corpo ser aumentada ou ajudada de tal maneira, que todas as suas partes adquirem a mesma proporção de movimento e repouso entre elas. Portanto (*pela Prop. 39 desta Parte*), o contentamento é sempre bom e não pode ser excessivo. Porém, a melancolia (*veja-se a Def. no Esc. da Prop. 11, P. III*) é uma tristeza que, na medida em que se refere ao corpo, consiste no fato de a potência de agir do corpo ser absolutamente diminuída ou reprimida. Por isso (*pela Prop. 38 desta Parte*), é sempre má. Q. E. D.

PROPOSIÇÃO XLIII

A excitação pode ser excessiva e má; a dor, por sua vez, pode ser boa na medida em que a excitação, ou alegria, for má.

DEMONSTRAÇÃO — A excitação é uma alegria que, na medida em que se refere ao corpo, consiste no fato de uma ou algumas das partes deste serem mais afetadas do que as restantes (*veja-se a sua Def. no Esc. da Prop. 11, P. III*), e a potência deste afeto poder ser tanta, que supere as restantes ações do corpo (*pela Prop. 6 desta Parte*) e se lhe apegue tenazmente, impedindo assim que o corpo seja apto a ser afetado de muitos outros modos, e, portanto (*pela Prop. 38 desta Parte*), pode ser má. Por sua vez, a dor, que é pelo contrário uma tristeza, considerada só em si mesma não pode ser boa (*pela Prop. 41 desta Parte*). Todavia, como a sua força e incremento se definem pela potência da causa exterior comparada com a nossa (*pela Prop. 5 desta Parte*), podemos conceber infinitos graus e modos das forças deste afeto (*pela Prop. 3 desta Parte*) e, por conseguinte, conceber uma dor tal, que possa reprimir a excitação de modo que esta não seja excessiva e (*pela pri-*

partem Prop. hujus) efficere, ne corpus minus aptum reddatur, ac proinde eatenus erit bonus. *Q. E. D.*

PROPOSITIO XLIV

Amor, et Cupiditas excessum habere possunt.

DEMONSTRATIO — Amor est Lætitia (*per Defin. 6 Affect.*), concomitante idea causæ externæ: Titillatio igitur (*per Schol. Prop. 11 p. 3*), concomitante idea causæ externæ Amor est; atque adeo Amor (*per Prop. præced.*) excessum habere potest. Deinde Cupiditas eo est major, quo affectus, ex quo oritur, major est (*per Prop. 37 p. 3*). Quare ut affectus (*per Prop. 6 hujus*) reliquas hominis actiones superare potest, sic etiam Cupiditas, quæ ex eodem affectu oritur, reliquas Cupiditates superare, ac proinde eundem excessum habere poterit, quem in præcedenti Propositione Titillationem habere ostendimus. *Q. E. D.*

SCHOLIUM — Hilaritas, quam bonam esse dixi, concipitur facilius, quam observatur. Nam affectus, quibus quotidie conflictamur, referuntur plerumque ad aliquam Corporis partem, quæ præ reliquis afficitur, ac proinde affectus ut plurimum excessum habent, et Mentem in sola unius objecti contemplatione ita detinent, ut de aliis cogitare nequeat; et quamvis homines pluribus affectibus obnoxii sint, atque adeo rari reperiantur, qui semper uno, eodemque affectu conflictentur, non desunt tamen, quibus unus, idemque affectus pertinaciter adhæreat. Videmus enim homines aliquando ab uno objecto ita affici, ut quamvis præsens non sit, ipsum tamen coram habere credant, quod quando homini non dormienti accidit, eundem delirare dicimus, vel insanire; nec minus insanire creduntur, qui Amore ardent, quique noctes, atque dies solam amasiam, vel meretricem somniant, quia risum movere solent. At cum avarus de nulla alia re, quam de lucro, vel de nummis cogitet, et ambitiosus de gloria, etc. hi non creduntur delirare, quia molesti solent esse, et Odio digni æstimantur. Sed revera Avaritia, Ambitio, Libido, etc. delirii species sunt, quamvis inter morbos non numerentur.

meira parte desta Prop.) fazer com que o corpo não se torne menos apto. Nesse caso, a dor será, portanto, boa. Q. E. D.

PROPOSIÇÃO XLIV
O amor e o desejo podem ser excessivos.

DEMONSTRAÇÃO — O amor é a alegria (*pela Def. 6 dos Afetos*) acompanhada da ideia de uma causa exterior. Portanto, a excitação (*pelo Esc. da Prop. 11, P. III*) acompanhada da ideia de uma causa exterior é amor, pelo que o amor (*pela Prop. anterior*) pode ser excessivo. Por sua vez, o desejo é tanto maior quanto maior é o afeto de que se origina (*pela Prop. 37, P. III*).

Por conseguinte, tal como um afeto (*pela Prop. 6 desta Parte*) pode superar as restantes ações do homem, assim também o desejo que se origina do mesmo afeto poderá superar os restantes desejos e, consequentemente, ser tão excessivo como mostramos na Proposição anterior que a excitação pode ser. Q. E. D.

ESCÓLIO — O contentamento, que eu disse ser bom, é mais fácil de conceber do que de observar. Na verdade, os afetos com que diariamente nos debatemos referem-se, a maioria das vezes, a uma parte do corpo que é mais afetada do que as restantes e, por isso, a maioria das vezes são excessivos e retêm de tal maneira a mente na contemplação de um único objeto, que é impossível ela pensar em outros. E, embora os homens estejam sujeitos a muitos afetos, razão pela qual é raro depararmos com alguém que se debata sempre com um único e mesmo afeto, não faltam, contudo, aqueles a quem um único e mesmo afeto se apega tenazmente. Com efeito, vemos por vezes homens de tal maneira afetados por um só objeto, que, apesar de este não estar presente, creem, no entanto, que o têm diante de si. Quando isto acontece a um homem que não está a dormir, dizemos que ele delira, ou que está louco. Mas os que ardem de amor e que, noite e dia, não sonham senão com a amásia ou a meretriz, não cremos que tenham ensandecido menos, porquanto costumam provocar o riso. Em contrapartida, quando o avarento não pensa noutra coisa senão no lucro, ou nas moedas, e o ambicioso na glória, etc., não cremos que eles deliram, uma vez que costumam ser incômodos e considerados dignos de ódio. Mas a avareza, a ambição, a libido, etc., são realmente espécies de delírio, se bem que não se contem entre as doenças.

PROPOSITIO XLV

Odium nunquam potest esse bonum.

DEMONSTRATIO — Hominem, quem odimus, destruere conamur (*per Prop. 39 p. 3*), hoc est (*per Prop. 37 hujus*), aliquid conamur, quod malum est. Ergo etc. *Q. E. D.*

SCHOLIUM — Nota, me hic, et in seqq. per Odium illud tantum intelligere, quod est erga homines.

COROLLARIUM I — Invidia, Irrisio, Contemptus, Ira, Vindicta, et reliqui affectus, qui ad Odium referuntur, vel ex eodem oriuntur, mali sunt, quod etiam ex Prop. 39 p. 3 et Prop. 37 hujus patet.

COROLLARIUM II — Quicquid ex eo, quod odio affecti sumus, appetimus, turpe, et in Civitate injustum est. Quod etiam patet ex Prop. 39 p. 3 et ex Defin. turpis, et injusti, quas vide in Schol. Prop. 37 hujus.

SCHOLIUM — Inter Irrisionem (quam in Coroll. 1 malam esse dixi), et risum magnam agnosco differentiam. Nam risus, ut et jocus mera est Lætitia; adeoque, modo excessum non habeat, per se bonus est (*per Prop. 41 hujus*). Nihil profecto nisi torva, et tristis superstitio delectari prohibet. Nam qui magis decet famem, et sitim extinguere, quam melancholiam expellere? Mea hæc est ratio, et sic animum induxi meum. Nullum numen, nec alius, nisi invidus, mea impotentia, et incommodo delectatur, nec nobis lacrimas, singultus, metum, et alia hujusmodi, quæ animi impotentis sunt signa, virtuti ducit; sed contra, quo majori Lætitia afficimur, eo ad majorem perfectionem transimus, hoc est, eo nos magis de natura divina participare necesse est. Rebus itaque uti, et iis, quantum fieri potest, delectari (non quidem *ad nauseam* usque, nam hoc delectari non est) viri est sapientis. Viri, inquam, sapientis est, moderato, et suavi cibo, et potu se reficere, et recreare, ut et odoribus, plantarum virentium

PROPOSIÇÃO XLV

O ódio nunca pode ser bom.

DEMONSTRAÇÃO — Esforçamo-nos por destruir o homem a quem odia-mos (*pela Prop. 39, P. III*), isto é (*pela Prop. 37 desta Parte*), esforçamo-nos por algo que é mau. Logo, etc. *Q. E. D.*

ESCÓLIO — Note-se que, tanto aqui como naquilo que se segue, enten-do por ódio somente o ódio a homens.

COROLÁRIO I — A inveja, o escárnio, o desprezo, a ira, a vingança e os restantes afetos relativos ao ódio, ou que se originam dele, são maus, o que é evidente também pela Prop. 39, P. III, e pela Prop. 37 desta Parte.

COROLÁRIO II — Tudo o que nos apetece por estarmos afetados de ódio é torpe e, na cidade, injusto, como é também evidente pela Prop. 39, P. III, e pelas definições de torpe e de injusto que vêm no Esc. da Prop. 37 desta Parte.

ESCÓLIO — Entre o escárnio (que eu disse, no Corol. 1, ser mau) e o ri-so, reconheço uma grande diferença. Porque o riso, assim como o gracejo, é simples alegria e, portanto, desde que não seja excessivo, é por si mesmo bom (*pela Prop. 41 desta Parte*). Não há, certamente, nada, a não ser uma torva e triste superstição, que proíba que nos deleitemos. Na verdade, em que é que matar a fome e a sede é mais decente do que expulsar a melancolia? É esta a minha regra, esta a minha convicção.[22] Nenhuma divindade, nem nin-guém, a não ser um invejoso, se deleita com a minha impotência e o meu in-cômodo, nem leva à conta da virtude as nossas lágrimas, soluços, medo e outras coisas do gênero, que são sinais de ânimo impotente. Pelo contrário, quanto maior é a alegria de que somos afetados, maior a perfeição a que passamos, isto é, mais necessário é que participemos da natureza divina.

Assim, usar as coisas e, tanto quanto possível, deleitar-se com elas (não, evidentemente, *até a náusea*, pois isso não é deleitar-se) é de um homem sá-bio. É de um homem sábio, digo, retemperar-se e saborear moderadamen-te comidas e bebidas agradáveis, assim como perfumes, a amenidade das

---

[22] *Mea haec est ratio, & sic animum induxi meum*: citação, quase *ipsis verbis*, de Te-rêncio (*Adelphi*, I, 43: *"me est ratio et sic animum induco meum"*).

Parte IV — Da Servidão Humana, ou das Forças dos Afetos

amænitate, ornatu, musica, ludis exercitatoriis, theatris, et aliis hujusmodi, quibus unusquisque absque ullo alterius damno uti potest. Corpus namque humanum ex plurimis diversæ naturæ partibus componitur, quæ continuo novo alimento indigent, et vario, ut totum Corpus ad omnia, quæ ex ipsius natura sequi possunt, æque aptum sit, et consequenter ut Mens etiam æque apta sit ad plura simul intelligendum. Hoc itaque vivendi institutum et cum nostris principiis, et cum communi praxi optime convenit; quare, si quæ alia, hæc vivendi ratio optima est, et omnibus modis commendanda, nec opus est, de his clarius, neque prolixius agere.

PROPOSITIO XLVI

Qui ex ductu rationis vivit, quantum potest, conatur alterius in ipsum Odium, Iram, Contemptum, etc. Amore contra, sive Generositate compensare.

DEMONSTRATIO — Omnes Odii affectus mali sunt (*per Coroll. 1 Prop. præced.*); adeoque, qui ex ductu rationis vivit, quantum potest, conabitur efficere, ne Odii affectibus conflictetur (*per Prop. 19 hujus*), et consequenter (*per Prop. 37 hujus*) conabitur, ne etiam alius eosdem patiatur affectus. At Odium Odio reciproco augetur, et Amore contra extingui potest (*per Prop. 43 p. 3*), ita ut Odium in Amorem transeat (*per Prop. 44 p. 3*). Ergo qui ex ductu rationis vivit, alterius Odium etc. Amore contra compensare conabitur, hoc est, Generositate (*cujus Defin. vide in Schol. Prop. 59 p. 3*). Q. E. D.

SCHOLIUM — Qui injurias reciproco Odio vindicare vult, misere profecto vivit. At qui contra studet Odium Amore expugnare, ille sane lætus, et secure pugnat; æque facile pluribus hominibus, ac uni resistit, et fortunæ auxilio quam minime indiget. Quos vero vincit, ii læti cedunt, non quidem ex defectu, sed ex incremento virium; quæ omnia adeo clare ex solis Amoris, et intellectus definitionibus sequuntur, ut opus non sit eadem sigillatim demonstrare.

plantas verdejantes, os adornos, a música, os desportos, os teatros e outras coisas do gênero, das quais cada um pode usar sem nenhum dano para outrem. Com efeito, o corpo humano é composto de muitas partes, de natureza diferente, as quais precisam continuamente de alimento novo e variado, a fim de que todo o corpo esteja igualmente apto a tudo quanto da sua natureza se pode seguir e, como consequência, a mente esteja também igualmente apta a entender muitas coisas em simultâneo. Esta regra de vida convém, pois, otimamente com os nossos princípios e com a prática comum. Por isso, tal regra de vida é a melhor, se é que existe outra, e deve a todos os títulos ser recomendada, não sendo necessário tratar isto mais clara nem mais desenvolvidamente.

PROPOSIÇÃO XLVI
Quem vive sob a condução da razão esforça-se quanto pode por compensar com amor, ou seja, com generosidade, o ódio, a ira, o desprezo, etc. de outro para com ele.

DEMONSTRAÇÃO — Todos os afetos de ódio são maus (*pelo Corol. 1 da Prop. anterior*). Por isso, quem vive sob a condução da razão esforçar-se-á quanto pode para não se debater com afetos de ódio (*pela Prop. 19 desta Parte*) e, consequentemente (*pela Prop. 37 desta Parte*), esforçar-se-á também para que nenhum outro sofra dos mesmos afetos. Ora, o ódio aumenta com o ódio recíproco, ao passo que, com o amor, ele pode extinguir-se (*pela Prop. 43, P. III*), de tal maneira que o ódio se converte em amor (*pela Prop. 44, P. III*). Logo, quem vive sob a condução da razão esforçar-se-á por compensar com amor, isto é, com generosidade (*cuja Def. vem no Esc. da Prop. 59, P. III*) o ódio de outro, etc. Q. E. D.

ESCÓLIO — Quem quer vingar as ofensas com o ódio recíproco vive, com certeza, miseravelmente. Quem, pelo contrário, se empenha em vencer o ódio com o amor, esse, sem dúvida, combate com alegria e segurança, resiste com tanta facilidade a vários homens como a um só, e não precisa da ajuda da fortuna para nada. E aqueles a quem ele vence, por sua vez, rendem-se-lhe com alegria, decerto não pela falta, mas pelo incremento das forças. Todas estas coisas se seguem tão claramente das simples definições de amor e de entendimento, que não é preciso demonstrá-las uma por uma.

Parte IV — Da Servidão Humana, ou das Forças dos Afetos

PROPOSITIO XLVII

Spei, et Metus affectus non possunt esse per se boni.

DEMONSTRATIO — Spei, et Metus affectus sine Tristitia non dantur. Nam Metus est (*per Defin. 13 Affect.*) Tristitia; et Spes (*vide Explicat. Defin. 12 et 13 Affect.*) non datur sine Metu, ac proinde (*per Prop. 41 hujus*) hi affectus non possunt esse per se boni, sed tantum quatenus Lætitiæ excessum coercere possunt (*per Prop. 43 hujus*). Q. E. D.

SCHOLIUM — Huc accedit, quod hi affectus cognitionis defectum, et Mentis impotentiam indicant; et hac de causa etiam Securitas, Desperatio, Gaudium, et Conscientiæ morsus animi impotentis sunt signa. Nam, quamvis Securitas, et Gaudium affectus sint Lætitiæ, Tristitiam tamen eosdem præcessisse supponunt, nempe Spem, et Metum. Quo itaque magis ex ductu rationis vivere conamur, eo magis Spe minus pendere, et Metu nosmet liberare, et fortunæ, quantum possumus, imperare conamur, nostrasque actiones certo rationis consilio dirigere.

PROPOSITIO XLVIII

Affectus Existimationis, et Despectus semper mali sunt.

DEMONSTRATIO — Hi enim affectus (*per Defin. 21 et 22 Affect.*) rationi repugnant; adeoque (*per Prop. 26 et 27 hujus*) mali sunt. Q. E. D.

PROPOSITIO XLIX

Existimatio facile hominem, qui existimatur, superbum reddit.

DEMONSTRATIO — Si videmus, aliquem de nobis plus justo præ amore sentire, facile gloriabimur (*per Schol. Prop. 41 p. 3*), sive Lætitia afficiemur (*per Defin. 30 Affect.*); et id boni, quod de nobis prædicari audimus, facile credemus (*per Prop. 25 p. 3*); atque adeo de nobis præ amore nostri plus justo sentiemus, hoc est (*per Defin. 28 Affect.*), facile superbiemus. Q. E. D.

PROPOSIÇÃO XLVII

Os afetos de esperança e de medo não podem, por si mesmos, ser bons.

DEMONSTRAÇÃO — Os afetos de esperança e de medo não se dão sem a tristeza. Na verdade, o medo (*pela Def. 13 dos Afetos*) é uma tristeza, e a esperança (*veja-se a Explicação das Def. 12 e 13 dos Afetos*) não se dá sem o medo. Por isso (*pela Prop. 41 desta Parte*), esses afetos não podem ser bons por si mesmos, mas apenas na medida em que podem reprimir o excesso de alegria (*pela Prop. 43 desta Parte*). Q. E. D.

ESCÓLIO — A isto acresce que estes afetos indicam falta de conhecimento e impotência da mente, e, por esse motivo, a segurança, o desespero, o regozijo e o remorso também são sinais de ânimo impotente. Porque embora a segurança e o regozijo sejam afetos de alegria, eles pressupõem, contudo, ser precedidos pela tristeza, quer dizer, a esperança e o medo. Assim, quanto mais nos esforçamos por viver sob a condução da razão, mais nos esforçamos por depender menos da esperança, libertarmo-nos do medo, mandarmos, tanto quanto podemos, na fortuna e dirigirmos as nossas ações segundo o conselho seguro da razão.

PROPOSIÇÃO XLVIII

Os afetos de sobrestima e de menosprezo são sempre maus.

DEMONSTRAÇÃO — De fato, estes afetos (*pelas Def. 21 e 22 dos Afetos*) repugnam à razão e, por isso (*pelas Prop. 26 e 27 desta Parte*), são maus. Q. E. D.

PROPOSIÇÃO XLIX

A sobrestima torna facilmente soberbo o homem que é sobrestimado.

DEMONSTRAÇÃO — Se vemos que alguém, por amor, tem de nós uma opinião acima do que seria justo, facilmente nos desvaneceremos (*pelo Esc. da Prop. 41, P. III*), ou seja, seremos afetados de alegria (*pela Def. 30 dos Afetos*), acreditaremos facilmente no que de bom ouvimos dizer de nós (*pela Prop. 25, P. III*) e, consequentemente, por amor a nós mesmos, teremos uma opinião de nós acima do que seria justo, isto é (*pela Def. 28 dos Afetos*), encher-nos-emos facilmente de soberba. Q. E. D.

PROPOSITIO L

Commiseratio in homine, qui ex ductu rationis vivit, per se mala, et inutilis est.

DEMONSTRATIO — Commiseratio enim (*per Defin. 18 Affect.*) Tristitia est; ac proinde (*per Prop. 41 hujus*) per se mala; bonum autem, quod ex ea sequitur, quod scilicet hominem, cujus nos miseret, a miseria liberare conamur (*per Coroll. 3 Prop. 27 p. 3*), ex solo rationis dictamine facere cupimus (*per Prop. 37 hujus*), nec nisi ex solo rationis dictamine aliquid, quod certo scimus bonum esse, agere possumus (*per Prop. 27 hujus*); atque adeo commiseratio in homine, qui ex ductu rationis vivit, per se mala est, et inutilis. *Q. E. D.*

COROLLARIUM — Hinc sequitur, quod homo, qui ex dictamine rationis vivit, conatur, quantum potest, efficere, ne commiseratione tangatur.

SCHOLIUM — Qui recte novit omnia ex naturæ divinæ necessitate sequi, et secundum æternas naturæ leges, et regulas fieri, is sane nihil reperiet, quod Odio, Risu, aut Contemptu dignum sit, nec cujusquam miserebitur; sed, quantum humana fert virtus, conabitur bene agere, ut ajunt, et lætari. Huc accedit, quod is, qui Commiserationis affectu facile tangitur, et alterius miseria, vel lacrimis movetur, sæpe aliquid agit, cujus postea ipsum poenitet; tam quia ex affectu nihil agimus, quod certo scimus bonum esse, quam quia facile falsis lacrimis decipimur. Atque hic expresse loquor de homine, qui ex ductu rationis vivit. Nam, qui nec ratione, nec commiseratione movetur, ut aliis auxilio sit, is recte inhumanus appellatur. Nam (*per Prop. 27 p. 3*) homini dissimilis esse videtur.

PROPOSITIO LI

Favor rationi non repugnat; sed cum eadem convenire, et ab eadem oriri potest.

DEMONSTRATIO — Est enim Favor Amor erga illum, qui alteri benefecit (*per Defin. 19 Affect.*), atque adeo ad Mentem referri potest, quatenus hæc agere dicitur (*per Prop. 59 p. 3*), hoc est (*per*

PROPOSIÇÃO L

A comiseração, no homem que vive sob a condução da razão, é má por si mesma e inútil.

DEMONSTRAÇÃO — A comiseração, com efeito (*pela Def. 18 dos Afetos*), é tristeza e, por conseguinte (*pela Prop. 41 desta Parte*), é má em si mesma. Todavia, o bem que dela se segue, quer dizer, o esforçarmo-nos por livrar da miséria um homem por quem sentimos comiseração (*pelo Corol. 3, Prop. 27, P. III*), só pelo ditame da razão desejamos fazê-lo (*pela Prop. 37 desta Parte*). Nem podemos fazer algo que sabemos com certeza ser bom (*pela Prop. 27 desta Parte*), a não ser unicamente pelo ditame da razão. Por isso, a comiseração, no homem que vive sob a condução da razão, é má em si mesma e inútil. Q. E. D.

COROLÁRIO — Donde se segue que o homem que vive sob o ditame da razão se esforça quanto pode por não ser tocado pela comiseração.

ESCÓLIO — Quem conhece corretamente que tudo se segue da necessidade da natureza divina e acontece segundo as leis e regras eternas da natureza decerto não encontrará nada que seja digno de ódio, riso ou desprezo, nem sentirá comiseração por ninguém. Pelo contrário, esforçar-se-á quanto a virtude humana o permite por agir bem, como se diz, e por se alegrar. A isto acresce que aquele que é facilmente tocado pelo afeto de comiseração e se comove com a miséria ou as lágrimas de outrem faz com frequência alguma coisa de que depois se arrepende, quer porque nós, pelo afeto, não fazemos nada que saibamos ser de certeza bom, quer porque somos facilmente enganados por falsas lágrimas. E aqui, estou a falar expressamente do homem que vive sob a condução da razão. Porque quem não é levado a ajudar os outros pela razão, nem pela comiseração, é com justiça chamado de desumano, pois (*pela Prop. 27, P. III*) nem parece ser semelhante a um homem.

PROPOSIÇÃO LI

O apreço não repugna à razão, e pode convir com ela e originar-se dela.

DEMONSTRAÇÃO — O apreço é, com efeito, o amor àquele que fez bem a outrem (*pela Def. 19 dos Afetos*) e, por isso, pode referir-se à mente na medida em que esta se diz agir (*pela Prop. 59, P. III*), isto é (*pela Prop. 3, P.*

Prop. 3 p. 3), quatenus intelligit, ac proinde cum ratione convenit, etc. *Q. E. D.*

ALITER — Qui ex ductu rationis vivit, bonum, quod sibi appetit, alteri etiam cupit (*per Prop. 37 hujus*); quare ex eo, quod ipse aliquem videt alteri benefacere, ipsius benefaciendi conatus juvatur, hoc est (*per Schol. Prop. 11 p. 3*), lætabitur; idque (*ex Hypothesi*) concomitante idea illius, qui alteri benefecit, ac proinde (*per Defin. 19 Affect.*) ei favet. *Q. E. D.*

SCHOLIUM — Indignatio, prout ipsa a nobis definitur (*vide Defin. 20 Affect.*), est necessario mala (*per Prop. 45 hujus*); sed notandum, quod quando summa potestas desiderio, quo tenetur, tutandæ pacis civem punit, qui alteri injuriam fecit, eandem civi indignari non dico, quia non Odio percita ad perdendum civem, sed pietate mota eundem punit.

PROPOSITIO LII

Acquiescentia in se ipso ex ratione oriri potest, et ea sola acquiescentia, quæ ex ratione oritur, summa est, quæ potest dari.

DEMONSTRATIO — Acquiescentia in se ipso est Lætitia orta ex eo, quod homo se ipsum, suamque agendi potentiam contemplatur (*per Defin. 25 Affect.*). At vera hominis agendi potentia, seu virtus est ipsa ratio (*per Prop. 3 p. 3*), quam homo clare, et distincte contemplatur (*per Prop. 40 et 43 p. 2*). Ergo acquiescentia in se ipso ex ratione oritur. Deinde nihil homo, dum se ipsum contemplatur, clare et distincte, sive adæquate percipit, nisi ea, quæ ex ipsius agendi potentia sequuntur (*per Defin. 2 p. 3*), hoc est (*per Prop. 3 p. 3*), quæ ex ipsius intelligendi potentia sequuntur; adeoque ex sola hac contemplatione summa, quæ dari potest, acquiescentia oritur. *Q. E. D.*

SCHOLIUM — Est revera Acquiescentia in se ipso summum, quod sperare possumus. Nam (*ut Prop. 25 hujus ostendimus*) nemo suum esse alicujus finis causa conservare conatur, et quia hæc Acquiescentia magis magisque fovetur, et corroboratur laudibus (*per Coroll. Prop. 53 p. 3*), et contra

520   Pars quarta — De Servitute Humana, seu de Affectuum Viribus

III), na medida em que entende e, por conseguinte, convém com a razão, etc. *Q. E. D.*

OUTRA DEMONSTRAÇÃO — Quem vive sob a condução da razão deseja também para outrem o bem que a si mesmo lhe apetece (*pela Prop. 37 desta Parte*). Daí que, pelo fato de ver alguém fazer o bem a outrem, o seu próprio esforço por fazer o bem é ajudado, isto é (*pelo Esc. da Prop. 11, P. III*), alegrar-se-á, e isto (*pela hipótese*) acompanhado da ideia daquele que fez bem a outrem. Daí que (*pela Def. 19 dos Afetos*) tenha apreço por ele. *Q. E. D.*

ESCÓLIO — A indignação, conforme nós a definimos (*veja-se a Def. 20 dos Afetos*), é necessariamente má (*pela Prop. 45 desta Parte*). Deve, porém, notar-se que, quando o poder supremo, no anseio de defender a paz, a que está obrigado, pune um cidadão que fez uma injustiça a outrem, eu não digo que ele se indigna com ele, uma vez que, ao puni-lo, não é impelido pelo ódio a arruinar um cidadão, mas movido pela piedade.

PROPOSIÇÃO LII

A satisfação consigo mesmo pode originar-se da razão, e só esta satisfação que se origina da razão é a mais elevada que se pode dar.

DEMONSTRAÇÃO — A satisfação consigo mesmo é uma alegria que se origina do fato de o homem se contemplar a si mesmo e à sua potência de agir (*pela Def. 25 dos Afetos*). Ora, a verdadeira potência de agir, ou virtude, do homem é a própria razão (*pela Prop. 3, P. III*), a qual o homem contempla clara e distintamente (*pelas Prop. 40 e 43, P. II*). Logo, a satisfação consigo mesmo origina-se da razão. Depois, o homem, na medida em que se contempla a si próprio, não percebe clara e distintamente, ou seja, adequadamente, senão o que se segue da sua própria potência de agir (*pela Def. 2, P. III*), isto é (*pela Prop. 3, P. III*), o que se segue da sua potência de entender. Por conseguinte, dessa simples contemplação origina-se a mais elevada satisfação que se pode dar. *Q. E. D.*

ESCÓLIO — A satisfação consigo mesmo é, realmente, o máximo que podemos esperar. Na verdade (*conforme mostramos na Prop. 25 desta Parte*), ninguém se esforça por conservar o seu ser por causa de um fim, e como esta satisfação consigo mesmo vai sendo mais e mais favorecida e reforçada pelos louvores (*pelo Corol. da Prop. 53, P. III*) e, ao invés (*pelo Corol. da*

(*per Coroll. Prop. 55 p. 3*) vituperio magis magisque turbatur; ideo gloria maxime ducimur, et vitam cum probro vix ferre possumus.

PROPOSITIO LIII

Humilitas virtus non est, sive ex ratione non oritur.

DEMONSTRATIO — Humilitas est Tristitia, quæ ex eo oritur, quod homo suam impotentiam contemplatur (*per Defin. 26 Affect.*). Quatenus autem homo se ipsum vera ratione cognoscit, eatenus suam essentiam intelligere supponitur, hoc est (*per Prop. 7 p. 3*), suam potentiam. Quare si homo, dum se ipsum contemplatur, aliquam suam impotentiam percipit, id non ex eo est, quod se intelligit, sed (*ut Prop. 55 p. 3 ostendimus*) ex eo, quod ipsius agendi potentia coercetur. Quod si supponamus, hominem suam impotentiam concipere ex eo, quod aliquid se potentius intelligit, cujus cognitione suam agendi potentiam determinat, tum nihil aliud concipimus, quam quod homo se ipsum distincte intelligit, sive (*per Prop. 26 hujus*) quod ipsius agendi potentia juvatur. Quare Humilitas, seu Tristitia, quæ ex eo oritur, quod homo suam impotentiam contemplatur, non ex vera contemplatione, seu ratione oritur, nec virtus, sed passio est. Q. E. D.

PROPOSITIO LIV

Poenitentia virtus non est, sive ex ratione non oritur; sed is, quem facti poenitet, bis miser, seu impotens est.

DEMONSTRATIO — Hujus prima pars demonstratur, ut præced. Propositio. Secunda autem ex sola hujus affectus Definitione (*vide Defin. 27 Affect.*) patet. Nam primo prava Cupiditate, dein Tristitia vinci se patitur.

SCHOLIUM — Quia homines raro ex dictamine rationis vivunt, ideo hi duo affectus, nempe Humilitas, et Poenitentia, et præter hos Spes, et Metus plus utilitatis, quam damni afferunt; atque adeo, quandoquidem peccandum est, in istam partem potius peccandum.

Prop. 55, P. III), mais e mais perturbada pelo vitupério, nós somos maximamente conduzidos pela glória e dificilmente podemos suportar uma vida de opróbrio.

PROPOSIÇÃO LIII
A humildade não é uma virtude, ou seja, não se origina da razão.

DEMONSTRAÇÃO — A humildade é uma tristeza que se origina do fato de o homem contemplar a sua impotência (*pela Def. 26 dos Afetos*). Na medida, porém, em que o homem se conhece a si mesmo pela verdadeira razão, supõe-se que ele entende a sua essência, isto é (*pela Prop. 7, P. III*), a sua potência. Daí que, se o homem, enquanto se contempla a si mesmo, percebe alguma impotência em si, não é pelo fato de se entender, mas (*como mostramos na Prop. 55, P. III*) pelo fato de a sua potência de agir ser reprimida. Porque, se nós supomos que o homem concebe a sua impotência pelo fato de entender algo mais potente do que ele, cujo conhecimento determina a sua potência de agir, então não concebemos outra coisa senão que o homem se entende a si próprio distintamente, ou seja (*pela Prop. 26 desta Parte*), que a sua potência de agir é ajudada. Por isso, a humildade, ou seja, a tristeza que se origina do fato de o homem contemplar a sua impotência, não se origina de uma verdadeira contemplação, ou seja, da razão, nem é uma virtude, mas sim uma paixão. *Q. E. D.*

PROPOSIÇÃO LIV
O arrependimento não é uma virtude, ou seja, não se origina da razão; pelo contrário, quem se arrepende do que fez é duas vezes miserável, ou impotente.

DEMONSTRAÇÃO — A primeira parte desta proposição demonstra-se como a anterior. A segunda, por sua vez, é evidente pela simples definição deste afeto (*veja-se a Def. 27 dos Afetos*). Na verdade, quem se arrepende sofre, primeiro, por ser vencido por um desejo perverso, depois, pela tristeza.

ESCÓLIO — Dado que os homens raramente vivem sob o ditame da razão, esses dois afetos, a saber, a humildade e o arrependimento, tal como a esperança e o medo, trazem mais vantagens do que inconvenientes e, por isso, já que se tem de pecar, antes pecar por eles. De fato, se os homens de âni-

Parte IV — Da Servidão Humana, ou das Forças dos Afetos

Nam, si homines animo impotentes æque omnes superbirent, nullius rei ipsos puderet, nec ipsi quicquam metuerent, qui vinculis conjungi, constringique possent? terret vulgus, nisi metuat; quare non mirum, quod Prophetæ, qui non paucorum, sed communi utilitati consuluerunt, tantopere Humilitatem, Poenitentiam, et Reverentiam commendaverint. Et revera, qui hisce affectibus sunt obnoxii, multo facilius, quam alii, duci possunt, ut tandem ex ductu rationis vivant, hoc est, ut liberi sint, et beatorum vita fruantur.

PROPOSITIO LV

Maxima Superbia, vel Abjectio est maxima sui ignorantia.

DEMONSTRATIO — Patet ex Defin. 28 et 29 Affect.

PROPOSITIO LVI

Maxima Superbia, vel Abjectio maximam animi impotentiam indicat.

DEMONSTRATIO — Primum virtutis fundamentum est suum esse conservare (*per Coroll. Prop. 22 hujus*), idque ex ductu rationis (*per Prop. 24 hujus*). Qui igitur se ipsum ignorat, omnium virtutum fundamentum, et consequenter omnes virtutes ignorat. Deinde ex virtute agere nihil aliud est, quam ex ductu rationis agere (*per Prop. 24 hujus*), et qui ex ductu rationis agit, scire necessario debet se ex ductu rationis agere (*per Prop. 43 p. 2*); qui itaque se ipsum, et consequenter (*ut jam jam ostendimus*) omnes virtutes maxime ignorat, is minime ex virtute agit, hoc est (*ut ex Defin. 8 hujus patet*), maxime animo est impotens; atque adeo (*per Prop. præced.*) maxima superbia, vel abjectio maximam animi impotentiam indicat. Q. E. D.

524   Pars quarta — De Servitute Humana, seu de Affectuum Viribus

mo impotente fossem todos igualmente soberbos, se não se envergonhassem de nada, nem temessem coisa alguma, que vínculos poderiam uni-los e sujeitá-los? O vulgo, se não tem medo, é terrível.[23] Daí não ser de admirar que os profetas, que não atendiam à utilidade de uns tantos, mas à utilidade comum, tivessem recomendado tanto a humildade, o arrependimento e o respeito. Na realidade, os que estão sujeitos a esses afetos podem, muito mais facilmente que os outros, ser enfim conduzidos a viver sob a condução da razão, isto é, a serem livres e a fruírem de uma vida de felicidade.

PROPOSIÇÃO LV

A máxima soberba, como o máximo acabrunhamento, são a máxima ignorância de si.

DEMONSTRAÇÃO — É evidente pelas Def. 28 e 29 dos Afetos.

PROPOSIÇÃO LVI

A máxima soberba, ou acabrunhamento, indicia máxima impotência do ânimo.

DEMONSTRAÇÃO — O primeiro fundamento da virtude é conservar o seu ser (*pelo Corol. da Prop. 22 desta Parte*), e isto sob a condução da razão (*pela Prop. 24 desta Parte*). Quem, por conseguinte, se ignora a si mesmo ignora o fundamento de todas as virtudes e, consequentemente, ignora todas as virtudes. Além disso, agir segundo a virtude não é outra coisa senão agir sob a condução da razão (*pela Prop. 24 desta Parte*), e quem age sob a condução da razão deve necessariamente saber que age sob a condução da razão (*pela Prop. 43, P. II*). Assim, quem se ignora maximamente a si mesmo e, por conseguinte (*como já mostramos*), ignora maximamente todas as virtudes age minimamente segundo a virtude, ou seja (*como é evidente pela Def. 8 desta Parte*), é maximamente impotente de ânimo. Por isso (*pela Prop. anterior*), a máxima soberba, ou máximo acabrunhamento, indica a máxima impotência de ânimo. Q. E. D.

---

[23] *Terret vulgus, nisi metuat*: citação de Tácito (*Anais*, I, 29).

Parte IV — Da Servidão Humana, ou das Forças dos Afetos

COROLLARIUM — Hinc clarissime sequitur, superbos, et abjectos maxime affectibus esse obnoxios.

SCHOLIUM — Abjectio tamen facilius corrigi potest, quam superbia, quandoquidem hæc Lætitiæ, illa autem Tristitiæ est affectus; atque adeo (*per Prop. 18 hujus*) hæc illa fortior est.

PROPOSITIO LVII

Superbus parasitorum, seu adulatorum præsentiam amat, generosorum autem odit.

DEMONSTRATIO — Superbia est Lætitia orta ex eo, quod homo de se plus justo sentit (*per Defin. 28 et 6 Affect.*), quam opinionem homo superbus, quantum potest, fovere conabitur (*vide Schol. Prop. 13 p. 3*); adeoque superbi, parasitorum, vel adulatorum (*horum Definitiones omisi, quia nimis noti sunt*) præsentiam amabunt, et generosorum, qui de ipsis, ut par est, sentiunt, fugient. Q. E. D.

SCHOLIUM — Nimis longum foret, hic omnia Superbiæ mala enumerare, quandoquidem omnibus affectibus obnoxii sunt superbi; sed nullis minus, quam affectibus Amoris, et Misericordiæ. Sed hic minime tacendum est, quod ille etiam superbus vocetur, qui de reliquis minus justo sentit, atque adeo hoc sensu Superbia definienda est, quod sit Lætitia orta ex falsa opinione, quod homo se supra reliquos esse putat. Et Abjectio huic Superbiæ contraria definienda esset Tristitia orta ex falsa opinione, quod homo se infra reliquos esse credit. At hoc posito facile concipimus, superbum necessario esse invidum (*vide Schol. Prop. 55 p. 3*), et eos maxime odio habere, qui maxime ob virtutes laudantur, nec facile eorum Odium Amore, aut beneficio vinci (*vide Schol. Prop. 41 p. 3*), et eorum tantummodo præsentia delectari, qui animo ejus impotenti morem gerunt, et ex stulto insanum faciunt.

COROLÁRIO — Donde se segue clarissimamente que os soberbos e os acabrunhados estão maximamente sujeitos aos afetos.

ESCÓLIO — O acabrunhamento pode, no entanto, ser mais facilmente corrigido do que a soberba, porquanto esta é um afeto de alegria, enquanto aquele é um afeto de tristeza. Por isso (*pela Prop. 18 desta Parte*), esta é mais forte do que aquele.

PROPOSIÇÃO LVII

O soberbo ama a presença dos parasitas, ou aduladores, mas odeia a dos generosos.

DEMONSTRAÇÃO — A soberba é uma alegria originada do fato de o homem se considerar acima do que seria justo (*pelas Def. 28 e 6 dos Afetos*), alegria que o homem soberbo se esforçará quanto pode por favorecer (*veja-se o Esc. da Prop. 13, P. III*). Por isso, os soberbos amarão a presença dos parasitas ou aduladores (*cujas Definições omiti, visto serem por demais conhecidas*) e fugirão da presença dos generosos, que têm deles uma opinião justa. Q. E. D.

ESCÓLIO — Seria demasiado longo enumerar aqui todos os males da soberba, porquanto os soberbos estão sujeitos a todos os afetos, mas a nenhuns menos que aos afetos de amor e de misericórdia. Não se deve, porém, omitir aqui de modo algum que também se chama soberbo a quem considera os outros abaixo do que seria justo, pelo que a soberba, neste sentido, deve definir-se como a alegria que se origina de uma falsa opinião, pela qual um homem se julga acima dos demais. E o acabrunhamento oposto a esta soberba deve definir-se como a tristeza que se origina de uma falsa opinião, pela qual o homem se crê inferior aos demais. Posto isto, facilmente se concebe que o soberbo é necessariamente invejoso (*veja-se o Esc. da Prop. 55, P. III*), tem o maior ódio àqueles que são louvados principalmente pelas suas virtudes, um ódio que não se vence facilmente com amor, nem com benefícios (*veja-se o Esc. da Prop. 41, P. III*), e só se deleita com a presença daqueles que fazem a vontade ao seu ânimo impotente e, de um pateta, fazem um louco.[24]

---

[24] *Ex stulto insanum faciunt*: citação de Terêncio (*Eunuchus*, 254). No original, a frase, ligeiramente diferente, é colocada na boca de uma das personagens da comédia, Parmenão, que diz em aparte: "*hic homines prorsum ex stultis insanos facit*".

Parte IV — Da Servidão Humana, ou das Forças dos Afetos

Abjectio, quamvis Superbiæ sit contraria, est tamen abjectus superbo proximus. Nam, quandoquidem ejus Tristitia ex eo oritur, quod suam impotentiam ex aliorum potentia, seu virtute judicat, levabitur ergo ejus Tristitia, hoc est, lætabitur, si ejus imaginatio in alienis vitiis contemplandis occupetur, unde illud proverbium natum: *solamen miseris socios habuisse malorum*, et contra eo magis contristabitur, quo se magis infra reliquos esse crediderit; unde fit, ut nulli magis ad Invidiam sint proni, quam abjecti; et ut isti maxime hominum facta observare conentur ad carpendum magis, quam ad eadem corrigendum, et ut tandem solam Abjectionem laudent, eaque glorientur; sed ita, ut tamen abjecti videantur. Atque hæc ex hoc affectu tam necessario sequuntur, quam ex natura trianguli, quod ejus tres anguli æquales sint duobus rectis; et jam dixi me hos, et similes affectus malos vocare, quatenus ad solam humanam utilitatem attendo. Sed naturæ leges communem naturæ ordinem, cujus homo pars est, respiciunt; quod hic in transitu monere volui, ne quis putaret me hic hominum vitia, et absurda facta narrare, non autem rerum naturam, et proprietates demonstrare voluisse. Nam, ut in Præfatione Partis Tertiæ dixi, humanos affectus, eorumque proprietates perinde considero, ac reliqua naturalia. Et sane humani affectus, si non humanam, naturæ saltem potentiam, et artificium non minus indicant, quam multa alia, quæ admiramur, quorumque contemplatione delectamur. Sed pergo de affectibus ea notare, quæ hominibus utilitatem adferunt, vel quæ iisdem damnum inferunt.

PROPOSITIO LVIII
Gloria rationi non repugnat, sed ab ea oriri potest.

DEMONSTRATIO — Patet ex Defin. 30 Affect. et ex definitione *Honesti*, quam vide in Schol. 1 Prop. 37 hujus.

SCHOLIUM — Vana, quæ dicitur, gloria est acquiescentia in se ipso, quæ sola vulgi opinione fovetur, eaque cessante, cessat ipsa acquiescentia, hoc est (*per Schol. Prop. 52 hujus*), summum bonum, quod unusquisque amat; unde fit, ut qui vulgi opinione gloriatur, quotidiana cura anxius nitatur, faciat, experiatur, ut

Embora o acabrunhamento seja oposto à soberba, aquele que se acabrunha está, contudo, próximo do soberbo. Na verdade, como a tristeza dele se origina do fato de julgar pela potência ou virtude dos outros a sua impotência, a sua tristeza aliviar-se-á, isto é, ele alegrar-se-á se a sua imaginação se ocupar a contemplar os vícios alheios. Foi daí que nasceu aquele provérbio: *o consolo dos miseráveis é terem companheiros de miséria*. Ao invés, quanto mais ele se julgar inferior aos outros, mais se entristecerá, e daí que ninguém seja mais propenso à inveja do que aqueles que se acabrunham, e que estes se esforcem ao máximo por observar o que os homens fazem, mais para os censurar do que para os corrigir. É por isso, enfim, que eles só louvam o acabrunhamento e se vangloriam dele, mas de modo a que, ainda assim, pareçam acabrunhar-se. E estas coisas seguem-se tão necessariamente deste afeto, quanto da natureza do triângulo se segue que a soma dos seus três ângulos é igual a dois ângulos retos. Já disse que chamo maus a estes afetos e a outros semelhantes, na medida em que atendo só à utilidade humana. As leis da natureza, porém, dizem respeito à ordem comum da natureza, da qual o homem é parte, coisa que eu quis aqui sublinhar de passagem, não fosse alguém julgar que eu queria descrever os vícios e os atos absurdos dos homens, em lugar de demonstrar a natureza e as propriedades das coisas. Na verdade, tal como disse no Prefácio da Parte III, considero os afetos humanos e as suas propriedades da mesma maneira que as restantes coisas da natureza. E, sem dúvida, os afetos humanos não indicam menos a potência e a arte, se não do homem, pelo menos da natureza, que muitas outras coisas que admiramos e em cuja contemplação nos deleitamos. Mas vou continuar, assinalando acerca dos afetos aquelas coisas que são de utilidade para os homens, ou que lhes causam dano.

PROPOSIÇÃO LVIII
A glória não repugna à razão e pode, pelo contrário, originar-se dela.

DEMONSTRAÇÃO — É evidente, pela Def. 30 dos Afetos e pela definição de honesto, que vem no Esc. 1 da Prop. 37 desta Parte.

ESCÓLIO — Aquilo que se diz vanglória é uma satisfação consigo mesmo favorecida só pela opinião do vulgo. Cessando esta, cessa a própria satisfação, isto é (*pelo Esc. da Prop. 52 desta Parte*), o supremo bem que cada um ama. Daí que aquele que se vangloria da opinião do vulgo se afane, se aplique e se arrisque, ansiosa e quotidianamente preocupado, para conservar

famam conservet. Est namque vulgus varius, et inconstans, atque adeo, nisi conservetur fama, cito abolescit; imo quia omnes vulgi captare applausus cupiunt, facile unusquisque alterius famam reprimit, ex quo, quandoquidem de summo, quod æstimatur, bono certatur, ingens libido oritur se invicem quocunque modo opprimendi, et qui tandem victor evadit, gloriatur magis, quod alteri obfuit, quam quod sibi profuit. Est igitur hæc gloria, seu acquiescentia revera vana, quia nulla est.

Quæ de Pudore notanda sunt, colliguntur facile ex iis, quæ de Misericordia, et Poenitentia diximus. Hoc tantum addo, quod ut Commiseratio, sic etiam Pudor, quamvis non sit virtus, bonus tamen est, quatenus indicat, homini, qui Pudore suffunditur, cupiditatem inesse honeste vivendi, sicut dolor, qui eatenus bonus dicitur, quatenus indicat, partem læsam nondum esse putrefactam; quare, quamvis homo, quem facti alicujus pudet, revera sit tristis, est tamen perfectior impudenti, qui nullam habet honeste vivendi cupiditatem.

Atque hæc sunt, quæ de affectibus Lætitiæ, et Tristitiæ notare susceperam. Ad cupiditates quod attinet, hæ sane bonæ, aut malæ sunt, quatenus ex bonis, aut malis affectibus oriuntur. Sed omnes revera, quatenus ex affectibus, qui passiones sunt, in nobis ingenerantur, cæcæ sunt (*ut facile colligitur ex iis, quæ in Schol. Prop. 44 hujus diximus*), nec ullius usus essent, si homines facile duci possent, ut ex solo rationis dictamine viverent, ut jam paucis ostendam.

PROPOSITIO LIX

Ad omnes actiones, ad quas ex affectu, qui passio est, determinamur, possumus absque eo a ratione determinari.

DEMONSTRATIO — Ex ratione agere nihil aliud est (*per Prop. 3 et Defin. 2 p. 3*), quam ea agere, quæ ex necessitate nostræ naturæ, in se sola consideratæ, sequuntur. At Tristitia eatenus mala est, quatenus hanc agendi potentiam minuit, vel coercet (*per Prop. 41 hujus*); ergo ex hoc affectu ad nullam actionem possumus determinari, quam non possemus agere, si ratione duceremur. Præterea Lætitia eatenus mala est, quatenus impedit, quominus homo ad agendum sit aptus (*per*

a fama. Porque o vulgo é variável e inconstante e, por isso, a fama, se não se conserva, extingue-se depressa. Mais ainda, como todos desejam granjear os aplausos do vulgo, cada um reprime com facilidade a fama do outro, de onde se origina, dado estar-se a combater por aquilo que se estima ser o bem supremo, uma imensa libido de se oprimirem uns aos outros, seja de que modo for. E quem, finalmente, sai vencedor, vangloria-se mais de ter prejudicado o outro do que de ter beneficiado ele próprio. Por conseguinte, esta glória, ou satisfação, é realmente vã, porque não é nada.

O que há a notar sobre a vergonha deduz-se facilmente do que dissemos sobre a misericórdia e o arrependimento. Acrescento apenas que, tal como a comiseração, também a vergonha, não sendo embora uma virtude, é, no entanto, boa na medida em que indica que existe no homem que cora de vergonha o desejo de viver honestamente, à semelhança da dor, a qual se diz boa na medida em que indica que a parte lesada ainda não está putrefata. Por isso, embora o homem que sente vergonha de algo que fez esteja realmente triste, ele é, contudo, mais perfeito do que o desavergonhado, que não tem nenhum desejo de viver honestamente.

E são estas as coisas que eu me tinha comprometido a assinalar sobre os afetos de alegria e de tristeza. No que toca aos desejos, eles são, sem dúvida, bons ou maus, na medida em que se originam de afetos bons ou de afetos maus. Mas todos eles, na medida em que são engendrados em nós por afetos que são paixões, são realmente cegos (*como facilmente se deduz do que dissemos no Escólio da Prop. 44 desta Parte*), e não seriam de nenhuma utilidade, se os homens pudessem facilmente conduzir-se de maneira que vivessem de acordo apenas com o ditame da razão, como mostrarei agora em poucas palavras.

PROPOSIÇÃO LIX

A todas as ações a que somos determinados por um afeto que é uma paixão, podemos ser determinados, sem ele, pela razão.

DEMONSTRAÇÃO — Agir segundo a razão não é outra coisa (*pela Prop. 3 e pela Def. 2, P. III*) senão fazer aquilo que se segue da necessidade da nossa natureza, considerada só em si. Ora, a tristeza é má, na medida em que diminui ou reprime essa potência de agir (*pela Prop. 41 desta Parte*). Logo, não podemos ser determinados por este afeto a nenhuma ação que não pudéssemos fazer se nos conduzíssemos pela razão. Por outro lado, a alegria só é má na medida em que impede que o homem seja apto a agir (*pelas Prop.*

Prop. 41 et 43 hujus), atque adeo eatenus etiam ad nullam actionem determinari possumus, quam non possemus agere, si ratione duceremur. Denique quatenus Lætitia bona est, eatenus cum ratione convenit (consistit enim in eo, quod hominis agendi potentia augetur, vel juvatur), nec passio est, nisi quatenus hominis agendi potentia non eo usque augetur, ut se, suasque actiones adæquate concipiat (*per Prop. 3 p. 3 cum ejus Schol.*). Quare si homo Lætitia affectus ad tantam perfectionem duceretur, ut se, suasque actiones adæquate conciperet, ad easdem actiones, ad quas jam ex affectibus, qui passiones sunt, determinatur, aptus, imo aptior esset. At omnes affectus ad Lætitiam, Tristitiam, vel Cupiditatem referuntur (*vide Explicat. Defin. 4 Affect.*), et Cupiditas (*per Defin. 1 Affect.*) nihil aliud est, quam ipse agendi conatus; ergo ad omnes actiones, ad quas ex affectu, qui passio est, determinamur, possumus absque eo sola ratione duci. Q. E. D.

ALITER — Actio quæcunque eatenus dicitur mala, quatenus ex eo oritur, quod Odio, aut aliquo malo affectu affecti sumus (*vide Coroll. 1 Prop. 45 hujus*). At nulla actio, in se sola considerata, bona, aut mala est (*ut in Præfatione hujus ostendimus*): sed una, eademque actio jam bona, jam mala est; ergo ad eandem actionem, quæ jam mala est, sive quæ ex aliquo malo affectu oritur, ratione duci possumus (*per Prop. 19 hujus*). Q. E. D.

SCHOLIUM — Explicantur hæc clarius exemplo. Nempe verberandi actio, quatenus physice consideratur, et ad hoc tantum attendimus, quod homo brachium tollit, manum claudit, totumque brachium vi deorsum movet, virtus est, quæ ex Corporis humani fabrica concipitur. Si itaque homo, Ira, vel Odio commotus, determinatur ad claudendam manum, vel brachium movendum, id, ut in Parte Secunda ostendimus, fit, quia una, eademque actio potest jungi quibuscunque rerum imaginibus; atque adeo tam ex iis imaginibus rerum, quas confuse, quam quas clare, et distincte concipimus, ad unam, eandemque actionem determinari possumus. Apparet itaque, quod omnis Cupiditas, quæ ex affectu, qui passio est, oritur, nullius esset usus, si homines ratione duci possent. Videamus jam, cur Cupiditas, quæ ex affectu, qui passio est, oritur, cæca a nobis appellatur.

41 e 43 desta Parte) e, portanto, também não podemos ser por ela determinados a nenhuma ação que não pudéssemos realizar conduzidos pela razão. Finalmente, na medida em que a alegria é boa, ela convém com a razão (ela consiste, efetivamente, no fato de a potência de agir do homem ser aumentada, ou ajudada), e não é uma paixão senão na medida em que a potência de agir do homem não é aumentada, de modo que ele se conceba adequadamente a si e às suas ações (*pela Prop. 3, P. III, e o seu Esc.*). Daí que, se um homem afetado de alegria fosse conduzido a uma perfeição tão grande que se concebesse adequadamente a si próprio e às suas ações, seria apto para essas ações a que agora é determinado por afetos que são paixões, e mais até do que apto. Ora, todos os afetos se referem à alegria, à tristeza ou ao desejo (*veja-se a Explicação da Def. 4 dos Afetos*), e o desejo (*pela Def. 1 dos Afetos*) não é senão o próprio esforço por agir. Logo, a todas as ações a que somos determinados por um afeto que é paixão, podemos ser conduzidos sem ele e só pela razão. Q. E. D.

OUTRA DEMONSTRAÇÃO — Diz-se que uma qualquer ação é má, na medida em que se origina de sermos afetados de ódio ou de algum outro afeto mau (*veja-se o Corol. 1 da Prop. 45 desta Parte*). Ora, nenhuma ação, considerada apenas em si mesma, é boa ou má (*como mostramos no Pref. desta Parte*), e uma só e a mesma ação ora é boa, ora é má. Logo, podemos ser conduzidos pela razão (*pela Prop. 19 desta Parte*) a essa ação que agora é má, ou seja, que se origina de um afeto mau. Q. E. D.

ESCÓLIO — Isto explica-se mais claramente com um exemplo. A ação de açoitar, na medida em que se considera fisicamente e atendemos apenas a que o homem levanta o braço, cerra o punho e move com força todo o braço de cima para baixo, é uma virtude que se concebe a partir da construção do corpo humano. Assim, se um homem, movido pela ira ou pelo ódio, é determinado a cerrar o punho ou a mover o braço, tal acontece, como mostramos na Parte II, porque uma só e a mesma ação pode estar associada a quaisquer imagens das coisas. Podemos, portanto, ser determinados a uma só e a mesma ação tanto pelas imagens das coisas que concebemos confusamente, como pelas que concebemos clara e distintamente. É, pois, claro que qualquer desejo que se origina de um afeto que é paixão seria sem qualquer utilidade, se os homens pudessem conduzir-se pela razão. Vejamos, agora, por que chamamos cego ao desejo que se origina de um afeto que é paixão.

PROPOSITIO LX

Cupiditas, quæ oritur ex Lætitia, vel Tristitia, quæ ad unam, vel ad aliquot, non autem ad omnes Corporis partes refertur, rationem utilitatis totius hominis non habet.

DEMONSTRATIO — Ponatur ex. gr. Corporis pars A vi alicujus causæ externæ ita corroborari, ut reliquis prævaleat (*per Prop. 6 hujus*), hæc pars vires suas amittere propterea non conabitur, ut reliquæ Corporis partes suo fungantur officio. Deberet enim vim, seu potentiam habere vires suas amittendi, quod (*per Prop. 6 p. 3*) est absurdum. Conabitur itaque illa pars, et consequenter (*per Prop. 7 et 12 p. 3*) Mens etiam illum statum conservare; adeoque Cupiditas, quæ ex tali affectu Lætitiæ oritur, rationem totius non habet. Quod si contra supponatur pars A coerceri, ut reliquæ prævaleant, eodem modo demonstratur, quod nec Cupiditas, quæ ex Tristitia oritur, rationem totius habeat. Q. E. D.

SCHOLIUM — Cum itaque Lætitia plerumque (*per Schol. Prop. 44 hujus*) ad unam Corporis partem referatur, cupimus ergo plerumque nostrum esse conservare, nulla habita ratione integræ nostræ valetudinis: ad quod accedit, quod Cupiditates, quibus maxime tenemur (*per Coroll. Prop. 9 hujus*), temporis tantum præsentis, non autem futuri habent rationem.

PROPOSITIO LXI

Cupiditas, quæ ex ratione oritur, excessum habere nequit.

DEMONSTRATIO — Cupiditas (*per Defin. 1 Affect.*), absolute considerata, est ipsa hominis essentia, quatenus quocumque modo determinata concipitur ad aliquid agendum; adeoque Cupiditas, quæ ex ratione oritur, hoc est (*per Prop. 3 p. 3*), quæ in nobis ingeneratur, quatenus agimus, est ipsa hominis essentia, seu natura, quatenus determinata concipitur ad agendum ea, quæ per solam hominis essentiam adæquate concipiuntur (*per Defin. 2 p. 3*): si itaque hæc Cupiditas excessum habere posset, posset ergo humana natura, in se sola considerata, se ipsam excedere, sive plus posset,

534   Pars quarta — De Servitute Humana, seu de Affectuum Viribus

PROPOSIÇÃO LX

Um desejo que se origina de uma alegria, ou tristeza, que se refere a uma ou a algumas partes do corpo, mas não a todas, não tem em conta a utilidade do homem no seu todo.

DEMONSTRAÇÃO — Suponhamos, por exemplo, que a parte A de um corpo é reforçada pela força de uma causa exterior, de tal maneira que prevalece sobre as restantes (*pela Prop. 6 desta Parte*). Essa parte não se esforçará por esse motivo por perder as suas forças para que as restantes cumpram a sua função, pois deveria, para tal, ter a força ou potência de perder as suas forças, o que (*pela Prop. 6, P. III*) é absurdo. Assim, aquela parte, e, por conseguinte (*pelas Prop. 7 e 12, P. III*), também a mente, esforçar-se-á por conservar aquele estado, pelo que o desejo que se origina de um tal afeto de alegria não tem em conta o todo. E se, pelo contrário, supusermos que a parte A é reprimida para que as restantes prevaleçam, demonstra-se do mesmo modo que tampouco o desejo que se origina de uma tristeza tem em conta o todo. *Q. E. D.*

ESCÓLIO — Assim, como a alegria se refere, a maioria das vezes (*pelo Esc. da Prop. 44 desta Parte*), só a uma parte do corpo, nós desejamos a maioria das vezes conservar o nosso ser sem ter minimamente em conta a totalidade da nossa saúde. A isto acresce que os desejos a que estamos mais sujeitos (*pelo Corol. da Prop. 9 desta Parte*) só têm em conta o tempo presente e não o futuro.

PROPOSIÇÃO LXI

O desejo que se origina da razão não pode ser excessivo.

DEMONSTRAÇÃO — O desejo (*pela Def. 1 dos Afetos*), considerado em absoluto, é a própria essência do homem na medida em que esta se concebe determinada de um certo modo a fazer algo. Por conseguinte, o desejo que se origina da razão, isto é (*pela Prop. 3, P. III*), o desejo que se engendra em nós na medida em que agimos, é a própria essência ou natureza do homem na medida em que se concebe determinada a fazer aquelas coisas que se concebem adequadamente só pela essência do homem (*pela Def. 2, P. III*). Se, portanto, esse desejo pudesse ser excessivo, a natureza humana, considerada só em si mesma, poderia exceder-se a si própria, ou seja, poderia mais do

Parte IV — Da Servidão Humana, ou das Forças dos Afetos

quam potest, quod manifesta est contradictio; ac proinde hæc
Cupiditas excessum habere nequit: *Q. E. D.*

PROPOSITIO LXII

Quatenus Mens ex rationis dictamine res concipit,
æque afficitur, sive idea sit rei futuræ, vel præteritæ, sive
præsentis.

DEMONSTRATIO — Quicquid Mens ducente ratione
concipit, id omne sub eadem æternitatis, seu necessitatis specie
concipit (*per Coroll. 2 Prop. 44 p. 2*), eademque certitudine
afficitur (*per Prop. 43 p. 2 et ejus Schol.*). Quare, sive idea sit rei
futuræ, vel præteritæ, sive præsentis, Mens eadem necessitate
rem concipit, eademque certitudine afficitur, et, sive idea sit rei
futuræ, vel præteritæ, sive præsentis, erit nihilominus æque vera
(*per Prop. 41 p. 2*), hoc est (*per Defin. 4 p. 2*), habebit
nihilominus semper easdem ideæ adæquatæ proprietates; atque
adeo quatenus Mens ex rationis dictamine res concipit, eodem
modo afficitur, sive idea sit rei futuræ, vel præteritæ, sive
præsentis. *Q. E. D.*

SCHOLIUM — Si nos de rerum duratione adæquatam
cognitionem habere, earumque existendi tempora ratione
determinare possemus, eodem affectu res futuras, ac præsentes
contemplaremur, et bonum, quod Mens ut futurum conciperet,
perinde, ac præsens, appeteret, et consequenter bonum præsens
minus pro majori bono futuro necessario negligeret, et quod in
præsenti bonum esset, sed causa futuri alicujus mali, minime
appeteret, ut mox demonstrabimus. Sed nos de duratione rerum (*per
Prop. 31 p. 2*) non nisi admodum inadæquatam cognitionem habere
possumus, et rerum existendi tempora (*per Schol. Prop. 44 p. 2*) sola
imaginatione determinamus, quæ non æque afficitur imagine rei
præsentis, ac futuræ; unde fit, ut vera boni, et mali cognitio, quam
habemus, non nisi abstracta, sive universalis sit, et judicium, quod
de rerum ordine, et causarum nexu facimus, ut determinare
possimus, quid nobis in præsenti bonum, aut malum sit, sit potius
imaginarium, quam reale; atque adeo mirum non est, si Cupiditas,
quæ ex boni, et mali cognitione, quatenus hæc futurum prospicit,

que pode, o que é uma contradição manifesta. Daí que esse desejo não possa ser excessivo. Q. E. D.

PROPOSIÇÃO LXII

Na medida em que a mente concebe as coisas segundo o ditame da razão, ela é afetada do mesmo modo, quer a ideia seja de uma coisa futura ou passada, quer de uma coisa presente.

DEMONSTRAÇÃO — Tudo aquilo que a mente concebe conduzida pela razão, concebe-o sob a mesma forma de eternidade, ou necessidade (*pelo Corol. 2 da Prop. 44, P. II*), e é afetada da mesma certeza (*pela Prop. 43, P. II, e o seu Esc.*). Portanto, quer a ideia seja de uma coisa futura ou passada, quer de uma coisa presente, a mente concebe a coisa com a mesma necessidade e é afetada da mesma certeza. E, quer a ideia seja de uma coisa futura ou passada, quer de uma coisa presente, ela será, não obstante, igualmente verdadeira (*pela Prop. 41, P. II*), isto é (*pela Def. 4, P. II*), terá sempre as mesmas propriedades da ideia adequada. Por isso, na medida em que a mente concebe as coisas segundo o ditame da razão, ela é afetada do mesmo modo, quer a ideia seja de uma coisa futura ou passada, quer de uma coisa presente. Q. E. D.

ESCÓLIO — Se pudéssemos ter um conhecimento adequado da duração das coisas e determinar pela razão o seu tempo de existência, contemplaríamos com o mesmo afeto as coisas futuras e as presentes, e um bem que a mente contemplasse como futuro apetecer-lhe-ia como se fosse presente. Em consequência, ela desprezaria necessariamente um bem presente menor por um bem futuro maior e, como já demonstraremos, não lhe apeteceria de modo algum o que fosse bom no presente, mas causa de um mal futuro. Nós, todavia, não podemos ter senão um conhecimento extremamente inadequado da duração das coisas (*pela Prop. 31, P. II*) e determinamos o seu tempo de existência (*pelo Esc. da Prop. 44, P. II*) unicamente pela imaginação, a qual não é afetada pela imagem de uma coisa presente da mesma maneira que pela imagem de uma coisa futura. Daí que o conhecimento verdadeiro que temos do bem e do mal não seja senão abstrato, ou universal, e o juízo que fazemos sobre a ordem das coisas e o nexo das causas, para podermos determinar o que no presente é bom ou mau para nós, seja mais imaginário do que real. Não é, pois, de admirar que o desejo que se origina do conhecimento do bem e do mal, na medida em que está voltado para o futuro,

Parte IV — Da Servidão Humana, ou das Forças dos Afetos

oritur, facilius rerum Cupiditate, quæ in præsentia suaves sunt, coerceri potest, de quo vide Propositionem 16 hujus Partis.

PROPOSITIO LXIII

Qui Metu ducitur, et bonum, ut malum vitet, agit, is ratione non ducitur.

DEMONSTRATIO — Omnes affectus, qui ad Mentem, quatenus agit, hoc est (*per Prop. 3 p. 3*), qui ad rationem referuntur, nulli alii sunt, quam affectus Lætitiæ, et Cupiditatis (*per Prop. 59 p. 3*); atque adeo (*per Defin. 13 Affect.*) qui Metu ducitur, et bonum timore mali agit, is ratione non ducitur. Q. E. D.

SCHOLIUM — Superstitiosi, qui vitia exprobrare magis, quam virtutes docere norunt, et qui homines non ratione ducere, sed Metu ita continere student, ut malum potius fugiant, quam virtutes ament, nil aliud intendunt, quam ut reliqui æque, ac ipsi, fiant miseri, et ideo non mirum, si plerumque molesti, et odiosi sint hominibus.

COROLLARIUM — Cupiditate, quæ ex ratione oritur, bonum directe sequimur, et malum indirecte fugimus.

DEMONSTRATIO — Nam Cupiditas, quæ ex ratione oritur, ex solo Lætitiæ affectu, quæ passio non est, oriri potest (*per Prop. 59 p. 3*), hoc est, ex Lætitia, quæ excessum habere nequit (*per Prop. 61 hujus*); non autem ex Tristitia, ac proinde hæc Cupiditas (*per Prop. 8 hujus*) ex cognitione boni, non autem mali oritur; atque adeo ex ductu rationis bonum directe appetimus, et eatenus tantum malum fugimus. Q. E. D.

SCHOLIUM — Explicatur hoc Corollarium exemplo ægri, et sani. Comedit æger id, quod aversatur, timore mortis; sanus autem cibo gaudet, et vita sic melius fruitur, quam si mortem timeret, eamque directe vitare cuperet. Sic judex, qui non Odio, aut Ira, etc., sed solo Amore salutis publicæ reum mortis damnat, sola ratione ducitur.

possa mais facilmente ser reprimido pelo desejo das coisas que são presentemente agradáveis. Veja-se, sobre isto, a Proposição 16 desta Parte.

PROPOSIÇÃO LXIII
Quem se conduz pelo medo, e faz o bem para evitar o mal, não se conduz pela razão.

DEMONSTRAÇÃO — Todos os afetos que se referem à mente na medida que ela age, isto é (*pela Prop. 3, P. III*), que se referem à razão, não são senão afetos de alegria e de desejo (*pela Prop. 59, P. III*). Por isso (*pela Def. 13 dos Afetos*), quem se conduz pelo medo e faz o bem por receio do mal não se conduz pela razão. Q. E. D.

ESCÓLIO — Os supersticiosos, que, mais do que ensinar as virtudes, sabem reprovar os vícios, e que não estão empenhados em conduzir os homens pela razão, mas em contê-los pelo medo, a fim de que estes, mais do que amarem as virtudes, fujam do mal, não pretendem outra coisa senão que os outros se tornem tão infelizes quanto eles próprios. Não admira, por isso, que eles sejam a maioria das vezes incômodos e odiados pelos homens.

COROLÁRIO — Pelo desejo que se origina da razão, seguimos diretamente o bem e, indiretamente, fugimos do mal.

DEMONSTRAÇÃO — Na verdade, o desejo que se origina da razão só pode originar-se de um afeto de alegria que não é paixão (*pela Prop. 59, P. III*), isto é, de uma alegria que não pode ser excessiva (*pela Prop. 61 desta Parte*), e não da tristeza, pelo que esse desejo (*pela Prop. 8 desta Parte*) se origina do conhecimento do bem e não do conhecimento do mal. Por conseguinte, sob a condução da razão, o bem apetece-nos diretamente, e só nessa medida fugimos do mal. Q. E. D.

ESCÓLIO — Este Corolário explica-se com o exemplo do doente e do são. O doente, com medo da morte, come aquilo a que tem aversão; por sua vez, o são regozija-se com a comida e, assim, frui melhor a vida do que se temesse a morte e desejasse evitá-la diretamente. Do mesmo modo, o juiz que condena o réu à morte, não por ódio, ou por ira, etc., mas apenas por amor do bem público, conduz-se unicamente pela razão.

PROPOSITIO LXIV

Cognitio mali cognitio est inadæquata.

DEMONSTRATIO — Cognitio mali (*per Prop. 8 hujus*) est ipsa Tristitia, quatenus ejusdem sumus conscii. Tristitia autem est transitio ad minorem perfectionem (*per Defin. 3 Affect.*), quæ propterea per ipsam hominis essentiam intelligi nequit (*per Prop. 6 et 7 p. 3*); ac proinde (*per Defin. 2 p. 3*) passio est, quæ (*per Prop. 3 p. 3*) ab ideis inadæquatis pendet, et consequenter (*per Prop. 29 p. 2*) ejus cognitio, nempe mali cognitio, est inadæquata. Q. E. D.

COROLLARIUM — Hinc sequitur, quod si Mens humana non, nisi adæquatas, haberet ideas, nullam mali formaret notionem.

PROPOSITIO LXV

De duobus bonis majus, et de duobus malis minus ex rationis ductu sequemur.

DEMONSTRATIO — Bonum, quod impedit, quominus majore bono fruamur, est revera malum; malum enim, et bonum (*ut in Præfat. hujus ostendimus*) de rebus dicitur, quatenus easdem ad invicem comparamus, et (*per eandem rationem*) malum minus revera bonum est, quare (*per Coroll. Prop. 63 hujus*) ex rationis ductu bonum tantum majus, et malum minus appetemus, seu sequemur. Q. E. D.

COROLLARIUM — Malum minus pro majore bono ex rationis ductu sequemur, et bonum minus, quod causa est majoris mali, negligemus. Nam malum, quod hic dicitur minus, revera bonum est, et bonum contra malum, quare (*per Coroll. Prop. 63 hujus*) illud appetemus, et hoc negligemus. Q. E. D.

PROPOSITIO LXVI

Bonum majus futurum præ minore præsenti, et malum

PROPOSIÇÃO LXIV

O conhecimento do mal é um conhecimento inadequado.

DEMONSTRAÇÃO — O conhecimento do mal (*pela Prop. 8 desta Parte*) é a própria tristeza na medida em que estamos conscientes dela. A tristeza, no entanto, é uma transição para uma perfeição menor (*pela Def. 3 dos Afetos*) e, por conseguinte, não pode ser entendida pela própria essência do homem (*pelas Prop. 6 e 7, P. III*). É, portanto (*pela Def. 2, P. III*), uma paixão que (*pela Prop. 3, P. III*) depende de ideias inadequadas e, consequentemente (*pela Prop. 29, P. II*), o seu conhecimento, quer dizer, o conhecimento do mal, é inadequado. Q. E. D.

COROLÁRIO — Donde se segue que, se a mente humana não tivesse senão ideias adequadas, não formaria nenhuma noção do mal.

PROPOSIÇÃO LXV

Sob a condução da razão, de dois bens seguiremos o maior, e de dois males o menor.

DEMONSTRAÇÃO — Um bem que impede que desfrutemos de um bem maior é, na realidade, um mal. Com efeito, o mal e o bem (*como mostramos no Pref. desta Parte*) dizem-se das coisas na medida em que as comparamos umas com as outras, e (*pela mesma razão*) um mal menor é, na realidade, um bem, pelo que (*pelo Corol. da Prop. 63 desta Parte*), sob a condução da razão, apetecer-nos-á, ou seja, seguiremos, só o bem maior e o mal menor. Q. E. D.

COROLÁRIO — Sob a condução da razão, seguiremos o mal menor por um bem maior e desprezaremos um bem menor que seja causa de um mal maior. Na verdade, o mal que aqui se diz menor é, na realidade, um bem; pelo contrário, o bem que se diz menor é, na realidade, um mal. Por isso (*pelo Corol. da Prop. 63 desta Parte*), apetecer-nos-á aquele e desprezaremos este. Q. E. D.

PROPOSIÇÃO LXVI

Sob a condução da razão, apetecer-nos-á mais um bem maior futuro do

Parte IV — Da Servidão Humana, ou das Forças dos Afetos

præsens minus præ majori futuro ex rationis ductu appetemus.

DEMONSTRATIO — Si Mens rei futuræ adæquatam posset habere cognitionem, eodem affectu erga rem futuram, ac erga præsentem afficeretur (*per Prop. 62 hujus*); quare quatenus ad ipsam rationem attendimus, ut in hac Propositione nos facere supponimus, res eadem est, sive majus bonum, vel malum futurum, sive præsens supponatur; ac proinde (*per Prop. 65 hujus*) bonum futurum majus præ minore præsenti etc. appetemus. *Q. E. D.*

COROLLARIUM — Malum præsens minus, quod est causa majoris futuri boni, ex rationis ductu appetemus, et bonum præsens minus, quod causa est majoris futuri mali, negligemus. Hoc Coroll. se habet ad præced. Prop. ut Coroll. Prop. 65 ad ipsam Prop. 65.

SCHOLIUM — Si igitur hæc cum iis conferantur, quæ in hac Parte usque ad Propositionem 18 de affectuum viribus ostendimus, facile videbimus, quid homo, qui solo affectu, seu opinione, homini, qui ratione ducitur, intersit. Ille enim, velit nolit, ea, quæ maxime ignorat, agit; hic autem nemini, nisi sibi, morem gerit, et ea tantum agit, quæ in vita prima esse novit, quæque propterea maxime cupit, et ideo illum servum, hunc autem liberum voco, de cujus ingenio, et vivendi ratione pauca adhuc notare libet.

PROPOSITIO LXVII

Homo liber de nulla re minus, quam de morte cogitat, et ejus sapientia non mortis, sed vitæ meditatio est.

que um bem menor presente, e um mal menor presente do que um mal maior futuro.

DEMONSTRAÇÃO — Se a mente pudesse ter um conhecimento adequado de uma coisa futura, seria afetada do mesmo afeto a respeito da coisa futura que a respeito da coisa presente (*pela Prop. 62 desta Parte*). Daí que, na medida em que atendemos à própria razão, como é suposto fazermos nesta Proposição, é a mesma coisa quer se suponha o bem, ou o mal, como futuro, quer como presente. Por conseguinte (*pela Prop. 65 desta Parte*), sob a condução da razão, apetecer-nos-á mais um bem maior futuro do que um bem menor presente, etc. Q. E. D.

COROLÁRIO — Sob a condução da razão, apetecer-nos-á um mal menor presente que é causa de um bem maior futuro, e desprezaremos um bem menor presente que é causa de um mal maior futuro. Este Corol. está para a Prop. anterior como o Corol. da Prop. 65 está para a mesma Prop. 65.

ESCÓLIO — Se compararmos, pois, estas coisas com o que mostramos nesta Parte, até a Proposição 18, sobre as forças dos afetos, veremos facilmente em que é que se distingue o homem que se conduz só pelo afeto, ou pela opinião, do homem que se conduz pela razão. Porque o primeiro, quer queira, quer não, faz coisas de que é maximamente ignorante, enquanto o segundo não presta contas a ninguém senão a si mesmo, e faz só aquelas coisas que sabe serem primordiais na vida e que, por esse motivo, deseja maximamente. Chamo, pois, escravo àquele, mas livre a este, sobre cujo engenho e maneira de viver gostaria ainda de fazer algumas breves observações.

PROPOSIÇÃO LXVII

Não há nada em que o homem livre menos pense do que na morte, e a sua sabedoria é uma meditação sobre a vida, não sobre a morte.[25]

---

[25] Proposição que inverte a concepção tradicional, particularmente viva no Barroco, mas que é expressa de forma exemplar já no *"memento homo, quia pulvis es et in pulverem reverteris"* ("Lembra-te, ó homem, de que és pó e ao pó hás-de tornar", Gênesis, 3, 19), assim como no Eclesiastes, 7, em especial o versículo 3: *"Melius est ire ad domum luctus quam ad domum convivii"* ("É melhor ir a uma casa onde há luto, do que a uma casa onde há banquete"). H. A. Wolfson (1934, vol. II, p. 252) vê nesta proposição *"a direct challen-*

DEMONSTRATIO — Homo liber, hoc est, qui ex solo rationis dictamine vivit, mortis Metu non ducitur (*per Prop. 63 hujus*); sed bonum directe cupit (*per Coroll. ejusdem Prop.*), hoc est (*per Prop. 24 hujus*), agere, vivere, suum esse conservare ex fundamento proprium utile quærendi; atque adeo nihil minus, quam de morte cogitat; sed ejus sapientia vitæ est meditatio. *Q. E. D.*

PROPOSITIO LXVIII
Si homines liberi nascerentur, nullum boni, et mali formarent conceptum, quamdiu liberi essent.

DEMONSTRATIO — Illum liberum esse dixi, qui sola ducitur ratione; qui itaque liber nascitur, et liber manet, non nisi adæquatas ideas habet, ac proinde mali conceptum habet nullum (*per Coroll. Prop. 64 hujus*), et consequenter (nam bonum, et malum correlata sunt) neque boni. *Q. E. D.*

SCHOLIUM — Hujus Propositionis Hypothesin falsam esse, nec posse concipi, nisi quatenus ad solam naturam humanam, seu potius ad Deum attendimus, non quatenus infinitus, sed quatenus tantummodo causa est, cur homo existat, patet ex Propositione 4 hujus Partis. Atque hoc, et alia, quæ jam demonstravimus,

DEMONSTRAÇÃO — O homem livre, isto é, aquele que vive segundo o simples ditame da razão, não se conduz pelo medo da morte (*pela Prop. 63 desta Parte*); pelo contrário, deseja diretamente o bem (*pelo Corol. da mesma Prop.*), isto é (*pela Prop. 24 desta Parte*), agir, viver, conservar o seu ser, com base na procura do que lhe é útil. Por isso, não há nada em que ele menos pense do que na morte, e a sua sabedoria é uma meditação sobre a vida. Q. E. D.

PROPOSIÇÃO LXVIII

Se os homens nascessem livres, não formariam, enquanto fossem livres, nenhum conceito do bem e do mal.

DEMONSTRAÇÃO — Afirmei que é livre quem se conduz só pela razão. Assim, quem nasce e permanece livre não tem senão ideias adequadas e, por conseguinte, não tem nenhum conceito do mal (*pelo Corol. da Prop. 64 desta Parte*) nem, consequentemente (porque o bem e o mal são correlativos), do bem. Q. E. D.

ESCÓLIO — É evidente pela Proposição 4 desta Parte que a hipótese desta Proposição é falsa e não pode ser concebida senão na medida em que atendemos só à natureza humana, ou antes, a Deus, não na medida em que é infinito, mas na medida apenas em que é a causa pela qual o homem existe. E é isto, tal como outras coisas que já demonstramos, que Moisés parece que-

---

ge to Thomas Kempis' counsel to meditate on death" ("um desafio direto ao conselho de Thomas de Kempis para meditar na morte"), referindo-se ao cap. III do Livro IV do *De Imitatione Christi* (1441), que se intitula precisamente "*De meditatione mortis*" ("Da meditação sobre a morte"). O tema, porém, já vinha de muito antes. Basta recordar Platão (*Fédon*, 65b-d), que recomenda separar o mais possível a alma do corpo como exercício de preparação para a morte; Marco Aurélio (*Meditações*, IX, 3), que aconselha a esperar a morte "como um acontecimento", "uma das coisas que quer a natureza"; ou Cícero (*Tusculanae Disputationes*, I, XXX, 74), que afirma peremptório: "*tota philosophorum vita commentatio mortis*" ("toda a vida dos filósofos é uma preparação da morte"). Mais tarde, no século XI, poderíamos citar o beneditino Rupert von Deutz, autor de uma obra também intitulada *De Meditatione Mortis*, e, no Renascimento, Montaigne (*Essais* I, cap. XIX), segundo o qual "*philosopher c'est apprendre à mourir*" ("filosofar é aprender a morrer"). Isto, para já não falar na mística cristã, onde a morte é encarada positivamente, vendo-se nela uma passagem à verdadeira vida, e que tem em Santa Teresa de Ávila o seu mais brilhante expoente. Recorde-se o justamente conhecido poema cujo mote são os seguintes versos: "*vivo sin vivir en mi/ y tan alta vida espero/ que muero porque no muero*".

Parte IV — Da Servidão Humana, ou das Forças dos Afetos

videntur a Mose significari in illa primi hominis historia. In ea enim nulla alia Dei potentia concipitur, quam illa, qua hominem creavit, hoc est, potentia, qua hominis solummodo utilitati consuluit, atque eatenus narratur, quod Deus homini libero prohibuerit, ne de arbore cognitionis boni, et mali comederet, et quod, simulac de ea comederet, statim mortem metueret potius, quam vivere cuperet. Deinde, quod inventa ab homine uxore, quæ cum sua natura prorsus conveniebat, cognovit nihil posse in natura dari, quod ipsi posset illa esse utilius; sed quod, postquam bruta sibi similia esse credidit, statim eorum affectus imitari inceperit (*vide Prop. 27 p. 3*), et libertatem suam amittere, quam Patriarchæ postea recuperaverunt, ducti Spiritu Christi, hoc est, Dei idea, a qua sola pendet, ut homo liber sit, et ut bonum, quod sibi cupit, reliquis hominibus cupiat, ut supra (*per Prop. 37 hujus*) demonstravimus.

PROPOSITIO LXIX

Hominis liberi virtus æque magna cernitur in declinandis, quam in superandis periculis.

rer significar com aquela história do primeiro homem. Nela, com efeito, não se concebe nenhuma outra potência de Deus senão aquela pela qual ele criou o homem, isto é, a potência pela qual atendeu somente à utilidade do homem, e, nesse sentido, narra-se que Deus havia proibido o homem livre de comer da árvore do conhecimento do bem e do mal, e que, mal este comesse dela, teria imediatamente mais medo da morte que desejo de viver. Em seguida, narra-se que, tendo o homem encontrado a mulher, a qual convinha inteiramente com a sua natureza, conheceu que nada poderia dar-se na natureza que lhe pudesse ser mais útil do que ela.[26] Porém, a partir do momento em que acreditou que os animais eram semelhantes a si, começou imediatamente a imitar os seus afetos (*veja-se a Prop. 27, P. III*) e a perder a sua liberdade, a qual os patriarcas recuperaram depois, conduzidos pelo espírito de Cristo, isto é, pela ideia de Deus,[27] a única de que depende o homem ser livre e desejar para os outros o bem que deseja para si, como acima (*pela Prop. 37 desta Parte*) demonstramos.

PROPOSIÇÃO LXIX
A virtude do homem livre mostra-se tão grande a evitar os perigos como a superá-los.

---

[26] De acordo com P. di Vona (1995, pp. 43-7), daqui até o final do Escólio o texto é apócrifo, tendo, muito provavelmente, sido acrescentado pelos amigos do autor, "no vão propósito de defenderem Espinosa da acusação de impiedade e ateísmo" (p. 47), ao publicarem as *Obras póstumas*. Independentemente das questões filológicas que poderão levantar-se, é efetivamente difícil, no mínimo, conciliar o teor das linhas em causa com as diversas passagens do *TTP* e do *TP*, realçadas por Piero di Vona, em que Espinosa se insurge contra a doutrina da queda do primeiro homem, o mesmo se podendo dizer daquelas em que descreve os patriarcas e os profetas como incapazes de terem uma ideia sobre Deus que não fosse antropomórfica. Acresce ainda, em abono da hipótese levantada por di Vona, que a doutrina da "imitação dos afetos" não aparece em mais nenhuma passagem aplicada ao relacionamento entre humanos e seres irracionais.

[27] Há neste trecho, apócrifo ou não, uma clara reminiscência da engenhosa utilização que Espinosa, no *TTP*, faz da figura de Cristo enquanto percepção racional de Deus, a qual é contrastada com a percepção imaginativa que têm os profetas e veiculam as religiões. Veja-se, por exemplo, *TTP*, cap. I (*G* III, p. 21): "enquanto Moisés falava com Deus face a face, tal como um homem fala habitualmente com um companheiro (isto é, por meio dos seus dois corpos), Cristo comunicou com Deus de mente para mente". Sobre esta matéria, cf. o já clássico livro de A. Matheron (1971), *Le Christ et le salut des ignorants chez Spinoza*, Paris, Aubier.

DEMONSTRATIO — Affectus coerceri, nec tolli potest, nisi affectu contrario, et fortiore affectu coercendo (*per Prop. 7 hujus*). At cæca Audacia et Metus affectus sunt, qui æque magni possunt concipi (*per Prop. 5 et 3 hujus*). Ergo æque magna animi virtus, seu fortitudo (*hujus Definitionem vide in Schol. Prop. 59 p. 3*) requiritur ad Audaciam, quam ad Metum coercendum, hoc est (*per Defin. 40 et 41 Affect.*), homo liber eadem animi virtute pericula declinat, qua eadem superare tentat. Q. E. D.

COROLLARIUM — Homini igitur libero æque magnæ Animositati fuga in tempore, ac pugna ducitur: sive homo liber eadem Animositate, seu animi præsentia, qua certamen, fugam eligit.

SCHOLIUM — Quid Animositas sit, vel quid per ipsam intelligam, in Scholio Prop. 59 p. 3 explicui. Per periculum autem id omne intelligo, quod potest esse causa alicujus mali, nempe Tristitiæ, Odii, Discordiæ, etc.

PROPOSITIO LXX

Homo liber, qui inter ignaros vivit, eorum, quantum potest, beneficia declinare studet.

DEMONSTRATIO — Unusquisque ex suo ingenio judicat, quid bonum sit (*vide Schol. Prop. 39 p. 3*); ignarus igitur, qui in aliquem beneficium contulit, id ex suo ingenio æstimabit, et si minoris ab eo, cui datum est, æstimari videt, contristabitur (*per Prop. 42 p. 3*). At homo liber reliquos homines amicitia sibi jungere (*per Prop. 37 hujus*), nec paria hominibus beneficia ex eorum affectu referre, sed se, et reliquos libero rationis judicio ducere, et ea tantum agere studet, quæ ipse prima esse novit: ergo homo liber, ne ignaris odio sit, et ne eorum appetitui, sed soli rationi obsequatur, eorum beneficia, quantum potest, declinare conabitur. Q. E. D.

SCHOLIUM — Dico *quantum potest*. Nam quamvis homines ignari sint, sunt tamen homines, qui in necessitatibus humanum auxilium, quo nullum præstabilius est, adferre queunt; atque adeo sæpe fit, ut necesse sit ab iisdem beneficium accipere, et consequenter iisdem contra ex eorum ingenio congratulari; ad quod

DEMONSTRAÇÃO — Um afeto não pode ser reprimido nem suprimido senão por um afeto contrário e mais forte do que o afeto a reprimir (*pela Prop. 7 desta Parte*). Ora, a audácia cega e o medo são afetos que se podem conceber como igualmente grandes (*pelas Prop. 5 e 3 desta Parte*). Logo, tão grande é a virtude do ânimo, ou fortaleza (*veja-se a Def. no Esc. da Prop. 59, P. III*), que se requer para reprimir a audácia, quanto para reprimir o medo, isto é (*pelas Def. 40 e 41 dos Afetos*), o homem livre evita os perigos com a mesma virtude do ânimo com que tenta superá-los. Q. E. D.

COROLÁRIO — Uma fuga a tempo exige, pois, tanta firmeza ao homem livre quanto um combate; ou seja, o homem livre escolhe a fuga com a mesma firmeza, ou presença de espírito, com que escolhe o combate.

ESCÓLIO — Expliquei no Escólio da Prop. 59, Parte III, o que seja a firmeza, ou o que entendo por ela. Por perigo, porém, entendo tudo o que pode ser causa de algum mal, a saber, de tristeza, ódio, discórdia, etc.

PROPOSIÇÃO LXX

O homem livre que vive entre ignorantes procura declinar, quanto possível, os seus favores.

DEMONSTRAÇÃO — Cada um julga segundo o seu engenho o que seja bom (*veja-se o Esc. da Prop. 39, P. III*). Portanto, o ignorante que fez um favor a alguém valorizará esse favor segundo o seu engenho, e se vir que aquele a quem o fez o valoriza menos, entristecer-se-á (*pela Prop. 42, P. III*). Ora, o homem livre empenha-se em juntar a si os outros homens por amizade (*pela Prop. 37 desta Parte*), e não em retribuir-lhes com favores equivalentes, segundo o afeto deles, mas em conduzir-se a si e aos outros pelo livre juízo da razão e fazer só aquilo que ele próprio sabe ser mais importante. Logo, o homem livre, para não ser odiado pelos ignorantes e não se vergar aos seus apetites, mas apenas à razão, esforçar-se-á quanto possível por declinar os seus favores. Q. E. D.

ESCÓLIO — Digo *quanto possível*. Na verdade, os homens, mesmo que sejam ignorantes, são, contudo, homens, que em caso de necessidade podem prestar um auxílio humano, e mais vantajoso do que este não existe nenhum. Por isso, acontece muitas vezes ser necessário aceitar um favor deles e, consequentemente, agradecer-lhes segundo o engenho deles. A isto acresce

accedit, quod etiam in declinandis beneficiis cautio esse debet, ne videamur eosdem contemnere, vel præ Avaritia remunerationem timere, atque ita dum eorum Odium fugimus, eo ipso in eorum offensionem incurramus. Quare in declinandis beneficiis ratio utilis, et honesti habenda est.

PROPOSITIO LXXI
Soli homines liberi erga invicem gratissimi sunt.

DEMONSTRATIO — Soli homines liberi sibi invicem utilissimi sunt, et maxima amicitiæ necessitudine invicem junguntur (*per Prop. 35 hujus, et ejus Coroll. 1*), parique amoris studio sibi invicem benefacere conantur (*per Prop. 37 hujus*); adeoque (*per Defin. 34 Affect.*) soli homines liberi erga se invicem gratissimi sunt. *Q. E. D.*

SCHOLIUM — Gratia, quam homines, qui cæca Cupiditate ducuntur, invicem habent, mercatura, seu aucupium potius, quam gratia plerumque est. Porro ingratitudo affectus non est. Est tamen ingratitudo turpis, quia plerumque hominem nimio Odio, Ira, vel Superbia, vel Avaritia etc. affectum esse indicat. Nam qui præ stultitia dona compensare nescit, ingratus non est, et multo minus ille, qui donis non movetur meretricis, ut ipsius libidini inserviat, nec furis, ut ipsius furta celet, vel alterius similis. Nam hic contra animum habere constantem ostendit, qui scilicet se nullis donis ad suam, vel communem perniciem patitur corrumpi.

PROPOSITIO LXXII
Homo liber nunquam dolo malo, sed semper cum fide agit.

também que, ao declinar os seus favores, se deve ser cauteloso, ainda assim não pareça que os desprezamos, ou que tememos recompensá-los por avareza, de tal modo que, a fugirmos do ódio deles, incorramos, por isso mesmo, em ofensa. Deve-se, por isso, ao declinar favores, ter em conta o útil e o honesto.

PROPOSIÇÃO LXXI
Só os homens livres têm uns para com os outros a maior gratidão.

DEMONSTRAÇÃO — Só os homens livres são utilíssimos uns aos outros, só eles se juntam uns aos outros pelos mais estreitos laços de amizade (*pela Prop. 35 desta Parte e o seu Corol. 1*) e se esforçam com idêntico afã amoroso por fazer bem uns aos outros (*pela Prop. 37 desta Parte*). Por conseguinte (*pela Def. 34 dos Afetos*), só os homens livres têm uns para com os outros a maior gratidão. *Q. E. D.*

ESCÓLIO — A gratidão que os homens que se conduzem pelo desejo cego têm uns para com os outros é, a maioria das vezes, negócio, ou ardil, mais do que gratidão. Depois, a ingratidão não é um afeto, ainda que seja torpe, porque em geral indica que o homem está afetado de ódio em demasia, ou de ira, ou de soberba, ou de avareza, etc. Com efeito, não é ingrato quem, por estultícia, não sabe retribuir os presentes, muito menos aquele a quem os presentes de uma meretriz não o conduzem a pôr-se ao serviço da sua libido, nem os de um ladrão a ocultar os seus furtos, nem outros que tais. Porque este mostra, pelo contrário, ter ânimo constante, quer dizer, não se deixa corromper, para sua ruína ou a ruína comum, com nenhuns presentes.

PROPOSIÇÃO LXXII
O homem livre não age nunca com dolo mau,[28] mas sempre de boa-fé.

---

[28] *Dolum malum* e *dolum bonum*: a palavra "dolo" tende atualmente a tomar-se, mesmo em sede jurídica, unicamente pelo que outrora se especificava como "dolo mau". Assim, por exemplo, o Código Civil Português, art. 253, nº 1, esclarece: "Entende-se por dolo qualquer sugestão ou artifício que alguém empregue com a intenção ou consciência de induzir ou manter em erro o autor da declaração (leia-se: de aceitação de um contrato) bem

DEMONSTRATIO — Si liber homo quicquam dolo malo, quatenus liber est, ageret, id ex dictamine rationis ageret (nam eatenus tantum liber a nobis appellatur): atque adeo dolo malo agere virtus esset (*per Prop. 24 hujus*), et consequenter (*per eandem Prop.*) unicuique ad suum esse conservandum consultius esset, dolo malo agere, hoc est (*ut per se notum*), hominibus consultius esset verbis solummodo convenire, re autem invicem esse contrarios, quod (*per Coroll. Prop. 31 hujus*) est absurdum. Ergo homo liber etc. Q. E. D.

SCHOLIUM — Si jam quæratur, quid si homo se perfidia a præsenti mortis periculo posset liberare, an non ratio suum esse conservandi omnino suadet, ut perfidus sit? Respondebitur eodem modo, quod si ratio id suadeat, suadet ergo id omnibus hominibus, atque adeo ratio omnino suadet hominibus, ne nisi dolo malo paciscantur, vires conjungere, et jura habere communia, hoc est, ne revera jura habeant communia, quod est absurdum.

PROPOSITIO LXXIII

Homo qui ratione ducitur, magis in civitate, ubi ex communi decreto vivit, quam in solitudine, ubi sibi soli obtemperat, liber est.

DEMONSTRAÇÃO — Se o homem livre, na medida em que é livre, fizesse algo com dolo mau, agiria segundo o ditame da razão (porque só nessa medida lhe chamamos livre) e, desse modo, agir com dolo mau seria virtude (*pela Prop. 24 desta Parte*) e, consequentemente (*pela mesma Prop.*), seria mais aconselhável a cada um, para conservar o seu ser, agir com dolo mau, quer dizer (*como é por si evidente*), seria mais aconselhável aos homens convirem somente nas palavras, mas estarem na realidade uns contra os outros, o que (*pelo Corol. da Prop. 31 desta Parte*) é absurdo. Logo, o homem livre, etc. Q. E. D.

ESCÓLIO — Se agora se perguntar: e se um homem pudesse livrar-se, através da perfídia, de um perigo atual de morte, porventura a regra da conservação do seu ser não o persuadiria a que fosse pérfido? A resposta é a mesma: se a razão o persuadir a isso, então ela persuadirá a isso todos os homens e, por conseguinte, persuadirá os homens a não pactuarem senão com dolo mau, a não unirem forças e terem direitos comuns,[29] isto é, a não terem realmente direitos comuns, o que é absurdo.

PROPOSIÇÃO LXXIII
O homem que se conduz pela razão é mais livre na cidade, onde vive segundo o decreto comum,[30] do que na solidão, onde obedece só a si mesmo.

---

como a dissimulação, pelo declaratório ou terceiro, do erro do declarante". Todavia, aquilo que antes se designava por "dolo bom" reaparece, se bem que indiretamente, logo no nº 2 do mesmo artigo: "Não constituem dolo ilícito as sugestões ou artifícios usuais, considerados legítimos segundo as concepções dominantes no comércio jurídico, nem a dissimulação do erro, quando nenhum dever de elucidar o declarante resulte da lei, de estipulação negocial ou daquelas concepções".

[29] *Jura communia*: embora aflorado no cap. XVI do *TTP*, só no *TP* (cap. II, § 15) este conceito abandonará explicitamente o registro contratualista e hobbesiano, para assumir uma formulação autenticamente espinosana: "o direito natural, que é próprio do gênero humano, dificilmente pode conceber-se a não ser onde os homens têm direitos comuns e podem, juntos, reivindicar para si terras que possam habitar e cultivar, fortificar-se, repelir toda a força e viver segundo o parecer comum de todos eles. Com efeito, quantos mais forem os que assim se põem de acordo, mais direito têm todos juntos".

[30] *Ex communi decreto*: cf. notas 17, P. II e 2, P. III.

DEMONSTRATIO — Homo, qui ratione ducitur, non ducitur Metu ad obtemperandum (*per Prop. 63 hujus*); sed quatenus suum esse ex rationis dictamine conservare conatur, hoc est (*per Schol. Prop. 66 hujus*), quatenus libere vivere conatur, communis vitæ, et utilitatis rationem tenere (*per Prop. 37 hujus*), et consequenter (*ut in Schol. 2 Prop. 37 hujus ostendimus*) ex communi civitatis decreto vivere cupit. Cupit ergo homo, qui ratione ducitur, ut liberius vivat, communia civitatis jura tenere. *Q. E. D.*

SCHOLIUM — Hæc, et similia, quæ de vera hominis libertate ostendimus, ad Fortitudinem, hoc est (*per Schol. Prop. 59 p. 3*) ad Animositatem, et Generositatem referuntur. Nec operæ pretium duco, omnes Fortitudinis proprietates hic separatim demonstrare, et multo minus, quod vir fortis neminem odio habeat, nemini irascatur, invideat, indignetur, neminem despiciat, minimeque superbiat. Nam hæc, et omnia, quæ ad veram vitam, et Religionem spectant, facile ex Propositione 37 et 46 hujus Partis convincuntur; nempe quod Odium Amore contra vincendum sit, et quod unusquisque, qui ratione ducitur, bonum, quod sibi appetit, reliquis etiam ut sit, cupiat. Ad quod accedit id, quod in Scholio Propositionis 50 hujus Partis, et aliis in locis notavimus, quod scilicet vir fortis hoc apprime consideret, nempe quod omnia ex necessitate divinæ naturæ sequantur, ac proinde quicquid molestum, et malum esse cogitat, et quicquid præterea impium, horrendum, injustum, et turpe videtur, ex eo oritur, quod res ipsas perturbate, mutilate, et confuse concipit; et hac de causa apprime conatur res, ut in se sunt, concipere, et vexæ cognitionis impedimenta amovere, ut sunt Odium, Ira, Invidia, Irrisio, Superbia, et reliqua hujusmodi, quæ in præcedentibus notavimus; atque adeo, quantum potest, conatur, uti diximus, bene agere, et lætari. Quousque autem humana virtus ad hæc consequenda se extendat, et quid possit, in sequenti Parte demonstrabo.

APPENDIX

Quæ in hac Parte de recta vivendi ratione tradidi, non sunt ita disposita, ut uno aspectu videri possint; sed disperse a me demonstrata sunt, prout scilicet unum ex alio facilius deducere

DEMONSTRAÇÃO — O homem que se conduz pela razão não é conduzido a obedecer pelo medo (*pela Prop. 63 desta Parte*); pelo contrário, na medida em que se esforça por conservar o seu ser segundo o ditame da razão, isto é (*pelo Esc. da Prop. 66 desta Parte*), na medida em que se esforça por viver livremente, deseja observar a regra da vida em comum e da comum utilidade (*pela Prop. 37 desta Parte*) e, consequentemente (*como mostramos no Esc. 2 da Prop. 37 desta Parte*), viver segundo o decreto comum da cidade. Por conseguinte, o homem que se conduz pela razão deseja, para viver mais livremente, observar os direitos comuns da cidade. Q. E. D.

ESCÓLIO — Estas e outras coisas semelhantes, que mostramos acerca da verdadeira liberdade do homem, referem-se à fortaleza, isto é (*pelo Esc. da Prop. 59, P. III*), à firmeza e à generosidade. Não creio que valha a pena demonstrar aqui, separadamente, todas as propriedades da fortaleza e, muito menos, que um homem forte não tem ódio a ninguém, não se enfurece com ninguém, não inveja, não se indigna nem tem menosprezo por ninguém, nem é, de modo algum, soberbo. Na verdade, isso e tudo o que respeita à verdadeira vida e à religião deduz-se facilmente das Proposições 37 e 46 desta Parte, a saber, que o ódio deve ser vencido pelo amor, e que todo aquele que se conduz pela razão deseja também para os outros o bem que a si mesmo lhe apetece. A isto acresce o que observamos no Escólio da Proposição 50 desta Parte e em outras passagens, ou seja, que o homem forte considera, acima de tudo, que todas as coisas se seguem da necessidade da natureza divina e, por conseguinte, aquilo que ele pensa ser incômodo e mau, tal como o que parece ímpio, horrível, injusto e torpe, se origina do fato de conceber as coisas de uma forma desordenada, mutilada e confusa. Por esta razão, esforça-se acima de tudo por conceber as coisas como elas são em si mesmas e por remover os obstáculos ao verdadeiro conhecimento, como são o ódio, a ira, a inveja, o escárnio, a soberba e as outras coisas do gênero que assinalamos anteriormente, pelo que, como dissemos, se esforça quanto pode por agir bem e alegrar-se. Até onde, porém, a virtude humana chega a conseguir isto, e o que é que ela pode, demonstrá-lo-ei na Parte seguinte.

APÊNDICE

As coisas que expus nesta Parte sobre a reta maneira de viver não estão dispostas de modo a que possam ver-se num relance. Pelo contrário, foram por mim demonstradas de modo disperso, conforme as podia mais facilmen-

potuerim. Eadem igitur hic recolligere, et ad summa capita redigere proposui.

Caput I

Omnes nostri conatus, seu Cupiditates ex necessitate nostræ naturæ ita sequuntur, ut vel per ipsam solam, tanquam per proximam suam causam, possint intelligi, vel quatenus naturæ sumus pars, quæ per se absque aliis individuis non potest adæquate concipi.

Caput II

Cupiditates, quæ ex nostra natura ita sequuntur, ut per ipsam solam possit intelligi, sunt illæ, quæ ad Mentem referuntur, quatenus hæc ideis adæquatis constare concipitur; reliquæ vero Cupiditates ad Mentem non referuntur, nisi quatenus res inadæquate concipit, et quarum vis, et incrementum non humana, sed rerum, quæ extra nos sunt, potentia definiri debet; et ideo illæ recte actiones, hæ autem passiones vocantur; illæ namque nostram potentiam semper indicant, et hæ contra nostram impotentiam, et mutilatam cognitionem.

Caput III

Nostræ actiones, hoc est, Cupiditates illæ, quæ hominis potentia, seu ratione definiuntur, semper bonæ sunt, reliquæ autem tam bonæ, quam malæ possunt esse.

Caput IV

In vita itaque apprime utile est, intellectum, seu rationem, quantum possumus, perficere, et in hoc uno summa hominis felicitas, seu beatitudo consistit; quippe beatitudo nihil aliud est, quam ipsa

te deduzir umas das outras. Por isso, propus-me coligi-las aqui e reduzi-las aos pontos capitais.[31]

I

Todos os nossos esforços, ou desejos, se seguem da necessidade da nossa natureza, de tal maneira que podem entender-se ou só por ela mesma, como sua causa próxima, ou na medida em que somos uma parte da natureza que não pode ser adequadamente concebida só por si, sem os outros indivíduos.

II

Os desejos que se seguem da nossa natureza, de tal maneira que se pode entendê-los só por meio dela, são os que se referem à mente na medida em que se concebe que esta é composta de ideias adequadas. Os restantes desejos, porém, não se referem à mente senão na medida em que ela concebe as coisas inadequadamente, e a sua força e incremento não devem definir-se pela potência humana, mas pela potência das coisas que estão fora de nós. Por isso, é correto chamar ações àqueles, ao passo que a estes se chama paixões. Porque aqueles indicam sempre a nossa potência, enquanto estes indicam, pelo contrário, a nossa impotência e um conhecimento mutilado.

III

As nossas ações, isto é, aqueles desejos que se definem pela potência, ou razão, do homem, são sempre boas, ao passo que as restantes tanto podem ser boas, como más.

IV

Na vida, portanto, é útil acima de tudo aperfeiçoar quanto possível o entendimento, ou razão, e apenas nisso consiste a suprema felicidade, ou beatitude, do homem, já que a beatitude não é senão a própria satisfação do

---

[31] *Ad summa capita*: uma tradução literal, como a que é comumente adotada, seria "aos capítulos principais", em coerência com o título dado pelo autor a cada um dos textos subsequentes: *Caput I, Caput II*, etc. Dado, no entanto, que não se trata de verdadeiros capítulos na acepção em que tomamos hoje em dia a palavra, resultando mesmo algo insólito aplicar-lhe tal designação, e dado que o latim *caput* também se utilizava com o significado de "sumário", ou "resumo", bastante mais próximo daquilo que são realmente os 32 textos que vão seguir-se, optamos, na esteira de E. Curley, por não traduzir tal vocábulo, assinalando unicamente a numeração, em algarismos romanos, dos parágrafos a que, desde as *OP*, se chama capítulos.

Parte IV — Da Servidão Humana, ou das Forças dos Afetos

animi acquiescentia, quæ ex Dei intuitiva cognitione oritur: at intellectum perficere nihil etiam aliud est, quam Deum, Deique attributa, et actiones, quæ ex ipsius naturæ necessitate consequuntur, intelligere. Quare hominis, qui ratione ducitur, finis ultimus, hoc est, summa Cupiditas, qua reliquas omnes moderari studet, est illa, qua fertur ad se, resque omnes, quæ sub ipsius intelligentiam cadere possunt, adæquate concipiendum.

Caput V

Nulla igitur vita rationalis est sine intelligentia, et res eatenus tantum bonæ sunt, quatenus hominem juvant, ut Mentis vita fruatur, quæ intelligentia definitur. Quæ autem contra impediunt, quominus homo rationem perficere, et rationali vita frui possit, eas solummodo malas esse dicimus.

Caput VI

Sed quia omnia illa, quorum homo efficiens est causa, necessario bona sunt, nihil ergo mali homini evenire potest, nisi a causis externis; nempe quatenus pars est totius naturæ, cujus legibus humana natura obtemperare, et cui infinitis modis pene sese accommodare cogitur.

Caput VII

Nec fieri potest, ut homo non sit naturæ pars, et communem ejus ordinem non sequatur; sed si inter talia individua versetur, quæ cum ipsius hominis natura conveniunt, eo ipso hominis agendi

ânimo, a qual se origina do conhecimento intuitivo de Deus. Ora, aperfeiçoar o entendimento também não é outra coisa senão entender Deus, os seus atributos e as ações que se seguem da necessidade da sua natureza. Por conseguinte, o fim último do homem que se conduz pela razão, isto é, o seu desejo supremo, mediante o qual se empenha em regrar todos os outros, é o que o leva a conceber-se adequadamente a si mesmo e a todas as coisas que podem cair sob a sua inteligência.

V

Nenhuma vida, portanto, é racional sem inteligência,[32] e as coisas são boas só na medida em que ajudam o homem a fruir da vida da mente, que se define pela inteligência. Pelo contrário, as que impedem que o homem possa aperfeiçoar a razão e fruir de uma vida racional são as únicas que dizemos serem más.

VI

Porém, como todas as coisas de que o homem é causa eficiente são necessariamente boas, não lhe pode acontecer nada de mau a não ser devido a causas exteriores, quer dizer, na medida em que o homem é uma parte da natureza no seu todo, a cujas leis a natureza humana é coagida a obedecer e a acomodar-se de quase uma infinidade de modos.

VII

É impossível que o homem não seja uma parte da natureza e não siga a sua ordem comum. Todavia, se ele viver entre indivíduos que convêm com a sua natureza, a sua potência de agir será ajudada e favorecida por isso mes-

---

[32] *Nulla igitur vita rationalis est sine intelligentia*: R. Misrahi crê ver aqui uma tautologia, razão pela qual, apoiado na versão dos *Nagelate Schriften*, onde aparece *"Dat leven, 't welk zonder kennis is, kan geen leven genoemt worden"* ("A vida sem conhecimento não pode ser chamada vida"), traduz por *"Aussi n'y a-t-il point de vie vraie sans intelligence"* ("Assim, não há vida verdadeira sem inteligência"). Na edição das *Oeuvres*, Akkerman e Steenbakkers registram uma outra fórmula — *"Nulla igitur vita vitalis est sine intelligentia"* — que Moreau traduz por *"Il n'y a donc pas vie digne d'être vécue sans intéligence"* ("Não há vida digna de ser vivida sem inteligência"), sendo o lapso atribuído aos editores das *OP*, que quiseram ajustar a expressão *vita vitalis* a uma outra que aparece quatro vezes na mesma página: *vita rationalis* (cf. *Oeuvres* IV, p. 593, nota 264). No entanto, apesar de a observação ter alguma pertinência, cremos que a frase também pode ser interpretada como explicitação da essência da vida racional, pelo que, à semelhança da generalidade dos tradutores, se mantém a fidelidade à versão Gebhardt.

potentia juvabitur, et fovebitur. At si contra inter talia sit, quæ cum ipsius natura minime conveniunt, vix absque magna ipsius mutatione iisdem sese accommodare poterit.

Caput VIII
Quicquid in rerum natura datur, quod judicamus malum esse, sive posse impedire, quominus existere, et vita rationali frui queamus, id a nobis removere ea via, quæ securior videtur, licet, et quicquid contra datur, quod judicamus bonum, sive utile esse ad nostrum esse conservandum, et vita rationali fruendum, id ad nostrum usum capere, et eo quocumque modo uti nobis licet; et absolute id unicuique summo naturæ jure facere licet, quod ad ipsius utilitatem conferre judicat.

Caput IX
Nihil magis cum natura alicujus rei convenire potest, quam reliqua ejusdem speciei individua; adeoque (*per Caput* 7) nihil homini ad suum esse conservandum, et vita rationali fruendum utilius datur, quam homo, qui ratione ducitur. Deinde quin inter res singulares nihil novimus, quod homine, qui ratione ducitur, sit præstantius, nulla ergo re magis potest unusquisque ostendere, quantum arte, et ingenio valeat, quam in horninibus ita educandis, ut tandem ex proprio rationis imperio vivant.

Caput X
Quatenus homines Invidia, aut aliquo Odii affectu in se invicem feruntur, eatenus invicem contrarii sunt, et consequenter eo magis tirnendi, quo plus possunt, quam reliqua naturæ individua.

Caput XI
Animi tamen non armis, sed Amore, et Generositate vincuntur.

Caput XII
Hominibus apprime utile est, consuetudines jungere, seseque iis vinculis astringere, quibus aptius de se omnibus unum efficiant, et absolute ea agere, quæ firmandis amicitiis inserviunt.

mo. Se, pelo contrário, ele estiver entre indivíduos tais que não convêm minimamente com a sua natureza, dificilmente se lhes poderá acomodar sem uma grande mudança de si mesmo.

VIII

Tudo o que se dá na natureza das coisas e que julgamos ser mau, ou seja, poder impedir-nos de existir e fruir de uma vida racional, é lícito afastá-lo de nós pela via que parecer mais segura. Tudo o que, pelo contrário, se dá e que julgamos ser bom, ou útil para conservar o nosso ser e fruir de uma vida racional, é lícito tomá-lo para nosso uso e utilizá-lo seja de que modo for. É absolutamente lícito a cada um, pelo supremo direito da natureza, fazer aquilo que julga ser da sua utilidade.

IX

Nada pode convir mais com a natureza de uma coisa que os restantes indivíduos da mesma espécie. Por isso (*pelo ponto 7*), nada se dá de mais útil ao homem, para conservar o seu ser e fruir de uma vida racional, do que o homem que se conduz pela razão. Além disso, como entre as coisas singulares não se conhece nada de superior ao homem que se conduz pela razão, não há coisa melhor para cada um poder mostrar quanto vale em arte e engenho, do que educar os homens de modo a que vivam, finalmente, sob o firme império da razão.

X

Na medida em que os homens se movem uns contra os outros pela inveja, ou por algum outro afeto de ódio, são contrários uns aos outros e, consequentemente, são tanto mais de temer, quanto eles podem mais do que os restantes indivíduos da natureza.

XI

Os ânimos, contudo, não se vencem pelas armas, mas pelo amor e pela generosidade.

XII

É principalmente útil aos homens estabelecerem relações e estreitarem entre si os laços mais aptos para fazer de todos eles um só, e fazerem absolutamente tudo quanto sirva para consolidar amizades.

Parte IV — Da Servidão Humana, ou das Forças dos Afetos

Caput XIII

Sed ad hæc ars, et vigilantia requiritur. Sunt enim homines varii (nam rari sunt, qui ex rationis præscripto vivunt), et tamen plerumque invidi, et magis ad vindictam, quam ad Misericordiam proclives. Unumquemque igitur ex ipsius ingenio ferre, et sese continere, ne eorum affectus imitetur, singularis animi potentiæ opus est. At qui contra homines carpere, et vitia potius exprobrare, quam virtutes docere, et hominum animos non firmare, sed frangere norunt, ii et sibi, et reliquis molesti sunt; unde multi præ nimia scilicet animi impatientia, falsoque religionis studio, inter bruta potius, quam inter homines vivere maluerunt; ut pueri, vel adolescentes, qui parentum jurgia æquo animo ferre nequeunt, militatum confugiunt, et incommoda belli, et imperium tyrannidis præ domesticis commodis, et paternis admonitionibus eligunt, et quidvis oneris sibi imponi patiuntur, dummodo parentes ulciscantur.

Caput XIV

Quamvis igitur homines omnia plerumque ex sua libidine moderentur, ex eorum tamen communi societate multo plura commoda, quam damna sequuntur. Quare satius est eorum injurias æquo animo ferre, et studium iis adhibere, quæ concordiæ, et amicitiæ conciliandæ inserviunt.

Caput XV

Quæ concordiam gignunt, sunt illa, quæ ad justitiam, æquitatem, et honestatem referuntur. Nam homines præter id, quod injustum, et iniquum est, etiam ægre ferunt, quod turpe habetur, sive quod aliquis receptos civitatis mores aspernatur. Amori autem conciliando illa apprime necessaria sunt, quæ ad Religionem, et Pietatem spectant. De quibus vide Schol. 1 et 2 Prop. 37 et Schol. Prop. 46 et Schol. Prop. 73 p. 4.

Caput XVI

Solet præterea concordia ex Metu plerumque gigni, sed sine fide. Adde, quod Metus ex animi impotentia oritur, et propterea ad

XIII

Mas para isso requer-se arte e vigilância. Porque os homens são variáveis (de fato, são raros os que vivem segundo o que prescreve a razão) mas, na maioria das vezes, invejosos e mais inclinados à vingança do que à misericórdia. Para tolerar, pois, cada um deles com o seu engenho e conter-se a si mesmo a fim de não imitar os seus afetos, é preciso uma potência de ânimo singular. Porém, aqueles que aprenderam a censurar os homens e a reprovar-lhes os vícios em vez de lhes ensinar as virtudes, e a quebrar-lhes os ânimos em vez de lhos fortalecer, são incômodos para si e para os demais. Daí que muitos deles, devido certamente à excessiva impaciência do ânimo e a um falso zelo pela religião, tenham preferido viver antes entre os animais do que entre os homens, como crianças ou adolescentes que, incapazes de suportar com equanimidade as reprimendas dos pais, se refugiam no serviço militar e preferem os incômodos da guerra e o império da tirania às comodidades domésticas e admoestações paternas, deixando que se lhes imponha qualquer fardo, contanto que se vinguem dos pais.

XIV

Portanto, embora os homens a maioria das vezes regulem tudo pela própria libido, no entanto, da sua sociedade comum seguem-se muito mais comodidades do que danos. Mais vale, por isso, tolerar com equanimidade as suas ofensas e empenhar-se naquilo que serve para alcançar a concórdia e a amizade.

XV

As coisas que geram a concórdia são as que se referem à justiça, à equidade e à honestidade. Porque os homens, além do que é injusto e iníquo, também toleram com dificuldade aquilo que é tido por torpe, a saber, que alguém vote ao desprezo os costumes aceites na cidade. Mas, para alcançar o amor, são necessárias principalmente aquelas coisas que dizem respeito à religião e à piedade. Sobre estas, vejam-se os Esc. 1 e 2 da Prop. 37, o Esc. da Prop. 46 e o Esc. da Prop. 73 desta Parte.

XVI

A concórdia, além disso, costuma frequentemente gerar-se do medo, mas sem a confiança.[33] Acresce que o medo se origina da impotência do âni-

---

[33] *Sed sine fide*: o medo, como Hobbes afirma, é a origem da concórdia enquanto

rationis usum non pertinet; ut nec Commiseratio, quamvis Pietatis speciem præ se ferre videatur.

Caput XVII

Vincuntur præterea homines etiam largitate, præcipue ii, qui non habent, unde comparare possint illa, quæ ad vitam sustentandam necessaria sunt. Attamen unicuique indigenti auxilium ferre, vires et utilitatem viri privati longe superat. Divitiæ namque viri privati longe impares sunt ad id suppeditandum. Unius præterea viri facultas limitatior est, quam ut omnes sibi possit amicitia jungere; quare pauperum cura integræ societati incumbit, et ad communem tantum utilitatem spectat.

Caput XVIII

In beneficiis accipiendis, et gratia referenda alia prorsus debet esse cura, de qua vide Schol. Prop. 70 et Schol. Prop. 71 p. 4.

Caput XIX

Amor præterea meretricius, hoc est, generandi libido, quæ ex forma oritur, et absolute omnis Amor, qui aliam causam præter

mo e, por conseguinte, não tem que ver com o uso da razão, tal como a comiseração, se bem que esta pareça ter aspecto de piedade.

XVII

Os homens, além disso, também se vencem pela prodigalidade, principalmente os que não têm onde adquirir aquilo que é necessário para sustentar a vida. No entanto, prestar auxílio a cada indigente está muito além das forças e da utilidade de um homem privado. Na verdade, as riquezas de um homem privado são, de longe, insuficientes para acudir a tal e, além disso, a capacidade de um só homem é demasiado limitada para que possa ligar-se a todos pela amizade. Por isso, o cuidar dos pobres incumbe à sociedade inteira e diz respeito apenas à utilidade comum.

XVIII

Ao aceitarem-se favores e ao expressar-se agradecimento, deve ter-se um cuidado absolutamente diferente. Sobre isto, vejam-se o Esc. da Prop. 70 e o Esc. da Prop. 71 desta Parte.

XIX

Além disso, o amor carnal,[34] isto é, a libido sexual[35] que se origina da aparência e, de um modo geral, todo o amor que tem outra causa que não a

---

paixão que leva à suspensão do conflito. Não gera, porém, a confiança entre os signatários do contrato, a qual a razão aponta como condição suplementar para uma verdadeira comunidade.

[34] *Amor meretricius*: embora frequente, a tradução literal deste sintagma obriga a recorrer ao neologismo "meretrício", cujo significado é equívoco. Por sua vez, a tradução por "amor sexual", a que também se recorre por vezes, de tão abrangente, deixa escapar a especificação do tipo de sexualidade que Espinosa pretende designar com esta expressão. Pensamos que, na sua crueza, a opção adotada corresponde ao simples "desejo e amor de fundir os corpos" (*"cupiditas, et amor in commiscendis corporibus"*), fórmula algo barroca com que Espinosa, na Def. 48 dos Afetos, P. III, define a libido, ou desejo de copular.

[35] *Generandi libido*: uma tradução literal tornar-se-ia incompreensível à luz do que se diz no item seguinte, onde o sexo (*cupiditas miscendi corpora*) dentro do matrimônio é apresentado como distinto do *amor meretricius*, precisamente por ser um desejo que não se origina só da aparência do seu objeto, mas também do "amor de procriar". Por outras palavras, no caso do *amor meretricius*, trata-se mais de uma *coeundi cupiditas* (desejo de copular) do que propriamente de uma *generandi libido*. É certo que a reprodução se associa ao coito como sua consequência, mesmo não sendo esse o intuito dos amantes, mais ainda no contexto do século XVII. Desse ponto de vista, "libido geradora" seria uma hipótese de

---

Parte IV — Da Servidão Humana, ou das Forças dos Afetos

animi libertatem agnoscit, facile in Odium transit, nisi, quod pejus est, species delirii sit, atque tum magis discordia, quam concordia fovetur. Vide Schol. Prop. 31 p. 3.

Caput XX
Ad matrimonium quod attinet, certum est, ipsum cum ratione convenire, si Cupiditas miscendi corpora non ex sola forma, sed etiam ex Amore liberos procreandi, et sapienter educandi, ingeneretur; et præterea, si utriusque, viri scilicet et foeminæ, Amor, non solam formam, sed animi præcipue libertatem pro causa habeat.

Caput XXI
Gignit præterea adulatio concordiam, sed foedo servitutis crimine, vel perfidia; nulli quippe magis adulatione capiuntur, quam superbi, qui primi esse volunt, nec sunt.

Caput XXII
Abjectioni falsa pietatis, et religionis species inest. Et quamvis Abjectio Superbiæ sit contraria, est tamen abjectus superbo proximus. Vide Schol. Prop. 57 p. 4.

Caput XXIII
Confert præterea concordiæ Pudor in iis tantum, quæ celari non possunt. Deinde, quia ipse Pudor species est Tristitiæ, ad rationis usum non spectat.

Caput XXIV
Cæteri Tristitiæ erga homines affectus directe justitiæ, æquitati, honestati, pietati, et religioni opponuntur, et, quamvis Indignatio æquitatis speciem præ se ferre videatur, ibi tamen sine lege vivitur, ubi unicuique de factis alterius judicium ferre, et suum, vel alterius jus vindicare licet.

liberdade do ânimo, facilmente passa a ódio, a menos que seja uma espécie de delírio, o que ainda é pior, e, então, fomenta mais a discórdia do que a concórdia. Veja-se o Esc. da Prop. 31, P. III.

XX

No que respeita ao matrimônio, é certo que ele convém com a razão, se o desejo de fundir os corpos não for engendrado pela simples aparência, mas também pelo amor de procriar filhos e educá-los sabiamente, e se, além disso, o amor de ambos, quer dizer, do homem e da mulher, não tiver por causa só a aparência, mas, sobretudo, a liberdade do ânimo.

XXI

A adulação também gera concórdia, mas com o repugnante delito, ou perfídia, da servidão, pois ninguém é mais seduzido pela adulação do que os soberbos, os quais querem ser os primeiros e não o são.

XXII

Há no acabrunhamento uma falsa aparência de piedade e de religião. E, embora o acabrunhamento seja contrário à soberba, aquele que se acabrunha está, contudo, próximo do soberbo. Veja-se o Esc. da Prop. 57 desta Parte.

XXIII

A vergonha também contribui para a concórdia, mas só naquelas coisas que não podem ser ocultadas. Além disso, uma vez que a vergonha, ela mesma, é uma espécie de tristeza, não diz respeito ao uso da razão.

XXIV

Os restantes afetos de tristeza relativos aos homens opõem-se diretamente à justiça, à equidade, à honestidade, à piedade e à religião. E, embora a indignação pareça ter aspecto de equidade, contudo, onde quer que seja lícito a cada um julgar as ações alheias e vingar o seu direito, ou o de outrem, vive-se sem lei.

---

tradução, que evitaria recorrer a "libido de gerar", mantendo ainda um certo grau de literalidade. Porém, o fato de se tratar de um adjetivo verbal transitivo interdiz tal hipótese.

Caput XXV

Modestia, hoc est, Cupiditas hominibus placendi, quæ ex ratione determinatur, ad Pietatem (*ut in Schol. 1 Prop. 37 p. 4 diximus*) refertur. Sed, si ex affectu oriatur, Ambitio est, sive Cupiditas, qua homines falsa Pietatis imagine plerumque discordias, et seditiones concitant. Nam qui reliquos consilio, aut re juvare cupit, ut simul summo fruantur bono, is apprime studebit, eorum sibi Amorem conciliare; non autem eos in admirationem traducere, ut disciplina ex ipso habeat vocabulum, nec ullas absolute Invidiæ causas dare. In communibus deinde colloquiis cavebit hominum vitia referre, et de humana impotentia non nisi parce loqui curabit: at largiter de humana virtute, seu potentia, et qua via possit perfici, ut sic homines, non ex Metu, aut aversione, sed solo Lætitiæ affectu moti, ex rationis præscripto, quantum in se est, conentur vivere.

Caput XXVI

Præter homines nihil singulare in natura novimus, cujus Mente gaudere, et quod nobis amicitia, aut aliquo consuetudinis genere jungere possumus; adeoque quicquid in rerum natura extra homines datur, id nostræ utilitatis ratio conservare non postulat; sed pro ejus vario usu conservare, destruere, vel quocunque modo ad nostrum usum adaptare nos docet.

Caput XXVII

Utilitas, quam ex rebus, quæ extra nos sunt, capimus, est præter experientiam, et cognitionem, quam acquirimus ex eo, quod easdem observamus, et ex his formis in alias mutamus, præcipua corporis conservatio; et hac ratione res illæ imprimis utiles sunt, quæ Corpus ita alere, et nutrire possunt, ut ejus omnes partes officio suo recte fungi queant. Nam quo Corpus aptius est, ut pluribus modis possit affici, et corpora externa pluribus modis afficere, eo Mens ad cogitandum est aptior (*vide Prop. 38 et 39 p. 4*). At hujus notæ perpauca in natura esse videntur, quare ad Corpus, ut requiritur, nutriendum necesse est multis naturæ diversæ alimentis uti. Quippe humanum Corpus ex plurimis diversæ naturæ partibus componitur, quæ continuo alimento indigent, et vario, ut totum

XXV

A decência, isto é, o desejo de agradar aos homens que é determinado pela razão, refere-se à piedade (*como dissemos no Esc. 1 da Prop. 37 desta Parte*). Se, porém, ele se origina de um afeto, é ambição, ou seja, um desejo pelo qual os homens, sob uma falsa aparência de piedade, frequentemente provocam discórdias e sedições. Na verdade, quem deseja ajudar os outros com um conselho, ou com alguma coisa, para juntos fruírem do bem supremo, empenhar-se-á, antes de mais, em procurar obter o amor deles e não em induzi-los à admiração para que haja uma doutrina com o seu nome, nem dar-lhes absolutamente nenhum motivo de inveja. Depois, nas conversas comuns, evitará mencionar os vícios dos homens e terá o cuidado de não falar senão com parcimônia da impotência humana e de, em contrapartida, falar abundantemente da virtude, ou potência, humana e da via pela qual esta se pode alcançar, a fim de que, deste modo, movidos não pelo medo ou a aversão, mas apenas pelo afeto da alegria, os homens se esforcem quanto está em si por viver segundo o que a razão prescreve.

XXVI

Tirando os homens, não conhecemos na natureza nenhuma coisa singular com cuja mente nos possamos regozijar e a que possamos juntar-nos pela amizade, ou por algum gênero de relação. Por isso, a regra da nossa utilidade não postula que conservemos, à parte os homens, o que se dá na natureza das coisas. Pelo contrário, ensina que, consoante a diversidade das suas utilizações, o conservemos, destruamos ou adaptemos de qualquer modo ao nosso uso.

XXVII

A utilidade que tiramos das coisas que estão fora de nós, para além da experiência e do conhecimento que adquirimos pelo fato de as observarmos e de as transformarmos, é principalmente a conservação do corpo. Por essa razão, são úteis, antes de mais, as coisas que podem alimentar e nutrir o corpo, de maneira que todas as suas partes possam cumprir corretamente a sua função. Na verdade, quanto mais apto está o corpo a poder ser afetado de vários modos e a afetar de vários modos os corpos exteriores, mais apta está a mente para pensar (*vejam-se as Prop. 38 e 39 desta Parte*). Mas muito poucas coisas na natureza parecem ser deste tipo, e por isso é necessário usar muitos alimentos de diversa natureza, para nutrir o corpo como se requer. Porque o corpo humano é composto de muitas partes de natureza diversa, que carecem continuamente de alimento variado para que o corpo es-

Corpus ad omnia, quæ ex ipsius natura sequi possunt, æque aptum sic, et consequenter ut Mens etiam æque apta sit ad plura concipiendum.

Caput XXVIII
Ad hæc autem comparandum vix uniuscujusque vires sufficerent, nisi homines operas mutuas traderent. Verum omnium rerum compendium pecunia attulit, unde factum, ut ejus imago Mentem vulgi maxime occupare soleat; quia vix ullam Lætitiæ speciem imaginari possunt, nisi concomitante nummorum idea, tanquam causa.

Caput XXIX
Sed hoc vitium eorum tantum est, qui non ex indigentia, nec propter necessitates nummos quærunt; sed quia lucri artes didicerunt, quibus se magnifice efferunt. Cæterum corpus ex consuetudine pascunt; sed parce, quia tantum de suis bonis se perdere credunt, quantum sui Corporis conservationi impendunt. At qui verum nummorum usum norunt, et divitiarum modum ex sola indigentia moderantur, paucis contenti vivunt.

Caput XXX
Cum igitur res illæ sint bonæ, quæ Corporis partes juvant, ut suo officio fungantur, et Lætitia in eo consistat, quod hominis potentia, quatenus Mente et Corpore constat, juvatur, vel augetur, sunt ergo illa omnia, quæ Lætitiam afferunt, bona. Attamen, quoniam contra non eum in finem res agunt, ut nos Lætitia afficiant, nec earum agendi potentia, ex nostra utilitate temperatur, et denique, quoniam Lætitia plerumque ad unam Corporis partem potissimum refertur, habent ergo plerumque Lætitiæ affectus (nisi ratio, et vigilantia adsit), et consequenter Cupiditates etiam, quæ ex iisdem generantur, excessum; ad quod accedit, quod ex affectu id primum habeamus, quod in præsentia suave est, nec futura æquali animi affectu æstimare possumus. Vide Schol. Prop. 44 et Schol., Prop. 60 p. 4.

Caput XXXI
At superstitio id contra videtur statuere bonum esse, quod Tristitiam, et id contra malum, quod Lætitiam affert. Sed, ut jam

teja todo igualmente apto a tudo quanto se pode seguir da sua natureza e, em consequência, a mente também esteja igualmente apta a conceber muitas coisas.

XXVIII
Dificilmente, porém, as forças de cada um seriam suficientes para obter isto, se os homens não se prestassem mutuamente serviços. Mas o dinheiro veio trazer uma síntese de todas as coisas. Daí que a sua imagem costume ocupar ao máximo a mente do vulgo, o qual dificilmente pode imaginar alguma espécie de alegria que não seja acompanhada da ideia de moedas como causa.

XXIX
Mas este é um vício só daqueles que perseguem as moedas não pelo que precisam, nem para acudir a necessidades, mas porque aprenderam as artes do lucro, com as quais se promovem magnificentemente. Quanto ao resto, alimentam o corpo segundo o costume, mas com parcimônia, pois creem perder tanto dos seus bens quanto investem na conservação do seu corpo. Porém, os que sabem verdadeiramente usar as moedas e regulam a dimensão das riquezas só pelo que precisam vivem contentes com pouco.

XXX
Como, portanto, são boas as coisas que ajudam as partes do corpo a cumprir a sua função, e como a alegria consiste no fato de a potência do homem, na medida em que ele consta de mente e corpo, ser ajudada ou aumentada, todas as coisas que trazem alegria são boas. No entanto, como as coisas, pelo seu lado, não agem com esse fim de nos afetarem de alegria, nem a sua potência de agir se regula pela nossa utilidade, e como, finalmente, a maioria das vezes a alegria tem sobretudo a ver com uma única parte do corpo, os afetos de alegria (a menos que a razão e a vigilância intervenham) e, consequentemente, os desejos que deles se geram são a maioria das vezes excessivos. A isto acresce que, pelo afeto, nós damos primazia ao que é agradável no momento presente, e não podemos avaliar as coisas futuras com igual afeto do ânimo. Vejam-se o Esc. da Prop. 44 e o Esc. da Prop. 60 desta Parte.

XXXI
Pelo contrário, a superstição parece sustentar que é bom o que traz tristeza e mau o que traz alegria. Contudo, como já dissemos (*veja-se o Esc. da*

diximus (*vide Schol. Prop. 45 p. 4*), nemo, nisi invidus, mea impotentia, et incommodo delectatur. Nam quo majori Lætitia afficimur, eo ad majorem perfectionem transimus; et consequenter eo magis de natura divina participamus, nec Lætitia unquam mala esse potest, quam nostræ utilitatis vera ratio moderatur. At qui contra Metu ducitur, et bonum, ut malum vitet, agit, is ratione non ducitur.

Caput XXXII

Sed humana potentia admodum limitata est, et a potentia causarum externarum infinite superatur; atque adeo potestatem absolutam non habemus, res, quæ extra nos sunt, ad nostrum usum aptandi. Attamen ea, quæ nobis eveniunt contra id, quod nostræ utilitatis ratio postulat, æquo animo feremus, si conscii simus nos functos nostro officio fuisse, et potentiam, quam habemus, non potuisse se eo usque extendere, ut eadem vitare possemus, nosque partem totius naturæ esse, cujus ordinem sequimur. Quod si clare, et distincte intelligamus, pars illa nostri, quæ intelligentia definitur, hoc est, pars melior nostri in eo plane acquiescet, et in ea acquiescentia perseverare conabitur. Nam, quatenus intelligimus, nihil appetere, nisi id, quod necessarium est, nec absolute, nisi in veris acquiescere possumus; adeoque quatenus hæc recte intelligimus, eatenus conatus melioris partis nostri cum ordine totius naturæ convenit.

Finis Quartae Partis.

Prop. 45 desta Parte), ninguém, a não ser um invejoso, se deleita com a minha impotência e o meu prejuízo. Na verdade, quanto maior é a alegria de que somos afetados, maior a perfeição a que passamos e, consequentemente, mais participamos da natureza divina, e a alegria que é regulada pela regra da nossa utilidade nunca pode ser má. Mas quem, ao invés, se conduz pelo medo, e faz o bem para evitar o mal, não se conduz pela razão.

XXXII

A potência humana é, no entanto, bastante limitada e infinitamente superada pela potência das causas exteriores. Não temos, por isso, um poder absoluto de adaptar ao nosso uso as coisas exteriores. Suportaremos, porém, com equanimidade o que nos acontece de contrário ao que postula a regra da nossa utilidade, se estivermos conscientes de que cumprimos a nossa função,[36] de que a potência que temos não pôde estender-se até o ponto de podermos evitá-las, e de que somos uma parte da natureza no seu todo, cuja ordem seguimos. Se entendermos isto clara e distintamente, aquela parte de nós que se define pela inteligência, isto é, a melhor parte de nós, achará nisso plena satisfação e esforçar-se-á por perseverar nessa satisfação. Porque, na medida em que entendemos, não nos pode apetecer senão o necessário, nem podemos achar satisfação absoluta senão no verdadeiro. Por isso, na medida em que entendemos corretamente estas coisas, o esforço da melhor parte de nós convém com a ordem da natureza no seu todo.

Fim da Quarta Parte.

---

[36] *Ofício*: termo que aparece mais três vezes na *Ética*, sempre associado à atuação integrada das partes ou órgãos do corpo, razão por que se traduziu por "função". No presente contexto, como assinala Matheron (2011, pp. 655-6), a palavra remete para o universo do estoicismo, onde a conotação mais imediata seria o dever, "aquilo que dita a razão". Cremos, no entanto, que traduzir por "dever" introduziria aqui uma conotação de heteronomia, alheia ao espinosismo.

Pars quinta

De Potentia Intellectus, seu de Libertate Humana

PRAEFATIO

Transeo tandem ad alteram Ethices Partem, quæ est de modo, sive via, quæ ad Libertatem ducit. In hac ergo de potentia rationis agam, ostendens, quid ipsa ratio in affectus possit, et deinde, quid Mentis Libertas seu beatitudo sit, ex quibus videbimus, quantum sapiens potior sit ignaro. Quomodo autem, et qua via debeat intellectus perfici, et qua deinde arte Corpus sit curandum, ut possit suo officio recte fungi, huc non pertinet; hoc enim ad Medicinam, illud autem ad Logicam spectat. Hic igitur, ut dixi, de sola Mentis, seu rationis potentia agam, et ante omnia, quantum, et quale imperium in affectus habeat, ad eosdem coercendum, et moderandum, ostendam. Nam nos in ipsos imperium absolutum non habere, jam supra demonstravimus. Stoici tamen putarunt, eosdem a nostra voluntate absolute pendere, nosque iis absolute imperare posse. Attamen ab experientia reclamante, non vero ex suis principiis coacti sunt fateri, usum, et studium non parvum requiri ad eosdem coercendum, et moderandum; quod quidam exemplo duorum canum (si recte memini), unius scilicet domestici, alterius venatici, conatus est ostendere; nempe quia usu efficere tandem potuit, ut domesticus venari, venaticus contra a leporibus sectandis abstinere assuesceret. Huic opinioni non parum favet Cartesius. Nam statuit Animam, seu Mentem unitam præcipue esse cuidam parti cerebri, glandulæ scilicet pineali dictæ, cujus

Parte V

Da Potência do Entendimento, ou da Liberdade Humana

PREFÁCIO

Passo, finalmente, à outra Parte da Ética, que é sobre o modo, ou seja, a via, que conduz à liberdade. Nela tratarei, pois, da potência da razão, mostrando o que a mesma razão pode sobre os afetos e, em seguida, o que é a liberdade da mente, ou beatitude. Veremos, a partir daí, quanto o sábio é mais potente do que o ignorante. De que modo, porém, e por que via, o entendimento se deve aperfeiçoar, e com que arte se deve, além disso, cuidar do corpo para que este possa exercer corretamente a sua função, não vem aqui ao caso, uma vez que isto diz respeito à medicina e aquilo à lógica. Aqui, como disse, tratarei apenas da potência da mente, ou seja, da razão, e mostrarei, primeiro que tudo, quanto e que império ela tem sobre os afetos, para os reprimir e regular, visto já ter demonstrado mais acima que nós não temos sobre eles um império absoluto.

Os estoicos, todavia, acreditaram que os afetos dependem absolutamente da nossa vontade e que nós podemos imperar sobre eles absolutamente. Mas foram obrigados a reconhecer, graças, em boa verdade, não aos seus princípios, mas aos protestos da experiência, que para reprimir e regrar os afetos se requer não pouco exercício e aplicação, coisa que alguém se esforçou por mostrar com o exemplo (se bem me lembro) de dois cães, um doméstico, outro de caça, a pretexto de ter, através do exercício, feito com que o doméstico finalmente se acostumasse a caçar e o de caça, pelo contrário, a abster-se de perseguir as lebres.[1]

Descartes é bastante favorável a esta opinião, porquanto sustenta que a alma, ou mente, está unida sobretudo a uma certa parte do cérebro, a sa-

---

[1] Descartes refere assim o exemplo dos cães: "Se um cão vê uma perdiz, corre atrás dela e, se ouve um tiro de espingarda, afasta-se; no entanto, com o treino, consegue-se adestrar os cães de tal maneira, que ao verem uma perdiz faz com que eles parem, e o barulho que ouvem depois, quando se atira sobre ela, faz com que eles corram" (*Les Passions de l'Âme*, I, 50; *AT*, XI, p. 370).

*ope Mens motus omnes, qui in corpore excitantur, et objecta
externa sentit, quamque Mens eo solo, quod vult, varie movere
potest. Hanc glandulam in medio cerebri ita suspensam esse
statuit, ut minimo spirituum animalium motu possit moveri.
Deinde statuit, quod hæc glans tot variis modis in medio cerebro
suspendatur, quot variis modis spiritus animales in eandem
impingunt, et quod præterea tot varia vestigia in eadem
imprimantur, quot varia objecta externa ipsos spiritus animales
versus eandem propellunt, unde fit, ut si glans postea ab Animæ
voluntate, illam diversimode movente, hoc, aut illo modo
suspendatur, quo semel fuit suspensa a spiritibus, hoc, aut illo
modo agitatis, tum ipsa glans ipsos spiritus animales eodem
modo propellet, et determinabit, ac antea a simili glandulæ
suspensione repulsi fuerant. Præterea statuit, unamquamque
Mentis voluntatem natura esse unitam certo cuidam glandis
motui. Ex. gr. si quis voluntatem habet objectum remotum
intuendi, hæc voluntas efficiet, ut pupilla dilatetur; sed si de sola
dilatanda pupilla cogitet, nihil proderit ejus rei habere
voluntatem, quia natura non junxit motum glandis, qui inservit
impellendis spiritibus versus nervum Opticum modo conveniente
dilatandæ, vel contrahendæ pupillæ cum voluntate eandem
dilatandi, vel contrahendi; sed demum cum voluntate intuendi
objecta remota, vel proxima. Denique statuit, quod, etsi
unusquisque motus hujus glandulæ videatur connexus esse per
naturam singulis ex nostris cogitationibus ab initio nostræ vitæ,
aliis tamen per habitum possunt jungi, quod probare conatur art.
50 p. 1 de Pass. Animæ. Ex his concludit, nullam esse tam
imbecillem Animam, quæ non possit, cum bene dirigitur,
acquirere potestatem absolutam in suas Passiones. Nam hæ, ut
ab eo definiuntur, sunt* perceptiones, aut sensus, aut commotiones
animæ, quæ ad eam speciatim referuntur, quæque (N. B.)
producuntur, conservantur, et corroborantur, per aliquem motam
spirituum *(vide art. 27 p. 1, Pass. Anim.). At quandoquidem
cuilibet voluntati possumus jungere motum quemcunque glandis,
et consequenter spirituum; et determinatio voluntatis a sola
nostra potestate pendet; si igitur nostram voluntatem certis, et
firmis judiciis, secundum quæ nostræ vitæ actiones dirigere
volumus, determinemus, et motus passionum, quas habere
volumus, hisce judiciis jungamus, imperium acquiremus*

ber, *a dita glândula pineal, por meio da qual a mente sente todos os movimentos que se desencadeiam no corpo, assim como os objetos exteriores, e que a mente, só pelo fato de querer, pode mover de vários modos. Segundo ele, esta glândula está suspensa no meio do cérebro, de maneira a poder mover-se ao mínimo movimento dos espíritos animais. Depois, sustenta, que esta glândula está suspensa no meio do cérebro de tantos modos diversos quantos os diversos modos como os espíritos animais batem nela, e que, além disso, se imprimem nela marcas tão diversas quantos os diversos objetos exteriores que impelem contra ela os mesmos espíritos animais. Donde resulta que, se depois a glândula, por vontade da alma que a move de diferentes modos, for suspensa deste ou daquele modo como foi uma vez suspensa pelos espíritos agitados deste ou daquele modo, então, a mesma glândula impelirá e determinará os mesmos espíritos animais do mesmo modo que eles haviam sido repelidos antes por uma suspensão semelhante da glândula. Além disso, ele sustenta que cada uma das vontades da mente está, por natureza, unida a um certo movimento da glândula. Por exemplo, se alguém tem vontade de olhar para um objeto distante, essa vontade fará com que a pupila se dilate; contudo, se pensar apenas em dilatar a pupila, não lhe servirá de nada ter vontade disso, uma vez que a natureza não associou o movimento da glândula, que serve para impelir os espíritos até o nervo óptico de modo conveniente à dilatação ou contração da pupila, à vontade de a dilatar ou contrair, mas apenas à vontade de olhar para os objetos, distantes ou próximos. Finalmente, sustenta que, embora cada movimento desta glândula pareça estar por natureza conectado com cada um dos nossos pensamentos, desde o início da nossa vida, no entanto, eles podem, com o hábito, associar-se a outros, coisa que ele se esforça por provar no art. 50 da Parte I das* Paixões da Alma. *De tudo isto, conclui que nenhuma alma é tão débil que não possa, quando bem dirigida, adquirir um poder absoluto sobre as suas paixões. Com efeito, estas, tal como ele as define, são percepções, sentimentos, ou emoções da alma, que a ela se referem especialmente e que (N. B.) são produzidas, conservadas e reforçadas por qualquer movimento dos espíritos (veja-se* As Paixões da Alma, *P. I, art. 27). Dado, no entanto, que podemos associar a qualquer vontade um qualquer movimento da glândula e, consequentemente, dos espíritos, e como a determinação da vontade depende só do nosso poder, se determinarmos a nossa vontade por meio de juízos certos e firmes, segundo os quais queremos dirigir as ações da nossa vida, e associarmos a esses juízos os movimentos das paixões que queremos ter, alcançaremos um império absoluto sobre as nossas paixões.*

Parte V — Da Potência do Entendimento, ou da Liberdade Humana

absolutum in nostras Passiones. Hæc est clarissimi hujus Viri
sententia (quantum ex ipsius verbis conjicio), quam ego vix
credidissem a tanta Viro prolatam esse, si minus acuta fuisset.
Profecto mirari satis non possum, quod vir Philosophus, qui
firmiter statuerat, nihil deducere, nisi ex principiis per se notis, et
nihil affirmare, nisi quod clare, et distincte perciperet, et qui
toties Scholasticos reprehenderat, quod per occultas qualitates res
obscuras voluerint explicare, Hypothesin sumat omni occulta
qualitate occultiorem. Quid quæso, per Mentis, et Corporis
unionem intelligit? quem, inquam, clarum, et distinctum
conceptum habet cogitationis arctissime unitæ cuidam quantitatis
portiunculæ? Vellem sane, ut hanc unionem per proximam suam
causam explicuisset. Sed ille Mentem a Corpore adeo distinctam
conceperat, ut nec hujus unionis, nec ipsius Mentis ullam
singularem causam assignare potuerit; sed necesse ipsi fuerit, ad
causam totius Universi, hoc est, ad Deum recurrere. Deinde
pervelim scire, quot motus gradus potest glandulæ isti pineali
Mens tribuere, et quanta cum vi eandem suspensam tenere potest.
Nam nescio, an hæc glans tardius, vel celerius a Mente
circumagatur, quam a spiritibus animalibus, et an motus
Passionum, quos firmis judiciis arcte junximus, non possint ab
iisdem iterum a causis corporeis disjungi, ex quo sequeretur, ut,
quamvis Mens firmiter proposuerit contra pericula ire, atque huic
decreto motus audaciæ junxerit, viso tamen periculo, glans ita
suspendatur, ut Mens non, nisi de fuga, possit cogitare; et sane,
cum nulla detur ratio voluntatis ad motum, nulla etiam datur
comparatio inter Mentis, et Corporis potentiam, seu vires; et
consequenter hujus vires nequaquam viribus illius determinari
possunt. His adde, quod nec hæc glans ita in medio cerebro sita
reperiatur, ut tam facile, totque modis circumagi possit, et quod
non omnes nervi ad cavitates usque cerebri protendantur.
Denique omnia, quæ de voluntate, ejusque libertate asserit,
omitto, quandoquidem hæc falsa esse, satis superque ostenderim.
Igitur quia Mentis potentia, ut supra ostendi, sola intelligentia
definitur, affectuum remedia, quæ omnes experiri quidem, sed
non accurate observare, nec distincte videre credo, sola Mentis
cognitione determinabimus, et ex eadem illa omnia, quæ ad
ipsius beatitudinem spectant, deducemus.

Tal é a opinião deste ilustríssimo homem (tanto quanto infiro das suas próprias palavras), opinião esta que, se não fosse tão sutil, eu dificilmente acreditaria ter sido sustentada por tão grande homem. É, de fato, impossível admirar-me quanto baste de um homem, filósofo, que havia firmemente sustentado que não deduzia nada a não ser de princípios conhecidos por si, nem afirmava nada que não percebesse clara e distintamente, e que tantas vezes censurara os escolásticos por terem querido explicar coisas obscuras por qualidades ocultas, adotar uma hipótese mais oculta do que todas as qualidades ocultas. O que é que ele entende, pergunto, por união da mente e do corpo? Que conceito claro e distinto tem ele, insisto, de um pensamento estreitissimamente unido a uma certa pequena porção de quantidade? Gostaria, claro, que ele tivesse explicado esta união pela sua causa próxima. Contudo, ele tinha concebido a mente tão distinta do corpo, que não pôde atribuir nenhuma causa singular nem a esta união, nem à própria mente, e foi-lhe necessário recorrer à causa de todo o universo, isto é, a Deus. Além disso, gostaria muito de saber quantos graus de movimento pode a mente conferir a essa glândula pineal, e com quanta força pode mantê-la suspensa. Porque não sei se esta glândula gira sobre si própria mais devagar ou mais depressa devido à mente do que devido aos espíritos animais, nem se os movimentos das paixões, que nós associamos estreitamente a juízos firmes, não podem ser de novo separados desses juízos por causas corpóreas, donde se seguiria que, mesmo que a mente se tivesse firmemente proposto ir contra os perigos e juntado a este decreto movimentos de audácia, contudo, à vista do perigo, a glândula estaria suspensa de tal maneira que a mente não poderia pensar senão na fuga. E, evidentemente, como não se dá nenhuma proporção entre a vontade e o movimento, também não se dá comparação alguma entre a potência, ou forças, da mente e as do corpo, e, consequentemente, as forças deste não podem, de maneira nenhuma, ser determinadas pelas forças daquela. A isto acresce que nem esta glândula está situada no meio do cérebro de tal maneira que se possa fazê-la girar tão facilmente e de tantos modos, nem os nervos se prolongam todos até as cavidades do cérebro. Finalmente, ponho de parte tudo o que ele afirma sobre a vontade e a sua liberdade, porquanto já mostrei sobejamente ser falso.

Dado, pois, que a potência da mente, tal como mostrei acima, se define só pela inteligência, determinaremos os remédios dos afetos — dos quais, creio, todos têm experiência, mas não os observam com cuidado, nem veem distintamente — só pelo conhecimento da mente, e dele deduziremos tudo o que respeita à sua beatitude.

Parte V — Da Potência do Entendimento, ou da Liberdade Humana

AXIOMATA

I. Si in eodem subjecto duæ contrariæ actiones excitentur, debebit necessario vel in utraque, vel in una sola mutatio fieri, donec desinant contrariæ esse.

II. Effectus potentia definitur potentia ipsius causæ, quatenus ejus essentia per ipsius causæ essentiam explicatur, vel definitur.

Patet hoc Axioma ex Prop. 7 Part. 3.

PROPOSITIO I

Prout cogitationes, rerumque ideæ ordinantur, et concatenantur in Mente, ita corporis affectiones, seu rerum imagines ad amussim ordinantur, et concatenantur in Corpore.

DEMONSTRATIO — Ordo, et connexio idearum idem est (*per Prop. 7 p. 2*), ac ordo, et connexio rerum, et vice versa, ordo, et connexio rerum idem est (*per Coroll. Prop. 6 et 7 p. 2*), ac ordo, et connexio idearum. Quare sicuti ordo, et connexio idearum in Mente fit secundum ordinem, et concatenationem affectionum Corporis (*per Prop. 18 p. 2*), sic vice versa (*per Prop. 2 p. 3*) ordo, et connexio affectionum Corporis fit, prout cogitationes, rerumque ideæ ordinantur, et concatenantur in Mente. Q. E. D.

PROPOSITIO II

Si animi commotionem, seu affectum a causæ externæ cogitatione amoveamus, et aliis jungamus cogitationibus, tum Amor, seu Odium erga causam externam, ut et animi fluctuationes, quæ ex his affectibus oriuntur, destruentur.

DEMONSTRATIO — Id enim, quod formam Amoris, vel Odii constituit, est Lætitia, vel Tristitia, concomitante idea causæ externæ (*per Defin. 6 et 7 Affect.*), hac igitur sublata, Amoris, vel Odii forma simul tollitur; adeoque hi affectus, et qui ex his oriuntur, destruuntur. Q. E. D.

AXIOMAS

I. Se num mesmo sujeito se desencadearem duas ações contrárias, deverá ocorrer necessariamente uma mudança, ou em ambas, ou numa só, até que deixem de ser contrárias.

II. A potência de um efeito define-se pela potência da sua causa, na medida em que a sua essência se explica, ou define, pela essência da sua causa. Este Axioma é evidente pela Prop. 7, P. III.

PROPOSIÇÃO I

Exatamente como se ordenam e encadeiam na mente os pensamentos e as ideias das coisas, assim também as afecções do corpo, ou imagens das coisas, se ordenam e encadeiam no corpo.

DEMONSTRAÇÃO — A ordem e conexão das ideias é a mesma (*pela Prop. 7, P. II*) que a ordem e conexão das coisas, e, inversamente, a ordem e conexão das coisas é a mesma (*pelos Corol. das Prop. 6 e 7, P. II*) que a ordem e conexão das ideias. Por isso, tal como a ordem e conexão das ideias se faz na mente segundo a ordem e o encadeamento das afecções do corpo (*pela Prop. 18, P. II*), assim também, inversamente (*pela Prop. 2, P. III*), a ordem e conexão das afecções do corpo se faz consoante os pensamentos e as ideias das coisas se ordenam e se encadeiam na mente. Q. E. D.

PROPOSIÇÃO II

Se afastarmos do pensamento da causa exterior a comoção, ou afeto, do ânimo, e a juntarmos a outros pensamentos, o amor ou o ódio à causa exterior, assim como as flutuações do ânimo que se originam desses afetos, serão destruídos.

DEMONSTRAÇÃO — Com efeito, o que constitui a forma do amor ou do ódio é uma alegria, ou uma tristeza, acompanhada da ideia da causa exterior (*pelas Def. 6 e 7 dos Afetos*). Suprimida, portanto, esta, suprime-se simultaneamente a forma do amor, ou do ódio, pelo que esses afetos e os que deles se originam são destruídos. Q. E. D.

Parte V — Da Potência do Entendimento, ou da Liberdade Humana

PROPOSITIO III

Affectus, qui passio est, desinit esse passio, simulatque ejus claram, et distinctam formamus ideam.

DEMONSTRATIO — Affectus, qui passio est, idea est confusa (*per gen. Affect. Defin.*). Si itaque ipsius affectus claram, et distinctam formemus ideam, hæc idea ab ipso affectu, quatenus ad solam Mentem refertur, non nisi ratione distinguetur (*per Prop. 21 p. 2 cum ejusdem Schol.*); adeoque (*per Prop. 3 p. 3*) affectus desinet esse passio. *Q. E. D.*

COROLLARIUM — Affectus igitur eo magis in nostra potestate est, et Mens ab eo minus patitur, quo nobis est notior.

PROPOSITIO IV

Nulla est Corporis affectio, cujus aliquem clarum, et distinctum non possumus formare conceptum.

DEMONSTRATIO — Quæ omnibus communia sunt, non possunt concipi nisi adæquate (*per Prop. 38 p. 2*), adeoque (*per Prop. 12 et Lem. 2, quod habetur post Schol. Prop. 13 p. 2*) nulla est Corporis affectio, cujus aliquem clarum, et distinctum non possumus formare conceptum. *Q. E. D.*

COROLLARIUM — Hinc sequitur, nullum esse affectum, cujus non possumus aliquem clarum, et distinctum formare conceptum. Est namque affectus Corporis affectionis idea (*per gen. Affect. Defin.*), quæ propterea (*per Prop. præced.*) aliquem clarum, et distinctum involvere debet conceptum.

SCHOLIUM — Quandoquidem nihil datur, ex quo aliquis effectus non sequatur (*per Prop. 36 p. 1*), et quicquid ex idea, quæ in nobis est adæquata, sequitur, id omne clare, et distincte intelligimus (*per Prop. 40 p. 2*); hinc sequitur, unumquemque potestatem habere se, suosque affectus, si non absolute, ex parte saltem clare, et distincte intelligendi, et consequenter efficiendi, ut ab iisdem minus patiatur. Huic igitur rei præcipue danda est opera, ut unumquemque affectum, quantum fieri potest, clare, et distincte cognoscamus, ut sic Mens ex affectu ad illa

PROPOSIÇÃO III

Um afeto que é paixão deixa de ser paixão, assim que dele formamos uma ideia clara e distinta.

DEMONSTRAÇÃO — Um afeto que é paixão é uma ideia confusa (*pela Def. Geral dos Afetos*). Se, portanto, formarmos uma ideia clara e distinta desse afeto, não haverá entre esta ideia e o próprio afeto, na medida em que ele se refere só à mente, senão uma distinção de razão (*pela Prop. 21, P. II, juntamente com o seu Esc.*), pelo que o afeto deixará (*pela Prop. 3, P. III*) de ser paixão. Q. E. D.

COROLÁRIO — Portanto, um afeto está tanto mais em nosso poder e a mente sofre tanto menos por causa dele, quanto mais ele é conhecido por nós.

PROPOSIÇÃO IV

Não há nenhuma afecção do corpo de que não possamos formar um conceito claro e distinto.

DEMONSTRAÇÃO — Aquilo que é comum a tudo não pode ser concebido senão adequadamente (*pela Prop. 38, P. II*) e, por isso (*pela Prop. 12 e o Lema 2, que vem depois do Esc. da Prop. 13, P. II*), não há nenhuma afecção do corpo de que não possamos formar um conceito claro e distinto. Q. E. D.

COROLÁRIO — Donde se segue que não há nenhum afeto de que não possamos formar um conceito claro e distinto. Com efeito, um afeto é a ideia de uma afecção do corpo (*pela Def. Geral dos Afetos*), a qual (*pela Prop. anterior*) deve, por isso, envolver um conceito claro e distinto.

ESCÓLIO — Uma vez que nada se dá de que não se siga algum efeito (*pela Prop. 36, P. I*), e como entendemos clara e distintamente (*pela Prop. 40, P. II*) tudo aquilo que se segue de uma ideia que é adequada em nós, segue-se que cada um tem o poder, se não absoluto, pelo menos parcial, de se entender clara e distintamente a si e aos seus afetos, e, consequentemente, de fazer com que sofra menos por causa deles. Aquilo a que, portanto, nos devemos principalmente aplicar é a conhecer, quanto possível, cada um dos afetos clara e distintamente, a fim de que, desse modo, a mente seja determi-

Parte V — Da Potência do Entendimento, ou da Liberdade Humana   583

cogitandum determinetur, quæ clare, et distincte percipit, et in quibus plane acquiescit; atque adeo, ut ipse affectus a cogitatione causæ externæ separetur, et veris jungatur cogitationibus; ex quo fiet, ut non tantum Amor, Odium, etc. destruantur (*per Prop. 2 hujus*), sed ut etiam appetitus, seu Cupiditates, quæ ex tali affectu oriri solent, excessum habere nequeant (*per Prop. 61 p. 4*). Nam apprime notandum est, unum, eundemque esse appetitum, per quem homo tam agere, quam pati dicitur. Ex. gr. cum natura humana ita comparatum esse ostendimus, ut unusquisque appetat, ut reliqui ex ipsius ingenio vivant (*vide Schol. Prop. 31 p. 3*); qui quidem appetitus in homine, qui ratione non ducitur, passio est, quæ Ambitio vocatur, nec multum a Superbia discrepat; et contra in homine, qui ex rationis dictamine vivit, actio, seu virtus est quæ Pietas appellatur (*vide Schol. 1 Prop. 37 p. 4 et Demonstrat. 2 ejusdem Prop.*). Et hoc modo omnes appetitus, seu Cupiditates eatenus tantum passiones sunt, quatenus ex ideis inadæquatis oriuntur; atque eædem virtuti accensentur, quando ab ideis adæquatis excitantur, vel generantur. Nam omnes Cupiditates, quibus ad aliquid agendum determinamur, tam oriri possunt ab adæquatis, quam ab inadæquatis ideis (*vide Prop. 59 p. 4*). Atque hoc (ut eo, unde digressus sum, revertar) affectuum remedio, quod scilicet in eorum vera cognitione consistit, nullum præstantius aliud, quod a nostra potestate pendeat, excogitari potest, quandoquidem nulla alia Mentis potentia datur, quam cogitandi, et adæquatas ideas formandi, ut supra (*per Prop. 3 p. 3*) ostendimus.

PROPOSITIO V

Affectus erga rem, quam simpliciter, et non ut necessariam, neque ut possibilem, neque ut contingentem imaginamur, cæteris paribus, omnium est maximus.

DEMONSTRATIO — Affectus erga rem, quam liberam esse imaginamur, major est, quam erga necessariam (*per Prop. 49 p. 3*), et consequenter adhuc major, quam erga illam, quam ut possibilem, vel contingentem imaginamur (*per Prop. 11 p. 4*). At rem aliquam ut liberam imaginari nihil aliud esse potest, quam quod rem simpliciter imaginamur, dum causas, a quibus ipsa ad agendum determinata fuit, ignoramus (*per illa, quæ in Schol. Prop. 35 p. 2 ostendimus*); ergo affectus erga rem, quam simpliciter imaginamur, cæteris paribus major

nada pelo afeto a pensar as coisas que percebe clara e distintamente e nas quais se satisfaz plenamente, de maneira que o próprio afeto se separe do pensamento da causa exterior e se associe a pensamentos verdadeiros. Daí resultará não só que o amor, o ódio, etc. sejam destruídos (*pela Prop. 2 desta Parte*), mas também que os apetites, ou desejos, que costumam originar-se de tal afeto não possam ser excessivos (*pela Prop. 61, P. IV*). Deve, pois, notar-se sobretudo que é por um só e o mesmo apetite que o homem tanto se diz agir, como sofrer. Por exemplo, mostramos como a natureza humana é constituída de tal maneira que a cada um apetece que os demais vivam segundo o engenho dele (*veja-se o Esc. da Prop. 31, P. III*), apetite esse que, no homem que não se conduz pela razão, é uma paixão, a qual se chama *ambição* e não difere muito da soberba, mas que, no homem que vive segundo o ditame da razão, é, pelo contrário, uma ação, ou virtude, a qual se chama *piedade* (*vejam-se o Esc. 1 da Prop. 37, P. IV, e a 2ª Dem. da mesma*). Deste modo, todos os apetites, ou desejos, são paixões só na medida em que se originam de ideias inadequadas, mas contam-se como virtude quando são desencadeados, ou gerados, por ideias adequadas. Na verdade, todos os desejos pelos quais somos determinados a fazer algo podem provir tanto de ideias adequadas como de ideias inadequadas (*veja-se a Prop. 59, P. IV*). E (para voltar ao ponto de onde me afastei) não é possível inventar nenhum remédio melhor para os afetos, que dependa do nosso poder, do que aquele que consiste no seu conhecimento verdadeiro, uma vez que não se dá nenhuma potência da mente a não ser a de pensar e formar ideias adequadas, tal como (*pela Prop. 3, P. III*) mostramos acima.

PROPOSIÇÃO V

O afeto a uma coisa que imaginamos simplesmente, e não como necessária, nem possível, nem contingente, é, em circunstâncias iguais, *o maior de todos.*

DEMONSTRAÇÃO — O afeto a uma coisa que imaginamos ser livre é maior do que o afeto a uma coisa que imaginamos necessária (*pela Prop. 49, P. III*) e, consequentemente, ainda maior do que o afeto a uma coisa que imaginamos como possível ou contingente (*pela Prop. 11, P. IV*). Ora, imaginar uma coisa como livre não pode ser senão imaginá-la simplesmente, na ignorância das causas pelas quais ela foi determinada a agir (*por aquilo que mostramos no Esc. da Prop. 35, P. II*). Logo, o afeto a uma coisa que imaginamos simplesmente, em circunstâncias iguais, é maior do que o afeto a

Parte V — Da Potência do Entendimento, ou da Liberdade Humana

est, quam erga necessariam, possibilem, vel contingentem, et consequenter maximus. *Q. E. D.*

PROPOSITIO VI

Quatenus Mens res omnes, ut necessarias intelligit, eatenus majorem in affectus potentiam habet, seu minus ab iisdem patitur.

DEMONSTRATIO — Mens res omnes necessarias esse intelligit (*per Prop. 29 p. 1*), et infinito causarum nexu determinari ad existendum, et operandum (*per Prop. 28 p. 1*); adeoque (*per Prop. præced.*) eatenus efficit, ut ab affectibus, qui ex iis oriuntur, minus patiatur, et (*per Prop. 48 p. 3*) minus erga ipsas afficiatur. *Q. E. D.*

SCHOLIUM — Quo hæc cognitio, quod scilicet res necessariæ sint, magis circa res singulares, quas distinctius, et magis vivide imaginamur, versatur, eo hæc Mentis in affectus potentia major est, quod ipsa etiam experientia testatur. Videmus enim Tristitiam boni alicujus, quod periit, mitigari, simulac homo, qui id perdidit, considerat bonum illud servari nulla ratione potuisse. Sic etiam videmus, quod nemo miseretur infantis, propterea quod nescit loqui, ambulare, ratiocinari, et quod denique tot annos quasi sui inscius vivat. At si plerique adulti, et unus, aut alter infans nascerentur, tum unumquemque misereret infantum, quia tum ipsam infantiam, non ut rem naturalem, et necessariam, sed ut naturæ vitium, seu peccatum consideraret; et ad hunc modum plura alia notare possemus.

PROPOSITIO VII

Affectus, qui ex ratione oriuntur, vel excitantur, si ratio temporis habeatur, potentiores sunt iis, qui ad res singulares referuntur, quas ut absentes contemplamur.

DEMONSTRATIO — Rem aliquam ut absentem non contemplamur ex affectu, quo eandem imaginamur; sed ex eo, quod Corpus alio afficitur affectu, qui ejusdem rei existentiam secludit (*per Prop. 17 p. 2*). Quare affectus, qui ad rem, quam ut absentem contemplamur, refertur,

uma coisa necessária, possível ou contingente e, por conseguinte, é o maior dos afetos. *Q. E. D.*

PROPOSIÇÃO VI

A mente, na medida em que entende todas as coisas como necessárias, tem uma potência maior sobre os afetos, ou seja, sofre menos com eles.

DEMONSTRAÇÃO — A mente entende que todas as coisas são necessárias (*pela Prop. 29, P. I*) e determinadas por um nexo infinito de causas a existir e a operar (*pela Prop. 28, P. I*) e, nesse sentido (*pela Prop. anterior*), faz com que sofra menos dos afetos que delas se originam e (*pela Prop. 48, P. III*) experimente menos afetos para com elas. *Q. E. D.*

ESCÓLIO — Quanto mais este conhecimento de que as coisas são necessárias se aplicar a coisas singulares, as quais imaginamos mais distintamente e de maneira mais viva, maior será esta potência da mente sobre os afetos, como testemunha também a própria experiência. Vemos, com efeito, que a tristeza por um bem que pereceu é mitigada assim que o homem que o perdeu considera que não podia de maneira nenhuma conservar esse bem. Do mesmo modo, vemos que ninguém sente comiseração por um recém-nascido por ele não saber falar, andar, raciocinar, nem por ele, enfim, viver tantos anos como que inconsciente de si mesmo. Contudo, se a maior parte dos homens nascessem adultos e só um ou outro nascesse criança, sentiríamos comiseração por cada uma das crianças, porque nesse caso a infância seria considerada não como uma coisa natural e necessária, mas como um vício ou pecado da natureza. E poderíamos fazer várias outras observações do mesmo gênero.

PROPOSIÇÃO VII

Os afetos que se originam da razão, ou que ela desencadeia, se tivermos em conta o tempo, são mais potentes do que aqueles que se referem a coisas singulares que contemplamos como ausentes.

DEMONSTRAÇÃO — Não contemplamos uma coisa como ausente devido ao afeto com que a imaginamos, mas devido ao fato de o corpo ser afetado de outro afeto que exclui a existência dessa coisa (*pela Prop. 17, P. II*). Por isso, o afeto que se refere a uma coisa que contemplamos como ausente

ejus naturæ non est, ut reliquas hominis actiones, et potentiam superet (*de quibus vide Prop. 6 p. 4*); sed contra ejus naturæ est, ut ab iis affectionibus, quæ existentiam externæ ejus causæ secludunt, coerceri aliquo modo possit (*per Prop. 9 p. 4*). At affectus, qui ex ratione oritur, refertur necessario ad communes rerum proprietates (*vide rationis Defin. in Schol. 2 Prop. 40 p. 2*), quas semper ut præsentes contemplamur (nam nihil dari potest, quod earum præsentem existentiam secludat), et quas semper eodem modo imaginamur (*per Prop. 38 p. 2*): Quare talis affectus idem semper manet, et consequenter (*per Axiom. 1 hujus*) affectus, qui eidem sunt contrarii, quique a suis causis externis non foventur, eidem magis magisque sese accomodare debebunt, donec non amplius sint contrarii, et eatenus affectus, qui ex ratione oritur, est potentior. *Q. E. D.*

PROPOSITIO VIII

Quo affectus aliquis a pluribus causis simul concurrentibus excitatur, eo major est.

DEMONSTRATIO — Plures causæ simul plus possunt, quam si pauciores essent (*per Prop. 7 p. 3*): adeoque (*per Prop. 5 p. 4*), quo affectus aliquis a pluribus causis simul excitatur, eo fortior est. *Q. E. D.*

SCHOLIUM — Hæc Propositio patet etiam ex Axiomate 2 hujus Partis.

PROPOSITIO IX

Affectus, qui ad plures, et diversas causas refertur, quas Mens cum ipso affectu simul contemplatur, minus noxius est, et minus per ipsum

não é de natureza a superar as outras ações do homem e a sua potência (*sobre isto, veja-se a Prop. 6, P. IV*); pelo contrário, é de natureza a poder, de algum modo, ser reprimido por aquelas afecções que excluem a existência da sua causa exterior (*pela Prop. 9, P. IV*). Porém, o afeto que se origina da razão[2] refere-se necessariamente às propriedades comuns das coisas (*veja-se a Def. de razão no Esc. 2 da Prop. 40, P. II*), as quais contemplamos sempre como presentes (porque nada se pode dar que exclua a sua existência presente), e imaginamos sempre do mesmo modo (*pela Prop. 38, P. II*). Daí que tal afeto permaneça sempre o mesmo e, consequentemente (*pelo Ax. 1 desta Parte*), os afetos que lhe são contrários e não são favorecidos pelas suas causas exteriores deverão ajustar-se-lhe cada vez mais, até já não lhe serem contrários, e, nesse sentido, o afeto que se origina da razão é mais potente. Q. E. D.

PROPOSIÇÃO VIII

Quanto mais causas concorrem em simultâneo para desencadear um afeto, maior ele é.

DEMONSTRAÇÃO — Muitas causas em simultâneo podem mais do que se forem poucas (*pela Prop. 7, P. III*) e, por isso (*pela Prop. 5, P. IV*), quanto mais causas desencadeiam em simultâneo um afeto, mais forte ele é. Q. E. D.

ESCÓLIO — Esta proposição é também evidente pelo Axioma 2 desta Parte.

PROPOSIÇÃO IX

Um afeto que se refere a várias causas diferentes, as quais a mente contempla em simultâneo com o próprio afeto, é menos nocivo, sofremos menos

---

[2] Sobre a "razão" nas últimas duas partes da *Ética*, P. Sévérac (2006, pp. 153-70, cit. p. 163, nota 1) registra: "Espinosa usa o termo 'razão' quando estuda a potência do nosso entendimento em relação com a nossa imaginação e em luta contra os nossos afetos (quer a razão seja ultrapassada por eles — Parte IV — quer ela tome a dianteira — primeira metade da Parte V). Mas o termo 'razão' desaparece na segunda metade da *Ética* V, quando se afasta toda a referência ao nosso imaginário e ao combate contra as paixões: só fica o entendimento, ou o 'intelecto'".

patimur, et erga unamquamque causam minus afficimur, quam alius æque magnus affectus, qui ad unam solam, vel pauciores causas refertur.

DEMONSTRATIO — Affectus eatenus tantum malus, seu noxius est, quatenus Mens ab eo impeditur, quominus possit cogitare (*per Prop. 26 et 27 p. 4*): adeoque ille affectus, a quo Mens ad plura simul objecta contemplandum determinantur, minus noxius est, quam alius æque magnus affectus, qui Mentem in sola unius, aut pauciorum objectorum contemplatione ita detinet, ut de aliis cogitare nequeat, quod erat primum. Deinde, quia Mentis essentia, hoc est (*per Prop. 7 p. 3*), potentia in sola cogitatione consistit (*per Prop. 11 p. 2*), ergo Mens per affectum, a quo ad plura simul contemplandum determinatur, minus patitur, quam per æque magnum affectum, qui Mentem in sola unius, aut pauciorum objectorum contemplatione occupatum tenet, quod erat secundum. Denique hic affectus (*per Prop. 48 p. 3*), quatenus ad plures causas externas refertur, est etiam erga unamquamque minor. *Q. E. D.*

PROPOSITIO X

Quamdiu affectibus, qui nostræ naturæ sunt contrarii, non conflictamur, tamdiu potestatem habemus ordinandi, et concatenandi Corporis affectiones secundum ordinem ad intellectum.

com ele e somos menos afetados em relação a cada uma das suas causas, do que um outro afeto igualmente grande, mas que se refere a uma só ou a menos causas.

DEMONSTRAÇÃO — Um afeto só é mau, ou seja, nocivo, na medida em que impede a mente de poder pensar (*pelas Prop. 26 e 27, P. IV*), e por isso aquele afeto pelo qual a mente é determinada a contemplar vários objetos em simultâneo é menos nocivo do que um outro afeto, igualmente grande, que retém de tal maneira a mente na contemplação de um só ou de poucos objetos, que ela não pode pensar noutros. Este era o primeiro ponto. Depois, como a essência, isto é (*pela Prop. 7, P. III*), a potência, da mente consiste só no pensamento (*pela Prop. 11, P. II*), a mente sofre menos de um afeto pelo qual é determinada a contemplar várias coisas em simultâneo do que de um afeto, igualmente grande, que a mantém ocupada na contemplação de um só ou de poucos objetos. E este era o segundo ponto. Finalmente, este afeto (*pela Prop. 48, P. III*), na medida em que se refere a várias causas exteriores, é também menor relativamente a cada uma delas. Q. E. D.

PROPOSIÇÃO X

Sempre que não nos debatemos com afetos que são contrários à nossa natureza, temos o poder de ordenar e encadear as afecções do corpo segundo uma ordem para o entendimento.[3]

---

[3] *Secundum ordinem ad intellectum*: no Escólio da Proposição 18, P. II, Espinosa distingue o encadeamento das ideias que "se produz na mente segundo a ordem e o encadeamento das afecções do corpo humano" e o encadeamento das ideias "que se produz segundo a ordem do entendimento" (*secundum ordinem intellectus*). Neste caso, porém, aparece a preposição *ad*, seguida de acusativo (*intellectum*), fórmula que se repete na Demonstração e no Escólio, afastando, por conseguinte, a hipótese de ser gralha. Trata-se, com efeito, de um encadeamento das afecções do corpo segundo uma ordem para o entendimento (*secundum ordinem ad intellectum*), pelo que não pode traduzir-se por "ordem do entendimento", se quisermos salvaguardar quer a independência dos atributos, quer a autonomia do corpo no encadeamento das ideias da imaginação. O Escólio que se segue é, de resto, bem ilustrativo quanto ao significado da expressão, por mais que ela pareça ao arrepio da linguagem corrente. P. Sévérac (2006, p. 213), que analisa expressamente a questão, observa com toda a propriedade: "o próprio entendimento não ordena as afecções corporais segundo a sua própria ordem, que é a das ideias adequadas que o constituem. É o corpo, e só ele, que ordena e encadeia em si mesmo as suas próprias afecções, segundo uma ordem (*secundum ordinem*) que corresponde nele à ordem do entendimento na mente (*ad intellec-*

DEMONSTRATIO — Affectus, qui nostræ naturæ sunt contrarii, hoc est (*per Prop. 30 p. 4*), qui mali sunt, eatenus mali sunt, quatenus impediunt, quominus Mens intelligat (*per Prop. 27 p. 4*). Quamdiu igitur affectibus, qui nostræ naturæ contrarii sunt, non conflictamur, tamdiu Mentis et potentia, qua res intelligere conatur (*per Prop. 26 p. 4*) non impeditur, atque adeo tamdiu potestatem habet claras, et distinctas ideas formandi, et alias ex aliis deducendi (*vide Schol. 2 Prop. 40 et Schol. Prop. 47 p. 2*); et consequenter (*per Prop. 1 hujus*), tamdiu potestatem habemus ordinandi, et concatenandi affectiones Corporis secundum ordinem ad intellectum. Q. E. D.

SCHOLIUM — Hac potestate recte ordinandi, et concatenandi Corporis affectiones efficere possumus, ut non facile malis affectibus afficiamur. Nam (*per Prop. 7 hujus*) major vis requiritur ad Affectus, secundum ordinem ad intellectum ordinatos, et concatenatos coercendum, quam incertos, et vagos. Optimum igitur, quod efficere possumus, quamdiu nostrorum affectuum perfectam cognitionem non habemus, est rectam vivendi rationem, seu certa vitæ dogmata concipere, eaque memoriæ mandare, et rebus particularibus, in vita frequenter obviis, continuo applicare, ut sic nostra imaginatio late iisdem afficiatur, et nobis in promptu sint semper. Ex. gr. inter vitæ dogmata posuimus (*vide Prop. 46 p. 4 cum ejusdem Schol.*), Odium Amore, seu Generositate vincendum, non autem reciproco Odio compensandum. Ut autem hoc rationis præscriptum semper in promptu habeamus, ubi usus erit, cogitandæ, et sæpe meditandæ sunt communes hominum injuriæ, et quomodo, et qua via Generositate optime propulsentur; sic enim imaginem injuriæ imaginationi hujus dogmatis jungemus, et nobis (*per Prop. 18 p. 2*) in promptu semper erit, ubi nobis injuria afferetur. Quod si etiam in promptu habuerimus rationem nostri veri utilis, ac etiam boni, quod ex mutua amicitia, et communi societate sequitur, et præterea quod ex recta vivendi ratione summa animi acquiescentia oriatur (*per Prop. 52 p. 4*), et quod homines, ut reliqua, ex naturæ necessitate agant: tum injuria, sive Odium, quod ex eadem oriri solet, minimam imaginationis

DEMONSTRAÇÃO — Os afetos que são contrários à nossa natureza, isto é (*pela Prop. 30, P. IV*), que são maus, são maus na medida em que impedem que a mente entenda (*pela Prop. 27, P. IV*). Por conseguinte, sempre que não nos debatemos com afetos que são contrários à nossa natureza, a potência da mente, pela qual ela se esforça por entender as coisas (*pela Prop. 26, P. IV*), não está impedida e, por isso, tem o poder de formar ideias claras e distintas e de as deduzir umas das outras (*vejam-se o Esc. 2 da Prop. 40 e o Esc. da Prop. 47, P. II*). Consequentemente (*pela Prop. 1 desta Parte*), temos o poder de ordenar e encadear as afecções do corpo segundo uma ordem para o entendimento. Q. E. D.

ESCÓLIO — Por este poder de ordenar e encadear corretamente as afecções do corpo, podemos fazer com que não sejamos facilmente afetados por maus afetos. Na verdade (*pela Prop. 7 desta Parte*), requer-se uma força maior para reprimir os afetos ordenados e encadeados segundo uma ordem para o entendimento, do que para reprimir os incertos e vagos. Portanto, o melhor que podemos fazer, enquanto não temos perfeito conhecimento dos nossos afetos, é conceber uma reta maneira de viver, ou seja, máximas certas para a vida, guardá-las na memória e aplicá-las continuamente às coisas particulares com que deparamos frequentemente na vida, a fim de que, deste modo, a nossa imaginação seja amplamente afetada por elas e nós as tenhamos sempre presentes. Por exemplo, incluímos entre as máximas para a vida (*vejam-se a Prop. 46, P. IV, e o seu Esc.*) que o ódio deve ser vencido pelo amor, ou seja, pela generosidade, e não retribuído com ódio recíproco. Mas, para termos sempre presente este preceito da razão quando ele for útil, deve-se pensar e meditar muitas vezes nas ofensas comuns entre os homens, e bem assim no modo e na via para melhor as repelir pela generosidade. Associaremos, assim, a imagem da ofensa à imaginação dessa máxima e (*pela Prop. 18, P. II*) tê-la-emos sempre à mão, quando nos fizerem a nós uma ofensa. Porque, se tivermos igualmente presente a regra da nossa verdadeira utilidade, assim como a do bem que se segue da amizade mútua e da sociedade comum; se, além disso, tivermos presente que a suprema satisfação do ânimo se origina da correta norma de vida (*pela Prop. 52, P. IV*) e que os homens, como tudo o mais, agem pela necessidade da natureza; então, a ofensa — ou o ódio que dela se costuma originar — ocupará uma parte mí-

---

tum)". E, mais explicitamente ainda, um pouco adiante: "A expressão [...] significa que o corpo é apto para ordenar e conectar as suas afecções segundo uma ordem que é útil para o entendimento".

partem occupabit, et facile superabitur; vel si Ira, quæ ex maximis injuriis oriri solet, non adeo facile superetur, superabitur tamen, quamvis non sine animi fluctuatione, longe minore temporis spatio, quam si hæc non ita præmeditata habuissemus, ut patet ex Propositione 6, 7 et 8 hujus Partis. De Animositate ad Metum deponendum eodem modo cogitandum est; enumeranda scilicet sunt, et sæpe imaginanda communia vitæ pericula, et quomodo animi præsentia, et fortitudine optime vitari, et superari possunt. Sed notandum, quod nobis in ordinandis nostris cogitationibus, et imaginibus semper attendendum est (*per Coroll. Prop. 63 p. 4 et Prop. 59 p. 3*) ad illa, quæ in unaquaque re bona sunt, ut sic semper ex Lætitiæ affectu ad agendum determinemur. Ex. gr. si quis videt, se nimis gloriam sectari, de ejus recto usu cogitet, et in quem finem sectanda sit, et quibus mediis acquiri possit; sed non de ipsius abusu, et vanitate, et hominum inconstantia, vel aliis hujusmodi, de quibus nemo, nisi ex animi ægritudine, cogitat; talibus enim cogitationibus maxime ambitiosi se maxime afflictant, quando de assequendo honore, quem ambiunt, desperant; et, dum Iram evomunt, sapientes videri volunt. Quare certum est, eos gloriæ maxime esse cupidos, qui de ipsius abusu, et mundi vanitate maxime clamant. Nec hoc ambitiosis proprium, sed omnibus commune est, quibus fortuna est adversa, et qui animo impotentes sunt. Nam pauper etiam avarus de abusu pecuniæ, et divitum vitiis non cessat loqui; quo nihil aliud efficit, quam se afflictare, et aliis ostendere, se non tantum paupertatem suam, sed etiam aliorum divitias iniquo animo ferre. Sic etiam, qui male ab amasia excepti sunt, nihil cogitant, quam de mulierum inconstantia, et fallaci animo, et reliquis earundem decantatis vitiis, quæ omnia statim oblivioni tradunt, simulac ab amasia iterum recipiuntur. Qui itaque suos affectus, et appetitus ex solo Libertatis amore moderari studet, is, quantum potest, nitetur, virtutes, earumque causas noscere, et animum gaudio, quod ex earum vera cognitione oritur, implere; at minime hominum vitia contemplari, hominesque obtrectare, et falsa libertatis specie gaudere. Atque hæc qui diligenter observabit (neque enim difficilia sunt), et exercebit, næ

nima da imaginação e será facilmente superada. Mesmo se a ira, que costuma originar-se das ofensas maiores, não se supera tão facilmente, ela há-de, no entanto, superar-se, embora não sem flutuação do ânimo, num espaço de tempo, de longe, menor do que se não tivéssemos previamente meditado nestas coisas, como é evidente pelas Prop. 6, 7 e 8 desta Parte. De igual modo, para eliminar o medo, deve-se pensar na firmeza, quer dizer, devem-se enumerar e imaginar muitas vezes os perigos comuns da vida e de que modo podem ser evitados e superados, da melhor forma, pela presença de espírito e a fortaleza.

É, porém, de notar que na ordenação dos nossos pensamentos e imagens se deve atender sempre (*pelo Corol. da Prop. 63, P. IV e pela Prop. 59, P. III*) àquilo que cada coisa tem de bom, a fim de que, deste modo, sejamos sempre determinados a agir pelo afeto da alegria. Se alguém vê, por exemplo, que procura excessivamente a glória, pense no seu uso correto, no fim para o qual deve ser procurada e nos meios por que pode ser adquirida, e não no seu abuso e na vaidade e inconstância dos homens, ou outras coisas assim, nas quais só alguém doente do ânimo é que pensa. De fato, é com pensamentos assim que mais se afligem os mais ambiciosos, quando desesperam de alcançar a honra que ambicionam. E, enquanto vomitam ira, querem passar por sábios. É, pois, certo que os mais ávidos de glória são os que mais clamam contra o seu abuso e a vaidade do mundo. E isto não é exclusivo dos ambiciosos, pelo contrário, é comum a todos aqueles a quem a fortuna é adversa e que são impotentes de ânimo. Na verdade, o pobre que é também avaro não para de falar do abuso do dinheiro e dos defeitos dos ricos, não fazendo com isso senão afligir-se e mostrar aos outros que suporta contrariado não só a sua pobreza, mas também a riqueza dos outros. Do mesmo modo, aqueles que foram postos de lado pela sua amante não pensam noutra coisa senão na inconstância e no ânimo enganador das mulheres, e nos seus outros decantados vícios, os quais eles esquecem todos imediatamente, mal a amante volta a recebê-los.[4] Quem, pois, se empenha em regrar os seus afetos e apetites só por amor da liberdade, esforçar-se-á quanto possível por conhecer as virtudes e as suas causas, por encher o ânimo do regozijo que se origina do verdadeiro conhecimento delas, e de modo nenhum por contemplar os vícios dos homens, desaboná-los e regozijar-se com uma falsa aparência de liberdade. E quem observar diligentemente estas coisas (de

---

[4] Alusão ao diálogo entre Fédria e Parmenão, duas personagens da comédia *Eunuchus*, de Terêncio, logo na 1ª cena do Ato I, vv. 56-69.

Parte V — Da Potência do Entendimento, ou da Liberdade Humana

ille brevi temporis spatio actiones suas ex rationis imperio plerumque dirigere poterit.

PROPOSITIO XI

Quo imago aliqua ad plures res refertur, eo frequentior est, seu sæpius viget, et Mentem magis occupat.

DEMONSTRATIO — Quo enim imago, seu affectus ad plures res refertur, eo plures dantur causæ, a quibus excitari, et foveri potest, quas omnes Mens (*per Hypothesin*) ex ipso affectu simul contemplatur; atque adeo affectus eo frequentior est, seu sæpius viget, et (*per Prop. 8 hujus*) Mentem magis occupat. *Q. E. D.*

PROPOSITIO XII

Rerum imagines facilius imaginibus, quæ ad res referuntur, quas clare, et distincte intelligimus, junguntur, quam aliis.

DEMONSTRATIO — Res, quas clare, et distincte intelligimus, vel rerum communes proprietates sunt, vel quæ ex iis deducuntur (*vide rationis Defin. in Schol. 2 Prop. 40 p. 2*), et consequenter sæpius (*per Prop. præced.*), in nobis excitantur; adeoque facilius fieri potest, ut res alias simul cum his, quam cum aliis contemplemur, et consequenter (*per Prop. 18 p. 2*) ut facilius cum his, quam cum aliis, jungantur. *Q. E. D.*

PROPOSITIO XIII

Quo imago aliqua pluribus aliis juncta est, eo sæpius viget.

DEMONSTRATIO — Nam, quo imago aliqua pluribus aliis juncta est, eo (*per Prop. 18 p. 2*) plures causæ dantur, a quibus excitari potest. *Q. E. D.*

fato, elas nem são difíceis) e as exercitar, poderá num breve espaço de tempo dirigir a maior parte das suas ações segundo o império da razão.

PROPOSIÇÃO XI

Quanto mais as coisas a que uma imagem se refere, mais frequente ela é, quer dizer, mais vezes ela se reaviva e mais ela ocupa a mente.

DEMONSTRAÇÃO — Com efeito, quanto mais as coisas a que uma imagem, ou um afeto, se refere, mais causas que a podem desencadear e favorecer se dão, causas estas que a mente (*pela hipótese*), em virtude do próprio afeto, contempla todas ao mesmo tempo e, portanto, mais frequente é o afeto, ou seja, mais vezes ela se reaviva e (*pela Prop. 8 desta Parte*) mais ocupa a mente. Q. E. D.

PROPOSIÇÃO XII

As imagens das coisas associam-se mais facilmente às imagens que se referem às coisas que entendemos clara e distintamente do que às outras.

DEMONSTRAÇÃO — As coisas que entendemos clara e distintamente, ou são propriedades comuns das coisas, ou se deduzem destas (*veja-se a Def. de razão no Esc. 2 da Prop. 40, P. II*) e, consequentemente, despertam em nós com mais frequência (*pela Prop. anterior*). Assim, pode mais facilmente acontecer contemplarmos outras coisas em simultâneo com estas, do que em simultâneo com outras e, por conseguinte (*pela Prop. 18, P. 2*), mais facilmente se associem a estas do que a outras. Q. E. D.

PROPOSIÇÃO XIII

Quanto mais uma imagem está associada a outras, mais frequentemente ela se reaviva.

DEMONSTRAÇÃO — Com efeito, quanto mais uma imagem está associada a outras, mais causas (*pela Prop. 18, P. II*) pelas quais ela pode ser despertada se dão. Q. E. D.

Parte V — Da Potência do Entendimento, ou da Liberdade Humana

PROPOSITIO XIV

Mens efficere potest, ut omnes Corporis affectiones, seu rerum imagines ad Dei ideam referantur.

DEMONSTRATIO — Nulla est Corporis affectio, cujus aliquem clarum, et distinctum non possit Mens formare conceptum (*per Prop. 4 hujus*); adeoque efficere potest (*per Prop. 15 p. 1*), ut omnes ad Dei ideam referuntur. *Q. E. D.*

PROPOSITIO XV

Qui se, suosque affectus clare, et distincte intelligit, Deum amat, et eo magis, quo se, suosque affectus magis intelligit.

DEMONSTRATIO — Qui se, suosque affectus clare, et distincte intelligit, lætatur (*per Prop. 53 p. 3*), idque concomitante idea Dei (*per Prop. præced.*); atque adeo (*per Defin. 6 Affect.*) Deum amat, et (*per eandem rationem*) eo magis, quo se, suosque affectus magis intelligit. *Q. E. D.*

PROPOSITIO XVI

Hic erga Deum Amor Mentem maxime occupare debet.

DEMONSTRATIO — Est enim hic Amor junctus omnibus Corporis affectionibus (*per Prop. 14 hujus*), quibus omnibus fovetur (*per Prop. 15 hujus*); atque adeo (*per Prop. 11 hujus*) Mentem maxime occupare debet. *Q. E. D.*

PROPOSIÇÃO XIV

A mente pode fazer com que todas as afecções do corpo, ou seja, as imagens das coisas, se refiram à ideia de Deus.

DEMONSTRAÇÃO — Não há nenhuma afecção do corpo de que a mente não possa formar um conceito claro e distinto (*pela Prop. 4 desta Parte*) e, portanto, ela pode fazer (*pela Prop. 15, P. I*) com que todas se refiram à ideia de Deus. Q. E. D.

PROPOSIÇÃO XV

Quem se entende clara e distintamente a si e aos seus afetos ama a Deus, e tanto mais quanto mais se entende a si e aos seus afetos.[5]

DEMONSTRAÇÃO — Quem se entende clara e distintamente a si e aos seus afetos alegra-se (*pela Prop. 53, P. III*), e isto acompanhado da ideia de Deus (*pela Prop. anterior*). Por conseguinte (*pela Def. 6 dos Afetos*), ama a Deus, e (*pela mesma razão*) tanto mais quanto mais se entende a si e aos seus afetos. Q. E. D.

PROPOSIÇÃO XVI

Este amor a Deus deve ocupar a mente ao máximo.

DEMONSTRAÇÃO — Com efeito, este amor está associado a todas as afecções do corpo (*pela Prop. 14 desta Parte*), pelas quais é favorecido (*pela Prop. 15 desta Parte*), e, portanto (*pela Prop. 11 desta Parte*), deve ocupar a mente ao máximo. Q. E. D.

---

[5] O conceito de "amor a Deus", ou "amor de Deus", desenvolve-se daqui até o Esc. da Prop. 20, altura em que se sumariza a sua essência, eminentemente cognitiva e, ao mesmo tempo, afetiva, enfatizando o conhecimento das verdadeiras causas dos afetos como a única via para ajustar o corpo e a mente no horizonte da totalidade infinita — o seu *ethos* —, libertar o ser humano das ilusões e depressões que o consomem, e reconciliá-lo consigo mesmo, na *acquiescentia*, e com os outros e o universo, no *amor Dei*, o qual reaparece depois sublimado, na Prop. 33, como *amor intellectualis Dei*.

PROPOSITIO XVII

Deus expers est passionum, nec ullo Lætitiæ, aut Tristitiæ affectu afficitur.

DEMONSTRATIO — Ideæ omnes, quatenus ad Deum referuntur, veræ sunt (*per Prop. 32 p. 2*), hoc est (*per Defin. 4 p. 2*), adæquatæ; atque adeo (*per gen. Affect. Defin.*) Deus expers est passionum. Deinde Deus neque ad majorem, neque ad minorem perfectionem transire potest (*per Coroll. 2 Prop. 20 p. 1*); adeoque (*per Defin. 2 et 3 Affect.*) nullo Lætitiæ, neque Tristitiæ affectu afficitur. Q. E. D.

COROLLARIUM — Deus proprie loquendo neminem amat, neque odio habet. Nam Deus (*per Prop. præced.*) nullo Lætitiæ, neque Tristitiæ affectu afficitur, et consequenter (*per Defin. 6 et 7 Affect.*) neminem etiam amat, neque odio habet.

PROPOSITIO XVIII

Nemo potest Deum odio habere.

DEMONSTRATIO — Idea Dei, quæ in nobis est, est adæquata, et perfecta (*per Prop. 46 et 47 p. 2*); adeoque quatenus Deum contemplamur, eatenus agimus (*per Prop. 3 p. 3*), et consequenter (*per Prop. 59 p. 3*) nulla potest dari Tristitia concomitante idea Dei, hoc est, (*per Defin. 7 Affect.*) nemo Deum odio habere potest. Q. E. D.

COROLLARIUM — Amor erga Deum in odium verti nequit.

SCHOLIUM — At objici potest, quod dum Deum omnium rerum causam intelligimus, eo ipso Deum Tristitiæ causam consideramus. Sed ad hoc respondeo, quod quatenus Tristitiæ causas intelligimus, eatenus (*per Prop. 3 hujus*) ipsa desinit esse passio, hoc est (*per Prop. 59 p. 3*), eatenus desinit esse Tristitia; atque adeo, quatenus Deum Tristitiæ causam esse intelligimus, eatenus lætamur.

PROPOSIÇÃO XVII

Deus é isento de paixões e não é afetado por nenhum afeto de alegria ou de tristeza.

DEMONSTRAÇÃO — Todas as ideias, na medida em que se referem a Deus, são verdadeiras (*pela Prop. 32, P. II*), ou seja (*pela Def. 4, P. II*), adequadas e, por isso (*pela Def. Geral dos Afetos*), Deus é isento de paixões. Além disso, Deus não pode passar a uma perfeição maior nem a uma perfeição menor (*pelo Corol. 2 da Prop. 20, P. I*) e, por isso (*pelas Def. 2 e 3 dos Afetos*), não é afetado por nenhum afeto de alegria, nem de tristeza. Q. E. D.

COROLÁRIO — Deus, para falar com propriedade, não ama nem tem ódio a ninguém. Na verdade, Deus (*pela Prop. anterior*) não é afetado por nenhum afeto de alegria ou de tristeza e, consequentemente (*pelas Def. 6 e 7 dos Afetos*), também não ama nem tem ódio a ninguém.

PROPOSIÇÃO XVIII

Ninguém pode ter ódio a Deus.

DEMONSTRAÇÃO — A ideia de Deus que existe em nós é adequada e perfeita (*pelas Prop. 46 e 47, P. II*), e, por isso, na medida em que contemplamos Deus, agimos (*pela Prop. 3, P. III*) e, consequentemente (*pela Prop. 59, P. III*), nenhuma tristeza acompanhada da ideia de Deus se pode dar, isto é (*pela Def. 7 dos Afetos*), ninguém pode ter ódio a Deus. Q. E. D.

COROLÁRIO — O amor a Deus não pode converter-se em ódio.

ESCÓLIO — Pode objetar-se que, ao entendermos Deus como causa de todas as coisas, o consideramos, por isso mesmo, causa da tristeza. Mas a isto eu respondo que, na medida em que entendemos as causas da tristeza (*pela Prop. 3 desta Parte*), ela deixa de ser paixão, isto é (*pela Prop. 59, P. III*), ela deixa, nessa mesma medida, de ser tristeza e, por conseguinte, na medida em que entendemos que Deus é a causa da tristeza, alegramo-nos.

Parte V — Da Potência do Entendimento, ou da Liberdade Humana

PROPOSITIO XIX

Qui Deum amat, conari non potest, ut Deus ipsum contra amet.

DEMONSTRATIO — Si homo id conaretur, cuperet ergo (*per Coroll. Prop. 17 hujus*), ut Deus, quem amat, non esset Deus, et consequenter (*per Prop. 19 p. 3*), contristari cuperet, quod (*per Prop. 28 p. 3*) est absurdum. Ergo, qui Deum amat, etc. Q. E. D.

PROPOSITIO XX

Hic erga Deum Amor, neque Invidiæ, neque Zelotypiæ affectu inquinari potest; sed eo magis fovetur, quo plures homines eodem Amoris vinculo cum Deo junctos imaginamur.

DEMONSTRATIO — Hic erga Deum Amor summum bonum est, quod ex dictamine rationis appetere possumus (*per Prop. 28 p. 4*), et omnibus hominibus commune est (*per Prop. 36 p. 4*), et omnes, ut eodem gaudeant, cupimus (*per Prop. 37 p. 4*); atque adeo (*per Defin. 23 Affect.*) Invidiæ affectu maculari nequit, neque etiam (*per Prop. 18 hujus, et Defin. Zelotypiæ, quam vide in Schol. Prop. 35 p. 3*) Zelotypiæ affectu; sed contra (*per Prop. 31 p. 3*) eo magis foveri debet, quo plures homines eodem gaudere imaginamur. Q. E. D.

SCHOLIUM — Possumus hoc eodem modo ostendere, nullum dari affectum, qui huic Amori directe sit contrarius, a quo hic ipse Amor possit destrui; atque adeo concludere possumus, hunc erga Deum Amorem omnium affectuum esse constantissimum, nec, quatenus ad Corpus refertur, posse destrui, nisi cum ipso Corpore. Cujus autem naturæ sit, quatenus ad solam Mentem refertur, postea videbimus. Atque his omnia affectuum remedia, sive id omne, quod Mens, in se sola considerata, adversus affectus potest, comprehendi; ex quibus apparet, Mentis in affectus potentiam consistere: I°. In ipsa affectuum cognitione (*vide Schol. Prop. 4 hujus*). II°. In eo, quod affectus a cogitatione causæ externæ, quam confuse imaginamur, separat (*vide Prop. 2 cum eodem Schol. Prop. 4 hujus*). III°. In tempore, quo affectiones, quæ ad res, quas intelligimus, referuntur, illas superant, quæ ad res referuntur,

PROPOSIÇÃO XIX

Quem ama a Deus não pode esforçar-se para que Deus, por sua vez, o ame.

DEMONSTRAÇÃO — Se o homem se esforçasse por isso, desejaria (*pelo Corol. da Prop. 17 desta Parte*) que Deus, a quem ama, não fosse Deus e, consequentemente (*pela Prop. 19, P. III*), desejaria entristecer-se, o que (*pela Prop. 28, P. III*) é absurdo. Logo, quem ama a Deus, etc. Q. E. D.

PROPOSIÇÃO XX

Este amor a Deus não pode ser inquinado pelo afeto da inveja, nem pelo do ciúme; pelo contrário, ele é tanto mais favorecido quanto mais homens imaginarmos associados a Deus pelo mesmo vínculo de amor.

DEMONSTRAÇÃO — Este amor a Deus é o bem supremo que sob o ditame da razão nos pode apetecer (*pela Prop. 28, P. IV*), é comum a todos os homens (*pela Prop. 36, P. IV*) e nós desejamos que todos gozem dele (*pela Prop. 37, P. IV*). Por isso (*pela Def. 23 dos Afetos*), não pode ser manchado pelo afeto da inveja, nem tampouco (*pela Prop. 18, e pela Def. de ciúme que vem no Esc. da Prop. 35, P. III*) pelo afeto do ciúme. Pelo contrário (*pela Prop. 31, P. III*), é tanto mais favorecido quanto mais homens imaginarmos a gozar dele. Q. E. D.

ESCÓLIO — Podemos, de igual modo, mostrar que não se dá nenhum afeto, que seja diretamente contrário a este amor, pelo qual ele possa ser destruído e, portanto, podemos concluir que este amor a Deus é o mais constante de todos os afetos e que, na medida em que se refere ao corpo, não pode ser destruído senão com o próprio corpo. Qual seja, porém, a sua natureza na medida em que se refere só à mente, vê-lo-emos depois. E, com isto, elenquei todos os remédios dos afetos, ou seja, tudo aquilo que a mente, considerada apenas em si mesma, pode contra os afetos, de onde resulta claro que a potência da mente sobre os afetos consiste:

I) No próprio conhecimento dos afetos (*veja-se o Esc. da Prop. 4 desta Parte*).

II) No fato de separar os afetos do pensamento de uma causa exterior que imaginamos confusamente (*vejam-se a Prop. 2 e o citado Esc. da Prop. 4 desta Parte*).

III) No tempo pelo qual as afecções que se referem a coisas que enten-

Parte V — Da Potência do Entendimento, ou da Liberdade Humana   603

quas confuse, seu mutilate concipimus (*vide Prop. 7 hujus*). IV°.
In multitudine causarum, a quibus affectiones, quæ ad rerum
communes proprietates, vel ad Deum referuntur, foventur (*vide
Prop. 9 et 11 hujus*). V°. Denique in ordine, quo Mens suos
affectus ordinare, et invicem concatenare potest (*vide Schol.
Prop. 10 et insuper Prop. 12, 13 et 14 hujus*). Sed ut hæc
Mentis in affectus potentia melius intelligatur, venit apprime
notandum, quod affectus a nobis magni appellantur, quando
unius hominis affectum cum affectu alterius comparamus, et
unum magis, quam alium eodem affectu conflictari videmus; vel
quando unius, ejusdemque hominis affectus ad invicem
comparamus, eundemque uno affectu magis, quam alio affici,
sive moveri comperimus: Nam (*per Prop. 5 p. 4*) vis
cujuscunque affectus definitur potentia causæ externæ cum
nostra comparata. At Mentis potentia sola cognitione definitur;
impotentia autem, seu passio a sola cognitionis privatione, hoc
est, ab eo, per quod ideæ dicuntur inadæquatæ, æstimatur; ex
quo sequitur, Mentem illam maxime pati, cujus maximam
partem ideæ inadæquatæ constituunt, ita ut magis per id, quod
patitur, quam per id, quod agit, dignoscatur; et illam contra
maxime agere, cujus maximam partem ideæ adæquatæ
constituunt, ita ut, quamvis huic tot inadæquatæ ideæ, quam illi
insint, magis tamen per illas, quæ humanæ virtuti tribuuntur,
quam per has, quæ humanam impotentiam arguunt,
dignoscatur. Deinde notandum, animi ægritudines, et infortunia
potissimum originem trahere ex nimio Amore erga rem, quæ
multis variationibus est obnoxia, et cujus nunquam compotes
esse possumus. Nam nemo de re ulla, nisi quam amat, sollicitus,
anxiusve est, neque injuriæ, suspiciones, inimicitiæ, etc.
oriuntur, nisi ex Amore erga res, quarum nemo potest revera
esse compos. Ex his itaque facile concipimus, quid clara, et
distincta cognitio, et præcipue tertium illud cognitionis genus
(*de quo vide Schol. Prop. 47 p. 2*), cujus fundamentum est ipsa
Dei cognitio, in affectus potest, quos nempe, quatenus passiones
sunt, si non absolute tollit (*vide Prop. 3 cum Schol. Prop. 4
hujus*), saltem efficit, ut minimam Mentis partem constituant
(*vide Prop. 14 hujus*). Deinde Amorem gignit erga rem
immutabilem, et æternam (*vide Prop. 15 hujus*), et cujus revera
sumus compotes (*vide Prop. 45 p. 2*), et qui propterea nullis

demos superam as que se referem a coisas que concebemos confusa ou mutiladamente (*veja-se a Prop. 7 desta Parte*).

IV) Na multidão de causas pelas quais as afecções que se referem às propriedades comuns das coisas, ou a Deus, são favorecidas (*vejam-se as Prop. 9 e 11 desta Parte*).

V) Finalmente, na ordem pela qual a mente pode ordenar e encadear os seus afetos uns nos outros (*vejam-se o Esc. da Prop. 10 e bem assim as Prop. 12, 13 e 14 desta Parte*).

Mas, para se entender melhor esta potência da mente sobre os afetos, deve notar-se, acima de tudo, que nós chamamos grandes aos afetos, quando comparamos o afeto de um homem com o afeto de outro e vemos que um deles se debate mais do que o outro com o mesmo afeto; ou quando comparamos entre si os afetos de um só e mesmo homem e verificamos que ele é mais afetado, quer dizer, movido, por um afeto do que por outro. Na verdade (*pela Prop. 5, P. IV*), a força de qualquer afeto define-se pela potência da causa exterior comparada com a nossa. Ora, a potência da mente define-se apenas pelo conhecimento, ao passo que a impotência, ou paixão, se avalia apenas pela privação de conhecimento, isto é, por aquilo em virtude do qual as ideias se dizem inadequadas. Donde se segue que a mente que mais sofre é aquela cuja maior parte é constituída por ideias inadequadas, de tal maneira que se distingue mais pelo que sofre do que pelo que age; pelo contrário, a que mais age é aquela cuja maior parte é constituída por ideias adequadas, de tal maneira que, embora nela estejam tantas ideias inadequadas quanto naquela, no entanto, ela distingue-se mais pelas que se atribuem à virtude humana do que pelas que evidenciam a impotência humana. Deve, além disso, notar-se que as doenças do ânimo e os infortúnios têm a sua origem, principalmente, no excessivo amor por uma coisa que está sujeita a muitas variações e da qual nunca podemos ser donos. Na verdade, ninguém está preocupado ou ansioso com uma coisa, se não a ama, e as ofensas, suspeitas, inimizades, etc., não se originam senão do amor a coisas de que ninguém pode realmente ser dono.

A partir daqui, é fácil concebermos o que o conhecimento claro e distinto e, principalmente, aquele terceiro gênero de conhecimento (*sobre isto, veja-se o Esc. da Prop. 47, P. II*), fundado no próprio conhecimento de Deus, pode sobre os afetos, aos quais, na medida em que são paixões, se não os suprime inteiramente (*vejam-se a Prop. 3 e o Esc. da Prop. 4 desta Parte*), faz pelo menos com que eles constituam uma parte mínima da mente (*veja-se a Prop. 14 desta Parte*). Além disso, gera amor a uma coisa imutável e eterna (*veja-se a Prop. 15 desta Parte*) de que somos realmente donos (*veja-*

vitiis, quæ in communi Amore insunt, inquinari, sed semper major, ac major esse potest (*per Prop. 15 hujus*), et Mentis maximam partem occupare (*per Prop. 16 hujus*), lateque afficere. Atque his omnia, quæ præsentem hanc vitam spectant, absolvi. Nam quod in hujus Scholii principio dixi, me his paucis omnia affectuum remedia amplexum esse, facile poterit unusquisque videre, qui ad hæc, quæ in hoc Scholio diximus, et simul ad Mentis, ejusque affectuum definitiones, et denique ad Propositiones 1 et 3 Partis 3 attenderit. Tempus igitur jam est, ut ad illa transeam, quæ ad Mentis durationem sine relatione ad Corpus pertinent.

PROPOSITIO XXI

Mens nihil imaginari potest, neque rerum præteritarum recordari, nisi durante Corpore.

DEMONSTRATIO — Mens actualem sui Corporis existentiam non exprimit, neque etiam Corporis affectiones, ut actuales, concipit, nisi durante Corpore (*per Coroll. Prop. 8 p. 2*), et consequenter (*per Prop. 26 p. 2*) nullum corpus, ut actu existens, concipit, nisi durante suo Corpore, ac proinde nihil imaginari (*vide Imaginat. Defin. in Schol. Prop. 17 p. 2*), neque rerum præteritarum recordari potest, nisi durante Corpore (*vide Defin. Memoriæ in Schol. Prop. 18 p. 2*). Q. E. D.

PROPOSITIO XXII

In Deo tamen datur necessario idea, quæ hujus, et illius Corporis humani essentiam sub æternitatis specie exprimit.

DEMONSTRATIO — Deus non tantum est causa hujus, et illius Corporis humani existentiæ, sed etiam essentiæ (*per Prop. 25 p. 1*), quæ propterea per ipsam Dei essentiam necessario debet concipi (*per Axiom. 4 p. 1*), idque æterna quadam necessitate (*per Prop. 16 p. 1*), qui quidem conceptus necessario in Deo dari debet (*per Prop. 3 p. 2*). Q. E. D.

-se a Prop. 45, P. II), amor esse que não pode, por conseguinte, ser inquinado por nenhum dos vícios que se encontram no amor comum e que, pelo contrário, pode sempre ser maior (*pela Prop. 15 desta Parte*), ocupar a máxima parte da mente (*pela Prop. 16 desta Parte*) e afetá-la imenso.

E, com isto, concluí tudo o que diz respeito a esta vida presente. Na verdade, aquilo que eu disse no princípio deste Escólio, a saber, que nestas breves linhas estavam compreendidos todos os remédios para os afetos, poderá vê-lo facilmente quem quer que atenda ao que dissemos neste Escólio, assim como às definições da mente e dos seus afetos, e, finalmente, às Proposições 1 e 3 da Parte III. É, portanto, altura de passar agora àquilo que diz respeito à duração da mente sem relação com o corpo.

PROPOSIÇÃO XXI

A mente não pode imaginar nada, nem recordar-se das coisas passadas, senão enquanto o corpo dura.

DEMONSTRAÇÃO — A mente não exprime a existência atual do seu corpo, nem tampouco concebe as afecções do corpo como atuais, senão enquanto o corpo dura (*pelo Corol. da Prop. 8, P. II*) e, consequentemente (*pela Prop. 26, P. II*), não concebe nenhum corpo como existente em ato senão enquanto o seu corpo dura. Por isso, não pode imaginar nada (*veja-se a Def. de imaginação no Esc. da Prop. 17, P. II*), nem recordar-se das coisas passadas, senão enquanto o corpo dura (*veja-se a Def. de memória no Esc. da Prop. 18, P. II*). Q. E. D.

PROPOSIÇÃO XXII

Em Deus, no entanto, dá-se necessariamente uma ideia que exprime a essência deste e daquele corpo humano sob a forma da eternidade.

DEMONSTRAÇÃO — Deus não é causa só da existência deste ou daquele corpo humano, mas também da essência (*pela Prop. 25, P. I*), a qual deve, por isso, ser necessariamente concebida pela própria essência de Deus (*pelo Ax. 4, P. I*), e isto com uma certa necessidade eterna (*pela Prop. 16, P. I*), conceito que por certo deve dar-se necessariamente em Deus (*pela Prop. 3, P. II*). Q. E. D.

Parte V — Da Potência do Entendimento, ou da Liberdade Humana

PROPOSITIO XXIII

Mens humana non potest cum Corpore absolute destrui;
sed ejus aliquid remanet, quod æternum est.

DEMONSTRATIO — In Deo datur necessario conceptus, seu idea, quæ Corporis humani essentiam exprimit (*per Prop. præced.*), quæ propterea aliquid necessario est, quod ad essentiam Mentis humanæ pertinet (*per Prop. 13 p. 2*). Sed Menti humanæ nullam durationem, quæ tempore definiri potest, tribuimus, nisi quatenus Corporis actualem existentiam, quæ per durationem explicatur, et tempore definiri potest, exprimit, hoc est (*per Coroll. Prop. 8 p. 2*), ipsi durationem non tribuimus, nisi durante Corpore. Cum tamen aliquid nihilominus sit id, quod æterna quadam necessitate per ipsam Dei essentiam concipitur (*per Prop. præced.*), erit necessario hoc aliquid, quod ad Mentis essentiam pertinet, æternum. *Q. E. D.*

SCHOLIUM — Est, uti diximus, hæc idea, quæ Corporis essentiam sub specie æternitatis exprimit, certus cogitandi modus, qui ad Mentis essentiam pertinet; quique necessario æternus est. Nec tamen fieri potest, ut recordemur nos ante Corpus exstitisse, quandoquidem nec in corpore ulla ejus vestigia dari, ner æternitas tempore definiri, nec ullam ad tempus relationem habere potest. At nihilominus sentimus, experimurque, nos æternos esse. Nam Mens non minus res illas sentit, quas intelligendo concipit, quam quas in memoria habet. Mentis enim oculi, quibus res videt, observatque, sunt ipsæ demonstrationes. Quamvis itaque non recordemur nos ante Corpus exstitisse, sentimus tamen Mentem nostram, quatenus Corporis essentiam sub æternitatis specie involvit, æternam esse, et hanc ejus existentiam tempore definiri, sive per durationem explicari non posse. Mens igitur nostra eatenus tantum potest dici durare, ejusque existentia certo tempore definiri potest, quatenus actualem Corporis existentiam involvit, et eatenus tantum potentiam habet rerum existentiam tempore determinandi, easque sub duratione concipiendi.

PROPOSIÇÃO XXIII

A mente humana não pode ser absolutamente destruída com o corpo; pelo contrário, há algo dela que permanece e que é eterno.

DEMONSTRAÇÃO — Em Deus, dá-se necessariamente um conceito, ou ideia, que exprime a essência do corpo humano (*pela Prop. anterior*) e que, por isso, é necessariamente algo que pertence à essência da mente humana (*pela Prop. 13, P. II*). Contudo, nós não atribuímos à mente humana nenhuma duração, a qual pode ser definida pelo tempo, a não ser na medida em que ela exprime a existência atual do corpo, que se explica pela duração e pode definir-se pelo tempo, isto é (*pelo Corol. da Prop. 8, P. II*), não lhe atribuímos duração a não ser enquanto o corpo dura. Como, porém, o que é concebido pela própria essência de Deus com uma certa necessidade eterna é algo (*pela Prop. anterior*), este algo que pertence à essência da mente será necessariamente eterno. *Q. E. D.*

ESCÓLIO — Esta ideia que exprime a essência do corpo sob a forma da eternidade é, como dissemos, um certo modo de pensar que pertence à essência da mente e que é necessariamente eterno. Não pode, contudo, acontecer recordarmo-nos de ter existido antes do corpo, porquanto não só não se podem dar vestígios disso no corpo, como também a eternidade não pode ser definida pelo tempo, nem ter com ele alguma relação. E, não obstante, sentimos[6] e experimentamos que somos eternos. Na verdade, a mente não sente menos as coisas que concebe com o entendimento do que aquelas que tem na memória. Porque os olhos da mente, com os quais ela vê e observa as coisas, são as próprias demonstrações. Assim, apesar de não nos recordarmos de ter existido antes do corpo, sentimos, contudo, que a nossa mente, na medida em que envolve a essência do corpo sob a forma da eternidade, é eterna e que esta sua existência não pode definir-se pelo tempo, ou seja, explicar-se pela duração. A nossa mente, portanto, só na medida em que envolve a existência atual do corpo se pode dizer que ela dura e definir a sua existência por um determinado tempo, e só nessa medida ela tem o poder de determinar pelo tempo a existência das coisas e de as conceber sob a duração.

---

[6] Tal como observa F. Mignini (2009, p. 1.671), "com o verbo *sentire*, Espinosa indica o ato de consciência, através do qual a mente percebe as modificações que se dão nela, qualquer que seja o seu gênero".

Parte V — Da Potência do Entendimento, ou da Liberdade Humana

PROPOSITIO XXIV

Quo magis res singulares intelligimus, eo magis Deum intelligimus.

DEMONSTRATIO — Patet ex Coroll. Prop. 25 p. 1.

PROPOSITIO XXV

Summus Mentis conatus, summaque virtus est res intelligere tertio cognitionis genere.

DEMONSTRATIO — Tertium cognitionis genus procedit ab adæquata idea quorumdam Dei attributorum ad adæquatam cognitionem essentiæ rerum (*vide hujus Defin. in Schol. 2 Prop. 40 p. 2*); et quo magis hoc modo res intelligimus, eo magis (*per Prop. præced.*) Deum intelligimus, ac proinde (*per Prop. 28 p. 4*) summa Mentis virtus, hoc est (*per Defin. 8 p. 4*), Mentis potentia, seu natura, sive (*per Prop. 7 p. 3*) summus conatus est res intelligere tertio cognitionis genere. Q. E. D.

PROPOSITIO XXVI

Quo Mens aptior est ad res tertio cognitionis genere intelligendum, eo magis cupit, res eodem hoc cognitionis genere intelligere.

DEMONSTRATIO — Patet. Nam quatenus concipimus Mentem aptam esse ad res hoc cognitionis genere intelligendum, eatenus eandem determinatam concipimus ad res eodem cognitionis genere intelligendum, et consequenter (*per Defin. 1 Affect.*), quo Mens ad hoc aptior est, eo magis hoc cupit. Q. E. D.

PROPOSITIO XXVII

Ex hoc tertio cognitionis genere summa, quæ dari potest, Mentis acquiescentia oritur.

DEMONSTRATIO — Summa Mentis virtus est Deum cognoscere (*per Prop. 28 p. 4*), sive res tertio cognitionis genere intelligere (*per Prop. 25 hujus*); quæ quidem virtus eo major est, quo Mens hoc

PROPOSIÇÃO XXIV

Quanto mais entendemos as coisas singulares, mais entendemos Deus.

DEMONSTRAÇÃO — É evidente pelo Corol. da Prop. 25, Parte I.

PROPOSIÇÃO XXV

O supremo esforço da mente e a suprema virtude é entender as coisas pelo terceiro gênero de conhecimento.

DEMONSTRAÇÃO — O terceiro gênero de conhecimento procede da ideia adequada de certos atributos de Deus para o conhecimento adequado da essência das coisas (*veja-se a sua Def. no Esc. 2 da Prop. 40, P. II*), e, quanto mais entendemos desse modo as coisas, mais (*pela Prop. anterior*) entendemos Deus. Por isso (*pela Prop. 28, P. IV*), a suprema virtude da mente, isto é (*pela Def. 8, P. IV*), a potência, ou natureza, da mente, que o mesmo é dizer (*pela Prop. 7, P. III*), o seu esforço supremo, é entender as coisas pelo terceiro gênero de conhecimento. Q. E. D.

PROPOSIÇÃO XXVI

Quanto mais apta é a mente para entender as coisas pelo terceiro gênero de conhecimento, mais deseja entendê-las por esse mesmo gênero de conhecimento.

DEMONSTRAÇÃO — É evidente. De fato, na medida em que concebemos que a mente é apta para entender as coisas por esse gênero de conhecimento, concebemo-la determinada a entender as coisas por esse mesmo gênero de conhecimento e, por conseguinte (*pela Def. 1 dos Afetos*), quanto mais apta para tal é a mente, mais o deseja. Q. E. D.

PROPOSIÇÃO XXVII

Deste terceiro gênero de conhecimento origina-se a maior satisfação da mente que se pode dar.

DEMONSTRAÇÃO — A virtude suprema da mente é conhecer Deus (*pela Prop. 28, P. IV*), ou seja, entender as coisas pelo terceiro gênero de conhecimento (*pela Prop. 25 desta Parte*), virtude esta que é tanto maior quanto

cognitionis genere magis res cognoscit (*per Prop. 24 hujus*);
adeoque qui res hoc cognitionis genere cognoscit, is ad summam
humanam perfectionem transit, et consequenter (*per Defin. 2
Affect.*), summa Lætitia afficitur, idque (*per Prop. 43 p. 2*)
concomitante idea sui, suæque virtutis, ac proinde (*per Defin. 25
Affect.*) ex hoc cognitionis genere summa, quæ dari potest, oritur
acquiescentia. Q. E. D.

PROPOSITIO XXVIII

*Conatus, seu Cupiditas cognoscendi res tertio cognitionis
genere, oriri non potest ex primo; at quidem ex secundo
cognitionis genere.*

DEMONSTRATIO — Hæc Propositio per se patet. Nam quicquid
clare, et distincte intelligimus, id vel per se, vel per aliud, quod per se
concipitur, intelligimus, hoc est, ideæ, quæ in nobis claræ, et
distinctæ sunt, sive quæ ad tertium cognitionis genus referuntur
(*vide Schol. 2 Prop. 40 p. 2*), non possunt sequi ex ideis mutilatis, et
confusis, quæ (*per idem Schol.*) ad primum cognitionis genus
referuntur, sed ex ideis adæquatis, sive (*per idem Schol.*) ex secundo,
et tertio cognitionis genere; ac proinde (*per Defin. 1 Affect.*)
Cupiditas cognoscendi res tertio cognitionis genere non potest oriri
ex primo, at quidem ex secundo. Q. E. D.

PROPOSITIO XXIX

*Quicquid Mens sub specie æternitatis intelligit, id ex eo non
intelligit, quod Corporis præsentem actualem existentiam concipit,
sed ex eo, quod Corporis essentiam concipit sub specie æternitatis.*

DEMONSTRATIO — Quatenus Mens præsentem sui Corporis
existentiam concipit, eatenus durationem concipit, quæ tempore
determinari potest, et eatenus tantum potentiam habet concipiendi
res cum relatione ad tempus (*per Prop. 21 hujus et Prop. 26 p. 2*).
At æternitas per durationem explicari nequit (*per Defin. 8 p. 1 et*

mais a mente conhece as coisas por esse mesmo gênero de conhecimento (*pela Prop. 24 desta Parte*). Por isso, quem conhece as coisas por este gênero de conhecimento passa à suprema perfeição humana e, consequentemente (*pela Def. 2 dos Afetos*), é afetado da suprema alegria, e isto (*pela Prop. 43, P. II*) acompanhada da ideia de si e da sua virtude. Por conseguinte (*pela Def. 25 dos Afetos*), desse terceiro gênero de conhecimento origina-se a maior satisfação que se pode dar. Q. E. D.

PROPOSIÇÃO XXVIII

O esforço ou desejo de conhecer as coisas pelo terceiro gênero de conhecimento não pode originar-se do primeiro, mas pode, certamente, originar-se do segundo gênero de conhecimento.

DEMONSTRAÇÃO — Esta proposição é evidente por si. Na verdade, tudo o que entendemos clara e distintamente entendemo-lo ou por si, ou por outra coisa que se concebe por si. Quer dizer, as ideias que são claras e distintas em nós, ou seja, que se referem ao terceiro gênero de conhecimento (*veja-se o Esc. 2 da Prop. 40, P. II*), não podem seguir-se de ideias mutiladas e confusas, as quais (*pelo mesmo Esc.*) se referem ao primeiro gênero de conhecimento, mas de ideias adequadas, ou seja (*pelo mesmo Esc.*), do segundo e do terceiro gêneros de conhecimento. Por conseguinte (*pela Def. 1 dos Afetos*), o desejo de conhecer as coisas pelo terceiro gênero de conhecimento não pode originar-se do primeiro, mas sim do segundo. Q. E. D.

PROPOSIÇÃO XXIX

Tudo o que a mente entende sob a forma da eternidade não o entende por conceber a presente existência atual[7] do corpo, mas por conceber a essência do corpo sob a forma da eternidade.

DEMONSTRAÇÃO — Na medida em que a mente concebe a existência presente do seu corpo, concebe a duração, a qual pode ser determinada pelo tempo, e só nesse sentido tem a potência de conceber as coisas em relação ao tempo (*pela Prop. 21 desta Parte e a Prop. 26, P. II*). A eternidade, porém, não pode explicar-se pela duração (*pela Def. 8, P. I, e a sua Explicação*).

---

[7] Cf., sobre o conceito de existência atual, o Escólio seguinte.

Parte V — Da Potência do Entendimento, ou da Liberdade Humana

ipsius explicat.). Ergo Mens eatenus potestatem non habet concipiendi res sub specie æternitatis; sed quia de natura rationis est res sub specie æternitatis concipere (*per Coroll. 2 Prop. 44 p. 2*), et ad Mentis naturam etiam pertinet Corporis essentiam sub specie æternitatis concipere (*per Prop. 23 hujus*), et præter hæc duo nihil aliud ad Mentis essentiam pertinet (*per Prop. 13 p. 2*); ergo hæc potentia concipiendi res sub specie æternitatis ad Mentem non pertinet, nisi quatenus Corporis essentiam sub specie æternitatis concipit. *Q. E. D.*

SCHOLIUM — Res duobus modis a nobis ut actuales concipiuntur, vel quatenus easdem cum relatione ad certum tempus, et locum existere, vel quatenus ipsas in Deo contineri, et ex naturæ divinæ necessitate consequi concipimus. Quæ autem hoc secundo modo ut veræ, seu reales concipiuntur, eas sub æternitatis specie concipimus, et earum ideæ æternam, et infinitam Dei essentiam involvunt, ut Propositione 45 Partis 2 ostendimus, cujus etiam Scholium vide.

PROPOSITIO XXX

Mens nostra, quatenus se, et Corpus sub æternitatis specie cognoscit, eatenus Dei cognitionem necessario habet, scitque se in Deo esse, et per Deum concipi.

DEMONSTRATIO — Aeternitas est ipsa Dei essentia, quatenus hæc necessariam involvit existentiam (*per Defin. 8 p. 1*). Res igitur sub specie æternitatis concipere, est res concipere, quatenus per Dei essentiam, ut entia realia, concipiuntur, sive quatenus per Dei essentiam involvunt existentiam; adeoque Mens nostra, quatenus se, et Corpus sub specie æternitatis concipit, eatenus Dei cognitionem necessario habet, scitque etc. *Q. E. D.*

PROPOSITIO XXXI

Tertium cognitionis genus pendet a Mente, tanquam a formali causa, quatenus Mens ipsa æterna est.

Logo, não é nesse sentido que a mente possui o poder de conceber as coisas sob a forma da eternidade, mas, sim, porque é da natureza da razão conceber as coisas sob a forma da eternidade (*pelo Corol. 2 da Prop. 44, P. II*), e também porque pertence à natureza da mente conceber a essência do corpo sob a forma da eternidade (*pela Prop. 23 desta Parte*) e porque, além dessas duas coisas, nada mais pertence à essência da mente (*pela Prop. 13, P. II*). Logo, esta potência de conceber as coisas sob a forma da eternidade não pertence à mente senão na medida em que ela concebe a essência do corpo sob a forma da eternidade. Q. E. D.

ESCÓLIO — As coisas são por nós concebidas como atuais de dois modos: ou na medida em que concebemos que elas existem relacionadas a um certo tempo e lugar; ou na medida em que estão contidas em Deus e se seguem da necessidade da natureza divina. Porém, as que são concebidas deste segundo modo como verdadeiras, ou reais, concebemo-las sob a forma da eternidade, e as suas ideias envolvem a essência eterna e infinita de Deus, como mostramos na Proposição 45 da Parte II, cujo Escólio deve também ver-se.

PROPOSIÇÃO XXX

A nossa mente, na medida em que se conhece a si mesma e ao corpo sob a forma da eternidade, tem necessariamente o conhecimento de Deus e sabe que é em Deus e se concebe por Deus.

DEMONSTRAÇÃO — A eternidade é a própria essência de Deus, na medida em que esta envolve a existência necessária (*pela Def. 8, P. I*). Conceber, portanto, as coisas sob a forma da eternidade é concebê-las na medida em que, por meio da essência de Deus, são concebidas como entes reais, ou seja, na medida em que, por meio da essência de Deus, envolvem a existência. Por isso, a nossa mente, na medida em que se concebe a si mesma e ao seu corpo sob a forma da eternidade, tem necessariamente o conhecimento de Deus e sabe, etc. Q. E. D.

PROPOSIÇÃO XXXI

O terceiro gênero de conhecimento depende da mente como sua causa formal, na medida em que a mente é, ela mesma, eterna.

Parte V — Da Potência do Entendimento, ou da Liberdade Humana

DEMONSTRATIO — Mens nihil sub æternitatis specie concipit, nisi quatenus sui Corporis essentiam sub æternitatis specie concipit (*per Prop. 29 hujus*), hoc est (*per Prop. 21 et 23 hujus*), nisi quatenus æterna est; adeoque (*per Prop. præced.*) quatenus æterna est, Dei habet cognitionem, quæ quidem cognitio est necessario adæquata (*per Prop. 46 p. 2*), ac proinde Mens, quatenus æterna est, ad illa omnia cognoscendum est apta, quæ ex data hac Dei cognitione consequi possunt (*per Prop. 40 p. 2*), hoc est, ad res tertio cognitionis genere cognoscendum (*vide hujus Defin. in Schol. 2 Prop. 40 p. 2*), cujus propterea Mens (*per Defin. 1 p. 3*), quatenus æterna est, causa est adæquata, seu formalis. Q. E. D.

SCHOLIUM — Quo igitur unusquisque hoc cognitionis genere plus pollet, eo melius sui, et Dei conscius est, hoc est, eo est perfectior, et beatior, quod adhuc clarius ex seqq. patebit. Sed hic notandum, quod, tametsi jam certi sumus, Mentem æternam esse, quatenus res sub æternitatis specie concipit, nos tamen, ut ea, quæ ostendere volumus, facilius explicentur, et melius intelligantur, ipsam, tanquam jam inciperet esse, et res sub æternitatis specie intelligere jam inciperet, considerabimus, ut huc usque fecimus; quod nobis absque ullo erroris periculo facere licet, modo nobis cautio sit nihil concludere, nisi ex perspicuis præmissis.

PROPOSITIO XXXII

Quicquid intelligimus tertio cognitionis genere, eo delectamur, et quidem concomitante idea Dei, tanquam causa.

DEMONSTRATIO — Ex hoc cognitionis genere summa, quæ dari potest, Mentis acquiescentia (*per Prop. 27 hujus*), hoc est (*per Defin. 25 Affect.*), Lætitia oritur, eaque concomitante idea sui, et consequenter (*per Prop. 30 hujus*) concomitante etiam idea a Dei, tanquam causa. Q. E. D.

COROLLARIUM — Ex tertio cognitionis genere oritur necessario Amor Dei intellectualis. Nam ex hoc cognitionis genere oritur (*per Prop. præced.*) Lætitia concomitante idea Dei, tanquam causa, hoc est (*per Defin. 6 Affect.*), Amor Dei, non quatenus ipsum ut

DEMONSTRAÇÃO — A mente não concebe nada sob a forma da eternidade senão na medida em que concebe a essência do seu corpo sob a forma da eternidade (*pela Prop. 29 desta Parte*), isto é (*pelas Prop. 21 e 23 desta Parte*), senão na medida em que é eterna. Por isso (*pela Prop. anterior*), na medida em que é eterna, ela tem o conhecimento de Deus, conhecimento este que é sem dúvida necessariamente adequado (*pela Prop. 46, P. II*), pelo que a mente, na medida em que é eterna, é apta a conhecer tudo o que pode seguir-se desse conhecimento que é dado de Deus (*pela Prop. 40, P. II*), ou seja, é apta a conhecer as coisas pelo terceiro gênero de conhecimento (*veja-se a sua Def. no Esc. 2 da Prop. 40, P. II*), do qual a mente (*pela Def. 1, P. III*), na medida em que é eterna, é causa adequada, ou formal. Q. E. D.

ESCÓLIO — Assim, quanto melhor cada um for neste gênero de conhecimento, mais consciente é de si próprio e de Deus, isto é, mais perfeito e mais feliz é, como ficará ainda mais claro pelo que se segue. Deve-se, no entanto, aqui notar que, apesar de estarmos agora certos de que a mente é eterna na medida em que concebe as coisas sob a forma da eternidade, todavia, para explicar mais facilmente e para que se entenda melhor o que pretendemos mostrar, considerá-la-emos como se tivesse agora começado a ser e a entender as coisas sob a forma da eternidade, conforme fizemos até aqui, coisa que nos é lícito fazer sem nenhum risco de errar, contanto que tenhamos a precaução de não concluir nada a não ser de premissas absolutamente claras.

PROPOSIÇÃO XXXII

Tudo o que entendemos pelo terceiro gênero de conhecimento causa-nos deleite, acompanhado da ideia de Deus como causa.

DEMONSTRAÇÃO — Deste gênero supremo de conhecimento origina-se a suprema satisfação da mente que se pode dar (*pela Prop. 27 desta Parte*), isto é (*pela Def. 25 dos Afetos*), a suprema alegria, e esta acompanhada da ideia de si e, consequentemente (*pela Prop. 30 desta Parte*), acompanhada também da ideia de Deus como causa. Q. E. D.

COROLÁRIO — Do terceiro gênero de conhecimento origina-se, necessariamente, o amor intelectual de Deus. Na verdade, deste gênero de conhecimento origina-se (*pela Prop. anterior*) uma alegria acompanhada da ideia de Deus como causa, isto é (*pela Def. 6 dos Afetos*), o amor de Deus, não na

Parte V — Da Potência do Entendimento, ou da Liberdade Humana

præsentem imaginamur (*per Prop. 29 hujus*), sed quatenus Deum æternum esse intelligimus, et hoc est, quod amorem Dei intellectualem voco.

PROPOSITIO XXXIII

Amor Dei intellectualis, qui ex tertio cognitionis genere oritur, est æternus.

DEMONSTRATIO — Tertium enim cognitionis genus (*per Prop. 31 hujus, et Axiom. 3 p. 1*) est æternum; adeoque (*per idem Axiom. p. 1*) Amor, qui ex eodem oritur, est etiam necessario æternus. *Q. E. D.*

SCHOLIUM — Quamvis hic erga Deum Amor principium non habuerit (*per Prop. præced.*), habet tamen omnes Amoris perfectiones, perinde ac si ortus fuisset, sicut in Coroll. Prop. præc. finximus. Nec ulla hic est differentia, nisi quod Mens easdem has perfectiones, quas eidem jam accedere finximus, æternas habuerit, idque concomitante idea Dei tanquam causa æterna. Quod si Lætitia in transitione ad majorem perfectionem consistit, beatitudo sane in eo consistere debet, quod Mens ipsa perfectione sit prædita.

PROPOSITIO XXXIV

Mens non nisi durante corpore obnoxia est affectibus, qui ad passiones referuntur.

DEMONSTRATIO — Imaginatio est idea, qua Mens rem aliquam ut præsentem contemplatur (*vide ejus Defin. in Schol. Prop. 17 p. 2*), quæ tamen magis Corporis humani præsentem constitutionem, quam rei externæ naturam indicat (*per Coroll. 2 Prop. 16 p. 2*). Est igitur affectus (*per gen. Affect. Defin.*) imaginatio, quatenus Corporis præsentem constitutionem indicat; atque adeo (*per Prop. 21 hujus*) Mens non nisi durante corpore obnoxia est affectibus, qui ad passiones referuntur. *Q. E. D.*

COROLLARIUM — Hinc sequitur nullum Amorem præter Amorem intellectualem esse æternum.

medida em que o imaginamos como presente (*pela Prop. 29 desta Parte*), mas na medida em que entendemos que Deus é eterno, e é a isto que eu chamo amor intelectual de Deus.

PROPOSIÇÃO XXXIII

O amor intelectual de Deus, que se origina do terceiro gênero de conhecimento, é eterno.

DEMONSTRAÇÃO — O terceiro gênero de conhecimento é, com efeito (*pela Prop. 31 desta Parte e pelo Ax. 3, P. I*), eterno, pelo que (*pelo mesmo Ax., P. I*) o amor que se origina do mesmo também é necessariamente eterno. *Q. E. D.*

ESCÓLIO — Embora este amor a Deus não tenha tido princípio (*pela Prop. anterior*), todavia, ele tem todas as perfeições do amor, como se tivesse sido originado, conforme fizemos de conta no Corol. da Prop. anterior. E não existe aqui diferença nenhuma, exceto que a mente possui desde a eternidade, acompanhada da ideia de Deus como causa eterna, estas perfeições a que fizemos de conta que ela tinha tido agora acesso. Porque, se a alegria consiste na passagem a uma perfeição maior, a beatitude deve, sem dúvida, consistir em que a mente esteja dotada da própria perfeição.

PROPOSIÇÃO XXXIV

A mente não está sujeita, a não ser enquanto o corpo dura, aos afetos que se referem a paixões.

DEMONSTRAÇÃO — Uma imaginação é uma ideia pela qual a mente contempla uma coisa como presente (*veja-se a sua Def. no Esc. da Prop. 17, P. II*), ideia que, no entanto, indica mais o estado presente do corpo humano do que a natureza da coisa exterior (*pelo Corol. 2 da Prop. 16, P. II*). O afeto é, portanto (*pela Def. Geral dos Afetos*), uma imaginação, na medida em que indica o presente estado do corpo, e, por isso (*pela Prop. 21 desta Parte*), a mente não está sujeita, a não ser enquanto o corpo dura, aos afetos que se referem a paixões. *Q. E. D.*

COROLÁRIO — Donde se segue que nenhum amor, além do amor intelectual, é eterno.

SCHOLIUM — Si ad hominum communem opinionem attendamus, videbimus, eos suæ Mentis æternitatis esse quidem conscios; sed ipsos eandem cum duratione confundere, eamque imaginationi, seu memoriæ tribuere, quam post mortem remanere credunt.

PROPOSITIO XXXV
Deus se ipsum Amore intellectuali infinito amat.

DEMONSTRATIO — Deus est absolute infinitus (*per Defin. 6 p. 1*), hoc est (*per Defin. 6 p. 2*), Dei natura gaudet infinita perfectione, idque (*per Prop. 3 p. 2*) concomitante idea sui, hoc est (*per Prop. 11 et Defin. 1 p. 1*), idea suæ causæ, et hoc est, quod in Coroll. Prop. 32 hujus Amorem intellectualem esse diximus.

PROPOSITIO XXXVI
Mentis Amor intellectualis erga Deum est ipse Dei Amor, quo Deus se ipsum amat, non quatenus infinitus est, sed quatenus per essentiam humanæ Mentis, sub specie æternitatis consideratam, explicari potest, hoc est, Mentis erga Deum Amor intellectualis pars est infiniti amoris, quo Deus se ipsum amat.

DEMONSTRATIO — Hic Mentis Amor ad Mentis actiones referri debet (*per Coroll. Prop. 32 hujus, et per Prop. 3 p. 3*), qui proinde actio est, qua Mens se ipsam contemplatur, concomitante idea Dei tanquam causa (*per Prop. 32 hujus, et ejus Coroll.*), hoc est (*per Coroll. Prop. 25 p. 1 et Coroll. Prop. 11 p. 2*), actio, qua Deus, quatenus per Mentem humanam explicari potest, seipsum contemplatur, concomitante idea sui; atque adeo (*per Prop. præced.*) hic Mentis Amor pars est infiniti amoris, quo Deus seipsum amat. Q. E. D.

COROLLARIUM — Hinc sequitur, quod Deus, quatenus seipsum amat, homines amat, et consequenter quod amor Dei erga homines, et Mentis erga Deum Amor intellectualis unum, et idem sit.

SCHOLIUM — Ex his clare intelligimus, qua in re nostra salus, seu beatitudo, seu Libertas consistit, nempe in constanti, et æterno

ESCÓLIO — Se atentarmos na opinião comum dos homens, veremos que eles são, decerto, conscientes da eternidade da sua mente, mas confundem-na com a duração e atribuem-na à imaginação, ou à memória, que creem subsistir após a morte.

PROPOSIÇÃO XXXV
Deus ama-se a si mesmo com um amor intelectual infinito.

DEMONSTRAÇÃO — Deus é absolutamente infinito (*pela Def. 6, P. I*), isto é (*pela Def. 6, P. II*), a natureza de Deus goza de infinita perfeição, e isto (*pela Prop. 3, P. II*) acompanhado da ideia de si, quer dizer (*pela Prop. 11 e pela Def. 1, P. I*), da ideia da sua causa, e foi o que nós dissemos ser, no Corol. da Prop. 32, o amor intelectual de Deus.

PROPOSIÇÃO XXXVI
O amor intelectual da mente a Deus é o próprio amor de Deus, com o qual Deus se ama a si mesmo, não na medida em que é infinito, mas na medida em que pode explicar-se pela essência da mente humana considerada sob a forma da eternidade, isto é, o amor intelectual da mente a Deus é uma parte do amor infinito com que Deus se ama a si mesmo.

DEMONSTRAÇÃO — Este amor da mente deve referir-se às ações da mente (*pelo Corol. da Prop. 32 desta Parte e pela Prop. 3, P. III*) e é, portanto, uma ação pela qual a mente se contempla a si mesma acompanhada da ideia de Deus como causa (*pela Prop. 32 e o seu Corol.*), isto é (*pelo Corol. da Prop. 25, P. I, e pelo Corol. da Prop. 11, P. II*), uma ação pela qual Deus, na medida em que pode explicar-se pela mente humana, se contempla a si mesmo acompanhado da ideia de si. Por isso (*pela Prop. anterior*), este amor da mente é uma parte do amor infinito com que Deus se ama a si mesmo. Q. E. D.

COROLÁRIO — Donde se segue que Deus, na medida em que se ama a si mesmo, ama os homens e que, por conseguinte, o amor de Deus aos homens e o amor intelectual da mente a Deus é uma só e a mesma coisa.

ESCÓLIO — Por isto entendemos claramente em que consiste a nossa salvação, beatitude, ou liberdade, a saber, no amor constante e eterno a

erga Deum Amore, sive in Amore Dei erga homines. Atque hic Amor, seu beatitudo in Sacris codicibus Gloria appellatur, nec immerito. Nam sive hic Amor ad Deum referatur, sive ad Mentem, recte animi acquiescentia, quæ revera a Gloria (*per Defin. 25 et 30 Affect.*) non distinguitur, appellari potest. Nam quatenus ad Deum refertur, est (*per Prop. 35 hujus*) Lætitia, liceat hoc adhuc vocabulo uti, concomitante idea sui, ut et quatenus ad Mentem refertur (*per Prop. 27 hujus*). Deinde quia nostræ Mentis essentia in sola cognitione consistit, cujus principium, et fundamentum Deus est (*per Prop. 15 p. 1 et Schol. Prop. 47 p. 2*): hinc perspicuum nobis fit, quomodo, et qua ratione Mens nostra secundum essentiam, et existentiam ex natura divina sequatur, et continuo a Deo pendeat; quod hic notare operæ pretium duxi, ut hoc exemplo ostenderem, quantum rerum singularium cognitio, quam intuitivam, sive tertii generis appellavi (*vide Schol. 2 Prop. 40 p. 2*), polleat, potiorque sit cognitione universali, quam secundi generis esse dixi. Nam quamvis in Prima Parte generaliter ostenderim, omnia (et consequenter Mentem etiam humanam) a Deo secundum essentiam, et existentiam pendere, illa tamen demonstratio, tametsi legitima sit, et extra dubitationis aleam posita, non ita tamen Mentem nostram afficit, quam quando id ipsum ex ipsa essentia rei cujuscunque singularis, quam a Deo pendere dicimus, concluditur.

PROPOSITIO XXXVII

Nihil in natura datur, quod huic Amori intellectuali sit contrarium, sive quod ipsum possit tollere.

DEMONSTRATIO — Hic intellectualis Amor ex Mentis natura necessario sequitur, quatenus ipsa, ut æterna veritas, per Dei naturam consideratur (*per Prop. 33 et 29 hujus*). Siquid ergo daretur, quod huic Amori esset contrarium, id contrarium esset vero, et consequenter id, quod hunc Amorem posset tollere, efficeret, ut id, quod verum est, falsum esset, quod (*ut per se notum*) est absurdum. Ergo nihil in natura datur, etc. Q. E. D.

SCHOLIUM — Partis Quartæ Axioma res singulares respicit, quatenus cum relatione ad certum tempus, et locum considerantur, de quo neminem dubitare credo.

Deus, ou seja, no amor de Deus aos homens. E a este amor, ou beatitude, chama-se nos códices sagrados, não sem razão, glória. Na verdade, quer se refira a Deus ou à mente, pode chamar-se corretamente a este amor satisfação do ânimo, a qual, em boa verdade, não se distingue da glória (*pelas Def. 25 e 30 dos Afetos*). Com efeito, ela é (*pela Prop. 35 desta Parte*) alegria — se nos é permitido usar ainda este vocábulo — acompanhada da ideia de si, seja na medida em que se refere a Deus, seja na medida em que se refere à mente (*pela Prop. 27 desta Parte*). Depois, uma vez que a essência da nossa mente consiste só no conhecimento, cujo princípio e fundamento é Deus (*pela Prop. 15, P. I e pelo Esc. da Prop. 47, P. II*), resulta claro para nós de que modo e em que medida a nossa mente, quanto à essência e à existência, se segue da natureza divina e depende continuamente de Deus. Pensei que valia a pena assinalá-lo aqui, para mostrar com este exemplo quanto o conhecimento das coisas singulares a que chamei intuitivo, ou do terceiro gênero (*veja-se o Esc. 2 da Prop. 40, P. II*), sobreleva e é superior ao conhecimento universal, que eu disse ser do segundo gênero. Porque embora na Parte I tenha mostrado, em termos genéricos, que tudo (e, consequentemente, também a mente humana) depende de Deus quanto à essência e à existência, aquela demonstração, contudo, ainda que legítima e apresentada sem margem para dúvidas, não afeta tanto a nossa mente como quando se conclui isso mesmo da própria essência de qualquer coisa singular que dizemos depender de Deus.

PROPOSIÇÃO XXXVII
Na natureza, não se dá nada que seja contrário a este amor intelectual, ou seja, que o possa suprimir.

DEMONSTRAÇÃO — Este amor intelectual segue-se necessariamente da natureza da mente, na medida em que ela é considerada, através da natureza de Deus, como verdade eterna (*pelas Prop. 33 e 29 desta Parte*). Se, portanto, se desse algo que fosse contrário a este amor, seria contrário ao verdadeiro e, consequentemente, o que pudesse suprimir este amor faria com que o que é verdadeiro fosse falso, o que (*como é por si mesmo conhecido*) é absurdo. Logo, na natureza não se dá nada, etc. *Q. E. D.*

ESCÓLIO — O Axioma da Parte IV diz respeito às coisas singulares na medida em que se consideram relacionadas com um certo tempo e lugar, coisa de que não creio que alguém duvide.

Parte V — Da Potência do Entendimento, ou da Liberdade Humana

PROPOSITIO XXXVIII

Quo plures res secundo, et tertio cognitionis genere Mens intelligit, eo minus ipsa ab affectibus, qui mali sunt, patitur, et mortem minus timet.

DEMONSTRATIO — Mentis essentia in cognitione consistit (*per Prop. 11 p. 2*); quo igitur Mens plures res cognoscit secundo, et tertio cognitionis genere, eo major ejus pars remanet (*per Prop. 23 et 29 hujus*), et consequenter (*per Prop. præced.*) eo major ejus pars non tangitur ab affectibus, qui nostræ naturæ sunt contrarii, hoc est (*per Prop. 30 p. 4*), qui mali sunt. Quo itaque Mens plures res secundo, et tertio cognitionis genere intelligit, eo major ejus pars illæsa manet, et consequenter minus ab affectibus patitur, etc. *Q. E. D.*

SCHOLIUM — Hinc intelligimus id, quod in Schol. Prop. 39 p. 4 attigi, et quod in hac Parte explicare promisi; nempe, quod mors eo minus est noxia, quo Mentis clara, et distincta cognitio major est, et consequenter, quo Mens magis Deum amat. Deinde, quia (*per Prop. 27 hujus*) ex tertio cognitionis genere summa, quæ dari potest, oritur acquiescentia, hinc sequitur Mentem humanam posse ejus naturæ esse, ut id, quod ejus cum corpore perire ostendimus (*vide Prop. 21 hujus*), in respectu ad id, quod ipsius remanet, nullius sit momenti. Sed de his mox prolixius.

PROPOSITIO XXXIX

Qui Corpus ad plurima aptum habet, is Mentem habet, cujus maxima pars est æterna.

DEMONSTRATIO — Qui Corpus ad plurima agendum aptum habet, is minime affectibus, qui mali sunt, conflictatur (*per Prop. 38 p. 4*), hoc est (*per Prop. 30 p. 4*), affectibus, qui naturæ nostræ sunt contrarii, atque adeo (*per Prop. 10 hujus*) potestatem habet ordinandi, et concatenandi Corporis affectiones secundum ordinem ad intellectum, et consequenter efficiendi (*per Prop. 14 hujus*), ut omnes Corporis affectiones ad Dei ideam referantur, ex quo fiet (*per Prop. 15 hujus*), ut erga Deum afficiatur Amore, qui (*per Prop. 16 hujus*) Mentis maximam

PROPOSIÇÃO XXXVIII

Quanto mais coisas a mente entende pelo segundo e o terceiro gêneros de conhecimento, menos ela sofre dos afetos que são maus e menos teme a morte.

DEMONSTRAÇÃO — A essência da mente consiste no conhecimento (*pela Prop. 11, P. II*). Portanto, quanto mais coisas ela conhece pelo segundo e o terceiro gêneros de conhecimento, maior é a parte dela que permanece (*pelas Prop. 23 e 29 desta Parte*) e, consequentemente (*pela Prop. anterior*), maior é a parte dela que não é atingida pelos afetos que são contrários à nossa natureza, isto é (*pela Prop. 30, P. IV*), pelos afetos que são maus. Assim, quanto mais coisas a mente entende pelo segundo e o terceiro gêneros de conhecimento, maior é a parte dela que permanece ilesa e, consequentemente, menos sofre dos afetos, etc. *Q. E. D.*

ESCÓLIO — Entende-se assim o que mencionei no Esc. da Prop. 39 da Parte IV e que prometi explicar nesta Parte, a saber, que a morte é tanto menos nociva, quanto maior é o conhecimento claro e distinto da mente e, por conseguinte, quanto mais a mente ama a Deus. Além disso, como (*pela Prop. 27 desta Parte*) do terceiro gênero de conhecimento se origina a suprema satisfação que se pode dar, segue-se que a mente humana pode ser de uma natureza tal, que aquilo que mostramos que dela perece com o corpo (*veja-se a Prop. 21 desta Parte*) não tenha nenhuma importância em comparação com o que dela permanece. Mas já falaremos disso mais desenvolvidamente.

PROPOSIÇÃO XXXIX

Quem tem um corpo apto a muitas coisas tem uma mente cuja maior parte é eterna.

DEMONSTRAÇÃO — Quem tem um corpo apto a fazer muitas coisas debate-se minimamente com afetos que são maus (*pela Prop. 38, P. IV*), isto é (*pela Prop. 30, P. IV*), com afetos que são contrários à nossa natureza. Por isso (*pela Prop. 10 desta Parte*), tem o poder de ordenar e encadear as afecções do corpo segundo uma ordem conforme ao entendimento e, consequentemente, fazer com que (*pela Prop. 14 desta Parte*) todas as afecções do corpo se refiram à ideia de Deus, de onde resulta (*pela Prop. 15 desta Parte*) que seja afetado de um amor a Deus que (*pela Prop. 16 desta Parte*) deve ocupar,

Parte V — Da Potência do Entendimento, ou da Liberdade Humana

partem occupare, sive constituere debet, ac proinde (*per Prop. 33 hujus*) Mentem habet, cujus maxima pars est æterna. *Q. E. D.*

SCHOLIUM — Quia Corpora humana ad plurima apta sunt, non dubium est, quin ejus naturæ possint esse, ut ad Mentes referantur, quæ magnam sui, et Dei habeant cognitionem, et quarum maxima, seu præcipua pars est æterna, atque adeo ut mortem vix timeant. Sed ut hæc clarius intelligantur, animadvertendum hic est, quod nos in continua vivimus variatione, et prout in melius, sive in pejus mutamur, eo felices, aut infelices dicimur. Qui enim ex infante, vel puero in cadaver transiit, infelix dicitur, et contra id felicitati tribuitur, quod totum vitæ spatium Mente sana in Corpore sano percurrere potuerimus. Et revera qui Corpus habet, ut infans, vel puer, ad paucissima aptum, et maxime pendens a causis externis, Mentem habet, quæ in se sola considerata nihil fere sui, nec Dei, nec rerum sit conscia; et contra, qui Corpus habet ad plurima aptum, Mentem habet, quæ in se sola considerata multum sui, et Dei, et rerum sit conscia. In hac vita igitur apprime conamur, ut Corpus infantiæ in aliud, quantum ejus natura patitur, eique conducit, mutetur, quod ad plurima aptum sit, quodque ad Mentem referatur, quæ sui, et Dei, et rerum plurimum sit conscia; atque ita ut id omne, quod ad ipsius memoriam, vel imaginationem refertur, in respectu ad intellectum vix alicujus sit momenti, ut in Schol. Prop. præced. jam dixi.

PROPOSITIO XL

Quo unaquæque res plus perfectionis habet, eo magis agit, et minus patitur, et contra, quo magis agit, eo perfectior est.

DEMONSTRATIO — Quo unaquæque res perfectior est, eo plus habet realitatis (*per Defin. 6 p. 2*), et consequenter (*per Prop. 3 p. 3 cum ejus Schol.*) eo magis agit, et minus patitur; quæ quidem Demonstratio inverso ordine eodem modo procedit, ex quo sequitur, ut res contra eo sit perfectior, quo magis agit. *Q. E. D.*

COROLLARIUM — Hinc sequitur partem Mentis, quæ remanet, quantacunque ea sit, perfectiorem esse reliqua. Nam pars Mentis æterna (*per Prop. 23 et 29 hujus*) est intellectus, per

ou seja, constituir, a maior parte da mente. Portanto (*pela Prop. 33 desta Parte*), tem uma mente cuja maior parte é eterna. *Q. E. D.*

ESCÓLIO — Uma vez que os corpos humanos são aptos a muitas coisas, não há dúvida de que podem ser de natureza tal que se refiram a mentes que tenham um grande conhecimento de si e de Deus, e cuja maior ou a principal parte é eterna, de tal maneira que dificilmente temem a morte. Mas para que isto se entenda mais claramente, deve ter-se aqui em conta que nós vivemos em contínua variação e que, consoante mudamos para melhor ou para pior, assim nos dizemos felizes ou infelizes. Quem, com efeito, de menino ou criança passa a cadáver, diz-se que é infeliz. Pelo contrário, tem-se por felicidade o podermos percorrer de mente sã em corpo são todo o espaço da vida. E, realmente, quem, como um menino ou uma criança, tem um corpo apto a pouquíssimas coisas e extremamente dependente das causas exteriores tem uma mente que, considerada só em si mesma, não é consciente de quase nada, nem de si, nem de Deus, nem das coisas. Pelo contrário, quem tem um corpo apto a muitas coisas tem uma mente que, considerada só em si mesma, é muito consciente de si, de Deus e das coisas. Por isso, nesta vida, esforçamo-nos principalmente para que o corpo da infância se transforme, tanto quanto a sua natureza permite e a tal conduz, num outro que seja apto a muitas coisas e se refira a uma mente que seja extremamente consciente de si, de Deus e das coisas, de tal maneira que tudo o que tem que ver com a sua memória ou imaginação, comparado com o entendimento, quase não tenha importância, como já afirmei no Esc. da Prop. anterior.

PROPOSIÇÃO XL
Quanto mais perfeição uma coisa tem, mais age e menos sofre, e, inversamente, quanto mais age, mais perfeita é.

DEMONSTRAÇÃO — Quanto mais perfeita é uma coisa, mais realidade ela tem (*pela Def. 6, P. II*) e, consequentemente (*pela Prop. 3, P. III, e o seu Esc.*), mais age e menos sofre, demonstração esta que na ordem inversa procede exatamente do mesmo modo, de onde se segue que uma coisa é, inversamente, tanto mais perfeita quanto mais age. *Q. E. D.*

COROLÁRIO — Segue-se daqui que a parte da mente que permanece, qualquer que seja a sua grandeza, é mais perfeita do que a restante. Na verdade, a parte eterna da mente (*pelas Prop. 23 e 29 desta Parte*) é o entendi-

Parte V — Da Potência do Entendimento, ou da Liberdade Humana   627

quem solum nos agere dicimur (*per Prop. 3 p. 3*); illa autem, quam perire ostendimus, est ipsa imaginatio (*per Prop. 21 hujus*), per quam solam dicimur pati (*per Prop. 3 p. 3 et gen. Affect. Defin.*), atque adeo (*per Prop. præced.*) illa, quantacunque ea sit, hac est perfectior. *Q. E. D.*

SCHOLIUM — Hæc sunt, quæ de Mente, quatenus sine relatione ad Corporis existentiam consideratur, ostendere constitueram; ex quibus, et simul ex Prop. 21 p. 1 et. aliis apparet, quod Mens nostra, quatenus intelligit, æternus cogitandi modus sit, qui alio æterno cogitandi modo determinatur, et hic iterum ab alio, et sic in infinitum; ita ut omnes simul Dei æternum, et infinitum intellectum constituant.

PROPOSITIO XLI

Quamvis nesciremus, Mentem nostram æternam esse, Pietatem tamen, et Religionem, et absolute omnia, quæ ad Animositatem, et Generositatem referri ostendimus in Quarta Parte, prima haberemus.

DEMONSTRATIO — Primum, et unicum virtutis, seu recte vivendi rationis fundamentum (*per Coroll. Prop. 22 et per Prop. 24 p. 4*) est suum utile quærere. Ad illa autem determinandum, quæ ratio utilia esse dictat, nullam rationem habuimus Mentis æternitatis, quam demum in hac Quinta Parte novimus. Quamvis igitur tum temporis ignoraverimus, Mentem esse æternam, illa tamen, quæ ad Animositatem, et Generositatem referri ostendimus, prima habuimus; atque adeo, quamvis etiam nunc hoc ipsum ignoraremus, eadem tamen rationis præscripta prima haberemus. *Q. E. D.*

SCHOLIUM — Communis vulgi persuasio alia videtur esse. Nam plerique videntur credere, se eatenus liberos esse, quatenus libidini parere licet, et eatenus de suo jure cedere, quatenus ex legis divinæ præscripto vivere tenentur. Pietatem igitur, et Religionem, et absolute omnia, quæ ad animi Fortitudinem referuntur, onera esse credunt, quæ post mortem deponere, et pretium servitutis, nempe Pietatis, et Religionis accipere sperant, nec hac spe sola; sed etiam, et præcipue metu, ne diris, scilicet suppliciis post mortem puniantur, inducuntur, ut ex legis divinæ præscripto, quantum eorum fert

mento, a única pela qual se diz que agimos (*pela Prop. 3, P. III*). Pelo contrário, aquela que mostramos perecer é a própria imaginação (*pela Prop. 21 desta Parte*), a única pela qual se diz que sofremos (*pela Prop. 3, P. III e pela Def. Geral dos Afetos*). Por isso (*pela Prop. anterior*), qualquer que seja a sua grandeza, aquela é mais perfeita do que esta. *Q. E. D.*

ESCÓLIO — São estas as coisas que eu me tinha proposto mostrar acerca da mente na medida em que se considera sem relação à existência do corpo. Delas, tal como da Prop. 21 da P. I e de outras, resulta claro que a nossa mente, na medida em que entende, é um modo eterno de pensar que é determinado por um outro modo eterno de pensar, e este, por sua vez, por um outro, e assim até o infinito, de maneira que, todos juntos, constituem o entendimento eterno e infinito de Deus.

PROPOSIÇÃO XLI
Mesmo que não soubéssemos que a nossa mente é eterna, ainda assim, teríamos como primordiais a piedade, a religião e absolutamente tudo o que mostramos, na Parte IV, ter a ver com a firmeza e a generosidade.

DEMONSTRAÇÃO — O primeiro e o único fundamento da virtude, ou seja, da maneira de viver retamente (*pelo Corol. da Prop. 22 e pela Prop. 24, P. IV*) é procurar o que é útil para si. Contudo, para determinar o que a razão dita que é útil, não tivemos em nenhuma conta a eternidade da mente, a qual conhecemos, enfim, nesta Quinta Parte. Portanto, embora ignorássemos então que a mente é eterna, ainda assim, tivemos como primordial aquilo que mostramos ter que ver com a firmeza e a generosidade. Por isso, mesmo que também o ignorássemos agora, teríamos estes preceitos da razão como primordiais. *Q. E. D.*

ESCÓLIO — A convicção comum do vulgo parece ser outra. Na verdade, muitos creem que são tão livres quanto lhes é lícito obedecer à libido, e que cedem tanto do seu direito, quanto estão sujeitos a viver segundo o prescrito na lei divina. Creem, pois, que a piedade, a religião e absolutamente tudo o que se refere à fortaleza do ânimo são um fardo que esperam alijar após a morte e receber a paga da servidão, quer dizer, da piedade e da religião. E não é só por essa esperança, é também, e principalmente, pelo medo de serem punidos após a morte com terríveis suplícios que eles são induzidos a viver, tanto quanto permite a sua fraqueza e o seu ânimo impotente, segun-

Parte V — Da Potência do Entendimento, ou da Liberdade Humana   629

tenuitas, et impotens animus, vivant; et nisi hæc Spes, et Metus hominibus inessent, at contra si crederent, mentes cum corpore interire, nec restare miseris, Pietatis onere confectis, vivere longius, ad ingenium redirent, et ex libidine omnia moderari, et fortunæ potius, quam sibi parere, vellent. Quæ mihi non minus absurda videntur, quam si quis propterea, quod non credit, se posse bonis alimentis corpus in æternum nutrire, venenis potius, et lethiferis se exsaturare vellet; vel quia videt Mentem non esse æternam, seu immortalem, ideo amens mavult esse, et sine ratione vivere: quæ adeo absurda sunt, ut vix recenseri mereantur.

PROPOSITIO XLII

Beatitudo non est virtutis præmium, sed ipsa virtus; nec eadem gaudemus, quia libidines coercemus; sed contra quia eadem gaudemus, ideo libidines coercere possumus.

DEMONSTRATIO — Beatitudo in Amore erga Deum consistit (*per Prop. 36 hujus, et ejus Schol.*), qui quidem Amor ex tertio cognitionis genere oritur (*per Coroll. Prop. 32 hujus*), atque adeo hic Amor (*per Prop. 59 et 3 p. 3*) ad Mentem, quatenus agit, referri debet; ac proinde (*per Defin. 8 p. 4*) ipsa virtus est, quod erat primum. Deinde quo Mens hoc Amore divino, seu beatitudine magis gaudet, eo plus intelligit (*per Prop. 32 hujus*), hoc est (*per Coroll. Prop. 3 hujus*), eo majorem in affectus habet potentiam, et (*per Prop. 38 hujus*) eo minus ab affectibus, qui mali sunt, patitur; atque adeo ex eo, quod Mens hoc Amore divino, seu beatitudine gaudet, potestatem habet libidines coercendi; et quia humana potentia ad coercendos affectus in solo intellectu consistit, ergo nemo beatitudine gaudet, quia affectus coercuit; sed contra potestas libidines coercendi ex ipsa beatitudine oritur. *Q. E. D.*

do o prescrito na lei divina. Se não existisse nos homens essa esperança e esse medo, e se eles acreditassem, pelo contrário, que as mentes se extinguem com o corpo e que não resta aos infelizes, alquebrados sob o fardo da piedade, uma vida no além,[8] voltariam ao seu engenho e quereriam regular tudo pela libido, e obedecer antes à fortuna do que a si mesmos. Isto, a mim, não me parece menos absurdo do que alguém que, por não acreditar que pode nutrir eternamente o corpo com bons alimentos, quisesse antes saciar-se com venenos e substâncias letais, ou que, por ver que a mente não é eterna, quer dizer, imortal, preferisse ser demente e viver sem a razão, coisas que, de tão absurdas, quase não merecem ser referidas.

PROPOSIÇÃO XLII

A beatitude não é o prêmio da virtude, mas a própria virtude, e não é por reprimirmos a libido que gozamos dela; pelo contrário, é por gozarmos dela que reprimimos a libido.

DEMONSTRAÇÃO — A beatitude consiste no amor a Deus (*pela Prop. 36 desta Parte e o seu Esc.*), amor este que se origina do terceiro gênero de conhecimento (*pelo Corol. da Prop. 32 desta Parte*) e, por isso (*pelas Prop. 59 e 3, P. III*), deve referir-se à mente na medida em que esta age e é, portanto (*pela Def. 8, P. IV*), a própria virtude. Este era o primeiro ponto. Depois, quanto mais a mente goza deste amor divino, ou beatitude, mais ela entende (*pela Prop. 32 desta Parte*), isto é (*pelo Corol. da Prop. 3 desta Parte*), maior potência tem sobre os afetos e (*pela Prop. 38 desta Parte*) menos sofre de afetos que são maus. Assim, pelo fato de a mente gozar deste amor divino, ou beatitude, ela tem o poder de reprimir a libido. E uma vez que a potência humana de reprimir os afetos consiste só no entendimento, ninguém goza da beatitude porque reprimiu os afetos; pelo contrário, é da própria beatitude que se origina o poder de reprimir a libido. *Q. E. D.*

---

[8] *Vivere longius.* a expressão aparece em versos de Sêneca (*As Troianas*, 376-7): "*Non prodest animam tradere funeri/ Sed restat miseris vivere longius?*". Vestígios destes mesmos versos são igualmente visíveis em Shakespeare, no principal solilóquio de Hamlet na peça que leva o mesmo nome: "*Is nothing gained in yielding the soul to death?/ Are the wretched faced with further life?*" Cf. R. Halpern (2016), "The Classical Inheritance", *in* M. Neill e D. Schalkwyk (orgs.), *The Oxford Handbook of Shakespearean Tragedy*, Oxford, Oxford University Press, pp. 27-8.

Parte V — Da Potência do Entendimento, ou da Liberdade Humana

SCHOLIUM — His omnia, quæ de Mentis in affectus potentia, quæque de Mentis Libertate ostendere volueram, absolvi. Ex quibus apparet, quantum Sapiens polleat, potiorque sit ignaro, qui sola libidine agitur. Ignarus enim, præterquam quod a causis externis, multis modis agitatur, nec unquam vera animi acquiescentia potitur, vivit præterea sui, et Dei, et rerum quasi inscius, et simulac pati desinit, simul etiam esse desinit. Cum contra sapiens, quatenus ut talis consideratur, vix animo movetur; sed sui, et Dei, et rerum æterna quadam necessitate conscius, nunquam esse desinit; sed semper vera animi acquiescentia potitur. Si jam via, quam ad hæc ducere ostendi, perardua videatur, inveniri tamen potest. Et sane arduum debet esse, quod adeo raro reperitur. Qui enim posset fieri, si salus in promptu esset, et sine magno labore reperiri posset, ut ab omnibus fere negligeretur? Sed omnia præclara tam difficilia, quam rara sunt.

Finis.

ESCÓLIO — Com isto, concluí o que pretendia mostrar acerca da potência da mente sobre os afetos e acerca da liberdade da mente, de onde resulta claro quanto o sábio sobreleva e é melhor do que o ignorante, o qual age unicamente pela libido. Porque o ignorante, além de ser agitado de múltiplos modos por causas exteriores, e de jamais possuir a verdadeira satisfação do ânimo, vive como que inconsciente de si, de Deus e das coisas, e assim que deixa de sofrer, deixa também de ser. Pelo contrário, o sábio, na medida em que se considera como tal, dificilmente se lhe altera o ânimo e, consciente de si, de Deus e das coisas, por uma certa necessidade eterna, jamais deixa de ser e possui sempre a verdadeira satisfação do ânimo. A via que eu mostrei conduzir até aí pode parecer muito árdua, mas é possível encontrá-la. E deve, sem dúvida, ser árdua, tão raro ela é alcançada. Se, de fato, a salvação estivesse à mão e pudesse alcançar-se sem grande trabalho, acaso poderia acontecer que ela fosse negligenciada por quase todos? Mas tudo o que é sublime é tão difícil quanto raro.[9]

Fim.

---

[9] F. Akkerman (1980, p. 34, nota 8) aponta uma possível inspiração de Espinosa em Cícero (*De Amicitia*, 21, 79): "*Digni autem sunt amicitia quibus in ipsis inest causa cur diligantur. Rarum genus. Et quidem omnia praeclara rara*" ("Mas são dignos da amizade aqueles em quem existe razão para serem amados. Um gênero raro! E, de fato, tudo o que é sublime é raro"). Mas vemos também em Aristóteles, *Ética a Nicômaco*, II, 1109a30: "o bem é raro, louvável, belo".

Agradecimentos

Devo uma palavra de agradecimento aos meus colegas Marta Mendonça e Adelino Cardoso, a quem recorri pontualmente, pela forma cordial como responderam às solicitações de natureza bibliográfica e científica que lhes fiz chegar.

Os comentários críticos de Paulo Tunhas e André Santos Campos a obras que publiquei anteriormente obrigaram-me a aprofundar vários aspectos do espinosismo, alguns dos quais são aqui retomados na Introdução. Pela pertinência desses comentários, estou-lhes imensamente reconhecido.

Um agradecimento muito especial é devido a João Diogo Loureiro, a quem dei a ler, já em fase de acabamento, o original da tradução, e que teve a generosidade de me enviar todo um sem-número de correções e sugestões que, de tão convincentes e fundadas, na maioria dos casos se tornaram imperativas.

No que respeita à presente edição, gostaria de acrescentar uma palavra de apreço a Luís César Oliva, pelas justificadas reticências que formulou a duas passagens da edição publicada em Portugal (Relógio D'Água, 2020), as quais foram agora corrigidas. Para ele e para os demais especialistas de Espinosa com quem mantenho, faz já muito tempo, um intercâmbio intelectual e uma amizade que resistem aos anos e à distância, aqui fica o meu muito obrigado.

De igual modo, estou imensamente reconhecido a Paulo Malta e à Editora 34, não só pela honra que é para mim a presença no seu prestigiado catálogo, mas também pela sua proposta, imediatamente aceite, de fazer uma edição bilíngue da *Ética* e incluir em rodapé as notas do tradutor, indo assim ao encontro dos mais exigentes padrões acadêmicos.

Sobre o autor

Baruch, ou Bento de Espinosa, também grafado Spinoza (1632-1677), nasceu em Amsterdã, numa família de judeus. O pai, comerciante abastado e membro da direção da Sinagoga Portuguesa, era de Vidigueira, no sul de Portugal, de onde a família, perseguida pela Inquisição, fugiu para a França e, daí, para a Holanda. Tudo indica que a mãe, falecida quando ele tinha apenas seis anos, fosse também de origem portuguesa, tal como a madrasta, que o acompanhou no resto da infância e na adolescência.

Educado na tradição judaica, o filósofo seguiu de início os passos do pai e, após a morte deste, dirigiu com o irmão a firma "Bento y Gabriel de Espinoza". Cedo, porém, as suas opiniões colidiram com a comunidade, da qual foi expulso aos 24 anos, mediante uma sentença, lavrada em português, que determinava "que ninguém lhe pode falar bocalmente, nem por escrito, nem dar lhe nenhum favor, nem debaixo de teto estar com ele [...], nem ler papel algum feito ou escrito por ele".

Deixa, então, Amsterdã, abandona os negócios e dedica-se aos estudos, sobrevivendo como polidor de lentes. Vive em Rijnsburg e em Voorsburg. Em Haia, a capital, onde, finalmente, se instala e virá a morrer, relaciona-se com alguns dos nomes cimeiros da ciência, a quem a originalidade e profundidade das suas ideias impressiona. Leibniz, de regresso a Hannover, vindo de Londres, faz questão de ir visitá-lo. Entretanto, a Universidade de Heidelberg oferece-lhe uma cátedra, a qual, cioso da liberdade, ele recusa.

Dos escritos que o notabilizaram, só dois vieram a lume enquanto vivia: os *Princípios da Filosofia de Descartes*, publicado em 1663, e o *Tratado Teológico-Político*, uma obra ímpar da cultura ocidental, publicado anonimamente em 1670. A *Ética*, seu *opus magnum*, será publicada postumamente por seus amigos, junto com outros inéditos, entre eles o inacabado *Tratado Político*. O primeiro destes tratados foi proibido em 1674; o segundo, tal como a *Ética* e o conjunto das *Obras Póstumas*, teria a mesma sorte em 1678, logo após a sua publicação. Um ano antes, o filósofo morrera, dizem que de tuberculose, devido ao pó das lentes que polia.

Sobre o tradutor

Diogo Pires Aurélio, doutor em Filosofia Moral e Política, é professor jubilado da Universidade Nova de Lisboa, professor convidado da Universidade Católica Portuguesa e pesquisador do Instituto de Filosofia da Universidade do Porto.

A par do percurso acadêmico, foi diretor da Rádio-Difusão Portuguesa (1979-1980), Administrador da Imprensa Nacional-Casa da Moeda (1989-1995), Presidente da Comissão Nacional da UNESCO (1998-2002), Diretor da Biblioteca Nacional (2002-2005) e consultor da Presidência da República para os Assuntos Culturais (2006-2016).

De entre os seus trabalhos publicados, destacam-se: *Imaginação e poder: estudo sobre a filosofia política de Espinosa* (Lisboa, Colibri, 2000); *Representação política: textos clássicos* (Lisboa, Livros Horizonte, 2009); *Um fio de nada: ensaio sobre a tolerância* (São Paulo, Martins Fontes, 2010); *Terrorism: Politics, Religion, Literature* (coed., Londres, Cambridge Scholars Publishing, 2011); *Maquiavel & herdeiros* (Lisboa, Círculo de Leitores, 2012); *O mais natural dos regimes: Espinosa e a democracia* (Lisboa, Círculo de Leitores, 2014); e *Machiavelli's Discourses on Livy: New Readings* (coed., Leiden/Boston, Brill, 2021).

Além de O *Príncipe*, de Maquiavel (Lisboa, Círculo de Leitores, 2008; São Paulo, Editora 34, 2017), traduziu e editou as principais obras de Espinosa: *Tratado Teológico-Político* (Lisboa, INCM, 1988, 4ª ed. 2019; São Paulo, Martins Fontes, 2003); *Tratado Político* (Lisboa, Círculo de Leitores, 2008; São Paulo, Martins Fontes, 2009); e *Ética* (Lisboa, Relógio D'Água, 2020). Sua tradução do *Tratado Político* recebeu, em 2009, o Prêmio de Tradução Científica e Técnica em Língua Portuguesa, da União Latina, tendo a tradução de O *Príncipe* sido distinguida, no mesmo ano, pelo mesmo prêmio (Menção Honrosa).

Este livro foi composto em Sabon,
pela Franciosi & Malta, com CTP
e impressão da Edições Loyola em
papel Pólen Natural 70 g/m² da Cia.
Suzano de Papel e Celulose para a
Editora 34, em janeiro de 2024.